DER INDUSTRIEFACHWIRT BUCH 1

Buch 1

Rechtsanwalt Dr. Jan Glockauer
Dipl.-Ökonomin Elke-H. Schmidt M. A.
Dipl.-Wirtschaftschemiker Gerhard Tolkmit

Herausgegeben von Elke-H. Schmidt M. A.

Der Industriefachwirt

Lehrbuch zur Weiterbildung
Geprüfte Industriefachwirtin
Geprüfter Industriefachwirt

Volks- und betriebswirtschaftliche Grundlagen
Elektronische Datenverarbeitung,
Informations- und Kommunikationstechniken
Betriebliche Organisation und Unternehmensführung
Jahresabschluss, Finanzierung und Steuern

Siebte, überarbeitete Auflage

Die Verfasser und ihre Buchabschnitte

Jan Glockauer	1.10; 3.7.1; 3.7.3
Elke-H. Schmidt	2; 3.1 bis 3.6.6; 4
Gerhard Tolkmit	1.1 bis 1.9; 3.7.2

Bibliografische Information Der Deutschen Bibliothek

Die Deutsche Bibliothek verzeichnet diese Publikation in der Deutschen Nationalbibliografie; detaillierte bibliografische Daten sind im Internet über http://dnb.ddb.de abrufbar.

ISBN 3 88264 410 9

Alle Rechte vorbehalten
Nachdruck und fotomechanische Vervielfältigung sowie die elektronische Speicherung und Verbreitung, auch auszugsweise, verboten

© Copyright 2005 by
FELDHAUS VERLAG GmbH & Co. KG
Postfach 73 02 40, 22122 Hamburg
Telefon 040 679430-0 · Fax 040 67943030
www.feldhaus-verlag.de · post@feldhaus-verlag.de

Satz und Gestaltung: FELDHAUS VERLAG, Hamburg
Umschlaggestaltung: Joachim Reinhardt
Druck und Verarbeitung: WERTDRUCK, Hamburg
Gedruckt auf chlorfrei gebleichtem Papier

Vorwort

Die Sicherung der Wettbewerbsfähigkeit ist eines der wichtigsten Unternehmensziele. Angesichts der fortschreitenden Globalisierung, der stetig wachsenden Innovationsgeschwindigkeit und der Menge an zu verarbeitenden Informationen müssen Handel und Industrie ihre sachlichen und personellen Mittel ständig weiterentwickeln, um im Wettbewerb erfolgreich abzuschneiden.

Vor diesem Hintergrund kommt der beruflichen Weiterbildung ein besonders hoher Stellenwert zu. Für die mittleren Führungsaufgaben in der Industrie sind »Geprüfte Industriefachwirte/Geprüfte Industriefachwirtinnen« nahezu unentbehrlich geworden. Den praxiserfahrenen und qualifizierten Fachwirten bieten sich daher ähnlich gute Aufstiegsmöglichkeiten wie etwa Hochschulabsolventen aus dem Bereich der Betriebswirtschaft.

Die Erstauflage des Werkes »Der Industriefachwirt« erschien 1993 als Ergebnis einer intensiven Zusammenarbeit zwischen Lehrgangsorganisatoren und Dozenten verschiedener Weiterbildungseinrichtungen. Auf der Grundlage des Rahmenstoffplans des DIHT entstand ein Standardwerk der Weiterbildung zum Industriefachwirt, das den geforderten Lehrstoff kompakt, aber doch vollständig vermittelt und sich in zahlreichen Vorbereitungslehrgängen auf die IHK-Abschlussprüfung seitdem bewährt hat.

Die Vorlage eines überarbeiteten Rahmenstoffplans im Jahre 1998 machte zunächst eine grundlegende Neufassung des Lehrwerks notwendig. Darüber hinaus erfolgten diverse weitere Anpassungen: Neue Erkenntnisse in der Industrie-Betriebsführung waren in alle Sachgebiete einzuarbeiten oder führten zu neuen Gewichtungen. Dies fand z. B. in der Aufnahme ausführlicher Darstellungen zum Projektmanagement seinen Niederschlag oder in neu gefassten Abschnitten zum Datenschutz, zum Qualitätsmanagement oder in Bezug auf neuere Methoden der Personalführung.

Die vorliegende siebte Auflage enthält Überarbeitungen geringeren Umfangs. Neu gefasst wurde lediglich der Abschnitt zur novellierten Gefahrstoffverordnung.

In allen Bereichen wird stets auf Aktualität geachtet. Auf einigen Gebieten, insbesondere der Datenverarbeitung und dem Steuerrecht, vollziehen sich die Entwicklungen jedoch mit so großer Dynamik, dass es ratsam ist, z. B. Fachzeitschriften ergänzend hinzuzuziehen.

Alle Autoren sind durch ihre Unterrichtserfahrung in der Erwachsenenbildung, ihre Mitwirkung in IHK-Fortbildungsprüfungsausschüssen und ihre tägliche berufliche Praxis ausgewiesen. Das Ergebnis ihrer Zusammenarbeit ist ein Lehrwerk, das sich besonders für den unterrichtsbegleitenden Einsatz eignet und den prüfungsrelevanten Stoff in der jeweils geforderten Aktualität und Intensität behandelt.

Wir wünschen den zukünftigen Industriefachwirten viel Erfolg!

Verlag und Herausgeberin

Kritik und Anregungen sind willkommen und können direkt an die Herausgeberin gerichtet werden: mail@elkeschmidt.de

Inhaltsverzeichnis
BUCH 1

1 Volks- und betriebswirtschaftliche Grundlagen

1.1	**Wirtschaftssysteme – Wirtschaftsordnungen**	21
1.1.1	Idealtypische Wirtschaftssysteme: Marktwirtschaft und Zentralverwaltungswirtschaft	22
1.1.2	Soziale Marktwirtschaft in der Bundesrepublik Deutschland: Ziele und Merkmale	22
1.1.2.1	Ordnungspolitik	23
1.1.2.2	Strukturpolitik	23
1.1.2.3	Prozesspolitik	23
1.1.2.4	Sozialpolitik	23
1.2	**Wirtschaftskreislauf und volkswirtschaftliche Gesamtrechnung**	24
1.2.1	Volks- und betriebswirtschaftliche Grundbegriffe	24
1.2.1.1	Bedürfnis, Bedarf, Nachfrage, Markt, Angebot	24
1.2.1.2	Güter	24
1.2.1.3	Knappheit, ökonomisches Prinzip	25
1.2.1.4	Volkswirtschaftliche Produktionsfaktoren, Kombination nach dem ökonomischen Prinzip, Faktoreinkommen	25
1.2.1.5	Produktion, Konsumtion, Investition, Ersparnis	27
1.2.1.6	Wirtschaftssubjekte und deren Zielsetzungen	27
1.2.1.7	Sektoren der Wirtschaft	28
1.2.1.8	Zunehmende Bedeutung des Produktionsfaktors Kapital	29
1.2.1.9	Unterscheidung betrieblicher und sozialer Kosten am Beispiel der Umweltbelastung	30
1.2.2	Einfacher und erweiterter Wirtschaftskreislauf einer Volkswirtschaft	31
1.2.3	Volkswirtschaftliche Gesamtrechnung	32
1.2.4	Bruttoinlands- und Bruttonationaleinkommen	33
1.2.5	Entstehung, Verwendung und Verteilung des Bruttoinlandsprodukts	34
1.2.6	Primär- und Sekundärverteilung des Volkseinkommens	36
1.3	**Märkte und Preisbildung**	37
1.3.1	Angebot und Nachfrage	38
1.3.2	Marktgleichgewicht bei vollständiger Konkurrenz	39
1.3.3	Funktionen des Preises und Bedeutung des Wettbewerbs	42
1.3.4	Veränderungen von Angebot und Nachfrage	43
1.3.5	Eingriffe des Staates in die Preisbildung	44
1.3.6	Preisbildung bei unvollständiger Konkurrenz	46
1.3.7	Unternehmenskooperation und -konzentration	50
1.3.8	Globalisierung	52
1.4	**Geld und Kredit**	53
1.4.1	Binnenwert der Währung	53
1.4.1.1	Geldarten, Geldfunktionen	53
1.4.1.2	Primäre und sekundäre Geldschöpfung	53

1.4.1.3	Rolle der Zentralbank und der Geschäftsbanken	55
1.4.1.4	Geldmenge	56
1.4.1.5	Zusammenhang zwischen Handelsvolumen, Geldvolumen und Preis	56
1.4.1.6	Inflation – Ursache und Konsequenzen	57
1.4.1.7	Messung des Geldwertes	59
1.4.2	Währung und Außenwirtschaft	60
1.4.2.1	Zahlungsbilanz und außenwirtschaftliches Gleichgewicht	60
1.4.2.2	Außenwert der Währung, Ursachen für Auf- und Abwertungen	61
1.4.2.3	Wirtschaftliche Auswirkungen einer Auf- bzw. Abwertung der Währung	62
1.4.2.4	System flexibler Wechselkurse	62
1.4.2.5	System fester Wechselkurse	63

1.5	**Konjunktur und Wirtschaftswachstum, Wirtschaftspolitik**	**63**
1.5.1	Langfristiges Wachstum, Wachstumsfaktoren	63
1.5.2	Qualitatives und quantitatives Wachstum	64
1.5.3	Phasen des Konjunkturzyklus und Konjunkturindikatoren	64
1.5.4	Ursachen konjunktureller Schwankungen	66
1.5.5	Konjunkturtheorien	66
1.5.6	Wirtschaftspolitische Zielstellungen	68
1.5.7	Geldpolitik der Zentralbank	69
1.5.8	Nachfrageorientierte Wirtschaftspolitik, antizyklische Fiskalpolitik	71
1.5.9	Angebotsorientierte Wirtschaftspolitik	72
1.5.10	Tarifpolitik und Verhalten der Tarifpartner	72
1.5.11	Formen und Ursachen der Arbeitslosigkeit	73
1.5.12	Umweltpolitik	74
1.5.13	Die Europäische Union	75
1.5.13.1	Abriss über die Geschichte der Entstehung der Europäischen Union	75
1.5.13.2	Ziele der Europäischen Union	76
1.5.13.3	Struktur der Europäischen Union	76
1.5.13.4	Ziele des Europäischen Binnenmarktes	78
1.5.13.5	Europäische Währungsunion – Chancen und Risiken	78

1.6	**Abgrenzung der Betriebswirtschaftslehre zur Volkswirtschaftslehre**	**79**

1.7	**Produktionsfaktoren im Betrieb**	**80**
1.7.1	Elementarfaktoren	80
1.7.2	Dispositive Faktoren	81

1.8	**Betriebliche Funktionen und deren Zusammenwirken**	**82**
1.8.1	Unternehmensführung	83
1.8.2	Materialwirtschaft	83
1.8.3	Produktionswirtschaft	83
1.8.4	Absatzwirtschaft	83
1.8.5	Personalwirtschaft	83
1.8.6	Finanzierung und Investition	84
1.8.7	Rechnungswesen	84

1.9	**Betriebswirtschaftliche Kennzahlen**	85
1.9.1	Produktivität	85
1.9.2	Wirtschaftlichkeit	86
1.9.3	Rentabilität	86
1.9.4	Liquidität	86
1.10	**Rechtliche Grundlagen**	87
1.10.1	Das Handelsgesetzbuch	87
1.10.1.1	Der Kaufmann	87
1.10.1.2	Das Handelsregister	88
1.10.1.3	Die Firma	88
1.10.2	Die Rechtsformen der Unternehmung	89
1.10.2.1	Die BGB-Gesellschaft	90
1.10.2.2	Die Partnerschaft	90
1.10.2.3	Die Offene Handelsgesellschaft (OHG)	91
1.10.2.4	Die Kommanditgesellschaft (KG)	92
1.10.2.5	Die Aktiengesellschaft (AG)	92
1.10.2.6	Die Gesellschaft mit beschränkter Haftung (GmbH)	93
1.10.3	Hilfspersonen des Kaufmanns	94
1.10.3.1	Der Prokurist	94
1.10.3.2	Der Handlungsbevollmächtigte	94
1.10.3.3	Der Handlungsgehilfe	95
1.10.3.4	Der Handelsvertreter	95
1.10.3.5	Der Handelsmakler	95
1.10.3.6	Der Spediteur	95
1.10.3.7	Der Frachtführer	96
1.10.3.8	Der Kommissionär	96
1.10.3.9	Der Lagerhalter	96
1.10.4	Handelsgeschäfte, Handelsklauseln, Handelskauf	96
1.10.4.1	Handelsgeschäfte	96
1.10.4.2	Handelsklauseln	97
1.10.4.3	Handelskauf	97
1.10.5	Besonderheiten des kaufmännischen Zahlungsverkehrs	98
1.10.5.1	Darlehen	98
1.10.5.2	Schuldanerkenntnis, Schuldversprechen, Kontokorrent	98
1.10.5.3	Die Überweisung	99
1.10.5.4	Das Akkreditiv	99

2 Elektronische Datenverarbeitung, Informations- und Kommunikationstechniken

2.1	**Ziele des EDV-Einsatzes**	101
2.2	**Einsatzmöglichkeiten der EDV**	102
2.2.1	EDV-Einsatz im kaufmännischen Bereich	102
2.2.2	EDV-Einsatz im technischen Bereich	104

2.3	**Entwicklung und Bedeutung der EDV**	105
2.3.1	Ein historischer Abriss	105
2.3.2	EDV und Beruf	106

2.4	**Begriffe der Datenverarbeitung**	107
2.4.1	Daten und Datenträger	107
2.4.1.1	Informationen und Daten	107
2.4.1.2	Die Darstellung von Daten	108
2.4.1.3	Datenstrukturierung: Dateien und Dateiinhalte	109
2.4.1.4	Die Speicherung von Daten auf Datenträgern	109
2.4.1.4.1	Interne Speicher	110
2.4.1.4.2	Externe Speicher	111
2.4.1.4.3	Datenträger	111
2.4.2	Kommunikation	113
2.4.3	Verarbeitung	113
2.4.4	Informationsdarstellung: Zahlensysteme und Codes	113
2.4.4.1	Das Dezimalsystem	114
2.4.4.2	Das Dualsystem	114
2.4.4.3	Das Hexadezimalsystem	114
2.4.4.4	Der BCD-Code	114
2.4.4.5	Der ASCII-Code	115
2.4.5	Kenngrößen und Maßeinheiten	115

2.5	**Der Aufbau eines EDV-Systems**	117
2.5.1	Die Zentraleinheit	118
2.5.1.1	Die CPU	119
2.5.1.2	Der Hauptspeicher	120
2.5.1.3	Bussysteme	120
2.5.2	Die Peripherie	121
2.5.2.1	Eingabegeräte	121
2.5.2.2	Ausgabegeräte	122
2.5.2.3	Dialoggeräte	123
2.5.2.4	Speichergeräte	124
2.5.3	Rechnerarten	124
2.5.3.1	Arbeitsplatzrechner	124
2.5.3.2	Server	124
2.5.3.3	Mittlere Datentechnik (MDT)	124
2.5.3.4	Prozessrechner	125
2.5.3.5	Großrechner	125
2.5.4	Netzwerke	125
2.5.4.1	Lokale Netze	125
2.5.4.2	Datenfernübertragung	127
2.5.4.3	Externe Netze	128
2.5.4.4	Globale Netze	129

2.6	**Datenerfassung**	129
2.6.1	Methoden der Datenerfassung	129
2.6.2	Erfassungshilfen und Erfassungsanweisungen	131
2.6.3	Prüfziffernverfahren	132

2.7	**Grundbegriffe der Datenorganisation**	134
2.7.1	Schlüsselsysteme	134
2.7.2	Strukturierung und Speicherung von Daten und Dateien	135
2.7.2.1	Physische und logische Organisationseinheiten	135
2.7.2.2	Aufbau und Arten von Dateien	136
2.7.2.3	Datenorganisation auf Datenträgern	138
2.7.3	Organisation und Verarbeitungsformen von Dateien	140
2.7.4	Datenbank- und Informationssysteme	142
2.8	**Software**	144
2.8.1	Systemsoftware	145
2.8.2	Anwendersoftware	146
2.8.2.1	Individualsoftware	147
2.8.2.2	Standardsoftware	147
2.9	**EDV – Anwendungsentwicklung**	148
2.9.1	Programmiersprachen	149
2.9.1.1	Maschinenorientierte Sprachen	149
2.9.1.2	Problemorientierte Sprachen	149
2.9.1.3	Objektorientierte Sprachen	150
2.9.1.4	Visuell orientierte Sprachen	150
2.9.2	Expertensysteme – der Schritt in die Künstliche Intelligenz	150
2.9.3	Phasen der Systementwicklung	152
2.9.3.1	Problemanalyse	152
2.9.3.2	Entwurf und Planung	153
2.9.3.3	Realisierung und Implementierung	155
2.9.4	Angewandte Arbeitstechniken	158
2.9.5	Dokumentation	162
2.10	**Datensicherung**	163
2.10.1	Verfahren und Techniken der Datensicherung	163
2.10.1.1	Hardware-Maßnahmen	164
2.10.1.2	Software-Maßnahmen	164
2.10.1.3	Orgware-Maßnahmen	164
2.10.1.4	Datensicherung in Netzwerken	164
2.10.1.5	Sicherungsmaßnahmen bei der Datenfernübertragung	165
2.10.2	Schutzzweck und Schutzstufen	166
2.10.2.1	Schutzzweck	166
2.10.2.2	Schutzstufenkonzept	166
2.11	**Rechtsgrundlagen der EDV**	167
2.11.1	Das Bundesdatenschutzgesetz (BDSG)	167
2.11.1.1	Technische und Organisatorische Maßnahmen nach § 9 BDSG	168
2.11.1.2	Die Rechte der Betroffenen	169
2.11.1.3	Beauftragte für den Datenschutz	170
2.11.1.3.1	Öffentliche Beauftragte für den Datenschutz	170
2.11.1.3.2	Betriebliche Datenschutzbeauftragte	170
2.11.1.4	Einzelmaßnahmen des Datenschutzes im Überblick	171

2.11.1.5	Verstöße und Sanktionen	172
2.11.2	Lizenzrecht	173
2.11.3	Europäisches und internationales Recht	173

3 Betriebliche Organisation und Unternehmensführung

3.1	**Grundlagen der Planung und Organisation**	175
3.1.1	Planung	175
3.1.1.1	Planungsstruktur	176
3.1.1.2	Planungsprozesse	178
3.1.1.2.1	Planungsphasen und -prinzipien	178
3.1.1.2.2	Planungsfristigkeiten	182
3.1.1.3	Aufbau, Steuerung und Kontrolle der Planung	182
3.1.2	Organisation	185
3.1.2.1	Allgemeine Grundlagen der Organisation	185
3.1.2.1.1	Organisation und Arbeitsteilung	185
3.1.2.1.2	Organisation, Disposition und Improvisation	186
3.1.2.1.3	Zielsetzung des Organisationssystems	186
3.1.2.2	Organisationslehre: Die Elemente des Organisationssystems	187
3.1.2.2.1	Aktionsträger – Menschen und Sachmittel	187
3.1.2.2.2	Die Beziehungen zwischen den Aktionsträgern	188
3.1.2.2.3	Bedingungen	188
3.1.2.2.4	Umwelteinflüsse	189
3.1.2.2.5	Anpassungsprozesse	190
3.1.2.2.6	Anforderungen des Qualitätmanagements	190
3.2	**Aufbauorganisation, Ablauforganisation und Projektmanagement**	191
3.2.1	Aufbauorganisation	191
3.2.1.1	Die Bildung und Gliederung von Organisationseinheiten	191
3.2.1.1.1	Stelle und Instanz	192
3.2.1.1.2	Stellenbeschreibung und Organisationsplan	193
3.2.1.1.3	Die hierarchische Unternehmensstruktur	194
3.2.1.1.4	Zentralisation und Dezentralisation von Entscheidungsbefugnissen	194
3.2.1.2	Organisationsformen	195
3.2.1.2.1	Die Einlinienorganisation	195
3.2.1.2.2	Die Stablinienorganisation	197
3.2.1.2.3	Die Mehrlinienorganisation	197
3.2.1.2.4	Die Matrixorganisation	198
3.2.1.2.5	Die teamorientierte Organisation	198
3.2.1.2.6	Die Projektorganisation	199
3.2.1.2.7	Die fraktale Organisation	199
3.2.2	Ablauforganisation	200
3.2.2.1	Formen und Darstellungen von Arbeitsabläufen	200
3.2.2.1.1	Organisationsformen der Arbeitsabläufe	200
3.2.2.1.2	Erfassung und Darstellung von Arbeitsabläufen	204
3.2.2.2	Phasen und Methoden des Organisierens	209
3.2.2.2.1	Initiierungsphase	209
3.2.2.2.2	Systemanalyse	210

3.2.2.2.3	Grobplanung und Sollkonzept	214
3.2.2.2.4	Systemplanung	214
3.2.2.2.5	Systemrealisierung	217
3.2.2.2.6	Systemeinführung und Systemüberprüfung	218
3.2.3	Projektmanagement	218
3.2.3.1	Begriff, Zielsetzung und Einflussfaktoren von Projektmanagement	219
3.2.3.1.1	Projekt, Projektorganisation, Projektmanagement	219
3.2.3.1.2	Vorteile und Rahmenbedingungen des Projektmanagements	220
3.2.3.2	EDV-Einsatz im Projektmanagement	221
3.2.3.3	Organisationsformen im Projektmanagement	221
3.2.3.4	Phasen und Methoden des Projektmanagements	223
3.2.3.4.1	Situationserfassung und Problemanalyse	223
3.2.3.4.2	Umfeld- und Risikoanalyse	223
3.2.3.4.3	Formulierung des Projektauftrages	224
3.2.3.4.4	Projektplanung	224
3.2.3.4.5	Projektstrukturplanung	225
3.2.3.4.6	Ablauf- und Terminplanung	228
3.2.3.4.7	Ressourcenplanung	229
3.2.3.4.8	Liquiditäts-, Kosten- und Budgetplanung	232
3.2.3.4.9	Planänderungen	232
3.2.3.5	Projektsteuerung und -kontrolle	232
3.2.3.5.1	Aufgabenverteilung	232
3.2.3.5.2	Durchführung der Projektsteuerung	232
3.2.3.5.3	Dokumentation und Abschlussbericht	233
3.2.3.6	Die Auswirkungen des Projektmanagements	234
3.2.3.6.1	Auswirkungen auf die Führungs- und Unternehmenskultur	234
3.2.3.6.2	Umsetzung von Projektergebnissen	234
3.3	**Führungstechniken**	**236**
3.3.1	Unternehmensziele	236
3.3.1.1	Das Leitbild der Unternehmung	238
3.3.1.2	Unternehmungsinternes Zielbildungspotenzial	238
3.3.1.3	Markt- und Umweltpotenzial	239
3.3.1.4	Zielbildung und Zielkatalog	240
3.3.1.4.1	Unternehmenszielkatalog	240
3.3.1.4.2	Zielbildung	241
3.3.1.4.3	Zielplanung	241
3.3.2	Zeitgemäßes Führungsverhalten	242
3.3.2.1	Führungsverhalten	242
3.3.2.2	Gruppenpsychologie	243
3.3.2.3	Mitarbeiterführung	243
3.3.2.4	Führungsaufgaben und Führungsinstrumente	243
3.3.2.5	Gruppenarbeit	244
3.3.2.6	Information und Kommunikation im Unternehmen	244
3.3.3	Moderation von Gesprächen und Besprechungen	245
3.3.3.1	Gesprächsführung und Rhetorik	245
3.3.3.2	Argumentationstechniken	248
3.3.3.3	Moderationstraining	249
3.3.3.3.1	Grundlagen der Moderation	249
3.3.3.3.2	Vorbereitung, Aufbau und Ablauf einer Moderation	249
3.3.3.4	Problemlösungsmethoden	253
3.3.3.5	Die Präsentation von Arbeitsergebnissen	254
3.3.3.5.1	Auswählen und Verdichten von Informationen	254
3.3.3.5.2	Aufbereitung, Gestaltung, Hilfsmittel, Ablauf	255

3.4		**Planungs- und Analysemethoden**	257
3.4.1		Planungsgrundlagen	257
3.4.1.1		Einflussfaktoren der Planung	257
3.4.1.2		Instrumente der strategischen und operativen Planung	257
3.4.2		Analysemethoden	258
3.4.2.1		Von der klassischen Qualitätskontrolle zum QM-System	258
3.4.2.1.1		Märkte im Wandel	259
3.4.2.1.2		Total Quality Management (TQM)	259
3.4.2.1.3		Qualitätssicherung als Regelkreis	261
3.4.2.1.4		Die Normfamilie DIN EN ISO 9000ff	261
3.4.2.2		Methoden des kundenorientierten Qualitätsmanagements	263
3.4.2.2.1		Quality Function Deployment (QFD)	264
3.4.2.2.2		Fehler-Möglichkeits- und Fehler-Einfluss-Analyse (FMEA)	264
3.4.2.2.3		Statistische Prozessregelung (SPR)	266
3.4.2.2.4		Maschinen- und Prozessfähigkeitsuntersuchung (MFU/PFU)	269
3.4.2.2.5		Das KANO-Modell	270
3.4.2.2.6		Anforderungen an die Prüfmittel	271
3.4.2.2.7		Benchmarking	271
3.4.2.3		Audits	271
3.4.2.3.1		Arten von Audits	272
3.4.2.3.2		Audit-Vorbereitung	273
3.4.2.3.3		Audit-Durchführung	274
3.4.2.3.4		Audit-Nachbereitung	275
3.4.2.4		Der Mensch im Mittelpunkt der TQM-Strategie	276
3.4.2.4.1		Vom betrieblichen Vorschlagswesen zum kontinuierlichen Verbesserungsprozess	276
3.4.2.4.2		Lernstatt und »Zirkel«	279
3.4.2.4.3		Gruppenarbeit als Methode für Problemlösungen	279
3.4.3		Weitere Methoden und Techniken der Planung	280
3.4.3.1		Operations Research	280
3.4.3.2		Lineare Programmierung	282
3.4.3.3		Die Theorie der Warteschlange	284
3.4.3.4		Portfolio-Management	284
3.4.3.5		Netzplantechnik	285
3.5		**Die Wertanalyse**	286
3.5.1		Begriff und Anwendungsgebiete	286
3.5.2		Arbeitsplan	286
3.5.3		Grundschritte	288
3.5.3.1		Vorbereitende Maßnahmen	288
3.5.3.2		Ermitteln und Prüfen des Ist-Zustandes	288
3.5.3.3		Die Prüfung von Lösungsvorschlägen	289
3.5.3.4		Vorschlag und Verwirklichung einer Lösung	289
3.6		**Statistik als unternehmenspolitisches Instrument**	290
3.6.1		Grundzüge der Statistik	290
3.6.1.1		Begriff und Aufgaben der Statistik	290
3.6.1.2		Grundlagen der betriebswirtschaftlichen Statistik	290
3.6.2		Das statistische Ausgangsmaterial	292
3.6.2.1		Erfassung	292
3.6.2.2		Aufbereitung	293
3.6.3		Die Darstellung statistischen Zahlenmaterials	295

3.6.3.1	Tabellen	295
3.6.3.2	Grafische Darstellungen	296
3.6.4	Statistische Maßzahlen	299
3.6.4.1	Mittelwerte	299
3.6.4.2	Streuungsmaße	301
3.6.4.3	Verhältniszahlen	303
3.6.4.4	Zeitreihen	304
3.6.4.5	Indexzahlen	308
3.6.5	Anwendungsgebiete der Statistik – ausgewählte Kennzahlen	308
3.6.5.1	Statistik als Entscheidungshilfe im Betrieb	308
3.6.5.2	Statistik als Kontrollinstrument	309
3.6.5.3	Statistik als Teilgebiet des Rechnungswesens	310
3.6.5.3.1	Kennzahlen des Rechnungswesens	310
3.6.5.3.2	Statische Methoden der Investitionsrechnung	311
3.6.5.3.3	Dynamische Methoden der Investitionsrechnung	318
3.6.6	Methoden zur Messung von Kundenzufriedenheit	322
3.6.6.1	Kontaktpunktanalyse	322
3.6.6.2	Critical Incident Technique	323
3.6.6.3	Frequenz-Relevanz-Analyse	324
3.7	**Rechtsgrundlagen**	**325**
3.7.1	Umweltrecht	325
3.7.1.1	Prinzipien des Umweltrechts	326
3.7.1.2	Deutsches Umweltrecht	326
3.7.1.2.1	Bundesimmissionsschutzgesetz (BImSchG)	326
3.7.1.2.2	Kreislaufwirtschafts- und Abfallgesetz (KrW-/AbfG)	327
3.7.1.2.3	Wasserhaushaltsgesetz (WHG)	328
3.7.1.2.4	Umwelthaftungsgesetz (UmweltHG)	329
3.7.1.2.5	Umweltstrafrecht	330
3.7.1.3	Europäisches Umweltrecht	330
3.7.2	Bedeutung des betrieblichen Umweltschutzes	331
3.7.2.1	Umweltbelastungen durch Produktion und Konsum	331
3.7.2.2	Betriebliches Umweltmanagement	336
3.7.2.3	Einbindung des Umweltschutzes in die betriebliche Organisation	337
3.7.3	Haftung nach dem Produkthaftungsgesetz (ProdHaftG)	341
3.7.3.1	Voraussetzungen der Haftung	341
3.7.3.2	Produkte in den Verkehr bringen	342
3.7.3.3	Fehlerhaftigkeit von Produkten	342
3.7.3.4	Schaden und Kausalität	343
3.7.3.5	Umfang der Haftung	343
3.7.3.6	Welche Personen haften?	344
3.7.3.7	Haftungsausschluss	344

4 Jahresabschluss, Finanzierung und Steuern

4.1	**Gliederung der Bilanz und der Gewinn- und Verlustrechnung**	**347**
4.1.1	Wesen und Aufgaben des Rechnungswesens	347
4.1.1.1	Wesen des Rechnungswesens	347

4.1.1.2	Aufgaben des Rechnungswesens	348
4.1.1.3	Ziele des Rechnungswesens	349
4.1.2	Rahmenbedingungen und Grundbegriffe	349
4.1.2.1	Begriffsabgrenzungen	349
4.1.2.2	Gesetzliche Grundlagen des Handelsrechts	351
4.1.2.3	Grundzüge der Buchführung	353
4.1.2.3.1	Inventar und Inventur	353
4.1.2.3.2	Kontenrahmen und Kontenplan	356
4.1.2.3.3	Konten, Bilanz, Gewinn- und Verlustrechnung	358
4.1.2.3.4	Warenkonten	366
4.1.2.3.5	Abgrenzungen	367
4.1.3	Basiselemente der handelsrechtlichen Bilanzierung	368
4.1.3.1	Allgemeine Rahmenbedingungen	368
4.1.3.2	Generalklausel	369
4.1.3.3	Gliederungsvorschriften	369
4.1.3.3.1	Gliederung gemäß Rechtsform und Größe	369
4.1.3.3.2	Rechnungslegungspflichten	372
4.1.3.3.3	Veröffentlichungsvorschriften	375
4.1.3.4	Aufbau der Bilanz	375
4.1.3.4.1	Vermögens- und Kapitalseite	375
4.1.3.4.2	Bilanzierung des Eigenkapitals	376
4.1.3.4.3	Bilanzierung der Verbindlichkeiten	376
4.1.3.4.4	Anlagenspiegel	377
4.1.3.4.5	Latente Steuern	377
4.1.3.4.6	Haftungsverhältnisse	378
4.1.3.5	Struktur und Aufbau der GuV	378
4.1.3.6	Lagebericht	381
4.1.3.7	Anhang	382
4.2	**Bilanzierungs- und Bewertungsvorschriften für Wirtschaftsgüter**	**383**
4.2.1	Aktivierungs- und Passivierungsvorschriften	383
4.2.1.1	Aktivierungsvorschriften	383
4.2.1.2	Passivierungsvorschriften	384
4.2.2	Bewertungsvorschriften für Wirtschaftsgüter	384
4.2.2.1	Wesen und Bedeutung der Bewertung	384
4.2.2.2	Auslegung der Grundsätze ordnungsmäßiger Buchführung (GoB)	384
4.2.3	Bewertung von Sachanlagen	386
4.2.3.1	Anschaffungskosten	386
4.2.3.2	Herstellungskosten	387
4.2.4	Abschreibungsarten und -formen	388
4.2.4.1	Wertgrenzen	388
4.2.4.2	Methoden der Abschreibung des Anlagevermögens	389
4.2.4.2.1	Planmäßige und außerplanmäßige AfA	389
4.2.4.2.2	Die betriebgewöhnliche Nutzungsdauer	390
4.2.4.2.3	Abschreibungsverfahren	390
4.2.5	Bewertung des Umlaufvermögens	393
4.2.5.1	Bewertung des Vorratsvermögens	393
4.2.5.2	Bewertung des sonstigen Umlaufvermögens	394
4.2.6	Ausnahmen von der Einzelbewertung: Bewertungsvereinfachungen	394
4.2.7	Bewertungsvorschriften für Kapitalgesellschaften	396
4.2.8	Steuerliche Bewertungen	397
4.2.9	Rückstellungen	397

4.2.9.1	Rückstellungen für Gewährleistungen	397
4.2.9.2	Rückstellungen für drohende Verluste aus schwebenden Geschäften	398
4.2.9.3	Rückstellungen für unterlassene Aufwendungen für Instandhaltung	399
4.2.9.4	Verbrauch und Auflösung von Rückstellungen	399
4.2.10	Möglichkeiten und Grenzen der Bilanzpolitik	399
4.2.11	Bilanzanalyse	400
4.2.11.1	Investitionsanalyse	401
4.2.11.2	Finanzierungsanalyse	402
4.2.11.3	Liquiditätsanalyse mit Bestandsgrößen	403
4.2.11.4	Liquiditätsanalyse mit Stromgrößen	404
4.2.11.5	Grenzen der Bilanzanalyse	405
4.2.12	Grundlagen des Konzernabschlusses	405
4.2.12.1	Konzerne	405
4.2.12.2	Konsolidierungsarten	406
4.2.12.3	Internationale Rechnungslegung IAS/IFRS	407
4.2.13	Wirtschafts- und Abschlussprüfung	409
4.3	**Finanzierung**	**409**
4.3.1	Begriff und Formen der Finanzierung	409
4.3.2	Der Kapitalbedarf	410
4.3.3	Finanzielle Zielkonflikte	412
4.3.3.1	Liquidität	413
4.3.3.2	Rentabilität	413
4.3.3.3	Liquidität versus Rentabilität	413
4.4	**Finanzierungsregeln**	**414**
4.4.1	Vertikale Finanzierungsregeln	414
4.4.2	Horizontale Finanzierungsregeln	416
4.5	**Finanzierungsarten**	**417**
4.5.1	Außenfinanzierung	417
4.5.1.1	Eigenfinanzierung	418
4.5.1.1.1	Besonderheiten der Aktiengesellschaft	418
4.5.1.1.2	Aktienformen und Rechte	420
4.5.1.2	Fremdfinanzierung	421
4.5.1.2.1	Kurzfristige Fremdfinanzierung	421
4.5.1.2.2	Langfristige Fremdfinanzierung	421
4.5.1.3	Kreditsubstitute	423
4.5.1.3.1	Factoring	423
4.5.1.3.2	Leasing	423
4.5.1.3.3	Hybride Finanzierungen	424
4.5.2	Innenfinanzierung	425
4.5.2.1	Selbstfinanzierung	425
4.5.2.2	Finanzierung aus Vermögensumschichtung	427
4.5.2.3	Finanzierung aus Abschreibungsgegenwerten	427
4.5.2.4	Finanzierung aus Rückstellungen	428
4.5.3	Der Cash Flow	428
4.5.4	Finanzierungssicherheiten	428
4.5.4.1	Kreditsicherheiten	428
4.5.4.2	Schuldanerkenntnis	430
4.5.4.3	Überweisung und Akkreditiv	431
4.5.4.4	Darlehensvertrag	431

4.6	**Grundbegriffe des Steuerrechts**	432
4.6.1	Wesen des Steuerrechts	432
4.6.1.1	Grundbegriffe	432
4.6.1.2	Einteilung der Steuern	432
4.6.1.3	Steueraufkommen und -verteilung	432
4.6.2	Besteuerungsgrundsätze	433
4.6.2.1	Festsetzungsverfahren	433
4.6.2.2	Fristen	433
4.6.3	Prüfung	434
4.6.3.1	Strafrecht	434
4.6.3.2	Ordnungswidrigkeiten; Selbstanzeige	434
4.6.3.3	Steuerschuld und andere steuerliche Begriffe	434
4.7	**Unternehmensbezogene Steuern**	435
4.7.1	Einkommensteuer	435
4.7.1.1	Steuerpflicht	435
4.7.1.2	Ermittlung	436
4.7.1.3	Veranlagung	439
4.7.1.4	Sonderausgaben	439
4.7.1.5	Außergewöhnliche Belastungen	439
4.7.1.6	Lohnsteuerabzugsverfahren	440
4.7.1.7	Steuersätze	441
4.7.2	Körperschaftsteuer	442
4.7.3	Gewerbesteuer	443
4.7.4	Umsatzsteuer	445
4.7.5	Grunderwerbsteuer	451
4.7.6	Bewertungsgesetz	451
4.7.7	Betriebswirtschaftliche Bewertung der Steuern im Unternehmen	452

Literaturverzeichnis 453

Stichwortverzeichnis 455

Inhaltsübersicht BUCH 2

5 Kosten- und Leistungsrechnung

5.1 Grundlagen der Kostenrechnung
5.2 Kostenartenrechnung
5.3 Kostenstellenrechnung
5.4 Kostenträgerrechnung
5.5 Plan- und Istkostenrechnung
5.6 Voll- und Teilkostenrechnung

6 Personalwirtschaft

6.1 Personalpolitik und Personalplanung
6.2 Aufgaben und Organisation des betrieblichen Personalwesens
6.3 Personalbeurteilung und Personalentwicklung
6.4 Entgeltformen
6.5 Führungsverhalten im Betrieb
6.6 Betriebliches Bildungswesen
6.7 Betriebliches Sozialwesen
6.8 Betriebliche Mitbestimmung
6.9 Rechtsgrundlagen

7 Produktionswirtschaft

7.1 Fertigungsplanung
7.2 Fertigungssteuerung
7.3 Personaldisposition
7.4 Anlagenüberwachung
7.5 Fertigungsversorgung
7.6 Fertigungskontrolle: Qualitätssicherung in der Produktion
7.7 Zeitwirtschaft
7.8 Ökologische Aspekte der Produktion
7.9 Rechtsgrundlagen

8 Materialwirtschaft

8.1 Bedarfsermittlung und Bedarfsanalyse
8.2 Aufgabe und Organisation der Materialwirtschaft
8.3 Der Beschaffungsmarkt
8.4 Einkaufsorganisation und -abwicklung
8.5 Lagerwirtschaft
8.6 Transportwesen
8.7 Entsorgung und Wiederverwertung
8.8 Rechtsgrundlagen

9 Absatzwirtschaft

9.1 Marketing als Teil der Unternehmenskonzeption
9.2 Marktkonzept und Marktstrategie
9.3 Aufgaben und Objekte der Marktforschung
9.4 Produkt- und Sortimentspolitik
9.5 Preispolitik
9.6 Absatzmethoden
9.7 Verkaufsförderung
9.8 Werbung und Öffentlichkeitsarbeit
9.9 Verkauf
9.10 Absatzkontrolle
9.11 Verbraucherschutz
9.12 Weitere Rechtsgrundlagen

10 Recht

10.1 Einführung in das Recht
10.2 Bürgerliches Gesetzbuch
10.3 Verfahrens- und Vollstreckungsrecht

11 Arbeitsmethodik

11.1 Die Bedeutung der Arbeitsmethodik oder »Lernen zu lernen«
11.2 Aufnahme und Verarbeitung von Lerninformationen
11.3 Protokoll- und Berichtstechnik
11.4 Darstellungs- und Gliederungstechniken
11.5 Lernen in der Gruppe
11.6 Methoden der Problemanalyse und Entscheidungsfindung
11.7 Grundlagen der Sprech- und Redetechnik
11.8 Neue Medien

1 Volks- und betriebswirtschaftliche Grundlagen

Unter einer Volkswirtschaft versteht man die Gesamtheit des wirtschaftenden Zusammenwirkens aller privaten Haushalte, Unternehmungen, staatlichen Gebietskörperschaften sowie Gemeinden und Länder innerhalb eines Wirtschaftsraumes. Sie erhält durch ein einheitliches Wirtschaftssystem, eine einheitliche Wirtschaftsordnung sowie durch die gegebenen Rechts- und Gesellschaftsverhältnisse ihr besonderes Gepräge und unterscheidet sich dadurch von anderen Volkswirtschaften.

Die **Volkswirtschaftslehre** oder, wie man sie auch bezeichnet, die **Nationalökonomie**, ist ein Teil der **Wirtschafts- und Sozialwissenschaften**. Sie hat enge Berührungspunkte zu anderen wichtigen wissenschaftlichen Disziplinen: Soziologie, politische Wissenschaften, Rechtswissenschaften sowie Psychologie und Anthropologie.

Im Rahmen der Wirtschafts- und Sozialwissenschaften befasst sich die **Volkswirtschaftstheorie** mit dem Zusammenhang der einzelnen Wirtschaftseinheiten. Die Volkswirtschaftstheorie untersucht die wirtschaftlichen Zusammenhänge unter Berücksichtigung des Wirtschaftlichkeitsprinzips.

Die praktische Volkswirtschaftslehre oder **Volkswirtschaftspolitik** befasst sich mit der Gestaltung der Volkswirtschaft durch den Staat und andere in einer Volkswirtschaft tätigen Organisationen und Gemeinschaften.

Die Volkswirtschaftslehre hat die Aufgabe, gesamtwirtschaftliche Abläufe zu analysieren und zu erklären. In der Volkswirtschaftslehre ist es nicht – wie in anderen Wissenschaften – möglich, Experimente vorzunehmen. Daher ist es die Hauptaufgabe der Volkswirtschaftslehre, zu beobachten und die Ergebnisse in einen gesamtvolkswirtschaftlichen Zusammenhang zu stellen.

1.1 Wirtschaftssysteme – Wirtschaftsordnungen

Das **Wirtschaftssystem** ist ein Ordnungsmodell. Es ist eine gedankliche Ordnung, bei der die wichtigsten Elemente in einer Wirtschaftsordnung analysiert und untersucht werden.

Die **Wirtschaftsordnung** ist der gesamte organisatorische Aufbau und Ablauf einer Volkswirtschaft.

Wirtschaftssysteme bestehen aus verschiedenen Bausteinen, wobei zwei Faktoren die entscheidende Rolle spielen:

Der Koordinationsmechanismus

Güter sind in einer Volkswirtschaft knapp. Deshalb stellen sich in allen Volkswirtschaften die folgenden Fragen:

– Was soll produziert werden?
– Wie soll produziert werden?
– Für wen soll produziert werden?

In realen Volkswirtschaften beantwortet diese Fragen entweder der Markt oder ein zentral aufgestellter Plan. Dementsprechend unterscheidet man **Marktwirtschaft** und **Zentralverwaltungswirtschaft (Planwirtschaft)**.

Die Eigentumsordnung

Für ein Wirtschaftssystem ist entscheidend, ob die Produktionsmittel im **Privateigentum** oder **Gemeineigentum** stehen.

1.1.1 Idealtypische Wirtschaftssysteme: Marktwirtschaft und Zentralverwaltungswirtschaft

Das System der freien Marktwirtschaft

Wenn eine große Anzahl von Unternehmen und privaten Haushalten entscheidet, was, wie und für wen produziert werden soll, spricht man von einer **dezentralen Planung** mit **Märkten und Preisen** als Koordinationsmechanismus.

Das zweite Kriterium für eine freie Marktwirtschaft leitet sich aus der Eigentumsordnung her: Eine Gesellschaft, in der die Produktionsmittel in Privathand liegen, bezeichnet man als **kapitalistisch**.

Das System der Zentralverwaltungswirtschaft

Wenn die Entscheidungen über die Produktionsarten, -mengen, -verfahren und -verteilung von einer staatlichen Stelle getroffen werden, liegt **zentrale Planung** bzw. **zentrale Verwaltungswirtschaft** vor.

Kommt hinzu, dass sich die Produktionsmittel in Gemeineigentum befinden, wird ein solches System als **sozialistische Zentralverwaltungswirtschaft** bezeichnet.

1.1.2 Soziale Marktwirtschaft in der Bundesrepublik Deutschland: Ziele und Merkmale

Die Konzeption der sozialen Marktwirtschaft wurde in der Bundesrepublik Deutschland von Vertretern des Neoliberalismus entwickelt. Grundidee ist die Verknüpfung der Vorteile der Marktwirtschaft mit der Durchsetzung sozialer Gerechtigkeit und sozialer Sicherheit.

Die Koordination der Wirtschaft erfolgt durch Wettbewerb und Preismechanismus. Grundlage dafür ist das Vorherrschen von privatem Eigentum an Produktionsmitteln. Die Wirtschaftssubjekte können individuell ihre wirtschaftlichen Tätigkeiten planen:

– Gewerbefreiheit,
– Vertragsfreiheit,
– freie Wahl des Berufes und des Arbeitsplatzes sowie
– Freizügigkeit

sind gesetzlich garantiert.

Darüber hinaus erhält der Staat weitreichendere Aufgaben als in der freien Marktwirtschaft. Er hat die Aufgabe, den freien Wettbewerb zu schützen und in das Wirtschaftsgeschehen einzugreifen, um soziale Sicherheit und Gerechtigkeit zu gewährleisten.

Die wirtschaftspolitischen Aktivitäten des Staates gliedern sich in vier Schwerpunkte:

- Ordnungspolitik,
- Strukturpolitik,
- Prozesspolitik,
- Sozialpolitik.

1.1.2.1 Ordnungspolitik

Durch Gesetze und Verordnungen schafft der Staat die rechtlichen Rahmenbedingungen des Wirtschaftens. Bereits vorhandene Gesetze, wie das Bürgerliche Gesetzbuch (BGB), das Handelsgesetzbuch (HGB) und die Gewerbeordnung werden der aktuellen wirtschaftlichen Entwicklung angepasst. Eine besonders wichtige Rolle spielt in der sozialen Marktwirtschaft die Wettbewerbspolitik. Um den Wettbewerb zu schützen, wurde z. B. das **Gesetz gegen Wettbewerbsbeschränkungen (GWB, Kartellgesetz)** beschlossen und das **Kartellamt** gegründet. In den letzten Jahrzehnten hat die Umweltpolitik stark an Bedeutung gewonnen.

1.1.2.2 Strukturpolitik

Der Staat hat die Aufgabe, die allgemeinen Voraussetzungen für wirtschaftliche Aktivitäten herzustellen und zu verbessern, z. B. durch geeignete Infrastrukturmaßnahmen. Darüber hinaus sollen stark unterschiedliche Entwicklungen in verschiedenen Branchen und Regionen durch strukturpolitische Maßnahmen ausgeglichen werden. Beispiele dafür sind Investitionshilfeprogramme für die wirtschaftliche Entwicklung in den neuen Bundesländern oder Hilfen für die Stahl- und Werftenindustrien.

1.1.2.3 Prozesspolitik

Das Stabilitätsgesetz verpflichtet den Staat, in den Wirtschaftsablauf einzugreifen, um ein stabiles Preisniveau, angemessenes und stetiges Wirtschaftswachstum, außenwirtschaftliches Gleichgewicht und einen hohen Beschäftigungsstand zu sichern. Diesen Zielen dient vor allem die Prozesspolitik, bestehend aus der **Geldpolitik** der Zentralbank und der **Fiskalpolitik** (Politik der Staatseinnahmen und -ausgaben) von Bund, Ländern und Gemeinden.

1.1.2.4 Sozialpolitik

Die Sozialpolitik des Staates dient dem Ziel, soziale Gerechtigkeit herzustellen und soziale Sicherheit zu garantieren. Beispiele dafür sind das Sozialversicherungssystem, Sozialhilfe, Verbraucherschutzgesetze, Mieterschutzgesetze, das Arbeitsrecht, Mitbestimmungsgesetze, Förderung der Aus- und Weiterbildung. Verschiedene Regelungen dienen der Umverteilung der Einkommen zugunsten der Geringerverdienenden, so z. B. die progressive Besteuerung, Ausbildungsförderung und Wohngeld.

1.2 Wirtschaftskreislauf und volkswirtschaftliche Gesamtrechnung

1.2.1 Volks- und betriebswirtschaftliche Grundbegriffe

1.2.1.1 Bedürfnis, Bedarf, Nachfrage, Markt, Angebot

Alle Menschen haben Bedürfnisse. Ein **Bedürfnis** ist ein empfundener Mangel, verbunden mit dem Wunsch, diesen zu beheben. Bedürfnisse sind tendenziell unbegrenzt. Sie können auch existieren, wenn sie unerfüllbar sind oder die nötigen Mittel zu ihrer Befriedigung fehlen. Unterschieden werden

- Grundbedürfnisse, z. B. Bedürfnisse nach Nahrung, Atemluft, Wohnung, Kleidung;
- Kulturbedürfnisse, das sind Bedürfnisse, die aus dem Stand der gesellschaftlichen Entwicklung resultieren, wie z. B. Bedürfnisse nach Bildung, Kunst, Reisen, Sport;
- Luxusbedürfnisse, d. h. Bedürfnisse nach Gütern, die einen gehobenen Lebensstandard symbolisieren.

Die Befriedigung der Bedürfnisse kann individuell erfolgen (Individualbedürfnisse) oder durch die Gemeinschaft, wie z. B. die Bedürfnisse nach innerer Sicherheit, Schulbildung, Abfallentsorgung, Straßenbau usw. (Kollektivbedürfnisse).

Die Befriedigung von Bedürfnissen bringt einen Nutzen, deshalb haben Güter, die der Bedürfnisbefriedigung dienen, einen Wert. Verfügen Haushalte über die notwendigen Mittel, um Bedürfnisse zu befriedigen, so entsteht ein **Bedarf**.

Der Bedarf wird von den Haushalten artikuliert, indem Angebote eingeholt werden, Beratungsgespräche mit Verkäufern geführt werden, Güter in Geschäften eingekauft werden usw. Dadurch wird der Bedarf auf dem Markt realisiert, man spricht dann von **Nachfrage**.

Als **Markt** bezeichnet man in der Volkswirtschaft alle Orte, wo die Nachfrage mit dem **Angebot** der Unternehmen an Gütern zusammentrifft.

1.2.1.2 Güter

Güter dienen unmittelbar oder mittelbar der Bedürfnisbefriedigung. Man unterscheidet zwischen freien Gütern und Wirtschaftsgütern.

Freie Güter haben keinen Preis, wie z. B. die Güter Luft und Sonnenlicht. Sie stehen den Menschen unbeschränkt zur Verfügung. Früher gab es mehr freie Güter als heute, viele dieser Güter sind inzwischen knapp geworden.

Wirtschaftsgüter sind knapp im Verhältnis zu den Bedürfnissen und haben deshalb einen Preis.

Güter können darüber hinaus unterschieden werden in **materielle Güter** und **immaterielle Güter**, wie z. B. Dienstleistungen und Rechte.

Konsumgüter dienen der unmittelbaren Befriedigung von Bedürfnissen, **Produktivgüter** bzw. **Investitionsgüter** dienen der Produktion.

Verbrauchsgüter werden bei der Erfüllung ihres Zweckes verbraucht, während **Gebrauchsgüter** eine längere Lebensdauer haben.

1.2.1.3 Knappheit, ökonomisches Prinzip

Da die Güter nur in begrenztem Maße vorhanden sind, werden die Menschen versuchen, mit den vorhandenen Mitteln ein Höchstmaß an Bedürfnisbefriedigung zu erreichen. Die Menschen handeln wirtschaftlich, oder anders ausgedrückt: sie handeln nach dem **ökonomischen Prinzip**.

Dieses fundamentale Prinzip der Wirtschaftslehre kann auf zwei Weisen formuliert werden:

1. Man versucht, ein gestecktes Ziel mit einem Minimum an Aufwand zu erreichen (in diesem Falle spricht man vom **Minimalprinzip**).
2. Man versucht mit den vorhandenen Mitteln einen maximalen Erfolg zu erzielen (in diesem Falle spricht man vom **Maximalprinzip**).

Beide Formulierungen des ökonomischen Prinzips stellen zwei Seiten derselben Medaille dar, nämlich den rationalen Umgang mit begrenzten Ressourcen. Aus diesem Grunde wird das ökonomische Prinzip auch **Rationalprinzip** genannt.

1.2.1.4 Volkswirtschaftliche Produktionsfaktoren, Kombination nach dem ökonomischen Prinzip, Faktoreinkommen

In einen Produktionsprozess gehen vielfältige Faktoren ein: z. B. werden Gebäude benötigt, Grund und Boden, auf denen die Gebäude stehen, Maschinen, Rohstoffe und menschliche Arbeitskraft. In einer Volkswirtschaft können verschiedene Arten von Produktionsfaktoren unterschieden werden:

Originäre Produktionsfaktoren sind die menschliche **Arbeit** und die **Natur** (in der volkswirtschaftlichen Literatur häufig auch mit dem klassischen Begriff »Boden« bezeichnet).

Derivative (abgeleitete) Faktoren sind das **Kapital** und das **technologische Wissen**. Unter Kapital versteht man in der Volkswirtschaft den Bestand an von Menschen hergestellten Produktionsgütern wie Maschinen, Anlagen, Materialien usw. Angesichts der großen Bedeutung technologischer Verfahren in der Produktion kann das technologische Wissen (anders als in der klassischen ökonomischen Literatur) als eigenständiger Produktionsfaktor betrachtet werden.

In der Darstellung volkswirtschaftlicher Modelle wird heutzutage meist mit zwei Produktionsfaktoren – Arbeit und Kapital – operiert. Boden wird dabei meist unter den Produktionsfaktor Kapital subsumiert.

Die Entgelte, die die Haushalte für die Zurverfügungstellung von Produktionsfaktoren erhalten, heißen **Faktorentgelte** oder **Faktoreinkommen**:

– Faktoreinkommen für Arbeit sind Löhne, Gehälter, Honorare,
– Faktoreinkommen für Kapital sind Zinsen und Gewinne,
– Faktoreinkommen für Boden sind Pachten und Mieten.

Um einen höchstmöglichen Wohlstand zu erreichen, ist ein sparsamer Umgang mit den zur Verfügung stehenden Produktionsfaktoren eine Bedingung für eine Volkswirtschaft. Effizient arbeitet die Wirtschaft dann, wenn mit den vorhandenen Ressourcen ein bestmögliches Ergebnis erzielt wird bzw. wenn zur Erreichung eines bestimmten Ziels so wenige Produktionsfaktoren wie möglich eingesetzt werden, wenn also nach dem **ökonomischen Prinzip** gehandelt wird.

1 Volks- und betriebswirtschaftliche Grundlagen

Es gibt unendlich viele Möglichkeiten, die Produktionsfaktoren miteinander zu kombinieren. Die optimale Kombination liegt vor, wenn durch den Einsatz der Produktionsfaktoren minimale Kosten entstehen **(Minimalkostenkombination)**.

Beispiel:
Die benötigte Gütermenge einer Periode kann durch unterschiedliche Kombinationen der Faktoren Arbeit und Kapital hergestellt werden. Wir nehmen an, aufgrund technischer und organisatorischer Restriktionen sind nur folgende Kombinationen möglich:

1.) 100 Arbeitseinheiten und 10 Kapitaleinheiten,
2.) 50 Arbeitseinheiten und 20 Kapitaleinheiten,
3.) 20 Arbeitseinheiten und 30 Kapitaleinheiten.

Die Kosten einer Arbeitseinheit betragen 50 Geldeinheiten, die Kosten einer Kapitaleinheit 200 Geldeinheiten. Die Minimalkostenkombination ist dann die Kombination Nr. 2 mit 6.500 Geldeinheiten. Angenommen, aufgrund des technischen Fortschritts verringern sich die Kosten einer Kapitaleinheit auf 100 Geldeinheiten, während die Kosten einer Arbeitseinheit auf 70 Geldeinheiten gestiegen sind, so wird nun die Kombination 3 die günstigste. Der Produktionsfaktor Arbeit wird teilweise durch den Produktionsfaktor Kapital ersetzt.

Die **Ertragskraft** des Produktionsfaktors Arbeit wird beeinflusst durch die tägliche Arbeitszeit, die Intensität der Arbeit, den Einsatz von technischen Hilfsmitteln und die Organisation der Arbeit.

Die Bedeutung der **Arbeitsorganisation** wird deutlich an dem berühmten Stecknadelbeispiel über die Arbeitsteilung von Adam SMITH:

»Ein Arbeiter, der zur Herstellung von Stecknadeln nicht angelernt wäre, der also mit dem Gebrauch der dazu verwendeten Maschinen nicht vertraut wäre, könnte selbst bei äußerster Anstrengung täglich gerade nur eine, sicherlich jedoch keine 20 Nadeln herstellen.

Bei der derzeitigen Herstellungsart dagegen ist nicht nur das Ganze ein selbständiges Gewerbe, sondern es zerfällt wiederum in eine Anzahl Zweigbetriebe, von denen die meisten wieder in sich selbständig sind. Der eine Arbeiter zieht den Draht, ein anderer streckt ihn, ein dritter schneidet ihn ab, ein vierter spitzt ihn zu, ein fünfter schleift ihn am oberen Ende, damit der Kopf angesetzt werden kann. Die Anfertigung des Kopfes macht wiederum zwei oder drei verschiedene Tätigkeiten erforderlich: Das Ansetzen desselben ist eine Arbeit für sich, das Weißglühen der Nadeln ebenso, ja sogar das Einwickeln der Nadeln in Papier bildet eine selbständige Arbeit. Auf diese Weise zerfällt die schwierige Aufgabe, eine Stecknadel herzustellen, in etwa 18 verschiedene Teilarbeiten, die in manchen Fabriken alle von verschiedenen Händen ausgeführt werden, während in anderen zuweilen 2 oder 3 derselben von einem Arbeiter allein besorgt werden.

Ich habe eine kleine Manufaktur dieser Art gesehen, in der nur 10 Mann beschäftigt waren und folglich einige 2 oder 3 verschiedene Arbeiten zu übernehmen hatten. Obgleich sie nun sehr arm und infolgedessen mit den nötigen Maschinen nur ungenügend versehen waren, so konnten sie jedoch, wenn sie sich tüchtig daranhielten, an einem Tag zusammen etwa 10 Pfund Stecknadeln anfertigen.

Ein Pfund enthält über 4.000 Nadeln mittlerer Größe. Diese 10 Arbeiter konnten demnach täglich über 48.000 Nadeln herstellen. Da nun auf jeden der 10. Teil von 48.000 Nadeln entfällt, so kann man auch sagen, dass jeder täglich 4.800 Nadeln herstellte. Hätten sie dagegen alle einzeln und unabhängig voneinander gearbeitet und wäre niemand besonders angelernt gewesen, so hätte gewiss keiner 20, vielleicht sogar nicht einmal einer eine Nadel täglich anfertigen können, d. h. sicher nicht den 240., vielleicht nicht einmal den 4.800. Teil von dem, was sie jetzt infolge einer entsprechenden Teilung und Vereinigung der verschiedenen Arbeitsvorgänge zu leisten im Stande sind.«

(Adam Smith: »Eine Untersuchung über Natur und Wesen des Volkswohlstandes«, S. 5 ff)

1.2.1.5 Produktion, Konsumtion, Investition, Ersparnis

Ehe Güter auf den Märkten umgesetzt werden, müssen sie produziert werden. Dies geschieht durch den sinnvollen Einsatz und die Koordination der volkswirtschaftlichen Produktionsfaktoren.

Sind Güter zur Deckung der Bedürfnisse geeignet, entsteht eine Nachfrage nach diesen Gütern. Daraus entwickelt sich der **Konsum**. Dieser wird vom Preis, von Einkommenserwartungen, vom erreichten Konsumstandard und nicht zuletzt vom verfügbaren Einkommen beeinflusst.

Um stets neue Produktionen einleiten zu können, müssen ausreichend **Produktionsmittel** zur Verfügung stehen. Die Bildung von Sachkapital zur Erhaltung, Verbesserung und Vermehrung der Produktion bezeichnet man als **Investition**.

Um ausreichend Mittel für Investitionen zur Verfügung zu haben, muss auf einen Teil der Nachfrage verzichtet werden, d. h. es muss Konsumverzicht geleistet werden. Diesen Vorgang bezeichnet man als **Sparen**. Für den strukturellen Idealzustand einer Volkswirtschaft ist es wichtig, dass sich Sparen und Investieren annähernd im Gleichgewicht befinden.

1.2.1.6 Wirtschaftssubjekte und deren Zielsetzungen

Die Teilnehmer am Wirtschaftsleben, ob nun als Produzenten oder Konsumenten, als Investoren oder Sparer, als Arbeitnehmer oder Unternehmer bezeichnet man als **Wirtschaftssubjekte**. Sie alle sind Gestalter der Wirtschaft und Träger des Wirtschaftsprozesses.

Es wäre unmöglich, alle die vielfältigen Aktivitäten und Beziehungen zwischen den Wirtschaftssubjekten zu erfassen. Deshalb werden die Wirtschaftssubjekte zu Gruppen zusammengefasst, wobei man annimmt, dass die Wirtschaftssubjekte einer Gruppe ein ähnliches wirtschaftliches Verhalten aufweisen.

Drei Gruppen von Wirtschaftssubjekten können unterschieden werden:

1. Die **Unternehmen:** Sie erstellen Güter (dazu gehören auch Handel und Dienstleistungen) zur Befriedigung von Bedürfnissen (Konsumgüter) oder zur Herstellung anderer Güter (Produktionsgüter bzw. Investitionsgüter).
2. Die **privaten Haushalte:** Sie stellen den Unternehmen Arbeitskraft, Boden und Kapital zur Verfügung und verbrauchen die von den Unternehmen hergestellten Konsumgüter.
3. Der **Staat:** Er schafft die Rahmenbedingungen des Wirtschaftens und greift in Form von Gebietskörperschaften (Bund, Länder, Gemeinden), Zentralbank, Sozialversicherungen in die Wirtschaft ein.

Die privaten Haushalte versuchen durch ihre wirtschaftlichen Aktivitäten ihren Nutzen zu maximieren. Der Staat hat das Ziel, durch seine Handlungen den gesamtgesellschaftlichen Nutzen zu maximieren, wobei allerdings die Definition des gesamtgesellschaftlichen Nutzens unter den verschiedenen gesellschaftlichen Schichten und Gruppen heftig umstritten ist.

Die Zielsetzungen der Unternehmen ergeben sich aus den wirtschaftlichen Prinzipien, auf deren Grundlage sie jeweils handeln:

Erwerbswirtschaftliches Prinzip

Hauptmerkmale dieses Prinzips sind das Gewinnstreben und die Gewinnmaximierung auf lange Sicht. Gekennzeichnet wird das erwerbswirtschaftliche Prinzip durch die Sicherung des Kundenkreises und einer guten Marktposition sowie das Bestreben nach einem hohen

Marktanteil. In einer Marktwirtschaft basieren die Entscheidungen der Betriebe auf dem erwerbswirtschaftlichen Prinzip.

Genossenschaftliches Prinzip

Im idealtypischen Fall soll beim genossenschaftlichen Prinzip eine Selbstkostendeckung erreicht werden. Ziel ist die beste Förderung der Mitglieder der Genossenschaft. Man geht davon aus, dass von einer Genossenschaft, die Gewinn erwirtschaftet hat, den Mitgliedern keine optimale Leistung vermittelt wurde.

Realtypisch wird zur Sicherung des Unternehmens und zur Bildung von Reserven in Krisenzeiten jedoch ein Gewinn angestrebt werden. Hinzu kommt, dass der technische Fortschritt hohe Investitionen bedingt, die bei einer Genossenschaft nur über die Selbstfinanzierung vorgenommen werden können.

Gemeinwirtschaftliches Prinzip

Hauptmerkmal des gemeinwirtschaftlichen Prinzips ist eine möglichst optimale Bedarfsdeckung. Dabei wird angestrebt, bei der Festsetzung der Preise für Güter und Dienstleistungen eine Kostendeckung zu erreichen. Anders als bei den Erwerbswirtschaften steht der Gewinn eines gemeinwirtschaftlichen Betriebes nicht im Vordergrund.

1.2.1.7 Sektoren der Wirtschaft

Jede Volkswirtschaft kann in drei Sektoren untergliedert werden:

- Der **primäre Sektor** oder Urerzeugung setzt sich aus den Betrieben zusammen, die Güter unmittelbar der Natur abgewinnen, wie z. B. Landwirtschaft, Forstwirtschaft.
- Den **sekundären Sektor** bzw. die Verarbeitung bilden alle Betriebe, die Produkte des primären Sektors weiterverarbeiten, also Industrie und Handwerk.
- Handel und Dienstleistungen bilden den **tertiären Sektor**.

Mit der Entwicklung der Volkswirtschaft verschiebt sich die Bedeutung der einzelnen Sektoren. In Entwicklungsländern hat der primäre Sektor die größte Bedeutung. In Ländern einer mittleren Entwicklungsstufe dominiert der sekundäre Sektor. In modernen Volkswirtschaften findet eine deutliche Verschiebung hin zum tertiären Sektor statt.

In Deutschland betrug der Anteil der Erwerbstätigen in der Land- und Forstwirtschaft 2003 nur 2,4% aller Erwerbspersonen. Im produzierenden Gewerbe waren 27,2% aller Erwerbspersonen tätig. Dagegen waren im tertiären Sektor 2003 70,4% aller Erwerbspersonen tätig. Der primäre Sektor trug 2003 mit 1,1% zur Bruttowertschöpfung aller Unternehmen bei, der sekundäre Sektor mit 28,6% und der tertiäre Sektor mit 70,3%.

(Quelle: Internetseite des Statistischen Bundesamtes www.destatis.de und darauf basierende Berechnungen)

Für die wachsende Bedeutung des tertiären Sektors in modernen Volkswirtschaften gibt es mehrere Gründe. Einige seien hier beispielhaft genannt:

- Die Zunahme der Produktivität durch technischen Fortschritt hat zur Verringerung der Zahl der Arbeitsplätze und kostengünstigerer Produktion im sekundären Sektor geführt.
- Aufgrund der Globalisierung findet die arbeitsintensive Produktion vorrangig in Ländern mit niedrigeren Arbeitskosten statt, die Produktion in den entwickelten Industrieländern wird dagegen immer mehr automatisiert.
- Die Herstellung von High-Tech-Produkten erfordert ein höheres Maß an Dienstleistungen, beispielsweise in den Bereichen Bildung, Informationsverarbeitung, Finanzdienstleistungen, Service.

1 Volks- und betriebswirtschaftliche Grundlagen

- Aufgrund der gestiegenen Einkommen in den entwickelten Ländern ist der relative Anteil der Güter des Grundbedarfs am Konsum gesunken, statt dessen spielt der Dienstleistungsbereich eine immer wichtigere Rolle.
- In den entwickelten Ländern nimmt der Anteil der Freizeit der Menschen zu. Dadurch eröffnen sich zusätzliche Möglichkeiten für Anbieter aus dem Dienstleistungssektor, insbesondere im Bereich Unterhaltung, Information und Tourismus.

1.2.1.8 Zunehmende Bedeutung des Produktionsfaktors Kapital

Mit Hilfe des Einsatzes von Kapital kann die Arbeitsproduktivität erheblich gesteigert werden. Die Arbeitsproduktivität misst, wie viel Einheiten eines Gutes pro Arbeitsstunde bzw. pro Arbeitskraft hergestellt werden können.

Da die Vielzahl der in einer Volkswirtschaft hergestellten Güter nicht vergleichbar ist, misst man die gesamtgesellschaftliche Arbeitsproduktivität, indem man das Bruttoinlandsprodukt (also die inländische Wertschöpfung innerhalb einer Abrechnungsperiode) durch die Anzahl der Erwerbstätigen teilt.

	2001	2002	2003
Erwerbstätige (in 1000)	38.851	38.610	38.189
Bruttoinlandsprod. (Mrd. €) in Preisen von 1995	1.986,2	1.989,7	1.987,7
gesamtgesellsch. Arbeitsproduktivität (€/Erwerbstätige)	51.124	51.533	52.049

Entwicklung der gesamtgesellschaftlichen Arbeitsproduktivität in den Jahren 2001 - 2003

(Quelle: Statistisches Bundesamt www.destatis.de Volkswirtschaftliche Gesamtrechnungen)

Langfristig betrachtet nimmt die Arbeitsproduktivität um ca. 3% pro Jahr zu. Der Grund dafür liegt in der zunehmenden Bedeutung des Produktionsfaktors Kapital. In Abschnitt 1.2.1.4 wurde anhand eines Beispiels deutlich gemacht, dass aufgrund der steigenden Kosten für den Faktor Arbeit und tendenziell sinkender Kosten für den Faktor Kapital (durch technischen Fortschritt) Arbeit durch Kapital verdrängt wird. Die Folge ist, wie gezeigt, ein Anstieg der Arbeitsproduktivität, wodurch sich der Wohlstand der Gesellschaft verbessern kann, gleichzeitig jedoch erhebliche Probleme für die Gesellschaft aufgeworfen werden, da Arbeitsplätze vernichtet werden.

Dieser Widerspruch wird auch deutlich in folgendem Text von Bertrand RUSSELL, der an das oben zitierte Beispiel von Adam SMITH anknüpft:

Nehmen wir an,
dass gegenwärtig eine bestimmte Anzahl von Menschen
mit der Herstellung von Nadeln beschäftigt ist.
Sie machen so viele Nadeln, wie die Weltbevölkerung braucht,
und arbeiten acht Stunden täglich.
Nun macht jemand die Erfindung, die es ermöglicht,
dass dieselbe Zahl von Menschen
doppelt so viele Nadeln herstellen kann.
Aber die Menschheit braucht nicht doppelt so viele Nadeln.
Sie sind bereits so billig,
dass kaum eine zusätzliche verkauft würde,
wenn sie noch billiger würden.

1 Volks- und betriebswirtschaftliche Grundlagen

In einer vernünftigen Welt würde jeder,
der mit der Herstellung von Nadeln beschäftigt ist,
jetzt eben vier statt acht Stunden täglich arbeiten,
und alles ginge weiter wie zuvor.
Aber in unserer realen Welt
betrachtet man so etwas als demoralisierend.
Die Nadelarbeiter arbeiten noch immer acht Stunden,
es gibt zu viele Nadeln.
Einige Nadelfabrikanten machen bankrott,
und die Hälfte der Leute verlieren ihren Arbeitsplatz.
Es gibt jetzt, genau betrachtet,
genauso viel Freizeit wie bei halber Arbeitszeit,
denn jetzt hat die Hälfte der Leute
überhaupt nichts mehr zu tun,
und die andere überarbeitet sich.
Auf diese Weise ist sichergestellt,
dass die unvermeidliche Freizeit Elend hervorruft,
statt dass sie eine Quelle des Wohlbefindens werden kann.
Kann man sich noch etwas Irrsinnigeres vorstellen?

(zitiert nach: H. Peters, Volkswirtschaftslehre, Winklers Verlag Gebrüder Grimm Darmstadt, 1995, S. 51)

1.2.1.9 Unterscheidung betrieblicher und sozialer Kosten am Beispiel der Umweltbelastung

Im Abschnitt 1.2.1.4 wurde beschrieben, dass eine optimale Kombination der Produktionsfaktoren dann vorliegt, wenn die gesamten Kosten am geringsten sind. Nach diesem Prinzip arbeiten auch die einzelnen Unternehmen. Daraus kann allerdings nicht geschlussfolgert werden, dass, wenn alle Unternehmen die optimale Faktorkombination realisieren, die Minimalkostenkombination auch für die Gesellschaft als Ganzes realisiert ist. Die einzelnen Unternehmen berücksichtigen bei ihren Planungen nur diejenigen Kosten, mit denen sie unmittelbar belastet werden. Allerdings entstehen auch Kosten durch die Aktivitäten der Unternehmen und der Haushalte, mit denen die Verursacher nicht belastet werden. Am deutlichsten wird das bei der Umweltbelastung. Durch Produktion, Straßenverkehr, Energieverbrauch u. a. wird die Umwelt mit Schadstoffen belastet. Die Folgen der Umweltverschmutzung müssen alle Menschen tragen. Sofern es nicht gelingt, einzelne Verursacher auszumachen, muss die Gesellschaft für die Beseitigung dieser Schäden aufkommen.

Die Kosten, für die der Verursacher aufkommen muss, mit denen er also kalkuliert, werden **private Kosten** genannt. Diejenigen Kosten, für die der Verursacher nicht aufkommen muss, die also von der Gesellschaft getragen werden, heißen **externe Kosten**. Die Summe aus externen und privaten Kosten nennt man **soziale Kosten**, da diese Kosten insgesamt durch die gesamte Gesellschaft (Verursacher und übrige Gesellschaft) getragen werden müssen. Das einzelne Unternehmen und der einzelne Haushalt berücksichtigen bei ihren Entscheidungen aber nur die privaten Kosten. Aus gesellschaftlicher Sicht kann es also zu einer unwirtschaftlichen Kombination der Produktionsfaktoren kommen.

Beispiel:
Mehrere Unternehmen in einer Region stellen Güter her, wobei ein Schadstoff frei wird, der die Pflanzenwelt in der betreffenden Region schädigt. Die Unternehmen stellen eine solche Menge her, dass ihr Gewinn maximiert wird. Die Beseitigung der Folgen der Schadstoffe verursacht Kosten (so genannte Schadenskosten), die durch die betreffende Gebietskörperschaft getragen werden. Würden die Unternehmen ihre Produktionsmengen verringern,

so müssten sie mit Gewinneinbußen rechnen (aus Sicht der Unternehmen sind das Kosten), würden sie durch andere Maßnahmen den Schadstoffausstoß senken, so würde das ebenfalls Kosten verursachen (so genannte Vermeidungskosten). Aus gesellschaftlicher Sicht wäre es optimal, die Summe aus Vermeidungskosten und Schadenskosten zu minimieren.

In der Wirtschafts- und Umweltpolitik werden Möglichkeiten diskutiert, auf welche Weise Haushalte und Unternehmen dazu gebracht werden können, externe Kosten in ihre Überlegungen einzubeziehen. Solche staatlichen Instrumente der Umweltpolitik sind z. B. Umweltabgaben (wie z. B. Ökosteuer) und das Haftungsrecht.

1.2.2 Einfacher und erweiterter Wirtschaftskreislauf einer Volkswirtschaft

Zwischen den in einer Volkswirtschaft handelnden Sektoren bestehen güter- und geldwirtschaftliche Ströme, die in ihrem Zusammenhang den Wirtschaftskreislauf bilden.

In einer einfachen Modellbetrachtung des Wirtschaftskreislaufes innerhalb einer geschlossenen Volkswirtschaft finden Leistungsübertragungen zwischen den privaten Haushalten und den Betrieben statt.

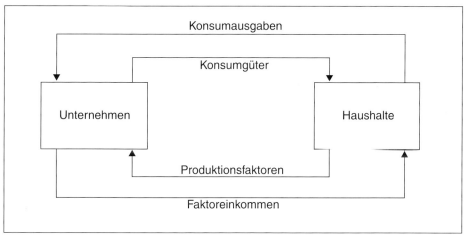

Der einfache Wirtschaftskreislauf in einer geschlossenen Volkswirtschaft (ohne Staat)

Als Symbol für die Summe aller Leistungseinkommen wird **Y**, als Symbol für alle Konsumausgaben **C** verwendet. Für das einfache Modell eines Wirtschaftskreislaufes kann somit die Gleichung **Y = C** aufgestellt werden. In einer solchen Wirtschaft wird weder gespart noch investiert. Die Volkswirtschaft verharrt in einem statischen Zustand.

Bezieht man in den Wirtschaftskreislauf den Sektor Vermögensbildung mit ein, kann man Spar- und Investitionsvorgänge darstellen. In der einfachen Modellbetrachtung schütteten die Betriebe ihre Gewinne voll an die privaten Haushalte aus. Die privaten Haushalte ihrerseits verwendeten das gesamte Einkommen für den Konsum. In der erweiterten Betrachtung sparen die Haushalte einen Teil ihres Einkommens, und die Unternehmen investieren einen Teil der Gewinne.

1 Volks- und betriebswirtschaftliche Grundlagen

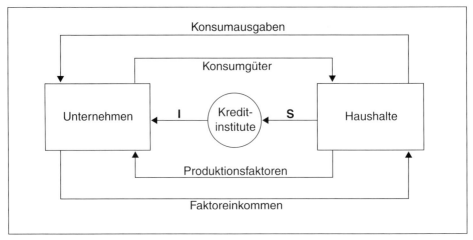

Der erweiterte Wirtschaftskreislauf (ohne Staat, ohne Ausland)

Die Haushalte sparen **(S)** über die Vermögensbildung. Die dort angesammelten Spargelder benötigen die Betriebe für ihre Investitionen **(I)**. Die Wirtschaft befindet sich daher wiederum im Gleichgewicht.

Somit ergeben sich

– die Einkommensentstehungsgleichung $Y = C + I$
– die Einkommensverwendungsgleichung $Y = C + S$

Hieraus kann abgeleitet werden, dass Investitionen und Sparvolumen im Gleichgewicht die gleiche Höhe aufweisen.

In einer nächsten Erweiterung des Modells (hier nicht gezeigt) werden die Sektoren Staat und Ausland aufgenommen.

1.2.3 Volkswirtschaftliche Gesamtrechnung

Das statistische Instrument zur Erfassung der gesamtwirtschaftlichen Vorgänge ist die volkswirtschaftliche Gesamtrechnung. Sie baut auf dem volkswirtschaftlichen Kreislauf auf. In der volkswirtschaftlichen Gesamtrechnung werden alle wichtigen Kreislaufgrößen innerhalb einer Periode auf Konten nach dem Prinzip der doppelten Buchführung erfasst. Zu diesen Konten zählen Unternehmen, private Haushalte, Staat und Ausland. Auf jedem Konto werden die Zu- und Abgänge gegenüber den anderen Konten als Soll- und Habenbuchungen vermerkt. Die volkswirtschaftliche Gesamtrechnung dient der Bestimmung des **Bruttoinlandsprodukts** hinsichtlich seiner Entstehung, Verteilung und Verwendung.

Löst man die Gesamtkonten in Einzelkonten auf, so erhält man eine Tabelle, in der die einzelnen Wirtschaftszweige einander gegenübergestellt werden, um die Struktur der gesamten Volkswirtschaft erforschen zu können. Anhand der Gegenüberstellung lässt sich feststellen, in welcher Weise jeder einzelne Wirtschaftszweig an der Einkommensbildung beteiligt ist.

Das Rechenschema der volkswirtschaftlichen Gesamtrechnung dient im übrigen auch zur Aufstellung gesamtwirtschaftlicher Prognosen und vermittelt wichtige Erkenntnisse für Wirtschaftspolitik und Wirtschaftsforschung. Es zeigt die wirtschaftlichen Zusammenhänge größenmäßig auf und ermöglicht zeitliche und internationale Vergleiche. Der Nutzen der volkswirtschaftlichen Gesamtrechnung ist unbestreitbar, auch wenn sich mit ihrer Hilfe keine präzisen Aussagen über künftige Entwicklungen treffen lassen: Dem Wirtschafts- und Sozialpolitiker hilft sie als Entscheidungsgrundlage, und dem Forschenden und Lehrenden erleichtert sie das Erkennen funktionaler Zusammenhänge. Dem Staatsbürger schließlich vermittelt sie eine Vorstellung von der Struktur, Produktivität und Funktionsweise der Volkswirtschaft.

1.2.4 Bruttoinlands- und Bruttonationaleinkommen

Das statistische Bundesamt ermittelt mit Hilfe der volkswirtschaftlichen Gesamtrechnung den Wert der erbrachten wirtschaftlichen Leistungen innerhalb einer Abrechnungsperiode. Die gesamte Wertschöpfung der Volkswirtschaft wird ausgedrückt durch das Bruttoinlandsprodukt und das Bruttonationaleinkommen.

Das Bruttoinlandsprodukt (BIP) ist der Geldwert aller in einer Abrechnungsperiode im Inland hergestellten Güter (inkl. Dienstleistungen) abzüglich der dafür benötigten Vorleistungen.

Das Bruttoinlandsprodukt erfasst nur Leistungen, die im Inland erbracht wurden. Es werden aber auch Leistungen von Inländern im Ausland erbracht. Zum einen gibt es Grenzgänger, die im Ausland arbeiten. Außerdem könnten Inländer im Ausland investieren und Gewinneinkommen erhalten. Inländer im volkswirtschaftlichen Sinne sind alle Personen, die im Inland wohnen, unabhängig davon, welcher Nationalität sie angehören. Auf der anderen Seite gibt es Ausländer, die im Inland produktive Leistungen erbringen (Grenzgänger, Investoren) und damit zum Bruttoinlandsprodukt beitragen. Die so erwirtschafteten Einkommen fließen aber ins Ausland.

Das Bruttoinlandsprodukt erfasst also diejenigen Einkommen, die im Inland erwirtschaftet werden, unabhängig davon, wem sie zugute kommen. Will man die Wertschöpfung erfassen, die von Inländern erbracht worden ist, so muss man zum Bruttoinlandsprodukt die Faktoreinkommen aus dem Ausland addieren und die Faktoreinkommen an das Ausland subtrahieren. Man erhält dann das **Bruttonationaleinkommen (BNE)**.

BNE = BIP + Faktoreinkommen aus dem Ausland − Faktoreinkommen an das Ausland

Das Bruttonationaleinkommen ist der Geldwert aller in einer Abrechnungsperiode von Inländern hergestellten Güter (inkl. Dienstleistungen) abzüglich der dafür benötigten Vorleistungen.

Das Bruttoinlandsprodukt bezieht sich also auf die im Inland erbrachten wirtschaftlichen Leistungen **(Inlandskonzept)**, während sich das Bruttonationaleinkommen auf die von Inländern erbrachten wirtschaftlichen Leistungen bezieht **(Inländerkonzept)**.

Da das Bruttonationaleinkommen die Wertschöpfung in einer Abrechnungsperiode erfasst, kann es als ein Maßstab für die Entwicklung des Wohlstandes einer Gesellschaft aufgefasst werden. Allerdings wäre es falsch, das BNE als hinreichendes Kriterium für den Wohlstand zu betrachten. Dazu einige Anmerkungen:

− Die Höhe des Bruttonationaleinkommens sagt noch nichts über die **Verteilung der Einkommen** aus. Es gibt Länder mit hohem Nationaleinkommen, in denen in Teilen der Bevölkerung Armut herrscht.

− **Unentgeltliche Leistungen** werden im Bruttonationaleinkommen nicht erfasst, obwohl sie erheblich zum Wohlstand einer Gesellschaft beitragen. Dazu gehören z. B. die Hausarbeit, karitative Tätigkeit, Nachbarschaftshilfe usw.

1 Volks- und betriebswirtschaftliche Grundlagen

- Auf der anderen Seite führen Leistungen, die dazu dienen, **Katastrophenschäden zu beseitigen**, zu einer Steigerung des Bruttonationaleinkommens. Sie mehren aber nicht den Wohlstand, sondern stellen einen ursprünglichen Zustand wieder her.
- Bestimmte Faktoren, die unseren Wohlstand betreffen, werden im Bruttonationaleinkommen **gar nicht erfasst**, wie z. B. Umweltzerstörung, Veränderung der Lebensqualität u.ä.

Um den Wohlstand einer Gesellschaft zu beurteilen, reichen also wirtschaftliche Kennzahlen nicht aus. Sie stellen lediglich einen Teilaspekt der gesellschaftlichen Realität dar.

1.2.5 Entstehung, Verwendung und Verteilung des Bruttoinlandsprodukts

Einkommensentstehung

Die Einkommen der privaten Haushalte entstehen in der Produktion. Sie werden an die Besitzer der Produktionsfaktoren als Faktorentgelte verteilt. Notwendig für die Entstehung von Einkommen ist ein Wertschöpfungsprozess. Die Wertschöpfung wird in mehreren Stufen vollzogen, wie folgendes Beispiel zeigt:

	1. Stufe	2. Stufe	3. Stufe	4. Stufe
	Erzgewinnung	Stahlerzeugung	Stahlverarbeitung	Handel
Bezug von Vorleistungen		1.000 €	1.500 €	2.000 €
Wertschöpfung	1.000 €	500 €	500 €	500 €
Produktionswert	1.000 €	1.500 €	2.000 €	2.500 €

Gesamte Wertschöpfung = Summe der Produktionswerte – Summe der Vorleistungen

Insgesamt ist in einem mehrstufigen Prozess also ein Wert von 2.500 € geschaffen wurden. Addiert man die Produktionswerte aller Betriebe und zieht die von anderen Betrieben empfangenen Vorleistungen ab, so erhält man die Bruttowertschöpfung einer Volkswirtschaft.

Das Statistische Bundesamt ermittelt aus Umfrageerhebungen und einer Vielzahl von Branchenstatistiken die Bruttowertschöpfung der folgenden Wirtschaftsbereiche:

Land- und Forstwirtschaft; Fischerei
A. Land- und Forstwirtschaft
B. Fischerei und Fischzucht

Produzierendes Gewerbe
C. Bergbau und Gewinnung von Steinen und Erden
D. Verarbeitendes Gewerbe
E. Energie- und Wasserversorgung
F. Baugewerbe

Dienstleistungsbereiche
G. Handel; Reparatur von Kfz und Gebrauchsgütern
H. Gastgewerbe
I. Verkehr und Nachrichtenübermittlung
J. Kredit- und Versicherungsgewerbe
K. Grundstückswesen, Vermietung, Unternehmerische Dienstleistungen

L. Öffentliche Verwaltung, Verteidigung, Sozialversicherung
M. Erziehung und Unterricht
N. Gesundheits-, Veterinär- und Sozialwesen
O. Sonstige öffentlich und private Dienstleister
P. Häusliche Dienste

Auf Grund der benutzten Rechenverfahren werden dabei auch Eigenleistungen am Bau, Trinkgelder und implizit Leistungen im Rahmen der »Schattenwirtschaft« (steuerlich nicht erfasste Leistungen) berücksichtigt. Selbstverrichtete Hausarbeiten gehören nicht zur Produktion.

Die Summe der auf diese Weise ermittelten Bruttowertschöpfung aller Wirtschaftsbereiche wird noch korrigiert um die unterstellten Bankgebühren (die im Rahmen der Produktion Vorleistungen darstellen) und um den Nettowert der gezahlten Gütersteuern (nichtabziehbare Umsatzsteuer, Importabgaben, Verbrauchssteuern), welche in die Marktpreise der Güter einfließen.

Die **Entstehungsrechnung** erfolgt also nach folgendem Schema:

    Produktionswert
− Vorleistungen
= Bruttowertschöpfung (unbereinigt)
− unterstellte Bankgebühr
= Bruttowertschöpfung (bereinigt)
+ Gütersteuern
− Gütersubventionen
= Bruttoinlandsprodukt (BIP)

Einkommensverwendung

Das statistische Bundesamt untersucht, für welche Zwecke die im Inland produzierten Güter verwendet werden, d. h. welche Art von Gütern in der Produktion hergestellt werden.

Dabei werden die folgenden Verwendungen unterschieden:

− Privater Konsum,
− Staatskonsum,
− Bruttoinvestitionen,
− Außenbeitrag.

Privater Konsum: Geldwert aller Konsumgüter

Staatlicher Konsum: Geldwert aller Leistungen, die der Staat unentgeltlich zur Verfügung stellt (z. B. Schaffung von Infrastruktur, Sozialleistungen, Polizei, Militär, Gerichtswesen, Verwaltung usw.). Leistungen der staatlichen Dienstleistungsbetriebe (Strom, Wasser, Elektrizität) werden hier nicht erfasst, da das statistische Bundesamt diese Betriebe im Sektor Unternehmen erfasst. Da für die unentgeltlichen Leistungen des Staates kein Marktpreis existiert, wird der Geldwert des staatlichen Konsums durch die Kosten erfasst, die der Staat dafür aufbringen muss.

Bruttoinvestitionen: Die Bruttoinvestitionen setzen sich zusammen aus **Reinvestitionen (Ersatzinvestitionen)**, die zum Ersatz verbrauchter Investitionsgüter dienen, und Neuinvestitionen **(Nettoinvestitionen, Erweiterungsinvestitionen)**, die den Bestand an Investitionsgütern erweitern.

Die Investitionen werden unterschieden in **Anlageinvestitionen** und **Vorratsinvestitionen**.

Außenbeitrag: Der Außenbeitrag erfasst den Wert aller Güter (inkl. Dienstleistungen), die exportiert werden, abzüglich des Wertes aller importierten Güter.

1 Volks- und betriebswirtschaftliche Grundlagen

Einkommensverteilung

Der Gegenwert der produzierten Leistungen wird auf die Wirtschaftssubjekte verteilt. Mit den Einnahmen für die verkauften Leistungen müssen die Unternehmen zunächst alle Kosten decken: nämlich Kosten für verbrauchte Rohstoffe und Materialien (Vorleistungen), Kosten für den Werteverzehr bei Maschinen und Anlagen (Abschreibungen), indirekte Steuern (abzüglich staatlicher Subventionen, welche die Unternehmen erhalten), Löhne und Gehälter, Zinsen für Kredite. Der Einnahmenüberschuss ist der Gewinn, welcher den Inhabern der Unternehmen zusteht. Da die Vorleistungen definitionsgemäß abgezogen werden (s.o.), setzt sich das Bruttonationaleinkommen von der Verteilungsseite also zusammen aus:

– Abschreibungen,
– indirekte Steuern abzgl. Subventionen,
– Löhne und Gehälter von Inländern,
– Zinsen und Gewinne von Inländern.

Zieht man vom Bruttonationaleinkommen die Abschreibungen und die indirekten Steuern (abzgl. Subventionen) ab, so erhält man das **Volkseinkommen**, also die Summe aller Faktoreinkommen, die die Inländer erhalten haben.

Zusammenfassend kann man die Zusammensetzung des Bruttoinlandsprodukts (mit Zahlenbeispielen für 2002) wie folgt darstellen:

Entstehung, Verwendung und Verteilung des Bruttoinlandsprodukts 2002 (in jeweiligen Preisen)

Entstehung		Verwendung		Verteilung	
	Mrd. €		Mrd. €		Mrd. €
+ Land- und Forstwirtschaft, Fischerei	22,0	+ privater Konsum	1.236,5	+ Arbeitnehmer-einkommen	1.130,5
+ Produzierendes Gewerbe	564,3	+ staatlicher Konsum	404,4	+ Unternehmens- und Vermögens-einkommen	441,0
+ Dienstleistungs-bereiche	1.372,6	+ Bruttoinvestitionen	378,8	+ Indirekte Steuern – Subventionen	219,6
– Unterstellte Bankgebühr	– 58,2	+ Außenbeitrag	90,7	+ Abschreibungen	317,7
+ Gütersteuern – Gütersubventionen	209,7			– Saldo der Einkommen aus der übrigen Welt *)	1,6 *)
Summe	**2.110,4**	**Summe**	**2.110,4**	**Summe**	**2.110,4**

*) Saldo der Einkommen aus der übrigen Welt = Faktoreinkommen aus dem Ausland – Faktoreinkommen an das Ausland; im Jahr 2002 = – 1,6 Mrd. €
(Quelle: Internetseite des Statistischen Bundesamtes www.destatis.de: Volkswirtschaftliche Gesamtrechnungen)

1.2.6 Primär- und Sekundärverteilung des Volkseinkommens

Das statistische Bundesamt fasst Gewinneinkommen, Zinserträge, Mieten und Pachten zusammen als Unternehmens- und Vermögenseinkommen. Löhne und Gehälter werden zusammengefasst als Arbeitnehmerentgelt.

Die **funktionale Einkommensverteilung** zeigt die Verteilung der Einkommen auf die Produktionsfaktoren. Dabei interessieren insbesondere die Lohnquote und die Gewinnquote:

Lohnquote: Prozentualer Anteil der Arbeitnehmerentgelte am Volkseinkommen.

Gewinnquote: Prozentualer Anteil der Unternehmens- und Vermögenseinkommen am Volkseinkommen.

Im Jahr 2003 betrug das Volkseinkommen insgesamt 1.572,63 Mrd. €, darunter 1.132,72 Mrd. € Arbeitsentgelte (Quelle: Internetseite des Bundesamtes www.destatis.de). Die Lohnquote betrug also im Jahr 2003:

$$\text{Lohnquote} = \frac{1.132,72}{1.572,63} \times 100\% = 72,0\%$$

In der Bundesrepublik Deutschland liegt die Lohnquote seit den siebziger Jahren bei etwa 70% oder etwas darüber, in der gleichen Zeit hat sich allerdings der Anteil der Arbeitnehmer an den Erwerbstätigen von 80 auf knapp 90% erhöht.

(Berechnet aus Angaben nach: Woll, Allgemeine Volkswirtschaftslehre, S. 447, Verlag Franz Vahlen, München 1993 und: Statistisches Bundesamt, Wiesbaden 1998)

Die **personale Einkommensverteilung** zeigt die Verteilung des Volkseinkommens auf die Haushalte. **Primär** wird das Volkseinkommen in Form der Faktoreinkommen auf den Märkten verteilt. Danach findet allerdings eine Umverteilung durch den Staat statt **(sekundäre Einkommensverteilung)**. Von den Bruttoeinkommen müssen direkte Steuern (Einkommensteuer, Vermögensteuer u. a.) sowie gesetzliche Sozialleistungen an den Staat abgeführt werden. Vom Staat erhalten die berechtigten Haushalte so genannte **Transferleistungen** (Sozialhilfe, Wohngeld, Arbeitslosengeld I und II, Renten, Kindergeld). Der Saldo aus Bruttoeinkommen, Steuern, Sozialabgaben und Transferleistungen ist das **verfügbare Einkommen** der Haushalte.

Der Grund für die Sekundärverteilung liegt in der Aufgabe der Sozialen Marktwirtschaft, für einen sozialen Ausgleich zu sorgen. Probleme entstehen dann, wenn die entstandenen Rechtsansprüche auf Sozialleistungen nur noch mit Hilfe von Neuverschuldung des Staates erfüllt werden können. Das ist insbesondere dann der Fall, wenn die Zahl der Anspruchsberechtigten wächst und die Zahl der Steuerzahler und Beitragszahler zur Sozialversicherung sinkt. Ein weiteres Problem besteht darin, dass Sozialleistungen auch missbraucht werden können und möglicherweise Leistungsanreize verloren gehen können.

Das verfügbare Einkommen der privaten Haushalte wird zu Konsumzwecken benutzt oder gespart (Sparen = Konsumverzicht). Die **Sparquote** gibt an, welcher Prozentsatz des verfügbaren Einkommens gespart wird. Wie bereits erwähnt, ist Sparen eine wichtige Voraussetzung für Investitionen und damit für das Wachstum der Wirtschaft. Kurzfristig kann jedoch ein Absinken der Sparquote aus wirtschaftspolitischer Sicht erwünscht sein, da steigender Konsum die Konjunktur anregt.

1.3 Märkte und Preisbildung

Den Begriff »**Markt**« definiert man als das Zusammentreffen von Angebot und Nachfrage.

Das Produktionsergebnis, das mit Hilfe der Produktionsfaktoren entstanden ist, wird am Markt angeboten und soll über die Entlohnung der Produktionsfaktoren hinaus einen Gewinn erzielen.

Den zur Bedürfnisbefriedigung herangezogenen wirtschaftlichen (also knappen) Gütern wird seitens der Nachfrage ein Wert beigemessen. Der Markt ist die Stelle, an der der Preisbildungsprozess stattfindet, wobei der Preis die Tendenz hat, Angebot und Nachfrage in ein Gleichgewicht zu bringen.

Märkte werden in verschiedene Marktarten unterschieden:

Vollkommene und unvollkommene Märkte

Die Bedingungen des vollkommenen Marktes sind folgende:

– Es herrscht eine vollständige Markttransparenz,
– die Marktteilnehmer verhalten sich nach dem ökonomischen Prinzip,
– es handelt sich um ein homogenes Güterangebot,
– es gibt keine Präferenzen.

Ist eine dieser Bedingungen nicht erfüllt, spricht man von einem unvollkommenen Markt.

Offene und geschlossene Märkte

In einem offenen Markt ist jedem Anbieter und Nachfrager der Marktzutritt möglich. Ist dies nicht der Fall, handelt es sich um einen geschlossenen Markt. Geschlossene Märkte können entstehen durch rechtliche Vorschriften (Zunftzwang) oder durch wirtschaftliche Gegebenheiten (Kapitalmangel).

Freie und regulierte Märkte

Bei freien Märkten findet das Marktgeschehen ohne jegliche Einflussnahme des Staates statt. Von regulierten Märkten spricht man, wenn aus übergeordneten volkswirtschaftlichen Gesichtspunkten Eingriffe von staatlicher oder überstaatlicher Seite (z. B. EU) erfolgen.

In den folgenden volkswirtschaftlichen Betrachtungen (Abschnitte 1.3.1 bis 1.3.4), die in einem gedanklichen Modell stattfinden werden, ist stets der vollkommene Markt unterstellt.

1.3.1 Angebot und Nachfrage

Die **Bestimmungsgrößen des Angebotes** sind

– der Preis des angebotenen Gutes,
– die Preise der übrigen Güter,
– die Preise der Produktionsfaktoren,
– der Stand des technischen Wissens und
– die Gewinnerwartung.

Maßgeblich wird das Verhalten eines Anbieters bestimmt durch den **Preis**, den er für sein Gut am Markt zu erzielen erwartet. Wesentlichen Einfluss auf die Preissetzung haben aber auch die Preise anderer Güter, die mit dem angebotenen Gut konkurrieren.

Die untere Grenze für den langfristigen Angebotspreis bilden die **Produktionskosten** eines Gutes. Daraus wird deutlich, dass die Preise für die Produktionsfaktoren, die ja zur Produktion des Gutes herangezogen werden, das Güterangebot maßgeblich beeinflussen.

In unserer komplexen Volkswirtschaft ist das **technische Wissen** der einzelnen Unternehmungen sehr unterschiedlich. Dementsprechend unterscheiden sich auch die von ihnen praktizierten Produktionsverfahren.

Auf lange Sicht ist die Gewinnmaximierung vorrangiges Ziel einer Unternehmung. Damit kommt den zukünftigen **Gewinnerwartungen** große Bedeutung bei Entscheidungen über das zukünftige Angebot zu.

Die **Bestimmungsgrößen der Nachfrage** sind

- die Bedarfsstruktur des Haushaltes,
- das verfügbare Einkommen,
- die Preise des nachgefragten Gutes,
- die Preise der übrigen Güter, die der Haushalt zu konsumieren beabsichtigt,
- die Erwartungen über künftige wirtschaftliche Entwicklungen.

Diese Einflussgrößen bestimmen, wie sich die mengenmäßige Nachfrage eines Haushaltes nach einem bestimmten Gut darstellt.

Unter **Bedarfsstruktur** ist die Rangordnung der Bedürfnisse zu verstehen. Sie wird bestimmt von psychologischen und sozialen Faktoren. Mit steigendem **Einkommen** kann ein Haushalt einen größeren Teil seiner Bedürfnisse befriedigen. Dadurch wird sich die Nachfrage insgesamt erhöhen, aber es wird auch zu einer Veränderung der qualitativen Zusammensetzung kommen.

Einen sehr wesentlichen Einfluss auf die Nachfrage hat der Preis eines Gutes. Dabei ist nicht nur die absolute Höhe des Preises entscheidend, sondern auch die Veränderung der Güterpreise (des **Preisniveaus**) insgesamt, denn selbstverständlich wird die Entwicklung der Preise aller Güter, die ein Konsument nachfragt, in die Entscheidung über die Nachfrage eines bestimmten Gutes mit einbezogen. Gerade durch den Vergleich der Güterpreise untereinander kommt dem Preis eines Wirtschaftsgutes bei gegebenem Einkommen eine entscheidende Bedeutung für das Nachfrageverhalten zu.

Natürlich spielen auch die **Erwartungen** hinsichtlich künftiger wirtschaftlicher Entwicklungen eine entscheidende Rolle. So wird ein Konsument tendenziell dann einen größeren Teil seines Einkommens sparen, wenn seine wirtschaftlichen Erwartungen negativ sind.

Bei der Betrachtung des Angebotes und der Nachfrage wurde noch nicht darauf eingegangen, wie sich ein Marktpreis unter den Bedingungen des Wettbewerbs bildet. In der Nachfragebetrachtung wurde festgestellt, dass Preisveränderungen Änderungen auch der Nachfragemengen bedingen können. Die Betrachtung der Angebotsseite erbrachte, dass sich die Angebotsmengen nach den Preisen richten, die dem Markt unterstellt werden.

Grundsätzlich sind **alle** Preise denkbar. Es wird aber am Markt nur durch einen Preis ein Gleichgewicht von Angebot und Nachfrage hergestellt:

Bei diesem Preis wird das betreffende Gut genauso oft nachgefragt wie angeboten. Dieser Preis wird als **Gleichgewichtspreis** bezeichnet.

1.3.2 Marktgleichgewicht bei vollständiger Konkurrenz

Mit steigendem Preis fällt im Allgemeinen die Nachfrage nach einem Gut. Stellt man die Abhängigkeit der Nachfrage vom Preis grafisch dar, so ergibt sich folgendes Bild:

1 Volks- und betriebswirtschaftliche Grundlagen

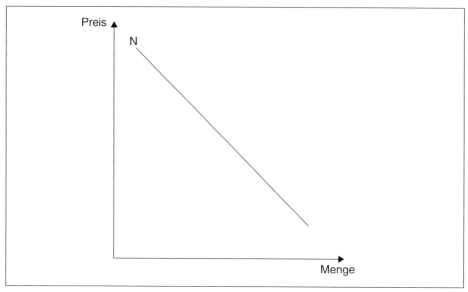

Abhängigkeit der Nachfrage vom Preis

Ob es sich tatsächlich um einen linearen Verlauf oder eher um eine Kurve handelt, spielt hier keine Rolle. Wichtig ist, dass die Funktion eine negative Steigung hat.

Mit steigendem Preis eines Gutes werden die Anbieter ihr Angebot erhöhen. Grafisch lässt sich das wie folgt darstellen:

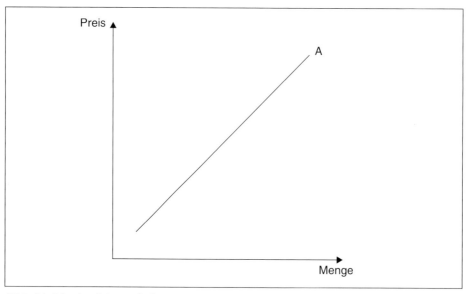

Abhängigkeit des Angebots vom Preis

1 Volks- und betriebswirtschaftliche Grundlagen

Marktgleichgewicht bedeutet das Übereinstimmen von Angebot und Nachfrage. Bringt man Angebots- und Nachfragegerade in einer Grafik zusammen, ergibt sich ein Schnittpunkt, in dem Übereinstimmung von Angebot und Nachfrage herrscht. Auf der Ordinate können wir den zugehörigen Preis ablesen. Diesen Preis nennt man den **Marktpreis** oder **Gleichgewichtspreis**. Die Menge, die angeboten und nachgefragt wird, heißt **Gleichgewichtsmenge**.

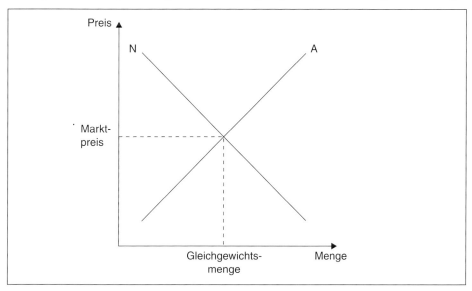

Marktgleichgewicht

Der Marktpreis ist der Preis, bei dem Angebot und Nachfrage übereinstimmen.

Marktungleichgewicht liegt immer dann vor, wenn ein Preis existiert, bei dem Angebot und Nachfrage nicht übereinstimmen. Unter den Bedingungen eines vollkommenen Wettbewerbs werden jedoch Prozesse ausgelöst, die zu einem Marktgleichgewicht führen.

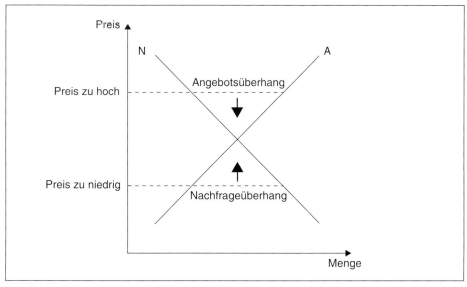

Marktungleichgewicht

Liegt der Preis eines Gutes über dem Marktpreis, so ist das Angebot größer als die Nachfrage, es herrscht ein **Angebotsüberhang**. Die Anbieter können ihr Angebot nicht vollständig absetzen. Die Folge wird sein, dass sie die Preise senken werden, um aus dem Wettbewerb um die Kunden siegreich hervorzugehen. Die sinkenden Preise werden zu einem Steigen der Nachfrage führen. Aufgrund der sinkenden Preise wird aber auch das Angebot eingeschränkt.

Liegt der Preis unter dem Marktpreis, so wird die Nachfrage größer als das Angebot sein. Es liegt ein **Nachfrageüberhang** vor. Die Übernachfrage wird die Anbieter ermutigen, ihre Preise zu erhöhen, denn die Kunden werden bereit sein, für das knappe Gut höhere Preise zu bezahlen. In der Folge des steigenden Preises wird das Angebot zunehmen und die Nachfrage zurückgehen.

Unter den Bedingungen eines vollkommenen Wettbewerbs wird sich über Preisveränderungen also immer wieder ein Marktgleichgewicht einstellen. Dieser Mechanismus, der unabhängig vom Wollen der Wirtschaftssubjekte funktioniert, nennt man den **Preismechanismus**. Er ist von grundlegender Bedeutung für das Funktionieren der Selbstregulierung der Marktwirtschaft.

1.3.3 Funktionen des Preises und Bedeutung des Wettbewerbs

Aus den vorangegangenen Darstellungen wird deutlich, dass den Preisen und dem Wettbewerb in der Marktwirtschaft eine zentrale Bedeutung zukommt. Der Preismechanismus erfüllt die folgenden Funktionen.

- **Informations- und Signalfunktion:**
  Die Marktteilnehmer werden darüber informiert, wie knapp ein Gut ist. Liegt ein Nachfrageüberhang vor, so steigen die Preise. Liegt ein Angebotsüberhang vor, so sinken die Preise.

- **Koordinationsfunktion:**
  Der Preis sorgt für den Ausgleich von Angebot und Nachfrage. Sobald eine Störung des Gleichgewichts vorliegt, verändert sich der Preis und stellt ein neues Gleichgewicht her.

- **Selektionsfunktion:**
  Auf dem Markt setzen sich die leistungsstärksten Marktteilnehmer durch. Nicht konkurrenzfähige Anbieter und nicht zahlungskräftige Nachfrager werden herausgedrängt. Der Preismechanismus zwingt so zu ständiger Innovation und Erhöhung der Produktivität.

- **Lenkungsfunktion:**
  Über den Preismechanismus werden die Produktionsfaktoren zu den Verwendungszwecken gelenkt, die den größten Ertrag und Nutzen bringen. Auf diese Weise wird Verschwendung von Ressourcen vermieden.

- **Verteilungsfunktion:**
  Die Preise bestimmen auch die Verteilung der Einkommen entsprechend der produktiven Leistung. Damit ist nicht die persönliche Arbeitsleistung des Einzelnen gemeint, sondern die produktive Leistung, die die einzelnen Produktionsfaktoren im Prozess der Leistungserstellung erbringen.

Grundbedingung für das Funktionieren des Preismechanismus ist die Existenz eines freien Wettbewerbs. Die Reaktionen der Marktteilnehmer auf Störungen von Angebot und Nachfrage entstehen nur bei Bestehen einer Konkurrenzsituation. Darüber hinaus ist der Wettbewerb Motor der Wirtschaft. Er zwingt die Anbieter dazu, ihre Produkte ständig zu verbessern, zu marktgerechten Preisen anzubieten, kostenbewusst zu handeln und den technischen Fortschritt zu forcieren.

1.3.4 Veränderungen von Angebot und Nachfrage

Wie bereits beschrieben, führen Preisänderungen zu einer Veränderung von Angebot und Nachfrage. Wir bewegen uns dann jeweils auf der Angebots- bzw. Nachfragegeraden. Die Steigung der Nachfragegeraden gibt Auskunft darüber, wie stark die Nachfrage auf Preisänderungen reagiert. Rechnerisch kann dieser Zusammenhang als **Preiselastizität** ausgedrückt werden.

Die Preiselastizität **der Nachfrage** ist wie folgt definiert:

$$\text{Preiselastizität der Nachfrage} = \frac{\text{Prozentuale Änderung der Nachfrage}}{\text{Prozentuale Änderung des Preises}}$$

Beispiel:
Es wurde festgestellt, dass bei einer Preiserhöhung von 3 € auf 3,50 € die Nachfrage nach einem Gut im Monat von 5000 Stück auf 3.400 Stück fällt.

$$\text{Preiselastizität der Nachfrage} = \frac{-32\%}{17\%} = -1{,}9$$

Die Preiselastizität der Nachfrage ist normalerweise negativ, da im Allgemeinen die Nachfrage mit steigendem Preis sinkt. Ist die Preiselastizität kleiner als -1, so spricht man von »elastischer Nachfrage«, ist sie größer als -1, von »unelastischer Nachfrage«. Bei elastischer Nachfrage führt eine Preiserhöhung zu sinkendem Umsatz, da die Nachfrage prozentual stärker sinkt, als der Preis gestiegen ist. Bei unelastischer Nachfrage führt dagegen eine Preiserhöhung zu steigendem Umsatz.

Beispiel:
Angenommen, der Preis eines Gutes betrage 5 Geldeinheiten (GE) und der Absatz pro Periode 1.000 Stück. Die Preiselastizität sei $-1{,}2$ (elastisch). Eine Preiserhöhung um 10% ergibt dann einen Preis von 5,5 (GE). Der Absatz sinkt um 12% auf 880 Stück pro Periode. Betrug der Umsatz vor der Preiserhöhung noch 5.000 GE, so beträgt er nach der Preiserhöhung nur noch 4.840 GE.

Beträgt die Preiselastizität dagegen nur $-0{,}8$, so führt eine Preiserhöhung um 10% zu einem Rückgang des Absatzes um 8% auf 920 Stück. Der Umsatz steigt in diesem Fall auf 5.060 GE.

Güter, auf die leichter verzichtet werden kann oder die leicht durch andere Güter substituiert werden können, haben in der Regel eine elastischere Nachfrage als Güter, auf die schlecht verzichtet werden kann.

Wie in Abschnitt 1.3.1 beschrieben, haben nicht nur Preisänderungen einen Einfluss auf Angebot und Nachfrage. Sollte es aus den dort beschriebenen Gründen zu Nachfrage- oder Angebotsveränderungen kommen, so wird in der grafischen Darstellung die Nachfrage- bzw. die Angebotskurve **verschoben**.

Beispiel:
Angenommen, aufgrund eines allgemeinen Trends erhöht sich die gesamtgesellschaftliche Nachfrage nach einem Gut. Die Nachfragegerade wird nach rechts verschoben. Die Folge ist ein Steigen des Marktpreises und eine Erhöhung der Gleichgewichtsmenge.

Steigen die Rohstoffpreise, so wird sich das gesamtgesellschaftliche Angebot eines Gutes verringern. Die Angebotskurve wird nach links verschoben. In der Folge steigt der Marktpreis und die Gleichgewichtsmenge sinkt.

Zur Verdeutlichung wird auf die folgende Abbildung verwiesen.

1 Volks- und betriebswirtschaftliche Grundlagen

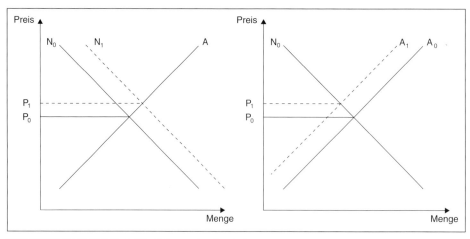

Veränderung der Nachfrage und Veränderung des Angebots

1.3.5 Eingriffe des Staates in die Preisbildung

Staatlich festgelegte **Mindestpreise** sollen die wirtschaftliche Existenz von Anbietern schützen. Ein Beispiel sind die innerhalb der Europäischen Union subventionierten Agrarpreise. Eine freie Marktpreisbildung könnte dazu führen, dass die Existenzgrundlage der Bauern gefährdet wird. Die Vernichtung eines ganzen Berufszweiges hätte schwere soziale Auseinandersetzungen zur Folge und könnte die Möglichkeit zur Selbstversorgung eines Landes gefährden.

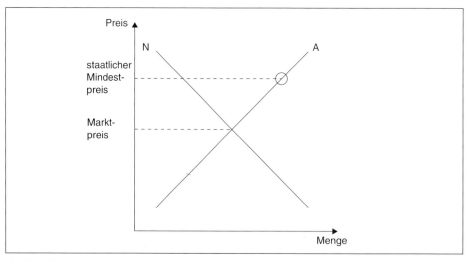

Staatliche Mindestpreisfestlegung

Es existiert ein ständiger Angebotsüberhang. Damit die Preisgarantie wirkt, muss der Staat die Überproduktion aufkaufen. Die Überschussmengen werden vernichtet, gelagert oder zu staatlich gestützten Niedrigpreisen an bedürftige Länder verkauft. Letztere Maßnahme ist allerdings sehr umstritten, da dadurch die wirtschaftliche Existenz der Bauern in den betroffenen Ländern gefährdet wird. Um das Angebot zu drosseln, werden Höchstmengen festgelegt, wie z. B. die Milchquote. Darüber hinaus vergibt der Staat Prämien für die Stilllegung von Anbauflächen. Die staatliche Preisfestlegung zieht also notwendigerweise eine ganze Reihe weiterer nichtmarktkonformer Maßnahmen nach sich, die aus Staatsmitteln finanziert werden müssen. Aus diesem Grunde werden Überlegungen angestellt, die staatlichen Ziele mit marktkonformen Mitteln zu erreichen. Eine Möglichkeit wäre z. B. die Förderung des Anbaus von Bioprodukten. Die produzierten Mengen würden dabei geringer ausfallen. Ein Markt für die etwas teureren Bioprodukte ist vorhanden.

Staatliche **Höchstpreise** werden festgelegt, um den Verbraucher zu schützen, insbesondere bei Gütern des Grundbedarfs. Staatliche Höchstpreise spielen immer wieder in Übergangssituationen eine Rolle, wenn Knappheit an lebenswichtigen Gütern herrscht (z. B. in der Nachkriegszeit, in den Übergangswirtschaften der ehemaligen Sowjetunion). Die Koppelung der Mieten an Vergleichsmieten stellt für einen gewissen Zeitraum eine Begrenzung nach oben dar und kommt somit der Festlegung eines Höchstpreises gleich.

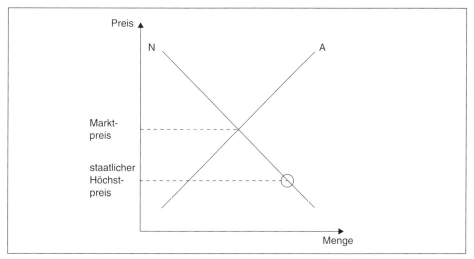

Staatliche Höchstpreisfestlegung

Es kommt zu einem anhaltenden Nachfrageüberhang. Um die Versorgung der Bevölkerung zu gewährleisten, muss der Staat die Produktion subventionieren. Möglich wäre auch eine Kontingentierung des Angebots. So waren in der Nachkriegszeit nur begrenzte Mengen lebensnotwendiger Güter auf »Marken« zu haben. Neben dem offiziellen Angebot entstehen jedoch Schwarzmärkte, auf denen die Waren zu Marktpreisen verkauft werden. Diese Schwarzmärkte führen zum Entstehen von organisierter Kriminalität. Der Staat kann auch selbst als Anbieter auftreten, um das Angebot zu erhöhen und die Preise zu drücken. Um aber die niedrigen Preise zu halten, ist eine Bezuschussung aus Steuergeldern nötig. Der Anreiz für die Privatwirtschaft, das Angebot zu erhöhen, ist nicht vorhanden.

Subventionen durch den Staat führen zu einer Senkung des Marktpreises der subventionierten Güter. Die erwünschten Folgen von Subventionen sind die Stärkung strukturschwacher

Betriebe, Branchen oder Regionen. Die produzierten Güter sollen dadurch auf dem Markt konkurrenzfähig werden. Meistens geht es dabei um die Schaffung oder Sicherung von Arbeitsplätzen. Subventionen führen aber auch zu Wettbewerbsverzerrungen, da die nicht subventionierten Unternehmen benachteiligt werden. Darüber hinaus wird für die subventionierten Unternehmen der Zwang zur Innovation vermindert, was dazu führen kann, dass die strukturelle Schwäche dieser Unternehmen verfestigt wird. Unter Umständen kann es dazu kommen, dass unproduktive Unternehmen oder Branchen künstlich am Leben erhalten werden.

Umgekehrt wirken **Steuern** auf den Verbrauch von Gütern. Sie erhöhen ihren Marktpreis. Aus diesem Grunde können Verbrauchsteuern benutzt werden, um die Nachfrage nach einem bestimmten Gut zurückzudrängen. Im Zusammenhang mit den **Ökosteuern** wird z. B. diskutiert, durch die Besteuerung der Energieträger deren Verbrauch zurückzudrängen. Das kann allerdings nur gelingen, wenn die Nachfrage nach den betroffenen Gütern genügend elastisch ist, also ein Verzicht oder eine Substitution möglich ist (z. B. Verzicht auf Nutzung des privaten PKW und Nutzung öffentlicher Verkehrsmittel). Erforderlich sind deshalb meist begleitende Maßnahmen, die diese Substitution ermöglichen. Andernfalls wird sich die Besteuerung in allgemeinen Preissteigerungen auswirken, die die wirtschaftliche Entwicklung negativ beeinflussen.

1.3.6 Preisbildung bei unvollständiger Konkurrenz

In der bisherigen Betrachtung von Angebot und Nachfrage und einer am Markt stattfindenden Preisbildung wurde von der Annahme ausgegangen, dass am Markt Wettbewerbsbedingungen herrschen, weil eine bestimmte Anzahl von Marktteilnehmern vorhanden ist. Der Markt kann aber auch in seiner Wirklichkeit anders als der Modellfall der vollständigen Konkurrenz sein, der bei der Betrachtung der Preisbildung unterstellt wurde. Die Art der Preisbildung kann abhängig sein von einer Vielzahl möglicher Marktformen. Es kann aber auch umgekehrt die Marktform darüber Auskunft geben, wie das Angebot und die Nachfrage am Markt strukturiert sind.

Bestimmend für die Marktform ist die Anzahl der Marktteilnehmer sowohl auf der Angebots- als auch auf der Nachfrageseite:

– Von einem **Polypol** spricht man, wenn eine Vielzahl von Anbietern einer Vielzahl von Nachfragern gegenübersteht.

– Ein **Monopol** ist gegeben, wenn auf der Angebots- oder der Nachfrageseite nur ein Marktteilnehmer vorhanden ist.

– Sind auf der Angebots- oder der Nachfrageseite nur wenige Marktteilnehmer vorhanden, spricht man von einem **Oligopol**.

Die nachfolgende Übersicht stellt schematisch die wesentlichen Marktformen dar, wobei Sonderformen des Marktes unberücksichtigt bleiben.

Anbieter \ Nachfrager	einer	wenige	viele
einer	bilaterales Monopol	beschränktes Angebotsmonopol	Angebotsmonopol
wenige	beschränktes Nachfragemonopol	bilaterales Oligopol	Angebotsoligopol
viele	Nachfragemonopol	Nachfrageoligopol	Polypol

Marktformen

1 Volks- und betriebswirtschaftliche Grundlagen

Das Polypol auf dem unvollkommenen Markt

Die in der Realität vorkommenden polypolistischen Märkte erfüllen meistens nicht die Bedingungen des vollkommen Marktes. Es herrschen persönliche und sachliche Präferenzen. Einige Nachfrager bevorzugen aus unterschiedlichen Gründen bestimmte Anbieter.

Typische Beispiele sind kleine Geschäfte, Restaurants, Handwerker, kleine Dienstleistungsunternehmen.

Der Polypolist auf dem unvollkommenen Markt kann innerhalb eines bestimmten Rahmens seine Preise erhöhen, ohne damit rechnen zu müssen, alle seine Kunden zu verlieren. Da er Präferenzen für sich und seine Produkte geschaffen hat, wird sein Absatz lediglich ein wenig zurückgehen. Erst beim Überschreiten einer bestimmten Preisgrenze werden sich die meisten seiner Kunden anderen Anbietern zuwenden. Ebenso kann er innerhalb eines gewissen Rahmens seine Preise senken, ohne damit rechnen zu müssen, die gestiegene Nachfrage nicht mehr bedienen zu können. Innerhalb dieser oberen und unteren Preisgrenzen legt der Polypolist auf dem unvollkommenen Markt denjenigen Preis fest, bei dem er den höchsten Gewinn erzielt.

Das Angebotsoligopol

Das Oligopol ist die bei uns wirtschaftlich bedeutendste Marktform. Zahlreiche Konsumgüter des gehobenen Bedarfs werden von relativ wenig Herstellern angeboten. Aber auch zahlreiche Güter des täglichen Bedarfs befinden sich unter der Regie marktbeherrschender Ketten.

Typische Beispiele für diese Marktform sind der Automobilsektor und die Mineralölkonzerne. Aufgrund einer geringen Anbieterzahl herrscht eine große Marktübersicht bezüglich des Angebots. Die wenigen Anbieter verfügen jeweils über einen hohen Marktanteil.

Aus diesem Grunde wird der Oligopolist die Maßnahmen seiner Mitbewerber genau beobachten. Will er seinen Preis erhöhen, so muss er damit rechnen, dass er aufgrund der hohen Marktübersicht spürbar Kunden verliert. Will er seinen Preis senken, so werden seine Konkurrenten reagieren und versuchen, ihn zu unterbieten. Dadurch kann ein Preiskampf ausgelöst werden, der für alle Wettbewerber nachteilige Folgen hat.

Aus diesem Grunde betreiben die Oligopolisten, wenn überhaupt, nur eine sehr vorsichtige Preispolitik. Oligopolistische Märkte zeichnen sich durch eine gewisse **Preisstarrheit** aus. In der Realität kann man beobachten, dass die Preise für viele Güter eine gewisse Zeit stabil bleiben und nicht, wie es die Theorie des vollkommenen Marktes fordert, tagtäglich mit Angebot und Nachfrage schwanken. Um ihre Gewinne zu erhöhen, bedienen sich Oligopolisten im wesentlichen anderer Maßnahmen als der Preispolitik:

– Kostensenkung durch Rationalisierung,
– Schaffung von Präferenzen durch Werbung und verkaufsfördernde Maßnahmen,
– technische Neuerungen, Innovationen.

In der Preispolitik besteht ein Drang zu abgestimmtem Verhalten. Da Preisabsprachen verboten sind, vollzieht sich diese Abstimmung meist durch Anerkennung einer **Preisführerschaft**.

Der Marktmechanismus bleibt grundsätzlich erhalten. Die beteiligten Unternehmen sind zu Innovationen, kostenbewusstem Handeln und ständiger Qualitätsverbesserung gezwungen. Allerdings entstehen auch Gefahren. So formen sich marktbeherrschende Unternehmen, die den Wettbewerb zu ihren Gunsten beeinflussen können. Wenn wenige Anbieter sich den Markt teilen und abgestimmt handeln, kann sich das nachteilig für die Verbraucher auswirken. Der Wettbewerb wird nicht außer Kraft gesetzt, aber doch eingeschränkt.

1 Volks- und betriebswirtschaftliche Grundlagen

Das Angebotsmonopol

Monopole kommen in der volkswirtschaftlichen Realität selten vor. Es gibt einige Monopole, die in staatlicher Hand liegen: so z. B. die Deutsche Bahn AG, der Briefdienst der Deutschen Post AG, im regionalen Bereich die Stadtwerke. Diese Unternehmen sollen die Bevölkerung kostendeckend mit Dienstleistungen versorgen. Sie unterliegen nicht dem Ziel der Gewinnmaximierung, sondern dem gemeinwirtschaftlichen Prinzip.

Im Privatbereich gibt es längerfristig existierende Monopole nicht mehr. Allerdings können Unternehmen bei einzelnen Produkten eine gewisse Zeitlang eine Monopolstellung einnehmen, nämlich dann, wenn sie neue Produkte auf den Markt bringen. Neue Produkte werden in der Regel durch Patent geschützt, und es dauert einige Zeit, bis die Konkurrenz mit ähnlichen Artikeln auf den Markt kommen kann.

Der Monopolist kann die Menge, die er anbietet, oder den Preis, zu dem er anbietet, frei von Einflüssen der Konkurrenz anbieten. Allerdings hängen beide Größen voneinander ab, er kann nicht Preis **und** Menge frei festlegen. Legt der Monopolist einen hohen Preis fest, so wird die Nachfrage eher gering ausfallen. Will er eine große Menge verkaufen, so wird er den Preis niedrig festlegen. Der Monopolist wird genau die Menge anbieten, bei der er den höchsten Gewinn erzielt.

Das folgende Zahlenbeispiel soll das verdeutlichen:

Absatzmenge Stück	Preis pro Stück €	Umsatz €	Gesamtkosten €	Gewinn €
0	1,60	0	1.000	− 1.000
1.000	1,50	1.500	1.200	300
2.000	1,40	2.800	1.350	1.450
3.000	1,30	3.900	1.450	2.450
4.000	1,20	4.800	1.600	3.200
5.000	1,10	5.500	1.800	3.700
6.000	1,00	6.000	2.060	3.940
7.000	0,90	6.300	2.355	3.945
8.000	0,80	6.400	2.750	3.650
9.000	0,70	6.300	3.250	3.050
10.000	0,60	6.000	3.850	2.150
11.000	0,50	5.500	4.550	950

Das Umsatzmaximum liegt bei einem Preis von 0,80 €. Das Gewinnmaximum liegt dagegen bei 0,90 €. Wie man also sieht, fallen Gewinnmaximum und Umsatzmaximum nicht zusammen.

Es folgt eine grafische Darstellung des Zahlenbeispiels:

1 Volks- und betriebswirtschaftliche Grundlagen

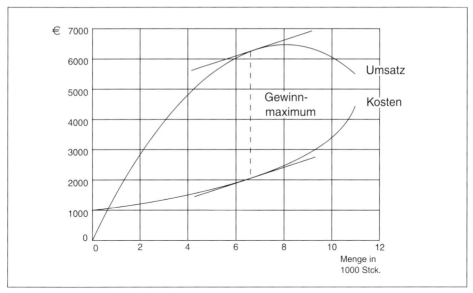

Preisbildung beim Monopol

Der Punkt, an dem das Gewinnmaximum erzielt wird, befindet sich dort, wo die Tangenten an der Umsatzkurve und an der Kostenkurve parallel verlaufen. Diesen Punkt nennt man den **Cournot´schen Punkt**.

Eine Monopolstellung führt zur Außerkraftsetzung des Preismechanismus. Da keine Konkurrenz existiert, kommt es nicht zu einem Ausgleich von Angebot und Nachfrage und zu einem angemessenen Marktpreis.

Aus diesem Grunde widerspricht das Monopol den Grundprinzipien der Marktwirtschaft. Der Staat in der sozialen Marktwirtschaft hat also den Auftrag, der Monopolbildung im Privatbereich entgegenzuwirken.

Das Cobwebtheorem

In dem Modell vom vollkommen Markt wird von unendlich schnellen Reaktionen der Marktteilnehmer ausgegangen. In der Realität reagieren sie jedoch auf Marktveränderungen mit Zeitverzögerung.

Dadurch kann es zu Schwankungen des Marktpreises und der Gleichgewichtsmenge kommen. Ein solches Verhalten wurde z. B. durch empirische Untersuchungen in der Agrarwirtschaft festgestellt (**»Schweinezyklus«**).

Wegen des Aussehens der grafischen Darstellung spricht man vom »Cobwebtheorem« (Spinnwebtheorem), siehe die folgende Abbildung.

1 Volks- und betriebswirtschaftliche Grundlagen

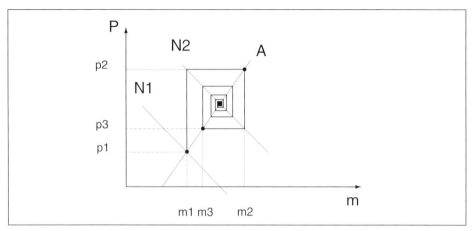

Cobwebtheorem – zeitliche Anpassungsprozesse

Bei einer angenommenen Nachfrageverschiebung von N1 nach N2 und einer Preisveränderung vom Gleichgewichtspreis p1 zu p2 wird sich unter der Annahme einer unmittelbaren Reaktion der Anbieter die angebotene Menge von m1 auf m2 ausweiten, eine Nachfrage jedoch nur in Höhe von m1 vorhanden sein. Dadurch entsteht ein Angebotsüberhang in Höhe von m2 - m1. Das Angebot würde sich, hervorgerufen durch den Angebotsüberhang, verringern, und es soll unterstellt werden, dass der Marktpreis auf p3 fällt. Bei diesem Preis würde ein Nachfrageüberhang in Höhe von m2 - m3 entstehen, denn bei dem auf p3 gefallenen Preis entstünde eine Nachfrage in Höhe von m2, der Markt würde jedoch nur mit einer Angebotsmenge von m3 versorgt werden. Diese Anpassungsvorgänge der Angebots- und Nachfragemengen setzen sich so lange fort, bis ein neuer Gleichgewichtspreis, der im Schnittpunkt von N2 und A liegt, entstanden ist.

1.3.7 Unternehmenskooperation und -konzentration

Der Wettbewerb zwingt die Unternehmen, die Produktionskosten zu senken und ständig den Stand der Technologie zu erweitern. Dazu benötigen die Unternehmen Kapital. Um den erhöhten Kapitalbedarf zu decken, entsteht das Bedürfnis der Unternehmen, zusammenzuarbeiten. Dies kann zu einer marktbeherrschenden Stellung führen, welche Wettbewerbsvorteile verspricht. Zusammenarbeit führt in der Regel auch zu Kostensenkungen, da bestimmte betriebliche Funktionen, wie z. B. Verwaltung, Buchhaltung, Absatzwirtschaft gemeinsam durchgeführt werden können. Aufgrund der heute z.T. erheblichen Risiken für Unternehmen besteht die Tendenz, durch Absprachen und vertragliche Vereinbarungen den Wettbewerb zu vermindern.

Die Zusammenarbeit von Unternehmen bezeichnet man als **Kooperation. Konzentration** bedeutet Zusammenschluss von Unternehmen. Der Übergang von der Kooperation zur Konzentration ist allerdings fließend. Durch Konzentrationsprozesse finden Eingriffe in den freien Markt statt, da der Wettbewerb beschränkt wird.

Bei einem **Kartell** handelt es sich um den Zusammenschluss wirtschaftlich und rechtlich selbständiger Unternehmen, die aber ihre wirtschaftliche Selbständigkeit auf einigen Gebieten aufgeben. Es existieren vertragliche Vereinbarungen zu bestimmten Teilbereichen.

1 Volks- und betriebswirtschaftliche Grundlagen

Nach dem Gegenstand der Vereinbarung kann man z. B. folgende Typen von Kartellen unterscheiden:

- **Preiskartell:** Vereinbarung gemeinsamer Absatzpreise
- **Konditionenkartell:** Vereinbarung gemeinsamer Lieferungs- und Zahlungsbedingungen oder gemeinsamer Geschäftsbedingungen
- **Ex- und Importkartell:** Vereinbarungen über gemeinsames Vorgehen im Außenhandel
- **Rabattkartell:** Vereinbarung einheitlicher Rabatte
- **Normen- und Typenkartell:** Vereinbarung gemeinsamer Normen (bei Bauteilen, Ersatzteilen o.ä.) und Typen von Endprodukten
- **Gebietskartell:** Gemeinsame Aufteilung der Absatzgebiete
- **Quotenkartell:** Vereinbarung über Absatzquoten
- **Rationalisierungskartell:** Absprachen über Beschränkungen im Produktionsprogramm
- **Krisenkartell:** Absprachen der Wettbewerber untereinander in Krisenzeiten über Beschränkungen der Produktion.

Ein **Konzern** ist der Zusammenschluss rechtlich selbständiger Unternehmen unter einheitlicher Leitung bei Aufgabe der wirtschaftlichen Selbständigkeit. Zur gemeinsamen Leitung der einzelnen Konzernunternehmen wird meistens eine spezielle Gesellschaft gegründet, die so genannte Holding. Der Zusammenschluss kann vertraglich erfolgen, meist erfolgt er aber durch Kapitalverflechtungen. Die einzelnen Unternehmen sind aneinander durch gegenseitige Beteiligungen gekoppelt. Eine Mehrheitsbeteiligung an einem Unternehmen führt zu dessen Unterordnung.

Verschmelzen zwei oder mehrere Unternehmen miteinander völlig, wobei ein neues Unternehmen entsteht, so spricht man von einer **Fusion**. Im Ergebnis der Fusion entsteht ein **Trust**.

In der Bundesrepublik Deutschland ist die Unternehmenskonzentration bereits sehr weit vorangeschritten. Etwa 6% der Unternehmen realisieren über 70% des gesamten Umsatzvolumens. Ohne Unternehmenskonzentration wäre der technologische Standard in der Bundesrepublik Deutschland nicht realisierbar gewesen. Die Produktionsverfahren in einer hochtechnisierten Gesellschaft erfordern einen Kapitaleinsatz, der von kleinen Unternehmen nicht zu leisten ist. Dieser hohe Kapitaleinsatz erfordert darüber hinaus eine strategische Planung sowie eine Minimierung des Risikos. Aus diesem Grunde streben die Großunternehmen nach einer hohen Marktmacht. Die Unternehmenskonzentration ist somit zugleich Ergebnis und Voraussetzung des technischen Fortschritts.

Gefahren gehen von der Unternehmenskonzentration aus, weil sie den freien Wettbewerb beschränken. Konzerne und Unternehmen, die über eine hohe Marktmacht verfügen, können ihre Stellung zum Nachteil der Verbraucher und kleinerer Anbieter ausnutzen. Neben der Marktmacht verfügen Großunternehmen auch über eine bedeutende politische Macht, die in einem demokratischen Staatswesen bedenklich ist.

Der Staat in der sozialen Marktwirtschaft hat die Aufgabe, den Wettbewerb zu schützen. Um den negativen Auswirkungen der Unternehmenskonzentration beggnen zu können, wurde am 1. Januar 1958 das **Gesetz gegen Wettbewerbsbeschränkungen (GWB)** verabschiedet. Dieses Gesetz ist allgemein auch bekannt unter dem Namen »**Kartellgesetz**« und wurde in 2005 novelliert. Zuständige Behörde ist das **Bundeskartellamt**.

Das Kartellgesetz enthält ein grundsätzliches Verbot von Kartellen. Allerdings sieht das Gesetz auch Ausnahmeregelungen vor. So können bestimmte Kartelle vom Bundeskartellamt genehmigt werden, andere müssen nur angemeldet werden und unterliegen der Aufsicht des Kartellamtes.

Neben der Überwachung der Kartelle führt das Kartellamt eine Fusionskontrolle durch und kann gegen eine **missbräuchliche Ausnutzung einer marktbeherrschenden Stellung** vorgehen (siehe hierzu Buch 2, Abschn. 9.12.1.1).

Im Zuge der europäischen Einigung fand das Wettbewerbsrecht auch auf europäischer Ebene Einzug. Die Artikel 85 und 86 des Vertrages über die Europäische Gemeinschaft behandeln das Kartellrecht und den Missbrauch marktbeherrschender Stellungen. Neben weiteren wettbewerbsrechtlichen Vorschriften dieses Vertrages wurden ergänzend Verordnungen mit unmittelbarer Geltung für die Mitgliedsstaaten der Europäischen Union unter anderem zur Fusionskontrolle und zum Kartellrecht erlassen. Die Kontrolle über die Einhaltung dieser Verträge und Verordnungen wird von der Europäischen Kommission ausgeübt.

1.3.8 Globalisierung

Durch die Globalisierung haben die Marktbeziehungen und der Wettbewerb zwischen den Unternehmen eine neue **internationale Dimension** angenommen: Unter Globalisierung versteht man ein Zusammenwachsen der Märkte für Sachgüter und Dienstleistungen über die Grenzen einzelner Staaten hinaus. Verbunden ist dieser Prozess mit der Verflechtung der Wirtschaftsbeziehungen zwischen den Staaten, der raschen internationalen Verbreitung neuer Technologien und einem rasanten Anwachsen internationaler Kapitalströme. Globalisierung ist ein Prozess, der nicht erst in jüngster Zeit begonnen hat, der aber durch politische, technologische und wirtschaftliche Veränderungen in jüngerer Zeit deutlich beschleunigt worden ist. Der Niedergang der sozialistischen Systeme in Osteuropa und deren Umwandlung in marktwirtschaftliche Ordnungen hat zur Beendigung der Systemkonkurrenz und zu einem neuen Betätigungsfeld für Investoren geführt. Der Welthandel wurde durch die Regelungen der **World Trade Organisation (WTO)** von nationalen Beschränkungen (insbesondere Zollbarrieren) befreit. Die internationalen Finanzströme sind nur noch in geringem Maße staatlichen Regelungen unterworfen. Die Entwicklung der Technologien in den Bereichen Kommunikation und Verkehr hat dazu geführt, dass die Welt »kleiner« geworden ist.

Durch die Globalisierung vergrößern sich die Märkte, z. T. entstehen **globale Märkte**. Für zahlreiche Unternehmen bedeutet das einen zunehmenden Wettbewerbsdruck. Das betrifft nicht nur transnational handelnde Unternehmen, auch die rein binnenwirtschaftlich orientierten Unternehmen müssen sich auf den zunehmend internationalisierten Warenfluss einstellen. Die internationalen Märkte werden zunehmend von Großunternehmen beherrscht, die international agieren und ihre Investitionsentscheidungen von den Standortbedingungen der einzelnen Länder abhängig machen. Die Länder setzen daher verstärkt den Akzent auf ihre Standortvorteile.

Das kann zu Vorsprüngen führen, wenn beispielsweise in zukunftsorientierte Technologien und Wissen investiert wird. Länder mit einem hohen Lohnniveau und einem hohen Standard an sozialer Absicherung geraten im Zuge der Globalisierung zugleich unter Druck. Auf der anderen Seite können aber Länder vom Know-How- und Technologie-Transfer profitieren. Die internationalen Finanzströme sind von den Einzelstaaten aber kaum noch kontrollierbar. Dadurch entsteht die Gefahr großer Krisen im finanziellen Sektor, wie in den 90er Jahren des letzten Jahrhunderts in Asien.

Die Globalisierung birgt wie gezeigt Chancen und Gefahren. In der politischen Auseinandersetzung wird häufig die Frage nach einer Befürwortung oder Ablehnung der Globalisierung gestellt. Vermutlich handelt es sich dabei um eine falsche Fragestellung: Die Globalisierung ist ein objektiver Prozess der weltweiten wirtschaftlichen und technologischen (und in der Folge politischen) Entwicklung, der sich nicht aufhalten lässt.

Die richtige Frage ist vielmehr, wie dieser Prozess gestaltet wird und ob es Möglichkeiten gibt, Einfluss in dem Sinne auf diesen Prozess zu nehmen, dass die Vorteile für die Menschen in den Vordergrund gerückt und nachteilige Auswirkungen verhindert oder vermindert werden. Der Kern der Diskussion ist also nicht die Frage »Globalisierung – ja oder nein«, sondern die Frage, ob sich das internationale Kapital auf den Weltmärkten »frei« entfalten oder ob die Staatengemeinschaft als regulierende Instanz in diesen Prozess eingreifen soll.

1.4 Geld und Kredit

1.4.1 Binnenwert der Währung

1.4.1.1 Geldarten, Geldfunktionen

Geld ist ein allgemein anerkanntes **Tauschmittel**, das sowohl gegen Waren als auch gegen Dienstleistungen getauscht werden kann.

Geld wird als **Wertmaßstab** und als **Rechenmittel** verwendet, denn der Wert und die Preise von Gütern sind in Geld ausgedrückt. Das bedeutet, dass Güter über das Geld vergleichbar gemacht werden können.

Geld ist auch **Wertaufbewahrungsmittel**, denn über Geld können Werte gespeichert und angesammelt werden; d. h. es kann eine Kaufkraftübertragung von der Gegenwart in die Zukunft vorgenommen werden. Dabei spielt allerdings die Inflation, auf die an späterer Stelle eingegangen wird, eine wichtige Rolle.

Geld ist **gesetzliches Zahlungsmittel**. Es hat eine historische Entwicklung vom Warengeld bis zum Buchgeld (Giralgeld) durchlaufen. Unter Warengeld versteht man Geld in Form von Gütern, etwa Getreide, Salz, Schmuck, Perlen oder Muscheln. Metallgeld ist Geld in Form wertbeständiger Metalle wie z. B. Bronze, Kupfer, Silber oder Gold. Münzgeld sind Metallstücke mit aufgedrucktem Wert. Papiergeld entstand aus Quittungen oder Depotscheinen von Kaufmannsbanken für aus Sicherheitsgründen in Verwahrung genommene Edelmetallwährung. Beim Papiergeld im engeren Sinne wird von einer 100%igen Deckung durch die entsprechende Summe in Metallgeld ausgegangen. Als Papiergeld werden aber auch Banknoten bezeichnet, wobei es vielen aktuellen Geldwirtschaften gemeinsam ist, dass die Deckung nicht mehr in Edelmetallen, sondern im Nationaleinkommen der betreffenden Wirtschaft besteht: Geld ist in diesem Falle eine Anweisung auf das Nationaleinkommen. Unter Buch- oder Giralgeld versteht man die buchmäßig auf Konten gutgeschriebenen eingezahlten Geldbeträge. Buchgeld führt zur Beweglichmachung von Forderungen gegenüber Banken durch Verfügung über dieses Geld mittels Überweisungen oder Schecks. Im Zuge des bargeldlosen Zahlungsverkehrs ist Buchgeld heute die am meisten benutzte Geldart. Auf die folgende Abbildung wird ergänzend verwiesen.

1.4.1.2 Primäre und sekundäre Geldschöpfung

Die Zentralbank versorgt die Geschäftsbanken mit Münz-, Noten- oder Buchgeld, indem sie Wertpapiere, Gold und Devisen ankauft oder Kredite vergibt. Dadurch wird Geld in Umlauf gebracht. Dieser Vorgang wird **primäre Geldschöpfung** genannt. Durch den Verkauf von Wertpapieren, Gold oder Devisen oder die Rückzahlung von Darlehen durch die Geschäftsbanken wird Geld dem Umlauf entzogen. Die Zentralbank kann auf diese Weise die Menge des umlaufenden Geldes direkt beeinflussen.

1 Volks- und betriebswirtschaftliche Grundlagen

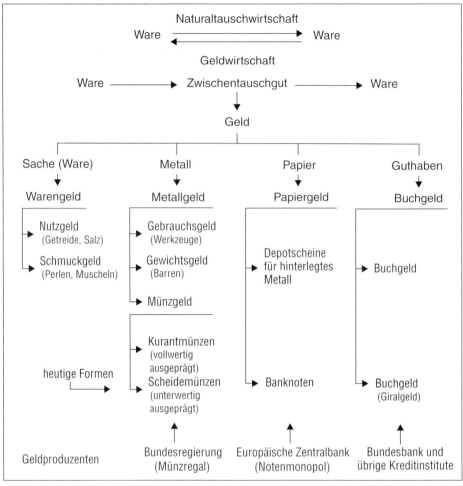

Geldformen

Daneben gibt es einen **sekundären Geldschöpfungsprozess**, in dem die Geschäftsbanken die primär geschaffene Geldmenge durch Kreditvergabe vermehren. Einlagen von Kunden bei den Geschäftsbanken werden genutzt, um Kredite an andere Kunden zu vergeben. Allerdings können die Einlagen nicht in voller Höhe zur Kreditvergabe genutzt werden.

Die Geschäftsbanken werden einen Teil der primär geschaffenen Geldmenge als **Liquiditätsreserve** halten. Ein anderer Teil wird im Bargeldumlauf versickern und damit der weiteren Kreditvergabe entzogen sein. Außerdem kann die Zentralbank die Geschäftsbanken verpflichten, einen bestimmten Prozentsatz der Einlagen ihrer Kunden als **Mindestreserve** zu hinterlegen. Die Mindestreservesätze für die verschiedenen Arten von Einlagen werden von der Zentralbank festgelegt und dienen dazu, die sekundäre Geldschöpfung zu regulieren.

Die gewährten Kredite benutzen die Bankkunden, um Zahlungen zu leisten. Diese Zahlungen führen zu weiteren Einlagen bei Geschäftsbanken, welche wiederum zur Vergabe von Krediten genutzt werden. Auf diese Weise wird ein ursprünglicher Geldbetrag durch Vergabe von Krediten vermehrt. Man nennt diesen Vorgang auch **multiplen Giralgeldschöpfungsprozess**.

1 Volks- und betriebswirtschaftliche Grundlagen

Die Geldschöpfung hängt folglich ab von folgenden Faktoren:

- der freien **Zentralbankgeldmenge**,
- den **Mindestreservesätzen** der Zentralbank und möglichen Liquiditätsreserven der Geschäftsbanken,
- den **Barabflüssen**, die dem multiplen Giralgeldschöpfungsprozess entzogen werden, und
- der **Kreditnachfrage**.

Beispiel:
Herr A legt 10.000 € bei seiner Bank A als Einlage an. Angenommen, der Kassenreservesatz (Mindestreserve und Liquiditätsreserve zusammen) läge bei 10%, dann könnte Bank A 9.000 € als Kredit an den Kunden B vergeben. Kunde B kauft sich dafür einen Gebrauchtwagen und überweist das Geld auf das Konto des Gebrauchtwagenhändlers bei der Bank B. Die Bank B hält wiederum 10% zurück und vergibt 8.100 € an den Kunden C, der sich dafür Möbel kauft und das Geld auf das Konto des Möbelhändlers bei Bank C überweist.

An diesem Beispiel wird deutlich, wie sich das Geld durch Kreditvergabe vermehrt. Zu der Einlage bei Bank A über 10.000 € sind Einlagen bei Bank B über 9.000 € und 8.100 € bei Bank C hinzugekommen.

Die folgende Tabelle veranschaulicht den sekundären Geldschöpfungsprozess.

Kreditinstitut	Sichteinlage	Kassenreserve	Kreditvergabe
Bank A	10.000	1.000	9.000
Bank B	9.000	900	8.100
Bank C	8.100	810	7.290
Bank D	7.290	729	6.561
usw.	usw.	usw.	usw.

Dieser Prozess kann theoretisch fortgesetzt werden, bis die ursprüngliche Geldmenge durch den Abzug der Kassenresere aufgebraucht ist. Aus ursprünglich 10.000 € entstehen so 10.000 + 9.000 + 8.100 + 7.290 + ... = 100.000 €. Die ursprüngliche Geldmenge hat sich verzehnfacht.

1.4.1.3 Rolle der Zentralbank und der Geschäftsbanken

Mit der Einführung der Europäischen Wirtschafts- und Währungsunion (EWWU) im Jahre 1999 übernahm die Aufgaben der Zentralbank für die Länder des Euro-Währungsraums das **Europäische Zentralbanksystem (ESZB)**. Das ESZB besteht aus der **Europäischen Zentralbank (EZB)** mit Sitz in Frankfurt und den nationalen Zentralbanken der Mitgliedsstaaten der Europäischen Union. Damit ist auch die **Deutsche Bundesbank** Mitglied des ESZB. (Die nationalen Zentralbanken der EU-Mitgliedsstaaten, die nicht dem Euro-Währungsraum angehören, sind Mitglieder mit Sonderstellung, da sie weiterhin in ihren Ländern eine eigene nationale Geldpolitik verfolgen.)

Das vorrangige Ziel des ESZB ist es, **Preisstabilität** zu gewährleisten. Soweit dies ohne Beeinträchtigung dieses Ziels möglich ist, unterstützt das ESZB die allgemeine Wirtschaftspolitik in der Europäischen Gemeinschaft. Das ESZB handelt im Einklang mit den Grundsätzen einer offenen Marktwirtschaft.

Die **wichtigsten Aufgaben** des ESZB sind:

– Festlegung und Ausführung der Geldpolitik der Gemeinschaft,
– Durchführung von Devisengeschäften,
– Haltung und Verwaltung von offiziellen Währungsreserven der Mitgliedstaaten,
– Förderung des reibungslosen Funktionierens der Zahlungssysteme.

Geleitet wird das ESZB von den Beschlussorganen der EZB: EZB-Rat, Direktorium und erweiterter Rat. Der EZB-Rat besteht aus den Mitgliedern des Direktoriums und den Präsidenten der nationalen Zentralbanken aus dem EURO-Währungsraum. Seine Aufgaben sind es, die Geldpolitik der Gemeinschaft festzulegen und entsprechende Entscheidungen und Leitlinien festzulegen. Das Direktorium besteht aus dem Präsidenten, dem Vizepräsidenten und vier weiteren Mitgliedern und ist für die Ausführung der Beschlüsse des EZB-Rates zuständig. Zum erweiterten Rat gehören neben den Präsidenten der Zentralbanken aus dem EURO-Währungsraum auch die Präsidenten der Zentralbanken aus EU-Ländern, die noch nicht zur Währungsunion gehören. Er nimmt im wesentlichen Aufgaben war, die die EZB vom Europäischen Währungsinstitut (EWI), dem Vorläufer der EZB, übernommen hat.

Das ESZB ist **unabhängig** von den nationalen Regierungen der Mitgliedsstaaten und von Organen der Europäischen Union.

Das ESZB versorgt die Wirtschaft mit Geld. Wichtiger Mittler dabei sind die Geschäftsbanken, die sich über das ESZB primär mit Geld versorgen und durch Kreditvergabe die sekundäre Geldschöpfung betreiben. Als Kapitalsammelstellen sorgen sie dafür, dass die Ersparnisse der Haushalte der Wirtschaft für Investitionen zur Verfügung gestellt werden. Darüber hinaus übernehmen sie Dienstleistungen in der Abwicklung des Zahlungsverkehrs.

1.4.1.4 Geldmenge

Durch die primäre und sekundäre Geldschöpfung entsteht die umlaufende Geldmenge. Es gibt unterschiedliche statistische Abgrenzungen des Begriffes Geldmenge.

– **Geldmenge M 1:** Bargeldumlauf und Sichteinlagen von Nichtbanken bei den Monetären Finanzinstituten (Kreditinstitute, Bausparkassen, Geldmarktfonds);
– **Geldmenge M 2:** Geldmenge M 1 + Termineinlagen bis zu zwei Jahren und Einlagen mit einer Kündigungsfrist bis zu drei Monaten (Spareinlagen);
– **Geldmenge M 3:** Geldmenge M 2 + Anteile an Geldmarktfonds, Repoverbindlichkeiten, Geldmarktpapiere und Bankschuldverschreibungen mit einer Laufzeit bis zu zwei Jahren.

1.4.1.5 Zusammenhang zwischen Handelsvolumen, Geldvolumen und Preis

Den Zusammenhang zwischen Güterangebot, Geldmenge und Preisen zeigt (vereinfacht) die **Fischer'sche Verkehrsgleichung**. Sie lautet

$$G \times U = H \times P$$

G ist die Geldmenge, U die Umlaufgeschwindigkeit des Geldes. H ist das Handelsvolumen, die Menge der im Handel befindlichen Güter, P ist das durchschnittliche Preisniveau der Güter. Die Geldmenge multipliziert mit ihrer Umschlaggeschwindigkeit muss dem Wert des gesamten gehandelten Gütervolumens entsprechen. Löst man die Gleichung nach P auf, so ergibt sich folgendes Bild:

$$P = G \times U : H$$

Betrachtet man die Umlaufgeschwindigkeit des Geldes näherungsweise als konstant, so kann geschlussfolgert werden:

Übersteigt die Geldmenge das Handelsvolumen, so werden die Preise steigen (und umgekehrt). Dieser Zusammenhang ist leicht einzusehen: Ist »zuviel« Geld auf dem Markt, so wird die Nachfrage wachsen, ohne dass ein entsprechendes Güterangebot bereitsteht. Die Unternehmen werden deshalb ihre Preise erhöhen.

1.4.1.6 Inflation – Ursache und Konsequenzen

Der Wert des Geldes kann sich durch Änderungen volkswirtschaftlicher Daten verändern: Sie können eine Inflation oder eine Deflation hervorrufen.

Zu einer Inflation kann es kommen, wenn die Nachfrage nach Gütern und Dienstleistungen größer als das Angebot ist, denn in einer solchen Situation werden die Preise steigen und der Wert des Geldes wird zurückgehen. Eine Inflation kann aber auch dadurch entstehen, dass die Geldmenge steigt, obwohl das Güterangebot gleich bleibt. Man unterscheidet folgende Arten der Inflation:

- **Offene Inflation:** Das Preisniveau steigt entsprechend den Marktbedingungen.
- **Verdeckte Inflation:** Das Preisniveau wird durch Höchst- oder Festpreisverordnungen von staatlicher Seite verhältnismäßig stabil gehalten; eine Anpassung an die wirklichen Marktverhältnisse unterbleibt.
- **Schleichende Inflation:** Diese Art der Inflation ist durch nicht sehr starke, jedoch lang anhaltende Preissteigerungen gekennzeichnet.
- **Galoppierende Inflation:** Die Preissteigerungsrate liegt durchschnittlich über dem Zins für langfristige Geldanlagen.
- **Stagflation:** Dies ist eine besondere Form der Inflation. In einer solchen Situation steigen die Preise, obwohl kein Wirtschaftswachstum stattfindet, die Wirtschaft also stagniert.

Eine Inflation kann verschiedene Ursachen haben. Mit der Feststellung, dass die Preise steigen, wenn die nachfragewirksame Geldmenge schneller als das Handelsvolumen steigt, sind die Ursachen der Inflation noch nicht erklärt. Unter der Bedingung, dass der Volkswirtschaft eines Landes jede gewünschte Geldmenge zur Verfügung gestellt wird, kann man die folgenden Inflationsursachen nennen.

Hausgemachte Inflation

In diesem Falle steigen die Ansprüche der Wirtschaftssubjekte schneller, als das Handelsvolumen wächst. Alle am Wirtschaftskreislauf Beteiligten, also die privaten Haushalte, die Unternehmungen und der Staat, sparen zu wenig und nehmen zur Finanzierung ihrer Ansprüche unbegrenzt Kredite auf. Eine solche Entwicklung bezeichnet man auch als **Nachfragesoginflation**.

Es kann aber auch eine **Kostendruckinflation** vorliegen, bei der die Gewerkschaften überhöhte Lohnforderungen durchsetzen, der Staat Steuern erhöht und z. B. ausländische Rohstoffe wesentlich im Preis anziehen. Um die gestiegenen Kosten zu decken, müssen die Unternehmer ihre Preise erhöhen.

Eine weitere Variante der hausgemachten Inflation ist die **Gewinninflation**. Dabei besitzen die Unternehmer eine verhältnismäßig starke Marktstellung entweder in einer monopolistischen oder angebotsoligopolistischen Situation, so dass sie ihre auf Verbesserung ihrer Gewinnsituation ausgerichteten hohen Absatzpreise relativ leicht durchsetzen können.

1 Volks- und betriebswirtschaftliche Grundlagen

Importierte Inflation

Laufende Exportüberschüsse führen zu Einnahmen ausländischer Devisen, die nicht wieder für Importzwecke benötigt werden. Die inländischen Exporteure tauschen die Devisen bei den inländischen Banken in eigene Währung um, so dass es zu einer Geldmengenvermehrung kommt. Die dieser gestiegenen Geldmenge gegenüberstehenden Gütermengen sind indessen exportiert worden, so dass es zu einem Ansteigen des Preisniveaus kommen muss. Da Exportüberschüsse in der Regel dann entstehen, wenn die Inflationsraten im Ausland höher als im Inland sind und dadurch die inländischen Waren für die ausländischen Käufer preiswerter werden, spricht man von importierter Inflation, die noch dadurch verstärkt wird, dass unverzichtbare Importe - etwa von im eigenen Lande nicht vorhandenen Rohstoffen - aufgrund der höheren ausländischen Inflationsrate teurer bezahlt werden müssen.

Die Auswirkungen einer Inflation auf die Volkswirtschaft sind grundsätzlich negativ. Geldschuldner werden von der Inflation begünstigt, Sparer und Bezieher fester Einkommen benachteiligt. Besitzer von Sachvermögen können im Gegensatz zu den Geldbesitzern ihr Vermögen erhalten. Geht man einmal davon aus, dass Arbeitnehmer in der Regel ihre Ersparnisse auf Sparbüchern oder in festverzinslichen Wertpapieren anlegen, während die Unternehmen ihr Vermögen in Sachwerten investiert haben, verschiebt sich die Vermögensverteilung zugunsten der Unternehmen. Dadurch kann ein soziales Ungleichgewicht entstehen oder vergrößert werden. Die Inflation löst eine Flucht in Sachwerte aus: Die Angst vor weiterer Geldentwertung führt zu steigender Nachfrage nach beständigen Sachgütern, die wiederum die Inflation anheizt. Die Angst vor Arbeitslosigkeit lässt andererseits die Sparquote ansteigen, wodurch die Konsumgüternachfrage stagniert oder zurückgeht.

Zu Beginn einer Inflationsphase steigen die Steuereinnahmen des Staates. Dies verführt die Parlamente dazu, staatlichen Ausgabensteigerungen zuzustimmen. Diese dann gesetzlich fixierten Ausgaben können kaum mehr zurückgenommen werden, so dass im Laufe der Zeit größere Haushaltsdefizite entstehen, die dann nur durch Steuererhöhungen ausgeglichen werden können. Die Forderung, der Staat solle sich antizyklisch verhalten, wird durch politische Sachzwänge in den meisten Fällen außer Acht gelassen.

Im Gegensatz zur Inflation ist die **Deflation** durch sinkende Preise gekennzeichnet. Durch sie steigt die Kaufkraft, was zur Annahme führen könnte, dass diese Situation für die Konsumenten ideal sei. Das Gegenteil ist jedoch der Fall.

Sinkendes Preisniveau bewirkt, dass Unternehmen und private Haushalte mit ihrer Nachfrage sehr zurückhaltend sind, weil sie ein weiteres Absinken der Preise erwarten. Verfügbares Einkommen wird tendenziell mehr gespart, sodass Arbeitsplätze verlorengehen; sinkende Einkommen sind die Folge.

Eine Deflation kann verschiedene Ursachen haben:

– Die Staatsausgaben werden gekürzt, um einen Ausgleich der in den Vorjahren entstandenen Haushaltsdefizite auszugleichen.

– Die in der Volkswirtschaft tätigen Wirtschaftssubjekte haben pessimistische Zukunftserwartungen, ausgelöst durch Sparmaßnahmen des Staates oder politische Instabilität. Daraus resultiert eine starke Kaufzurückhaltung und ein überhöhtes Sparen sowie pessimistische Unternehmererwartungen, die regelmäßig fehlende Investitionsneigung auslösen. Die sinkende Umlaufgeschwindigkeit des Geldes verstärkt den deflatorischen Effekt.

Zu Erscheinungsformen, Ursachen und Auswirkungen der Inflation wird ergänzend auf die folgende Abbildung aufmerksam gemacht.

1 Volks- und betriebswirtschaftliche Grundlagen

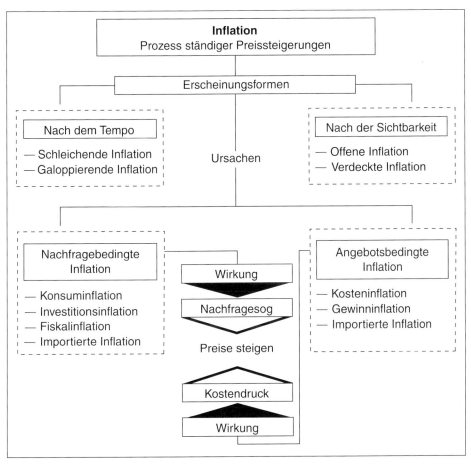

Inflation

1.4.1.7 Messung des Geldwertes

Es gibt in unserer Volkswirtschaft zahlreiche Güter, die zu unterschiedlichen Preisen gehandelt werden. Aus diesem Grunde ist die Bestimmung des Geldwertes ein statistisches Problem. Das statistische Bundesamt stellt einen »repräsentativen Warenkorb« zusammen, der den durchschnittlichen Jahresverbrauch eines privaten Haushaltes enthält. Da sich das Verbraucherverhalten der privaten Haushalte ebenso verändert wie die Qualität der Güter, wird der Warenkorb von Zeit zu Zeit den veränderten Verhältnissen angepasst. Um unterschiedliches Verbraucherverhalten zu erfassen, werden auch unterschiedliche Warenkörbe zusammengestellt. Bei den privaten Haushalten sind dies Warenkörbe für einen Vier-Personen-Haushalt mit höherem Einkommen, einen Vier-Personen-Haushalt mit mittlerem Einkommen und einen Zwei-Personen-Haushalt von Renten- und Sozialhilfeempfängern. Der Wert dieser Warenkörbe im Berechnungsjahr wird verglichen mit dem Wert dieser Warenkörbe in einem Basisjahr. Man erhält so den **Lebenshaltungsindex** bzw. **Preisindex** der Lebenshaltung, der die prozentuale Veränderung der Preise vom Basisjahr zum Berechnungsjahr wiedergibt.

$$\text{Lebenshaltungsindex} = \frac{\text{Wert des Warenkorbes im Berechnungsjahr}}{\text{Wert des Warenkorbes im Basisjahr}} \times 100\%$$

Die **Kaufkraft** der Währung bezogen auf das Basisjahr kann wie folgt berechnet werden:

$$\text{Kaufkraft der Währungseinheit} = \frac{1 \text{ Währungseinheit}}{\text{Lebenshaltungsindex}} \times 100$$

Beispiel:
Der Lebenshaltungsindex im Juni 2003 bezogen auf das Jahr 2000 betrug 104,4%. Damit ist die Kaufkraft des € – bezogen auf 2000 – damals auf ca. 0,96 € gesunken.

Inflation liegt vor, wenn eine allgemeine, andauernde und spürbare Erhöhung der Güterpreise vorliegt. Quantifiziert wird die Inflation durch die **Inflationsrate** oder **Preissteigerungsrate**. Die Preissteigerungsrate wird jeden Monat ermittelt und bezieht sich auf das Preisniveau im Vorjahresmonat. Sie wird berechnet wie folgt:

$$\text{Preissteigerungsrate} = \frac{\text{Änderung des Preisindex gegenüber dem Vorjahresmonat}}{\text{Preisindex im Vorjahresmonat}} \times 100\%$$

Beispiel:
Der Preisindex im September 2003 betrug 104,5 (gegenüber 2000), im September 2002 lag er noch bei 103,4. Die Inflationsrate betrug also im September 2003 ca. 1%.

1.4.2 Währung und Außenwirtschaft

1.4.2.1 Zahlungsbilanz und außenwirtschaftliches Gleichgewicht

Die wirtschaftlichen Transaktionen zwischen Inländern und Ausländern werden in der Zahlungsbilanz erfasst. Diese wird von der Bundesbank erstellt. Die Gliederung der erfassten Transaktionen gibt nachfolgende Abbildung vereinfacht wieder:

Zahlungsbilanz	Leistungsbilanz	Außenbeitrag zum BNE	Außenbeitrag zum BIP	Handelsbilanz
				Dienstleistungsbilanz
			Saldo der Einkommen der übrigen Welt	
		Laufende Übertragungen		
	Vermögensübertragung			
	Kapitalbilanz			
	Restpostenbilanz			
	Veränderung der Nettoauslandsaktiva der Bundesbank (Devisenbilanz)			

Die Zahlungsbilanz

Die **Zahlungsbilanz** gliedert sich in fünf Unterbilanzen auf: die Leistungsbilanz, die Bilanz der Vermögensübertragungen, die Kapitalbilanz, die Bilanz der »statistisch nicht aufgliederbaren Transaktionen« (Restposten) und die Devisenbilanz.

Die **Leistungsbilanz** erfasst den Austausch von Leistungen zwischen In- und Ausländern. Sie ist wiederum in Teilbilanzen untergliedert. In der Handelsbilanz werden Warenexporte (positiv) und Warenimporte (negativ) erfasst. Die Dienstleistungsbilanz erfasst die Dienstleistungsexporte (positiv) und Dienstleistungsimporte (negativ). Die Salden der Handels- und Dienstleistungsbilanz ergeben zusammen den Außenbeitrag. Korrigiert man den Außenbeitrag zum Bruttoinlandsprodukt (BIP) um den Saldo der Einkommen aus der übrigen Welt, so erhält man den Außenbeitrag zum Bruttonationaleinkommen (BNE).

In einer weiteren Teilbilanz der Leistungsbilanz werden die laufenden Übertragungen erfasst. Dabei handelt es sich um regelmäßige Leistungen ohne direkte Gegenleistung, wie z. B. Beiträge zur Europäischen Union, zur NATO, zur Organisation für Europäische Sicherheit und Zusammenarbeit (OSZE). Die geleisteten Übertragungen werden negativ, die empfangenen Übertragungen positiv bilanziert.

Ist der Saldo der gesamten Leistungsbilanz positiv, so spricht man von einem **Leistungsbilanzüberschuss**, bei einem negativen Saldo spricht man von einem **Leistungsbilanzdefizit**.

Die Bundesrepublik Deutschland hat traditionell einen Handelsbilanzüberschuss, da die deutsche Industrie stark exportorientiert ist. Dieser Überschuss im Warenexport ist nötig, um Defizite in der Dienstleistungsbilanz und insbesondere in der Bilanz der laufenden Übertragungen auszugleichen.

Die Bilanz der **Vermögensübertragungen** erfasst einmalige Übertragungen von Inländern an Ausländer und umgekehrt, beispielsweise Erbschaften und Schenkungen.

Die **Kapitalverkehrsbilanz** erfasst den Kapitalverkehr zwischen Inländern und Ausländern, beispielsweise durch die Vergabe von Krediten oder Investitionen. Die Zunahme deutscher Forderungen gegenüber Ausländern (Kapitalexport) wird negativ, die Zunahme ausländischer Forderungen gegenüber Inländern (Kapitalimport) wird positiv erfasst.

Die **Restpostenbilanz** dient der Erfassung von Positionen, die statistisch nicht zugeordnet werden können.

Die Salden der vier genannten Teilbilanzen zusammen drücken sich aus in einer **Veränderung der Nettoauslandsaktiva** der Bundesbank.

Außenwirtschaftliches Gleichgewicht herrscht dann, wenn der Bestand an Nettoauslandsaktiva konstant bleibt.

1.4.2.2 Außenwert der Währung, Ursachen für Auf- und Abwertungen

Durch die Wechselkurse wird der Wert der inländischen Währung ins Verhältnis zur ausländischen Währung gesetzt. Der Kurs drückt den Preis der Auslandswährung in Einheiten der Inlandswährung aus **(Preisnotierung)** bzw. die Menge an Auslandswährung, die einer Einheit der Inlandswährung entspricht **(Mengennotierung)**.

Beispiel:
Der Kurs des US-Dollars gegenüber dem Euro wird im Allgemeinen als Mengennotierung angegeben (z. B. bedeutet der Kurs 1,1714, dass 1 € 1,1714 $ entspricht), während der Kurs des US-Dollars gegenüber der DM als Preisnotierung angegeben wurde (z. B. 1,8245 bedeutete, dass 1 US-$ 1,8245 DM kostete).

Veränderungen der Wechselkurse zeigen an, wie sich der Außenwert der eigenen Währung verändert. Steigt der Wert der Auslandswährung, so sinkt der Außenwert der eigenen Währung **(Abwertung)**. Sinkt dagegen der Wert der Auslandswährung, so steigt der Außenwert der eigenen Währung **(Aufwertung)**.

Ursachen für Aufwertungen und Abwertungen der Inlandswährung liegen in Ungleichgewichten im internationalen Handel und im internationalen Kapitalverkehr. Wachsende Attraktivität inländischer Produkte im Ausland oder ein sinkendes Preisniveau führt zu einer wachsenden Nachfrage des Auslands nach inländischen Gütern. Steigende Zinsen im Inland locken Investoren an, die ihr Kapital gewinnbringend anlegen wollen. In beiden Fällen wächst die Nachfrage des Auslands nach der Inlandswährung. Da der Wechselkurs auf den Devisenmärkten durch Angebot und Nachfrage entsteht, kommt es zu einer Aufwertung der Inlandswährung. Geringere Konkurrenzfähigkeit, steigende Preise und sinkende Zinsen führen dagegen zu einer Abwertung der Inlandswährung. In jüngerer Zeit wirkt sich auch die Spekulation mit Devisen zunehmend auf die Wechselkurse aus.

1.4.2.3 Wirtschaftliche Auswirkungen einer Auf- bzw. Abwertung der Währung

Wird die inländische Währung aufgewertet, so werden die inländischen Produkte im Ausland teurer. Das wirkt sich bremsend auf den Export aus. Ausländische Produkte werden im Inland billiger, was den Import begünstigt.

Beispiel:
Der Kurs des Dollar gegenüber dem Euro steigt von 1,2224 auf 1,26183, was einer Aufwertung des Euro entspricht. Ein deutscher PKW im Wert von 20.000 € kostete in den USA vor der Aufwertung 24.448 US-$ und nach der Aufwertung 25.237 US-$, er ist damit weniger wettbewerbsfähig auf dem amerikanischen Markt geworden. Umgekehrt ist der Preis eines amerikanischen PKW im Wert von 12.500 US-$ auf dem europäischen Markt von 10.226 € auf 9.906 € gefallen.

Die Abwertung der inländischen Währung führt zu einer Begünstigung des Exports und einer Bremsung des Imports.

1.4.2.4 System flexibler Wechselkurse

Bilden sich die Wechselkurse auf dem Devisenmarkt nach den Gesetzen von Angebot und Nachfrage, so spricht man von Floating oder flexiblen Wechselkursen.

Auf dem Devisenmarkt treffen Angebot und Nachfrage nach Devisen zusammen. Devisenanbieter sind z. B. Exporteure, die ihre Einnahmen in ausländischer Währung in Inlandswährung umtauschen wollen. Devisennachfrager sind z. B. Importeure, die Devisen für ihre Handelsgeschäfte einkaufen müssen.

Über flexible Wechselkurse werden Ungleichgewichte in den Handelsbeziehungen oder im Kapitalverkehr zwischen den betroffenen Ländern ausgeglichen.

Beispiel:
Angenommen, gegenüber den USA entsteht ein Exportüberschuss. Da weniger Waren in den USA eingekauft werden, geht die Nachfrage auf den Devisenmärkten nach US-$ zurück und das Angebot von US-$ nimmt zu. Die Folge ist eine Abwertung des Dollar. Aufgrund der Abwertung werden nun amerikanische Güter auf internationalen Märkten billiger, während für amerikanische Nachfrager die Güter in der übrigen Welt teurer werden. Die Folge ist, dass Exporte nach USA zurückgehen und Importe aus USA zunehmen. Das Handelsungleichgewicht wird (tendenziell) wieder abgebaut.

Ein System flexibler Wechselkurse kann allerdings den Handel mit dem Ausland erschweren. Exporteure und Importeure müssen ein Kursrisiko eingehen, da die Wechselkurse zwischen Vertragsabschluss und Lieferung sehr stark schwanken können. Das Kursrisiko wird in die Verkaufspreise der Exporteure und Importeure einkalkuliert, wodurch die Preise im internationalen Handel steigen. Flexible Wechselkurse existieren z. B. zwischen dem EURO, dem japanischen Yen und dem US-Dollar.

1.4.2.5 System fester Wechselkurse

Bei einem System fester Wechselkurse beruhen die Kurse auf Vereinbarungen zwischen den Regierungen. Der vereinbarte Wechselkurs heißt **Leitkurs** oder **Parität** und orientiert sich an der jeweiligen Inlandskaufkraft der Währung. Die Notenbanken der beteiligten Länder verpflichten sich, durch An- und Verkäufe von Devisen die Kurse stabil zu halten. Innerhalb gewisser Bandbreiten werden Kursschwankungen aufgrund von Veränderungen von Angebot und Nachfrage nach Devisen toleriert. Sinkt der Kurs einer beteiligten Währung über die vereinbarte Bandbreite hinaus, so müssen die Notenbanken der anderen beteiligten Ländern durch Ankauf der betroffenen Währung diese stützen.

Der Vorteil des Systems fester Wechselkurse liegt in der Förderung internationaler Handelsbeziehungen durch eine sichere Kalkulationsbasis.

Nachteile treten vor allem dann auf, wenn sich die Kaufkraft der Währungen der beteiligten Länder unterschiedlich entwickelt. Stützungskäufe von Devisen führen zu einer Ausdehnung der Geldmenge des ankaufenden Landes. Dadurch könnten Preissteigerungen im ankaufenden Land ausgelöst werden. Durch das System fester Wechselkurse kann also eine Inflation von einem Land auf andere Länder übertragen werden. Kommt es längerfristig zu einer unterschiedlichen Entwicklung der Kaufkraft der beteiligten Währungen, so müssen die Leitkurse durch Auf- oder Abwertung der beteiligten Währungen neu angepasst werden.

Nach Einführung der Währungsunion besteht ein System fester Wechselkurse zwischen dem EURO und den Währungen der EU-Länder, die noch nicht an der Währungsunion beteiligt sind (Europäisches Währungssystem II). Die Schwankungsbreiten wurden auf maximal 15% nach oben oder nach unten festgelegt.

1.5 Konjunktur und Wirtschaftswachstum, Wirtschaftspolitik

1.5.1 Langfristiges Wachstum, Wachstumsfaktoren

Die Entwicklung der Wirtschaft erfolgt unter Schwankungen. Langfristig ist dabei im Durchschnitt ein stetiges Wirtschaftswachstum zu beobachten. Gemessen wird das Wirtschaftswachstum durch die Veränderung des **realen Bruttoinlandsprodukts**. Es handelt sich dabei um die Veränderung des Bruttoinlandsprodukts, bereinigt um die Preissteigerungen. Ursachen für das langfristige Wachstum sind

- das Bevölkerungswachstum und
- das Wachstum der gesamtgesellschaftlichen Arbeitsproduktivität durch technischen Fortschritt.

Da die Bevölkerung der Bundesrepublik Deutschland nicht mehr wächst, ist ein langfristiges Wachstum nur durch technischen Fortschritt möglich. Die Steigerung der Arbeitsproduktivität liegt im Jahresdurchschnitt zur Zeit bei ca. 3%, das entspricht in etwa dem langfristigen Wachstumstrend.

Das Wachstum unterliegt Schwankungen. Unterschieden werden langfristige Schwankungen mit einem Zyklus von 50 bis 60 Jahren, mittelfristige Schwankungen mit einem Zyklus von 4 – 7 Jahren und kurzfristige Schwankungen innerhalb eines Jahres.

Bei den langfristigen Schwankungen handelt es sich um die so genannten **Kondratieff-Wellen**. Sie entstehen durch tiefgreifende strukturelle Veränderungen, die durch technische Erneuerungsschübe ausgelöst werden.

Mittelfristige Schwankungen sind **konjunkturelle Schwankungen**. Sie werden ausgelöst durch Störungen des Gleichgewichts zwischen gesamtgesellschaftlicher Nachfrage und gesamtgesellschaftlichem Angebot in einer Volkswirtschaft.

Bei den kurzfristigen Schwankungen handelt es sich um **saisonale Schwankungen**. Sie treten aufgrund des unterschiedlichen Verbraucherverhaltens in den verschiedenen Jahreszeiten auf.

1.5.2 Qualitatives und quantitatives Wachstum

Wenn von Wirtschaftswachstum die Rede ist, gemessen als Änderungsrate des realen Bruttoinlandsprodukts, so handelt es sich um eine quantitative Betrachtungsweise. Ausgesagt wird lediglich, dass Jahr für Jahr mehr Güter produziert werden. Es kann sich um Güter handeln, die die Lebensqualität verbessern, aber auch um Güter, die wenig Einfluss auf die Lebensqualität haben oder diese sogar verschlechtern. Dabei ist die Definition von Lebensqualität und die Festlegung, welche Güter die Lebensqualität erhöhen und welche nicht, außerordentlich umstritten. Die Wünsche, Interessen und Neigungen verschiedener Menschen sind sehr unterschiedlich.

Einigkeit besteht darüber, dass die Verbesserung der Lebensqualität nicht durch ein einfaches Zahlensystem, ausgedrückt z. B. in Geldeinheiten, erfasst werden kann. Vielmehr sind qualitative Merkmale für den Wohlstand einer Gesellschaft mitentscheidend, wie z. B. die Umweltqualität, kultureller Standard, Bildung, Möglichkeiten der Selbstverwirklichung, Lebensfreude, Freiheit, Gerechtigkeit, um nur einige Begriffe zu nennen.

1.5.3 Phasen des Konjunkturzyklus und Konjunkturindikatoren

Eine besondere Bedeutung für die wirtschaftliche Entwicklung haben die konjunkturellen Schwankungen. Insbesondere in Zeiten krisenhafter Entwicklungen erfordern wachsende Arbeitslosigkeit, sinkende Einkommen und zahlreiche Konkurse von Unternehmen staatliches Eingreifen, um die sozialen Folgen abzumildern. Die Wirtschaftspolitik schenkt deshalb den Möglichkeiten der Beeinflussung der Konjunktur große Aufmerksamkeit. Den Konjunkturzyklus kann man in vier Phasen einteilen, nämlich

- **Konjunkturaufschwung (Expansion),**
- **Hochkonjunktur (Boom),**
- **Konjunkturabschwung (Rezession),**
- **Konjunkturtief (Depression).**

Die folgende Abbildung zeigt einen schematisch dargestellten typischen Konjunkturzyklus mit seinen vier Phasen.

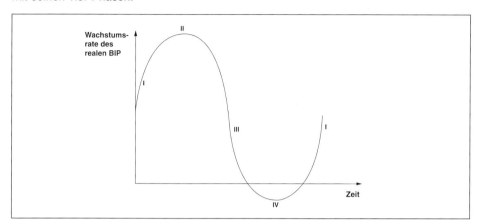

Konjunkturzyklus (schematisch): I Expansion, II Boom, III Rezession, IV Depression

Die erste Phase, der **Konjunkturaufschwung**, ist gekennzeichnet durch zunehmende Kapazitätsauslastung und abnehmende Arbeitslosigkeit. Die Unternehmen arbeiten nunmehr mit sinkenden Stückkosten, so dass trotz steigender Nachfrage nach Konsum- und Investitionsgütern das Preisniveau verhältnismäßig stabil bleibt. Die Unternehmen haben positive Erwartungen, was sich in einer steigenden Investitionsneigung ausdrückt. Die Unternehmensgewinne steigen. Die rege Kreditnachfrage wird zu allmählich steigenden Zinsen bedient. Die allgemeine Stimmung in der Volkswirtschaft ist optimistisch.

Wenn es der Regierung und der Notenbank am Ende der Aufschwungphase nicht gelingt, wirtschaftspolitische Gegenmaßnahmen zu treffen, kommt es in der zweiten Phase des Konjunkturverlaufs zu einer Überhitzung der Konjunktur, die man als **Hochkonjunktur** oder **Boom** bezeichnet.

Typische Merkmale sind ein hoher Auslastungsgrad mit Voll- oder Überbeschäftigung bei gleichzeitiger Zunahme offener Stellen, steigende Preise, Löhne und Zinsen. Das Steueraufkommen weitet sich aus. Infolge der erhöhten Kosten nehmen die Unternehmensgewinne ab. Daraus resultiert ein Rückgang der Investitionsgüternachfrage und, auf Grund der gestiegenen Preise, auch der Konsumgüternachfrage. Im weiteren Verlauf wird ein Wendepunkt erreicht, von dem an ein Konjunkturrückgang erfolgt.

Nunmehr ist die allgemeine Grundhaltung bezüglich der weiteren Entwicklung der Volkswirtschaft bei Unternehmen und Konsumenten gleichermaßen pessimistisch. Die überhitzte Konjunktur kühlt sich zunehmend ab, es kommt zur **Rezession** und nach einem starken Rückgang der Auslastung und Beschäftigung unter Umständen zur **Depression** oder **Krise**. Diese resultiert aus der allseits zu beobachtenden Kauf- und Investitionszurückhaltung. Betriebsstilllegungen und Konkurse sind die Folge. Aus der sinkenden Kreditnachfrage resultiert ein Rückgang des Zinsniveaus.

Das Konjunkturtief ist der untere Wendepunkt der Konjunkturkurve. Er kennzeichnet eine trostlose Situation, denn aufgrund geringer Nachfrage haben sich hohe Lagerbestände gebildet. Die Arbeitslosigkeit ist hoch, die Kapazitätsauslastung der Betriebsmittel auf ihrem Tiefststand. Das geringe Steueraufkommen lässt dem Staat wenig Möglichkeiten, seinerseits die Märkte zu beleben; verfügt er jedoch über entsprechende Reserven, kann er den Impuls für den Aufbruch aus der Krise in Richtung eines neuerlichen Aufschwungs liefern. Diese **antizyklische Wirtschaftspolitik** kann auch durch weitere Staatsverschuldung finanziert werden.

1 Volks- und betriebswirtschaftliche Grundlagen

Um frühzeitig reagieren zu können, benötigt die Regierung rechtzeitig Informationen über die voraussichtliche konjunkturelle Entwicklung. Einige gesamtwirtschaftliche Größen sind gut geeignet, konjunkturelle Entwicklungen anzukündigen. Solche Wirtschaftsdaten nennt man **Konjunkturindikatoren**. Wichtige Konjunkturindikatoren sind

- Auftragseingang in der Industrie,
- industrielle Güterproduktion,
- Entwicklung der Güternachfrage,
- Entwicklung der Erzeugerpreise,
- Entwicklung der Lagerbestände,
- Entwicklung von Export und Import,
- Stimmungslage in der Wirtschaft.

1.5.4 Ursachen konjunktureller Schwankungen

Wie bereits im vorhergehenden Abschnitt dargelegt, ist die Ursache der zyklischen Konjunkturschwankungen in Störungen des Gleichgewichts von gesamtgesellschaftlicher Nachfrage und gesamtgesellschaftlichem Angebot zu sehen. Offensichtlich wächst im Aufschwung die Produktion schneller als die Nachfrage. Übersteigerter Optimismus ermutigt die Unternehmen zu Investitionen und damit zur Schaffung von Kapazitäten, die aufgrund der »nachhinkenden« Nachfrage nicht ausgelastet werden können. Lagerbestände werden aufgebaut und binden Kapital. Hinzu kommen in der Hochkonjunktur Faktoren, die sich restriktiv auf die Wirtschaftsentwicklung auswirken: Lohnsteigerungen, Preissteigerungen, Zinssteigerungen. Die Konjunktur kippt um, es kommt zu einer raschen Verminderung der Produktion, sinkenden Einkommen und damit sinkender Nachfrage. Im Abschwung sinkt das Konsumgüterangebot, überschüssige Kapazitäten werden wieder abgebaut. Es finden also Anpassungsprozesse statt, die aber aufgrund des vorherrschenden Pessimismus in eine Depression abgleiten können. Sinkt das Güterangebot schneller als die Nachfrage, so kommt es allmählich zu einer konjunkturellen Beruhigung.

Bei den konjunkturellen Schwankungen handelt es sich also um Anpassungsprozesse bei Störungen des Gleichgewichts von Angebot und Nachfrage. Unterschiedliche Auffassungen bestehen jedoch darüber, wodurch die Störungen ausgelöst werden. Der folgende Abschnitt gibt einen Überblick über unterschiedliche Ansätze, die Konjunkturverläufe zu erklären.

1.5.5 Konjunkturtheorien

Einige Wirtschaftswissenschaftler sehen die Ursachen der Konjunkturbewegungen in der Überinvestition. Als Beispiel sei hier die Theorie skizziert, die von WICKSELL entwickelt und von HAYEK weiterentwickelt wurde.

WICKSELL ging aus von einer Untersuchung der Entwicklung des allgemeinen Preisniveaus und deren Ursachen, die WICKSELL in Veränderungen des Zinsniveaus sah. Ein Überangebot von Geldkapital führt zu einem sinkenden Marktzins. Dadurch steigt die Nachfrage der Investoren nach Krediten und in der Folge auch nach Produktionsfaktoren.

HAYEK untersuchte die Auswirkungen auf den realen Gütersektor: Die Unternehmen dehnen in Folge der gestiegenen Nachfrage der Investoren die Investitionsgüterproduktion aus. Bei Vollbeschäftigung ist eine Ausdehnung des Investitionsgütersektors nur zu Lasten des Konsumgütersektors möglich. Es kommt zu Preissteigerungen im Konsumgütersektor, die Haushalte müssen zunächst ihren Konsum einschränken. Im Zuge der anwachsenden

Investitionsgüterproduktion steigen auch die Einkommen der Haushalte, wodurch die Konsumgüternachfrage ebenfalls ansteigt. Die zunehmende Konsumgüternachfrage führt zu einem Rückgang der Ersparnisse, welche notwendige Voraussetzung für Investitionen sind. Die starke Investitionstätigkeit kann nicht durchgehalten werden aufgrund von Kapitalknappheit und aufgrund der durch die hohe Kreditnachfrage steigenden Zinsen. Der Zusammenbruch des Booms wird also herbeigeführt durch eine Situation, die gekennzeichnet ist durch **Überinvestition, Untersparen (Kapitalmangel)** und **Überkonsum.**

Vertreter der **Unterkonsumtionstheorien** sehen die Gründe für Konjunkturschwankungen in der Veränderung der Einkommensverteilung im Aufschwung zugunsten der Kapitaleinkommen. Unterstellt man, dass für Bezieher von Kapitaleinkommen eine höhere Sparquote existiert als für Bezieher von Arbeitseinkommen, so muss im Aufschwung die durchschnittliche Sparquote steigen. Dann wächst allerdings die Produktion schneller als die Konsumgüternachfrage und es werden Kapazitäten geschaffen, die aufgrund der zurückbleibenden Nachfrage nicht ausgelastet werden können.

Der Gedanke, dass mit steigenden Einkommen auch die Sparquote steigt, findet sich bei KEYNES wieder. Wichtigster Parameter für konjunkturelle Entwicklungen war für KEYNES die **Renditeerwartung der Investoren**. Diese werden nicht unwesentlich von den vorherrschenden wirtschaftlichen Stimmungen (Optimismus im Aufschwung, Pessimismus im Abschwung) beeinflusst. Ein weiterer wichtiger Faktor ist das Zinsniveau, da Investitionsentscheidungen davon abhängen, ob die erwartete Rendite höher ausfällt als der allgemeine Marktzins. In Zeiten des Abschwungs bei Vorherrschen pessimistischer Renditeerwartungen sollten nach KEYNES die Zinsen gesenkt werden, um Investitionsentscheidungen positiv zu beeinflussen.

An KEYNES knüpft als einer der wichtigsten Vertreter der Konjunkturtheorie SAMUELSON an, der den KEYNES´SCHEN Multiplikator des Einkommens mit dem Akzelerator (Beschleuniger) von Investitionen zu dem **Akzelerator-Multiplikator-Modell** verbindet.

Dem **Akzeleratorprinzip** liegt die Annahme zugrunde, dass die Höhe des Kapitalstocks einer Volkswirtschaft proportional zur Höhe der Produktion in einer Periode ist. Veränderungen in der Höhe des Kapitalstocks sind Investitionen und Desinvestitionen. Es lässt sich dann zeigen, dass Veränderungen in der Wachstumsrate der Produktion zu größeren Veränderungen in der Produktion von Investitionsgütern führen muss. Dies soll durch ein einfaches Beispiel verdeutlicht werden.

Beispiel:
Angenommen, zur Produktion von 100 Einheiten in einer Periode sei ein Kapitalstock von 50 Einheiten nötig. Wächst die Produktion mit einer Rate von 5%, so ist in der nächsten Periode für eine Produktion von 105 Einheiten ein Kapitalstock von 52,5 Einheiten notwendig. Die Investitionen betragen also 2,5 Einheiten. In der nächsten Periode steige die Wachstumsrate der Produktion auf 10%. Es werden also 115,5 Einheiten produziert, wozu ein Kapitalstock von 57,75 Einheiten nötig ist. Die Investitionen betragen also 5,25 Einheiten. Um eine Steigerung der Wachstumsrate von 5 auf 10% zu ermöglichen ist also ein Wachstum der Investitionsgüterproduktion von 110% nötig.

Das **Multiplikatorprinzip** sagt aus, dass eine Erhöhung der Investitionen zu einer vervielfachten Erhöhung der Produktion und damit der Einkommen führen muss.

In stark vereinfachter Form kann man dieses Prinzip aus der in Abschnitt 1.2.2 beschriebenen Gleichheit von Investitionen und Ersparnissen in einer gleichgewichtigen Volkswirtschaft herleiten:

$$S = I$$

(S = Ersparnisse, I = Investitionen)

Nimmt man an, dass die Ersparnisse ein bestimmter Prozentsatz des Volkseinkommens sind, so gilt:

$$S = s \cdot Y$$

(s = Sparquote, Y = Volkseinkommen).

Vernachlässigt man im vereinfachten Modell Abschreibungen und Steuern, so ist das Volkseinkommen gleich der Produktion. Das Einsetzen der zweiten Gleichung in die erste ergibt:

$$s \cdot Y = I$$

und damit

$$Y = \frac{1}{s} \cdot I$$

Beispiel:
Beträgt die Sparquote z. B. 20% (s = 0,2), so folgt aus einer Erhöhung der Investitionen eine Erhöhung der Produktion um das Fünffache.

Der Grund für die Wirkung des Multiplikators ist in Folgendem zu sehen: Investitionen führen zu höheren Einkommen. Ein Teil dieser Einkommen wird für den Konsum genutzt. Die erhöhte Konsumgüterproduktion führt wiederum zu höheren Einkommen, die teilweise zur Erhöhung des Konsums genutzt werden, usw.

Durch die Verknüpfung von Akzeleratorprinzip und Multiplikatorprinzip wurde ein Modell geschaffen, welches zyklische Schwankungen erklären kann. Dieses Modell wurde durch andere Ökonomen noch erweitert und verfeinert.

SCHUMPETER sieht die Ursachen für ein Wachstum, welches unter zyklischen Schwankungen verläuft, in regelmäßig auftretenden **technischen Innovationen**. Unternehmen, die technisch verbesserte und neue Produkte auf den Markt bringen, haben zunächst einen Konkurrenzvorteil und lösen einen schnellen Wachstumsprozess aus. Mit Verzögerung werden andere Unternehmen mit Nachahmungen auf den Markt kommen, wodurch sich das Wachstum wieder verlangsamt (allmähliche Marktsättigung, sinkende Preise, Umsatz- und Gewinnrückgänge), bis eine neue Welle technischer Innovationen das Wachstum wieder beschleunigt.

1.5.6 Wirtschaftspolitische Zielstellungen

Im Gesetz zur Förderung der Stabilität und des Wachstums der Wirtschaft (**»Stabilitätsgesetz«**) vom 8. Juni 1967 sind wirtschaftspolitische Ziele formuliert worden, die, um starke Konjunkturschwankungen zu vermeiden, innerhalb der deutschen Volkswirtschaft angestrebt werden. Bund und Länder sind verpflichtet, wirksame Maßnahmen und Entscheidungen zur Verwirklichung dieser Ziele zu treffen. Die steuernden Eingriffe des Staates in den Wirtschaftsablauf bezeichnet man als Prozesspolitik.

Der im Stabilitätsgesetz festgelegte Katalog besteht aus folgenden Zielen:

– Hoher Beschäftigungsgrad,
– stabiles Preisniveau,
– außenwirtschaftliches Gleichgewicht,
– angemessenes und stabiles Wirtschaftswachstum.

In den letzten Jahren sind in der volkswirtschaftlichen Diskussion zwei weitere Ziele hinzugekommen, ohne dass diese per Gesetz definiert sind, nämlich

- gerechte Einkommensverteilung und
- schonende Verwendung der Umweltressourcen.

Die gleichzeitige Verfolgung und Verwirklichung aller Ziele ist für die Wirtschaftspolitik sehr schwierig, da diese Ziele teilweise einander widersprechen: Ist eines zur Gänze erreicht, resultiert daraus die zwangsläufige Verfehlung eines anderen Zieles. Man spricht deshalb bei den im Stabilitätsgesetz formulierten vier wirtschaftspolitischen Zielen auch vom **magischen Viereck**.

Beispiel:
Ein stabiles Preisniveau liefert den Unternehmen keinen Anlass, Investitionen zu tätigen und zusätzliche Arbeitskräfte nachzufragen. Erst die Erwartung steigender Preise und damit steigender Gewinne kann unter bestimmten Bedingungen einen Abbau vorhandener Arbeitslosigkeit anregen. Steigende Preise und Löhne können wiederum die Verringerung der Exportchancen zur Folge haben, wodurch ein hohes Beschäftigungsniveau und das außenwirtschaftliche Gleichgewicht gefährdet sind. Wirtschaftliches Wachstum ist bei einem gegebenen technischen Stand an eine Investitionstätigkeit gebunden. Die Investitionsneigung der Unternehmen steigt, wenn Investitionskredite mit einem günstigen Zinssatz ausgestattet sind. Eine »Politik des billigen Geldes« führt aber zu Preissteigerungen, was wiederum das außenwirtschaftliche Gleichgewicht stören und zum Verlust von Arbeitsplätzen führen kann.

Diese bestehenden Zielkonflikte werden in der praktischen Wirtschaftspolitik dadurch zu lösen versucht, dass immer dasjenige Ziel Vorrang hat, das im Augenblick am stärksten gefährdet ist.

Die neuerdings hinzugekommenen Ziele nach gerechter Einkommensverteilung und Erhaltung einer lebenswerten Umwelt haben das magische Viereck zum Sechseck erweitert. Die beiden neuen Ziele stehen unter anderem in Konflikt zu einem angemessenen, stetigen Wirtschaftswachstum und zur Vollbeschäftigung. Allerdings gibt es auch Zielharmonien, etwa zwischen Preisstabilität und außenwirtschaftlichem Gleichgewicht sowie zwischen hohem Beschäftigungsgrad und Wirtschaftswachstum.

1.5.7 Geldpolitik der Zentralbank

In Abschnitt 1.4.1.3 wurde dargelegt, dass die wichtigste Aufgabe des Europäischen Zentralbanksystems die Wahrung der Preisstabilität ist. Um dieses Ziel zu erreichen, stehen dem ESZB geldpolitische Instrumente zur Verfügung:

- Offenmarktgeschäfte,
- ständige Fazilitäten,
- Mindestreserven.

Aus Abschnitt 1.4.1.5 geht hervor, dass durch ein zu starkes Wachstum der Geldmenge eine Inflation ausgelöst werden kann. Um Preisstabilität zu gewährleisten, muss die Zentralbank versuchen, das Wachstum der Geldmenge der wirtschaftlichen Entwicklung anzupassen. Aus diesem Grunde werden Wachstumsziele für die Geldmengenentwicklung festgelegt, die sich an der voraussichtlichen Entwicklung der Wirtschaft orientieren. Die geldpolitischen Instrumente dienen dazu, die tatsächliche Geldmengenentwicklung der Zielstellung anzupassen.

1 Volks- und betriebswirtschaftliche Grundlagen

Offenmarktgeschäfte

Offenmarktgeschäfte sind Transaktionen, die das ESZB an den Kapitalmärkten und Devisenmärkten durchführt. Es handelt sich dabei um:

- Befristete Refinanzierungsgeschäfte,
- An- und Verkäufe von Wertpapieren,
- Emission von Schuldverschreibungen,
- An- und Verkäufe von Devisen,
- Hereinnahme von Termineinlagen.

Befristete Refinanzierungsgeschäfte haben eine Laufzeit von zwei Wochen bis zu drei Monaten. Das ESZB stellt dabei Zentralbankgeld gegen die Verpfändung von Wertpapieren zur Verfügung. Mit Hilfe der festgelegten Laufzeiten kann die Zentralbank in kurzen Abständen Anpassungen der Geldmenge vornehmen. Eine wichtige Rolle spielt dabei der Zinssatz für diese Geschäfte. Ein niedriger Zinssatz macht es für die Geschäftsbanken attraktiv, sich mit Hilfe dieser Instrumente zu refinanzieren, führt also zu einer Ausweitung der Geldmenge.

Die anderen Offenmarktgeschäfte führen ebenfalls zu einer Ausweitung oder Begrenzung der Geldmenge, je nachdem, ob die Zentralbank Geld ausgibt oder hereinnimmt.

Mit Hilfe der Offenmarktpolitik sollen die Zinssätze am Markt gesteuert, Signale bezüglich des geldpolitischen Kurses gegeben und der Wirtschaft Liquidität zugeführt werden.

Ständige Fazilitäten

Mit Hilfe der ständigen Fazilitäten wird den Geschäftsbanken zu vorgegebenen Zinssätzen Übernachtliquidität zur Verfügung gestellt (**Spitzenrefinanzierungsfazilität**) oder absorbiert (**Einlagefazilität**). Die Fazilitäten können die Geschäftsbanken in Anspruch nehmen, wenn sie bei der Abwicklung des Tagesgeldgeschäfts benötigt werden. Tagesgeld wird zwischen den Geschäftsbanken gehandelt, um benötigte Liquidität sicherzustellen. Die vorgegebenen Zinssätze für die Fazilitäten beeinflussen direkt die Tagesgeldzinssätze.

Mindestreserven

Die Einlagen, die von den Kapitalanlegern bei den Geschäftsbanken gehalten werden, unterliegen der Mindestreservepflicht. Ein bestimmter Prozentsatz (Mindestreservesatz) dieser Einlagen muss bei dem ESZB verzinslich hinterlegt werden. Dadurch wird der Geldschöpfungsspielraum der Geschäftsbanken eingeschränkt (vergl. Abschn. 1.4.1.2).

Auswirkungen auf das allgemeine Zinsniveau und die wirtschaftliche Lage

Eine expansive Geldmengenpolitik ermöglicht es den Geschäftsbanken sich günstiger zu refinanzieren. Die Geschäftsbanken sind an einer Ausdehnung ihrer Kreditgeschäfte interessiert. Um die Nachfrage ihrer Kunden nach Kredit anzuregen, senken sie die Zinssätze. Dagegen sinkt das Interesse der Geschäftsbanken an Einlagen der Kunden. Diese werden folglich niedriger verzinst. Im Ergebnis sinkt das allgemeine Zinsniveau.

Die Unternehmen sind bereit zu investieren, da bei dem gefallenen Zinsniveau die Rendite von Realinvestitionen höher ausfallen wird, als die Rendite von Finanzinvestitionen. Wie in Abschnitt 1.5.5 beschrieben kommt es zu einem Multiplikatoreffekt: Die Produktion wird sich um ein Mehrfaches erhöhen, Einkommen und Beschäftigung steigen. Aufgrund der gestiegenen Nachfrage besteht allerdings die Gefahr von Preissteigerungen.

Ein restriktive Geldmengenpolitik wird umgekehrt zu einer Bremsung aber auf der anderen Seite zu einer Stabilisierung der Preise führen.

Vorrangiges Ziel der Zentralbank ist es, Preisstabilität zu gewährleisten. Eine expansive Geldmengenpolitik mit dem Ziel, die Wirtschaft anzukurbeln, wird die Zentralbank deshalb nur dann durchführen, wenn das Ziel der Preisstabilität nicht gefährdet ist.

1.5.8 Nachfrageorientierte Wirtschaftspolitik, antizyklische Fiskalpolitik

Unter **Fiskalpolitik** versteht man den Einsatz von Staatsausgaben und Staatseinnahmen zum Zwecke der Durchsetzung wirtschaftspolitischer Ziele. Um die im Stabilitätsgesetz festgelegten Ziele zu erreichen, muss der Staat den Konjunkturschwankungen entgegenwirken. In Phasen der Rezession und der Depression wird er versuchen, die Konjunktur anzuregen. In Phasen der Hochkonjunktur wird er dagegen bestrebt sein, die Konjunktur zu bremsen, um eine Inflation zu vermeiden. Da auf diese Weise dem Konjunkturzyklus entgegengewirkt wird, spricht man von einer **antizyklischen** Fiskalpolitik.

Voraussetzung für eine antizyklische Fiskalpolitik ist der Verzicht auf einen stets ausgeglichenen Haushalt. Im konjunkturpolitischen Abschwung sinken die Staatseinnahmen aufgrund sinkender Steuereinnahmen ohnehin. Trotzdem muss der Staat seine Ausgaben erhöhen, um die gesamtwirtschaftliche Nachfrage anzuregen.

Er muss dazu unter Umständen die Ausgabenüberschüsse durch eine höhere Staatsverschuldung finanzieren **(deficit spending)**. In Zeiten der Hochkonjunktur wird der Staat durch restriktive Maßnahmen die Nachfrage drosseln. Die dadurch höheren Staatseinnahmen sollen zum Abbau der Staatsverschuldung eingesetzt werden.

Expansive (nachfragesteigernde) fiskalpolitische Instrumente sind z. B.

– Senkung von Steuersätzen,
– Gewährung von Sonderabschreibungsmöglichkeiten,
– Investitionszulagen und Subventionen,
– Öffentliche Aufträge,
– Ausbau von Sozialleistungen,
– Beschäftigungsprogramme.

Restriktive (nachfragesenkende) fiskalpolitische Maßnahmen sind

– Erhöhung von Steuersätzen,
– Abbau von Abschreibungsmöglichkeiten,
– Subventionsabbau,
– Verringerung öffentlicher Aufträge,
– Abbau von Sozialleistungen.

Die antizyklische Fiskalpolitik will durch Steuerung der gesamtwirtschaftlichen Nachfrage die Konjunktur beeinflussen. Aus diesem Grunde wird sie auch als **nachfrageorientierte Wirtschaftspolitik** bezeichnet. Die Kritik an der antizyklischen Fiskalpolitik setzt vor allem an folgenden Punkten an:

– Die antizyklische Fiskalpolitik erfordert kurzfristige Reaktionen auf wirtschaftliche Schwankungen. Die Maßnahmen greifen jedoch oft mit erheblicher Zeitverzögerung, da die wirtschaftspolitischen Entwicklungen zu spät erkannt werden und die Beschlussfassung der legislativen und exekutiven Organe zu viel Zeit erfordert.

– Es besteht Ungewissheit über die genaue Wirkung der fiskalpolitischen Instrumente. Insbesondere sind die Reaktionen der Wirtschaftssubjekte ungewiss. Eine Steuersenkung muss z. B. nicht unbedingt höhere Ausgaben auslösen, sie kann auch zu einer höheren Sparquote führen.

– In Zeiten leerer Staatskassen sind expansive Maßnahmen nur zu Lasten der Staatsverschuldung möglich. Eine hohe Staatsverschuldung kann aber inflationäre Tendenzen auslösen. Außerdem werden die zukünftigen Möglichkeiten des Staates eingeschränkt (»wir leben auf Kosten der zukünftigen Generationen«).

1.5.9 Angebotsorientierte Wirtschaftspolitik

In den 80er Jahren des 20. Jahrhunderts gewannen die Vertreter des Neoliberalismus zunehmend Bedeutung in der Wirtschaftspolitik der entwickelten Industrieländer. Anknüpfend an die Kritik der antizyklischen Fiskalpolitik entwickelten sie den Ansatz der **angebotsorientierten Wirtschaftspolitik**. Die Vertreter dieser Richtung bezweifeln die Möglichkeit, die gesamtgesellschaftliche Nachfrage durch staatliche Maßnahmen zu beeinflussen. Statt dessen vertrauen sie auf die Kräfte des Marktes zur Selbstregulierung der Wirtschaft. Die angebotsorientierte Wirtschaftspolitik will die Rahmenbedingungen der Angebotsseite, der Unternehmen, langfristig verbessern. Auf kurzfristige Eingriffe des Staates soll weitgehend verzichtet werden.

Wesentliche Forderungen der angebotsorientierten Wirtschaftspolitik liegen in einer **Stärkung des Standortes** durch

– Abbau bürokratischer Hemmnisse,
– Verringerung der Produktionskosten, insbesondere der Lohnnebenkosten,
– Verringerung der Sozialleistungen auf ein notwendiges Mindestmaß,
– Förderung von Investitionen,
– Abbau von Unternehmenssteuern,
– Abbau der Staatsverschuldung,
– Sicherung des Wettbewerbs,
– Förderung von Forschung und Entwicklung,
– »weniger Staat«,
– potenzialorientierte Geldpolitik, d. h. Orientierung der Geldmengenentwicklung am Wirtschaftspotenzial.

Die angebotsorientierte Wirtschaftspolitik wurde u. a. in den USA von der Regierung Reagan, in Großbritannien von der Regierung Thatcher und in der Bundesrepublik Deutschland von der Regierung Kohl in die Praxis umgesetzt. Der erwartete Erfolg blieb jedoch aus, die betroffenen Volkswirtschaften blieben von Rezessionen nicht verschont. Dagegen blieben Probleme wie Arbeitslosigkeit und zunehmende Armut weiterhin bestehen bzw. verschärften sich noch. In den 90er Jahren gewannen auch wieder fiskalpolitische Instrumente an Bedeutung (auf die übrigens nie ganz verzichtet wurde). Insbesondere in den USA unter Clinton und in Frankreich unter Jospin konnten damit Erfolge erzielt werden. Dennoch konnten sich die neoliberalen Wirtschaftstheoretiker mit ihren wichtigsten Positionen in den Führungseliten der Industrieländer durchsetzen, was auch in der wirtschaftspolitischen Wende der großen sozialdemokratischen Parteien in Europa zum Ausdruck kommt.

1.5.10 Tarifpolitik und Verhalten der Tarifpartner

Die **Lohnpolitik** wird getragen von den Tarifparteien. Die gesetzlich festgelegte Tarifautonomie garantiert, dass die Tarifparteien die Bedingungen der Arbeit unabhängig vom Staat untereinander aushandeln. Dazu schließen sie in regelmäßigen Abständen Tarifverträge ab. Vertragspartner sind dabei auf der einen Seite die Arbeitgeberverbände oder einzelne Unternehmen und auf der anderen Seite die Gewerkschaften.

Die Ziele der Arbeitgeberverbände bei den Lohnverhandlungen sind geprägt von den Lohnkosten als Teil der Produktionskosten. Aus Sicht der Gewerkschaften beeinflussen die Löhne maßgeblich die Einkommenshöhe der abhängig Beschäftigten und damit deren Kaufkraft. Die reale prozentuale Lohnerhöhung entspricht der vereinbarten prozentualen Lohnerhöhung (nominale Lohnerhöhung) abzüglich der Inflationsrate. Entspricht die Nominallohnerhöhung gerade der Inflationsrate, so bleiben die Reallöhne unverändert. Unveränderte Reallöhne bei steigender Arbeitsproduktivität führen zu sinkenden Lohnstückkosten.

Die Arbeitgeberverbände streben im allgemeinen Reallohnerhöhungen an, die hinter der Steigerung der Arbeitsproduktivität zurückbleiben, um die Wettbewerbsfähigkeit der Unternehmen zu steigern. Die Gewerkschaften streben an, dass die Reallohnerhöhung mindestens der Steigerung der Arbeitsproduktivität entspricht, um damit eine Umverteilung der Einkommen zugunsten der Kapitaleinkommen zu verhindern (produktivitätsorientierte Lohnpolitik). Reallohnerhöhungen über die Steigerung der Arbeitsproduktivität hinaus führen zu einer Umverteilung der Einkommen zugunsten der Lohneinkommen.

1.5.11 Formen und Ursachen der Arbeitslosigkeit

Bei der Zielstellung eines hohen Beschäftigungsgrades geht es darum, die Arbeitslosigkeit so gering wie möglich zu halten. In der Arbeitslosenstatistik der Bundesagentur für Arbeit sind alle registrierten Arbeitslosen erfasst. Das sind diejenigen Personen ohne Beschäftigung, die sich arbeitslos gemeldet haben und bereit sind, Arbeit aufzunehmen. Die Bundesagentur berechnet die Arbeitslosenquote wie folgt:

Arbeitslosenquote = $\dfrac{\text{registrierte Arbeitslose}}{\text{Erwerbspersonen in abhängiger Beschäftigung}}$ x 100%

Zu den »Erwerbspersonen in abhängiger Beschäftigung« zählen auch die Arbeitslosen selbst.

Neben der offiziellen Arbeitslosigkeit existiert aber auch noch eine so genannte »versteckte Arbeitslosigkeit«. Sie betrifft diejenigen beschäftigungslosen Personen, die zwar eine Arbeit aufnehmen würden, sich aber aus verschiedenen Gründen nicht arbeitslos gemeldet haben.

Nach den Ursachen werden vier **Arten von Arbeitslosigkeit** unterschieden:

1. **Friktionelle** Arbeitslosigkeit wird auch Sucharbeitslosigkeit genannt. Zwischen Aufgabe des alten Arbeitsplatzes und der Neuaufnahme einer Tätigkeit liegt oft eine gewisse Zeit der Arbeitslosigkeit. Das liegt z. B. an der eingeschränkten Arbeitsmarktübersicht von Arbeitnehmern und Arbeitgebern oder an Einstellungs- und Kündigungsterminen.

2. **Saisonale** Arbeitslosigkeit entsteht in Branchen, die saisonabhängig produzieren. Davon betroffen ist etwa der Bereich der Landwirtschaft, die Bauwirtschaft und zum Teil der Tourismus.

3. **Strukturelle** Arbeitslosigkeit liegt vor, wenn in einer Region oder einer Branche aufgrund der sich verändernden Produktionsstruktur die Beschäftigung stark zurückgeht. So sind der Bergbau und die Stahlbranche in Deutschland seit geraumer Zeit von einer Strukturkrise betroffen, die in den betreffenden Regionen zu erhöhter Arbeitslosigkeit führt. In einer wirtschaftlichen Strukturkrise befanden sich auch die neuen Bundesländer nach der Wende, da die Produktionsstätten und Betriebsmittel veraltet waren und ein wichtiger Markt der ehemaligen DDR (die Länder der ehemaligen Sowjetunion) verlorengegangen war. Eine Anpassung an die veränderten Produktionsbedingungen ist kurz- und mittelfristig meist nicht möglich, da sie Verlagerungen von Produktionsstätten, Investitionen in neue Technologien und regionale Mobilität der Arbeitskräfte mit ihren Familien erfordern.

4. **Konjunkturelle** Arbeitslosigkeit entsteht durch Arbeitsplatzabbau in der Rezession. Die Ursache dieser Form der Arbeitslosigkeit ist unter Wirtschaftstheoretikern umstritten.

Während die eine Strömung die Ursachen in einer zu geringen gesamtgesellschaftlichen Nachfrage und der damit verbundenen geringen Kapazitätsauslastung sieht, erklärt die andere Strömung diese Form der Arbeitslosigkeit mit zu hohen Reallöhnen, die die Unternehmen zu einem Arbeitsplatzabbau zwingen.

Die **Arbeitsmarktpolitik** wird getragen von Bund, Ländern und der Bundesagentur für Arbeit. Ziel ist die Bekämpfung der strukturellen Arbeitslosigkeit. Voraussetzung dazu ist die Erforschung der strukturellen Veränderungen des Arbeitsmarktes. Mit Hilfe der aktiven Arbeitsmarktpolitik sollen Strukturdefizite abgebaut werden. Das geschieht u. a. mit Hilfe von Umschulungs- und Fortbildungsmaßnahmen. Darüber hinaus werden Hilfen zur Eingliederung Arbeitsloser in den Arbeitsprozess geleistet, z. B. in Form von Arbeitsbeschaffungsmaßnahmen oder Lohnkostenzuschüssen für Betriebe, die Langzeitarbeitslose einstellen.

1.5.12 Umweltpolitik

In den letzten Jahrzehnten ist die Umweltpolitik zunehmend in den Mittelpunkt des öffentlichen Interesses gelangt. Aus diesem Grunde hat auch die **Umweltschutzpolitik** zunehmende Bedeutung erlangt. Dabei geht es vor allem darum, negative Auswirkungen der wirtschaftlichen Aktivitäten des Menschen auf die Umwelt zu vermeiden. In der Umweltpolitik bedient sich der Staat in erster Linie ordnungspolitischer Auflagen oder insbesondere in jüngerer Zeit der Abgabenpolitik. Eine dritte Variante – die Zertifikatspolitik – findet auf der internationalen Bühne der Umweltpolitik Anwendung.

Auflagenpolitik

In der Umweltpolitik sind Auflagen in Form von Gesetzen und Verordnungen vorherrschend. Die Emission von Umweltbelastungen wird ganz verboten oder die Mengen begrenzt. Ein Beispiel dafür ist z. B. das Bundesimmissionsschutzgesetz und seine Durchführungsverordnungen. Lange Zeit hielt man Auflagen und Verbote für wirkungsvoller als marktkonforme Instrumente. Der Nachteil der Auflagenpolitik ist jedoch darin zu sehen, dass kein Anreiz besteht, die Umweltbelastung auf Werte unterhalb der gesetzlich festgelegten Grenzwerte zurückzuführen.

Abgabenpolitik

Durch die Festlegung von Abgaben, die mit dem Ausmaß der Umweltbelastung variieren, soll ein Anreiz zu einem sparsamen Umgang mit dem Faktor Umwelt gegeben werden. Beispiele für die Abgabenpolitik sind Abwassergebühren, Gebühren für Müllentsorgung und die Ökosteuer. Durch die Abgabenpolitik sollen zwei Ziele erreicht werden: Die Wirtschaftssubjekte werden die Umweltbelastungen so lange reduzieren, bis die weitere Einschränkung der Umweltbelastungen teurer wird als die Umweltabgaben. Durch Veränderung der Höhe der Abgaben kann also das Ausmaß der Umweltbelastungen gesteuert werden. Darüber hinaus entsteht ein Anreiz, neue Umwelttechnologien zu entwickeln, um die Kosten für den Umweltschutz zu verringern. Politisch ist die Abgabenpolitik schwer durchzusetzen, da auf der einen Seite soziale Benachteiligungen und auf der anderen Seite Beschränkungen der Wettbewerbsfähigkeit von Unternehmen befürchtet werden.

Die Zertifikatslösung

Bei der Zertifikatslösung gibt der Staat Emissionsrechte in Form von Umweltzertifikaten aus. Jedes Umweltzertifikat berechtigt zur Emission einer festgelegten Menge an Schadstoffen. Auf diese Weise könnten Zielvorgaben für die Gesamtemission innerhalb eines

Landes realisiert werden. Die Zertifikate können unter den Wirtschaftssubjekten gehandelt werden. Durch Angebot und Nachfrage bildet sich ein Kurs heraus. Der Anreiz zur Verminderung der Umweltbelastung und zur Entwicklung neuer Umwelttechnologien wäre wie bei der Abgabenlösung gegeben. Mit Entwicklung der Umwelttechnologie würde allerdings die Nachfrage nach Zertifikaten und damit der Kurs sinken. Der Staat könnte durch Rückkauf von Zertifikaten den Kurs stabilisieren und damit allmählich eine fortschreitende Verminderung der Umweltbelastungen durchsetzen. Bei der Zertifikatslösung werden marktkonforme Methoden (Kurse der Zertifikate nach Angebot und Nachfrage) mit dirigistischen Instrumenten (Festsetzung von Höchstemissionen) gekoppelt.

1.5.13 Die Europäische Union

1.5.13.1 Abriss über die Geschichte der Entstehung der Europäischen Union

Der Gedanke einer europäischen Einigung entstand nach dem zweiten Weltkrieg. Der Einigungsprozess vollzog sich dabei schrittweise von der wirtschaftlichen Zusammenarbeit auf einigen Gebieten über die Gründung der Europäischen Wirtschaftsgemeinschaft und die Zusammenfassung verschiedener europäischer Organe zur Europäischen Gemeinschaft bis hin zum gemeinsamen Binnenmarkt und der Europäischen Wirtschafts- und Währungsunion. Einen kurzen Abriss der Geschichte der Europäischen Einigung gibt die folgende Übersicht:

1949	Gründung des Europarates in Straßburg mit heute 40 Mitgliedern. Hauptaufgaben: Förderung der Demokratie und Menschenrechte, kulturelle Zusammenarbeit, Rechtsangleichung
1951	Gründung der Europäischen Gemeinschaft für Kohle und Stahl (EGKS) durch Deutschland, Frankreich, Italien und die drei Benelux-Staaten
1958	Inkrafttreten der »Römischen Verträge« zur Gründung der Europäischen Wirtschaftsgemeinschaft (EWG) und der Europäischen Atomgemeinschaft (EURATOM)
1967	Schaffung der Europäischen Gemeinschaft (EG) durch Zusammenlegung der Organe der drei Teilgemeinschaften EGKS, EWG und EURATOM
1970	Koordinierung der nationalen Außenpolitiken im Rahmen der Europäischen Politischen Zusammenarbeit (EPZ)
1972	Erweiterung der EG um Großbritannien, Irland und Dänemark (»Norderweiterung«)
1979	Inkrafttreten des Europäischen Währungssystems (EWS) zur Koordinierung der nationalen Währungspolitik
1979	Erste Direktwahl des Europäischen Parlaments
1981/86	Zweite EG-Erweiterung um Griechenland, Spanien und Portugal (»Süderweiterung«)
1987	Inkrafttreten der »Einheitlichen Europäischen Akte« mit dem Programm »Binnenmarkt '92« sowie institutionellen Verbesserungen und Ausweitungen der Befugnisse der EG in den Bereichen Umweltschutz und Forschung/Technologie
1991	In Maastricht Vereinbarung des »Vertrages über die Europäische Union« mit erneuten institutionellen Reformen, dem Ziel der Einführung einer Europäischen Währung spätestens 1999 sowie neuen Aufgabenzuweisungen an die Union
1993	Inkrafttreten des Europäischen Binnenmarktes
1995	Beitritt von Schweden, Finnland und Österreich; Inkrafttreten des »Schengener Abkommens« zur Aufhebung der Personenkontrollen an den Grenzen der beteiligten Länder
1997	Vertrag von Amsterdam (Fortschreibung des Vertrages von Maastricht)

1 Volks- und betriebswirtschaftliche Grundlagen

1999	Beginn der Europäischen Wirtschafts- und Währungsunion (EWWU); unwiderrufliche Festlegung der Wechselkurse zwischen den Währungen der beteiligten Länder; der Euro wird als Buchgeldwährung eingeführt; an der EWWU waren zunächst 11 Länder beteiligt; Finnland, Deutschland, die Niederlande, Belgien, Luxemburg, Irland, Frankreich, Spanien, Portugal, Italien und Österreich
2001	Griechenland tritt der EWWU bei
2002	Der Euro wird in den Ländern der EWWU nun auch als Bargeld eingeführt; die ehemaligen nationalen Währungen verlieren ihre Gültigkeit
2004	Beginn der Osterweiterung der EU. Beitritt der Staaten Ungarn, Polen, Tschechische Republik, Slowakische Republik, Slowenien, Estland, Lettland, Litauen, Zypern und Malta. Im weiteren Verlauf der Osterweiterung wird anvisiert, Bulgarien und Rumänien im Jahr 2007 in die EU aufzunehmen.

1.5.13.2 Ziele der Europäischen Union

Die Aufgaben und Ziele der europäischen Einigung sind

– Angleichung der Wirtschaftspolitiken der Mitgliedsländer und Förderung des europäischen Handels durch Schaffung des Binnenmarktes,

– Ausgleich unterschiedlicher regionaler Entwicklungen,

– Zusammenarbeit auf den Gebieten Forschung, Technologieentwicklung und Umweltschutz,

– Schaffung einer gemeinsamen Außen- und Sicherheitspolitik, die einen Beitrag zur Wahrung des Friedens und zur Bekämpfung von Hunger, Armut und Unterentwicklung leisten soll,

– Zusammenarbeit auf den Gebieten Justiz und Inneres,

– Schaffung einer gemeinsamen Sozialpolitik,

– Aufbau einer Wirtschafts- und Währungsunion,

– Schaffung einer europäischen Unionsbürgerschaft.

Fernziel ist die politische Union.

1.5.13.3 Struktur der Europäischen Union

Die Europäische Union ist mehr als ein Zusammenschluss europäischer Staaten. Im Rahmen der Europäischen Union haben die Mitgliedsländer einen Teil ihrer nationalen Souveränität aufgegeben. Europäische Gesetze müssen in nationales Recht überführt werden. Nach außen tritt die Europäische Union mit eigenen Organen und Vertretungen auf. Grundlage der Zusammenarbeit in der EU ist das **Subsidiaritätsprinzip**. Danach darf die Gemeinschaft in den Bereichen, die nicht in ihre ausschließliche Zuständigkeit fallen, nur tätig werden, sofern und soweit die Ziele der in Betracht gezogenen Maßnahmen auf der Ebene der Mitgliedsstaaten nicht ausreichend erreicht werden können und daher wegen ihres Umfangs oder ihrer Wirkungen besser auf Gemeinschaftsebene angesiedelt werden.

Mit dem Inkrafttreten des Maastrichter Vertrages wurden die Rechte des **Europäischen Parlamentes** erheblich erweitert. Seine Bedeutung ist noch nicht vergleichbar mit der Bedeutung der nationalen Parlamente als gesetzgebende Organe. Es ist aber an der Gesetzgebung und Kontrolle in wesentlich höherem Maße beteiligt als früher.

Das Europäische Parlament hat im Wesentlichen folgende Aufgaben:

- Parlamentarische Mitentscheidung beim Gesetzgebungsverfahren,
- Zustimmung zur Ernennung des Präsidenten und aller Mitglieder der Europäischen Kommission,
- Entscheidung über den Haushalt der EU.

Sitz des europäischen Parlamentes ist Straßburg. Die Abgeordneten werden alle fünf Jahre direkt gewählt. Jedes Mitgliedsland entsendet eine bestimmte Anzahl an Parlamentariern entsprechend einem vereinbarten Schlüssel. Im Europäischen Parlament haben sich die Abgeordneten der jeweils verschiedenen Richtungen in politischen Fraktionen zusammengefunden.

Im **Rat der Europäischen Union (Ministerrat)** sind die Mitgliedsländer durch ihre Minister vertreten, die dort deren nationale Interessen vertreten. Der Ministerrat ist - in Zusammenarbeit mit dem Parlament - das gesetzgebende Organ der EU. Allerdings können Rat und Parlament nur Gesetze auf Grundlage eines Vorschlages der Europäischen Kommission verabschieden. Entscheidungen werden im Ministerrat mit Mehrheit gefällt.

Der Rat setzt sich in der Regel aus den Außenministern zusammen. Bei bestimmten Fachentscheidungen können auch die jeweiligen Ressortminister zusammenkommen. Der Vorsitz (Ratspräsident) wechselt alle sechs Monate zwischen den Mitgliedsländern.

Ministerrat und Parlament können folgende Rechtsakte der Europäischen Union verabschieden:

- **Verordnung:** Sie ist unionsweit unmittelbar gültig und steht über dem nationalen Recht.
- **Richtlinie:** Sie ist eine Verpflichtung für die Mitgliedsländer, ihre nationale Gesetzgebung entsprechend anzupassen.
- **Entscheidung:** Dabei handelt es sich um einen Rechtsakt, der Einzelfälle regelt.

Die **Europäische Kommission** ist das ständige durchführende Organ der EU. Sie ist verantwortlich für die Ausführung der Gesetze und kontrolliert die Umsetzung von EU-Recht in nationales Recht. Die Kommission stellt den Entwurf für den Haushalt auf und verwaltet die Finanzen und verschiedenen Fonds. Sie ist auch verpflichtet, einzuschreiten, falls Mitgliedsländer die gemeinsamen Verträge nicht einhalten. Vorschläge für Gesetze werden von der Kommission oder deren Fachbereichen erarbeitet. Die Mitglieder der Kommission und der Präsident der Kommission werden von den Mitgliedsstaaten vorgeschlagen und müssen vom Parlament bestätigt werden. Sie agieren nicht als nationale Vertreter ihrer jeweiligen Länder, sondern als Europäer. Der Sitz der Europäischen Kommission ist Brüssel. Die Amtszeit der Europäischen Kommission beträgt fünf Jahre.

Der **Europäische Rat** setzt sich zusammen aus den Regierungschefs der Mitgliedsländer und dem Präsidenten der Europäischen Kommission. Der Europäische Rat trifft sich mindestens zweimal im Jahr und hat die Aufgabe, der Union für ihre Entwicklung grundlegende Impulse zu geben und die allgemeinen politischen Zielvorstellungen festzulegen.

Der **Europäische Gerichtshof** entscheidet über Rechtsstreitigkeiten, die Europäisches Recht betreffen. Seine Urteile können nicht angefochten werden. Nationale Gerichte können Fälle, bei der Europarecht zur Anwendung kommt, dem Europäischen Gerichtshof zur Klärung vorlegen. Sitz des Europäischen Gerichtshofes ist Luxemburg.

Der **Europäische Rechnungshof** kontrolliert die Ausgabenpolitik der EU. Jährlich wird ein Rechnungsprüfungsbericht herausgegeben. Sitz des Europäischen Rechnungshofes ist Luxemburg.

1.5.13.4 Ziele des Europäischen Binnenmarktes

Das Ziel der Schaffung eines einheitlichen europäischen Binnenmarktes wurde bereits 1987 in der Einheitlichen Europäischen Akte festgelegt. Der gemeinsame Binnenmarkt bringt für die Wirtschaften der Mitgliedsländer Veränderungen auf vier Gebieten.

Freier Warenverkehr

Freier Warenverkehr bedeutet Abbau aller Handelsbeschränkungen innerhalb der EU. Zölle zwischen den Ländern der EU sind schon 1968 abgeschafft worden. Es wurde ein gemeinsamer Außenzoll gegenüber Drittländern eingeführt. Zur Schaffung eines einheitlichen Binnenmarktes gehört aber auch der Abbau anderer Handelshemmnisse, wie z. B. mengenmäßige Beschränkungen (Kontingente), Anpassung der Mehrwertsteuersätze und Verbrauchssteuersätze (z. B. Alkoholsteuer, Tabaksteuer usw.) sowie die Anpassung von technischen Vorschriften und Normen. Die Zollkontrollen innerhalb der EU sind Anfang 1993 fortgefallen. Die Anpassung der Steuersätze und der technischen Vorschriften und Normen ist noch nicht abgeschlossen.

Freizügigkeit

Freizügigkeit bedeutet freie Einreise, freier Aufenthalt, freies Wohnrecht, Niederlassungsfreiheit und Freiheit der Arbeitsplatzwahl innerhalb der europäischen Union. Diese Freiheiten sind weitestgehend durchgesetzt worden. Zur vollständigen Durchsetzung der Freiheit der Arbeitsplatzwahl müssen allerdings noch die unterschiedlichen Ausbildungs- und Weiterbildungsabschlüsse aneinander angepasst werden. Die Personenkontrollen an den innereuropäischen Grenzen konnten noch nicht überall abgebaut werden. Im Schengener Abkommen haben sich Deutschland, die Niederlande, Frankreich, Belgien, Luxemburg, Italien, Portugal und Spanien verpflichtet, die Personenkontrollen an den gemeinsamen Grenzen abzuschaffen. Griechenland, Schweden, Finnland, Norwegen und Island sind ebenfalls dem Schengener Abkommen beigetreten.

Freier Dienstleistungsverkehr

Auch für den Dienstleistungsverkehr sollen alle Hemmnisse abgebaut werden. Auf diesem Gebiet sind aber noch viele Anpassungen nationaler Regelungen nötig, so z. B. bei der Kfz-Steuer, der Treibstoffsteuer, den Straßenbenutzungsgebühren, den Arbeitsbedingungen für Fernfahrer und den Regelungen über Gefahrguttransporte.

Freier Kapitalverkehr

Freier Kapitalverkehr bedeutet, dass Geldanleger ihr Geld über alle europäischen Grenzen ohne Einschränkungen fließen lassen können. Damit wird ermöglicht, dass das Kapital sich in Europa die günstigsten Anlagemöglichkeiten suchen kann.

1.5.13.5 Europäische Währungsunion – Chancen und Risiken

Mit Beginn des Jahres 1999 wurde die **Europäische Wirtschafts- und Währungsunion (EWWU)** eingeführt. An ihr waren zunächst elf Staaten der Europäischen Union beteiligt: Finnland, Deutschland, Niederlande, Belgien, Luxemburg, Frankreich, Österreich, Spanien, Italien, Irland und Portugal. Im Jahr 2001 kam Griechenland hinzu. Seit dem 1. Januar 1999 gab es für diese Staaten eine einheitliche Währung – den Euro. In einer Übergangsphase bis 2002 galten neben dieser Währung auch die alten nationalen Währungen der

Mitgliedsländer weiter. Die Wechselkurse dieser Währungen im Verhältnis zum Euro waren allerdings unwiderruflich festgelegt. Mit Beginn des Jahres 2002 wurde das Bargeld der beteiligten Länder auf den Euro umgestellt und die Gültigkeit der alten nationalen Währungen eingestellt.

Durch die Einführung einer einheitlichen europäischen Währung wurden Handelshemmnisse innerhalb der Europäischen Union abgebaut. Bislang musste bei der Abwicklung des innereuropäischen Handels mit Wechselkursrisiken gerechnet werden, da zwischen Vertragsabschluss und Zahlung des Kaufpreises die zugrunde gelegten Wechselkurse schwanken konnten. Um sich dagegen abzusichern, wurden Risikozuschläge oder Kosten für Kurssicherungsgeschäfte eingeplant. Diese Kosten entfallen nun im innereuropäischen Warenverkehr. Darüber hinaus entfallen die Kosten des Geldwechsels. Die Konkurrenzfähigkeit der Mitgliedsländer der europäischen Länder beim Handel untereinander gegenüber Drittländern wird damit verbessert.

Als ein mögliches Risiko der Währungsunion galt die befürchtete Instabilität der neuen europäischen Währung. Deshalb haben die Mitgliedsländer der Europäischen Union im Vertrag von Maastricht eine Politik der Stabilisierung der europäischen Währungen beschlossen und Kriterien für die Aufnahme in die Währungsunion festgelegt **(Konvergenzkriterien)**.

Neben der Preisstabilisierung und der Stabilisierung des Zinsniveaus auf niedriger Basis stand dabei vor allem die Konsolidierung der Staatshaushalte im Mittelpunkt. Die Staatsverschuldung und die jährliche Neuverschuldung wurden von den beteiligten Ländern zurückgeführt. Im Mai 1998 hat die Europäische Kommission aufgrund der vorgelegten Konvergenzberichte die oben genannten elf Staaten zur Aufnahme in die Währungsunion empfohlen.

Auch nach Einführung der Währungsunion soll der Kurs der Stabilität fortgesetzt werden. Um dies zu untermauern, haben die Mitgliedsländer der EU auf Initiative des deutschen Finanzministers einen **Stabilitätspakt** beschlossen. Dieser sieht Sanktionen in Form von unverzinslichen Einlagen bei der EU durch diejenigen Länder vor, die die Stabilitätskriterien nicht einhalten. Im Mittelpunkt steht dabei die Abwendung eines übermäßigen Haushaltsdefizits in den einzelnen Staaten der EWWU. Dieses soll unter 3% des Bruttoinlandsprodukts liegen.

Für die einzelnen Unternehmen liegen die Vorteile in der oben erwähnten Belebung des innereuropäischen Handels. Dagegen ist für den einzelnen Betrieb die Umstellung auf die neue Währung mit hohem Aufwand verbunden gewesen, da die gesamte Auftragsbearbeitung und Buchhaltung umgestellt werden musste. Es handelte sich allerdings um einen einmaligen Aufwand, der im Hinblick auf langfristige Vorteile weniger ins Gewicht fallen sollte.

1.6 Abgrenzung der Betriebswirtschaftslehre zur Volkswirtschaftslehre

In Deutschland kennen wir die Trennung des Gesamtbereichs der Wirtschaftslehre in die Volkswirtschaftslehre und die Betriebswirtschaftslehre, die sich durch unterschiedliche Betrachtungsweisen und -gegenstände kennzeichnen. Während die Volkswirtschaftslehre die **Wirtschaft als Gesamterscheinung** betrachtet, Zusammenhängen häufig auf dem Wege der Modellbildung und -berechnung nachspürt und gesamtwirtschaftliche Daten erfasst und analysiert, befasst sich die Betriebswirtschaftslehre mit dem **Einzelbetrieb**, seinen Funktionen (etwa Betriebsführung, Beschaffung, Produktion, Absatz, Finanzierung, Kontrolle) und den zwischenbetrieblichen Verbindungen.

1 Volks- und betriebswirtschaftliche Grundlagen

Da alle Betriebe über die verschiedenen Beschaffungs- und Absatzmärkte miteinander verbunden und in die Gesamtwirtschaft eingebettet sind, ist zwangsläufig eine enge Verbindung von Volks- und Betriebswirtschaftslehre gegeben. Jede Veränderung volkswirtschaftlicher Rahmenbedingungen, etwa eine Zinssatzänderung durch die Zentralbank, nimmt Einfluss auf das Verhalten der Betriebe.

Der Betrieb ist aber auch für andere Wissenschaften Forschungsobjekt. Im Betrieb ergeben sich nicht nur wirtschaftliche, sondern auch technische, rechtliche, psychologische, medizinische und soziologische Fragestellungen und Probleme. Da die Forschungsergebnisse dieser Disziplinen für den Betriebswirt von Bedeutung sind, muss er sich mit den neuesten Entwicklungen und Erkenntnissen der Produktionstechnik, der Arbeits- und Betriebspsychologie, Soziologie und Arbeitsphysiologie auseinandersetzen. Diese Wissenschaften stellen für die Betriebswirtschaft somit Hilfswissenschaften dar.

Wegen der engen Verflechtung von Volks- und Betriebswirtschaftslehre wird häufig die Forderung erhoben, die Trennung zwischen beiden Disziplinen aufzuheben und eine einheitliche Wirtschaftslehre zu lehren.

1.7 Produktionsfaktoren im Betrieb

Zur betrieblichen Leistungserstellung werden Produktionsfaktoren benötigt. Die Volkswirtschaftslehre kennt die beiden originären Produktionsfaktoren Natur und Arbeit und die derivativen (abgeleiteten) Faktoren Kapital und technologisches Wissen.

In der Betriebswirtschaftslehre unterscheidet man nach **elementaren** und **dispositiven** Produktionsfaktoren.

1.7.1 Elementarfaktoren

Die Elementarfaktoren sind

– menschliche Arbeitsleistung,
– Betriebsmittel und
– Werkstoffe.

Unter **menschlicher Arbeit** im betriebswirtschaftlichen Sinne versteht man den Einsatz der körperlichen und geistigen Fähigkeiten des Menschen zu Erreichung bestimmter betrieblicher Ziele. Die Grenze zwischen dem Einsatz beider Fähigkeiten ist meist nur schwer zu ziehen:

Ohne geistigen Einsatz wird eine körperliche Tätigkeit nicht verrichtbar, eine ausschließlich geistige Tätigkeit wiederum kaum anzutreffen sein.

Die menschliche Arbeitsleistung als Elementarfaktor kann nach verschiedenen Kriterien unterschieden werden:

– nach der betrieblichen Funktion in **leitende (dispositive)** oder **ausführende** Arbeit,
– nach der Ausführung in **gelernte**, **angelernte** und **ungelernte Arbeit**.

Arbeit ist zum einen subjektbezogen, zum anderen objektbezogen. **Subjektbezogene Arbeit** bedeutet, dass diese unmittelbar an die arbeitende Person gebunden ist. Bedingt durch innerbetriebliche Arbeitsteilung ist die subjektbezogene Arbeit allerdings auch mittelbar mit anderen Personen verknüpft.

Objektbezogene Arbeit heißt, dass durch sie ein bestimmtes Arbeitsobjekt geformt oder gebildet wird. Sie verleiht dem jeweiligen Objekt einen Wert oder erhöht einen bereits vorhandenen Wert.

Das Ergebnis der menschlichen Arbeit hängt von folgenden Faktoren ab:

– Von subjektiven Leistungsbedingungen,
– von objektiven Leistungsbedingungen,
– von der Höhe des Arbeitsentgelts.

Subjektive Leistungsbedingungen sind körperliche, seelische und geistige Anlagen, die der Arbeitende einsetzen kann. Unter objektiven Bedingungen sind die Gestaltung der Arbeitsverfahren, -abläufe, -arbeitsplätze und -zeit zu verstehen. Die Höhe des Arbeitsentgeltes übt einen sehr entscheidenden Einfluss auf die Arbeitsleistung aus. Letztere wird um so höher sein, je »gerechter« die Entlohnung empfunden wird.

Zu den **Betriebsmitteln** zählen alle technischen Aggregate und Ausstattungsgegenstände eines Betriebes, die zur Leistungserstellung notwendig sind. Neben Maschinen und maschinellen Anlagen, Werkzeugen und Büroausstattung zählen hierzu auch die Grundstücke und Gebäude.

Die beiden Elementarfaktoren Arbeit und Betriebsmittel sind sowohl für Dienstleistungs- als auch für Sachleistungsbetriebe gleichermaßen von Bedeutung. Der Elementarfaktor **Werkstoffe** ist dagegen nur für Fertigungsbetriebe wesentlich. Unter Werkstoffen versteht man alle Roh-, Hilfs- und Betriebsstoffe sowie Halb- und Zwischenfabrikate, die in das jeweils herzustellende Produkt eingehen und als Ausgangs- und Grundstoff zur Herstellung von Erzeugnissen verwendet werden können. Die Produktivität eines Werkstoffes wird um so günstiger sein, je weniger Verluste durch Materialfehler oder Ausschuss entstehen und je effektiver der Werkstoff ausgenutzt wird.

1.7.2 Dispositive Faktoren

Zu den dispositiven Faktoren zählen Planung, Organisation und Kontrolle. Diese drei Bereiche werden zusammengefasst als **Führung** bezeichnet.

Die Unternehmensführung hat die Aufgabe, Unternehmensziele vorzugeben und gleichzeitig die Art der Umsetzung zur Verwirklichung dieser Ziele festzulegen. Führung eines Unternehmens ist dispositive Tätigkeit und umfasst leitende, anleitende und disponierende Tätigkeit auf allen Ebenen. An späterer Stelle wird allerdings ein engerer Führungsbegriff vermittelt, der Führung auf die Spitze der Hierarchie einer Unternehmung beschränkt.

Die dispositiven Faktoren zielen darauf ab, die Elementarfaktoren zu einem sinnvollen und wirtschaftlichen Prozess zu kombinieren, um die Gesamtziele des Unternehmens zu erreichen.

Nach dem Betriebsverfassungsgesetz, dem Mitbestimmungsgesetz und dem Personalvertretungsgesetz sind Arbeitnehmer an bestimmten Entscheidungen des dispositiven Faktors in unterschiedlicher Intensität zu beteiligen. Hierauf wird in Kapitel 6 in Buch 2 eingegangen werden.

1.8 Betriebliche Funktionen und deren Zusammenwirken

Zur Erfüllung der Zielstellungen des Unternehmens müssen während des Leistungsprozesses eine Anzahl verschiedener Aufgaben erfüllt werden. Aufgaben, die der Erfüllung eines abgegrenzten Teilzieles dienen, können zu Funktionsbereichen zusammengefasst werden.

Das folgende Schaubild zeigt das Zusammenwirken der **betrieblichen Grundfunktionen** in einem Industriebetrieb:

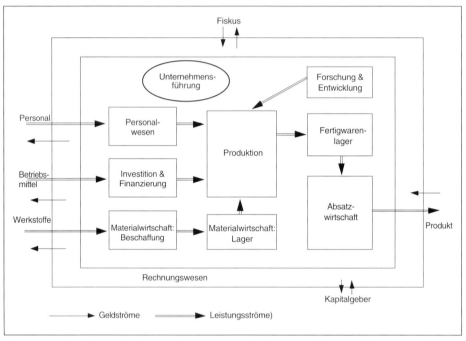

Betriebliche Funktionsbereiche

Zu unterscheiden ist zwischen einem Güter- oder Leistungsstrom und einem Geldstrom. Zur Erstellung der Leistungen benötigt der Betrieb Produktionsfaktoren:

– Arbeit,
– Betriebsmittel und
– Werkstoffe.

Diese Produktionsfaktoren werden auf dem Arbeitsmarkt, den Investitionsgütermärkten und den Rohstoffmärkten beschafft. Die dafür benötigten Mittel müssen bei Kapitalgebern beschafft werden. Die Kapitalgeber erhalten dafür Zinsen oder Gewinnanteile ausbezahlt.

Durch optimale Kombination der Produktionsfaktoren wird die betriebliche Leistung erstellt und auf dem Gütermarkt verkauft.

Zwischen dem Betrieb und seiner Umwelt findet also sowohl ein Leistungs- bzw. Güteraustausch als auch ein Geldaustausch statt. Innerhalb des Betriebes findet nur ein Leistungs- bzw. Güteraustausch statt.

1.8.1 Unternehmensführung

Aufgabe der Unternehmensführung ist es, die Kombination der Produktionsfaktoren im betrieblichen Leistungsprozess so zu gestalten, dass die Zielsetzungen erreicht werden. Diese Ziele werden von der Unternehmensführung selbst im Auftrag der Eigner bzw. Gesellschafter (share holder) gesetzt. Auf Grundlage dieser **Zielsetzungen** werden von der Unternehmensführung **strategische** und **operative Planungen** durchgeführt und die Pläne in Maßnahmen umgesetzt. Das **Controlling** führt einen Soll-Ist-Vergleich durch und analysiert Abweichungen. Auf Grundlage dieser Abweichungsanalyse werden Anpassungsmaßnahmen eingeleitet.

1.8.2 Materialwirtschaft

Der Funktionsbereich Materialwirtschaft umfasst die Teilaufgaben **Beschaffung** von Werkstoffen und deren **Lagerhaltung**. Ziel der Materialwirtschaft ist es, die notwendigen Materialien in ausreichender Menge und Qualität zum erforderlichen Zeitpunkt am erforderlichen Ort zu geringstmöglichen Kosten bereitzustellen. Um diese Zielstellungen optimal erfüllen zu können, ist eine enge Abstimmung mit der Produktion und dem Marketing nötig.

1.8.3 Produktionswirtschaft

Die Produktion ist die **Leistungserstellung im engeren Sinne**. Sie ist damit die Kernfunktion in Industriebetrieben. In der Produktion werden die Produktionsfaktoren so kombiniert, dass die Fertigerzeugnisse auf kostengünstigste Weise hergestellt werden. Die Produktion ist eng verzahnt mit den anderen betrieblichen Funktionen. Von den Bereichen Materialwirtschaft, Investition und Personalwirtschaft werden die Produktionsfaktoren bereitgestellt. Im Bereich Rechnungswesen werden die Ergebnisse der Produktion bewertet. Vom Bereich Absatz schließlich erhält die Produktion die Vorgaben über Mengen, Art und Qualität der Fertigerzeugnisse. Die Produktion muss sich den Bedürfnissen des Marktes anpassen.

1.8.4 Absatzwirtschaft

In der heutigen Zeit, in der Käufermärkte vorherrschend sind, hat der Funktionsbereich Absatz für alle Unternehmen eine entscheidende Rolle eingenommen. Die Wertschöpfung der Produktion kann nur dann realisiert werden, wenn die Produkte abgesetzt werden. Das moderne **Marketing**, welches für Käufermärkte typisch ist, unterscheidet sich vom traditionellen Absatz dadurch, dass **alle Unternehmensfunktionen an den Erfordernissen des Marktes ausgerichtet werden**. Marketing ist also heute nicht mehr ein mehr oder weniger abgegrenzter Funktionsbereich, sondern ein Führungskonzept, welches in alle anderen Funktionsbereiche hineinwirkt.

1.8.5 Personalwirtschaft

Aufgabe des Funktionsbereiches Personalwirtschaft ist es, dafür zu sorgen, dass Personal in ausreichender Anzahl und mit der benötigten Qualifikation zur Verfügung steht. Eine Kernaufgabe ist deshalb die **Personalbeschaffung**. Beschaffung und Freisetzung von Personal sind Prozesse, die eine gewisse Zeitdauer erfordern, insbesondere wegen bestehen der Vertragsbindungen. Aus diesem Grunde wird ein Personalbeschaffungsplan erstellt, der den künftigen Bedarf, Abgänge und Neuzugänge berücksichtigt. Neben der externen Beschaffung von Personal auf dem Arbeitsmarkt gibt es auch die Möglichkeit der internen Personalbeschaffung durch Umbesetzung von Stellen. Aus diesem Grunde ist die Personalentwicklung eine weitere wichtige Aufgabe des Personalwesens. Die **Personalentwicklung** umfasst die Ausbildung und Fortbildung der Mitarbeiter sowie die Entwicklung von Führungspersönlichkeiten. Neben diesen Aufgaben kommt diesem Bereich auch die Erledigung der verwaltungstechnischen Aufgaben im Personalbereich, wie Lohn- und Gehaltsabrechnung, Abführung der Sozialleistungen, Führen der Personalakte usw., zu.

1.8.6 Finanzierung und Investition

Finanzierung bedeutet die Bereitstellung von finanziellen Mitteln, um die laufenden Verbindlichkeiten erfüllen und Investitionen tätigen zu können. Dabei gilt es, die **Liquidität (Zahlungsfähigkeit)** des Unternehmens zu sichern und gleichzeitig das Kapital des Unternehmens den **rentabelsten Verwendungsmöglichkeiten** zuzuführen. Zuwenig liquide Mittel gefährden die Zahlungsfähigkeit des Unternehmens, sind jedoch liquide Mittel in zu hohem Maße vorhanden, werden diese rentableren Anlagemöglichkeiten entzogen. Finanzierung bedeutet darüber hinaus die Bereitstellung von finanziellen Mitteln für notwendige Investitionen.

Die Entscheidung über eine **Investition** setzt immer voraus, dass die monetären Auswirkungen dieser Investition vorher geprüft werden. Dabei sind nicht nur Ausgaben und Einnahmen aus einer Investition zu vergleichen, sondern auch zu berücksichtigen, dass zwischen Ausgabe und Einnahmen zeitliche Unterschiede liegen, also die Verzinsung der Beträge zu berücksichtigen ist.

Finanzierung und Investition stehen in engem Zusammenhang mit Forschung und Entwicklung (F&E), Produktion und Marketing in Hinblick auf Entscheidungen über Verbesserungen der Technologie des Unternehmens.

1.8.7 Rechnungswesen

Im Bereich Rechnungswesen fließen alle Wertbewegungen zwischen Betrieb und Umwelt zusammen, werden registriert und ausgewertet. Die **Finanzbuchhaltung** hat die Aufgabe, alle Geschäftsvorfälle in richtiger Reihenfolge wertmäßig zu erfassen. Das Ergebnis eines Geschäftsjahres wird im **Jahresabschluss** zusammengefasst, der aus der Bilanz, der Gewinn- und Verlustrechnung und bei Kapitalgesellschaften zusätzlich dem Anhang zum Jahresabschluss besteht. Der Jahresabschluss dient Gesellschaftern, Gläubigern, Fiskus und zum Teil der Belegschaft und der Öffentlichkeit als Grundlage für die Einschätzung des Unternehmens. Dieser Teil des Rechnungswesens wirkt also im wesentlichen nach außen und wird deshalb auch als **externes Rechnungswesen** bezeichnet. Das **interne Rechnungswesen (Kostenrechnung)** dient der Geschäftsführung als Grundlage für ihre Entscheidungen. Im internen Rechnungswesen werden alle Kosten und Leistungen erfasst. Die Kosten und Leistungen werden einzelnen Abteilungen oder Stellen zugeordnet, um deren Beitrag zum Betriebsergebnis festzustellen. Im Gegensatz zum externen Rechnungswesen erfasst es dabei auch den Leistungsaustausch innerhalb des Betriebes. Die Kosten- und Leistungsrechnung dient darüber hinaus der **Kalkulation** der Verkaufspreise sowie der **informationellen Fundierung von Entscheidungen** über Produktionsaufträge, Produktionsverfahren, Produktionsumstellungen usw.

1.9 Betriebswirtschaftliche Kennzahlen

Die dauernden strukturellen und konjunkturellen Marktveränderungen, das schnelle industrielle Wachstum, der technische Fortschritt und der starke Wettbewerbsdruck zwingen die Unternehmen mehr und mehr zu dauernder Marktbeobachtung, zur Betriebsüberwachung, zum Betriebsvergleich und zu zielbewussten Dispositionen.

Eine wesentliche Hilfe im Rahmen der Planungs-, Steuerungs- und Kontrollfunktion der Unternehmensführung stellen die Kennzahlen dar. Kennzahlen sind betriebswirtschaftlich bedeutsame Verhältniszahlen. Sie helfen, aus dem riesigen Zahlenmaterial in jedem Unternehmen eine qualifizierte Auslese zu erhalten, also das Wesentliche vom Unwesentlichen zu trennen.

Darüber hinaus versetzen sie die Unternehmensführung in die Lage, mehr in Relationen als in absoluten Zahlen zu denken, kausale Zusammenhänge zu erkennen, mehr auf die Produktivität, Wirtschaftlichkeit und Rentabilität zu achten als auf die Produktionsquantität und Stärken und Schwächen im Marktgeschehen im Vergleich mit anderen Unternehmen zu erkennen.

Beispiel:
Monatliche Energiekosten in Höhe von 250.000 € besagen zunächst kaum etwas. Dass diese aber Energiekosten von 3 € pro hergestelltem Stück ausmachen und das Unternehmen damit nicht konkurrenzfähig ist, ist eine betriebswirtschaftlich entscheidende Feststellung.

Wesentlich für den Umgang mit Kennzahlen ist, dass man nicht auf einzelne Zahlen starrt, sondern die komplexe Natur des wirtschaftlichen Lebens im Blick behält. Voraussetzung zur Gewinnung entscheidender Aussagen ist die richtige Kombination und Interpretation der betrieblichen Daten.

Steigende Automation verbessert zwar die Produktivität, bedingt aber auch einen Anstieg der fixen Kosten und damit eine Einschränkung der Elastizität, denn große Mengen müssen langfristig abgesetzt werden.

1.9.1 Produktivität

Die Produktivität ist eine Kennziffer für die mengenmäßige Gegenüberstellung von Output zu Input; also eine quantitative, technisch orientierte Kennziffer. Es werden nur Mengenverhältnisse betrachtet, wobei die Mengen nicht bewertet werden, da sonst Markteinflüsse die Aussagen verfälschen könnten.

Eine Gesamtproduktivität für einen Betrieb ist nicht feststellbar; es lassen sich immer nur Teilproduktivitäten errechnen. Typische Produktivitätskennzahlen sind Arbeits- und Materialproduktivität.

Arbeitsproduktivität

Der Arbeitseinsatz kann als Anzahl der Arbeitenden oder in Arbeitsstunden ausgedrückt werden.

Beispiel:
Als Produktionsergebnis sei angenommen eine Leistung von 540.000t. Bei einem Arbeitseinsatz von 900 Arbeitern beträgt die Arbeitsproduktivität 600t/Arbeiter. Bei einem Arbeitseinsatz von insgesamt 36.000 Stunden beträgt die Arbeitsproduktivität 15t/Arbeitsstunde.

Materialproduktivität

Das Produktionsergebnis wird dem Materialeinsatz gegenübergestellt.

Beispiel:
Bei einem Produktionsergebnis von 540.000t Endprodukt und einem Materialeinsatz von 600.000t Rohstoff beträgt die Materialproduktivität 0,9.

Diese Produktivitäten sind nur statistische Messzahlen, also keine Zurechnungsgrößen, die etwas über Kausalzusammenhänge aussagen. Eine gestiegene Arbeitsproduktivität kann zwar aus einer höheren Arbeitsleistung des Produktionsfaktors Arbeit herrühren, aber ebenso aus einem erhöhten Betriebsmitteleinsatz, z. B. infolge von Modernisierungen der Produktionsanlagen.

1.9.2 Wirtschaftlichkeit

Die Wirtschaftlichkeit drückt das wertmäßige Verhältnis von Output zu Input aus, d. h. die Leistungen werden ins Verhältnis zu den Kosten gesetzt. Wirtschaftlich arbeitet der Betrieb dann, wenn diese Kennzahl größer als 1 ist.

Eine Erhöhung der Produktivität hat nicht notwendig eine Erhöhung der Wirtschaftlichkeit zur Folge. So könnte z. B. eine Erhöhung der Arbeitsproduktivität durch erhöhten Kapitaleinsatz erreicht werden. Sind allerdings die zusätzlichen Kapitalkosten größer als die eingesparten Arbeitskosten, so sinkt die Wirtschaftlichkeit.

1.9.3 Rentabilität

Die Rentabilität setzt den Gewinn ins Verhältnis zum eingesetzten Kapital. Sie drückt damit die **Verzinsung des eingesetzten Kapitals** aus. Der Investor hat somit eine Auskunft darüber, ob sich die Investition im Vergleich zur marktüblichen Verzinsung überhaupt lohnt.

Die **Eigenkapitalrentabilität** errechnet sich aus dem prozentualen Verhältnis vom Gewinn zum eingesetzten Eigenkapital. Sie drückt aus, wie sich das Kapital des Unternehmers verzinst und wird deshalb auch »Unternehmerrentabilität« genannt.

Die **Gesamtkapitalrentabilität** errechnet sich aus dem prozentualen Verhältnis von Gewinn plus gezahlten Fremdkapitalzinsen zum eingesetzten Gesamtkapital. In ihr kommt zum Ausdruck, dass das gesamte investierte Kapital (Eigenkapital plus Fremdkapital) sowohl Gewinn für die Eigenkapitalgeber als auch Zinsen für die Fremdkapitalgeber abwirft. Da sie ausdrückt, wie sich das Kapital des Unternehmens verzinst, wird sie auch »Unternehmensrentabilität« genannt.

Die **Umsatzrentabilität** drückt aus, wie hoch der Gewinn im Verhältnis zu den Umsatzerlösen ist und dient dem Vergleich mit anderen Unternehmen der Branche.

1.9.4 Liquidität

Liquidität bedeutet Zahlungsfähigkeit. Sie ist für ein Unternehmen eine wichtige Größe, da fehlende Zahlungsfähigkeit zur Insolvenz führt.

Die Liquidität wird mit Hilfe von Finanzplänen ermittelt, indem von den vorhandenen Zahlungsmitteln und erwarteten Einnahmen die Ausgaben abgezogen werden **(dynamische Liquidität)**.

Statisch – bezogen auf einen Stichtag – kann die Liquidität mit Hilfe von Kennzahlen ausgedrückt werden. Dabei werden verschiedene **Liquiditätsgrade** unterschieden:

Liquidität 1. Grades $= \dfrac{\text{Zahlungsmittel}}{\text{kurzfristige Verbindlichkeiten}}$

Liquidität 2. Grades $= \dfrac{\text{Zahlungsmittel + kurzfristige Forderungen}}{\text{kurzfristige Verbindlichkeiten}}$

Liquidität 3. Grades $= \dfrac{\text{Umlaufvermögen}}{\text{kurzfristige Verbindlichkeiten}}$

Die Aussagekraft dieser statischen Kennziffern ist begrenzt, da die genauen Laufzeiten der Forderungen und Verbindlichkeiten nicht berücksichtigt werden und da regelmäßige Zahlungsverpflichtungen wie z. B. Löhne, Gehälter, Zinsen nicht erfasst werden.

1.10 Rechtliche Grundlagen

1.10.1 Das Handelsgesetzbuch

Das Handelsrecht ist das Sonderrecht der Kaufleute. Im Handelsrecht, genauer im Handelsgesetzbuch (HGB), sind jene Gesetzesnormen enthalten, die die besondere Stellung der kaufmännischen Tätigkeit berücksichtigen. Das HGB ist somit ein selbstständiges Rechtsgebiet, jedoch mit der Einschränkung, dass neben den einschlägigen Normen des HGB auch das Bürgerliche Gesetzbuch weiterhin Anwendung findet. Das Handelsrecht wurde 1998 durch das Handelsrechtsreformgesetz (HRefG) umfassend novelliert.

1.10.1.1 Der Kaufmann

Mittelpunkt des Handelsrechts ist der Kaufmann, der ein Gewerbe ausübt. Von besonderer Bedeutung ist der im Handelsrecht geregelte Vertrauensschutz, der erforderlich ist, weil das Handelsrecht von der schnellen Abwicklung der Geschäfte lebt. Langwierige schriftliche Vereinbarungen sind hier häufig fehl am Platz. So muss z. B. der Kaufmann, der Ware erhält, diese unverzüglich untersuchen und ggf. rügen, wenn sie nicht ordnungsgemäß ist, weil der Geschäftspartner sonst darauf vertrauen kann, dass die angelieferte Ware akzeptiert wurde (die entsprechende Regelung im BGB gibt dem Empfänger der Ware im Zweifel zwei Jahre Zeit, um die nicht ordnungsgemäße Lieferung zu beanstanden).

Nach § 1 HGB ist Kaufmann, wer ein **Handelsgewerbe** betreibt. Unter dem Betreiben eines Handelsgewerbes versteht man eine Tätigkeit, die auf Dauer auf Gewinnerzielung ausgerichtet ist. Das Streben nach Erwerb steht also im Vordergrund. Kaufmann ist jemand, der im eigenen Namen Geschäfte tätigt und dabei Gewinn und Verlust zu tragen hat. Das heißt jedoch nicht, dass ein Kaufmann unbedingt auch über ein größeres Vermögen verfügen muss. Die finanzielle Ausstattung spielt bei der Feststellung der Kaufmannseigenschaft keine Rolle.

1 Volks- und betriebswirtschaftliche Grundlagen

Grundsätzlich ist also **jeder Gewerbebetrieb** ein Handelsgewerbe. Von diesem Grundsatz macht §1 Abs. 2 HGB eine Ausnahme. Danach ist ein Gewerbebetrieb dann kein Handelsgewerbe, wenn das Unternehmen nach Art oder Umfang keinen in kaufmännischer Weise eingerichteten Geschäftsbetrieb erfordert. Das heißt, wer ein Gewerbe in geringerem Umfang betreibt, ist nicht Kaufmann und die Vorschriften des HGB finden auf ihn keine Anwendung.

Ein Unternehmer, der ein Gewerbe in geringerem Umfang betreibt, kann seine Firma gem. § 2 HGB in das **Handelsregister** eintragen lassen. Er ist berechtigt, aber nicht verpflichtet, diese Eintragung herbeizuführen. Nach erfolgter Eintragung gilt das betriebene Gewerbe als Handelsgewerbe i.S.d. HGB und der Unternehmer ist Kaufmann.

Solange das Gewerbe in geringem Umfang betrieben wird, also ein in kaufmännischer Weise eingerichteter Geschäftsbetrieb nicht erforderlich ist, kann der Unternehmer die Löschung aus dem Handelsregister beantragen. Mit der Löschung entfällt die Kaufmannseigenschaft des Unternehmers.

Die nach dem HGB alter Fassung gebräuchliche Unterscheidung von »Musskaufmann«, »Sollkaufmann«, »Minderkaufmann« ist durch die Reform des HGB im Juli 1998 entfallen.

Neben den **Einzelkaufleuten** gibt es die **Handelsgesellschaften**, wie Offene Handelsgesellschaft (OHG) und Kommanditgesellschaft (KG) und die juristischen Personen, wie Aktiengesellschaft (AG), Kommanditgesellschaft auf Aktien (KGaA) und die Gesellschaft mit beschränkter Haftung (GmbH). Diese Gesellschaften fallen unter § 6 HGB, der bestimmt, dass sie kraft ihrer Rechtsform Kaufleute sind (»Formkaufleute«).

Bei der OHG und der KG sind die vollhaftenden Gesellschafter zusätzlich Kaufleute. Bei den juristischen Personen wie AG, KGaA und GmbH ist es nur die Gesellschaft selbst.

1.10.1.2 Das Handelsregister

Das Handelsregister wird vom zuständigen Amtsgericht als Registergericht geführt. Zu den Aufgaben des Handelsregisters gehört es, Tatsachen, die im Handelsverkehr von rechtlicher Bedeutung sind (insbesondere die **Haftung** und die **Vertretungsverhältnisse**), jedermann zugänglich zu machen.

Jede im Handelsregister vorgenommene Eintragung hat einen doppelten Aussagewert: Zum Einen bedeutet die Eintragung einer Tatsache, dass diese nach richterlicher Prüfung auch zulässig ist, außerdem enthält sie die Vermutung der Richtigkeit. Zum anderen beinhaltet die Eintragung im Handelsregister und die öffentliche Bekanntmachung die **unwiderlegliche Vermutung**, dass die eingetragenen Tatsachen jedermann bekannt sind. Nimmt also ein Kaufmann eine Änderung in seinem Geschäft vor, z. B. den Entzug einer Prokura, so genügt die Austragung aus dem Handelsregister, um diese Tatsache jedem entgegenhalten zu können.

Das Handelsregister gibt nur Auskunft über den rechtlichen Status von Kaufleuten, nicht dagegen über ihre wirtschaftlichen Verhältnisse. Es ist in zwei Abteilungen gegliedert: in die Abteilung A für Einzelkaufleute und Personengesellschaften und in die Abteilung B für Kapitalgesellschaften (»HRA« und »HRB«).

1.10.1.3 Die Firma

Gemäß § 17 HGB ist die Firma eines Kaufmanns der Name, unter dem er im Handel seine Geschäfte tätigt und die Unterschrift abgibt. Ein Kaufmann kann unter seiner Firma klagen und verklagt werden. Jeder Kaufmann ist berechtigt und verpflichtet, eine Firma zu führen.

Die Firma muss beim Handelsregister angemeldet werden. Das Gleiche gilt für Veränderungen und das Löschen der Firma.

Die Anforderungen an die Namensgebung für das betriebene Geschäft ergeben sich aus § 18 HGB. Danach muss die Firma zur Kennzeichnung des Kaufmanns geeignet sein und **Unterscheidungskraft** besitzen, um sicherzustellen, dass der Kaufmann identifizierbar ist und Verwechslungen ausgeschlossen werden. Daraus folgt, dass es eine Firma nur einmal am Ort geben darf. Der gewählte Name kann der Name des Kaufmanns sein, auf den Gegenstand des Unternehmens hinweisen oder ein Phantasiename sein. Entscheidend ist das Vorliegen von Unterscheidungskraft und die damit einhergehende Kennzeichnungswirkung. Bis zur Reform des HGB durch das HRefG musste die Firma den Nachnamen und mindestens einen Vornamen des Kaufmanns führen. Dieses Namenserfordernis ist durch die Reform weggefallen. Nach der Übergangsregelung in Artikel 38 zum Einführungsgesetz zum HGB können die nach altem Recht gebildeten Firmen noch bis zum 31.03.2003 weitergeführt werden. Daher wird es für diesen Zeitraum ein Nebeneinander von nach neuem und nach altem Recht gebildeten Firmenbezeichnungen geben.

Die Firma darf gem. § 18 Abs. 2 HGB keine Angaben enthalten, die zur **Irreführung** des Wirtschaftsverkehrs geeignet sind. Das bedeutet, dass die Firmenbezeichnung nicht über Art des Geschäfts, Branche, Größe, Umfang oder Fachwissen täuschen darf. Schließlich soll die Firma über die **Haftungsverhältnisse** eindeutig Auskunft geben. Es soll offenbar werden, ob eine natürliche Person haftet oder ob die Haftung auf das Firmenkapital beschränkt ist (vgl. §19 HGB). Daher muss die Firma eines Kaufmanns, der seinen Geschäftsbetrieb allein führt (Einzelkaufmann) die Bezeichnung »eingetragener Kaufmann« oder eine allgemein verständliche Abkürzung dieser Bezeichnung enthalten (z. B. »e. K.«, »e. Kfm.«).

Offene Handelsgesellschaften (OHG) oder Kommanditgesellschaften (KG) müssen in der Firmierung die Bezeichnung ihrer Gesellschaftsform oder deren Abkürzung mitführen.

Auch bei Kapitalgesellschaften muss die Gesellschaftsform in einer allgemein verständlichen Abkürzung angegeben werden, also z. B. AG, GmbH oder KGaA.

Eine Firma kann im Zusammenhang mit dem Verkauf eines Unternehmens übertragen werden. Der Erwerber ist dann rechtmäßiger Träger des Firmennamens.

1.10.2 Die Rechtsformen der Unternehmung

Aufgrund der geltenden Vertragsfreiheit kann jedermann Gesellschaften gründen. Das Gesetz versteht unter Gesellschaften alle privatrechtlich begründeten Personenzusammenschlüsse, deren Ziel eine gemeinsame Zweckverfolgung ist. Für die Gründung einer Gesellschaft stehen nach den gesetzlichen Bestimmungen verschiedene Gesellschaftsformen zur Verfügung. Grob werden diese Gesellschaftsformen in Personengesellschaften und Kapitalgesellschaften aufgeteilt. Zu den **Personengesellschaften** gehören die BGB-Gesellschaft, die Offene Handelsgesellschaft (OHG) und die Kommanditgesellschaft (KG).

Typische **Kapitalgesellschaften** sind die Aktiengesellschaften (AG) und die Gesellschaft mit beschränkter Haftung (GmbH). Kapitalgesellschaften sind vom Aufbau her Körperschaften, d. h. sie sind rechtsfähig und damit grundsätzlich natürlichen Personen gleichgestellt. Sie haben ein bestimmtes Mindest-Kapital; die Mitglieder sind durch ihre Kapitalbeteiligung mit der Gesellschaft verbunden. Die Kapitalgesellschaft selbst besteht unabhängig von der Zahl ihrer Mitglieder. Um handlungsfähig zu sein, besitzt sie Organe (Vorstand/Geschäftsführung, Aufsichtsrat und Hauptversammlung, Gesellschafter-Versammlung).

1.10.2.1 Die BGB-Gesellschaft

Die BGB-Gesellschaft (§§ 705 ff BGB) – auch Gesellschaft bürgerlichen Rechts (GbR) genannt – ist die Urform der gesellschaftlichen Zusammenschlüsse. Erforderlich ist ein formloser Gesellschaftsvertrag, in dem sich mindestens zwei Personen zur Verfolgung eines **gemeinsamen Zweckes** verpflichten. Diese Gesellschaftsform ist eine häufig in unserem Wirtschaftsleben genutzte, weil sie sowohl von Großunternehmen in Anspruch genommen wird als auch von kleinen Gewerbebetrieben und, jedenfalls bisher, von dem großen Kreis der Freiberufler (siehe hierzu noch Abschn. 1.10.2.2).

Bekannteste Erscheinungsformen sind die Arbeitsgemeinschaften im Baugewerbe, die Sozietäten der Anwälte und Wirtschaftsprüfer sowie die Gemeinschaftspraxen der Ärzte und Architekten. Gesellschafter einer BGB-Gesellschaft kann neben den natürlichen Personen auch jede juristische Person sein. Es ist daher möglich, dass eine AG mit einer GmbH eine BGB-Gesellschaft eingeht.

Die BGB-Gesellschaft ist nach dem Gesetz eigentlich nicht rechtsfähig. Dies wirkt sich naturgemäß auf die **Haftungsverhältnisse** aus: Gläubiger der BGB-Gesellschaft müssen gegen die einzelnen Gesellschafter vorgehen. Nach neuester Rechtsprechung kann allerdings die BGB-Gesellschaft selbst verklagt werden und auch klagen.

Durch den Gesellschaftsvertrag entstehen diverse Rechte und Pflichten für die Gesellschafter. So hat jeder Gesellschafter seinen Teil zur Förderung des gemeinsamen Zweckes beizutragen, insbesondere die vereinbarten Beiträge zu leisten. Es steht ihnen eine gemeinsame Geschäftsführungsbefugnis zu.

Jeder Gesellschafter hat anteiliges Recht am Gewinn, der jedoch erst mit der Auflösung der Gesellschaft auszuzahlen ist. Bei Gesellschaften, die auf längere Zeit angelegt sind, ist jedoch am Schluss eines jeden Geschäftsjahres ein Rechnungsabschluss und eine Gewinnverteilung vorzunehmen. Jeder Gesellschafter erhält vom Gewinn den gleichen Anteil, es sei denn, es wurde vertraglich etwas anderes vereinbart.

Beschlüsse der Gesellschafter können nur einstimmig durchgesetzt werden.

Die Bestimmungen des Gesellschaftsrechts sind in vielen Bereichen dispositiv, d. h. die Gesellschafter können von den gesetzlich vorgesehenen Regelungen abweichen. Sie sind in der Regel jedoch nicht in der Lage, ihre persönliche Haftung im **Außenverhältnis einzuschränken**. Bedingt durch die gemeinschaftliche Geschäftsführung haften sie stets als Gesamtschuldner mit dem Gesellschaftsvermögen und ihrem Privatvermögen. Scheidet z. B. einer der Gesellschafter aus, so bleibt seine Haftung bestehen. Die Haftung beschränkt sich jedoch auf Verbindlichkeiten, die bis zum Ausscheidungstermin entstanden sind.

Beendet wird die BGB-Gesellschaft durch Auflösung, und zwar durch Gesellschafterbeschluss, durch Zweckerreichung oder Kündigung eines Gesellschafters. Die Auflösung wird im Wege einer **Liquidation** der Gesellschaft vorgenommen; erst wenn diese durchgeführt wurde, ist die Gesellschaft beendet.

1.10.2.2 Die Partnerschaft

Die Partnerschaft ist eine Gesellschaftsform, in der sich Angehörige Freier Berufe seit 1995 zur Ausübung ihrer Berufe zusammenschließen können. Diese Unternehmensform ist rechtlich zwischen der Gesellschaft des bürgerlichen Rechts und der offenen Handelsgesellschaft anzusiedeln und im **Partnerschaftsgesellschaftsgesetz** (PartGG) geregelt.

§ 1 PartGG enthält eine nicht abschließende Aufzählung von Berufen, deren Angehörige bei selbstständiger Ausübung des Berufs eine Partnerschaft gründen können.

Dazu gehören u. a. Ärzte, Zahnärzte, Tierärzte, Mitglieder der Rechtsanwaltskammern, Patentanwälte, Wirtschaftsprüfer, Steuerberater, beratende Volks- und Betriebswirte, Ingenieure, Architekten, Journalisten, Künstler, Schriftsteller, Lehrer.

Die Partnerschaft wird durch einen schriftlichen **Partnerschaftsvertrag** begründet, der den Namen und den Sitz der Partnerschaft, Namen, Vornamen und den in der Partnerschaft ausgeübten Beruf jeden Partners sowie den Gegenstand der Partnerschaft enthalten muss (§ 3 PartGG). Der Name der Partnerschaft muss den Namen mindestens eines Partners, die Berufsbezeichnung aller in der Partnerschaft vertretenen Berufe und einen Hinweis auf die Gesellschaftsform der Partnerschaft (z. B. »und Partner«) enthalten, § 2 PartGG.

Die Partner erbringen ihre beruflichen Leistungen unter Beachtung der für sie geltenden beruflichen Regelungen. Darüber hinaus ist das Rechtsverhältnis der Partner untereinander durch den Gesellschaftsvertrag geregelt. Falls dieser keine Bestimmungen enthält, sind Vorschriften des HGB über die OHG entsprechend anzuwenden (§ 6 Abs. 3 PartGG).

Im Verhältnis zu Dritten wird die Partnerschaft mit der Eintragung in das Partnerschaftsregister bei dem Amtsgericht, in dessen Bezirk die Partnerschaft ihren Sitz hat, wirksam. Für Verbindlichkeiten der Partnerschaft haften das Vermögen der Partnerschaft und die Partner als Gesamtschuldner (§ 8 PartGG).

1.10.2.3 Die Offene Handelsgesellschaft (OHG)

Die OHG wird wie die BGB-Gesellschaft durch den Abschluss eines Gesellschaftsvertrages gegründet. Mit Abschluss des Vertrages ist die OHG im Innenverhältnis errichtet. Im Außenverhältnis, also Dritten gegenüber, entsteht die OHG mit Aufnahme ihrer Geschäfte bzw. mit Eintragung in das zuständige Handelsregister. Durch die Eintragung wird die OHG teilrechtsfähig, dadurch kann sie unter ihrer Firma klagen und verklagt werden sowie Eigentum erwerben, sie ist jedoch juristischen Personen nicht vollkommen gleichgestellt.

Durch die Eintragung in das Handelsregister wird die OHG einschließlich ihrer Gesellschafter Kaufmann. Auf die Gesellschaft und ihre Gesellschafter findet das Recht des Handelsgesetzbuches uneingeschränkt Anwendung.

Im Gegensatz zur BGB-Gesellschaft hat jeder Gesellschafter Einzelgeschäftsführungs- und Einzelvertretungsmacht. Dadurch kann jeder Gesellschafter die gesamte Gesellschaft und jeden Gesellschafter nach außen hin vertreten. Die Vertretungs- und Geschäftsführungsbefugnis kann zwar im Gesellschaftsvertrag eingeschränkt werden, dies gilt jedoch nur im **Innenverhältnis**.

Die Gesellschafter der OHG **haften Dritten gegenüber** für Gesellschaftsschulden uneingeschränkt mit dem Gesellschaftsvermögen und ihrem gesamten Privatvermögen (§ 128 HGB). Wird in eine bestehende OHG ein neuer Gesellschafter mit aufgenommen, so haftet er für sämtliche alten Verbindlichkeiten der Gesellschaft. Scheidet dagegen ein Gesellschafter aus, haftet er nur für Verbindlichkeiten, die bis zu seinem Austritt angefallen sind, und zwar für fünf Jahre.

Jeder Gesellschafter hat ein so genanntes Entnahmerecht, d. h. er kann 4% seiner Einlage privat aus der Gesellschaft entnehmen. Darüber hinaus hat jeder Gesellschafter einen Anspruch auf Gewinnbeteiligung. Die Verteilung erfolgt in der Weise, dass die Einlage eines jeden Gesellschafters mit 4% verzinst wird. Der ggf. verbleibende Rest wird nach Köpfen verteilt. Eine Abweichung von dieser Verteilung ist zulässig und wird auch üblicherweise in den Gesellschaftsverträgen vorgenommen.

1 Volks- und betriebswirtschaftliche Grundlagen

1.10.2.4 Die Kommanditgesellschaft (KG)

Die KG ist in ihrem Aufbau ähnlich der OHG. Sie ist Personengesellschaft und entsteht mit Abschluss des Gesellschaftsvertrages. Entgegen der einheitlichen, gesamtschuldnerischen Haftung aller Gesellschafter der OHG besitzt die KG eine unterschiedliche Haftungsregelung für ihre Gesellschafter: Es wird zwischen Vollhaftern (**Komplementären**) und Teilhaftern (**Kommanditisten**) unterschieden. Eine KG benötigt mindestens einen Komplementär und einen Kommanditisten.

Haftungsrechtlich ist die Stellung des Komplementärs gleich dem Gesellschafter der OHG. Er haftet für Verbindlichkeiten der Gesellschaft mit dem Geschäfts- und seinem Privatvermögen. Der Kommanditist haftet dagegen allenfalls in Höhe seiner Einlage, die er laut Gesellschaftsvertrag zu erbringen hat.

Damit die Haftungsbeschränkungen Gültigkeit gegenüber Dritten erlangen, müssen sie für den Kommanditisten ausdrücklich durch eine entsprechende Eintragung in das Handelsregister erfasst werden. Erfolgt dies nicht, dann haftet der Kommanditist wie ein Komplementär. Die unterschiedlichen Haftungsregelungen zwischen Komplementär und Kommanditist sind gesetzlich zwingend vorgeschrieben.

Die KG wird durch ihre Komplementäre vertreten (wie die OHG). Der oder die Kommanditisten, die an der KG beteiligt sind, haben keinerlei Geschäftsführungsbefugnis oder Vertretungsrecht. Dieser Ausschluss ist gesetzlich zwingend vorgeschrieben. Dem Kommanditisten steht aber ein Auskunfts- und Kontrollrecht zu.

Sowohl der Komplementär als auch der Kommanditist hat einen Anspruch am erwirtschafteten Gewinn der Gesellschaft. Wegen der unterschiedlichen Haftungskriterien erfolgt eine von der OHG abweichende Verteilung jenes Betrages, der nach der 4%-igen Verzinsung der Einlage übrigbleibt. Der Betrag wird nicht nach Köpfen, sondern in einem angemessenen Verhältnis zwischen Komplementären und Kommanditisten verteilt. Was angemessen ist, müssen die Gesellschafter untereinander vertraglich festlegen.

Wird ein neuer Gesellschafter in die KG aufgenommen, so haftet er wie ein neuer OHG-Gesellschafter auch für sämtliche alten Verbindlichkeiten, wenn er als Komplementär in die Gesellschaft eintritt. Als Kommanditist haftet er zwar grundsätzlich auch für alle alten Verbindlichkeiten, jedoch nur bis zur Höhe seiner Einlage.

Tritt ein Komplementär oder ein Kommanditist aus der Gesellschaft aus, so haftet er für Verbindlichkeiten, die bis zu seinem Austrittsdatum entstanden sind, noch fünf Jahre lang, wobei der Kommanditist auch hier nur bis zur Höhe seiner damaligen Einlage haftet.

Eine Sonderform der KG ist die »GmbH & Co KG«. In dieser Gesellschaft ist der Vollhafter eine GmbH. Der oder die Geschäftsführer dieser GmbH leiten die KG. Es haftet nur das Vermögen der GmbH; eine weitergehende Haftung mit den Privatvermögen der Gesellschafter gibt es nicht, da die GmbH nur mit deren Gesellschaftsvermögen und die Kommanditisten grundsätzlich nur in Höhe ihrer Einlage haften.

1.10.2.5 Die Aktiengesellschaft (AG)

Die Aktiengesellschaft ist eine juristische Person. Rechtlich entsteht sie erst, wenn sie im Handelsregister eingetragen ist. An die Eintragungsvoraussetzungen sind strenge Anforderungen gestellt. So muss u. a. der erforderliche Gesellschaftsvertrag, der im Aktienrecht Satzung heißt, notariell beurkundet sein, und der oder die Gründer müssen ein **Grundkapital** von mindestens 50.000 € aufbringen. Weiterhin müssen Firma und Firmensitz angegeben werden. Die Firma muss die Bezeichnung »Aktiengesellschaft« oder eine allgemein verständliche Abkürzung dieser Bezeichnung enthalten.

Das Grundkapital einer AG ist in Aktien aufgeteilt. Die Summe der Nennwerte der Aktien ergeben die Summe des Grundkapitals. Es haftet nur das Gesellschaftsvermögen.

Der Inhaber einer Aktie, deren **Nennbetrag** mindestens ein € sein muss, erhält durch die Aktie seine Kapitalbeteiligung verbrieft. Weiterhin hat er ein Stimmrecht und einen Anspruch auf Gewinnbeteiligung. Aktien werden üblicherweise an der Börse gehandelt, es gibt aber auch Aktien, die wegen ihrer besonderen Art nicht börsenfähig sind. Dies sind die so genannten Namensaktien; in ihnen wird der Eigentümer namentlich genannt. Diese Form der Aktie ist typisch bei Familienunternehmen.

Gehören alle Aktien einer Person oder neben der Gesellschaft einem Aktionär, liegt eine Einpersonengesellschaft vor. Dies muss unverzüglich dem Handelsregister unter Angabe des vollen Namens, Geburtsdatums und Wohnortes des alleinigen Aktionärs mitgeteilt werden.

Damit eine AG handeln kann, benötigt sie **Organe**. Diese sind der Vorstand, der Aufsichtsrat und die Hauptversammlung.

Der **Vorstand** übt eigenverantwortlich die Geschäftsführung für die AG aus. Er kann aus einer oder mehreren Personen bestehen; für große AG sind mehrere Personen vorgesehen. Der Vorstand wird vom Aufsichtsrat für höchstens fünf Jahre bestellt. Die Vorstandsmitglieder brauchen keine Aktionäre zu sein.

Verletzen die Vorstandsmitglieder grob ihre Dienstpflichten, so machen sie sich schadenersatzpflichtig. Die Verträge, die die Vorstandsmitglieder mit der AG haben, sind Dienstverträge, sie sind grundsätzlich befristet auf die Dienstzeit von maximal fünf Jahren. Sie können aber verlängert werden.

Aufgabe des **Aufsichtsrates** ist es, die Geschäftsführung des Vorstandes zu überwachen. Weiterhin hat er die Aufgabe, den Vorstand zu bestellen.

Der Aufsichtsrat setzt sich aus Vertretern der Aktionäre sowie aus Vertretern der Arbeitnehmerschaft zusammen. Seine Amtszeit beträgt höchstens fünf Jahre, eine Wiederwahl ist möglich. Die Aufsichtsratsmitglieder der Aktionäre werden von der Hauptversammlung mit einfacher Mehrheit gewählt. Die Arbeitnehmervertreter kommen aus der Belegschaft des Unternehmens oder von Gewerkschaften, die im Unternehmen vertreten sind.

Die Aufteilung der Aufsichtsratssitze unter den beiden Gruppen ist gesetzlich vorgeschrieben (siehe hierzu Abschn. 6.8 und 6.9 in Buch 2).

Die **Hauptversammlung** ist das Willensbildungsorgan der AG. Sie setzt sich aus allen Aktionären zusammen und wählt z. B. den Aufsichtsrat oder beschließt über Satzungsänderungen und über die Verwendung des festgestellten Bilanzgewinns.

1.10.2.6 Die Gesellschaft mit beschränkter Haftung (GmbH)

Die GmbH ist wie die AG eine juristische Person. Sie ist eine Kapitalgesellschaft und die im heutigen Wirtschaftsleben am meisten verbreitete Gesellschaftsform. Ähnlich wie die AG besitzt sie eine eigene Kapitalausstattung, die als **Stammkapital** bezeichnet wird.

Die GmbH kann sowohl von einer als auch von mehreren Personen gegründet werden. Dazu benötigt man eine Mindestkapitalausstattung von 25.000 € (soll zum 01. Januar 2006 auf 10.000 € gesenkt werden). Der Gesellschaftsvertrag muss notariell beurkundet werden. Mit der Eintragung in das Handelsregister ist die Gesellschaft errichtet.

Die GmbH hat wie die AG Organe: den oder die Geschäftsführer und die **Gesellschafterversammlung**. Ab einer Unternehmensgröße von 500 Arbeitnehmern ist die Einrichtung eines **Aufsichtsrates** erforderlich.

Rechtsgeschäftlich vertreten wird die GmbH durch **Geschäftsführer**. Der Geschäftsführer muss nicht Gesellschafter der GmbH sein. Seine Bestellung ist jederzeit widerruflich; eine Amtszeit wie beim Vorstand der AG gibt es nicht (vertragliche Vereinbarungen ausgenommen). Der Geschäftsführer hat die Geschäfte für die GmbH mit der Sorgfalt eines ordentlichen Kaufmannes auszuführen.

1.10.3 Hilfspersonen des Kaufmanns

Der Kaufmann benötigt Hilfspersonen, um die zahlreichen Aufgaben, die ein Betrieb mit sich bringt, erledigen zu können. Der Kreis der Hilfspersonen wird entsprechend ihrer Abhängigkeit in zwei Gruppen unterteilt: in die Gruppe der unselbstständigen und selbstständigen Hilfspersonen des Kaufmanns.

Zu den **unselbstständigen** Hilfspersonen gehören der Prokurist, der Handlungsbevollmächtigte und der Handlungsgehilfe (Abschn. 1.10.3.1 – 1.10.3.3).

Zum Kreis der **selbstständigen** Hilfspersonen des Kaufmannes gehören der Handelsvertreter, der Handelsmakler, der Kommissionär, der Spediteur, der Frachtführer und der Lagerhalter (siehe Abschn. 1.10.3.4 – 1.10.3.9).

1.10.3.1 Der Prokurist

Die Prokura ist eine besondere Form der Vollmacht, die nur von dem Inhaber eines Handelsgeschäftes oder seinem gesetzlichen Vertreter mittels ausdrücklicher Erklärung erteilt werden kann. Sie ist in den §§ 48 ff HGB geregelt.

Willenserklärungen, die der Prokurist innerhalb der Prokura im Namen des Geschäftsinhabers abgibt oder entgegennimmt, **wirken unmittelbar** für und gegen den Geschäftsinhaber.

Eine besondere Form der Erklärung, insbesondere Schriftform, ist nicht vorgesehen. Die Prokura muss jedoch in das Handelsregister eingetragen werden. Zudem muss der Prokurist seine Namensunterschrift unter Angabe der Firma und eines die Prokura andeutenden Zusatzes zur Aufbewahrung bei dem Gericht zeichnen.

Bis auf wenige Rechtsgeschäfte erstreckt sich der Umfang der Prokura bzw. die Vertretungsmacht auf alle gerichtlichen und außergerichtlichen Rechtsgeschäfte, die ein Handelsgewerbe mit sich bringt. Zu den Ausnahmen gehören die Stillegung oder die Veräußerung des Betriebes sowie die Veräußerung oder Belastung von Grundstücken.

Schriftliche Erklärungen des Prokuristen für den Geschäftsinhaber hat der Prokurist mit seinem Namen und einem die Prokura andeutenden Zusatz zu unterzeichnen (z. B. »ppa«).

Die Prokura erlischt mit Widerruf und Austragung aus dem Handelsregister. Desweiteren erlischt die Prokura durch Eröffnung des Insolvenzverfahrens, durch Aufgabe des Geschäftes und durch Herabsinken des Geschäftes auf den Umfang eines Kleingewerbes.

1.10.3.2 Der Handlungsbevollmächtigte

Auch die Handlungsvollmacht (§§ 54 ff HGB) ist eine besondere Vollmachtsform aus dem Handelsrecht. Sie ist jedoch im Außenverhältnis nicht so umfangreich wie die Prokura.

Sowohl der Geschäftsinhaber als auch sein Prokurist können eine Handlungsvollmacht erteilen. Im Gegensatz zur Prokura ist sie jedoch nicht im Handelsregister eintragungsfähig.

Die Handlungsvollmacht berechtigt den Vollmachtsinhaber zur Vornahme von allen üblichen Geschäften, die zu dem Handelsgewerbe gehören, in dem er tätig ist.

Handlungsvollmachten können insoweit eingeschränkt werden, als dass man sie für bestimmte Arten von Geschäften erteilt.

Grundsätzlich hat der Handlungsbevollmächtigte schriftliche Erklärungen, die er im Namen der Firma abgibt, durch einen Zusatz wie »i.V.« kenntlich zu machen.

1.10.3.3 Der Handlungsgehilfe

Der Handlungsgehilfe entspricht dem **kaufmännischen Angestellten**. Die einzelnen Pflichten des Handlungsgehilfen ergeben sich aus dem zwischen ihm und dem Geschäftsinhaber geschlossenen Arbeitsvertrag bzw. aus §§ 59 ff HGB.

1.10.3.4 Der Handelsvertreter

Der Handelsvertreter ist für den Kaufmann tätig und »besorgt« in fremdem Namen Geschäfte (§§ 84 ff HGB). Wie alle selbstständigen Hilfspersonen des Kaufmannes ist der Handelsvertreter Kaufmann. Die Aufgabe des Handelsvertreters ist es, ständig für bestimmte Auftraggeber Geschäfte zu vermitteln. Dafür erhält er eine **Provision**, vorausgesetzt, das vermittelte Geschäft ist verbindlich zustandegekommen. Unter bestimmten Voraussetzungen erwächst bei der Beendigung seiner Tätigkeit ein Ausgleichsanspruch.

1.10.3.5 Der Handelsmakler

Die Aufgabe des Handelsmaklers besteht darin, Geschäftsabschlüsse zwischen dritten Personen **zu vermitteln** (§§ 93 ff HGB). Er ist weder Vertragspartner noch handelt er in fremdem Namen; auch ist er nicht ständig damit betraut, für einen bestimmten Kaufmann Geschäfte zu vermitteln. Er leitet nur den Abschluss zwischen beliebigen zukünftigen Vertragspartnern ein.

Durch den Maklervertrag verpflichtet sich der Auftraggeber, dem Makler bei erfolgreicher Vermittlung einen Maklerlohn zu zahlen. Ist die Vermittlung also erfolgreich gewesen, so hat der Handelsmakler eine Schlussnote zu erstellen, in welcher Gegenstand und Bedingungen des Geschäftes festgehalten werden.

1.10.3.6 Der Spediteur

Der Spediteur (§§ 453 ff HGB) übernimmt gewerbsmäßig die **Besorgung von Götersendungen**. Durch den Speditionsvertrag zwischen dem Spediteur und dem Versender wird der Spediteur verpflichtet, die Versendung des Gutes zu besorgen, also dessen Beförderung zu organisieren, während der Versender die vereinbarte Vergütung zu zahlen hat.

Mit der Übergabe des Frachtgutes an den Frachtführer hat der Spediteur seine Verpflichtung aus dem Speditionsvertrag grundsätzlich erfüllt. Falls es erforderlich ist, hat er darüber hinaus für die Verzollung, Spezialverpackung und die Ausstellung der Begleitpapiere zu sorgen. Weiterhin bestimmt der Spediteur die Reiseroute des Transportgutes und sucht einen geeigneten Frachtführer aus. Der Spediteur hat bei der Erfüllung seiner Pflichten das Interesse des Versenders wahrzunehmen und dessen Weisungen zu befolgen.

Dem Speditionsvertrag liegen üblicherweise die **ADSp** (Allgemeine Deutsche Speditionsbedingungen) zugrunde.

1 Volks- und betriebswirtschaftliche Grundlagen

1.10.3.7 Der Frachtführer

Während der Spediteur dafür Sorge trägt, dass das Transportgut versandt wird, übernimmt der Frachtführer die tatsächliche Beförderung (§§ 407 ff HGB). Der Frachtvertrag kommt zwischen dem Frachtführer und dem Absender (z. B. dem Spediteur) zustande. Durch den Frachtvertrag wird der Frachtführer verpflichtet, das Gut zum Bestimmungsort zu befördern und an den Empfänger auszuliefern. Der Absender wird verpflichtet, die vereinbarte Fracht zu zahlen.

Neben dem Frachtvertrag stellt der Frachtführer üblicherweise einen **Ladeschein** aus. Darin wird der Empfang des Gutes und die Verpflichtung zur Auslieferung an den aufgeführten Empfänger festgehalten.

Daneben gibt es auch noch den **Frachtbrief**. Dieser wird jedoch nicht vom Frachtführer ausgestellt, sondern vom Versender. Der Frachtbrief begleitet das Frachtgut zum Empfänger.

1.10.3.8 Der Kommissionär

Aufgabe des Kommissionärs ist es, für seinen Auftraggeber eine bewegliche Sache zu veräußern und zwar **im eigenen Namen** (§§ 383 ff HGB). Der Kommissionär ist zwar nicht Eigentümer des Kommissionsgutes. Durch den Kommissionsauftrag ist er jedoch berechtigt, das Kommissionsgut einem Dritten zu verkaufen und zu übereignen.

Vom Wesen her ist der Kommissionsvertrag ein gegenseitiger Vertrag über eine entgeltliche Geschäftsbesorgung. Dem Kommissionär steht für seine erfolgreiche Tätigkeit eine Provision zu.

1.10.3.9 Der Lagerhalter

Da nicht jeder Kaufmann für seine Waren stets die entsprechenden Lagerräume hat, kann er im Rahmen eines entgeltlichen Verwahrungsvertrages mit einem Lagerhalter für die sachgerechte Unterbringung seiner Waren sorgen.

Lagerhalter ist daher, wer gewerbsmäßig die Lagerhaltung und Aufbewahrung von Gütern übernimmt (§§ 467 ff HGB). Für die eingelagerten Güter stellt der Lagerhalter einen **Lagerschein** aus. Der Inhaber dieses Lagerscheines kann jederzeit die Herausgabe der Ware verlangen. Durch die Übereignung des Lagerscheins geht das Eigentum an der Ware auf den Erwerber des Lagerscheins über. Die eingelagerte Ware kann auf diese Art an verschiedene Interessenten nacheinander verkauft werden, ohne je aus den Lagerräumen des Lagerhalters bewegt worden zu sein.

Der Lagerhalter erhält für seine Tätigkeit die vereinbarte Vergütung. Wird diese nicht bezahlt, so hat der Lagerhalter ein gesetzliches Pfandrecht an den eingelagerten Sachen.

1.10.4 Handelsgeschäfte, Handelsklauseln, Handelskauf

1.10.4.1 Handelsgeschäfte

Für Handelsgeschäfte gelten besondere Regeln, die abweichend von den Regeln des BGB im HGB normiert sind (§§ 343 ff HGB). Gemäß § 343 HGB sind Handelsgeschäfte alle Geschäfte, die ein Kaufmann tätigt, soweit diese Geschäfte zum Betrieb seines Handelsgeschäfts gehören. Ein Handelsgeschäft liegt vor, wenn nur eine Vertragspartei Kaufmann ist. Man spricht dann von einem einseitigen Handelsgeschäft (§ 345 HGB).

In bestimmten Fällen fordert das HGB jedoch, dass beide Vertragspartner Kaufleute sind. Dazu gehören insbesondere die Bestimmungen über die **kaufmännische Rügepflicht** (sie besagen, dass der Kaufmann unverzüglich nach Erhalt der Ware diese auf ihre Ordnungsmäßigkeit zu untersuchen hat).

Ein weiterer Fall ist der so genannte Notverkauf (§ 379 HGB).

1.10.4.2 Handelsklauseln

Da im kaufmännischen Rechtsverkehr oft schnell und zügig gehandelt werden muss, haben sich in vielen Bereichen so genannte Handelsklauseln eingebürgert, d. h. der Kaufmann erledigt seine Rechtsgeschäfte nicht durch langen Schriftwechsel oder durch Erklärungen, sondern er verwendet Kurzformeln, die im Handelsrecht eine bestimmte Bedeutung haben und die ihrem Inhalt nach in der **kaufmännischen Praxis** anerkannt sind.

Wer im kaufmännischen Rechtsverkehr derartige Klauseln benutzt und sich nicht hinreichend über den Inhalt dieser Klauseln informiert hat, kann seine Unkenntnis später nicht entschuldigen. Die von ihm benutzte Klausel wird gegen ihn in der anerkannten kaufmännischen Bedeutung angewandt.

Die bekanntesten sind z. B. »ohne obligo«, »Preis freibleibend«, »unter dem Vorbehalt der Selbstbelieferung« und »netto Kasse«. Ohne obligo bedeutet, dass der Kaufmann, der diese Klausel verwendet, nur ein unverbindliches Angebot macht, seine Erklärung führt nicht zum Vertragsabschluss. Verwendet er den Begriff »Preis freibleibend« oder »Angebot freibleibend«, so liegt auch hier keine verbindliche Erklärung vor, sondern Preis bzw. die Lieferung überhaupt sind ohne verbindlichen Charakter erklärt.

»Unter dem Vorbehalt der Selbstlieferung« wird stets dann vereinbart, wenn der Verkäufer nicht im Besitz der Ware ist, sondern diese erst noch bestellen muss (oft im Ausland) und nicht verbindlich weiß, ob er tatsächlich auch beliefert wird. Er will zwar den geschlossenen Vertrag gegen sich gelten lassen, aber nur, wenn er von seinem Lieferanten beliefert wird, um den Vertrag zu erfüllen; »netto Kasse« bedeutet, dass der Kaufpreis ohne Abzug von Skonto zu zahlen ist.

1.10.4.3 Handelskauf

Für jeden Kaufvertrag gelten neben den Parteivereinbarungen die Bestimmungen des BGB. Da Kaufleute professionell Kaufverträge abschließen, gelten für diesen Personenkreis außerdem die speziellen Vorschriften über den Handelskauf (§§ 373 ff HGB).

Darunter versteht man einen Kaufvertrag, der Waren oder Wertpapiere zum Gegenstand hat und ein Handelsgeschäft ist, d. h. mindestens einer der Vertragsparteien muss ein Kaufmann sein, wobei die Bestimmungen über das Handelsgeschäft vielfach ein beiderseitiges Handelsgeschäft voraussetzen (siehe Abschn. 1.10.4.1).

Die Bestimmungen über den Handelskauf begünstigen den Verkäufer und verschärfen die Pflichten des Käufers: So hat der Käufer z. B. bei einem beiderseitigen Handelsgeschäft unverzüglich nach Erhalt der Ware sie auf ihre Ordnungsmäßigkeit zu untersuchen und bei Mängeln oder Falschlieferungen unverzüglich zu rügen (§ 377 HGB). Unterlässt er dies, so gilt die Ware als ordnungsgemäß abgenommen, selbst wenn sie fehlerhaft ist.

Diese strenge Regelung des Kaufrechts soll dafür Sorge tragen, dass sehr schnell eine Klärung und Abwicklung des getätigten Rechtsgeschäfts herbeigeführt wird, sodass der Verkäufer bereits nach kurzer Zeit mit keinen weiteren Forderungen zu rechnen braucht.

1.10.5 Besonderheiten des kaufmännischen Zahlungsverkehrs

Kaufleute führen gewerbsmäßig keine unentgeltlichen Handlungen durch (»ein Kaufmann tut nichts umsonst«). Üblicherweise wird zwar bei einem Rechtsgeschäft ein Entgelt vereinbart; aber selbst wenn dies unterblieben ist, können Kaufleute gemäß § 354 HGB auch ohne Vereinbarung ein **Entgelt** für ihre Tätigkeit nach den ortsüblichen Sätzen verlangen.

1.10.5.1 Darlehen

Gewährt ein Kaufmann ein Darlehen im Zusammenhang mit der Abwicklung eines beiderseitigen Handelsgeschäftes, so ist er berechtigt, vom Tage der Gewährung Zinsen zu verlangen, auch wenn dies nicht ausdrücklich erklärt wurde. Der Zinssatz beläuft sich, wenn nichts anders vereinbart wurde, auf 5% p.a., §§ 352, 353 HGB.

Dieser Zinssatz gilt übrigens nicht für die Geltendmachung von Verzugszinsen, so ausdrücklich § 352 Abs. 1 Satz 1 HGB. Deren Höhe richtet sich nach § 288 Abs. 2 BGB (8% über dem Basiszinssatz).

1.10.5.2 Schuldanerkenntnis, Schuldversprechen, Kontokorrent

Soll eine Schuld bestätigt werden, so schreibt das BGB vor, dass dies **(Schuldanerkenntnis)** schriftlich zu erfolgen hat, um wirksam zu sein (»Warnfunktion« der Schriftform).

Diese Formvorschrift gilt nicht im Handelsrecht. Da Kaufleute professionell mit Geld umgehen, unterstellt man, dass sie die Bedeutung eines Schuldanerkenntnisses in vollem Umfang erkennen. Entscheidend ist nur, dass für den Schuldner das Anerkenntnis im Rahmen eines Handelsgeschäftes erfolgt (vgl. § 350 HGB).

Durch die Abgabe eines **Schuldversprechens** erklärt der Versprechende, dass er sich zu einer Leistung verpflichtet. Ein besonderer Verpflichtungsgrund ist nicht erforderlich bzw. tritt gegenüber dem Schuldversprechen zurück, da der Versprechende seinem Gläubiger durch sein Schuldversprechen einen eigenständigen Rechtsanspruch verschafft. Auch hier schreibt das BGB die Schriftform vor. Unter den Voraussetzungen des § 350 HGB gilt auch hier Formfreiheit (wie auch für Schuldanerkenntnis und Bürgschaft).

Unter einem **Kontokorrent** (§ 355 HGB) versteht man die im Handelsrecht eingeräumte Möglichkeit, mehrere gegenseitige Geldansprüche zwischen mindestens zwei Personen durch Verrechnung auszugleichen und nur den Saldo an den berechtigten Vertragspartner auszuzahlen, vorausgesetzt, mindestens einer der Vertragspartner ist Kaufmann. Dabei ist nicht erforderlich, dass die gegenseitigen Forderungen schon bestehen, sondern es genügt, dass eine größere Anzahl von Rechtsgeschäften zwischen beiden Vertragsparteien getätigt werden sollen und entsprechende gegenseitige Geldforderungen zu erwarten sind.

Das HGB schreibt vor, dass mindestens einmal jährlich ein Saldo festgestellt werden muss, wobei es den Parteien frei steht, kürzere Zeitabstände zu vereinbaren. Das Kontokorrent stellt folglich eine Verrechnungsabrede dar, die eine Stundung der gegenseitigen Forderungen bis zum Saldotermin beinhaltet.

Durch die Vereinbarung eines Kontokorrent haben beide Parteien den Vorteil, nicht kurzfristig Gelder für laufende Rechnungen freimachen zu müssen, denen wenig später Einnahmen gegenüberstehen, die vom Aussteller der Rechnungen stammen.

1.10.5.3 Die Überweisung

Um den Zahlungsverkehr sowohl zwischen Privatpersonen als auch unter Kaufleuten zu erleichtern, wurde die Möglichkeit des bargeldlosen Zahlungsverkehrs im Wege der Überweisung eingeführt. Unter einer Überweisung versteht man die **Umbuchung** eines Geldbetrages vom Konto des Zahlers auf das Konto des Empfängers.

Nach der Zahl der beteiligten Verrechnungsstellen unterscheidet man weiterhin zwischen ein- und mehrgliedrigen Überweisungen. Bei der eingliedrigen Überweisung haben Zahler und Empfänger bei dem selben Institut ihr Konto. Eine mehrgliedrige Überweisung liegt vor, wenn verschiedene Geld- oder Kreditinstitute beteiligt sind.

Haben Zahler und Empfänger in dem der Überweisung zugrunde liegenden Rechtsgeschäft vereinbart, dass die **Erfüllung** des Vertrages neben der Barzahlung auch durch bargeldlose Zahlung möglich ist, so hängt die Erfüllung des Rechtsgeschäfts von der Gutschrift des Überweisungsbetrages auf dem Konto des vertraglich bestimmten Empfängers ab. Die Einreichung der Überweisung bei dem eigenen Kreditinstitut genügt nicht. Das **Risiko** des Überweisungsweges bleibt also bis zur Gutschrift beim Zahler. Dagegen ist für die **Rechtzeitigkeit** der Zahlung unter dem Gesichtspunkt des Verzuges das Datum des Überweisungsauftrages ausschlaggebend.

1.10.5.4 Das Akkreditiv

Ein Akkreditiv ist eine Handelsklausel, verbunden mit dem Auftrag an eine Bank, einem Dritten innerhalb einer bestimmten Frist einen festgelegten Betrag auszuzahlen, wenn dieser die vertraglich vereinbarte Leistung durch entsprechende Dokumente der Bank gegenüber nachweist. Dies ist insbesondere dann der Fall, wenn er jene Dokumente der Bank übergibt, aus denen sich die Eigentumsrechte an der bereitgestellten Leistung ergeben, wie z. B. der Ladeschein oder Lagerschein.

Das Akkreditiv wird besonders im **Außenhandel** vereinbart, um Leistung und Gegenleistung abzusichern. Damit das vereinbarte Akkreditiv wirksam wird, muss die Bank es bestätigen. Mit der Bestätigung hat der Gläubiger des Akkreditivs eine verbindliche Zahlungsgarantie, sobald er seine eigene Leistung gegenüber der Bank nachweist.

2 Elektronische Datenverarbeitung, Informations- und Kommunikationstechniken

Vor über sechzig Jahren – 1938 – nahm eine Entwicklung ihren Anfang, deren Ausmaß damals nicht vorauszusehen war und deren Ende auch heute noch nicht abzusehen ist. Damals präsentierte ein junger Berliner im Wohnzimmer seiner Eltern eine verwirrende elektrische Maschine, die mittels zahlloser Telefonrelais und gesteuert über eine handverdrahtete Schalttafel Rechenoperationen durchführen konnte. Der junge Mann war Konrad Zuse, und seine Erfindung, die uns heute in verbesserter Technik allerorten begegnet, war der erste Computer. Mit dieser Erfindung wurde eine neue Epoche in der Entwicklungsgeschichte der Menschheit eingeleitet: Nach der Agrargesellschaft und der Industriegesellschaft entwickelt sich seither die Informationsgesellschaft.

2.1 Ziele des EDV-Einsatzes

Die Auswertung der Volkszählung von 1880 dauerte in den Vereinigten Staaten annähernd sieben Jahre und beschäftigte hunderte von Menschen. Bei der Volkszählung von 1890 wurden erstmals die ermittelten Daten auf Lochkarten übertragen und von Lochkartenlesern ausgewertet. Nach vier Wochen konnte der Leiter der Operation, Hermann Hollerith, das Ergebnis präsentieren. Sein Mitarbeiterstab bestand aus 43 Personen.

Die Sparkassenangestellte Else S. denkt mit Schrecken an die Silvesternächte in den fünfziger Jahren, als sie bis spät in die Nacht Pfennigdifferenzen in von Hand erstellten Zinsstaffeln suchen musste. Heute kann sie den Jahreswechsel mit ihrer Familie feiern, denn die Berechnung der Guthaben- und Sollzinsen übernimmt eine Großrechenanlage. Wenn Kunde K. am 2.1. sein Sparbuch vorlegt und die Gutschrift seiner Jahreszinsen verlangt, werden diese in Sekundenschnelle nachgetragen.

Familie Meier möchte eine Urlaubsreise buchen. Die Reisebüroangestellte R. gibt die Daten des Zielortes und des gewünschten Hotels in ihren Arbeitsplatzterminal ein und kann nach wenigen Sekunden am Bildschirm ablesen, zu welchen An- und Abreisetagen eine Reservierung möglich ist. Nachdem Familie Meier ihre Wahl getroffen hat, nimmt Frau R. die Buchung am Computer vor und überreicht Herrn Meier die Buchungsbestätigung. Vor dreißig Jahren hätten die Meiers mehrere Tage auf die Bestätigung ihrer Anmeldung warten müssen.

An diesen drei Beispielen werden die Vorteile des Einsatzes der elektronischen Datenverarbeitung deutlich. Ziel der Datenverarbeitung ist es, diese Vorteile praktisch nutzbar zu machen. Im einzelnen sind dies vor allem

- die rasche Bewältigung von Massendaten,
- die Verbesserung des Informationsgehaltes von Daten durch gezielte Aufbereitung,
- die Entlastung menschlicher Arbeitskraft von monotonen Routinetätigkeiten,
- die Vermeidung von Fehlern, die auf menschlicher Unzulänglichkeit beruhen,
- die Möglichkeit, schnell auf gespeicherte Daten Zugriff nehmen zu können, kurz

Geschwindigkeit
Zuverlässigkeit
Rationalität

Die genannten Effekte sind keineswegs Selbstzweck. Mit Hife von EDV-Anlagen kann ein wesentliches unternehmerisches Ziel verwirklicht werden:

Kostenersparnis!

2.2 Einsatzmöglichkeiten der EDV

Der elektronischen Datenverarbeitung begegnen wir heutzutage natürlich nicht nur in Banken und Reisebüros; Dienstleistungsbetriebe waren aber einmal exemplarisch für den starken Durchdringungsgrad des Computers in Bereichen des täglichen Lebens.

Die EDV-Nutzung ist bekanntlich mittlerweile in nahezu sämtlichen Arbeitsfeldern zur Selbstverständlichkeit und unabdingbaren Voraussetzung für rationelles, effektives und damit konkurrenzfähiges Arbeiten geworden. Dabei hat eine Ablösung der in den siebziger Jahren noch gebräuchlichen Zentralrechneranlagen durch Anlagen, die eine dezentrale Datenerfassung und -verarbeitung am Arbeitsplatz ermöglichen, stattgefunden.

Diese so genannte **Client-Server-Architektur** ist in Großrechneranlagen und Anlagen der Mittleren Datentechnik (MDT) dadurch verwirklicht, dass externe, mit dem Hauptrechner verbundene Terminals an einzelnen Arbeitsplätzen bedient werden können. Vielfach dienen in solchen Systemen Personal Computer (PC) als »intelligente Terminals«. Sehr häufig findet sich das Client-Server-System in reinen PC-Netzwerken verwirklicht. Inzwischen sind PCs in Industrie, Handel und Dienstleistung dominierend. Die nachfolgenden Ausführungen zu Anwendungsbereichen, Hardware und Software beziehen sich daher überwiegend auf PC-Technologie.

2.2.1 EDV-Einsatz im kaufmännischen Bereich

Im kaufmännischen Bereich sind vielfältige Massendaten zu verarbeiten, beispielsweise in den Bereichen

– Buchhaltung,
– Auftragswesen,
– Einkauf,
– Lager- und Bestellwesen,
– Personalverwaltung und Lohnabrechnung,
– Kostenrechnung,
– Produktions- und Vertriebsplanung und -steuerung,
– Projektmanagement...

Die hier erfassten und verarbeiteten Daten stehen vielfach miteinander in Beziehung und können für die Nutzung durch mehrere Abteilungen oder Arbeitsplätze in Frage kommen. Daher bietet sich ihre Bereitstellung in vernetzten Systemen unter Anwendung integrativer Software an, wobei jedoch den Erfordernissen des Datenschutzes (vgl. Abschn. 2.11.1) Rechnung zu tragen ist. Unter **integrierter Software** sind dabei solche Programme zu verstehen, die unter Zugriff auf eine gemeinsame Datenbasis verschiedene miteinander verknüpfte Aufgaben erfüllen.

Beispiele:

Sekretärin S hat einen Brieftext im Textverarbeitungsmodul erfasst, der - unter Einsetzung individueller Daten - an alle Kunden eines bestimmten Postleitzahlenbereiches verschickt werden soll. Die von ihr verwendete integrierte Software (z. B. MS-OfficePro, MS-WORKS) verknüpft die im Datenbankmodul enthaltenen Kundenadressen mit dem Brieftext und sorgt für die Ausgabe individueller Serienbriefe.

Die in der Finanzbuchhaltung erfassten Buchungsdaten sollen in der Kostenrechnung weiterverwendet werden. Das integrierte Buchhaltungsprogramm ermöglicht die Übernahme der erforderlichen Daten und erspart dem für die Erstellung der Kostenrechnung zuständigen Mitarbeiter die zeitraubende und fehleranfällige Neueingabe.

Für die Erfüllung der vorstehenden und vieler weiterer Aufgaben sind im deutschsprachigen Raum eine Reihe von Standard-Anwendungsprogrammen erhältlich.

Auf Großrechneranlagen hat sich dabei auf breiter Basis die integrierte, auf die individuellen Kundengegebenheiten anpassungsfähige Software des deutschen Herstellers SAP durchgesetzt, die zunehmend auch auf die Anwendung in PC-Systemen angepasst wird. Sie ermöglicht die dauerhafte (strategische) computergestützte Verzahnung verschiedener betrieblicher Bereiche: Produktions- und Auftragsplanung und -steuerung, Kostenrechnung, Controlling usw. Weit verbreitet ist auch die Buchhaltungssoftware von KHK.

Neben den genannten Aufgaben sind eine Reihe eher arbeitsplatzspezifischer, operativer Aufgaben mit EDV-Unterstützung leistbar, z. B.

- Textverarbeitung,
- Tabellenkalkulation,
- Präsentationsgrafik,
- Adressverwaltung,
- persönliches Projektmanagement,
- persönliches Terminmanagement...

Für diese Anwendungsbereiche haben sich Standardprogramme verschiedener vorwiegend US-amerikanischer Firmen durchgesetzt. Die höchsten Installationszahlen weisen die Produkte der Firma Microsoft auf.

Mittels lokaler PC-Netze sind alle genannten Anforderungen gleichermaßen erfüllbar.

*Die XY-GmbH, ein mittelständisches Unternehmen der Maschinenbaubranche, verfügt über ein Netzwerk von miteinander verbundenen Personal Computern (PC) in Client-Server-Architektur, das für **Verwaltungsaufgaben** und die **kaufmännische Sachbearbeitung** eingesetzt wird:*

- Die Kontokorrentbuchhaltung nutzt einen PC zur Verbuchung eingehender und ausgehender Rechnungen. Wenn Buchhalter B den Kontostand eines Kunden überprüfen möchte, so kann er die gewünschten Informationen in Sekundenschnelle auf seinem Monitor erscheinen lassen. Rechnungen, die zur Bezahlung anstehen, werden nach Auswahl des entsprechenden Menüpunktes in der eingesetzten Standardsoftware automatisch angezeigt. Wenn der Leiter der Finanzabteilung eine Übersicht über den voraussichtlichen Zahlungsmittelbestand des nächsten Monatsersten haben möchte, so kann die Buchhaltung die erforderlichen Daten problemlos liefern.

- Eingehende Kundenaufträge werden ebenfalls über einen PC erfasst. Ein Vergleich mit vorhandenen Lagerbeständen ermöglicht eine sofortige Aussage darüber, ob der gewünschte Liefertermin eingehalten werden kann. Das System meldet Mindermengen und unterbreitet Bestellvorschläge, die dem Disponenten der Einkaufsabteilung oder der Fertigung unmittelbar überspielt werden. Auftrags- und Empfangsbestätigungen, Lieferscheine und Rechnungen werden automatisch erstellt.

2 EDV, Informations- und Kommunikationstechniken

- *Die Abrechnung der Löhne und Gehälter erfolgt gleichfalls über einen mit dem Netzwerk-Server verbundenen PC. Allerdings haben nur befugte Mitarbeiter der Personalabteilung die Möglichkeit, die Gehaltskonten einzusehen; für andere Nutzer des Verwaltungssystems ist der Zugang zu diesen Informationen gesperrt.*
- *Geschäftsführer G hat einen Personal Computer auf dem Schreibtisch, der ihm Terminkalender, Notizbuch, Rechenmaschine und Planungstafel ersetzt. Seine Sekretärin wickelt die Korrespondenz über ein EDV-Textverarbeitungsprogramm ab. Werbeleiter W erstellt Broschüren und andere Werbeschriften über eine DTP-Workstation (DTP = Desktop Publishing).*

2.2.2 EDV-Einsatz im technischen Bereich

Auch **im Betrieb** unserer XY-GmbH werden Computer eingesetzt:
- Im Kundenauftrag anzufertigende Maschinenteile werden rechnergesteuert auf CNC-Dreh- und Fräsmaschinen hergestellt (CNC = Computer Numerical Control).
- Die hierfür erforderlichen Zeichnungen erstellt das Konstruktionsbüro mit Hilfe von CAD-Programmen an großdimensionierten Arbeitsplatzrechnern. Die Ausgabe erfolgt über Plotter (CAD = Computer Aided Design).
- Die weitgehend automatisierte Serienfertigung wird rechnergesteuert und -überwacht.

Der Computereinsatz im gewerblich-technischen Bereich lässt sich heute häufig mit dem Begriff des **Computer Aided Engineering (CAE)** umreißen; dessen wichtigste Bereiche:

- **CAD (Computer Aided Design)** = Computergestütztes Zeichnen und Konstruieren,
- **CAM (Computer Aided Manufacturing)** = Computergestützte Fertigung,
- **CAP (Computer Aided Planning)** = Computergestützte Fertigungsplanung, in deren Rahmen Abläufe festgelegt, Zeitbedarfe ermittelt und Arbeitspläne und Stücklisten erstellt werden,
- **CAQ (Computer Aided Quality Control)** = Computerunterstütztes Qualitätsmanagement, das die Erzeugung von Prüfplänen und die Auswertung von Prüfdaten beinhaltet.

Mit Hilfe kombinierter CAD/CAM-Programme werden Teile zunächst am Bildschirm entworfen und untersucht. Die Entwürfe können anschließend der Fertigung in Form geplotteter Zeichnungen übergeben werden. CAD/CAM-Systeme werden zur Zeit noch vielfach isoliert eingesetzt. Nachteil solcher »Insellösungen« ist, dass jeder Bereich auf individuelle Datenbestände zurückgreift und eine Verknüpfung etwa der Konstruktion und der Fertigung über eine zentrale Datenverwaltung nicht möglich ist. In den letzten Jahren ist jedoch ein Trend zur Integration zu beobachten. Diese ermöglicht etwa der Fertigung, auf Konstruktionen der entsprechenden Fachabteilung über einen Zentralrechner zuzugreifen und diese an NC-Maschinen rechnergesteuert umzusetzen.

Zur Optimierung der Produktionsabläufe im Sinne eines beständigen »**Workflow**« unter Vermeidung von Stillstandszeiten durch fehlendes oder nicht rechtzeitig zugeführtes Material und von Engpässen durch unkoordinierte Auftragstermine werden zunehmend so genannte **Produktionsplanungs- und Steuerungssysteme (PPS)** eingesetzt. Sie erfordern die Schaffung von Rechnerverbünden und den Datenaustausch, z. B. hinsichtlich belegter und freier Produktionskapazitäten, Materialbedarfe und Lagerbestände, zwischen dem kaufmännischen und dem technischen Bereich. Sind alle produktionsrelevanten Bereiche miteinander verzahnt, spricht man von **Computer Integrated Manufacturing (CIM)**.

2.3 Entwicklung und Bedeutung der EDV

2.3.1 Ein historischer Abriss

Wenn auch der erste programmgesteuerte Rechner erst vor ca. 65 Jahren vorgestellt wurde, so reicht doch die Geschichte der Datenverarbeitung viel weiter in die Vergangenheit zurück. Die Verarbeitung von Daten war und ist nicht an das Vorhandensein elektronischer oder mechanischer Hilfsmittel gebunden; vielmehr ist jede Art der Aufzeichnung und/oder Übermittlung von Zeichen als Datenverarbeitung anzusehen. So gesehen betreiben bereits unsere Urahnen eine Form der Datenverarbeitung, indem sie ihre Umwelt in Zeichnungen festhielten, die wir zum Teil heute noch bewundern können.

Die ersten überlieferten Rechenhilfen waren das Rechenbrett der Perser und Griechen (um 400 v. Chr.) und der Abakus, ein Rechengerät mit aufgereihten Perlen, das heute noch in manchen Teilen der Welt verwendet wird. Entscheidende Weiterentwicklungen erfolgten erst fast 2000 Jahre später:

- **1617** entwickelte Lord John Napier of Morchiston den Rechenschieber. Außerdem legte er mit der Erfindung der logarithmischen Rechentafel den Grundstein für weitere Entwicklungen, da Logarithmen bekanntlich die Zurückführung höherer Rechenarten auf die Grundrechenarten ermöglichen.
- **1632** konstruierte der deutsche Professor Schickard eine mechanische Rechenmaschine, die mit Hilfe von ineinandergreifenden Zahnrädern bereits das Problem des Zehnerübertrags bewältigte und Rechenoperationen in allen vier Grundrechenarten durchführen konnte.
- **1644** baute der französische Mathematiker Blaise Pascal eine Maschine, die der wenig bekanntgewordenen Erfindung von Schickard stark ähnelte, im Gegensatz zu dieser aber bereits in einer kleinen Serie hergestellt wurde.
- **1677** entwarf Gottfried Wilhelm Freiherr von Leibniz eine gegenüber ihren Vorgängern wesentlich verbesserte Rechenmaschine, die Stachelwalzen anstelle von Zahnrädern einsetzen sollte. Diese Maschine wurde allerdings nie bis zur vollen Funktionsreife entwickelt. Leibniz kommt jedoch ein anderes Verdienst zu: Er beschrieb das duale Zahlensystem und wies auf dessen Tauglichkeit für das maschinelle Rechnen hin.
- **1728** erdachte der Franzose Falcon ein System zur Steuerung von Webstühlen: Er führte gelochte Holzbrettchen so an den Steuerungsnadeln seiner Webstühle vorbei, dass nur diejenigen Nadeln das Holz durchdringen konnten, die für das jeweilige Webmuster benötigt wurden. Diese Idee wurde 1805 von seinem Landsmann Joseph-Maria Jacquard aufgegriffen, der anstelle von Holzbrettern Kartonkarten verwendete – damit war die Lochkarte geboren!
- Bis **1833** verfügten Rechenmaschinen weder über eine Programmsteuerung noch über Speichermöglichkeiten. Das erste, jedoch mangels technischer Umsetzungsmöglichkeiten nie realisierte Konzept eines programmgesteuerten Rechners mit einer Speicherkapazität von 1000 bis zu 50-stelligen Werten entwickelte der englische Mathematikprofessor Charles Babbage.
- **1887** entwickelte der Deutsch-Amerikaner Dr. Hermann Hollerith Zähl- und Sortiermaschinen zur Auswertung der amerikanischen Volkszählung von 1890.
- **1935** nahm der Berliner Konrad Zuse die Entwicklung programmgesteuerter Rechenanlagen auf. Die anfänglich verwendeten Schalttafeln ersetzte er in seinem legendären Z 3 bereits durch Programmstreifen, wozu er altes Filmmaterial verwendete. Dieser Rechner enthielt 2.600 Fernmelderelais und bewältigte bis zu 20 arithmetische Operationen in der Sekunde.
- **1944** entwickelte der Harvard-Professor Howard Aiken im Regierungsauftrag den Rechner MARK I, dem lange Zeit fälschlicherweise der Rang des ersten Computers der Welt zugesprochen wurde. MARK I stellte keine Verbesserung zu den Rechnern des Konrad Zuse dar.

2 EDV, Informations- und Kommunikationstechniken

- **1946** stellten die US-Wissenschaftler John Eckert und John Mauchly den ersten echten Elektronenrechner der Welt vor, der keine mechanischen Teile enthielt. Die Speicher und Schaltkreise des ENIAC bestanden aus ca. 18.000 Elektronenröhren. Die Rechengeschwindigkeit des ENIAC übertraf die des MARK I um das 2000fache. Die Elektronenröhrenrechner setzten den Maßstab für alle weiteren Entwicklungen. Allerdings wiesen sie nicht selten das Ausmaß von Fußballfeldern und einen erheblichen Wartungsaufwand auf.
- **1952** wurde der MARK IV mit einem Ferritkernspeicher ausgestattet.
- Ab ca. **1954** wurden Transistoren in Computern eingesetzt. Sie ermöglichten wesentlich verkürzte Rechenzeiten und führten zugleich zu einer erheblichen Platzersparnis. Mit ihrer Massenfertigung wurde erstmals die industrielle Serienherstellung von Rechnern möglich. Damit konnte der Computer, der bis dahin nur großen Forschungsinstituten oder Regierungsstellen zur Verfügung stand, Einzug in Betriebe und Verwaltungen halten.
- **1964** kamen die ersten Rechner mit integrierten Schaltkreisen auf den Markt. Damit wurde die Miniaturisierung von Computern eingeleitet. Ohne diese »dritte Rechnergeneration« wäre z. B. die Raumfahrt nicht möglich gewesen.
- **1971** wurden erstmals hochintegrierte Schaltkreise mit wesentlich verkürzten Schaltzeiten in Rechneranlagen (sog. »vierte Rechnergeneration«) eingesetzt.
- **1977** brachte die amerikanische Firma Apple Inc. den ersten »Home Computer«, einen mit allen Komponenten und Leistungsmerkmalen eines vollständigen Computers ausgestatteten Rechner auf den Markt und leitete damit die PC-Entwicklung ein.
- **1981** begann die Firma IBM mit dem Vertrieb von Personal Computern unter Einsatz des Microprozessors Intel 8088 und des Betriebssystems PC-DOS, aus dem später das den PC-Bereich lange dominierende Betriebssystem MS-DOS entwickelt wurde.

Seither vollzieht sich die Weiterentwicklung des Computers in einer ungeheuren Geschwindigkeit, so dass es den Rahmen sprengen würde, jede wesentliche Neuerung zu beschreiben. Moderne Computer arbeiten heute mit Prozessoren und Speicherchips, die ein Vielfaches der Leistungsfähigkeit ihrer Urahnen auf der Fläche von wenigen Quadratzentimetern unterbringen. Komfortable Betriebssysteme und moderne Programmiersprachen ermöglichen die Erstellung und Nutzung komplexer Anwenderprogramme. Computer kommunizieren weltweit über Datenverbundleitungen miteinander. Rechner und Bildschirmarbeitsplätze haben die Arbeitswelt erobert. Und eines ist sicher:

Die Geschichte des Computers ist längst nicht zu Ende!

2.3.2 EDV und Beruf

Am Beispiel der XY-GmbH wurde bereits verdeutlicht, welcher Stellenwert der elektronischen Datenverarbeitung in der Arbeitswelt heute schon zukommt. Arbeitsmarktbeobachter gehen davon aus, **dass mindestens 70% aller Beschäftigten** mit EDV am Arbeitsplatz konfrontiert sind. Hierbei nehmen die reinen EDV-Berufe (Programmierer, DV-Organisator) den weitaus geringeren Anteil ein; wesentlich bedeutender ist die EDV als Werkzeug und Hilfsmittel zur Aufgabenerfüllung in den traditionellen kaufmännischen und gewerblich-technischen Tätigkeitsfeldern.

Nicht jeder Arbeitnehmer sah diese Entwicklung bislang ausschließlich positiv. Häufig vorgebrachte Einwände gegen die zunehmende »Computerisierung« aller Lebens- und Arbeitsbereiche richten sich gegen den mit Rationalisierung und Automation einhergehenden Abbau von Arbeitsplätzen und die »Entmenschlichung« von Arbeitsplätzen durch die Installation von Maschinen als Kommunikationspartner und »Kollegen« von Menschen. Kritiker befürchten sogar die Entstehung einer neuen Klassengesellschaft, die die arbeitende Bevölkerung in Eingeweihte, in bloße Benutzer ohne Kenntnis der rechnerinternen Vorgänge und in Unwissende spaltet.

Die Auswirkungen des Computereinsatzes auf den einzelnen Arbeitsplatz sind tatsächlich gravierend. Zwar trifft es nicht zu, dass Computer die menschliche Arbeitsleistung restlos ersetzen; ihr Einsatz erfordert aber eine Anpassung der betroffenen Mitarbeiter an diese Umstrukturierung. Die Computertechnologie weist ein rasantes Entwicklungstempo auf. Wer hier mithalten will, kommt nicht umhin, sich kontinuierlich weiterzubilden.

Daneben kommt durch den Einsatz moderner Informationstechniken den so genannten Schlüsselqualifikationen steigende Bedeutung zu. Neben der bereits genannten Bereitschaft zu ständiger Weiterbildung sind dies insbesondere das Denken in Zusammenhängen, Kooperations- und Koordinationsfähigkeit.

2.4 Begriffe der Datenverarbeitung

2.4.1 Daten und Datenträger

2.4.1.1 Informationen und Daten

Computer verarbeiten Daten. Daten stellen Informationen, also Angaben über Vorgänge und Sachverhalte, in maschinell verarbeitbarer Form dar. Die Datenverarbeitung umfasst alle Vorgänge, die sich auf die Erfassung, Speicherung, Verarbeitung und Übertragung von Daten beziehen. Daten können nach verschiedenen Gesichtspunkten klassifiziert werden.

Nach der Aufgabe von Daten im Datenverarbeitungsprozess unterscheidet man

– **Nutzdaten** (Problemdaten) = Informationen, die eingegeben, verarbeitet und gespeichert oder ausgegeben werden sollen, und

– **Steuerdaten** (Befehle), die die Verarbeitung von Nutzdaten im Rechner steuern.

Nach ihrer Veränderlichkeit unterscheidet man

– **Stammdaten** (feste Daten),

– **Änderungsdaten,** die eine Änderung von Stammdaten darstellen,

– **Bestandsdaten,** die ständigen und systematischen Veränderungen unterliegen, die durch

– **Bewegungsdaten** bewirkt werden.

Beispiel:
In einer Lagerkartei oder -datei sind die Artikelnummern und -bezeichnungen aller am Lager geführten Teile als Stammdaten festgehalten. Diese unterliegen keiner systematischen Veränderung. Wird ein Artikel umbenannt oder aus dem Sortiment genommen, so erfolgt diese Änderung mittels Änderungsdaten, die die bisherigen Stammdaten löschen, ergänzen oder die an ihre Stelle treten.

Die aktuellen Lagermengen stellen Bestandsdaten dar. Sie unterliegen einer systematischen und häufigen Änderung durch das Betriebsgeschehen.

Zu- und Abgänge stellen Bewegungsdaten dar, die in die Bestandsdaten einfließen und diese verändern.

Jeder Datenverarbeitungsprozess vollzieht sich in der Abfolge Eingabe – Verarbeitung – Ausgabe (**EVA-Prinzip**). Nach ihrer Stellung, die Daten im Datenverarbeitungsablauf einnehmen, sind Daten

- **Eingabedaten,**
- **Verarbeitungsdaten** (Referenzdaten), die während des Verarbeitungsprozesses benötigt und aus externen Speichern abgerufen werden, oder
- **Ausgabedaten.**

Nach ihrem Entstehungsort unterscheidet man

- **interne Daten,** die im System anfallen, und
- **externe Daten,** die der Systemumwelt entstammen.

Betrachten wir eine Unternehmung als System, so sind externe Daten etwa solche Angaben, die in einer Lieferantenrechnung enthalten sind. Werden am Jahresende in der Buchhaltung Abschreibungen auf das Anlagevermögen vorgenommen, handelt es sich um interne Daten.

2.4.1.2 Die Darstellung von Daten

Nach der Art der Darstellung unterscheidet man

- **digitale Daten,** die nur aus Zeichen bestehen, und
- **analoge Daten,** die durch kontinuierliche Funktionen dargestellt werden.

Digitale Daten Eine einzelne Speicherzelle eines Arbeitsspeichers kann zu einem bestimmten Zeitpunkt eine Stromladung enthalten oder auch nicht. Der Zustand »keine Stromladung vorhanden« wird durch eine 0, der Zustand »Stromladung vorhanden« durch eine 1 gekennzeichnet. Andere Werte als 0 oder 1 oder auch Zwischenwerte sind nicht möglich.

Analoge Daten Zur Überwachung eines chemischen Prozesses wird eine kontinuierliche Temperaturmessung vorgenommen. Das Ergebnis dieser Messungen schlägt sich in einer Kurve nieder, die keine Unterbrechungen aufweist. Zwischen zwei beliebigen Messwerten dieser Kurve liegen unendlich viele Zwischenwerte.

Bei digital arbeitenden Geräten ist die Genauigkeit der Anzeige durch die Anzahl der Stellen vorbestimmt. Bei analog arbeitenden Messgeräten ist eine »absolute Genauigkeit« nicht erreichbar.

Hinsichtlich der zur Darstellung von Daten verwendeten Zeichen unterscheidet man

- **alphabetische** Zeichen (Buchstaben),
- **numerische** Zeichen (Ziffern),
- **Sonderzeichen** (etwa / ? ;%),
- **alphanumerische** Zeichen (Buchstaben, Ziffern, Sonderzeichen),
- sonstige **optische** und **akustische** Zeichen wie Lichtsignale, Morsezeichen, Bilder, Piktogramme, Sprache usw.

2.4.1.3 Datenstrukturierung: Dateien und Dateiinhalte

Daten werden nicht nur in Klassen, sondern auch in **Organisationseinheiten** zusammengefasst. Diese heißen – hierarchisch gegliedert – :

Bit Binary digit; kleinste Organisationseinheit, die von einem Rechner verarbeitet werden kann. Ein Bit kann nur zwei Zustände annehmen, die wir durch 0 oder 1 kennzeichnen.

Byte Maschinenverständliche Kombination von 8 Bits.

Zeichen Kleinste Organisationseinheit, die dem Menschen verständlich ist und maschinenintern durch eine definierte Anzahl von Bits dargestellt wird: Also ein Buchstabe, eine Zahl oder ein sonstiges Zeichen.

Feld Sinnvolle Zusammenfassung mehrerer Zeichen zu einer Folge, etwa zu einem Wort.

Satz Sinnvolle Zusammenfassung mehrerer Felder, die durch einen Oberbegriff (eine Satznummer oder einen Namen) verbunden sind.

Datei Sinnvolle Zusammenfassung mehrerer Sätze.

Datenbank Mehrere Dateien, die durch sachliche Verknüpfungen miteinander verbunden werden können.

Die Begriffe »Bit« und »Byte« werden an späterer Stelle eingehend beschrieben. Einige Begriffe verdeutlicht die folgende Tabelle. Den Datenbanken ist Abschnitt 2.7.4 gewidmet.

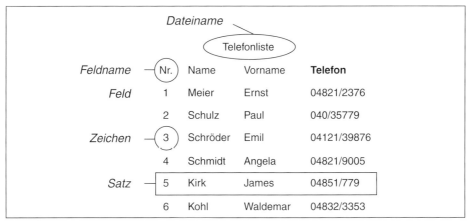

Daten-Organisationseinheiten

2.4.1.4 Die Speicherung von Daten auf Datenträgern

Unter der Speicherung von Daten versteht man das Festhalten von Informationen, die zu einem späteren Zeitpunkt wieder abgerufen werden sollen. In diesem Sinne ist jede Schriftgutablage als Speicherung zu verstehen. Im Zusammenhang mit der elektronischen Datenverarbeitung unterscheiden wir hinsichtlich der Speicherung nach **internen** und **externen Speichern**.

2.4.1.4.1 Interne Speicher

Moderne Computer speichern und verarbeiten Informationen in elektronischen Halbleiterschaltungen, die auf nur wenige Quadratzentimeter große Siliziumscheiben, so genannte Chips, aufgebracht werden. Silizium, das in der Natur nur in gebundener Form vorkommt, muss zu diesem Zwecke extrem gereinigt und zu Kristallstäben von etwa einem bis zwei Metern Länge und zehn Zentimetern Durchmesser gezüchtet werden. Von diesen Stäben werden Scheiben von etwa 0,3 mm Dicke abgesägt. Mittels fotografischer Verfahren werden die gewünschten Schaltungen, die die im gleichen Arbeitsgang aufgebrachten Dioden, Transistoren, Widerstände und Kondensatoren miteinander verbinden, auf diese Scheiben – die so genannten Wafer – übertragen.

Hierbei werden gleichzeitig mehrere hundert Chips hergestellt, die anschließend mittels Laserstrahlen abgetrennt werden. Diejenigen Chips, die die anschließende Überprüfung überstanden haben, werden in ein Gehäuse montiert, wobei feine Golddraht-Verbindungen zwischen Chip und Gehäuseausgängen hergestellt werden. Nach der anschließenden Vakuumversiegelung sind diese Chips bereit für die Montage auf Platinen, die verschiedene Bauelemente miteinander verbinden.

Hinsichtlich der internen Speicher unterscheidet man

RAM Random Access Memory = Speicher mit wahlfreiem Zugriff. Beim Einschalten des Rechners ist der RAM vollständig leer; Nutz- oder Programmdaten müssen von anderen Speichermedien oder über Eingabegeräte eingelesen bzw. eingegeben werden. Es handelt sich beim RAM um einen flüchtigen Speicher, dessen Speicherzellen nicht in der Lage sind, ihren Inhalt ohne ständige Neu-Initialisierung durch elektrischen Strom zu behalten. Wird die Stromzufuhr und damit der Refresh-Zyklus unterbrochen, gehen die im RAM gespeicherten Daten sofort verloren.

Der RAM ist der Arbeitsspeicher, in dem diejenigen Steuer- und Nutzdaten vorgehalten werden, die aktuell benötigt werden. Wegen seiner begrenzten Kapazität ist es nicht möglich, das vollständige Betriebssystem (vgl. Abschn. 2.8.1) und das komplette in Anwendung befindliche Anwenderprogramm (vgl. Abschn. 2.8.2) in ihm abzulegen. Daher wird der Arbeitsspeicher von nahezu allen modernen EDV-Systemen um Speicherstellen auf Magnetplatten ausgeweitet, auf die aktuell nicht benötigte Programmteile ausgelagert werden können.

ROM Read-Only-Memory = Nur-Lese-Speicher: dieser Speicher wird bereits bei der Herstellung mit einem festliegenden Programm versehen, das vom Anwender nicht geändert werden kann. Im Gegensatz zum RAM verliert er seinen Inhalt nicht. Bei jedem Rechner werden diejenigen Anweisungen, die er benötigt, um beim Einschalten sein Betriebssystem aufzufinden und zu laden, in einem so genannten Boot-ROM abgespeichert.

PROM Programmable Read-Only-Memory: Sonderform des ROM; dieser Speicher kann vom Anwender programmiert werden.

EPROM Erasable programmable Read-Only-Memory: Eine weitere Sonderform des ROM; der Benutzer kann diesen Speicher löschen und neu programmieren. Hierzu werden besondere Geräte benötigt, die die Löschung auf photoelektronischem Wege vornehmen.

2.4.1.4.2 Externe Speicher

Aus obigen Ausführungen sollte deutlich geworden sein, dass interne Speicher lediglich zur »Zwischenlagerung« von gerade in Bearbeitung befindlichen Daten eingesetzt werden. Sollen Daten dauerhaft gespeichert werden, so legt man sie auf externen Speichermedien ab. Diese unterscheiden sich hauptsächlich hinsichtlich

– ihrer **Kapazität** (wie viele Zeichen kann das Medium aufnehmen?),

– ihrer **Sicherheit** (Eignung zur dauerhaften Aufbewahrung; Zerstöranfälligkeit) und

– der **Zugriffszeit** (Zeit für den Rechner, um auf gespeicherte Daten zurückzugreifen).

Bezüglich des Zugriffs unterscheidet man den **direkten** und den **sequenziellen Zugriff.** Unter direktem Zugriff versteht man die Möglichkeit, mit einer Schreib-Lese-Vorrichtung auf jede beliebige Speicherstelle zugreifen zu können, unabhängig davon, an welcher Stelle des Datenträgers sie sich befindet, ohne dass das »Durchblättern« eines ganzen Datenbestandes erforderlich wird. Bei Speichern mit sequenziellem Zugriff sind die Speicherstellen im Gegensatz hierzu nur in einer festen Reihenfolge zugänglich. Bezüglich der Zugriffszeit sind deshalb Datenträger mit direktem Zugriff vorzuziehen.

Beispiel:
Der letzte Titel auf einer Musik-CD kann abgerufen werden, ohne dass die Abtast-Vorrichtung des CD-Gerätes zuvor die vorangehenden Musikstücke abtasten muss. Will man dasselbe Stück von einem Tonband abhören, so muss man zunächst an allen anderen Aufnahmen »vorbeispulen«, bis der Anfang des gewünschten Liedes gefunden ist.

2.4.1.4.3 Datenträger

Im folgenden werden die gebräuchlichsten Datenträger vorgestellt und hinsichtlich der genannten Kriterien – Kapazität, Sicherheit und Zugriffszeit – untersucht.

Magnetbänder sind Kunststoffbänder, auf die eine dünne Schicht magnetisierbaren Materials (Einzelheiten vgl. »Diskette«) aufgebracht wird. Wegen ihrer theoretisch endlosen Länge können sie beliebig viele Daten auf bis zu neun Spuren aufnehmen. Pro Zentimeter können ca. 2.500 Bit gespeichert werden. Magnetbänder sind typische sequenzielle Datenträger mit dem damit einhergehenden Nachteil der relativ sehr langen Zugriffszeit. Sie sind empfindlich gegen Störeinflüsse durch magnetische Quellen und schwierig aufzubewahren. Ihre praktische Bedeutung ist schwindend.

Streamer sind Bandlaufwerke zur Verarbeitung spezieller Magnetbandkassetten (Streamer-Tapes), die für die Sicherung von Festplatteninhalten eingesetzt werden.

Die modernere Variante ist das **DAT** (Digital Audio Tape) – Band, das deutlich mehr Daten auf einer Cassette unterbringen kann, und erheblich schnelleres Schreiben und Lesen ermöglicht.

Festplatten sind in Personal Computern verwendete Einzelplatten oder Plattenstapel aus starrem metallischen Material, die auswechselbar oder fest in den Rechner eingebaut sein können. Die Speicherkapazität von Festplatten ist unterschiedlich; in Personal Computern finden sich heute Platten mit einem Fassungsvermögen im Gigabyte-Bereich.

2 EDV, Informations- und Kommunikationstechniken

Disketten bestehen, wie Magnetbänder, aus einer Polyester-Trägerfolie, auf die ein Gemisch aus Eisenoxyd und Lack aufgebracht wird. Während das Untergrundmaterial eine Stärke von ca. 0,3 mm aufweist, ist die magnetisierbare Schicht nach mehreren Glättungs- und Poliervorgängen nur noch 1,5/1000 mm dick. Auf diese Schicht werden Daten mittels eines das Medium nicht berührenden Schreib-Lese-Kopfes aufgebracht, der ein elektromagnetisches Feld erzeugt und die Oberfläche der Diskette wechselnd in Spurverlaufs- oder Gegenrichtung magnetisiert. Disketten sind heute durchweg zweiseitig nutzbar (double-sided) und weisen eine Spurdichte von 40 oder 80 Spuren auf. Disketten müssen vor ihrer ersten Benutzung formatiert, d. h. in Sektoren und Spuren eingeteilt werden. Dies geschieht meist direkt nach der Produktion, so dass die Disketten fertig formatiert verkauft werden.

Das übliche Diskettenformat ist heute 3 ½ Zoll mit einer Speicherkapazität von 1,44 MB. Die größeren 5 ¼-Zoll-Disketten spielen im professionellen Einsatz praktisch keine Rolle mehr. Disketten drehen sich im Laufwerk deutlich langsamer als Festplatten. Sie sind empfindlich gegen Umwelteinflüsse wie Druck, Verschmutzung oder Temperaturschwankungen. Neue Rechner werden heute schon häufig ohne Diskettenlaufwerke ausgeliefert.

CD-ROM (Compact Disk Read Only Memory) haben – im Gegensatz zu den vorgenannten Speichermedien – keine Oberfläche aus magnetisierbarem, sondern aus thermo-optischem Material (z. B. einem Gemisch aus Eisen, Kobalt und Terbium). Informationen werden mittels eines extrem gebündelten (polarisierten) Laserstrahls aufgebracht und gelesen. Wegen ihrer hohen Speicherkapazität und Lesegeschwindigkeit eignen sich CD-ROMs vor allem für die Wiedergabe bewegter, vertonter Bilder (Multimedia-Anwendungen). Zudem vereinfachen sie die Installation von Anwenderprogrammen. Als reine Wiedergabemedien können sie aber nur eine Ergänzung zur beschreibbaren Festplatte sein. Außerdem sind CD-ROMs, Schallplatten vergleichbar, nur mit einer einzigen spiralförmigen Datenspur versehen, die nur sequenziell gelesen werden kann.

Das Aufbringen von Daten mittels eines besonders starken Laserstrahls auf Rohlinge ermöglichen CD-Brenner. In CD-RW-Laufwerken können speziell hierfür geeignete Rohlinge mehrere tausend Male immer wieder neu »beschrieben« werden.

DVD-Laufwerke Die korrekte Bedeutung von »DVD« ist umstritten: Unterschiedliche Quellen geben »Digital Video Disk« oder auch »Digital Versatile Disc« an. Diese Laufwerke arbeiten nach dem gleichen Funktionsprinzip wie CD-ROM-Laufwerke, nur mit wesentlich höherer Kapazität. Bei DVDs sind beide Seiten des Datenträgers nutzbar, und jede Seite kann Daten in 2 Ebenen enthalten. Somit ergibt sich eine Gesamtkapazität von bis zu 17 GB je Datenträger. Es gibt auch Geräte zum Beschreiben von DVD-Rohlingen, jedoch besteht hier noch kein allgemeiner Standard. Die Kapazität dieser Rohlinge beträgt gegenwärtig etwa 5 GB.

ZIP-Laufwerke gleichen Diskettenlaufwerken, sind aber für größere Datenmengen (ab 100 Mbyte) ausgelegt und nicht mit dem verbreiteten Diskettenlaufwerkformat (1,44 Mbyte) kompatibel. Als extern anschließbare Geräte werden sie häufig für den Datenaustausch benutzt.

2.4.2 Kommunikation

Durch den Einsatz moderner EDV-Technologien ergeben sich neue Möglichkeiten des Informationsaustausches. Ausführliche Erläuterungen zu Kommunikationsbeziehungen enthält Kapitel 3 »Betriebliche Organisation«. Den modernen Kommunikationstechnologien ist Abschnitt 2.5.4 »Netzwerke« gewidmet.

2.4.3 Verarbeitung

Datenverarbeitung kann nur stattfinden, wenn die zu verarbeitenden Daten zuvor in das DV-System eingegeben wurden. Dieser Umstand ist bereits als EVA-Prinzip bekannt. Ferner müssen Anweisungen erteilt werden, wie mit den eingegebenen Daten zu verfahren ist. Rechenanlagen können Aufträge auf unterschiedliche Weise bearbeiten.

- **Stapelbetrieb (Batchbetrieb):** Eine dem Rechner vollständig übertragene Aufgabe wird abgearbeitet, ohne dass dem Anwender (User) die Möglichkeit der Ablaufbeeinflussung gegeben ist.
- **Dialogbetrieb:** Anwender und Rechner kommunizieren in der Weise, dass der Anwender dem Rechner kurze Teilaufgaben übermittelt und dieser Teilergebnisse meldet, auf die der Anwender unmittelbar (interaktiv) reagieren kann. Greifen mehrere Benutzer gleichzeitig auf eine zentrale Rechenanlage zu, so unterscheidet man
    - **Teilhaberbetrieb:** Alle Teilhaber bedienen sich des gleichen Programmes (z. B. bei der Buchung von Reisen, die ein zentrales Reisebüro-Verbundsystem anbietet);
    - **Teilnehmerbetrieb:** Jeder Teilnehmer erteilt, unabhängig von anderen Teilnehmern, individuelle Aufträge an den Rechner,
- **Mehrprogrammbetrieb** (Multi-User-Betrieb, Time-Sharing-Betrieb): Der Zentralrechner verarbeitet mehrere Programme zeitlich verzahnt in einer Weise, dass der Eindruck der Gleichzeitigkeit entsteht. Wartezeiten, die daraus resultieren, dass eine Eingabe eines Benutzers abgewartet werden muss, werden zur Bearbeitung der Aufträge anderer Teilnehmer genutzt.
- **Realzeitbetrieb:** Mit der Verarbeitung eines vom Benutzer erteilten Auftrages sind strenge zeitliche Auflagen verbunden. Diese Betriebsart findet sich vornehmlich bei der Lösung von Mess- und Regelungsaufgaben (Überwachung chemischer Prozesse, Ampelsteuerung).

2.4.4 Informationsdarstellung: Zahlensysteme und Codes

In Abschnitt 2.4.1 wurde die Darstellung von Daten bereits behandelt. Dort wurden analoge Daten von digitalen Daten unterschieden und die zur Darstellung verwendeten Zeichen aufgeführt. Wie werden nun Daten maschinenlesbar dargestellt?

Jede Speicherstelle – ob intern oder extern – kann nur zwei verschiedene Zustände annehmen: Strom oder kein Strom, Magnetisierung in Richtung des Spurenverlaufs oder der Gegenrichtung. Aus diesem Grunde müssen alle Informationen, die von einem EDV-System verstanden und verarbeitet werden sollen, maschinenintern in eine Darstellungsform gebracht werden, die mit zwei möglichen Zuständen auskommt. Diese Zustände bezeichnen wir – dies ist schon vom Bit, dem kleinsten einem Computer verständlichen Zeichen, bekannt – mit 0 oder 1. Bereits 1677 wies Gottfried Wilhelm Freiherr von Leibniz auf die Tauglichkeit des dualen Zahlensystems für die Verwendung in Rechenmaschinen hin. Dieses Zahlensystem kennt tatsächlich nur die Ziffern 1 und 0.

2 EDV, Informations- und Kommunikationstechniken

Das duale oder binäre Zahlensystem erschließt sich am besten, wenn man sich vergegenwärtigt, wie unser dezimales Zahlensystem aufgebaut ist.

2.4.4.1 Das Dezimalsystem

Der Wert einer Ziffer innerhalb einer Dezimalzahl hängt ab von ihrer Stellung innerhalb der Zahl. Als Beispiel sei im folgenden die Zahl **234** betrachtet:

	2	3	4
entspricht	2 x 100	+ 3 x 10	+ 4 x 1
=	2×10^2	$+ 3 \times 10^1$	$+ 4 \times 10^0$

Offensichtlich basiert das dezimale Zahlensystem also auf dem Prinzip, dass der Ziffernwert multipliziert wird mit einer Potenz mit der Basis 10 und einem Exponenten (Hochzahl), der von der Stellung der betrachteten Ziffer in der Gesamtzahl abhängt. Die äußerste rechte Ziffer wird immer mit $10^0 = 1$, die ihr benachbarte Ziffer mit 10^1 multipliziert usw. Natürlich machen wir uns dies im täglichen Umgang mit unseren Zahlen nicht bewusst. Wir erkennen den Wert einer Zahl auf einen Blick und haben keine Schwierigkeiten, Größenvergleiche anzustellen: Ohne weitere Überlegung ist uns klar, dass die Zahl 19 kleiner als 20 und größer als 18 ist. Anders ergeht es uns mit den Dualzahlen, die sich uns nicht auf den ersten Blick erschließen. Diese basieren auf Multiplikationen ihres Ziffernwertes mit Potenzen, die als Basis stets die 2 aufweisen.

2.4.4.2 Das Dualsystem

Die Dual- oder Binärzahl **1101**

	1	1	0	1
entspricht	1 x 8	+ 1 x 4	+ 0 x 2	+ 1 x 1
oder	1×2^3	$+ 1 \times 2^2$	$+ 0 \times 2^1$	$+ 1 \times 2^0$

Dies entspricht dem dezimalen Wert 13.

2.4.4.3 Das Hexadezimalsystem

In der Programmierung bedient man sich häufig auch des hexadezimalen Systems, also eines Zahlensystems mit der Basis 16. Ein Programmierer, der dieses System verwendet, überträgt jede Dezimalzahl zunächst in eine Hexadezimalzahl, um sie dann in eine Binärzahl umzuwandeln. Der Vorteil dieser auf den ersten Blick umständlich erscheinenden Methode besteht darin, dass eine vierstellige Binärzahl (ein Halbbyte) durch ein Zeichen des Hexadezimalsystems dargestellt werden kann, wodurch die Programmierarbeit erleichtert wird. Das Hex-System verwendet neben den zehn Ziffern des Dezimalsystems die ersten sechs Buchstaben des Alphabetes.

2.4.4.4 Der BCD-Code

Mittels eines Byte, das bekanntlich aus acht Bits besteht, können $2^8 = 256$ verschiedene Werte, nämlich die Zahlen 0 – 255, dargestellt werden. Die Computerpraxis nutzt jedoch Halbbytes zur Darstellung der einzelnen Ziffern, aus denen sich Dezimalzahlen zusammensetzen. Diese Art der Darstellung nennt man BCD-Code (Binary Coded Decimal).

Der Zahl **178** entspricht

– im Dualsystem:
1 0 1 1 0 0 1 0

– im BCD-Code:
0001 0111 1000   (dez. = 1 7 8)

Bei einer Speicherstellenkapazität von heute gebräuchlichen acht Bits (= ein Byte) können auf diese Weise zwei Ziffern pro Speicherstelle untergebracht werden. Vielfach wird jedoch nur das rechte Halbbyte für zu speichernde Informationen genutzt, während das linke Halbbyte zur Aufnahme rechnerintern benötigter Steuer- und Adressierungsinformationen dient.

An dieser Stelle sei erwähnt, dass zur Byte-Darstellung ein neuntes Signal, nämlich das so genannte **Prüf-** oder **C-Bit**, gehört. Wenn Bits fehlerhaft übertragen werden, so kann dies anhand dieses Prüfbits festgestellt werden, sofern nicht innerhalb eines Bytes mehr als ein Fehler vorliegt. Zu unterscheiden sind hierbei Rechner mit gerader und solche mit ungerader Parität. Diese Parität, die vom Computerhersteller festgelegt wird, gibt an, welchen Wert das Prüfbit – in Abhängigkeit von den übrigen Bits eines Bytes – anzunehmen hat. Bei gerader Parität erhält das Prüfbit den Wert 1, wenn die Summe der übrigen Bits innerhalb des Bytes eine gerade Zahl ist; bei ungerader Parität ist das Prüfbit 1, wenn die Summe der übrigen Bits ungerade ist.

2.4.4.5 Der ASCII-Code

Auch Buchstaben und sonstige Zeichen müssen rechnerintern binär dargestellt werden. Ein allgemein üblicher Code zur Verschlüsselung von Zeichen ist der **ASCII-Code (American Standard Code of Information Interchange**) – vgl. die folgende Abbildung. Dieser Code verwendet lediglich sieben Bits zur Informationsdarstellung, während das achte Bit eine Prüfziffer darstellt, mit deren Hilfe – allerdings, ebenso wie bei dem oben beschriebenen C-Bit, nicht uneingeschränkt wirksam – die Übertragungsrichtigkeit eines Zeichens vom Rechner überprüft werden kann.

Der Bediener eines Computers muss sich in der Regel nicht mit den rechnerintern verwendeten Codes befassen: Er tippt einen Buchstaben in die Tastatur, der vom Rechner zur weiteren Verarbeitung in den jeweiligen Code umgesetzt wird. Soll der eingegebene Buchstabe über eine Ausgabeeinheit (etwa einen Monitor oder Drucker) wiedergegeben werden, so wird der Code wiederum rechnerintern transformiert.

Dem Rechner allerdings muss bei jeder Eingabe mitgeteilt werden, welcher Code zur Anwendung kommen soll: Die Zeichenfolge 11000101 steht im ASCII-Code für den Buchstaben E, während sie, als Dualzahl aufgefasst, den Wert 197 darstellt. Deshalb werden in der Praxis zwei Bytes benötigt, um ein Zeichen im Umfang eines Byte abzuspeichern:

Ein Byte enthält das codierte Datenelement, das zweite Byte gibt an, welcher Code hierauf anzuwenden ist.

2.4.5 Kenngrößen und Maßeinheiten

Beschreibungen von Computern enthalten eine für den Laien verwirrende Vielzahl von Kenngrößen und Wertangaben in den verschiedensten Maßeinheiten, die wichtige Kriterien bei der Auswahl eines Rechners darstellen.

Die am häufigsten anzutreffenden Begriffe sollen nachfolgend zusammenfassend erklärt werden; einigen von ihnen werden Sie an späterer Stelle wiederbegegnen.

ASCII- und Hexadezimalcode (Ausschnitt 0 bis 63)

ASCII-Code	Zeichen	Hex	ASCII-Code	Zeichen	Hex
000	^@	00	032	(Space)	20
001	^A	01	033	!	21
002	^B	02	034	"	22
003	^C	03	035	#	23
004	^D	04	036	$	24
005	^E	05	037	%	25
006	^F	06	038	&	26
007	^G	07	039	'	27
008	^H	08	040	(	28
009	^I	09	041	)	29
010	^J	0A	042	*	2A
011	^K	0B	043	+	2B
012	^L	0C	044	,	2C
013	^M	0D	045	-	2D
014	^N	0E	046	.	2E
015	^O	0F	047	/	2F
016	^P	10	048	0	30
017	^Q	11	049	1	31
018	^R	12	050	2	32
019	^S	13	051	3	33
020	^T	14	052	4	34
021	^U	15	053	5	35
022	^V	16	054	6	36
023	^W	17	055	7	37
024	^X	18	056	8	38
025	^Y	19	057	9	39
026	^Z	1A	058	:	3A
027	^[	1B	059	;	3B
028	^\	1C	060	<	3C
029	^]	1D	061	=	3D
030	^^	1E	062	>	3E
031	^_	1F	063	?	3F

ASCII-Code und Hexadezimalcode (0-63)

Kapazität   Der Begriff der Kapazität wurde bereits im Zusammenhang mit den internen und externen Speichern eingeführt. Sie gibt an, wieviele Zeichen in einem Rechner oder auf einem Datenträger gespeichert werden können. Hierbei werden folgende Größeneinheiten verwendet:

Byte	=	acht Bits (+ Prüfbit)
Kilobyte (KB)	=	1024 Bytes
Megabyte (MB)	=	1024 KB
Gigabyte (GB)	=	1024 MB

Diese Größenbezeichnungen sind bei Beurteilung der Leistungsfähigkeit eines Computers insbesondere interessant in Bezug auf die Kapazität des Arbeitsspeichers (RAM; vgl. Abschn. 2.4.1.4.1). 32 MB RAM bedeuten, dass der rechnerinterne Arbeitsspeicher 33.554.432 Zeichen aufnehmen kann. Herstellerangaben beziehen sich häufig auch auf die Kapazität der Nur-Lese-Speicher (ROM), die dem Benutzer jedoch nicht zur Abspeicherung von Nutzdaten zur Verfügung stehen.

Zugriffszeit Dieser Begriff wurde bereits anhand der externen Datenträger erklärt. Dort wurde deutlich, dass Datenträger mit direktem Zugriff (Festplatte, Diskette) Geschwindigkeitsvorteile gegenüber solchen mit sequentiellem Zugriff bieten. Im Zusammenhang mit dem Zugriff auf den internen Speicher und die Ein- und Ausgabeeinheiten spricht man von der

Arbeitsgeschwindigkeit Diese lässt sich etwa in Vergleichstests einstufen, in denen verschiedene Computer mit der Durchführung identischer Programmläufe konfrontiert werden. Sie hängt entscheidend von den Schnittstellen zwischen der Zentraleinheit und den verschiedenen angeschlossenen Peripheriegeräten ab, aber auch vom Zeittakt.

Zeittakt der CPU (Central Processing Unit; vgl. Abschn. 2.5.1): Jeder Mikroprozessor-Chip arbeitet Befehle in gleichmäßigen Zyklen ab, die durch ein Taktsignal vorgegeben werden. Die Zyklusgeschwindigkeiten werden in Megahertz (MHz) angegeben.

2.5 Der Aufbau eines EDV-Systems

In den vorangegangenen Abschnitten sind bereits zahlreiche Komponenten von EDV-Systemen vorgestellt worden. Offensichtlich gehören zu einem EDV-System sowohl verschiedene Bauteile als auch diverse Programme, die die Koordination, Steuerung und Nutzbarkeit dieser Bauteile erst ermöglichen.

In der Computerterminologie unterscheidet man diese verschiedenen Komponenten in einer Grobeinteilung in

Hardware Geräteausstattung, die alle gegenständlichen Einrichtungen eines Datenverarbeitungssystems sowie alle fest geschalteten Funktionen umfasst, und

Software Nicht-gegenständliche Bestandteile eines Computersystems, also die Programmausstattung, die neben den anwendungsorientierten Programmen auch das Betriebssystem umfasst, und alle zur Verarbeitung kommenden Daten.

Die folgende Abbildung soll einen Überblick zu den hauptsächlichen Hardware-Komponenten vermitteln.

2 EDV, Informations- und Kommunikationstechniken

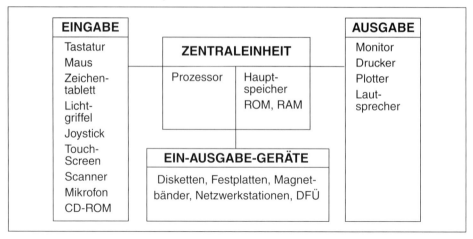

Hardware-Komponenten

Im Folgenden werden zunächst die Hardware-Komponenten behandelt; der Software ist Abschnitt 2.8 gewidmet.

2.5.1 Die Zentraleinheit

Im deutschen Sprachgebrauch wird unter Zentraleinheit meist das Computergehäuse und dessen Inhalt als Gesamtheit verstanden. In diesem Sinne bilden folgende Komponenten die Zentraleinheit:

– Das **Gehäuse** dient nicht nur zur Befestigung der eingebauten Komponenten, sondern auch zur Abschirmung. Zum einen müssen die im Rechner befindlichen Komponenten gegen Einflüsse von außen (Störstrahlung, statische Elektrizität) abgeschirmt werden; zum anderen ist es ebenso wichtig, die im Rechner entstehenden hochfrequenten Störungen nicht nach außen dringen zu lassen. Ein Computer ohne oder mit ungeeignetem Gehäuse ist ein Sender, der auch über größere Entfernungen noch Funk, Radio oder Fernsehen stören kann.

Bestandteil des Gehäuses ist auch das **Netzteil**, das die von den Komponenten benötigten Spannungen zur Verfügung stellt.

– Die Hauptplatine **(Motherboard)** dient zur Verdrahtung und Befestigung von CPU, Speicher, Steuerungselektronik, Bussystemen und Schnittstellen, siehe auch die folgende Abbildung. Zusätzliche Steckkarten **(Grafikkarte, Netzwerkkarte, usw.)** werden ebenso wie die Speichermodule in spezielle Steckplätze eingesteckt, sodass der Rechner flexibel erweitert oder geänderten Bedingungen angepasst werden kann.

– Die einzelnen Baugruppen sind durch Bussysteme miteinander verbunden. Über den **Adressbus** wird der Speicher adressiert, über den **Datenbus** werden die so festgelegten Daten transportiert, und über den **Steuerbus** werden die dazu nötigen Koordinationssignale übertragen.

– Die **CPU (Central Processing Unit)** ist das »Hirn« des Rechners. Sie führt die arithmetischen und logischen Operationen durch und greift dabei auf die übrigen Komponenten zu. Häufig verwendete Daten werden im **Cache** zwischengespeichert. Auf diesen kann besonders schnell zugegriffen werden, weil er heute in der Regel in der CPU integriert ist.

2 EDV, Informations- und Kommunikationstechniken

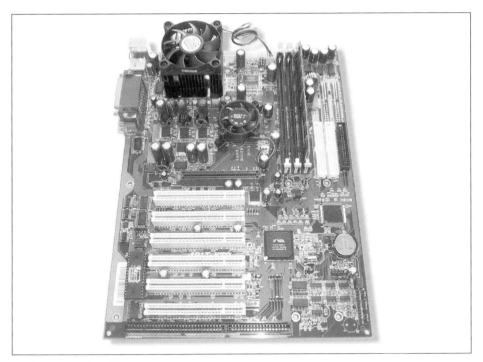

Die Hauptplatine eines PC

- Der **Arbeitsspeicher (RAM)** ist das »Kurzzeitgedächtnis« des Rechners. Hier abgelegte Daten sind schnell verfügbar, gehen aber beim Ausschalten verloren.
- Die **Festplatte** ist das »Langzeitgedächtnis«. Sie »behält« gespeicherte Daten und Programme auch bei abgeschaltetem PC. Der Zugriff auf diese Daten dauert jedoch deutlich länger.
- **E**in/**A**usgabe-**Module** können in der Zentraleinheit eingebaut sein, wie Diskettenlaufwerke, CD-ROM-Laufwerke oder DVD-Laufwerke. Diese dienen ebenfalls als Datenspeicher, eignen sich jedoch vorwiegend zum Transport von Daten und Programmen.

  Gleichfalls zur Ein- und Ausgabe dienen die Schnittstellen für die noch später behandelten peripheren Geräte.
- Zusätzliche Bauteile komplettieren den Computer. Beispielsweise enthält das Motherboard einen **Taktgeber**, der den für die Bussysteme nötigen Takt erzeugt, und ein Nur-Lese-Speicher (ROM) steuert grundlegende Funktionen wie das Laden des Betriebssystems.

2.5.1.1 Die CPU

Die CPU **(Central Processing Unit)** ist das Kernstück jeden Rechners.

Ihre Hauptkomponenten sind

- eine **arithmetisch-logische Einheit (ALU)** zur Durchführung arithmetisch-logischer Operationen;

- verschiedene **Steuereinheiten**, die
  - die Informationsübertragung zwischen ALU und internem Speicher abwickeln (häufig als Register bezeichnet),
  - Programmbefehle interpretieren und ausführen,
  - den Arbeitstakt vorgeben oder die Signale eines externen Taktgebers umsetzen,
  - Ein- und Ausgabegeräte, Speicher und Register veranlassen, Daten zu senden oder zu empfangen;
- interne Kommunikationsleitungen (**Busse**), die die verschiedenen Teile der Zentraleinheit untereinander sowie mit den angeschlossenen peripheren Geräten verbinden;
- interne Speicher als Schreib-Lese-Speicher (**RAM**) oder als Nur-Lese-Speicher (**ROM**).

Die Zentraleinheit kann aus mehreren Bauteilen bestehen oder aber auf einem einzigen Bauteil untergebracht sein. Personal Computer, die wir im folgenden exemplarisch betrachten wollen, verfügen über einen Mikroprozessor, der ALU und Steuerwerk vereinigt, während die internen Speicher (RAM und ROM) eigene Bauteile darstellen, die über ein Bussystem mit dem Prozessor verbunden sind.

2.5.1.2 Der Hauptspeicher

Der Haupt- oder interne Speicher besteht aus dem Arbeitsspeicher (**RAM** = Random Access Memory) und Fest- oder Nur-Lese-Speichern (**ROM** = Read Only Memory).

Der Arbeitsspeicher ist der zentrale Speicher, der während der Verarbeitung von Daten und Programmen aktiv ist. Der Mikroprozessor ruft im Zuge eines Verarbeitungsprozesses nur die aktuell benötigten Daten aus dem Hauptspeicher ab und deponiert sie nach Bedarf anschließend wieder dort.

Die auf Siliziumchips untergebrachten Schaltanordnungen moderner Computer sind dynamische Halbleiterschaltungen, auf deren Funktion an dieser Stelle nicht detailliert eingegangen werden soll. Vereinfachend sei gesagt, dass jede Speicherzelle einen Speichertransistor enthält, der seine Speicherfähigkeit durch einen Kondensator erhält, der entweder geladen (1) oder nicht geladen (0) ist. Während eine Flipflop-Schaltung Informationen festhält, solange der Rechner in Betrieb ist, muss ein dynamischer Halbleiterspeicher regelmäßig aufgefrischt werden. Dynamische Speicher bieten jedoch den Vorteil, mit weniger elektronischen Bauteilen auskommen und daher kompakter konstruiert werden zu können.

Speicherzellen werden zu Gruppen und Blöcken kombiniert und als solche mit Adressen versehen, die der Rechner benötigt, um Daten abspeichern und wiederfinden zu können.

2.5.1.3 Bussysteme

Systeminterne Kommunikationsleitungen, die die Teile der Zentraleinheit untereinander sowie mit den angeschlossenen Ein- und Ausgabeeinheiten verbinden, heißen **Busse**.

In jedem Computer finden sich drei Busse: Der Steuerbus, der Adressenbus und der Datenbus. Jeder Bus besitzt mehrere Leitungen, auf denen Bits parallel übermittelt werden können. Im Rechnergehäuse sind diese Busse auf Steckplatinen aufgebracht, die die verschiedenen Bauelemente miteinander verbinden. Die Übergangsstellen zwischen zwei Bereichen werden als **Schnittstellen** bezeichnet.

Der **Steuerbus** transportiert Steuersignale vom Prozessor zu anderen Funktionseinheiten und Eingabesignale von den Eingabegeräten zur Zentraleinheit. Der **Adressbus** transportiert die Adressen derjenigen Speicherstellen, in die Daten abgelegt oder aus denen Daten abgerufen werden sollen.

Der **Datenbus** befördert Daten auf in beide Richtungen nutzbaren Leitungen zwischen Prozessor, Arbeitsspeicher und Ein- bzw. Ausgabeeinheiten.

Dieses **Bussystem** funktioniert nur in einem koordinierten Miteinander: Der Steuerbus steuert die Richtung der Daten, die der Datenbus transportiert, während der Adressbus das Ziel festlegt.

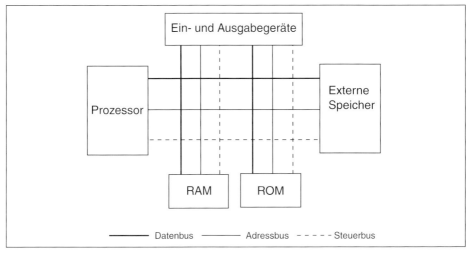

Bussystem (stark vereinfachte, schematische Darstellung)

2.5.2 Die Peripherie

Zur Peripherie eines Computersystems gehören alle Geräte, die die Ein- oder Ausgabe von Daten ermöglichen. Zu unterscheiden sind

– reine **Eingabegeräte**,
– reine **Ausgabegeräte**,
– **Dialoggeräte** und
– **Speichergeräte**.

Bei der Anschaffung von Peripheriegeräten ist zu beachten, dass nicht jedes Gerät zu jedem Rechner »passt«. Bei der Zusammenstellung von Computersystemen sind daher die vorhandenen Schnittstellen (Anschlussmöglichkeiten für andere Geräte) aufeinander abzustimmen. Der fachmännische Rat eines Hardwarehändlers oder EDV-Beraters sollte vor jeder Anschaffungsentscheidung eingeholt werden.

2.5.2.1 Eingabegeräte

Die Tastatur

Das gebräuchlichste und bekannteste Eingabegerät ist die Tastatur (Keyboard). Über diese können Zeichen wie mit einer Schreibmaschine eingegeben werden. Obwohl die Anordnung der Tasten keineswegs standardisiert ist, weisen alle heute gebräuchlichen Tastaturen wesentliche Gemeinsamkeiten auf.

2 EDV, Informations- und Kommunikationstechniken

Diese bestehen vor allem in der Anordnung der Tasten in vier **Tastenblöcken:**

- **alphanumerische Tastatur,**
- **Funktionstastenblock,**
- **Zahlenblock,**
- **Cursorblock.**

Die Maus

Die Maus ist ein Steuergerät, das in der Hand genau so über eine ebene Fläche geführt wird, wie dies die Bildschirmmarke (der »Cursor«) auf dem Monitor tun soll. Die Übertragung der Bewegung erfolgt bei mechanischen Mäusen mittels einer auf der Unterseite montierten Rollkugel, bei optoelektronischen Mäusen, die allerdings auf speziellen Unterlagen bewegt werden müssen, mittels einer Fotozelle.

Das Zeichentablett

Zeichentabletts (-tableaus) sind vor allem im CAD-Bereich (vgl. Abschn. 2.2.2) im Einsatz. Mit ihrer Hilfe können sowohl Cursorsteueranweisungen als auch Befehle eingegeben werden. Die Eingabe erfolgt mittels eines Tablettstifts, dessen Spitze bei Berührung ein elektromagnetisches Feld auf der Tablettoberfläche erzeugt. Die Koordinaten des Magnetfeldes werden dem Rechner übermittelt und von diesem als Steuersignal oder Befehl interpretiert.

Weitere Eingabegeräte

Mit dem **Lichtgriffel (»Light Pen«)** wird die Oberfläche des Bildschirms durch Berührung mit der Griffelspitze unmittelbar beeinflusst.

Der »**Touch-Screen**«-Bildschirmaufsatz ermöglicht die Bildschirmsteuerung durch Berührung mit dem Finger oder einem beliebigen Gegenstand über eine aufwändige photoelektronische Anordnung.

»**Joysticks**« sind Eingabe-Steuerungsgeräte, die lediglich im Hobbybereich (Computerspiele) Verwendung finden.

Im Zuge der Sprachverarbeitung kommen auch **Mikrofone** zum Einsatz.

Für Zwecke des »**Desktop Publishing**« erfolgt die Digitalisierung bildlicher Darstellungen oder originaler Gegenstände über so genannte **Scanner**. Flachbett- oder Handy-Scanner werden zur Abtastung und Umwandlung zweidimensionaler Darstellungen (Bilder, Zeichnungen oder Texte) verwendet.

Zu den Scannern zählen auch die in Kassensystemen eingesetzten Abtastvorrichtungen für **EAN-Balkencodes** (vgl. Abschn. 2.6.1).

Für die Erfassung dreidimensionaler Gegenstände werden **digitale Kameras** eingesetzt.

Belegleser ermöglichen das Einlesen von Daten von maschinenlesbar codierten Originalbelegen.

2.5.2.2 Ausgabegeräte

Der Monitor

Computermonitore weisen zumeist eine gerasterte Leuchtfläche mit 640 x 480 Pixels oder Bildpunkten (so genannter VGA-Standard) auf, die für die Darstellung von Texten ausreichen, in Grafikanwendungen jedoch häufig als nicht hinreichend hochauflösend empfunden werden. Für derartige Anwendungen sind höhere Auflösungen (1024 x 768 Pixels im Super-VGA-Modus) empfohlen. Als Bildschirmgröße sollen 17" (gemessen in der Diagonale), als Bildwiederholrate 85 Hz nicht unterschritten werden. Bildschirme mit ungerasterter Leuchtfläche, die keine Bildpunkte, aber auch keine »blinden Flächen« aufweisen, sind in technischen Anwendungen, z. B. üblicherweise in Oszilloskopen, anzutreffen. Vor allem bei tragbaren Rechnern, werden auch LCD-Bildschirme (Flüssigkristall-Anzeige) angeboten, deren Auflösung etwa der der herkömmlichen Rasterbildschirme vergleichbar ist.

Der Drucker

Neben der Bildschirmausgabe wird meistens die Papierausgabe gewünscht. Gängige Druckerarten sind

- **Typenraddrucker:** Diese dem Prinzip der Schreibmaschine nachempfundenen Drucker finden vorwiegend Einsatz in der Textverarbeitung, in der es auf ein gestochen scharfes, repräsentatives Schriftbild ankommt. Grafiken können hiermit nicht erstellt werden.

- **Matrixdrucker:** Je nach Preisklasse weisen die Druckerköpfe 8 bis 24 Druckernadeln (beim sog. **Nadeldrucker**) bzw. Bohrungen in einer Tintenpatrone, in der Tinte unter Überdruck gelagert wird (beim sog. **Tintenstrahldrucker**) auf, mit deren Hilfe praktisch jedes beliebige Zeichen dargestellt werden kann. Briefqualität (letter quality) wird mit dieser Art Drucker jedoch oft nicht erreicht, da dem Schriftbild anzusehen ist, dass die dargestellten Zeichen aus einzelnen Punkten zusammengesetzt wurden. Zur Familie der Matrixdrucker gehören ebenfalls die **Thermodrucker**, die spezielles Papier benötigen, auf dem einzelne Punkte durch Wärmeeinwirkung eingefärbt werden. Dokumente auf Thermodruckerpapier bleichen unter Tageslichteinfluss gewöhnlich schnell aus.

- **Laserdrucker:** Diese modernsten Druckertypen arbeiten ähnlich wie Fotokopierer. Wegen der sehr feinen Aufrasterung der Schriftzeichen sind sie als Ausgabegerät für Grafiken geeignet.

Der Plotter

Plotter sind Zeichengeräte, die hauptsächlich im CAD Einsatz finden. Beim gebräuchlichsten Typ, dem Flachbettplotter, fährt ein auf einem Wagen befestigter Stift (bei vielen Geräten auch ein Stiftmagazin mit Stiften in unterschiedlichen Farben und Stärken) auf einer beweglichen Brücke über das darunter eingespannte Papier im Format bis DIN A0 und erstellt Grafiken in einer Geschwindigkeit und Präzision, wie sie von Menschenhand nicht annähernd erreicht wird.

Auf die technischen Besonderheiten anderer Plottertypen (Trommel- oder Walzenplotter) soll an dieser Stelle nicht eingegangen werden.

2.5.2.3 Dialoggeräte

Einige Peripheriegeräte sind für den Dialog, also sowohl für die Eingabe als auch für Ausgabe von Daten, konzipiert. Dies gilt für nahezu alle externen Speichergeräte mit Ausnahme der CD-ROM-Laufwerke sowie für PC-Netzwerke und Geräte zur Datenfernübertragung.

Netzwerke

Werden mehrere Rechner, z. B. Personal Computer, über Datenleitungen miteinander verbunden, so ist jedes Gerät sowohl in der Lage, Daten von angeschlossenen Geräten zu empfangen als auch Daten an angeschlossene Geräte abzugeben. Insofern können Netzwerke als Verbundsysteme zur Datenein- und -ausgabe aufgefasst werden.

2 EDV, Informations- und Kommunikationstechniken

Geräte zur Datenfernübertragung

Bei der Datenfernübertragung **(DFÜ)** werden Daten über das Telefonnetz von einem Rechner zu einem anderen Rechner übertragen. Bei Nutzung des analogen Fernsprechnetzes müssen die Computerdaten zu diesem Zweck zunächst in eine übertragbare Form umgewandelt werden. Diese Verwandlung besorgt ein so genanntes **Modem** (Modulator/Demodulator). Das ISDN-Netz kann Computerdaten unmittelbar weitergeben.

2.5.2.4 Speichergeräte

Speichergeräte sind Disketten- und Festplattenlaufwerke, CD-ROM-Laufwerke, Magnetbandgeräte, Magnetplattenspeicher sowie kombinierte ZIP-Laufwerke, Belegleser und -schreiber. Die in ihnen bearbeiteten Speichermedien wurden bereits in Abschn. 2.4.1.4.3 beschrieben.

2.5.3 Rechnerarten

2.5.3.1 Arbeitsplatzrechner

Im Gegensatz zum »unintelligenten«, nur in Verbindung mit einem Zentralrechner arbeitsfähigen Terminal ist unter einem Arbeitsplatzrechner ein Personal Computer zu verstehen, der sämtliche Komponenten und Leistungsmerkmale eines Computers einem einzelnen Nutzer an dessen Arbeitsplatz zur Verfügung stellt. Ein solcher Rechner kann isoliert (»Stand-alone-PC«) oder im Verbund als **Client** (auch **Workstation** genannt) in einem servergestützten lokalen Netz (siehe unten) eingesetzt werden. Der Begriff Workstation wird im Übrigen uneinheitlich verwendet: Man findet ihn sowohl als Bezeichnung für alle Arbeitsstationen in einem LAN als auch für besonders leistungsfähige Rechner, die für CAD- und DTP-Anwendungen oder zur Verarbeitung großer Datenbanksysteme eingesetzt werden.

2.5.3.2 Server

Weit verbreitet ist heute die so genannte **Client-Server-Architektur**, bei der ein hochleistungsfähiger, mit großen internen und externen Speichern ausgestatteter Rechner (der Server) als Dienstleister für die mit ihm verbundenen, aber auch selbständig arbeitsfähigen Arbeitsstationen fungiert. Er hält vor allem gemeinsam genutzte Software und Datenbestände bereit und koordiniert die gemeinsame Nutzung peripherer Geräte.

Der Begriff der Client-Server-Architektur findet sowohl in Zusammenhang mit lokalen Netzen (**LAN** = local area network) als auch in externen Netzen (Weitverkehrsnetze, **WAN** = wide area network) Anwendung.

2.5.3.3 Mittlere Datentechnik (MDT)

Der Mittleren Datentechnik werden Rechnersysteme zugerechnet, die hinsichtlich ihrer Rechenleistung nicht zu den Großrechnern gezählt werden können, deren Architektur jedoch mit einem Zentralrechner und angeschlossenen »unintelligenten« Geräten zur Datenein- und -ausgabe (Terminals) aufweisen. Der Begriff der Mittleren Datentechnik wurde in den 60er Jahren geprägt und ist heute nur noch wenig gebräuchlich.

2.5.3.4 Prozessrechner

Als Prozessrechner bezeichnet man EDV-Anlagen, die zur Steuerung von Prozessen, etwa im industriellen Bereich, eingesetzt werden.

Sie erhalten ihre Eingabedaten unmittelbar aus dem Prozess, etwa mittels Messfühlern, und nehmen direkt auf diesen Einfluss, etwa durch

- Temperaturregelung,
- Zufuhr von Stoffen,
- Einschalten von Rührwerken usw.

2.5.3.5 Großrechner

Großrechner (**Mainframes**) sind zentralisierte, sehr leistungsfähige Rechner, bei denen die Datenein- und -ausgabe über Terminals erfolgt.

Derartige Rechnersysteme findet man überall dort, wo große Datenmengen in kurzer Zeit verarbeitet und bereitgestellt werden müssen, also etwa bei Banken und Versicherungen.

2.5.4 Netzwerke

Bereits im voranstehenden Abschnitt wurden Netzwerke als Verbundsysteme zur wechselseitigen Datenein- und -ausgabe vorgestellt. Daneben wurde – im Zusammenhang mit Modem und Akustikkoppler – auf die Datenfernübertragung mittels des öffentlichen Telefonnetzes eingegangen.

Im ersten Fall, also der Vernetzung selbstständig arbeitsfähiger Computersysteme zu einem Verbundsystem, spricht man von **lokalen Netzen**, während die Verbindung ansonsten unabhängiger Rechner über das Postnetz als **externes Netz** bezeichnet wird.

2.5.4.1 Lokale Netze

Lokale Netze finden – im Gegensatz zu den Fernübertragungsnetzen – nur innerhalb räumlich eng begrenzter Bereiche, etwa innerhalb eines Gebäudes, Anwendung.

Der Vorteil der Vernetzung besteht darin, dass von jeder angeschlossenen Zentraleinheit Zugriff auf einen gemeinsamen Datenbestand oder auf gemeinsam genutzte periphere Geräte (z. B. Drucker) genommen werden kann. Übertragungsmedien sind

- Drahtleitungen,
- Koaxialkabel oder
- Glasfaserkabel.

Für Netzwerke, die die Rechner einer Organisation oder eines Unternehmens innerhalb fest definierter Grenzen miteinander verbinden, ist auch der Begriff **Intranet** gebräuchlich. Die Ähnlichkeit zum Begriff des Internet ist nicht zufällig:

Häufig erfolgt der Datenaustausch mittels auch für den Internet-Zugriff genutzter Oberflächen; dadurch wird das Intranet gewissermaßen zum »internen Internet«.

Zugriffe über Internet auf interne Daten werden durch undurchdringliche Sicherheitsvorkehrungen, so genannte **Firewalls**, verhindert.

2 EDV, Informations- und Kommunikationstechniken

Bezüglich der Lage und Anordnung (»Topologie«) der Geräte können die folgenden Unterscheidungen getroffen werden.

- **Ring-Netzwerke:** Jeder Rechner kann mit jedem anderen Rechner kommunizieren, wobei die über das Netz gesendeten Daten zunächst von dem dem Sender nächstgelegenen Rechner empfangen und daraufhin überprüft werden, ob sie für ihn bestimmt sind. Ist dies nicht der Fall, erfolgt die Datenweitergabe an den nächsten Rechner, bis der vorgesehene Empfänger erreicht ist.
- **Bus-Netzwerke:** Verschiedene Geräte werden an ein Hauptkabel angeschlossen, über welches jegliche Kommunikation stattfindet.
- **Stern-Netzwerke:** Alle angeschlossenen Rechner sind mit einem Zentralcomputer (Server) verbunden, der jede Sendung entgegennimmt, die Verbindung zum Empfänger herstellt und die Daten weiterleitet. Der Zentralrechner selbst ist allein mit dieser Aufgabe beschäftigt.
- **Vermaschte Netzwerke:** Zwischen allen beteiligten Rechnern bestehen Direktleitungen. Da der Verkabelungsaufwand sehr hoch ist, finden diese Art Netzwerke kaum Anwendung.

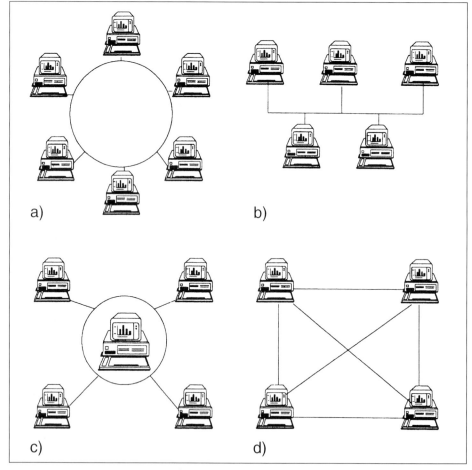

Netzwerke a) Ring-Netzwerk   b) Bus-Netzwerk
          c) Stern-Netzwerk   d) vermaschtes Netzwerk

2.5.4.2 Datenfernübertragung

Bis 1998 galt das Fernmeldemonopol, das das Netzmonopol, das Funkmonopol (Ausnahme: Mobilfunk) und das Telefondienstmonopol einschloss. Danach mussten bei der so genannten »grundstücksübergreifenden Datenübertragung« die Fernmeldenetze benutzt werden, die von der Deutschen Telekom AG zum Teil aus dem ursprünglichen Postdienst übernommen und zum Teil in den letzten Jahren neu entwickelt wurden. Seit 1998 ist der Telekommunikationsmarkt europaweit vollständig liberalisiert. Damit ist der Aufbau weiterer privatwirtschaftlicher Fernmeldenetze in Deutschland möglich geworden.

Datenfernübertragungsnetze, auch Telekommunikationsnetze genannt, ermöglichen die Verbindung zwischen Geräten, die aufgrund ihrer räumlichen Entfernung nicht lokal vernetzt werden können. Mittlerweile steht eine Vielzahl unterschiedlicher Übertragungsnetze zur Verfügung.

Die wichtigsten und am weitesten verbreiteten Netze werden im Folgenden beschrieben.

– **Analoges Fernsprechnetz:** Dieses öffentliche Wählnetz wurde ursprünglich ausschließlich für die Sprachübermittlung konzipiert und genutzt. Mittels diverser Zusatzgeräte ist inzwischen auch die Übermittlung maschinenverständlicher Daten möglich. Zum Beispiel können via **Telefax** Texte und Abbildungen als Fernkopie über das Telefonnetz übertragen werden. Das bereits in 1978 eingeführte Telefax-System erfreut sich nach anfänglichen Schwierigkeiten heute flächendeckender Verbreitung. Als Eingabegerät kann außer einem Telefaxgerät auch ein PC eingesetzt werden: Die Übermittlung erfolgt dann direkt vom Bildschirm des Absenders in das Faxgerät des Empfängers. Gleichfalls über das öffentliche Fernsprechnetz erreichbar ist das **Internet**. Erforderliches Endgerät ist ein PC und ein zwischenzuschaltendes **Modem**. Die Übertragungsgeschwindigkeiten im analogen Fernsprechnetz bleiben hinter den im ISDN-Netz erreichbaren Geschwindigkeiten erheblich zurück.

– **ISDN** (Integrated Services Digital Network): Im März 1989 wurde das ISDN-System anlässlich der Hannover-Messe CEBIT offiziell eingeweiht. ISDN erhöht einerseits den Komfort beim Telefonieren: Sprache wird nicht mehr als elektrische Schwingung, sondern digitalisiert (in Form einzelner Bits) und damit störungsfrei übermittelt. Ein Display (Flüssigkristallanzeige) zeigt schon vor Abnehmen des Telefonhörers an, wer anruft; auch Bildtelefonie ist möglich. Andererseits können über eine ISDN-Steckverbindung bis zu acht verschiedene Endgerate (z. B. bis zu vier Telefone, Telefax, BTX) unter einer Rufnummer mit jeweils unterschiedlichen angehängten Endgeräteauswahlziffern genutzt werden, dabei sind jedoch maximal zwei Verbindungen gleichzeitig möglich.

– **DSL (Digital Subscriber Line) -Anschlüsse** bieten die Möglichkeit, Daten etwa 12mal schneller als mit ISDN zu übertragen. Ein DSL-Anschluss ersetzt den Analog- oder ISDN-Anschluss nicht, sondern erweitert ihn um einen zusätzlichen Datenanschluss, der insbesondere bei der Internetnutzung große Geschwindigkeitsvorteile bietet. Die Leistungen der DSL-Anschlüsse unterscheiden sich von Anbieter zu Anbieter, auch ist die Verfügbarkeit in Deutschland noch nicht überall sichergestellt. Je mehr sich das Internet als Multimediaplattform zur Übertragung immer größerer Datenmengen etabliert, desto nötiger werden aber schnelle Verbindungsformen wie DSL.

– **VPN (Virtual Private Network):** Hierunter ist die Nutzung der öffentlichen, nicht abhörgesicherten Leitungen des Internet zum Aufbau einer verschlüsselten Verbindung zwischen zwei Punkten zu verstehen. Dazu wird über Internet eine Verbindung vom Client zum gewünschten VPN-Server aufgebaut. Ein Vorteil dieses Vorgehens ist die mögliche Kostenersparnis gegenüber Telefonleitungen, ein anderer die vor allem bei DSL-Einsatz vergleichsweise höhere Übertragungsgeschwindigkeit.

Risiken der Datenübertragung in Netzen und Sicherungsmaßnahmen

Die in den Abschnitten 2.10 und 2.11 noch darzustellende Problematik von Datensicherung und Datenschutz muss in Zusammenhang mit der Datenübertragung in Netzen besonders ernstgenommen werden. Dabei ist die größte Gefahr zweifelsohne darin zu sehen, dass Unbefugte durch Umgehung von Zugangssperren in Datenbestände eindringen oder nicht für sie bestimmte Daten auf dem Übermittlungswege »abfangen« könnten. Während der Datenschutz innerhalb lokaler Netze dank moderner Netzwerk-Betriebssysteme durchgängig gewährleistet erscheint, besteht hinsichtlich der Nutzung externer Netze durchaus Unsicherheit: Meldungen über im Internet abgefangene Kreditkartennummern oder Kontenkennwörter veranlassen Hardware- wie Softwarehersteller, nach immer neuen Möglichkeiten der Datenverschlüsselung zu suchen.

2.5.4.3 Externe Netze

Wie schon erwähnt, wird die Verbindung von Rechnern über das Fernmeldenetz als externes Netz bezeichnet. In modernen Systemen findet dabei zwischen ansonsten unabhängigen, an unterschiedlichen Standorten installierten Rechnern entweder ständig oder zeitweilig ein Datenaustausch statt. Weitverkehrsnetze (wide area network WAN) folgen häufig der in Abschnitt 2.5.3.2 beschriebenen Client-Server-Architektur, wobei der Server weniger für die Bereitstellung gemeinsam genutzter Anwendersoftware als vielmehr für die Weiterbearbeitung oder Weitergabe dezentral erfasster Daten genutzt wird. Derartige Systeme stehen – mit Ausnahme einiger auch öffentlich zugänglicher Datenbanken – im Allgemeinen nur befugten Teilnehmern zur Verfügung.

Mit der weiten Verbreitung des Internet sind die zuvor recht weit verbreiteten »Mailboxen« praktisch bedeutungslos geworden. Hierbei stellten private oder kommerzielle Anbieter ihren Rechner als »elektronischen Briefkasten« oder »schwarzes Brett« zur Verfügung. Der Zugang für berechtigte Teilnehmer erfolgte mittels PC und Modem über das Fernsprechnetz. Der Einzugsbereich einzelner Mailboxen beschränkte sich auf einzelne Städte oder begrenzte Regionen.

Als weitere globale Dienste zu erwähnen sind

- **Externe Datenbanken:** Weltweit gibt es einige tausend Datenbanken, die auf »Host« genannten Großrechnern gespeichertes Wissen zu zahlreichen Fachgebieten bereithalten. Der Zugang ist befugten Teilnehmern, oft aber auch für jedermann über einen Internetzugang möglich.

- **Online-Dienste:** Einige kommerzielle Großanbieter betreiben ihre Kommunikationsdienste nach dem Vorbild der regionalen Mailboxen bundesweit und ohne zeitliche Einschränkung. Zu ihrem Leistungsumfang gehört im Allgemeinen
    - ein elektronischer Austausch schriftlicher Nachrichten (E-Mail),
    - das Angebot von Online-Konferenzen,
    - der Zugang zu verschiedenen kommerziellen Teilnehmern mit eigenen Anbieterseiten, die teilweise auch das Herunterladen von Dateien oder kompletten Programmen auf den eigenen Rechner (»Download«), die Annahme von Bestellungen und die Zahlungsabwicklung vorsehen,
    - der Zugang zu verschiedenen Banken mit der Möglichkeit der »ferngesteuerten« Kontenführung (»Telebanking«, »Homebanking«),
    - eine Fülle von Informationsmöglichkeiten, z. B. durch Zugang zu aktuellen Zeitungen und Zeitschriften, zu Fahr- und Flugplänen, Nachrichtenagenturen, Wetterstationen usw.

Die derzeit in der Bundesrepublik am stärksten verbreiteten Online-Dienste sind T-Online (Tochterunternehmen der Deutschen Telekom AG) als Betreiberin von T-ISDN und T-DSL sowie AOL (America Online). Alle Dienste bieten einen Internet-Zugang und realisieren die meisten ihrer Angebote über diesen. Sie bieten jedoch auch eigene Inhalte, die nur für ihre Mitglieder erreichbar sind und über die Leistungen reiner Internet-Zugangsdienste hinausgehen.

2.5.4.4 Globale Netze

Das **Internet** ist eine technische Struktur, die aus einer Fülle von Rechnern und Leitungsverbindungen überall auf der Welt besteht. Entstanden aus der ursprünglichen militärischen Erfordernis eines Datennetzes, dessen Funktion auch beim Ausfall einzelner Komponenten gewährleistet sein sollte, ist das Internet heute **das** weltumspannende Informations- und Kommunikationsnetz überhaupt. Es bedient sich aller denkbaren Übertragungswege – Telefonleitungen, Satellitenkanäle, Funk, festinstallierter Standleitungen – und lässt jedermann als Nutzer zu. Internet-Knoten **(Hosts)** werden vor allem von Universitäten und professionellen Anbietern von Telekommunikationsdiensten unterhalten; es ist aber für jedermann – entsprechende technische Kenntnisse und Finanzkraft vorausgesetzt – möglich, zum Anbieter eines Knotenpunkts im Internet zu werden. Das Internet ist keinem Rechtsraum zuzuordnen und somit – zumindest gegenwärtig – ein zensurfreier Bereich, in dem sich neben nützlichen und sinnvollen Angeboten viel Fragwürdiges tummelt. Wichtigstes Angebot im Internet ist das **WWW (World Wide Web)**. Es bietet weltweit, was BTXplus regional begrenzt liefert: Text-, Bild- und Toninformationen zu nahezu jedem Stichwort und Zugang zu den »Home-Pages« von Unternehmen, Institutionen und Privatpersonen. Andere Dienste betreffen die Rechnerfernsteuerung **(TELNET)**, den **Datentransfer (FTP)** und den direkten Informationsaustausch **(Usenet)**. Größte Herausforderung für das Internet dürfte die Bewältigung des ungebrochenen Teilnehmerzustromes mit den derzeit eingeschränkten technischen Möglichkeiten, insbesondere den begrenzten Leitungskapazitäten, werden.

2.6 Datenerfassung

2.6.1 Methoden der Datenerfassung

Voraussetzung der Datenverarbeitung ist das Vorhandensein computerlesbarer Daten. In der Praxis fallen Daten häufig zunächst in nicht-maschinenlesbarer Form an, also etwa als mündliche Information, handschriftliche Notiz oder formloses Schriftstück. Aufgabe der Datenerfassung ist die Transformation dieser Informationen in maschinenverständliche Zeichen.

Die Art der Datenerfassung hängt ab von der ursprünglichen Erscheinungsform (»Urbeleg«) und der Menge der zu erfassenden Daten. Wir unterscheiden

– **indirekte** und **direkte** Datenerfassung,
– **zentrale** und **dezentrale** Datenerfassung,
– **Online-** und **Offline**erfassung,
– **stationäre** und **mobile** Datenerfassung.

Die **indirekte** Datenerfassung vollzieht sich in drei Arbeitsschritten und erfordert dementsprechend zwei Datentransformationen. Zunächst wird ein Urbeleg von Hand oder mit der Schreibmaschine erstellt. Die so erfassten Daten werden anschließend mittels eines Datenerfassungsgerätes auf einen computerlesbaren Datenträger übertragen. Im letzten Arbeitsschritt werden die Daten vom Datenträger in den Computer eingelesen und von die-

2 EDV, Informations- und Kommunikationstechniken

sem vor der Verarbeitung in die Maschinensprache übersetzt. Die Nachteile dieses Verfahrens – hohe Fehlerwahrscheinlichkeit durch die Erfordernis mehrerer Übertragungsvorgänge und hohe Kosten durch intensiven Personaleinsatz – sprechen jedoch gegen dieses »klassische Verfahren« der Datenerfassung.

Bei der **direkten** Datenerfassung sind Urbeleg und maschinenlesbarer Datenträger identisch. Dadurch entfällt ein Übertragungsvorgang. Die verwendeten Datenträger sind

- **Klarschriftbelege:** Belege, die in einer genormten Maschinen- oder Handschrift ausgefüllt sind, z. B. in der OCR-A – Schrift (Optical Character Recognition), die auf den Zahlungsbelegen der Kreditinstitute Verwendung findet, oder

- **Markierungsbelege:** Belege, auf denen bestimmte Felder durch Ankreuzen oder sonstige Kennzeichnung markiert werden, z. B. Lottoscheine, oder

- **mit Balkencode** versehene Belege, etwa die im Einzelhandel üblichen, mit **EAN**-Markierungen (Europäische Artikelnummer) versehenen Produktverpackungen.

Die Datenerfassung erfolgt über ein Lesegerät, z. B. über einen in eine Registrierkasse eingebauten Scanner.

Maschinenlesbare Belege: Überweisungsträgerzeile mit OCR-A-Schrift und EAN-Balkencode

Bei der **zentralen** Datenerfassung werden Daten nicht am Ort ihrer Entstehung, sondern an einem zentralen Ort erfasst. Diese Art der Datenerfassung erfordert den Transport der datentragenden Belege und bedingt Arbeitnehmertätigkeiten, die ausschließlich auf die Eingabe von Daten beschränkt sind. Im Gegensatz hierzu erfolgt die Datenerfassung bei der **dezentralen** Form unmittelbar an dem Ort, an dem die zu erfassenden Daten angefallen sind. Die Eingabe erfolgt über Terminals (Bildschirmerfassungsgeräte, die aus Tastatur und Kontrollmonitor bestehen) oder über Personal Computer, die wahlweise selbständig verarbeiten oder mit einem zentralen Großrechner vernetzt bzw. über Datenfernübertragungsleitungen verbunden sind. Insbesondere die letztere Form – die Nutzung des Telefonnetzes zur Übertragung dezentral erfasster Daten – erfreut sich ständig steigender Verbreitung.

Bei der **Online**-Erfassung sind Datenerfassungsgerät und Zentralrechner durch eine Standleitung verbunden, über die die erfassten Daten sofort zur Verarbeitung weitergeleitet werden. Dem Vorteil des Zeitgewinns stehen relativ hohe Übermittlungskosten gegenüber. Bei der Offline-Erfassung wird die Verbindung zum Rechner nur temporär geöffnet; vorab erfasste Daten müssen zwischengespeichert werden.

Die **mobile** Datenerfassung trägt der Tatsache Rechnung, dass Daten in speziellen Anwendungsbereichen nicht an einem festen, stets gleichbleibenden Ort, sondern vielmehr an unterschiedlichen Plätzen erhoben werden. Dies ist z. B. bei der Emissionsmessung (Messung der Luft- oder Gewässerbelastung) der Fall.

Im Gegensatz hierzu spricht man von **stationärer** Datenerfassung, wenn die Dateneingabe stets am gleichen Ort erfolgt.

2.6.2 Erfassungshilfen und Erfassungsanweisungen

Zur Strukturierung, Standardisierung und Erleichterung der Datenerfassung müssen die ihr zugrundeliegenden (Ur-)belege übersichtlich und sachgerecht gestaltet sein.

Daten eines Ur-Belegs

Die Gestaltung der Belege hängt von den nachfolgenden Faktoren ab:

- **Leser:** Während Urbelege bei der indirekten Erfassung zunächst von Menschen gelesen und übertragen werden, müssen die der direkten Erfassung zugrundeliegenden Belege den Anforderungen der Maschinenlesbarkeit (Normschrift, Einheitsgröße, einheitlicher Aufbau, spezielle Papierqualität) genügen.

- **Art der Beschriftung:** Die Beschriftung eines Beleges kann von Hand, mittels Schreibmaschine oder durch Drucker (z. B. Codiermaschine für Scheckvordrucke) erfolgen. Welches Schreibgerät zum Einsatz kommt, hängt wesentlich ab vom

- **Erstellungsort:** Dieser kann ein Schreibtisch, aber auch z. B. ein Ladentisch, eine Werkstatt oder ein privater Haushalt sein.

- **Inhalt:** Belege enthalten gewöhnlich vorgedruckte Angaben wie Belegbezeichnung, Belegnummer (Belegdaten) und Erläuterungen, welche Daten in welcher Form an welcher Stelle einzutragen sind (Aufdruckdaten). Diese Daten sind konstant und müssen nicht bei jedem Erfassungsvorgang neu eingegeben werden. Die Daten, die der Ausfüllende in die hierfür vorgesehenen Felder des Belegs einträgt (Ausfülldaten), sind dagegen variabel und stellen im Sinne unserer Datenklassifikation (vgl. Abschn. 2.4.1) zu erfassende Problem- oder Nutzdaten dar.

Die vorgenannten Faktoren bestimmen über die Beleggestaltung. Hierbei sind folgende Aspekte zu berücksichtigen:

- **Belegformat:** Üblich sind die Formate
  DIN A6 (Postkartenformat),
  DIN A5 (Halbbriefbogen),
  DIN A4 (Einheitsbriefbogen),
  wobei die Beschriftung im Hoch- oder Querformat erfolgen kann.
- **Papierqualität** (Gewicht, Dicke, Oberflächenbeschaffenheit) und Farbe des Papiers und der Beschriftung.
- **Belegdesign:** Aufgabe des Belegdesign ist es, sowohl das Ausfüllen als auch die Erfassung des Belegs so einfach wie möglich zu gestalten. Es beinhaltet
    - die Festlegung der Placierungsreihenfolge der Datenfelder,
    - die Kennzeichnung von zu erfassenden und sonstigen Daten,
    - die Feldbenennungen,
    - Berücksichtigung von Eingabeerfordernissen wie Dezimalpunkte oder erforderliche Leerstellen,
    - die Festlegung der Feldgrößen und
    - die Beachtung der besonderen Anforderungen an Belege, die unmittelbar von Lesegeräten gelesen werden sollen.

Funktionell gestaltete Belege sind eine wesentliche Voraussetzung für eine zeitgünstige und fehlerfreie Datenerhebung und -erfassung. Jedoch sind nicht nur die (Ur-)belege, sondern auch die Rechnereingaben zu strukturieren. Die an der Datenerfassung beteiligten Personen und Geräte müssen mittels Erfassungsanweisungen angewiesen werden, wie mit den belegmäßig erhobenen Daten zu verfahren ist.

Vielfach werden Daten nicht in der gleichen Form gespeichert, in der sie eingegeben wurden; vielmehr fließen die in einem Eingabevorgang erfassten Daten häufig in verschiedene Dateien, oder sie dienen – ohne vorherige Speicherung – unmittelbar der Veränderung bereits abgespeicherter Daten. Häufig sind auch nicht sämtliche der erfassten Daten einzugeben, sondern lediglich diejenigen Daten, die eine Veränderung gegenüber bereits gespeicherten Daten darstellen.

Die Gestaltung von Eingabesätzen wird noch ausführlich in Abschnitt 2.7.2 behandelt.

2.6.3 Prüfziffernverfahren

Jeder Datenerfassungprozess beinhaltet die Gefahr der – absichtlichen oder unbeabsichtigten – Verfälschung von Daten. Diese Gefahr ist umso größer, je mehr Transformationsprozesse zwischen der Ersterfassung und der eigentlichen Datenverarbeitung erforderlich sind. Ein absolut sicheres Verfahren zur Identifizierung von Fehlern gibt es nicht; jedoch finden in der Praxis diverse Verfahren zur Fehlereingrenzung Verwendung.

In Abschnitt 2.4.4.4 wurde mit dem Prüfbitverfahren bereits eine Hardware-Maßnahme zur Fehleridentifikation vorgestellt. Das hier beschriebene Prüfziffernverfahren ist dagegen eine Software-Maßnahme, durch die bei Eingabe nummerischer Daten in ein Programm Fehler aufgespürt werden sollen.

Die folgende Übersicht verdeutlicht typische Fehler bei der Eingabe von Ziffern:

2 EDV, Informations- und Kommunikationstechniken

Der korrekte Wert lautet **23456**	
Eingegeben wurde:	**Fehlerart:**
23466	eine falsche Ziffer
234566	eine zusätzliche Ziffer
2345	eine Ziffer zuwenig
23546	ein verdrehter Wert
32546	ein mehrfach verdrehter Wert

Typische Fehler bei der Eingabe von Ziffern

Durch das Anhängen einer Prüfziffer, deren Wertigkeit vom Wert und der Stellung der Ziffern des Ursprungswertes abhängt, wird das Ausgangsdatum zu einer gewissermaßen »sich selbst überprüfenden« Größe. Die Praxis verwendet unterschiedliche Verfahren zur Berechnung der Prüfziffer. Exemplarisch soll hier das **Modulo 11-Verfahren** beschrieben werden. Dieses wird z.B. für **ISBN** (International Standard Book Number) benutzt.

Zur Ermittlung der Prüfziffer, die für eine ausgewählte Nummer zu vergeben ist, wird zunächst jede Ziffer des Ausgangswertes mit einem Gewichtungsfaktor multipliziert. Für die Einerstelle hat dieser Gewichtungsfaktor den Wert 2; für jede weitere Stelle steigt er um 1. Die Ergebnisse der Multiplikation werden addiert; die so ermittelte Summe wird durch den so genannten Modulus, in diesem Falle 11, geteilt. Der bei dieser Division ermittelte Restwert wird vom Modulus abgezogen. Das Ergebnis dieser Operation ist die Prüfziffer, die dem Ausgangswert angehängt wird (beim Modulo 11-Verfahren wird, wenn die Differenz 10 beträgt, ein X angehängt).

Wird eine mit einer Prüfziffer versehene Zahl automatisch bei der Eingabe überprüft, so wird die ganze Zahl der gleichen Prozedur unterworfen, wobei die Prüfziffer die Gewichtung 1 erhält. Ergibt sich hierbei kein Restwert bei der Division durch den Modulus, ist der Wert als fehlerfrei erkannt; anderenfalls erfolgt eine Fehlermeldung.

Beispiel:

Ausgangswert ist die ISBN (ohne Prüfziffer) 3-88264-335

Gewichtung:
$3 \times 10 = 30$
$8 \times 9 = 72$
$8 \times 8 = 64$
$2 \times 7 = 14$
$6 \times 6 = 36$
$4 \times 5 = 20$
$3 \times 4 = 12$
$3 \times 3 = 9$
$5 \times 2 = 10$

Addition: 267

Division durch Modulus: $267 : 11 = 24$ Rest 3

Subtraktion des Restwertes vom Modulus: $11 - 3 = 8$

Die ermittelte Prüfziffer 8 wird an den Ausgangswert angehängt. Die gesamte ISBN lautet demnach 3-88264-335-8.

Weitere Softwaremaßnahmen zur Überprüfung der korrekten Dateneingabe sind **Plausibilitätsprüfungen,** z. B.

– Prüfung, ob sich eingegebene Daten innerhalb vorab festgelegter Wertgrenzen bewegen (z. B. gültige Kalenderdaten: maximal 31 Tage und 12 Monate);

- Feldlängenprüfung (z. B. Festlegung der Postleitzahl auf exakt 5 Zeichen);
- Zeichenartkontrolle (z. B. Verweigerung der Annahme von Buchstabeneingaben in ein nummerisches Feld) usw.

2.7 Grundbegriffe der Datenorganisation

Alle Daten liegen in physischer Form vor, in der sie durch Ein- und Ausgabegeräte ein- bzw. ausgegeben werden und im Arbeitsspeicher oder einem externen Datenträger gespeichert werden. Unter Datenorganisation versteht man die Strukturierung von Datenmengen, also

- die **Zusammenfassung** von Daten zu logischen organisatorischen Einheiten und
- die **Zuordnung** der logischen Organisationseinheiten zu Speicherstellen.

In Abschnitt 2.4 wurden bereits unterschiedliche Datenklassen und -organisationseinheiten behandelt. Bei der Beschreibung von Datenfeldern, Sätzen, Dateien und Datenbanken wurde darauf hingewiesen, dass diese organisatorischen Einheiten jeweils durch die Zusammenfassung mehrerer kleinerer Einheiten und die Kennzeichnung mit einem gemeinsamen Identifikationskriterium entstehen. So wurden die in einer mit dem Namen »Telefonliste« zusammengefassten Datensätze, die jeweils den Namen, Vornamen, Wohnort und die Telefonnummer einer Person enthalten, durch vorangestellte Satznummern gekennzeichnet. Nummern als Identifizierungs- und Klassifizierungsinstrument sind Gegenstand der folgenden Betrachtungen.

2.7.1 Schlüsselsysteme

Nummern, auch »Schlüssel« oder »Codes« genannt, definiert DIN 6763 als eine festgelegte Folge von Zeichen. In der EDV-gestützten Datenverwaltung wird häufig mit Nummern anstelle von vollständigen Bezeichnungen gearbeitet, weil

- Nummern eindeutig sind, während Langschriftbezeichnungen mehrdeutig sein können,
- Nummern bei entsprechendem Aufbau als Klassifizierungsinstrument benutzbar sind,
- die Fehlersicherung über Prüfziffernverfahren erfolgen kann,
- der Speicherplatzbedarf minimiert wird.

Beispiel:
Im Rahmen der Sozialversicherungsnummer werden Nationalität und Geschlecht der versicherten Person verschlüsselt.

Nummern oder Schlüssel werden im allgemeinen durch Ziffern, ggf. strukturiert durch Trennzeichen wie Punkte, Kommata, Leerstellen oder Bindestriche, dargestellt. Die Verwendung von Buchstaben in Nummern ist dagegen weniger gebräuchlich. Nummern dienen der Identifikation oder der Klassifikation von Datensätzen. Daneben können sie informatorischen Gehalt aufweisen.

Identifikation: Eine der Identifikation dienende Nummer wird nur einmal vergeben und dient der Kennzeichnung eines ganz bestimmten Datensatzes.

In unserer Musterdatei aus Abschnitt 2.4.1.3 kennzeichnet die Satznummer 5 eindeutig und ausschließlich diejenigen Daten, die Herrn James Kirk betreffen.

Innerhalb einer Straße wird jede Hausnummer nur einmal vergeben. Jede Hausnummer dient somit der eindeutigen Identifizierung eines ganz bestimmten Hauses.

Ausschließlich der Identifikation dienende Nummern in Form fortlaufender Zahlen werden als **Identnummern** bezeichnet.

Klassifikation: Durch eine klassifizierende Nummer wird eine Datenmenge einer ganz bestimmten Merkmalsausprägung zugeordnet.

Beispiele:

Im Postwesen dient die Postleitzahl der Zuordnung von Postsendungen zu bestimmten postalischen Bezirken: Aus der Postleitzahl 25541 für die Stadt Brunsbüttel wird der vorrangige Zustellraum »Westküste« (25) innerhalb der Region »Nordwest« (2) ersichtlich.

Durch die Einstufung steuerpflichtiger Personen in Steuerklassen werden bestimmte Lebensumstände umschrieben (Familienstand, Ein- oder Mehrverdienerhaushalt), die auf alle Zugehörigen dieser Steuerklasse zutreffen.

Zusammengesetzte Nummern, die sowohl identifizierende als auch klassifizierende Bestandteile aufweisen, werden – je nachdem, ob die Nummernbestandteile voneinander abhängig oder unabhängig sind – als **Verbundnummern** oder **Parallelnummern** bezeichnet.

Die Rufnummer eines jeden Telefonanschlusses setzt sich aus der Ortsvorwahl und der Teilnehmernummer zusammen. Die Vorwahl hat klassifizierenden, die Teilnehmernummer identifizierenden Charakter. Dabei ist die Rufnummer abhängig von der Ortsvorwahl; der einzelne Teilnehmer ist allein durch seine Teilnehmernummer nicht eindeutig zu identifizieren, da z. B. die Nummer 23 45 67 sowohl im Ortsnetz von Hamburg als auch im Kölner Ortsnetz vorkommen kann. Telefonnummern sind daher Verbundnummern. Gleiches gilt z. B. für Kraftfahrzeugkennzeichen.

Die XY-GmbH vergibt fortlaufende Personalnummern für alle Mitarbeiter, denen sie zur Verdeutlichung der Abteilungszugehörigkeit die Kennbuchstaben E für Einkauf, V für Verkauf, A für Administration und P für Produktion anhängt. Da die Personalnummer auch ohne diesen Kennbuchstaben die eindeutige Identifizierung eines jeden Mitarbeiters erlaubt, handelt es sich hierbei um Parallelnummern.

Information: Nummern weisen informatorischen Charakter auf, wenn sich ihre Bedeutung unmittelbar und unmissverständlich erschließt.

Die gebräuchlichen Nationalitätenkennzeichen, etwa D, I, GB, bedürfen dank der Verwendung der Anfangsbuchstaben der Nationalitätenbezeichnung keiner Übersetzung.

Die für Nahrungsmittel verwendeten Handelsklassenbezeichnungen drücken Qualitäten und Größen in der Weise aus, dass höhere Ziffern bzw. im Alphabet an späterer Stelle stehende Buchstaben die abnehmende Güte kennzeichnen: Ein Apfel der Handelsklasse A ist qualitativ besser als ein Apfel der Handelsklasse B; ein Ei von der Größe L (large) ist größer als eines der Größenklasse S (small).

2.7.2 Strukturierung und Speicherung von Daten und Dateien

2.7.2.1 Physische und logische Organisationseinheiten

Bei der Betrachtung der in Abschnitt 2.4.1 aufgezählten Organisationseinheiten – Bit, Byte, Zeichen, Feld, Satz, Datei, Datenbank – fällt auf, dass die erstgenannten Einheiten, nämlich Bits und Bytes, sich lediglich auf den physischen Charakter von Speicherstellen, nicht jedoch auf ihren logischen oder wertmäßigen Inhalt beziehen.

Während Zeichen eine anwenderverständliche Größe – einen Buchstaben, eine Ziffer oder ein Sonderzeichen – repräsentieren und ihre weitere Zusammenfassung zu Feldern, Sätzen und Dateien aufgrund logischer Zusammenhänge – Zusammensetzung von Ziffern zu Zahlenwerten, von Buchstaben zu Wörtern, von Wörtern zu Sätzen – erfolgt, stellen Bits und Bytes lediglich quantifizierbare Größen dar. Demzufolge definiert man Bits und Bytes und die ihnen übergeordnete Größe, den **Block** (auch physischer Satz genannt), als physische oder physikalische Organisationseinheiten, während Zeichen, Felder, Sätze und Dateien logische Organisationseinheiten darstellen. Die Unterscheidung zwischen beiden Begriffen fällt insoweit schwer, als physische und logische Einheiten häufig zusammenfallen: So ist ein Zeichen üblicherweise in einem Byte abgespeichert, ein physischer Satz häufig mit einem logischen Satz identisch.

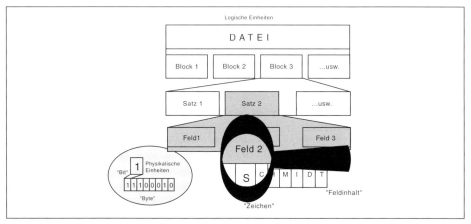

Physische und logische Organisationseinheiten im Zusammenhang

2.7.2.2 Aufbau und Arten von Dateien

In Abschnitt 2.4.1 wurden Dateien als »sinnvolle Zusammenfassung mehrerer Sätze« eingeführt. Das im genannten Abschnitt wiedergegebene Beispiel zeigt eine strukturierte Datei, die ausschließlich aus Sätzen mit gleichem Aufbau und gleichen »Feldlängen« besteht. Diese Struktur ist typisch für Datenbanken. Bei der Festlegung einer solchen Dateistruktur ist jeweils festzulegen,

– welchen Inhalts die Daten eines jeden Feldes sein sollen (Feldname),
– welche Art von Zeichen das jeweilige Feld aufnehmen soll (Feldtyp) und
– welche Feldgröße zur Aufnahme der Daten erforderlich ist (Feldbreite).

Zum **Feldnamen:** Der Feldname ist der Oberbegriff für die in einem Feld abzuspeichernden Daten. Die marktführenden Datenbankprogramme (z. B. dBase) lassen Feldnamen in einer Länge von maximal 10 Zeichen zu.

Zum **Feldtyp:** Der Feldtyp wird bestimmt durch die in einem Feld abzuspeichernden Zeichenart. Gängige Datenbanksysteme bieten hierzu im Wesentlichen folgende Alternativen:

Feldart	Zeichen
Zeichen- oder Charakter-Felder:	Buchstaben, Ziffern und Sonderzeichen
Zahlen- oder Numeric-Felder:	ausschließlich Ziffern und Dezimaltrennung
Datums- oder Date-Felder:	gültige Kalenderdaten

Logik-Felder: z. B. Buchstabe F oder T
(False oder True) zur Kennzeichnung des Wahrheitsgehaltes der im Feldnamen getroffenen Aussage

Die **Feldbreite** gibt an, wieviele Zeichen in einem Feld maximal untergebracht werden können. Hierbei sind Nachkommastellen und Dezimaltrennpunkte bei nummerischen Feldern mitzuzählen.

Die folgenden Abbildungen zeigen die schon bekannte Telefondatei in einer um einige Felder erweiterten Form. Während die nächste Abbildung die mit einem Datenbankprogramm erstellte Dateistruktur enthält, zeigt die übernächste Abbildung die Eingabemaske für die Datensätze.

```
          Struktur der Datenbank: C:\DATEN\TELEFON.DBF
          Anzahl der Datensätze:   112
          Datum des letzten Update: 06/08/98
          Feld              Feldname    -typ-breite Stellen
            1   ANREDE      Character    5
            2   NAME        Character   20
            3   VORNAME     Character   15
            4   PLZ         Numeric5     5
            5   WOHNORT     Character   20
            6   STRASSE     Character   25
            7   TELEFON     Character   15
            8   GEBURTSTAG  Date         8
            9   UMSATZ98    Numeric     10   2
           10   RUECKSTAND  Logical      1
          ***
```
Dateistruktur

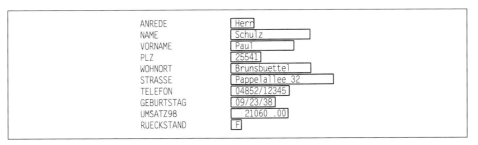

Eingabemaske

Eine Datei ist aber auch jede andere Ansammlung von Daten, die unter einem gemeinsamen Oberbegriff **(Dateinamen)** abgespeichert werden.

Beispiel:
Der mit einem Standard-Textverarbeitungsprogramm erstellte und unter dem Namen MEIER.DOC auf der Festplatte abgespeicherte Brief an den Kunden Meier ist eine Datei, ebenso wie die mit MS-EXCEL erstellte und unter der Bezeichnung ANGEBOT3.XLS abgespeicherte Kalkulation.

Wie Dateinamen hinsichtlich ihrer Länge oder der zulässigen Zeichen zu bilden sind, hängt von dem zugrundeliegenden Betriebssystem (vgl. Abschn. 2.8.1.1) ab. Während z. B. das weitverbreitete PC-Betriebssystem MS-DOS bis zur Version 6.2 nur maximal 8 Zeichen zuläßt, stehen unter WINDOWS 95 bereits 256 Zeichen zur Verfügung. Standard-Anwendungsprogramme erweitern die vom Benutzer festgelegten Dateinamen automatisch um eine **Kennung** von üblicherweise 3 Zeichen, die dem Betriebssystem beim Wiederaufruf der Datei die Zuordnung zu dem entsprechenden Anwenderprogramm ermöglicht:

2 EDV, Informations- und Kommunikationstechniken

Dateiname, Dateikennung

Weitverbreitete, von Standard-Anwendungen vergebene Kennungen sind

DOC, TXT	Textverarbeitungsdateien mit unterschiedlicher Länge und unstrukturiertem Inhalt
DOT	Dokumentvorlagen, die in der Textverarbeitung verwendet werden
XLS	EXCEL-Dateien (Tabellenkalkulation)
DBF	Data Base File, z. B. von ACCESS verwendet
BAS	Dateien, die in der Programmiersprache BASIC angelegt wurden
PPT	Powerpoint-Datei (Präsentationsgrafik)
BMP	Bitmap-Datei (von einfachen Zeichenprogrammen, z. B. dem zum Lieferumfang von WINDOWS gehörenden PAINT, verwendet)

Daneben finden sich auf System- und Programmebene eine Fülle weiterer, vom Benutzer nicht im direkten Zugriff nutzbarer Dateiarten wie SYS, INI, INF usw. Eine Sonderstellung nehmen die ausführbaren Dateien ein, deren Aufruf eine direkte Befehlsausführung zur Folge hat. Sie sind an den Kennungen COM (Command), EXE (Execute = ausführen) und BAT (von Batch = Stapel) zu erkennen.

2.7.2.3 Datenorganisation auf Datenträgern

Die Organisation von Daten auf externen Datenträgern soll im folgenden am Beispiel des Magnetbandes dargestellt werden.

Das Norm-Magnetband ist 2400 Fuß (ca. 730 m) lang. Üblicherweise werden die Daten im 9-Spur-Verfahren gespeichert, wobei die Spuren 1-8 acht Bits = ein Byte aufnehmen, während die neunte Spur für die Abspeicherung eines Prüfbits vorgesehen ist. Die gemeinsam ein Byte bildenden Bits stehen auf dem Magnetband also nicht, wie beispielsweise bei der Diskette, hintereinander (seriell), sondern übereinander (parallel). Die Aufzeichnungsdichte liegt zwischen 200 und 6250 Bit per Inch (bpi).

Die abzuspeichernden Daten werden hierbei jedoch nicht lückenlos hintereinander aufgezeichnet; vielmehr werden die verschiedenen Datengruppen (Blöcke oder Sätze) durch ca. 1 cm große Abstände (Klüfte) getrennt, die für das Anlaufen und Abbremsen des Bandes erforderlich sind. Zur effektiven Ausnutzung des Speicherplatzes auf einem Magnetband bietet es sich an, die Größe der Blöcke möglichst groß, die Anzahl der raumbedarfsintensiven Klüfte damit möglichst gering zu halten. Dieser Überlegung steht jedoch die Tatsache entgegen, dass mit jedem Lesebefehl ein vollständiger physischer Block in den Arbeitsspeicher geladen wird und dort Speicherplatz blockiert, der damit nicht mehr für das Programm zur Verfügung steht. Deshalb beträgt die maximale Blocklänge nach DIN 2048 Bytes. Sind die Datensätze innerhalb eines Blocks von einheitlicher Länge, so kann auf eine Speicherung der Information über die Länge des einzelnen Satzes verzichtet werden. Bei Sätzen von unterschiedlicher Länge ist dagegen jedem Satz ein Satzlängenfeld voranzustellen, das die Information über die Satzlänge enthält, also angibt, wieviele der folgenden Zeichen als diesem Satz zugehörig anzusehen sind. Den Unterschied zwischen der geblockten Speicherung von Sätzen fester Länge einerseits und variabler Länge andererseits verdeutlicht die folgende Abbildung.

2 EDV, Informations- und Kommunikationstechniken

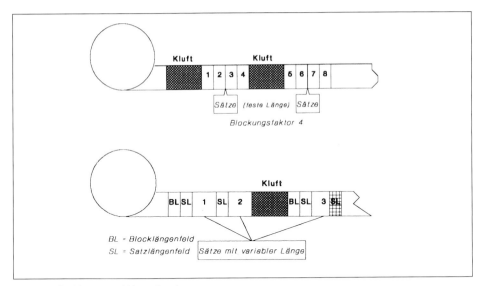

Geblockte Speicherung auf Magnetband

Wird auf eine Blockung verzichtet, so nimmt jeder Datensatz eine eigene, durch Klüfte eingeleitete und abgeschlossene Speichereinheit ein. Die Länge der Sätze bei ungeblockter Speicherung kann einheitlich oder variabel sein.

Den Unterschied bei der Abspeicherung zeigt die folgende Abbildung.

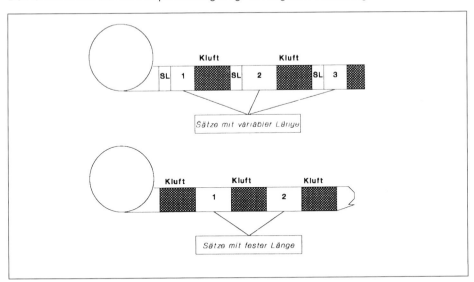

Ungeblockte Speicherung auf Magnetband

Zur Kennzeichnung des Bandanfangs und -endes werden so genannte **Reflektormarken** auf die Enden des Magnetbandes aufgebracht. Zur Identifikation des Bandes und zum Schutz vor Missbrauch werden am Bandanfang und -ende außerdem Bandkennungen aufgezeichnet.

2.7.3 Organisation und Verarbeitungsformen von Dateien

Wie in Abschnitt 2.7.2.2 verdeutlicht wurde, ist eine Datei eine Menge logisch zusammengehörender Sätze, die als zusammengehörender Datenbestand gespeichert werden. Die Datei ist über einen Dateinamen eindeutig identifizierbar und nicht nur logisch, sondern auch physisch von anderen Dateien abgegrenzt.

Nach der Form der Speicherung unterscheidet man

- **sequenzielle** (Sequenzial-) Speicherung,
- **gestreute** (Random-) Speicherung,
- **index-sequenzielle** Speicherung und
- **gekettete** Speicherung.

Sequenzielle Speicherung

Die sequenzielle oder starr fortlaufende Speicherung ist die einzig mögliche Speicherungsform für sequenzielle Datenträger wie Magnetbänder und Lochstreifen. Auf ihnen können Daten entweder in der Reihenfolge ihres zeitlichen Anfalls (seriell) oder nach einem Ordnungskriterium (Schlüssel) sortiert (sequenziell im engeren Sinne) gespeichert werden.

Gestreute Speicherung

Die gestreute Speicherung ist eine typische Speicherungsform für Datenträger mit direktem Zugriff. Hierbei wird eine Datei nicht fortlaufend und zusammenhängend abgespeichert, sondern die einzelnen Sätze werden über einen bestimmten physikalischen Bereich des Datenträgers gestreut. Diese Form der Speicherung gestattet die spätere Aufnahme von Datenzugängen und erfordert den Verzicht auf jegliche Blockbildung.

Der Zusammenhang zwischen den Sätzen einer Datei wird über Adressierungen hergestellt.

- **Direkte Adressierung:** Der Ordnungsbegriff des Satzes, z. B. die Kundennummer, die jedem Satz einer Kundendatei zugeordnet ist, dient unmittelbar als Satzadresse innerhalb der Datei. Werden in einer Datei die Kunden Nr. 0001 bis 1000 erfasst, so wird der Satz des Kunden 0001 als 1. Satz, der des Kunden 0199 als 199. Satz usw. abgespeichert. Für nicht belegte Kundennummern wird der für die Abspeicherung eines Satzes erforderliche Speicherplatz reserviert, jedoch nicht mit Daten aufgefüllt (Scheinsätze).

- **Indirekte Adressierung:** Der Ordnungsbegriff eines jeden Satzes wird maschinenintern in eine Spuradresse umgewandelt. Je nach Umwandlungsverfahren können Mehrfachbelegungen auftreten, d. h. unter einer Adresse müssen mehrere Sätze ablegbar sein.

Index-sequenzielle Speicherung

Die index-sequenzielle Speicherung eignet sich, ebenso wie die gestreute Speicherung, lediglich für Datenträger mit direktem Zugriff; für Magnetbänder und Lochstreifen ist sie also nicht geeignet.

Bei diesem Verfahren werden die zu speichernden Daten so abgelegt, dass alle Spuren gefüllt werden. Gleichzeitig wird ein Adressverzeichnis (Index) angelegt, das – gesteuert durch das Betriebssystem und auf die Wünsche des Anwenders abgestimmt – mehrstufig sein kann. Die Adressen, die angeben, in welcher Spur sich der gesuchte Datensatz befindet, werden bei Festplatten und Disketten auf der so genannten 0-Spur (Null-Spur) festgehalten. Dies erfolgt in der Form, dass die 0-Spur Informationen über die in jeder Spur vor-

2 EDV, Informations- und Kommunikationstechniken

handenen Ordnungsbegriffe des jeweils höchsten Satzes dieser Spur enthält. Zur Auffindung des gesuchten Satzes muss die betreffende Spur gelesen werden.

Neue Sätze fügt das System an der logisch richtigen Stelle ein; die dahinterliegenden Sätze werden dabei nach hinten, ggf. in einen am Dateiende hierfür vorgesehenen Überlaufbereich, verschoben. Der physische Zusammenhang der Sätze bleibt hierbei auf dem Datenträger nicht erhalten. Werden Überlaufbereiche in Anspruch genommen, verzögert sich hierdurch das Auffinden der zusammengehörenden Daten und damit die Dauer des Zugriffs.

Gekettete Speicherung

Bei der geketteten Speicherung wird in einem Datensatz auf einen oder mehrere andere Datensätze verwiesen. Diese Form der Speicherung findet sich vor allem in Datenbanksystemen. Nach der Art der Adressverweise (Pointer) unterscheidet man

- **Einfachketten:** In jedem Datensatz wird auf den nachfolgenden Satz verwiesen.
- **Doppelketten:** Jeder Datensatz verweist auf zwei Adressen, nämlich die Adresse des vorhergehenden und die des nachfolgenden Satzes.
- **Offene Ketten:** Der letzte Datensatz enthält anstelle eines Adressverweises eine Kennung des Dateiendes (Einfachketten).
- **Ringketten:** Der letzte Datensatz verweist zurück auf den ersten Satz.

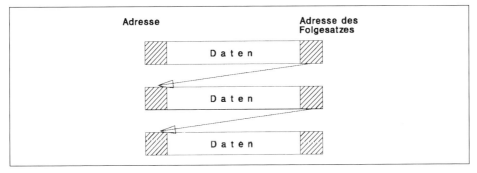

Einfachketten

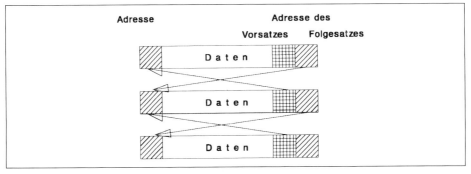

Doppelketten

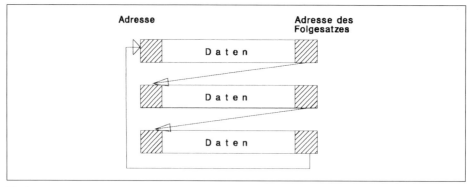

Ringketten

2.7.4 Datenbank- und Informationssysteme

In der betrieblichen Praxis werden dieselben Datenbestände häufig für verschiedene Zwecke benötigt:

Die XY GmbH benötigt die Daten ihrer Kunden sowohl für die Debitorenbuchhaltung als auch für die Korrespondenz, die Werbung und die Besuchsdatei des Außendienstes. Die Daten der Mitarbeiter benötigt die Personalabteilung ebenso für die Gehaltsabrechnung als auch für die Ausgestaltung von Arbeitsverträgen, Stellenbeschreibungen und Aus- oder Fortbildungsplänen.

An die Stelle der mehrfachen Speicherung gleicher Daten tritt daher häufig die einmalige Speicherung in einem Datenbanksystem. Verschiedene Softwarehersteller bieten Datenbankprogramme an, die das Einrichten, die Pflege und die Nutzung von Datenbeständen komfortabel gestalten. Bei der Datenbankorganisation ist zu unterscheiden zwischen

– Datenbanken mit formatierten Datenbeständen (**Informationssysteme**) und

– Datenbanken mit unformatierten Datenbeständen (**Dokumentationssysteme**).

Während sich Datenbanken mit formatierten, also einer strikten Erfassungssystematik unterworfenen Datenbeständen vorwiegend in der Verwaltung von Unternehmen (Personal-, Kunden-, Lieferantendatei), in der industriellen Fertigung (Stücklisten, Materialverwaltung) und im Kreditwesen (Kontenführung) finden, sind Dokumentationssysteme typisch für Bereiche, in denen Dokumente unterschiedlicher Länge und abweichenden Inhaltes vorwiegen, wie etwa im Rechtswesen (Urteile, Kommentare), im medizinischen Bereich (Befunde) und im Patentwesen (Beschreibungen von patentierten Verfahren).

Hinsichtlich der Organisationsstruktur von Datenbanksystemen herrschen heute zwei unterschiedliche Modelle vor:

1. **In hierarchischen oder netzwerkorientierten Datenbanken** wird von einzelnen Dateneinheiten (Segmenten) mittels der aus der obigen Beschreibung der verketteten Speicherung bekannten Zeiger auf andere, zu ihnen in logischer Beziehung stehende Daten verwiesen. Mit Hilfe dieser Zeiger können, ausgehend von einem Datum, sämtliche zu diesem gehörende Informationen erreicht werden. Die Zeiger sind deshalb wesentlicher Bestandteil der bei großen Datenbeständen immens komplexen und pflegebedürftigen Datenbankstruktur. Nachträgliche Strukturänderungen sind nur unter großem Aufwand zu realisieren.

2 EDV, Informations- und Kommunikationstechniken

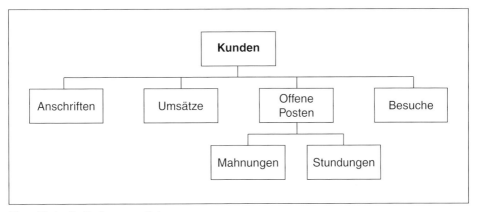

Hierarchische Strukturierung von Daten

Das innerhalb der Hierarchie am höchsten angesiedelte Segment wird häufig als Kopf- oder Rootsegment (root = Wurzel), nachgeordnete Segmente als Children (Kinder) bezeichnet. Aus der Sicht der Children stellt das übergeordnete Segment ein Parent- (Eltern-)Segment dar.

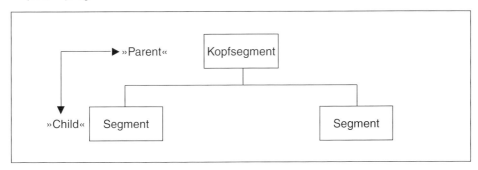

Parent-Child-Beziehung

2. **Relationale Datenbanken** basieren dagegen auf der mathematischen Theorie der Relationen. Die Mathematik definiert die Relation als eine »Menge von Tupeln«, d. h. eine Anzahl gleichartiger Zeichen, die einer gemeinsamen Obermenge angehören. Übertragen auf relationale Datenbanksysteme stellt eine Datei mit mehreren gleichartigen Datensätzen (Tupeln) eine solche Relation dar. Die Verknüpfung zwischen den Daten verschiedener, auch unabhängig voneinander existenzfähiger Relationen (= Dateien) wird über den Inhalt der Datenfelder hergestellt. Die Schaffung von Verbindungen über die Feldinhalte ersetzt die in hierarchischen Datenbanken erforderlichen Zeiger mit dem Unterschied, dass relationale Datenbanken sehr viel flexibler und einfacher zu handhaben sind.

Wird aufgrund geänderter Anforderungen die Schaffung neuer Beziehungen zwischen Datenbeständen gewünscht, reicht es aus, die Struktur einzelner Dateien zu ändern.

Moderne Datenbanksysteme lassen derartige Strukturänderungen problemlos zu. Die Abbildung verdeutlicht die Beziehungen zwischen mehreren Relationen.

In den bereits beschriebenen **Client-Server-Systemen** werden die in einem Datenbanksystem erfassten Dateien vom Server bereitgestellt, auf den alle angeschlossenen Teilnehmer (Clients) gemeinsam bei Bedarf zugreifen. Je nach Zugangsberechtigung, die für jeden

2 EDV, Informations- und Kommunikationstechniken

```
Satz Nr.KUNDENNR  NAME     VORNAME      STRASSE          ORT
     1    23575   Meier    Kuno         Akazienweg 112   25704 Meldorf
     2    35824   Müller   Heinz        Pappelallee 3    25541 Brunsbüttel
     3    79561   Schmidt  Hugo         Hauptstrasse 10  25712 Burg
     4    64357   Schulze  Erika        Mittelweg 23     25541 Brunsbüttel
     5    56124   Krause   Karl-Heinz   Westerstrasse 1  25715 Dingen


Satz Nr.RECHNGNR  DATUM     KUNDENNR    BETRAG    EINGANG    OFFEN
     1    400791  08.02.98    56124     250.00     . . .     250.00
     2    400792  09.02.98    23675     135.00    19.02.98
     3    400793  09.02.98    79561     980.00    28.02.98   480.00
     4    400794  10.02.98    35824     300.00    20.02.98


Satz Nr.OPLISTNR  RECHNGNR   BETRAG    DATUM
     1      200    400791    250.00    08.02.98
     2      201    400793    480.00    09.02.98
```

Beziehungen zwischen Relationen

Teilnehmer anders geregelt sein kann, kann dieser Zugriff auf das Lesen und die Nutzung der vorhandenen Daten beschränkt sein oder sich auch auf die Berechtigung zur Datenergänzung und -änderung erstrecken. Für diese Art der Speicherung und Bereitstellung spricht, dass alle Teilnehmer auf denselben Datenbestand zugreifen.

Beispiel:
Die Adresse des Kunden Meier hat sich geändert. Der zur Datenänderung befugte Kundenbetreuer gibt die Adressenänderung in die Datenbank ein. Damit steht allen anderen Nutzern der Kundendatei die neue Adresse – und nur diese – zur Verfügung. Befände sich die Kundendatei isoliert abgespeichert auf verschiedenen PC's im Betrieb, hätte der Kundenbetreuer den Kollegen die Änderungsmitteilung in Form eines Umlaufs zur Kenntnis geben müssen. Eingabefehler und -versäumnisse sowie Verzögerungen bei der Weitergabe der Information hätten möglicherweise dazu geführt, dass Kunde Meier fortan unter zwei verschiedenen Adressen, nämlich der alten und der neuen, geführt worden wäre.

Ein anderes, gewichtiges Argument für die zentrale Datenbereitstellung liefern Datensicherung und Datenschutz: In einem Client-Server-System kann sichergestellt werden, dass die aktuellen Daten regelmäßig und vollständig gesichert werden und nur berechtigte Teilnehmer Zugriff auf die möglicherweise den Datenschutzbestimmungen (vgl. Abschn. 2.11.1) unterliegenden Daten nehmen können.

Auf **Online-Datenbanken** wurde bereits in Abschnitt 2.5.4.3 eingegangen.

2.8 Software

Unter Software versteht man alle für den Betrieb einer Datenverarbeitungsanlage erforderlichen Programme. Diese Programme lassen sich untergliedern in

- **Systemsoftware:** Hierunter versteht man diejenigen Programme (Betriebssysteme), die der Steuerung der EDV-Anlage dienen;

- **Anwendungssoftware:** Diese umfasst alle Programme, die der Lösung von Sachaufgaben (Textverarbeitung, Buchhaltung, Fertigungssteuerung) dienen;
- **Datensoftware:** Programme zur Verwaltung und Manipulation von Daten werden als Datensoftware bezeichnet. Hierunter fallen die in Abschn. 2.7.4 dargestellten Datenbankprogramme.

Im Folgenden wird auf System- und Anwendungssoftware eingegangen.

2.8.1 Systemsoftware

Die Systemsoftware, häufig auch pauschal als »Betriebssystem« bezeichnet, ist unerlässlich für den Betrieb eines Computers. Beim Erwerb der Hardware wird die Systemsoftware standardmäßig mitgeliefert, da ein Rechner ohne diese nicht betriebsfähig ist. Aus diesem Grund rechnen Teile der einschlägigen Literatur die Systemsoftware der Hardware zu; dies nicht zuletzt auch deshalb, weil Teile des Systems auf ROMs (in diesen Fällen spricht man auch von »Firmware«) abgespeichert sind.

Die **Hauptaufgaben** der Systemsoftware sind

- die Steuerung, Kontrolle und Koordination der angeschlossenen Peripheriegeräte,
- die Verwaltung der externen Speicher,
- die Umwandlung der Anwendereingaben in eine maschinenverständliche Form,
- die Steuerung des Ablaufs von Anwenderprogrammen und
- die Unterstützung bei der Programmierung.

Standard-Bestandteile der Systemsoftware sind:

- **Steuerprogramm** (Grundprogramm, Monitor): Das Steuerprogramm als Hauptbestandteil des Systems koordiniert die Zusammenarbeit der Hardwarebestandteile, steuert und überwacht die Ein- und Ausgaben von bzw. nach allen Geräten und versorgt die Zentraleinheit mit den jeweils erforderlichen Programmteilen und Daten. Es wird unterstützt von der

- **Dateiverwaltung:** Diese verwaltet die extern abgespeicherten Dateien, indem sie diese entsprechend den Wünschen des Anwenders in ein Ordnungssystem integriert, gegen unbeabsichtigtes Löschen schützt oder um Zusatzinformationen wie Datum und Uhrzeit der Erstellung bzw. letzten Änderung oder Angabe des Speicherplatzbedarfes ergänzt.

- **Hilfsprogramme** (Utilities), die je nach Art des Betriebssystems in unterschiedlicher Zahl zur Verfügung stehen. Sie dienen vorrangig der Duplizierung (Kopie), Löschung, Sortierung, Auffindung und Druck- oder Bildschirmausgabe von Daten.

- **Übersetzungsprogramme:** Vom Anwender erstellte oder benutzte Programme bedürfen einer Übersetzung in eine maschinenverständliche Form. Diese Transformation leistet ein Assemblierer (für Assembler-Programmierung; vgl. Abschn. 2.9.1), Compiler (bei Übersetzung aus einer höheren Programmiersprache) oder Interpreter, d. h. ein Programm, das ein in einer anderen Programmiersprache geschriebenes Programm interpretiert und direkt ausführt.

Compiler und Interpreter unterscheiden sich darin, dass ein Compiler einmalig eine vollständige Programmübersetzung vornimmt, während der Interpreter das Quellprogramm bei jedem Programmdurchlauf Schritt für Schritt interpretiert und abarbeitet. Der Vorteil des Interpreters besteht darin, dass Programme während der Testphase problemlos abgeändert werden können, während bei Einsatz eines Compilers ein erneuter Übersetzungsvorgang erforderlich wird. Compiler weisen demgegenüber den Vorteil auf, dass einmal übersetzte Programme erheblich schneller ablaufen können, da eine erneute schrittweise Interpretation der einzelnen Programmanweisungen nicht erforderlich ist.

– **Programmierhilfen,** etwa Fehlersuchprogramme (Debugger) und Binder (Linker), die die Verbindung selbständiger Programme und das Zusammenfügen von Programmteilen ermöglichen.

Das Betriebssystem wird nie vollständig in den Arbeitsspeicher geladen, da die begrenzte RAM-Speicherkapazität auch für Programmteile und Nutzdaten benötigt wird.

Heute gebräuchliche Betriebssysteme für Personal Computer sind:

MS-DOS (Microsoft Disc Operating System; weitgehend identisch mit dem IBM-PC-Betriebssystem PC-DOS bzw. IBM-DOS) konnte sich seit 1980 als das Standard-Betriebssystem für Personal Computer etablieren. Durch die Einführung neuer Generationen oberflächenorientierter Systeme (»WINDOWS 95«, »WINDOWS NT«) wurde die Ablösung dieses Systems, das lediglich einen Einplatz- und Einprogrammbetrieb gestattet hatte, eingeleitet. Allerdings ist Windows erst ab Windows 2000 ein wirklich »DOS-freies« Betriebssystem.

MS-WINDOWS: Diese seit Mitte der achtziger Jahre von Microsoft kontinuierlich entwickelte Bedienoberfläche stellte bis einschließlich Version 3.11 kein echtes Betriebssystem, sondern lediglich einen benutzerfreundlichen MS-DOS-Aufsatz dar. Neben dem Bedienkomfort einer intuitiv erfassbaren Oberfläche bot es aber bereits die Möglichkeit, mehrere Programme parallel zu bearbeiten (»Multitasking«). Mit Windows 95 wurde 1995 eine an die 32-Bit-Technologie angepasste Version vorgestellt, die die Eigenschaften eines eigenständigen Betriebssystems aufweisen sollte, im Grunde aber nach wie vor auf MS-DOS basierte, ebenso wie die auf den Einbezug von Internet-Angeboten abzielende Nachfolgeversion 98. Tatsächlich eigenständig sind erst die Versionen 2000 und XP sowie die für Client-Server-Systeme geschaffene Netzwerkvariante NT.

Ähnliche Funktionen wie MS-WINDOWS bot das von IBM entwickelte Betriebssystem **OS/2 Warp,** das als erstes System mit einer praxistauglichen Spracherkennung aufwartete, aber nie eine vergleichbare Marktstellung erreichte.

UNIX, Anfang der siebziger Jahre in den Bell Laboratories entwickelt, ist ein mehrplatz- und mehrprogrammfähiges Betriebssystem, das sich sowohl für Personal Computer als auch für Großrechner und damit für die Zusammenarbeit mit unterschiedlichen Prozessortypen eignet.

NOVELL-NETWARE: Dieses PC-Netzwerk-Betriebssystem verwaltet je nach Paketgröße bis zu 1000 Anwender. Es ersetzt jedoch nicht das Betriebssystem des einzelnen PC, das für die Ausführung der Anwenderprogramme auf der Arbeitsstation erforderlich ist.

LINUX ist ein frei verfügbares Netzwerk-Betriebssystem, das in den Grundfunktionen an UNIX angelehnt ist.

2.8.2 Anwendersoftware

Programme, die der **Lösung von Sachaufgaben** dienen, werden heute in einer kaum zu überblickenden Vielzahl angeboten. Standard-Angebote richten sich hierbei entweder an spezielle Berufsgruppen oder Branchen (Branchensoftware) oder sind so ausgelegt, dass sie unabhängig vom konkreten Tätigkeitsfeld eingesetzt werden können (branchenunabhängige Standardsoftware, häufig als Horizontalsoftware oder Basissoftware bezeichnet).

Daneben bieten zahlreiche Softwarehäuser die Entwicklung individueller Software an, die speziell für einen Anwender »maßgeschneidert«, also den betrieblichen Abläufen und Erfordernissen optimal angepasst wird.

2.8.2.1 Individualsoftware

Hierbei handelt es sich um aufgabenbezogene Software, die vom Anwender an die individuellen betrieblichen Bedürfnisse angepasst werden muss. Derartige Programme finden sich – häufig in Form branchenunabhängiger Basisprogramme – im kaufmännischen Bereich etwa in der Finanz- und Lohnbuchhaltung, Lagerverwaltung und Auftragsbearbeitung. Daneben werden zahlreiche spezifische Lösungen etwa für spezielle Berufsgruppen (Rechtsanwälte, Ärzte, Steuerberater) oder für spezielle Dienstleistungen (Fuhrparkeinsatzplanung für Speditionen und andere Unternehmen mit großem Fuhrpark, Zahlungsverkehrsprogramme für Banken und deren Kunden, integrierte Stunden- und Lehrereinsatzplanung für Schulen etc.) angeboten.

Viele dieser Programme bedürfen einer ständigen Programmpflege. Ein Lohnabrechnungsprogramm muss z. B. laufend an die jeweils aktuellen Steuer- und Sozialabgabentabellen angepasst werden. Daher empfiehlt es sich, vor der Anschaffung eines solchen Programmes zu klären, ob derartige Anpassungen seitens des Software-Anbieters regelmäßig und zu vertretbaren Preisen vorgenommen werden. Daneben ist es vielfach günstig, wenn die von einem Programm gelieferten Ergebnisse in ein anderes Programm übernommen werden können (etwa die Daten der Lohnabrechnung in die Finanzbuchhaltung).

Im technischen Bereich wird Anwendungssoftware etwa zur Maschinensteuerung, Produktionsplanung und Konstruktion eingesetzt. Medizin und Chemie bedienen sich spezieller Programme für die Prozessüberwachung und Analysenauswertung. Zur Anwendungssoftware zählen auch die im nicht-kommerziellen Bereich eingesetzten Programme wie Spiele und Lernprogramme.

2.8.2.2 Standardsoftware

Hierzu zählen **universell einsetzbare Softwaretools** (Tool = Werkzeug), auf deren Basis der Anwender seine individuellen Lösungen verwirklichen kann, z. B.

- Textverarbeitung,
- Tabellenkalkulation,
- Projekt-Management,
- Präsentationsgrafik,
- Datenbanksysteme.

Diese Einzelfunktionen werden häufig als integrierte Softwarepakete angeboten, die die Verknüpfung der unterschiedlichen Anwendungen und die gemeinsame Nutzung eines Datenbestandes ermöglichen (z. B. MS-Office, MS-Works).

Moderne, spezielle Anwendersoftware ist durchweg benutzerfreundlich gestaltet. Der Anwender muss keine spezielle Programmsprache beherrschen, um das Programm bedienen zu können; die Auswahl von Programmfunktionen erfolgt vielmehr über so genannte Menüs, die in jeder Arbeitsphase anzeigen, welche Funktionen gegenwärtig möglich sind. Die Auswahl von »Befehlen« erfolgt entweder über die Eingabe eines Buchstabens bzw. einer Ziffer oder über die Markierung des Menütextes mit Hilfe der Maus oder der Cursortasten, in einigen Programmen auch mittels der Leertaste. Zugleich werden häufig Erklärungen zur ausgewählten Funktion über den Bildschirm eingeblendet: Die Programme sind gewissermaßen »selbsterklärend«. Dies bedeutet allerdings nicht, dass der Anwender auf jegliche Sachkenntnis verzichten kann: So ist ein noch so ausgereiftes Finanzbuchhaltungsprogramm nur von demjenigen bedienbar, der über fundierte Buchhaltungskenntnisse verfügt.

Eine weitere Handhabungshilfe besteht in der Belegung der Funktionstasten mit bestimmten, immer wieder benötigten Befehlen. Viele Programme blenden auf Wunsch einen Hilfstext ein, der z. B. über die »F1-Taste« abgerufen werden kann. Die Funktionstastenbelegung ist von Programm zu Programm unterschiedlich und an der Aufgabenstellung orientiert.

Die Erfassung von Daten erfolgt häufig über so genannte Bildschirmmasken, gewissermaßen »leere Formulare«, die der Bediener mit Daten auffüllt. Diese Erfassung wird erleichtert, wenn der Bildschirmaufbau mit dem zugrundeliegenden Urbeleg übereinstimmt.

2.9 EDV – Anwendungsentwicklung

In jedem Betrieb gibt es zahlreiche unterschiedliche Anwendungsbereiche für elektronische Datenverarbeitung. Häufig wird die Umstellung von der manuellen zur computergestützten Bearbeitung jedoch unsystematisch betrieben: Während eine Abteilung auf die Einführung von Computern drängt, beharrt eine andere auf der konventionellen Sachbearbeitung. Ergebnis einer ungeplanten und unabgestimmten EDV-Einführung ist das Entstehen von Datenverarbeitungs-Inseln in einer von der manuellen Funktionsausübung beherrschten Umwelt. Reibungsverluste beim Transfer von Arbeitsergebnissen zwischen beiden Welten sind die natürliche Folge.

Aber auch bei der Entwicklung und Umsetzung anwendungsorientierter EDV-Problemlösungen können unnötige Kosten und Frustrationen auftreten, wenn unmethodisch vorgegangen wird. Ein Programm, das letztendlich die von den Bedienern gewünschten Anforderungen nur unzureichend erfüllt, ist wenig sachdienlich. Daher empfiehlt es sich bei jeder Hardware- oder Softwareeinführung dringend, die Regeln der Arbeitsablauforganisation (vgl. Abschn. 3.2.2.2 und 2.9.3) zu beachten.

Die Erstellung von Softwarelösungen setzt in jedem Falle Programmierkenntnisse voraus. Programmierung ist die Lösung einer Aufgabe mittels einer computerverständlichen Arbeitsanweisung. Wie bereits bekannt, verarbeitet der Rechner intern binäre Zahlenfolgen, also zu größeren organisatorischen Einheiten zusammengefasste Aneinanderreihungen einzelner Bits. Zu Beginn des Computer-Zeitalters mussten alle Programme in diesem Maschinencode geschrieben werden. Der hiermit einhergehende Programmieraufwand ließ die Erstellung komplexer Programme jedoch nicht zu. Es war daher notwendig, die Programmierung zu vereinfachen. Die ersten Schritte in Richtung unserer heute gebräuchlichen Programmiersprachen waren

– die Programmierung **in Zeichencodes:** Bitkombinationen wurden festgelegte Buchstaben und Ziffern zugeordnet, die der Rechner intern in den Maschinencode übersetzte. Hierdurch wurde der Schreibaufwand bei der Programmierung erheblich reduziert; der Programmierer musste jedoch den Maschinencode nach wie vor beherrschen;

– die Programmierung **in symbolischer Sprache:** Einzelnen Befehlen des Maschinencodes wurden Abkürzungen zugeordnet, die die Programmierarbeit durch ihre verbesserte Merkbarkeit erleichterten. Das Verhältnis zwischen Maschinenbefehl und Symbol blieb hierbei zunächst 1:1, d. h. jede einzelne Operation wurde durch eine solche Abkürzung repräsentiert;

– die **Makro-Programmierung:** Immer wiederkehrende Folgen von Befehlen wurden zusammengefasst und mit einem gemeinsamen Oberbegriff, dem so genannten Makro, belegt. Nunmehr konnte eine ganze Befehlsfolge durch die Erteilung eines einzigen Befehls ausgelöst werden; die maschineninterne Übersetzung erfolgt 1 : (X > 1).

2.9.1 Programmiersprachen

Programmiersprachen sind die Schnittstellen zwischen Anwender und Rechner. Jedes Computerprogramm muss in einer Programmiersprache abgefasst sein. Zur Vermeidung von Mehrdeutigkeiten und Missverständnissen bei der Programmierung muss im Rahmen jeder Programmiersprache eindeutig festgelegt sein, welche Zeichenfolgen zugelassen sind (**Syntax**) und welchen Prozess diese Zeichenfolgen im Rechner auslösen (**Semantik**).

Man unterscheidet Programmiersprachen danach, ob die Erfordernisse der Hardware oder die Eigenarten der zu programmierenden Probleme im Vordergrund stehen, in maschinenorientierte Programmiersprachen und problemorientierte Programmiersprachen.

2.9.1.1 Maschinenorientierte Sprachen

Die maschinenorientierten **Assemblersprachen**, die jeweils auf bestimmte Prozessortypen abgestimmt sind, orientieren sich vollständig an der internen Organisation des Rechners, indem sie jeden einzelnen Maschinenbefehl im Verhältnis 1:1 in einen Assembler-Befehl umsetzen. Die Übersetzung der memotechnischen (d. h. gedächtnisstützend konzipierten) Ausdrücke in die Maschinensprache erfolgt mittels eines Übersetzungsprogrammes, das allgemein Assemblierer oder Assembler genannt wird.

Der Vorteil bei dieser niedrigsten Stufe der Programmierung liegt im geringen Speicherbedarf und der sehr geringen Bearbeitungszeit. Nachteilig ist – neben der wenig anwenderfreundlichen und daher von Nicht-Spezialisten kaum praktizierten Programmierung – der Umstand, dass Assemblerprogramme auf eine bestimmte Hardware zugeschnitten und nur unter Schwierigkeiten auf andere Rechnertypen übertragbar sind.

2.9.1.2 Problemorientierte Sprachen

Problemorientierte Sprachen nehmen weniger auf die interne Organisation des Rechners als vielmehr auf die aus der Aufgabenstellung resultierenden Bedürfnisse des Programmierers Rücksicht. Sie bedürfen der rechnerinternen Übersetzung in eine niedere, maschinenorientierte Sprache mittels eines Compilers oder Interpreters (vgl. Abschn. 2.8.1). Die ältesten, heute noch gebräuchlichen Programmiersprachen, nämlich FORTRAN (Formula Translator) und COBOL (Common Business Oriented Language), trugen der Tatsache Rechnung, dass die Rechner der fünfziger und frühen sechziger Jahre nicht universell, sondern (ausschließlich) entweder im mathematisch-naturwissenschaftlichen oder im kaufmännischen Bereich eingesetzt wurden. Daher handelt es sich bei diesen beiden Sprachen auch um im engeren Sinne anwendungsorientierte Instrumente. Während FORTRAN als für die Programmierung mathematischer Formeln besonders geeignete Sprache relativ umständlich und dem Laien wenig verständlich ist, liest sich COBOL für den der englischen Sprache mächtigen Anwender fast wie eine natürliche und lebende Sprache. Programmiersprachen, die der menschlichen Sprache nahekommen, werden auch als höhere Programmiersprachen bezeichnet.

Neuere, zum Teil weit verbreitete höhere Programmiersprachen sind

– **BASIC** (Beginners All Purpose Symbolic Instruction Code), eine in zahlreichen Dialekten verbreitete Sprache;

– **PASCAL** (benannt nach dem französischen Mathematiker Blaise Pascal), eine leicht erlernbare und vielseitige Sprache, die weiterentwickelt wurde zu;

- **MODULA-2**, eine Sprache, die für die Programmierung komplexer Anwendungen wie Datenbanksysteme geeignet ist;
- **C**, eine höhere Programmiersprache, die assembler-ähnliche Sprachelemente aufweist und im gleichen Maße an Bedeutung gewinnt wie das auf ihr basierende Betriebssystem UNIX;
- **PROLOG** (Programming in Logic), eine Programmiersprache, bei deren Anwendung der Programmierer nicht, wie bei allen oben genannten Programmiersprachen, eine Reihe von Anweisungen erteilt, sondern sein eigenes Wissen über das zu lösende Problem mitteilt und der Rechner auf dieser Basis selbständig eine Problemlösung zu ermitteln versucht. PROLOG wird überwiegend im Bereich der Künstlichen Intelligenz und der Expertensysteme (vgl. Abschn. 2.9.2) eingesetzt.

Daneben gibt es eine Vielzahl weiterer problemorientierter Sprachen, auf die an dieser Stelle nicht eingegangen werden soll.

2.9.1.3 Objektorientierte Sprachen

Objektorientierte Sprachen ermöglichen eine vereinfachte Programmentwicklung durch die Aufgliederung von Problemstellungen in gesonderte Komplexe; man spricht auch von strukturierter Programmierung. Auf ihrer Basis werden heute gebräuchliche Anwenderprogramme und Betriebssysteme programmiert. Eine weitverbreitete objektorientierte Sprache ist **C++**, eine Weiterentwicklung der zuvor beschriebenen Programmiersprache C.

2.9.1.4 Visuell orientierte Sprachen

Visuell orientierte Sprachen sind besonders bedienerfreundlich konzipiert. Sie ermöglichen die Erstellung von Programmen im Dialog mittels Bildschirmmasken. Zu ihnen gehört die aktuellste BASIC-Version, das VISUAL BASIC.

2.9.2 Expertensysteme – der Schritt in die Künstliche Intelligenz

Die **Künstliche Intelligenz (KI)** als Fachgebiet der Informatik untersucht, auf welche Weise Computer intelligentes Verhalten nachvollziehen können. Ziel der KI-Forschung ist es, Computer dahingehend zu manipulieren, dass mit ihrer Hilfe Probleme gelöst werden können, die Intelligenz voraussetzen. Es kann dabei nicht darum gehen, Computern »Leben einzuhauchen«, ihnen also intellektuelle Fähigkeiten oder menschliche Eigenschaften wie Verständnis, Einsicht, Neugier oder Ehrgeiz zu verleihen, sondern lediglich darum, Rechner dazu zu bringen, so zu reagieren, **als ob** sie intelligent seien.

Intelligenz äußert sich unter anderem in den Fähigkeiten,

- aus einer Fülle von möglichen Lösungswegen diejenigen auszuwählen, die erfolgversprechend sind, und andere aufgrund von Erfahrungen und Überlegungen ohne vollständige Überprüfung auszuschließen (so würde z. B. die Lebenszeit eines Schachspielers nicht ausreichen, sämtliche zu Beginn eines Spieles möglichen Züge mit allen möglichen Konsequenzen zu überdenken!);

- natürliche Sprache unabhängig vom Sprachstil des Redners nicht nur akustisch zu verstehen, sondern das Gesprochene auch sinnmäßig zu erfassen;
- Muster zu erkennen und zu deuten, etwa unterschiedliche Handschriften lesen zu können;
- Schlussfolgerungen zu ziehen und auf diese Weise aus vorhandenem Wissen neues Wissen abzuleiten (etwa aus der Tatsache, dass eine nicht näher bekannte Person von Beruf Englischlehrer ist, zu folgern, dass diese Person die englische Sprache beherrscht).

Die letztgenannte Fähigkeit des Schlussfolgerns ist Forschungsgegenstand eines Teilbereiches der KI, nämlich der Entwicklung von Expertensystemen.

Expertensysteme sind Programmsysteme, die das Wissen über einen speziellen Wissensbereich speichern, auf dessen Basis Schlussfolgerungen ziehen und Lösungsmöglichkeiten zu Problemen aus ihrem Wissensgebiet anbieten. Sie verfügen im Allgemeinen über eine Mehrkomponenten-Struktur, wie sie in der Abbildung dargestellt ist.

Zunächst übermittelt der Bediener dem Rechner das zu lösende Problem im Dialogverfahren. Erfährt das Programmsystem hierbei neue, ihm bislang unbekannte Fakten, so gehen diese über eine Wissensveränderungskomponente in das bisherige Basiswissen ein und erweitern oder aktualisieren dieses. Nach der Formulierung des Problems übernimmt die Problemlösungskomponente die Suche nach Lösungsmöglichkeiten, indem sie die Wissensbasis untersucht. Gefundene Lösungen werden in einer Erklärungskomponente auf Widerspruchsfreiheit und Qualität geprüft, begründet und kommentiert, bevor sie über die Dialogkomponente ausgegeben werden.

Wenn auch Expertensysteme bislang noch nicht kommerziell verbreitet sind, so ist bereits abzusehen, dass ihre Hauptanwendungsgebiete zunächst die naturwissenschaftlichen Bereiche sein werden. Bereits in den siebziger Jahren wurde in den USA ein Expertensystem entwickelt, mit dessen Hilfe medizinische Diagnosen erstellt werden können. Der Benutzer, in der Regel ein Arzt, beantwortet Fragen des Systems über Krankheitssymptome und Vorgeschichte eines Patienten. Aus den Antworten zieht das System Schlussfolgerungen über die Krankheit und unterbreitet sowohl Diagnose- als auch Therapievorschläge.

Im Zuge der Entwicklung von Expertensystemen wurden spezielle Programmiersprachen entwickelt, die die Technik logischer Schlussfolgerungen zulassen. Ein Beispiel hierfür ist die in Abschnitt 2.9.1.2 dargestellte Sprache PROLOG.

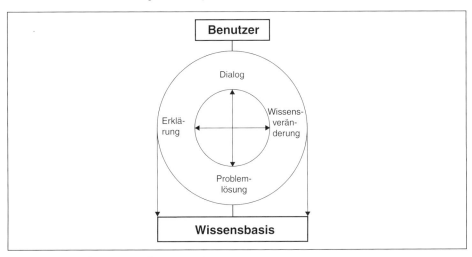

Mehrkomponenten-Struktur eines Expertensystems

2.9.3 Phasen der Systementwicklung

Die Entwicklung eines aufgabenorientierten Softwaresystems vollzieht sich bei systematischer Vorgehensweise regelmäßig in den folgenden Schritten:

1. **Problemanalyse:** Aufgaben, für deren Lösung ein EDV-Einsatz in Betracht kommt, werden identifiziert, definiert und analysiert und zum Gegenstand einer sich anschließenden Planung erhoben.

2. **Entwurf/Planung:** Die Anforderungen an eine mögliche Lösung werden inhaltlich konkretisiert und hinsichtlich der EDV-Umsetzung grob skizziert.

3. **Realisierungsphase:** Die EDV-Umsetzung wird im Detail konzipiert. Die eigentliche Programmierung und Testläufe schließen sich an. Die **Implementierung** des Programmes inklusive **Funktions- und Leistungsüberprüfung** bildet den Abschluss der Entwicklung; die permanent erforderliche Systempflege und -weiterentwicklung ist nicht mehr Gegenstand des (endlichen) Projektes.

2.9.3.1 Problemanalyse

Der Inangriffnahme eines neuen Softwaresystems geht regelmäßig die Erkennung eines Problems voran. Die Bewusstwerdung erfolgt entweder zufällig – ein Sachbearbeiter sieht sich unerwartet mit einem Problem konfrontiert, für welches die vorhandenen Programme keine Lösung anbieten können – oder infolge systematischer Analysen, die auf die Identifikation unwirtschaftlicher Verfahren abzielen. Häufig ergibt sich ein Handlungsbedarf in der betrieblichen Praxis einfach daraus, dass einzelne Funktionen, die bereits computergestützt durchgeführt werden, die Anpassung anderer betrieblicher Bereiche verlangen.

Der Erkenntnis, dass eine bestimmte Aufgabenstellung künftig rechnergestützt gelöst werden könnte und deshalb ein Projekt zur EDV-Umsetzung durchgeführt werden sollte, folgt eine **Voruntersuchung,** die folgende Aufgaben beinhaltet:

1. **Problemdefinition:** Die Aufgabe ist eindeutig und vollständig zu definieren und in Einzelkomponenten zu zerlegen. Hierbei sind folgende Fragen zu beantworten:
   – Welches Ergebnis wird gewünscht?
   – Welche Eingangsvoraussetzungen sind zu erfüllen, damit das gewünschte Ergebnis erzielt werden kann?
   – Welche Lösungswege bieten sich an?

2. **Feststellung der Problembedeutung:** Es ist festzustellen, welche Bedeutung dem Problem in Bezug auf die Unternehmensziele zukommt. Im allgemeinen stehen hierbei wirtschaftliche Betrachtungen, also der Projektnutzen, im Vordergrund.

3. **Begründung der Projektaktualität:** Es muss begründet werden, warum ein Projekt zur Lösung des festgestellten Problems gerade zum gegenwärtigen Zeitpunkt durchgeführt werden soll.

4. **Begründung der Systemlösung:** Es ist zu begründen, warum der künftigen Aufgabenlösung mittels EDV der Vorzug vor anderen Lösungsverfahren einzuräumen ist. Die Art der Lösung ist grob zu skizzieren.

Die Ergebnisse der Voruntersuchung sind Bestandteil eines **Entwicklungsantrages,** der an die entscheidungsbefugten **Instanzen** gerichtet wird und Aussagen über Ziel, Nutzen, Zeitaufwand und die Zahl der beteiligten Mitarbeiter trifft. Diese Instanzen können Mitglieder der Geschäftsleitung, Organisationsleiter oder EDV-Ausschüsse sein.

Von der Entscheidung der Instanzen hängt ab, ob

- eine Lösung sofort geplant werden soll,
- die Planung auf einen späteren Zeitpunkt verschoben wird oder
- das Projekt verworfen wird.

Soll die Planung in Angriff genommen werden, so wird ein Projektauftrag erteilt, der Kompetenzen und Verantwortlichkeiten zuordnet. Die mit der Planung beauftragten Personen (Projektteam) müssen zur Durchführung der erforderlichen Untersuchungen ermächtigt, die betroffenen betrieblichen Bereiche informiert werden.

2.9.3.2 Entwurf und Planung

Ist-Aufnahme und Ist-Analyse

Grundlage der Planung ist die Aufnahme und Analyse des Ist-Zustandes. Das Projektteam verschafft sich einen Überblick über die derzeitige Situation, etwa durch Besichtigungen, Beobachtungen und Befragungen sowie durch die Inaugenscheinnahme von Büchern und Formularen. Die Art und Menge der zu verarbeitenden Daten, der bisherige Arbeits-, Informations- und Belegfluss sowie die Zahl und Funktion der in der betreffenden Fachabteilung beschäftigten Mitarbeiter sind zu dokumentieren.

Anschließend wird der Ist-Zustand unter dem Blickwinkel der mit dem Projekt verfolgten Zielsetzung einer kritischen Betrachtung unterworfen. Die festgestellten Arbeitsabläufe, die Aufgabenverteilung, die verwendeten Formulare und sonstige Fakten werden eingeteilt in

- zweckmäßige und beibehaltungswürdige,
- annehmbare, jedoch nicht optimale,
- verbesserungsbedürftige und
- unzweckmäßige oder schlichtweg falsche Zustände.

Die Ergebnisse der Ist-Analyse fließen ein in eine umfassende Dokumentation. Das hier geschilderte Verfahren – Aufnahme, Analyse, Dokumentation – wird in der Literatur häufig als **Systemanalyse** (vgl. Abschn. 3.2.2.2) oder **strukturierte Analyse** bezeichnet.

Fachliches Grobkonzept

Aus der Kritik des Ist-Zustandes ergibt sich ein zunächst grobes Projektkonzept, aus dem hervorgeht, welche Zustände bestehen bleiben können und welche Veränderungen ratsam oder dringend erforderlich sind. Hieraus entwickelt das Team einen Gesamtplan, der die angestrebten Veränderungen nennt und begründet, die Gesamtaufgabe in delegationsfähige Teilaufgaben zergliedert und die Generierung von Lösungsalternativen zum Ziel hat. Dieser Gesamtplan ist die Grundlage für die Erstellung eines detaillierten Konzeptes.

Fachliches Feinkonzept

Einzelne Mitglieder oder Arbeitsgruppen des Projektteams nehmen sich der verschiedenen Teilaufgaben des Gesamtplanes an und entwickeln Lösungsvorschläge. Diese beinhalten auch Überlegungen über notwendige Investitionen und künftige Organisationsformen. In dieser Phase kommt der interdisziplinären Bearbeitung große Bedeutung zu, da Zielkonflikte auftreten können: Das fachlich Wünschenswerte ist nicht immer mit Mitteln der EDV umsetzbar; die aus Sicht der EDV-Experten rationellste Lösung ist nicht regelmäßig auch fachlich befriedigend. Daher geht die fachliche Feinplanung notwendigerweise einher mit dem Entwurf eines groben Datenverarbeitungskonzeptes.

DV-Grobkonzept

Das DV-Grobkonzept untersucht die gewünschten Veränderungen unter dem Aspekt der EDV-gerechten Umsetzung und berücksichtigt

- Art, Menge und Inhalt der Ein- und Ausgabedaten,
- die Gestaltung erfassungsgerechter Formulare,
- die Datenerfassung und -speicherung,
- Einsatzmöglichkeiten von Standardprogrammen oder
- Entwicklung individueller Lösungen **(Make-or-Buy-Analyse)**,
- die Notwendigkeit zusätzlicher Anschaffungen,
- die notwendigen Maßnahmen zur Qualifizierung des vorhandenen Personals,
- notwendige Neueinstellungen.

Das DV-Grobkonzept bildet, gemeinsam mit dem fachlichen Feinkonzept, einen Soll-Vorschlag, der die Grundlage für die Entscheidung über die Realisierung des Projektes darstellt.

Exkurs: Make-or-Buy-Analyse

Bei der Entscheidung zwischen dem Kauf von Standardsoftware oder der Erteilung eines Software-Entwicklungsauftrages sind folgende Aspekte zu berücksichtigen:

- **Anschaffungskosten:** Standardsoftware wird in aller Regel preiswerter als Individualsoftware sein. Je mehr Lizenzen verkauft werden können, desto günstiger ist der Preis. Die Entwicklung von Individualsoftware im eigenen Unternehmen oder durch ein beauftragtes Softwarehaus stellt dagegen ein Projekt dar, dessen Planung und Realisierung im allgemeinen mit hohem Zeit- und Personalaufwand verbunden sein wird.

- **Weiterentwicklung:** Standardsoftware unterliegt einer mehr oder minder regelmäßigen Pflege durch den Hersteller. Diese Pflege umfasst die funktionelle Weiterentwicklung und Anpassung an neue Technologien und Betriebssysteme. Die »Updates« sind verhältnismäßig günstig zu erwerben.

- **Anpassungsfähigkeit:** Nicht in jedem Falle lässt sich Standardsoftware an die konkrete betriebliche Aufgabenstellung anpassen. Veränderungen, Erweiterungen oder Fehlerkorrekturen können beim Einsatz von Standardsoftware kaum ad hoc erwartet werden.

- **Einarbeitung:** Externe Schulungseinrichtungen bieten Schulungen auf Standardsoftware an, bei weitverbreiteten Programmen auch für offene Gruppen (z. B. Volkshochschulen). Dies bietet erhebliche Kostenvorteile gegenüber der Schulung durch den Hersteller oder Mitarbeiter der eigenen Programmierabteilung.

Die weitere Betrachtung in diesem Abschnitt unterstellt, dass eine Entscheidung für eine Software-Eigenentwicklung oder eine umfangreiche Anpassung einer »Kauflösung« gefällt wurde.

Soll-Vorschlag

Das fachliche Feinkonzept mündet, gemeinsam mit dem DV-Grobkonzept, in einen Soll-Vorschlag ein, der der entscheidungsbefugten Instanz und den betroffenen Fachabteilungen vorgelegt wird.

Der Soll-Vorschlag enthält neben den im DV-Grobkonzept dokumentierten Tatbeständen

- funktions- und zeitbezogene Ablaufdiagramme, die künftige Arbeitsabläufe verdeutlichen,
- eine Beschreibung der künftigen Arbeitsmethoden,

- Vorschläge zum zeitlichen Ablauf des Projektes unter Nennung des Endzeitpunktes,
- Investitions- und Kostenvoranschläge sowie
- eine detaillierte Darlegung des betriebswirtschaftlichen Nutzens.

In einer Abschlusssitzung, die das Ende der Planungsphase darstellt, nehmen der Projektleiter, die betroffenen Abteilungen und die EDV-Experten Stellung zu den erarbeiteten Vorschlägen. Anschließend entscheidet die befugte Instanz, etwa die Geschäftsleitung, darüber, ob, wie und wann das Projekt realisiert werden soll. Wird die Projektdurchführung beschlossen, so sind die mit dem – in dieser Phase möglicherweise modifizierten – Sollvorschlag getroffenen Zielaussagen nochmals zu dokumentieren. Diese Niederlegung erfolgt im so genannten Pflichtenheft.

Pflichtenheft

Das Pflichtenheft ist eine Leistungsbeschreibung, die festhält, welche Aufgaben in welcher Weise und wann gelöst werden sollen.

Es enthält insbesondere Angaben über

- die Zielvorgaben, die sich aus dem Soll-Vorschlag ergeben,
- die Aufgabenverteilung,
- Zeitvorgaben für die Erfüllung von Teilaufgaben,
- Kontrollen und
- Kompetenzen und Verantwortlichkeiten.

Das Pflichtenheft ist Bestandteil der Projektdokumentation und daher aufzubewahren.

2.9.3.3 Realisierung und Implementierung

DV-Feinkonzept

Auf der Basis des bereits vorhandenen DV-Grobkonzeptes wird nunmehr eine DV-Feinplanung vorgenommen. Diese hat der eigentlichen Programmierung unbedingt voranzugehen; sie ist der Leitfaden für die mit der Programmierung befassten Personen, ohne den der Überblick über die Fülle der zu berücksichtigenden fachlichen und zeitlichen Faktoren fast zwangsläufig verlorengeht.

Auch hier wird fachübergreifend gearbeitet; EDV-Fachleute werden von Praktikern der betroffenen Fachabteilungen, die möglichst zugleich Mitglieder des Projektteams sind, unterstützt.

Das Feinkonzept beinhaltet

- eine **Ergänzungsanalyse,** die die bislang vorhandenen Informationen sichtet, wertet und ergänzt;
- die detaillierte **Festlegung des Datenflusses** unter Anwendung der in Abschnitt 2.9.4 beschriebenen Arbeitstechniken, wobei bereits vorhandene Programme oder Teilprogramme berücksichtigt und noch zu erstellende Programme beschrieben werden;
- die **Festlegung der Ein- und Ausgabeformate;**
- die **Festlegung der Speicherorganisation**, insbesondere der Strukturen von Sätzen, Dateien und Datenbanken, und der Speichermedien;
- die **Festlegung von Fristen und Terminen** für die Erstellung des Programms sowie der erforderlichen **Handbücher,** für die **Programminstallation** und die notwendige **Mitarbeiterschulung.**

Programmierung, Codierung und Test

Auf der Basis der DV-Feinplanung kann nun die Programmierung in Angriff genommen werden. Diese Arbeit obliegt EDV-Experten, die häufig nicht über das dem Programmentwurf inhaltlich zugrundeliegende Fachwissen verfügen. Daher wird die Programmierarbeit eingeleitet mit einer

- **Analyse der Programmvorgaben:** Der Programmierer befasst sich mit dem sachlichen Inhalt, soweit dies für die Umsetzung des Programms erforderlich ist, und klärt ggf. noch offene Fragen. Ist die Aufgabe besonders umfangreich, wird die Gesamtaufgabe in etwa aufwandsgleiche **Module** aufgeteilt, die verschiedenen Programmierern übertragen werden. An die Analyse der Programmvorgaben schließen sich an

- **Programmerstellung:** Auf der Basis des Datenflussplanes wird ein **Programmablaufplan** (**PAP**) erstellt (vgl. Abschn. 2.9.4; anstelle eines Programmablaufplanes kommt auch die Erstellung eines Struktogrammes in Betracht), der maßgeblich über Lauffähigkeit, Bedienerfreundlichkeit und Leistungsfähigkeit des Programms entscheidet. Die Aufstellung des PAP ist die eigentliche geistige Leistung bei der Programmierung, während die **Codierung** des Programms, also seine Niederschrift in einer Programmiersprache, eher eine »Formsache« ist – sie folgt strikt den Vorgaben des PAP. Das niedergeschriebene Programm wird – ggf. abschnittsweise – erfasst und abgespeichert, sofern es nicht, bei Verwendung einer dialogfähigen höheren Programmiersprache, im Online-Verfahren direkt über den Bildschirm geschrieben wurde, und anschließend getestet. PAP und Code (mit Erläuterungen in Klartext) werden für später erforderliche Programmkorrekturen und -erweiterungen aufbewahrt.

- **Programmtest und -korrektur:** Das fertige Programm wird zunächst mit fiktiven Daten getestet, die so geartet sein müssen, dass der Programmierer die Richtigkeit der gelieferten Ergebnisse zweifelsfrei feststellen kann. Syntax- und logische Fehler werden identifiziert und bereinigt; anschließend erfolgt ein zweiter Testlauf mit echten Daten. Die Bedingungen der Testläufe werden, ebenso wie die hierbei erzielten Ergebnisse, als Bestandteil der Projektdokumentation aufbewahrt.

- **Erstellung von Benutzer- und Programmhandbüchern:** Zukünftigen Programmbenutzern muss eine umfangreiche »Gebrauchsanweisung« an die Hand gegeben werden, mit deren Hilfe das in einer – trotzdem unerlässlichen – Schulung erworbene Wissen nachgearbeitet und erweitert werden kann. Diese Funktion erfüllt das Benutzerhandbuch, das von der EDV-Abteilung bereitzustellen ist. Aber auch der Programmierer und seine Amtsnachfolger benötigen eine umfassende Dokumentation als Arbeitsgrundlage für spätere Programmüberarbeitungen und -erweiterungen. Diesem Zweck dient das gleichfalls zu erstellende Programmhandbuch.

Organisatorische Anpassung

Vor der Inbetriebnahme des neuen Programms müssen die hiervon betroffenen Fachabteilungen organisatorische Vorkehrungen treffen, damit der Übergang von der konventionellen zur programmgestützten Sachbearbeitung reibungslos vonstatten gehen kann. Die organisatorische Anpassung beginnt zeitgleich mit der Programmerstellung und beinhaltet

- die Information der Mitarbeiter über die mit der Programmeinführung einhergehenden Veränderungen,

- die Umstellung von Formularen und Arbeitsabläufen im Sinne des Soll-Vorschlages und des Pflichtenheftes,

- die Aufbereitung der von dem neuen System zu übernehmenden Daten und

- die Festlegung, ob und wie lange die konventionelle Bearbeitung parallel zur programmgestützten Bearbeitung beibehalten werden soll.

Insbesondere der letzte Punkt verdient besondere Beachtung. Häufig wird der Fehler gemacht, dass mit der Einführung der EDV-Bearbeitung ab sofort alle Arbeiten ausschließlich auf diese abgestimmt und die traditionellen Verfahren eingestellt werden. Hieraus resultieren nicht selten Schwierigkeiten, da unmittelbar nach der Inbetriebnahme einer EDV-Organisation die Häufigkeit von Bedienungsfehlern erheblich ist, aber auch bisher übersehene Fehler im Programm auftreten können. Beide Faktoren führen im Extremfall zum Datenverlust und in der Konsequenz zu materiellen Einbußen.

Implementierung/Inbetriebnahme, Funktions- und Leistungsüberprüfung

Die Inbetriebnahme eines neuen Programmes ist nicht von einem Tag auf den anderen möglich. Vielmehr vollzieht sie sich in den folgenden Arbeitsschritten:

– Fertigstellung des Benutzerhandbuches und Vorbereitung der Bedienereinweisung,
– Einweisung der Mitarbeiter, die mit dem Programm arbeiten sollen,
– Einweisen der Fachbereiche und/oder des Rechenzentrums in die Datenvorbereitung und Datennachbereitung,
– Installation des Programms auf den hierfür vorgesehenen Rechnern,
– Übernahme der vorbereiteten Daten in das neue EDV-System,
– Durchführung eines Generaltests und ggf. anschließende Korrektur des organisatorischen Systems,
– Start des Systems mit echten Daten,
– Anlaufüberwachung und
– offizielle Systemübergabe an die Fachabteilungen.

Mit der Systemübergabe und -abnahme gehen Betrieb und Verantwortung auf die Fachabteilungen über. Das Projekt ist damit abgeschlossen; weitere Maßnahmen seitens des Projektteams sind im Normallauf nicht erforderlich. Dennoch sollte in regelmäßigen Abständen – etwa alle ein bis zwei Jahre – untersucht werden, ob die mit der Projektdurchführung angestrebten Ziele erreicht wurden und nach wie vor aktuell sind. Die **Organisationsanalyse** prüft, ob das Softwaresystem die Erfordernisse der Effizienz, Wirtschaftlichkeit und Zuverlässigkeit erfüllt. Ist dies nicht der Fall, kann eine Systemänderung oder sogar die Inangriffnahme eines neuen Projektes erforderlich werden.

Systemänderungen

Systemänderungen werden erforderlich, wenn

– Fehler oder Schwächen aufgetreten sind,
– geänderte Umweltbedingungen (Hinzukommen neuer oder Entfallen bisheriger Aufgaben, Gesetzesänderungen) eine Anpassung erfordern oder
– neue Aspekte aufgrund technischer Entwicklungen oder neuer Erkenntnisse berücksichtigt werden sollen.

Systemänderungen müssen beantragt und begründet werden. Ihre Durchführung obliegt häufig einer besonderen Wartungsgruppe innerhalb der EDV- oder Organisationsabteilung.

Systempflege

Softwaresysteme bedürfen einer kontinuierlichen Pflege im Sinne einer ständigen Anpassung an Änderungen des Betriebssystems, der Datenbankstruktur oder der Hardware. Dies gilt auch dann, wenn die Organisationsanalyse keinen Bedarf an Änderungen der Softwarefunktionen ergeben hat.

2 EDV, Informations- und Kommunikationstechniken

Ebenso wie die Systemänderungen liegt die Systempflege in den Händen einer Wartungsgruppe. Jegliche Änderung ist in der Systemdokumentation festzuhalten.

2.9.4 Angewandte Arbeitstechniken

In den vorangegangenen Abschnitten wurde bereits auf einige Hilfsmittel bei der Programmentwicklung eingegangen, ohne dass diese näher erläutert worden wären. Dies soll hier nachgeholt werden. Dabei soll auf die Instrumente der strukturierten Analyse nicht eingegangen werden, da diese in Abschnitt 2.9.3.1 umfassend behandelt wurden (vgl. auch Kap. 3, Abschn. 3.2.2.2.2) und die dort dargestellten Vorgehensweisen – Dokumentation von Arbeitsabläufen und Belegflüssen – nicht normiert sind. Die im folgenden vorgestellten arbeitstechnischen Hilfsmittel sind jedoch geeignet, für die schematische Erstellung von Belegflussplänen und Arbeitsablaufplänen genutzt zu werden.

Für die im folgenden beschriebenen Instrumente – Datenflussplan, Programmablaufplan, Struktogramm, Entscheidungstabelle und strukturierte Programmierung – wurden seitens des Deutschen Instituts für Normung e.V. Normen festgelegt. Mit diesen werden bestimmten Geräten und Operationen Symbole zugeordnet.

Datenflussplan (DIN 66001)

Der Datenflussplan, der in der Phase der DV-Feinkonzipierung erstellt wird, ist eine normierte grafische Darstellung des Datenflusses in Systemen. Die in ihm verwendeten Symbole bezeichnen

– **Datenträger:** Magnetband- und -plattenspeicher, Lochkarten etc.,

– **Bearbeitungsoperationen:** rechnerinterne und manuelle Verarbeitungsoperationen, Sortiervorgänge, Eingaben von Hand,

– **Datenflussrichtungen** und

– **Einfügungen:** Bemerkungen und Übergangsstellen.

Die folgende Abbildung zeigt die wichtigsten Symbole nach DIN 66001.

Symbol	Bedeutung	Symbol	Bedeutung
□	allgemeine Operation (z. B. Rechnen)		Schriftstück
	Eingreifen von Hand		Lochkarte
	Eingabe von Hand	○	Magnetband
	Datenträger (allgemein)		optische oder akustische Anzeige
	vom Rechner gesteuerter Datenträger	○	Übergangsstelle
		→	Flusslinie

Symbole für Datenflusspläne nach DIN 66001

2 EDV, Informations- und Kommunikationstechniken

Bei der Erstellung von Datenflussplänen sind folgende Regeln zu beachten:

1. Die zu bevorzugende **Datenflussrichtung** ist
   - von oben nach unten und
   - von links nach rechts.

   Ausnahmen sind nur bei Schleifen zulässig.

2. Das **EVA-Prinzip,** d. h. die Verarbeitungsreihenfolge Eingabe-Verarbeitung-Ausgabe, ist zu beachten. Daten werden der Verarbeitung von einem Datenträger zugeführt und anschließend demselben oder einem anderen Datenträger übergeben. Daher müssen die Symbole in der folgenden, verallgemeinerten Reihenfolge erscheinen:
   - Datenträgersymbol,
   - Datenflusssymbol,
   - Bearbeitungssymbol,
   - Datenflusssymbol,
   - Datenträgersymbol usw.

3. Datenflusspläne müssen **exakt** und **vollständig** sein. Wird ein Datenträger mehrmals angesprochen, so ist er jedesmal erneut darzustellen, da ansonsten keine Übersichtlichkeit und Eindeutigkeit erzielt werden kann.

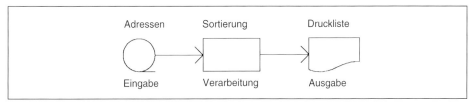

Beispiel für einen Datenflussplan

Programmablaufplan (DIN 66001)

Die gleiche DIN-Norm, die den Datenflussplan regelt, behandelt auch Programmablaufpläne. Da der Symbolvorrat der Datenflusspläne für die Darstellung der Verarbeitungslogik nicht ausreicht, werden für Programmablaufpläne zahlreiche weitere Symbole verwendet. Die wichtigsten zeigt die folgende Abbildung.

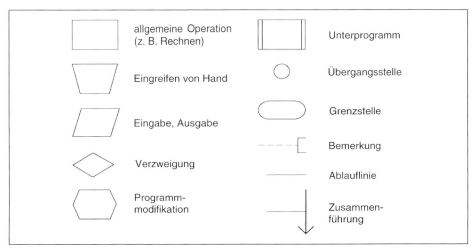

Symbole für Programmablaufpläne nach DIN 66001

2 EDV, Informations- und Kommunikationstechniken

Mit Hilfe von Programmablaufplänen können kleinere Programme oder Programmteile übersichtlich dargestellt werden. Für komplexe Darstellungen sind sie hingegen weniger geeignet als die im folgenden beschriebenen Struktogramme oder die Technik der strukturierten Programmierung.

Struktogramm (DIN 66261)

Struktogramme als grafisches Darstellungsmittel für Programme haben die oben beschriebenen Programmablaufpläne in der Praxis weitgehend abgelöst, weil sie übersichtlicher und damit leichter verständlich und umsetzbar sind.

Jeder einzelne Programmschritt wird in einen Strukturblock eingetragen; die Strukturblöcke werden anschließend in der Reihenfolge der Bearbeitung aneinandergereiht. Eine bedingte Anweisung in der Form

»wenn   (Bedingung)   dann (Aktion 1),
                        sonst(Aktion 2)«

wird in einem Struktogramm dargestellt.

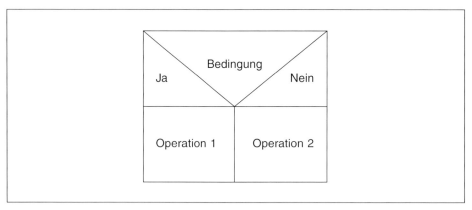

Alternativstrukturblock

Diese äußere Erscheinungsform ist in **DIN 66261** fixiert.

Entscheidungstabellen (DIN 66241)

Entscheidungstabellen dienen der eindeutigen und übersichtlichen Darstellung logischer Verknüpfungen.

Sie bestehen aus vier Quadranten, in welche Bedingungen, Werte oder Regeln, Aktionen und Funktionen eingetragen werden.

Die oberen Quadranten repräsentieren den Entscheidungs-, die unteren den Aktionsteil.

Bedingungen sind entweder wahr oder falsch. Werden mehrere Bedingungen gemeinsam betrachtet, weil die daraus zu folgernde Aktion von mehreren Bedingungen (**b**) abhängt, so ist die Zahl der möglichen Kombinationen (**r**; im folgenden »Regeln« genannt)

$$r = 2^b$$

Die folgende Abbildung zeigt den Aufbau einer einfachen Entscheidungstabelle.

2 EDV, Informations- und Kommunikationstechniken

Regeln	r₁	r₂	r₃	r₄
Bedingung A	Ja	Ja	Nein	Nein
Bedingung B	Ja	Nein	Ja	Nein
Aktion 1	x			
Aktion 2		x		
Aktion 3			x	
Aktion 4				x

Einfache Entscheidungstabelle mit zwei Bedingungen

Da Entscheidungstabellen mit vielen Regeln unübersichtlich sind, beschränkt man in der Praxis die Anzahl der in eine Tabelle einfließenden Bedingungen auf zwei und verknüpft mehrere solcher Tabellen miteinander, indem man im Aktionsteil auf die weiteren zu beachtenden Tabellen verweist.

Ein Beispiel für verknüpfte Entscheidungstabellen folgt in der nächsten Abbildung.

Regeln/Tabelle 1	r₁	r₂	r₃	r₄
Bedingung A	Ja	Ja	Nein	Nein
Bedingung B	Ja	Nein	Ja	Nein
Aktion 1	x			
Aktion 2				x
Gehe zu Tabelle 2		x		
Gehe zu Tabelle 2			x	

Regeln/Tabelle 2	r₁	r₂	r₃	r₄
Bedingung C	Ja	Ja	Nein	Nein
Bedingung D	Ja	Nein	Ja	Nein
Aktion 3	x			
Aktion 4		x		
Aktion 5			x	
Aktion 2				x

Verknüpfte Entscheidungstabellen

Strukturierte Programmierung (DIN 66262)

Die strukturierte Programmierung basiert auf der **Unterprogrammtechnik**, bei der die Gesamtaufgabe zunächst in eigenständige Blöcke aufgeteilt wird, die gesondert – möglicherweise von unterschiedlichen Programmierern – programmiert werden.

Ein vollständig in Unterprogrammtechnik geschriebenes Programm besteht aus einem Haupt- oder Steuerprogramm und mehreren Unterprogrammen, die von diesem oder von anderen, vorgelagerten Unterprogrammen aufgerufen werden.

Die hierarchisch gegliederten Programmteile sind hauptsächliches Kennzeichen der strukturierten Programmierung.

2 EDV, Informations- und Kommunikationstechniken

Die **hierarchische Modularisierung** der Programmteile erfolgt in der Regel nach einer der beiden folgenden Methoden.

- **Top-down-Methode:** Ausgehend von einem an den Benutzererfordernissen orientierten Grobentwurf werden schrittweise Verfeinerungen vorgenommen. Hierbei wird zunächst festgelegt, was von den einzelnen Untermodulen geleistet werden soll, bevor klar ist, wie diese Leistung erzielt werden kann.

- **Bottom-up-Methode:** Diese Methode orientiert sich an den vorhandenen Ressourcen (Rechneranlage, Betriebssystem, Programmiersprache, verfügbare Betriebsmittel) und entwickelt hiervon ausgehend zunächst Untermodule, die im jeweils folgenden Arbeitsschritt zu komfortableren Funktionen zusammengesetzt werden.

In der Praxis werden diese beiden Methoden, die, in reiner Form praktiziert, durchaus zu unterschiedlichen Ergebnissen führen, häufig gemischt angewendet, indem bei der Entwicklung eines Programmes sowohl der Blickwinkel des Benutzers als auch die Möglichkeiten der gegebenen Mittel beachtet werden.

Die **fundamentalen Strukturen** derart strukturierter Programme sind

- **Sequenzstrukturen:** Die Verarbeitungsschritte werden in einer linearen, alternativen- und wiederholungsfreien Folge abgearbeitet.

- **Alternativstrukturen:** In Abhängigkeit von einer Bedingung werden mehrere alternative Verarbeitungsschritte vorgesehen.

- **Wiederholungsstrukturen** (Schleifenstrukturen): Einzelne Verarbeitungsschritte werden, ggf. in Abhängigkeit von einer Bedingung, wiederholt.

Die strukturierte Programmierung verwendet ausschließlich diese elementaren Programmstrukturen. Jeder Strukturblock hat genau einen Eingang und einen Ausgang; auf Sprünge wird vollständig verzichtet. Vorteile der strukturierten Programmierung sind

- übersichtliche, einfach aufgebaute Programme,
- weitgehende Vermeidung von Programmierfehlern,
- die Möglichkeit, mehrere Programmierer einzusetzen,
- vereinfachte Änderungsmöglichkeiten.

2.9.5 Dokumentation

In den vorangegangenen Abschnitten wurde an mehreren Stellen darauf hingewiesen, dass einzelne schriftliche Niederlegungen Bestandteil der Dokumentation sind und aufbewahrt werden müssen. Während Teile der einschlägigen Literatur die Dokumentation als eigenständigen, letzten Teil des Phasenschemas der Programmentwicklung ansehen, soll hier darunter die Sammlung des in den einzelnen Entwicklungsphasen ohnehin angefallenen Dokumentenmaterials verstanden werden.

Im Sinne unserer Definition der Anwendungsentwicklung als Projekt sprechen wir von der **Programm- oder Projektdokumentation.**

Hierzu gehören vorrangig

- das Pflichtenheft als Dokument der Projektplanung, insbesondere der Projektziele,
- Datenflusspläne, Programmablaufpläne und Struktogramme,
- der Programmcode (ggf. vor und nach der Compilierung),
- Testbedingungen, -daten und -ergebnisse,
- das Programmhandbuch.

Daneben sind alle Einzelheiten, die für den Programmierer oder einen Nachfolger in Hinblick auf spätere Modifikationen wesentlich sind, in die Dokumentation aufzunehmen.

Mit dem Abschluss des Projektes ist die Dokumentation nicht beendet. Zum einen erfährt sie laufende Ergänzungen und Aktualisierungen durch Systemänderungen und -anpassungen, zum anderen wird sie um Aufzeichnungen der Bediener ergänzt und fortgeführt.

Die **Anwenderdokumentation** beinhaltet z. B.

- die Bestätigung der Systemabnahme;
- die schriftliche Niederlegung darüber, wie der Übergang vom zuvor praktizierten zum neuen Organisationssystem geschaffen wurde (unerlässlich in Bereichen, die gesetzlichen Bestimmungen unterliegen, etwa bei der Umstellung von der Durchschreibe- zur EDV-Buchführung; in diesem Falle ist die Anwenderdokumentation zwar durch die Projektdurchführung bedingt, aber unabhängig von der Projektdokumentation durchzuführen und aufzubewahren);
- die Dokumentation von Programmfehlern und -mängeln, die nach Abschluss der Testphase anwenderseitig aufgedeckt wurden, als Grundlage für Änderungsanträge und/ oder Änderungen im Benutzerhandbuch;
- die Sammlung statistischer Daten (Mengendurchlauf, Ausfallhäufigkeit, Kostenentwicklung) als Basis für die regelmäßig durchzuführende Organisationsanalyse.

Eine Dokumentation sollte immer vorgenommen werden, auch dann, wenn Programmierer und Anwender identisch sind und die Übernahme des Programmes durch Dritte unwahrscheinlich ist. Nur mit ihrer Hilfe kann der Aufwand bei späteren Änderungen gering gehalten werden.

2.10 Datensicherung

Daten sind im Verarbeitungsprozess vielfältigen Gefahren ausgesetzt: So können sie

- falsch erfasst,
- bei der maschineninternen Transformation verfälscht,
- nach ihrer Speicherung absichtlich oder unbeabsichtigt verfälscht oder gelöscht,
- fehlerhaft verarbeitet oder
- von Unbefugten genutzt werden.

Während Verfahren der **Datensicherung** auf die Vermeidung von Datenfehlern und -verlusten abzielen, dient der **Datenschutz** nicht dem Schutz der Daten, sondern dem der Bürger, deren Daten von unterschiedlichen Institutionen erhoben und gespeichert werden.

In den folgenden Ausführungen liegt der Schwerpunkt auf der Betrachtung von Sicherungs- und Schutzmaßnahmen in bezug auf die elektronische Datenverarbeitung.

2.10.1 Verfahren und Techniken der Datensicherung

Verfahren der Datensicherung zielen darauf ab, Fehler und Verluste zu verhüten, zu erkennen und möglichst zu beheben. Sie können in drei Maßnahme-Gruppen eingeteilt werden.

2.10.1.1 Hardware-Maßnahmen

Zu den Hardware-Maßnahmen zählen

- **Hardwareinterne Maßnahmen:**
  - **Redundante Datenspeicherung:** Eine gängige Maßnahme, um wichtige Daten vor unbeabsichtigter Löschung zu schützen, ist die hardwaregesteuerte doppelte Speicherung der Daten. Fällt dann beispielsweise eine Festplatte aus, entstehen weder Datenverluste noch Betriebsunterbrechungen, der Benutzer bzw. Systemadministrator bemerkt den Schaden durch eine entsprechende Fehlermeldung und tauscht das defekte Teil aus.
  - **Redundante Datenübertragung:** Hierunter sind solche Methoden der Datenübertragung zu verstehen, bei der für den Inhalt einer Nachricht überflüssige Informationen zur Fehlererkennung mitübermittelt werden. Eine solche Methode ist das **Prüfbit- oder Paritätsbitverfahren:** (vgl. Abschn. 2.4.4.4).
- **Umfeldmaßnahmen:** (Klima-, Feuerschutz- und Schließanlagen) sichern Datenbestände vor Zerstörung und verhindern den Zutritt Unbefugter zu den Datenverarbeitungsanlagen. Vielerorts werden Notstromversorgungen geschaffen, die den Totalverlust des Arbeitsspeicherinhaltes bei Stromausfällen verhindern.

2.10.1.2 Software-Maßnahmen

Software-Maßnahmen sind

- **Kennsatzprüfungen:** Auf magnetischen Datenträgern abgespeicherte Datenbestände werden durch Kennsätze eingeleitet, die Auskünfte über Art der Datenbestände, Anleger, Anlege- und Verfalldatum sowie sonstige Benutzerinformationen enthalten und vor Verarbeitungsbeginn vom System überprüft werden,
- **Prüfziffernverfahren** (vgl. Abschn. 2.6.3),
- **Plausibilitätsprüfungen** (vgl. Abschn. 2.6.3) und
- **Zugangssicherungen** durch Codeworte und Rückmeldungen.

2.10.1.3 Orgware-Maßnahmen

Unter Orgware-Maßnahmen versteht man

- die **Duplizierung und getrennte Aufbewahrung** von Datenbeständen (Urbestand und Kopie werden in der einschlägigen Literatur gern als »Vater« und »Sohn« bezeichnet; bei drei zeitlich aufeinanderfolgenden Versionen desselben, jedoch aktualisierten Bestandes spricht man vom »**Drei-Generationen-Prinzip**«);
- **Closed-Shop-Betrieb,** d. h. strenge Regelung des Zugangs zum Rechenzentrum und des Zugriffs auf Datenbestände;
- **Datenklassifizierung** in geheime, vertrauliche und frei zugängliche Daten.

2.10.1.4 Datensicherung in Netzwerken

Wie Datensicherungsmaßnahmen durchgeführt werden, hängt zum einen von der Art und Menge der zu speichernden Daten ab, zum zweiten davon, wer diese Daten speichert, und zum dritten von der in der Datenverarbeitung eingesetzten Technik und Vernetzung. In Zusammenhang mit Netzwerken spielt deren **Topologie** (eigentlich »Lehre von der Lage und Anordnung geometrischer Gebilde im Raum«; in der Datenverarbeitung ist damit die Anordnung der Netzwerkkomponenten – Server, Clients, Datenleitungen, Speicher usw. – zueinander gemeint). Das Vorhandensein eines Netzwerks und seine Beschaffenheit sind insbesondere maßgeblich dafür, in welcher Form Datensicherung realisiert wird.

Eine relativ neue Entwicklung stellen **Speichernetzwerke** dar, die die Speichergeräte entweder direkt in ein lokales oder externes Netz einbinden (Network Attached Storage, **NAS**) oder zu einem eigenen Netzwerk zusammenfassen, das wiederum mit datenverarbeitenden, serverbasierten Netzwerken verbunden wird (Storage Area Network, **SAN**). Auf diese und weitere Speichernetzwerk-Topologien, die vor allem für Unternehmen und Institutionen mit sehr großen Datenmengen relevant sind, soll an dieser Stelle aber nicht näher eingegangen werden, da derzeit nicht abgesehen werden kann, welche der zahlreichen technischen Lösungen sich letztlich in der Praxis durchsetzen werden.

2.10.1.5 Sicherungsmaßnahmen bei der Datenfernübertragung

Bei der Übertragung von Daten via Internet ist zur Verhinderung ihrer missbräuchlichen Nutzung unbedingt anzuraten, die Daten zu verschlüsseln, denn diese Daten – etwa E-Mails – durchlaufen vom Sender zum Empfänger teilweise sehr verschlungene Wege, deren Stationen weder vorbestimmbar noch vom Nutzer nachvollziehbar sind. Die Vertraulichkeit ist damit in keiner Weise sicher gestellt. Ein gängiges Verfahren, Daten für jeden anderen als den legitimen Empfänger unleserlich zu machen, ist die **asynchrone Verschlüsselung (Kryptographie).**

Jeder Nutzer besitzt zwei Schlüssel, die er mittels eines Verschlüsselungsprogramms erstellt hat. Einer davon ist der Öffentliche Schlüssel (Public Key), der zum Verschlüsseln von Nachrichten dient und deswegen denjenigen Kommunikationspartnern, die diesem Nutzer Daten zuspielen wollen, zur Verfügung gestellt werden muss. Dies kann z.B. ohne Gefahr auf einem öffentlich zugänglichen Server oder per E-Mail erfolgen. Der zweite Schlüssel, der ein Geheimer Schlüssel (Private Key) ist, ist nur für den eigenen Gebrauch des Nutzers bestimmt: Er wird zur Entschlüsselung empfangener Nachrichten benötigt. Will nun ein Partner einem anderen Teilnehmer eine E-Mail schicken, verschlüsselt er diese Mail mitsamt ihren Anhängen mit dem Public Key des Empfängers. Der Empfänger – und nur dieser – macht die Nachricht mittels des Private Key lesbar.

Das meist verbreitete Programm zur Verschlüsselung von Dokumenten ist PGP **(Pretty Good Privacy)**, das in den USA entwickelt wurde. In Deutschland darf PGP uneingeschränkt eingesetzt werden; kostenlos ist es allerdings nur für den privaten Gebrauch. Für den kommerziellen Einsatz muss eine Lizenz erworben werden.

Immer wieder finden sich große EDV-Systeme, die über Datenfernleitungen angesprochen werden können oder selbst mit anderen Rechenzentren kommunizieren, verstärkt mit dem Problem des unbefugten Eindringens in Datenbestände konfrontiert. Computerspezialisten, die über Terminals und Modems verfügen, finden immer neue Wege, Zugangssperren zu umgehen und fremde Systeme anzuzapfen (**»Hacker«**).

Ein anderes aktuelles Problem sind **Computerviren**, parasitäre Programme, die die Eigenschaft aufweisen, sich an andere Datenbestände anzuhängen, diese zu manipulieren und sich über komplette Systeme fortzupflanzen. Nicht selten werden derart »infizierte« Systeme in einer Weise geschädigt, dass komplette Datenbestände unbrauchbar werden. Sowohl das »Hacken« als auch die Verbreitung von Computerviren sind nicht als grober Unfug einzustufen; es handelt sich um kriminelle Aktivitäten, die strafrechtlich verfolgt werden.

2.10.2 Schutzzweck und Schutzstufen

2.10.2.1 Schutzzweck

Auch bei Datensicherung und Datenschutz müssen Nutzen und Aufwand in einem (wirtschaftlich) vertretbaren Verhältnis stehen. Welcher Aufwand getrieben wird, ist vom Einzelfall abhängig und richtet sich

– nach der **Art und Menge** der verarbeiteten Daten,

– nach der bei der Verarbeitung eingesetzten **Technik**,

– nach der **Schutzwürdigkeit** der Daten,

– nach der Einschätzung der **Gefährdung**.

Für personenbezogene Daten stellt § 9 BDSG fest: »[...]Erforderlich sind Maßnahmen nur, wenn ihr Aufwand in einem angemessenen Verhältnis zu dem angestrebten Schutzzweck steht«. Auch für andere als personenbezogene Daten können gesetzliche Datensicherungsvorschriften existieren; so gelten z.B. für Daten der Finanzbuchhaltung die von den obersten Finanzbehörden erarbeiteten Grundsätze ordnungsmäßiger Speicherbuchführung (GoBS).

2.10.2.2 Schutzstufenkonzept

Ein Schutzstufenkonzept dient der Einstufung der zu schützenden personenbezogenen Daten nach dem Grad ihrer Schutzbedürftigkeit (Sensibilität). Auf diese Stufen, die nicht durch Gesetz definiert sind, für deren Bildung aber eine Reihe von Empfehlungen z. B. von Landesdatenschutzbeauftragten existieren, sind die zu treffenden technischen und organisatorischen Maßnahmen abzustellen.

Eine häufig von öffentlichen Stellen vorgenommene Unterscheidung ist die folgende:

Stufe A Frei zugängliche Daten. Einsicht wird gewährt, ohne dass ein berechtigtes Interesse geltend gemacht werden muss.

Stufe B Daten, deren Missbrauch keine besondere Beeinträchtigung erwarten lässt, aber für den Betroffenen ggf. eine Belästigung darstellt. Einsichtnahme ist an ein berechtigtes Interesse gebunden.

Stufe C Daten, deren Missbrauch den Betroffenen in seiner gesellschaftlichen Stellung (»Ansehen«) oder in wirtschaftlicher Hinsicht beeinträchtigen kann.

Stufe D Daten, deren Missbrauch den Betroffenen in seiner gesellschaftlichen Stellung oder in seinen wirtschaftlichen Verhältnissen erheblich (»existenziell«) beeinträchtigen kann (z.B. medizinische Daten, dienstliche Beurteilungen, Daten über Anstaltsunterbringungen, Schulden, Insolvenzen, begangene Straftaten usw.).

Stufe E Daten, deren Missbrauch Gesundheit, Leben oder Freiheit des Betroffenen beeinträchtigen/gefährden kann (z. B. Daten über Zeugen in Gerichtsverfahren).

In Unternehmen erfolgt häufig eine **Datenklassifizierung** nach einem Drei-Stufen-Konzept in geheime, vertrauliche und frei zugängliche Daten. Diese Notwendigkeit wird vor allem in den sensiblen Bereichen Personal, Marketing sowie Forschung und Entwicklung gesehen.

2.11 Rechtsgrundlagen der EDV

Bis in die sechziger Jahre des 20. Jahrhunderts spielte Datenschutz in der deutschen ebenso wie in der internationalen Gesetzgebung kaum eine Rolle. Die Notwendigkeit, die Privatsphäre des einzelnen Bürgers durch gesetzliche Regelungen zum Umgang mit persönlichen Daten zu schützen, wurde erst in den siebziger Jahren mit der breiten Durchsetzung der elektronischen Datenverarbeitung erkannt. Schon vor der Schaffung einer bundesweit gültigen Regelung wurde ein erstes Datenschutzgesetz vom Bundesland Hessen (1970) erlassen, das sich auf »alle für Zwecke der maschinellen Datenverarbeitung erstellten Unterlagen sowie alle gespeicherten Daten und die Ergebnisse ihrer Verarbeitung im Bereich der Behörden des Landes und der der Aufsicht des Landes unterstellten Körperschaften, Anstalten und Stiftungen des öffentlichen Rechts« erstreckte. Es folgte Rheinland-Pfalz (1974) und schließlich, 1977, auf Bundesebene das Bundesdatenschutzgesetz (BDSG), das seither mehrfach überarbeitet wurde.

Als ein »Meilenstein« bei der weiteren Durchsetzung des Datenschutzgedankens auf breiter Ebene – vor allem auch im Bewusstsein der von Datensammlung und -speicherung Betroffenen – gilt das Volkszählungsurteil des Bundesverfassungsgerichts aus dem Jahre 1983. Darin wurde aus dem allgemeinen Persönlichkeitsrecht des Art.2 I i. V. m. Art.1 I GG (s.u.) das Recht auf informationelle Selbstbestimmung des Einzelnen abgeleitet.

1995 wurde die »Richtlinie 95/46/EG des Europäischen Parlaments und des Rates vom 24.10.1995 zum Schutz natürlicher Personen bei der Verarbeitung personenbezogener Daten und zum freien Datenverkehr«, kurz: **Europäische Datenschutzrichtlinie**, erlassen, die binnen einer dreijährigen Frist in nationales Recht der EU-Mitgliedstaaten einzuarbeiten war. Die aus ihr resultierenden Erweiterungen sowohl der Betroffenenrechte als auch der Verpflichtungen datenverarbeitender Stellen wurden mit über zweijähriger Verspätung mit dem »Gesetz zur Änderung des Bundesdatenschutzgesetzes (BDSG) und anderer Gesetze« vom 16. Mai 2001 auf Bundesebene umgesetzt. Das novellierte BDSG trat am 23. Mai 2001 in Kraft. In diesem Zusammenhang waren auch die Datenschutzgesetze der Länder sowie zahlreiche bereichsspezifische datenschutzrechtliche Regelungen zu überprüfen.

2.11.1 Das Bundesdatenschutzgesetz (BDSG)

Sind Daten über einen Bürger unrichtig gespeichert, so kann sich dies für den Betroffenen nachteilig auswirken: So beeinträchtigt etwa die unzutreffende oder unrechtmäßig Abspeicherung einer Vorstrafe oder einer eidesstattlichen Versicherung die Kreditwürdigkeit oder die Arbeitsplatzsuche in erheblichem Maße. Allein aus diesem Beispiel erklärt sich bereits die Notwendigkeit gesetzlicher Datenschutzvorschriften.

Das Recht auf den **Schutz personenbezogener Daten** berührt das Persönlichkeitsrecht des einzelnen Bürgers. Dieses gehört zu den vom Grundgesetz (GG) in Artikel 1 und 2 geschützten Werten.

Artikel 1 Abs. 1 GG: »Die Würde des Menschen ist unantastbar. Sie zu achten und zu schützen ist die Verpflichtung aller staatlichen Gewalt.«

Artikel 2 Abs. 1 GG: »Jeder hat das Recht auf freie Entfaltung seiner Persönlichkeit, soweit er nicht die Rechte anderer verletzt und nicht gegen die verfassungsmäßige Ordnung oder das Sittengesetz verstößt.«

Diese beiden Verfassungsartikel sind **Grundlage des Datenschutzrechts**. Im Volkszählungsurteil vom 15. Dezember 1983 führt das Bundesverfassungsgericht an:

2 EDV, Informations- und Kommunikationstechniken

»Das Grundrecht gewährleistet insoweit die Befugnis des einzelnen, grundsätzlich selbst über die Preisgabe und Verwendung seiner persönlichen Daten zu bestimmen...«

Die Speicherung, Übermittlung, Veränderung und Löschung personenbezogener Daten regeln – neben etlichen anderen datenschutzrechtlichen Spezialregelungen – das **Bundesdatenschutzgesetz** (BDSG) vom 20.12.1990 (hier wiedergegeben in der Neufassung nach Bekanntgabe vom 14.1.2003) und die **Landesdatenschutzgesetze**. Durch sie soll ein Missbrauch verhindert und die Nutzung derartiger Daten auf ein notwendiges Maß beschränkt werden. Unter Daten sind dabei nicht nur im Rahmen der Informationstechnik verarbeitete und gespeicherte »Einzelangaben über persönliche oder sachliche Verhältnisse einer bestimmten oder bestimmbaren Person« (§ 3 Abs. 1 BDSG) zu verstehen, sondern auch in Akten festgehaltene Informationen.

Das Bundesdatenschutzgesetz gilt im wesentlichen für alle öffentlichen Stellen des Bundes (z. B. Bundesanstalt für Arbeit, Bundesversicherungsanstalt für Angestellte) und alle nichtöffentlichen Stellen (z. B. Unternehmen, Kreditinstitute, Versicherungen, Verlage, Detekteien, Auskunfteien, Meinungsforschungsunternehmen). Dabei gilt (mit Ausnahmen, vgl. § 1 Abs. 4 BDSG) das **Subsidiaritätsprinzip**, d. h. so weit andere Rechtsvorschriften des Bundes auf personenbezogene Daten anzuwenden sind, gehen diese vor. Zu diesen Rechtsvorschriften gehören z. B.

- das Teledienstedatenschutzgesetz (TDDSG),
- der Mediendienste-Staatsvertrag (MDStV),
- das Telekommunikationsgesetz (TKG),
- das Betriebsverfassungsgesetz (BetrVG),
- das Sozialgesetzbuch (SGB),
- das Ausländergesetz (AuslG),
- das Bundeszentralregistergesetz (BZRG),
- das Melderechtsrahmengesetz (MRRG),
- die Gesetze über MAD und BND (MADG, BNDG),
- das HGB (Aufzeichnungs- und Aufbewahrungspflichten; auch: die sich im HGB niederschlagenden GoB, GoS – Grundsätze ordnungsmäßiger Buchführung bzw. Speicherbuchführung –, die keinen Gesetzesrang innehaben, sondern eine Zusammenstellung von Grundsätzen der Rechtsprechung darstellen,
- die Abgabenordnung (AO).

Berufs- und besondere **Amtsgeheimnisse** wie die ärztliche Schweigepflicht, das Beichtgeheimnis, das Steuergeheimnis, das Adoptionsgeheimnis, das Statistikgeheimnis und das Post- und Fernmeldegeheimnis bleiben dabei unberührt.

Die **Landesdatenschutzgesetze** gelten für die Behörden und öffentlichen Stellen des jeweiligen Landes (z.B. Ämter der Gemeindeverwaltungen wie Einwohnermelde- und Sozialamt, Schulen, Finanzamt, Jugendamt).

2.11.1.1 Technische und organisatorische Maßnahmen nach § 9 BDSG

»Öffentliche und nicht öffentliche Stellen, die selbst oder im Auftrag personenbezogene Daten erheben, verarbeiten oder nutzen, haben die technischen und organisatorischen Maßnahmen zu treffen, die erforderlich sind, um die Ausführung der Vorschriften dieses Gesetzes, insbesondere die in der Anlage zu diesem Gesetz genannten Anforderungen, zu gewährleisten. Erforderlich sind Maßnahmen nur, wenn ihr Aufwand in einem angemessenen Verhältnis zu dem angestrebten Schutzzweck steht« (§ 9 BDSG).

In der **Anlage zu § 9** regelt das BDSG die bei automatischer Datenverarbeitung zu treffenden technischen und organisatorischen Schutzvorkehrungen im Einzelnen:

Werden personenbezogene Daten automatisiert verarbeitet oder genutzt, ist die innerbehördliche oder innerbetriebliche Organisation so zu gestalten, dass sie den besonderen Anforderungen des Datenschutzes gerecht wird. Dabei sind insbesondere Maßnahmen zu treffen, die je nach der Art der zu schützenden personenbezogenen Daten oder Datenkategorien geeignet sind,

1. Unbefugten den Zutritt zu Datenverarbeitungsanlagen, mit denen personenbezogene Daten verarbeitet oder genutzt werden, zu verwehren **(Zutrittskontrolle)**,

2. zu verhindern, dass Datenverarbeitungssysteme von Unbefugten genutzt werden können **(Zugangskontrolle)**,

3. zu gewährleisten, dass die zur Benutzung eines Datenverarbeitungssystems Berechtigten ausschließlich auf die ihrer Zugriffsberechtigung unterliegenden Daten zugreifen können, und dass personenbezogene Daten bei der Verarbeitung, Nutzung und nach der Speicherung nicht unbefugt gelesen, kopiert, verändert oder entfernt werden können **(Zugriffskontrolle)**,

4. zu gewährleisten, dass personenbezogene Daten bei der elektronischen Übertragung oder während ihres Transports oder ihrer Speicherung auf Datenträger nicht unbefugt gelesen, kopiert, verändert oder entfernt werden können, und dass überprüft und festgestellt werden kann, an welche Stellen eine Übermittlung personenbezogener Daten durch Einrichtung zur Datenübertragung vorgesehen ist **(Weitergabekontrolle)**,

5. zu gewährleisten, dass nachträglich überprüft und festgestellt werden kann, ob und von wem personenbezogene Daten in Datenverarbeitungssysteme eingegeben, verändert oder entfernt worden sind **(Eingabekontrolle)**,

6. zu gewährleisten, dass personenbezogene Daten, die im Auftrag verarbeitet werden, nur entsprechend den Weisungen des Auftraggebers verarbeitet werden können **(Auftragskontrolle)**,

7. zu gewährleisten, dass personenbezogene Daten gegen zufällige Zerstörung oder Verlust geschützt sind **(Verfügbarkeitskontrolle)**,

8. zu gewährleisten, dass zu unterschiedlichen Zwecken erhobene Daten getrennt verarbeitet werden können.

2.11.1.2 Die Rechte der Betroffenen

Die Verarbeitung **personenbezogener Daten** unterliegt einem sogenannten »Verbot mit Erlaubnisvorbehalt« als allgemeinem Grundsatz. Danach ist ihre Verarbeitung und Nutzung verboten, es sei denn, dass eine Rechtsvorschrift diese zulässt oder der betroffene Bürger sein Einverständnis erklärt hat.

Laut § 19 Abs. 1 BDSG ist jedem Betroffenen auf Antrag grundsätzlich **Auskunft** zu erteilen über die zu seiner Person gespeicherten Daten, auch soweit sie sich auf Herkunft oder Empfänger dieser Daten beziehen, und über den Zweck der Speicherung. Diese Auskunft erfolgt lt. § 34 Abs. 5 im Allgemeinen schriftlich und unentgeltlich. Die **Berichtigung** unrichtiger Daten, die **Löschung** unzulässig gespeicherter oder für die speichernde Stelle zur Erfüllung der in ihrer Zuständigkeit liegenden Aufgaben nicht mehr erforderlicher Daten und das Sperren schutzwürdiger oder vom Betroffenen angefochtener Daten regeln die §§ 20 und 35 BDSG.

Nach § 6 Abs. 1 BDSG können die Rechte des Betroffenen auf Auskunft (§§ 19, 34) und auf Berichtigung, Löschung oder Sperrung (§§ 20, 35) nicht durch Rechtsgeschäft ausgeschlossen oder beschränkt werden. § 6 Abs. 2 BDSG bestimmt, dass, wenn die Daten des Betroffenen in einer Datei gespeichert sind, bei der mehrere Stellen speicherungsberechtigt sind, und der Betroffene nicht in der Lage ist, die speichernde Stelle festzustellen, der Betroffene sich an jede dieser Stellen wenden kann. Diese ist verpflichtet, das Vorbringen des Betreffenden an die speichernde Stelle weiterzuleiten. Der Betroffene ist über die Weiterleitung und die speichernde Stelle zu unterrichten.

Der Kreditantrag eines privaten Bankkunden wird unter Hinweis auf eine negative Auskunft einer Schutzvereinigung des Kreditwesens abschlägig beschieden. Der unangenehm überraschte Kunde möchte gern wissen, welche Daten über ihn bei der Schutzvereinigung gespeichert sind. Da das Kreditinstitut bei der Schutzvereinigung speicherberechtigt ist, kann der Kunde über dieses Institut Weiterleitung seiner Anfrage verlangen. Die Schutzvereinigung muss die Anfrage bearbeiten und den Betroffenen über die Quelle der negativen Eintragungen in Kenntnis setzen.

2.11.1.3 Beauftragte für den Datenschutz

»(1) Öffentliche und nicht öffentliche Stellen, die personenbezogene Daten automatisiert erheben, verarbeiten oder nutzen, haben einen Beauftragten für den Datenschutz schriftlich zu bestellen. Nicht öffentliche Stellen sind hierzu spätestens innerhalb eines Monats nach Aufnahme ihrer Tätigkeit verpflichtet [...]« (§ 4f BDSG).

2.11.1.3.1 Öffentliche Beauftragte für den Datenschutz

Die Kontrolle des Datenschutzes bei den Bundesbehörden und anderen öffentlichen Stellen des Bundes sowie bei Telekommunikations- und Postunternehmen obliegt dem **Bundesbeauftragten für den Datenschutz (BfD)**, dessen Wahl, Rechtsstellung und Aufgaben in §§ 22 ff. BDSG geregelt sind. Der Bundesbeauftragte wird vom Deutschen Bundestag für fünf Jahre bei einmalig möglicher Wiederwahl gewählt. Der BfD ist weisungsunabhängig und nur an das Gesetz gebunden. Eine seiner Hauptaufgaben besteht darin, Eingaben und Beschwerden über den Umgang öffentlicher Stellen des Bundes mit Daten zu bearbeiten und die Beschwerdeführer über das Ergebnis seiner Untersuchungen zu informieren. Darüber hinaus kontrollieren er und seine Mitarbeiter jährlich rund 30 Bundesbehörden auf Einhaltung des Datenschutzes.

In den Ländern wird die Ausführung der gesetzlichen Bestimmungen von Landesdatenschutzbeauftragten und deren Behörden kontrolliert.

2.11.1.3.2 Betriebliche Datenschutzbeauftragte

Die **Bestellung** eines betrieblichen Beauftragten für den Datenschutz (bDSB) hat zu erfolgen

— unabhängig von der Zahl der Beschäftigten, wenn die verantwortliche Stelle personenbezogene Daten geschäftsmäßig zum Zweck der Übermittlung oder der anonymisierten Übermittlung erhebt, verarbeitet oder nutzt. Beispiele hierfür sind Adressverlage, Auskunfteien, Markt- und Meinungsforschungsinstitute (§ 4f Abs. 1 S. 6);

— unabhängig von der Zahl der Beschäftigten, wenn die verantwortliche Stelle automatisierte Datenverarbeitungsvorgänge vornimmt, die eine Vorabkontrolle verlangen (z. B. **Scoringverfahren**; § 4f Abs. 1 S. 6 BDSG);

- sonstige verantwortliche Stellen, die mehr als vier Arbeitnehmer mindestens vorübergehend mit automatisierter Datenerhebung, -verarbeitung oder -nutzung beschäftigen (§ 4f Abs. 1 S. 4 BDSG);
- sonstige verantwortliche Stellen, die mindestens zwanzig Arbeitnehmer mindestens vorübergehend mit nichtautomatisierter Datenerhebung, -verarbeitung oder -nutzung beschäftigen (§ 4f Abs. 1 S. 3 BDSG);
- innerhalb eines Monats nach Aufnahme der Verarbeitungstätigkeit;
- schriftlich.

An den bDSB sind folgende **Anforderungen** zu stellen:

- Der bDSB darf nicht der Geschäftsleitung angehören (§ 4f Abs. 3 S. 1: »... ist dem Leiter der... Stelle unmittelbar zu unterstellen«).
- Der bDSB muss fachkundig und zuverlässig sein (§ 4f Abs. 2 S. 1), d. h. er muss über hinreichende Kenntnisse in Recht, Technik und Organisationsstruktur des Unternehmens verfügen. Als hilfreich sind aber auch Kenntnisse über wirtschaftliche Erfordernisse anzusehen. Die Fachkunde drückt sich z. B. aus in

  - beruflichen Qualifikationen (Ausbildung / Studium / vorherige Funktionen) und Erfahrungen,
  - absolvierten Datenschutz-Aus- und Weiterbildungen,
  - der Kenntnis der betriebsinternen Organisation und Verfahrensabläufe.

Kriterien der **Zuverlässigkeit** sind z. B.:

- Persönliche Integrität;
- Fehlen von Interessenkollisionen mit sonstigen betrieblichen Aufgaben. Diese sind z. B. gegeben, wenn die betreffende Person ansonsten Geschäftsleitungsaufgaben (z. B. Personalleitung), Kontrollaufgaben (z. B. als Aufsichtsratsmitglied) oder solche Aufgaben, die gerade durch den bDSB kontrolliert werden sollen (Leiter der EDV-Abteilung), wahrnimmt;
- genügend Zeit zur Aufgabenerfüllung.

Der bDSB kann eine Person außerhalb der verantwortlichen Stelle sein (externer bDSB). Dies ist, vor allem in kleineren Betrieben, häufig günstiger als eine interne Lösung, da Kosten für die Aus- und Weiterbildung entfallen, Aufgaben ggf. aufgrund der Erfahrung des externen DSB mit höherer Effizienz wahrgenommen werden können und sich die eigenen Mitarbeiter auf ihre Kernkompetenzen konzentrieren können.

Das **Bußgeld** für die Nichtbestellung eines Datenschutzbeauftragten kann bis 25.000 € betragen.

2.11.1.4 Einzelmaßnahmen des Datenschutzes im Überblick

Der Schutz Betroffener vor der Weitergabe personenbezogener Daten ist in den Bestimmungen der §§ 13–17 und 28–32 über die Datenspeicherung, -nutzung und -übermittlung durch öffentliche und nichtöffentliche Stellen geregelt.

Danach dürfen **öffentliche Stellen** personenbezogene Daten speichern, verändern und nutzen, wenn dies zur Erfüllung der in ihrer Zuständigkeit liegenden Aufgaben erforderlich ist und wenn Speicherung, Veränderung und Nutzung der Daten für die Zwecke erfolgen, für die die Daten erhoben bzw. gespeichert worden sind.

Von letzterem **Zweckbindungsgrundsatz** darf nur abgewichen werden,

- wenn eine Rechtsvorschrift dies vorsieht oder zwingend voraussetzt,
- wenn der Betroffene eingewilligt hat,
- wenn es offensichtlich in seinem Interesse liegt,
- wenn Angaben des Betroffenen überprüft werden müssen, weil begründete Zweifel an ihrer Richtigkeit bestehen,
- wenn die Daten aus Veröffentlichungen entnommen wurden oder veröffentlicht werden dürften, außer wenn schutzwürdige Interessen des Betroffenen dem entgegenstehen,
- wenn die Verarbeitung und Nutzung personenbezogener Daten zur Gefahrenabwehr, zur Verfolgung von Straftaten und Ordnungswidrigkeiten, zur Abwehr einer schwerwiegenden Beeinträchtigung der Rechte eines anderen oder (unter bestimmten Voraussetzungen) zur Durchführung wissenschaftlicher Forschung erforderlich ist.

Die Übermittlung von Daten durch öffentliche Stellen an andere öffentlichen Stellen, an nichtöffentliche Stellen oder ins Ausland ist ebenfalls nur eingeschränkt zulässig. Auch hier gilt strikte Zweckbindung.

Nichtöffentliche Stellen, also natürliche Personen, juristische Personen des Privatrechts und Personenvereinigungen des Privatrechts, unterliegen dem BDSG nur, wenn

- personenbezogene Daten in oder aus Dateien verarbeitet oder genutzt werden und
- die Daten geschäftsmäßig oder für berufliche oder gewerbliche Zwecke verarbeitet oder genutzt werden.

Nichtöffentliche Stellen dürfen gem. § 28 Abs. 1 BDSG Daten speichern, verändern, nutzen und übermitteln.

- im Rahmen der Zweckbestimmung eines Vertragsverhältnisses oder vertragsähnlichen Vertrauensverhältnisses mit dem Betroffenen (wie es etwa zwischen Bank und Kunden, Arzt und Patienten besteht);
- soweit es zur Wahrnehmung berechtigter Interessen der speichernden Stelle erforderlich ist und kein Grund zu der Annahme besteht, dass das schutzwürdige Interesse des Betroffenen an dem Ausschluss der Verarbeitung oder Nutzung überwiegt;
- wenn die Daten aus allgemein zugänglichen Quellen entnommen werden können oder die speichernde Stelle sie veröffentlichen dürfte, es sei denn, dass das schutzwürdige Interesse des Betroffenen an dem Ausschluss der Verarbeitung oder Nutzung offensichtlich überwiegt;
- wenn es im Interesse der speichernden Stelle zur Durchführung wissenschaftlicher Forschung erforderlich ist, das wissenschaftliche Interesse an der Durchführung des Forschungsvorhabens das Interesse des Betroffenen an dem Ausschluss der Zweckänderung erheblich überwiegt und der Zweck der Forschung auf andere Weise nicht oder nur mit unverhältnismäßigem Aufwand erreicht werden kann.

Die Daten müssen nach Treu und Glauben und auf rechtmäßige Weise erhoben werden.

2.11.1.5 Verstöße und Sanktionen

Das BDSG nennt Ordnungswidrigkeiten, die mit Bußgeldern von bis zu 25.000 €, in bestimmten Fällen bis zu 250.000 € belegt werden (§ 43).

Ordnungswidrigkeiten sind z. B.

- Nichtbestellung eines Datenschutzbeauftragten,
- Verstoß gegen Informationspflichten gg. Betroffenen,
- unbefugte Speicherung, Veränderung, Übermittlung oder Verschaffung geschützter personenbezogener Daten,
- Erschleichen von Daten durch unrichtige Angaben,
- Zweckentfremdung erhobener Daten,
- unzulässige Verknüpfung von Daten.

Werden diese Ordnungswidrigkeiten vorsätzlich gegen Entgelt oder in der Absicht begangen, sich oder einen anderen zu bereichern oder einen anderen zu schädigen (§ 44 BDSG), werden sie zum **Straftatbestand,** der mit Geldstrafe oder mit Freiheitsstrafe bis zu zwei Jahren belegt ist. Die Verfolgung der Tat erfolgt ausschließlich auf Antrag.

Auf die Straftatbestände der Computerkriminalität wurde bereits in Abschnitt 2.10.1.5 eingegangen.

2.11.2 Lizenzrecht

Hinsichtlich des Lizenzrechtes, das in Bezug auf die Nutzung und Weitergabe von Software zu beachten ist, sei auf die Ausführungen zum Rechtsschutz der Erzeugnisse in den Kapiteln »Produktionswirtschaft« und »Recht« verwiesen.

2.11.3 Europäisches und internationales Recht

Parallel zur Entwicklung in Deutschland entstanden in vielen Ländern gesetzliche Regelungen zum Datenschutz. Nicht zuletzt aufgrund der Globalität des Internet wurden aber auch internationale Regelungen erforderlich.

Europäische Datenschutzrichtlinie

Die EU verabschiedete 1995 die oben bereits erwähnte Datenschutzrichtlinie, die von den meisten Mitgliedsländern erst mit Verspätung umgesetzt wurde, interessanterweise aber schon bis 1999 in die Datenschutzgesetze der Beitrittskandidaten Ungarn, Estland, Tschechien und Polen einfloss.

Die Datenschutzrichtlinie fordert von den EU-Staaten, im Zuge der Verwirklichung des Binnenmarktes den freien Verkehr personenbezogener Daten zwischen den Mitgliedstaaten sicherzustellen. Hierfür ist ein EU-weit gleichartiges Schutzniveau der Persönlichkeits- und Freiheitsrechte natürlicher Personen bezüglich der Verarbeitung personenbezogener Daten Voraussetzung. Neben bestimmten Anforderungen an die Datenverarbeitung fordert die Richtlinie die Schaffung eines Kontroll- und Sanktionensystems.

Grundlegende Anforderungen und Regeln der Datenverarbeitung sind

- Verbot mit Erlaubnisvorbehalt,
- Zweckbindungsgrundsatz,
- Besondere Restriktionen bezüglich sensibler Daten,
- Recht des Betroffenen auf Auskunft, Berichtigung, Sperrung, Löschung seiner Daten und
- Widerspruchsrecht des Betreffenden bezüglich der Verarbeitung.

2 EDV, Informations- und Kommunikationstechniken

Ferner verlangt die Datenschutzrichtlinie das Treffen besonderer technischer und organisatorischer Schutzmaßnahmen, wie sie in § 9 BDSG umgesetzt sind, und gesteht dem Betroffenen ggf. Schadenersatz aus unerlaubter Handlung zu.

Anders als das BDSG und die Länder-Datenschutzgesetze trifft die Datenschutzrichtlinie keine Unterscheidung zwischen der Verarbeitung personenbezogener Daten im öffentlichen und privaten Bereich.

Richtlinie 2002/58/EG

Mit der Umsetzung der Europäischen Datenschutzrichtlinie war die Anpassung des nationalen Rechts keineswegs zu Ende: Immer wieder sind Umsetzungen europäischer Richtlinien in die nationalen Gesetzgebungen der Mitgliedstaaten erforderlich, z. B. diejenige der »Richtlinie 97/66/EG über die Verarbeitung personenbezogener Daten und den Schutz der Privatsphäre im Bereich der Telekommunikation« umzusetzen, die wiederum am 12.07.2002 eine Aktualisierung durch die »Datenschutzrichtlinie für elektronische Kommunikation (2002/58/EG)« erfuhr.

Die ISDN-Richtlinie

Die ISDN-Richtlinie behandelt den Schutz der Privatsphäre bei der Verarbeitung personenbezogener Daten im Bereich der Telekommunikation in Bezug auf öffentlich zugängliche Telekommunikationsdienste, insbesondere ISDN (Integrated Services Digital Network; diensteintegrierendes digitales Telekommunikationsnetz) und öffentliche digitale Mobilfunknetze (Art.3 I ISDN-RiL). Unter einem Telekommunikationsdienst sind »Dienste (zu verstehen), die ganz oder teilweise in der Übertragung und Weiterleitung von Signalen über das Telekommunikationsnetz bestehen...«. Dies trifft auch auf Internet-Provider (T-Com, AOL usw.) zu.

Die ISDN-Richtlinie gewährleistet den freien Verkehr personenbezogener Daten und von Telekommunikationsgeräten und Telekommunikationsdiensten in der Gemeinschaft unter Beachtung von Schutzvorschriften, etwa der Pflicht, Daten, die für den Verbindungsaufbau verarbeitet werden (Verkehrsdaten), nach Beendigung der Verbindung zu löschen oder zu anonymisieren, wobei aber solche Daten, die zur Gebührenabrechnung notwendig sind, bis zum Ende der Anfechtungs- oder Verjährungsfrist verarbeitet werden dürfen. Sofern der Teilnehmer eingewilligt hat, darf der Betreiber des Telekommunikationsdienstes diese Daten zur Vermarktung seiner eigenen Dienste verarbeiten. Dies betrifft vor allem die so genannten Clickstream-Daten, d. h. Daten, aus denen sich das Verhaltensprofil des Internetnutzers ergibt.

Die Vertraulichkeit der über öffentliche Telekommunikationsnetze und öffentlich zugängliche Telekommunikationsdienste erfolgenden Kommunikation muss bei alledem sichergestellt sein. Das unbefugte Abfangen und Überwachen der Kommunikation ist verboten.

Im Gegensatz zur Datenschutzrichtlinie bezieht die ISDN-Richtlinie auch den Schutz juristischer Personen ein.

Internationaler Datenschutz

Auf dem internationalen Sektor beschloss die Generalversammlung der Vereinten Nationen (UNO) am 14.12.1990 die »Richtlinien betreffend personenbezogene Daten in automatisierten Dateien« mit einer Reihe von Grundsätzen, die als Mindeststandards nationaler Gesetzgebungen anzusehen seien. Zu diesen Grundsätzen gehören Rechtmäßigkeit, Richtigkeit, Zweckbestimmung, Gewährung der Möglichkeit zur Einsichtnahme durch den Betroffenen und Nichtdiskriminierung.

3 Betriebliche Organisation und Unternehmensführung

3.1 Grundlagen der Planung und Organisation

Ein Organ hat als Teil eines Lebewesens eine bestimmte Aufgabe zu erfüllen. Isoliert kann es jedoch nicht arbeiten; es funktioniert nur im Zusammenspiel mit anderen Organen, die in ihrer Gesamtheit den Organismus darstellen. Übertragen auf Bereiche außerhalb der Biologie sprechen wir, wenn wir den gleichen Sachverhalt ausdrücken möchten, jedoch nicht von Organismus, sondern von Organisation.

Der Begriff der Organisation begegnet uns in zwei Ausprägungen. Im weiteren Sinne verstehen wir darunter die Regelung der Beziehungen zwischen Menschen und Sachen in arbeitsteiligen Prozessen. Im engeren Sinne bezeichnet der Organisationsbegriff Systeme und Institutionen – gern sprechen wir von Unternehmen, Wohlfahrtsinstituten, aber auch von weniger erfreulichen Vereinigungen wie Rauschgifthändlerringen oder der Mafia als von »Organisationen«.

In dem Maße, in dem sich seit dem frühen Mittelalter die Arbeitsteilung in Handel und Handwerk und später in der Industriegesellschaft zunehmend durchsetzte, gewann die Organisation als Gegenstand der wissenschaftlichen Forschung an Bedeutung. Seit Beginn des 20. Jahrhunderts gilt die Organisationslehre als eigenständiges Gebiet der Betriebswirtschaftslehre.

Untrennbar mit dem Organisationsbegriff verbunden ist der Begriff der Planung: Zum einen bedarf die Errichtung einer Organisationsstruktur und die Festlegung der sich in ihr vollziehenden Abläufe der Planung; zum anderen finden, wie an späterer Stelle ausführlich gezeigt werden wird, innerhalb der geschaffenen Strukturen laufend Planungen statt. Wegen der herausragenden Bedeutung der Planung als vorrangiges Instrument der Unternehmensführung ist ihre Behandlung diesem Kapitel vorangestellt.

3.1.1 Planung

Bis in die fünfziger Jahre unseres Jahrhunderts wurde Planung im Rahmen der Betriebswirtschaftslehre lediglich als Instrument des Rechnungswesens angesehen. Die Planungslehre beschäftigte sich ausschließlich mit Budgets und Prognosen als »Anhängsel« der Buchhaltung. Erst in den letzten Jahrzehnten erhielt die Planungslehre den Rang eines eigenständigen Fachgebietes im Rahmen der Unternehmensführung.

Die Planung stellt innerhalb eines Unternehmens ein permanent benötigtes Führungsinstrument dar und kann daher nicht losgelöst betrachtet werden von der Struktur der Organisation. Das Planungs- und Kontrollsystem ist in die Aufbauorganisation des Unternehmens eingebettet und dort im Sinne einer Ablauforganisation installiert.

Die Elemente, die bei der Lösung planerischer Aufgaben zusammenwirken, bilden eine organisierte Struktur innerhalb der gesamten Unternehmensstruktur, das so genannte Planungssystem.

3 Betriebliche Organisation und Unternehmensführung

Elemente des Planungssystems sind

- die Anforderungen, die an das Planungssystem gestellt werden,
- die Aufgaben, die das Planungssystem erfüllen soll,
- die Pläne und Teilpläne als Resultat der Planung,
- die Planungsträger,
- die Informationen als Planungsvoraussetzung,
- den Planungsablauf (Planungsprozess).

Das Planungssystem betrifft und durchzieht alle Abteilungen einer Unternehmung und ist daher nicht allein auf die Planungsabteilung oder den Planungsstab zu beschränken. Es ist organisatorisch zu gestalten, d. h. **die Planung selbst bedarf der Planung!**

3.1.1.1 Planungsstruktur

Die Anforderungen an das Planungssystem

In der Literatur findet sich eine Vielzahl von Anforderungen an das Planungssystem, die untrennbar sind von den Planungsträgern und von solchen, die an die von ihm gelieferten Pläne gestellt werden.

Anforderungen in diesem Sinne sind z. B.

- Sensitivität gegenüber Situationen, die Planung erfordern und dementsprechende
- Flexibilität,
- Zuverlässigkeit,
- Aktualität und Vollständigkeit der in der Planung verarbeiteten Daten,
- Dokumentation von Planungsprozessen,
- Transparenz und Verständlichkeit von Planungsprozessen und Plänen,
- Koordination von Plänen,
- Wirtschaftlichkeit,
- Urteilsvermögen,
- Kreativität.

Diese Aufzählung ist keineswegs abschließend.

Die Aufgaben des Planungssystems

Zu unterscheiden sind drei wesentliche Aufgaben des Planungssystems:

- Planungsprozessaufgaben (= **Planungsaufgaben im engeren Sinne**), die die Bewältigung von Planungsproblemen zum Inhalt haben,

- **Managementaufgaben** im Sinne der Planung, Steuerung und Überwachung des Planungssystems,

- **Planungsserviceaufgaben**, d. h. Unterstützung der Planungsträger mit Informationen z. B. über Planungsverfahren und -hilfsmittel.

Pläne

Innerhalb einer Unternehmung wird Planung im allgemeinen arbeitsteilig betrieben. Aus dieser Arbeitsteilung resultiert ein System von in Zusammenhang (oder in gegenseitiger Abhängigkeit) stehenden Plänen, die sich in ihrem Umfang und Inhalt, ihrer Detailliertheit, Fristigkeit, im Verantwortungsbereich und vielerlei Hinsicht mehr unterscheiden und einer Koordination bedürfen. Gesamtpläne und Teilpläne werden später eingehender behandelt.

3 Betriebliche Organisation und Unternehmensführung

Die Planungsträger

Planungsträger sind alle Personen, die mit Planungsaufgaben betraut sind. Dies sind

- Planungsanreger,
- Planungsinformatoren,
- Planungsentwerfer,
- Planungsentscheider (-ratifizierer),
- Planungsmanager und Planungshelfer (Servicebeauftragte).

Die Stellung der einzelnen Person innerhalb des organisatorischen Systems der Planungsträger wird wesentlich bestimmt von ihrer Stellung innerhalb der Unternehmenshierarchie.

Häufig ist in Unternehmen eine **Planungszentralisation**, also die Konzentration von Planungsträgern auf die Unternehmensspitze und ihre Stäbe, anzutreffen.

Zur Bewältigung einmaliger oder völlig neuer (innovativer) Probleme werden jedoch bisweilen auch Projektplanungsteams, gern auch als »**Task Forces**« bezeichnet, gebildet, deren Lebensdauer auf die Dauer der Planung beschränkt ist. In diesem Falle liegt Planungsdezentralisation vor.

Planer (Planungsentwerfer) sollten idealerweise folgende Voraussetzungen und persönlichen Eigenschaften aufweisen:

- Kreativität,
- Kooperations- und Kommunikationsfähigkeit,
- Abstraktionsvermögen,
- Lernfähigkeit,
- Fähigkeit zum methodischen Arbeiten,
- unternehmenskonformes Risikoverhalten,
- Vorurteilslosigkeit,
- Flexibilität,
- Autorität und Durchsetzungsvermögen,
- fachliche Kompetenz.

Informationen

Informationen im Rahmen der Planung sind entweder planungstechnischer oder objektbezogener Natur.

Objektbezogene Informationen sind alle wesentlichen Informationen über den Planungsgegenstand, also

- Fakten (Statistiken, rechtliche Vorschriften, Naturgesetze) und
- technologisches (Erfahrungs-)Wissen.

Informationsquellen finden sich entweder im Unternehmen selbst (Rechnungswesen, Marktforschung) oder extern (Informationsdienste, Unternehmensberatungen, Fachliteratur, statistische Jahrbücher usw.).

Planungstechnische Informationen betreffen die Kenntnis des Planungssystems der Unternehmung und seiner Elemente sowie Kenntnisse über Planungsmethoden und -hilfsmittel.

In jedem Unternehmen wird gleichzeitig mehr als ein Objektbereich geplant. Sind Planungen voneinander abhängig oder miteinander verbunden, so bedürfen sie einer inhaltlichen, zeitlichen und personellen **Koordination**.

3.1.1.2 Planungsprozesse

3.1.1.2.1 Planungsphasen und -prinzipien

Ein Planungsprozess läuft innerhalb des Planungssystems idealerweise in folgenden Phasen ab:

- Problemformulierung,
- informationelle Fundierung,
- Entwicklung von Planalternativen,
- Bewertung der Planalternativen,
- Planauswahl (-ratifizierung).

Dieses Phasenschema gleicht zum einen der Darstellung der Planungsphase der Anwendungsentwicklung (Abschn. 2.9.3), zum anderen den in Abschnitt 3.2.2.2 folgenden Ausführungen »Phasen und Methoden des Organisierens«.

Problemformulierung

Bevor ein Problem formuliert werden kann, muss es empfunden werden. Probleme werden entweder aufgrund systematischer Recherchen (Systemanalysen) identifiziert oder »zufällig« entdeckt. Aktivitäten werden jedoch nur ausgelöst, wenn das erkannte Problem in einer ersten Beurteilung als gravierend (also nicht-trivial) empfunden wird.

Beispiel:
Einkaufssachbearbeiter Schulze ärgert sich darüber, dass er täglich drei Stunden an der Schreibmaschine zubringt, um seine — mit der Hand vorgeschriebene — Korrespondenz zu erledigen, obwohl er nicht Schreibmaschine schreiben kann. Er hat deswegen schon über fünfzig Überstunden, und sein Abteilungsleiter ist alles andere als erfreut. Schulze weiß, dass es den Abteilungskollegen Schmitz und Schweizer ebenso geht, und hat auch schon gleichlautende Klagen der Kollegen aus der Verkaufsabteilung vernommen. Er sinniert darüber nach, wie Abhilfe zu schaffen sei.

Planungsrelevante Probleme können vielerlei Ursachen haben. Ursachen unternehmensinterner Art liegen, wie in obigem Beispiel, in der Unternehmensstruktur begründet und betreffen beispielsweise die Arbeitsverteilung, Art und Alter der Produktionsanlagen, das Vertriebsnetz und vieles andere mehr. Externe Ursachen sind dagegen Zustände oder Entwicklungen der Umwelt, die eine Anpassung der Unternehmung an eine veränderte oder in Veränderung begriffene Situation erfordern.

Ist ein Problem als »nicht-trivial« erkannt, so löst diese Erkenntnis nicht in jedem Fall eine sofortige Aktion aus. Mögliche erste Reaktionen können sein

- Verdrängung,
- zeitliche Verschiebung,
- Abschiebung aus dem eigenen in einen anderen Zuständigkeitsbereich,
- die Empfindung, dass eine Lösung vonnöten ist.

Nur im letzteren Falle folgt meistens der nächste Schritt, nämlich die Problemanalyse:

Das Problem wird in seine einzelnen Komponenten zerlegt; fehlende Informationen werden beschafft; die Beeinträchtigungen, die das Problem bedingt, bzw. die möglichen Verbesserungen, die aus einer Problemlösung resultieren, werden in einer Soll-Ist-Gegenüberstellung herausgearbeitet. Zugleich wird überlegt, wer durch das Problem und seine Lösung betroffen ist, welche Lösungswege sich anbieten und welche Stellen zur Lösung beitragen können.

Die gesammelten Informationen werden in Form einer umfangreichen Dokumentation (**»Problemdefinition«**) aufbereitet und der zuständigen Stelle zugetragen. Die Definition enthält die möglichst exakte Beschreibung des Istzustandes, der möglichen Lösungen (sofern solche bereits abzusehen sind) und des nach der Lösung erwarteten Soll-Zustandes. Nach Möglichkeit benennt sie auch die Planungsträger, die verfügbaren Mittel und den zeitlichen Rahmen.

Schulze überlegt Folgendes:

- *Eigentlich könnte ich eine eigene Sekretärin gebrauchen, aber die bekomme ich bestimmt nicht (zu teuer!).*
- *Ich könnte mir eine Sekretärin mit Schmitz und Schweizer teilen – aber eine allein kann diese viele Arbeit nicht bewältigen.*
- *Am besten wäre, wenn wir ein Schreibbüro hätten, das nicht nur unsere Briefe schreibt, sondern auch die der anderen Abteilungen!*

Schulze ist überzeugt, die Lösung für das ständige Überstundenproblem gefunden zu haben, und beschließt, seine Gedanken »weiter oben« vorzutragen. Sein Abteilungsleiter, Herr Raffke, ist sehr angetan und macht sich sofort daran, einen Vorschlag für die Geschäftsleitung zu schreiben. Zunächst listet er die Überstunden seiner Mitarbeiter auf und errechnet, wieviel Zeit künftig eingespart werden kann. Das Ergebnis gefällt ihm sehr, weil er ganz offensichtlich künftig einen Sachbearbeiter einsparen kann (endlich eine Chance, Schulze loszuwerden!). Er befragt den Abteilungsleiter des Verkaufs und lässt sich Angaben über die dort realisierbare Zeitersparnis geben. Auch in dieser Abteilung zeigt sich ein ähnliches Bild. Nun überlegt er, wieviele Schreibkräfte gebraucht werden: Da die Buchhaltung sicherlich auch vom Schreibbüro regen Gebrauch machen wird, sollten schon drei Personen eingestellt werden. Man brauchte dazu einen zentral gelegenen Raum; auch ist mit den alten Schreibmaschinen kein Staat mehr zu machen. Als Raum würde sich das Aktenarchiv anbieten (im Keller ist genug Platz für alte Akten) oder der Nichtraucher-Aufenthaltsraum (weil sich dort nie jemand aufhält). Anstelle von elektronischen Schreibmaschinen oder Textautomaten würde er lieber PC's anschaffen, die die Verwaltung von Adressen und Textbausteinen leisten können.

Den Investitionsaufwand des Unterfangens überschlägt Raffke folgendermaßen:

- *Raumrenovierung, E-Installationen* 3 000 €
- *Anschaffungskosten für ein PC- Netzwerk mit Textsystem* 32 000 €
- *Anlaufkosten (Einarbeitung, Programmierung von Standardtexten, Erfassung vorhandener Daten, z. B. Kunden- und Lieferantenadressen)* 25 000 €

Auf Basis dieser Überlegungen stellt Raffke folgende Übersicht über die jährlichen Kosten auf:

Kostenstelle	**Ist-Zustand**	**Soll-Zustand**
Personal		
– Sachbearbeiter Einkauf, Verkauf, Buchhaltung	510 000	350 000
– Überstundenentlohnung	60 000	0
– Schreibpersonal	0	90 000
– Verteilung des Investitionsaufwands und der Ingangsetzungskosten auf 5 Jahre	0	12 000
– Wartungs- und Instandsetzungskosten	0	10 000
Gesamtkosten:	**570 000 €**	**462 000 €**

Diesen Vorschlag überreicht Raffke dem Geschäftsführer mit dem Hinweis, dass die Realisierung des Soll-Zustandes binnen drei Monaten möglich sei. Daher sei die Kündigung für Schulze recht bald auszusprechen. Im übrigen sei ihm diese Lösung im Bett eingefallen.

Informationelle Fundierung

Informationsbeschaffung, -verarbeitung, -speicherung und -aktualisierung findet in jeder Phase eines Planungsprozesses statt. Daher ist die informationelle Fundierung streng betrachtet keine eigenständige Phase mit fest definiertem Anfang und Ende. Jedoch findet insbesondere im Anschluss an die Problemformulierung eine Orientierung statt, im Zuge derer alle Informationen beschafft werden, die zur Beurteilung künftiger Zustände und zur Lösungsfindung für das formulierte Problem beitragen können.

Die Auswahl und Wertung, aber auch die Weitergabe von Informationen ist ein subjektiver Prozess, der die Gefahr der bewussten oder unbewussten Verfälschung von Informationen in sich birgt. Informationsdeformationen können intrapersonale (in der Person des sich Informierenden belegene) oder interpersonale (im Informationstransfer zwischen »Sender« und »Empfänger« begründete) Ursachen haben. Die Gefahr, die von unzutreffenden Prognosen aufgrund falscher oder unvollständiger Information ausgeht, liegt auf der Hand und bedarf keiner weiteren Erläuterung. Ein in diesem Zusammenhang interessantes, häufig beobachtetes Phänomen ist das der »Self-Fulfilling-Prophecy«: Der Planer, der – bewusst oder unbewusst – unter dem Erfolgszwang steht, dass die von ihm gelieferten Prognosen wirklich zutreffen und seine Planung damit als richtig anerkannt wird, setzt – meist unbewusst – alles daran, dass sich seine Prognosen bewahrheiten, und trägt durch sein eigenes Verhalten zu ihrer Erfüllung bei. Eine andere wesentliche Einschränkung erfährt Information dadurch, dass sie häufig um Intuition ergänzt (»Mut zur Lücke!«) oder gar durch diese ersetzt wird (»Fingerspitzengefühl«).

Angesichts der Vielfalt der möglichen Informationen im Zusammenhang mit der Plangenerierung kann hier nur eine Übersicht über wesentliche Bereiche des **Informationsspektrums** wiedergegeben werden. Dies sind

Informationen über die **Unternehmung**:

– Umsatz-, Gewinn-, Kostenentwicklung,
– Finanzen,
– Personal,
– Organisationsstruktur,
– Anpassungsfähigkeit usw.

Informationen über das **Unternehmensumfeld**:

– Volkswirtschaftliche Rahmendaten,
– Bevölkerungsstruktur,
– politische Tendenzen,
– rechtliche Situation usw.

Informationen über **Technologien**:

– Verfahrenstechnologien,
– Recyclingtechnologien usw.

Informationen über relevante **Märkte**:

– Beschaffungsmarkt,
– Absatzmarkt,
– Arbeitsmarkt,
– Kapitalmarkt usw.

3 Betriebliche Organisation und Unternehmensführung

Branchenspezifische Informationen:

- Branchenstruktur,
- Beschäftigungslage,
- Bedeutung und Situation von Konkurrenten usw.

Im Rahmen des geschilderten Beispieles kommt der Information über die einsetzbare Technologie besondere Bedeutung zu. Alternativ erwogen wird die Anschaffung unvernetzter PCs' oder die Installation eines PC-Netzwerkes.

Die Entwicklung von Planalternativen

Auf der Basis der in den vorangegangenen Phasen gesammelten Daten werden Lösungen erzeugt. Bei der Lösungsfindung sind die verfügbaren Lösungsmittel, die Zeit, die Rentabilität, die Dauerhaftigkeit der Lösung und die mit ihr einhergehenden Risiken zu berücksichtigen. Unter Beachtung dieser Faktoren werden häufig mehrere zulässige Lösungen gefunden. Der Suchvorgang ist jedoch nur bedingt objektivierbar und ein weitgehend kreativer Prozess. Einige Methoden und Techniken werden weiter unten dargestellt.

Als Alternativen zur Einrichtung eines Schreibbüros bieten sich z. B. folgende Möglichkeiten:

- *Unterlassung und Beibehaltung des Status Quo,*
- *Einstellung von Abteilungssekretärinnen,*
- *Außer-Haus-Vergabe der Schreibarbeiten.*

Auch die Entscheidung für einen zentralen Schreibdienst kann unterschiedliche Ausprägungen annehmen:

- *Als Arbeitsmittel kommen elektronische Schreibmaschinen, Textautomaten, PC's oder PC-Netzwerke in Betracht.*
- *Dem Vorschlag des Herrn Raffke zufolge kommen zwei Räume zur Aufnahme des Schreibbüros in Betracht. Die Entscheidung für einen dieser Räume kann von den eingesetzten Arbeitsmitteln und/oder von einer Analyse des Schriftgutanfalls abhängig gemacht werden.*
- *Die weitreichenden Auswirkungen auf die Personalstruktur der durch die Einrichtung des Schreibbüros entlasteten Abteilungen bedingen die Ausweitung des Objektbereichs der Planung; mögliche Alternativen zum Vorschlag des Herrn Raffke sind unter Einbeziehung der betroffenen Fachabteilungen zu entwickeln.*

Die Bewertung der Planalternativen

Die gefundenen Lösungen sind zum Zwecke ihrer Beurteilung zu quantifizieren und möglichst in eine Rangfolge zu bringen.

Die Nutzwertanalyse (vergl. Abschn. 3.2.2.2.4) weist die Vorteilhaftigkeit einer Lösung mit folgenden Elementen nach:

- *Umbau des Aktenarchivs zum Büroraum, dort*
- *Einrichtung eines zentralen Schreibbüros,*
- *Installation einer EDV-Lösung,*
- *Neueinstellung dreier Schreibkräfte,*
- *Freisetzung je eines Mitarbeiters aus dem Einkauf und Verkauf für andere Aufgaben.*

Planauswahl

Auf Basis der obigen Bewertung erfolgt nun die Auswahl desjenigen Planes, der realisiert werden soll (vergl. auch Abschn. 3.2.2.2.4.2).

Der Geschäftsführer trifft die grundsätzliche Entscheidung für die Einrichtung des zentralen Schreibdienstes. Mit der konkreten Ausgestaltung der EDV-Lösung sowie mit der Leitung des Projektes in der Realisierungsphase betraut er Herrn Schulze, der fortan die Leitung des Einkaufs sowie des neuen Schreibbüros innehat. Zwei seiner bisherigen Mitarbeiter werden nach der Aufnahme der Arbeit des zentralen Schreibdienstes in einer Zweigstelle eingesetzt werden; einer davon wird Herr Raffke sein.

3.1.1.2.2 Planungsfristigkeiten

Aus der bisherigen Darstellung wird deutlich, dass Planung sowohl auf die Gestaltung von Systemen als auch auf die reibungsverlustfreie Gestaltung von Abläufen innerhalb bestehender Systeme abzielen kann. Im ersteren Fall spricht man von strategischer Planung, im letzteren von operativer Planung. Zwischenstufen werden in der Literatur als **dispositive Planung** bezeichnet.

Strategische Planung zielt ab auf die Schaffung von Erfolgspotentialen zum Zwecke der Sicherung und Verbesserung der Unternehmensposition. Typische strategische Entscheidungen betreffen neue Produkte und Märkte bzw. Produkt-Markt-Konstellationen.

Derartig grundsätzliche Entscheidungen erzeugen den Bedarf nach konkreter Ausgestaltung der durch sie veränderten Aktionsräume der Unternehmung. In der Regel zieht ein strategischer Plan also eine Fülle von Planungsproblemen nach sich, die Gegenstand dispositiver oder operativer Planung sind. Während die dispositive Planung die Errichtung geeigneter Aktionssysteme zum Gegenstand hat, beinhaltet die **operative Planung** die konkrete und detaillierte Vorgehensweise zur Realisierung der durch strategische und dispositive Planung vorbestimmten Problemlösungen.

Gesamtpläne und Teilpläne

In der Unterscheidung zwischen strategischer und operativer Planung drückt sich die Rangfolge der in den Plänen behandelten Probleme aus: Ein strategischer Gesamtplan wird in ein System von Teilplanungen zerlegt, wobei jeder Teilplan einen Aspekt des Problems behandelt. Die Erstellung dieser Teilpläne wird in der Regel von der Führungsebene auf nachgeordnete Bereiche delegiert.

Wenn auch die Teilpläne, isoliert betrachtet, weniger »wichtig« und meist auch kurzlebiger sind als die übergeordnete Strategie, so hängt die strategische Problemlösung doch wesentlich von ihnen ab: In der operativen Planung zeigt sich, ob die strategische Planung Dinge fordert, die nicht leistbar sind. Daher ist, im Umkehrschluss, in der strategischen Planung das konkret »Machbare« bereits zu analysieren und zu berücksichtigen.

3.1.1.3 Aufbau, Steuerung und Kontrolle der Planung

Das Ergebnis eines Planungsprozesses ist ein Plan, der den Planungsgegenstand sachlich, räumlich, zeitlich und personal konkretisiert.

Für Pläne existiert keine Normung, weswegen ihre äußeren Erscheinungsformen je nach Planer und Unternehmung höchst unterschiedlich sind. Häufig enthalten Pläne neben den Anweisungen, welche Ziele oder Aktionen der Planempfänger realisieren soll (Entscheidungsprogramm), Informationen und Argumente, die im Planungsprozess gewonnen und erarbeitet wurden.

Das Entscheidungsprogramm

Das Entscheidungsprogramm ist der Kern des Plans (**Plan-Nukleus**). Es legt fest, welche Ziele der Planempfänger erreichen bzw. welche Aktionen er, in Abhängigkeit vom Eintreffen bestimmter Bedingungen, vornehmen soll.

Ein vollständiges Entscheidungsprogramm enthält

- **Ziele,**
- **Bedingungen,**
- **Aktionen,**

die in Abhängigkeit vom Eintreffen der Bedingungen durchgeführt werden sollen.

Beispiel:
Nachdem sich der Geschäftsführer der XY-GmbH der Ansicht angeschlossen hat, dass ein zentrales Schreibbüro vonnöten ist, und Herrn Schulze mit der Projektleitung betraut hat, erteilt Schulze dem Leiter der EDV-Abteilung folgende Anweisung:

Ziel: *Für das neue Schreibbüro sind bis 30. Juni drei Personal Computer anzuschaffen.*

Bedingungen: *a) Die Kosten einer Netzwerklösung übersteigen die Kosten dreier Einzelplätze um nicht mehr als 30%;*
b) Die Kosten einer Netzwerklösung übersteigen die Kosten der Insellösung um mehr als 30%.

Aktionen: *Unter Bedingung a): Installation eines Netzwerkes;*
Unter Bedingung b): Installation dreier unvernetzter PC's.

Unvollständige Entscheidungsprogramme nennen dagegen entweder nur die Ziele oder die (ggf. von Bedingungen abhängigen) Aktionen. Zu unterscheiden sind folgende Typen unvollständiger Entscheidungsprogramme:

- unbedingte Zielprogramme,
- bedingte Zielprogramme,
- unbedingte Aktionsprogramme,
- bedingte Aktionsprogramme.

Beispiele:
Senkung der Verwaltungskosten binnen eines Jahres um mindestens 10%! (unbedingtes Zielprogramm);

Senkung der Verwaltungskosten binnen eines Jahres um mindestens 10%, wenn die im nächsten Monat zu erwartenden Tarifabschlüsse einen Lohnzuwachs von 2,5% nicht übersteigen! Liegt die Tariferhöhung über 2,5%, so sind die Verwaltungskosten binnen eines Jahres um 10% abzgl. der 2,5% übersteigenden Marge zu senken! (bedingtes Zielprogramm);

Entlassung sämtlicher Hilfskräfte in der Produktionsabteilung! (unbedingtes Aktionsprogramm);

Entlassung sämtlicher Hilfskräfte in der Produktionsabteilung, wenn der Großauftrag der ABC-KG nicht erteilt wird! Wenn der Großauftrag der ABC-KG erteilt wird, keine Entlassungen in der Produktion! (bedingtes Aktionsprogramm).

Plananpassung

Während unbedingte Ziel- und Aktionsprogramme keinen Raum für Anpassungen an Veränderungen zulassen, die sich seit der Planratifizierung ergeben haben, sehen bedingte Programme unterschiedliche Handlungsalternativen in Abhängigkeit vom Eintreten vorabdefinierter Bedingungen vor. Bedingte Planungen sind immer dann von Vorteil, wenn Unsicherheiten hinsichtlich der Entwicklung von Planvariablen im Zeitverlauf bestehen.

3 Betriebliche Organisation und Unternehmensführung

Die Anpassung von Planvorgaben an veränderte Bedingungen setzt das Erkennen von Veränderungen voraus. Daher ist eine die Plandurchsetzung und -realisierung begleitende Kontrolle unerlässlich.

Plankontrolle

Ebenso wie Organisation und Planung ist auch die Kontrolle eine Managementfunktion. Sie vergleicht den mit der Planung angestrebten Soll-Zustand mit dem Ist-Zustand und deckt Abweichungen auf, die in der Folge zu analysieren sind.

Kontrolle findet in **allen Phasen** der Planung statt, also sowohl während des Planungs- und Durchsetzungsprozesses als auch während und nach der Planrealisierung, und tritt dementsprechend in den folgenden Formen auf.

Verfahrenskontrolle:

Die Verfahrenskontrolle prüft, ob diejenigen Verfahren, die zur Planung eingesetzt werden sollten, auch tatsächlich angewendet wurden, also ob zum Beispiel anstelle der geforderten Nutzwertanalyse lediglich eine Kostenvergleichsrechnung durchgeführt wurde.

Konsistenzkontrolle:

Pläne werden daraufhin kontrolliert, ob sie inhaltlich und logisch widerspruchsfrei sind in Bezug auf andere Planungen oder auf die übergeordneten Unternehmensziele.

Prämissenkontrolle:

Erwartungen und Annahmen, die der Planung zugrundeliegen, können sich verändern oder eine geänderte Bedeutung erlangen. Prämissenkontrolle ist die Überprüfung, ob die Planungsgrundlagen (Prämissen) noch mit dem aktuellen Kenntnisstand übereinstimmen.

Fortschrittskontrolle:

Regelmäßige Kontrollen begleiten die Planrealisierung und überprüfen, ob die aktuelle Entwicklung mit der Planung übereinstimmt. Zeitpunkte und Kontrollkriterien für jeden »Checkpoint« werden vorab festgelegt. Fortschrittskontrollen liefern Hinweise auf Planabweichungen und bieten die Chance der Gegensteuerung durch gezielte Anpassungsmaßnahmen. Voraussetzung für ihren Erfolg ist eine ausführliche Planungsdokumentation, aus der Prüfzeitpunkte und -kriterien abgeleitet werden können.

Ergebniskontrolle:

Nach Abschluss der Planrealisierung wird der geschaffene Zustand mit dem geplanten Soll-Zustand verglichen. Für Gegensteuerungsmaßnahmen ist es nun zwar zu spät, aber aus Abweichungen und der Analyse ihrer Ursachen können Erkenntnisse für spätere Projekte gewonnen sowie Auswirkungen auf andere, aktuell in der Planung oder Realisierung befindliche Projekte erkannt werden.

Die Verbindung von Planung und Kontrolle ist das **Controlling**, eine Managementfunktion, die in größeren Unternehmen regelmäßig von eigens hierfür abgestellten Stelleninhabern ausgeübt wird.

Controller erarbeiten Planungsgrundlagen und koordinieren Planung, Informationsversorgung und Kontrolle. Eine einheitliche Auffassung darüber, welche konkreten Aufgaben einem Controller obliegen sollen, gibt es bislang nicht. Vielfach sind Controllingfunktionen dem Rechnungswesen (als vorrangigem Lieferanten planungsrelevanter Daten) angegliedert.

3.1.2 Organisation

Die Organisationslehre definiert Organisation als »Gestaltung von Systemen zur Erfüllung von Daueraufgaben« (HAMBUSCH). Unter Systemen versteht man hierbei »die Menge von in Beziehung stehenden Menschen und Maschinen, die unter bestimmten Bedingungen nach festgelegten Regeln bestimmte Aufgaben erfüllen sollen« (nach GROCHLA). Die Bedeutung dieser Definitionen wird sich während der weiteren Lektüre zeigen.

3.1.2.1 Allgemeine Grundlagen der Organisation

3.1.2.1.1 Organisation und Arbeitsteilung

Werden große Aufgabenkomplexe in Einzelaufgaben zerlegt und diese Teilaufgaben bestimmten Einheiten (Menschen oder Maschinen) innerhalb eines Systems zur Erfüllung übertragen, wird dieser Vorgang als Arbeitsteilung bezeichnet.

Im Frühstadium der kulturellen Entwicklung der menschlichen Zivilisationen beschränkte sich die Arbeitsteilung auf den Familienverband. Den Mitgliedern einer Familie waren – häufig in Abhängigkeit von Geschlecht, Alter und Stellung innerhalb der Familie – unterschiedliche Aufgaben übertragen. Wirtschaftliche Außenbeziehungen gab es nicht; alle zum Leben benötigten Güter wurden selbst erzeugt und verbraucht.

Im weiteren Verlauf der Geschichte gelangten unsere Vorfahren jedoch schnell zu der Erkenntnis, dass eine Aufgabenverteilung umso sinnvoller ist, je mehr Menschen und Sachmittel einbezogen werden. So kam es zur beruflichen Arbeitsteilung und zur Entstehung der handwerklichen Berufe. Wie bereits aus der Volkswirtschaftslehre bekannt ist, resultierte hieraus die Entwicklung der Märkte und der verschiedenen Formen des Handels, aber auch die Entstehung eines zunehmend komplizierten Beziehungsgefüges zwischen den einbezogenen Menschen und Sachmitteln.

Im Laufe der Jahrhunderte bildeten sich Regeln für das reibungslose Zusammenspiel der verschiedenen Beteiligten an der arbeitsteiligen Gesellschaft heraus, die ihren Niederschlag in den verschiedensten Gesetzeswerken fanden.

Unsere moderne Industriegesellschaft ist arbeitsteilig organisiert. Dies drückt sich in der Vielzahl der Berufe und der weltweiten Handelsbeziehungen aus.

Grundsätzlich sind zwei Formen der Arbeitsteilung zu unterscheiden, die an Beispielen aus einem Betrieb erläutert werden sollen.

– **Arbeitsteilung nach Art der Verrichtung** (funktionale Organisation): Gleichartige Aufgaben, die eine gleichartige Ausbildung der Mitarbeiter oder den Einsatz gleichartiger Hilfsmittel erfordern, werden zusammengefasst.

  Dem Geschäftsführer der XY-GmbH unterstehen die Hauptabteilungen Beschaffung, Produktion, Absatz und Finanzen.

  Innerhalb der Hauptabteilung Produktion sind die Abteilungen Konstruktion, Fertigung und Qualitätskontrolle zusammengefasst.

  Im Bereich der Fertigung bilden die Zerspanungstechniker Müller, Meier und Schulze die Fachgruppe »CNC-Fräsen«.

– **Arbeitsteilung nach Objekten:** Kriterium für die Bildung von Abteilungen sind nicht die zu erfüllenden Aufgaben, sondern die Aufgabenobjekte: Produkte, Märkte, Regionen.

  Die Versicherungsgesellschaft »Safety first VVaG« untergliedert sich in die Sparten Lebens- und Unfallversicherung, KFZ-Versicherung, Gebäudeversicherung und Bausparen.

  Die Sparkasse in Geldhausen unterteilt ihre Schalterhalle nach Kundengruppen in die Bereiche Privatkunden und Geschäftskunden. Die benachbarte Volksbank bevorzugt die Gliederung in eine Giro-, eine Spar- und eine Kreditabteilung.

Die EXPORT-AG gliedert ihre Sparten nach regionalen Märkten und unterhält die Abteilungen Europa, Asien und Südamerika.

3.1.2.1.2 Organisation, Disposition und Improvisation

Organisation als Regelung der Beziehungen zwischen den Elementen eines Systems ist nur möglich, wenn folgende Voraussetzungen erfüllt sind:

– Es muss eine Aufgabe vorhanden sein,
– die Aufgabe muss zerlegbar sein,
– die Aufgabe muss von Dauer sein.

Unvorhersehbare oder unregelmäßig auftretende Ereignisse entziehen sich organisatorischer Vorkehrung. Die Reaktionen, die sie hervorrufen, werden als Improvisation bezeichnet. Organisation und Improvisation schließen sich nicht aus, sondern sind in jeder Art von System nebeneinander anzutreffen. Zwischen diesen beiden Begriffen ist die Disposition angesiedelt. Hierunter versteht man kurzfristig geplantes Handeln, dem die Umsetzung der Planung unmittelbar folgt. Der Handlungsspielraum für Disposition wird im Rahmen der Gesamtorganisation etwa durch die grundsätzliche Regelung von Kompetenzen und Verantwortung abgesteckt.

3.1.2.1.3 Zielsetzung des Organisationssystems

Aus der obigen Definition des Organisations- und Systembegriffes ergibt sich die Zielsetzung der Organisation. Diese besteht darin, Systeme zu schaffen, die durch die zweckentsprechende Integration von Menschen und Sachmitteln eine dauerhaft optimale Aufgabenerfüllung ermöglichen. Im Betrieb zielt die Organisation vorrangig auf die Förderung der Wirtschaftlichkeit ab. Dieses Ziel wird nicht erfüllt, wenn zuwenig organisatorische Regelungen getroffen werden **(Unterorganisation)**, aber auch dann nicht, wenn »zuviel des Guten« getan wird **(Überorganisation).**

Beispiele:

Während des Urlaubs eines Abteilungsleiters wird eine wichtige Entscheidung nicht getroffen, weil es versäumt wurde, einen Stellvertreter zu benennen. Hierbei handelt es sich um einen typischen Fall der Unterorganisation, aus der negative wirtschaftliche Folgen erwachsen.

Ein Einkaufssachbearbeiter, der eine Warengruppe selbstständig betreut, benötigt für jeden Einkauf, unabhängig vom Einkaufswert, das schriftliche Einverständnis des Abteilungsleiters. Dies führt regelmäßig zu Verzögerungen im Arbeitsablauf. Hier liegt eine Überorganisation vor; eine bessere Lösung würde darin bestehen, jedem Einkäufer ein Dispositions-Limit einzuräumen, in dessen Rahmen er selbstständig über notwendige Einkäufe entscheidet.

Betrachten wir die Ziele einer Unternehmung, die mit Hilfe einer Organisation erreicht werden sollen, so treffen wir auf

– **das Sachziel:** Dieses ist identisch mit der Marktaufgabe der Unternehmung. Aus der Marktaufgabe lassen sich Teilaufgaben ableiten, die wiederum die Struktur der zu schaffenden Organisation maßgeblich bestimmen.

  Die XY-GmbH hat die Marktaufgabe, Maschinenteile zu fertigen und zu verkaufen. Hieraus ergeben sich die Teilaufgaben »Einkauf von Rohstoffen«, »Anwerbung von Aufträgen«, »Erstellung von Konstruktionszeichnungen«, »Teilefertigung«, »Verkauf«, »Verwaltung« usw. Die Konsequenz ist die Bildung organisatorischer Einheiten zur dauerhaften Erfüllung dieser Teilaufgaben, also einer Beschaffungs-, einer Konstruktions-, einer Fertigungs-, einer Absatzabteilung usw.

– **die Formalziele,** die das Unternehmen mit der Erfüllung des Sachzieles anstrebt und die von den Entscheidungsträgern des Unternehmens festgelegt werden. Mögliche Formalziele sind

- Erhaltung der Unternehmung,
- Gewinnmaximierung,
- Anpassungsfähigkeit,
- Zufriedenheit der Mitarbeiter,
- Sicherheit usw.

Diese sehr allgemein formulierten Formalziele müssen auf die verschiedenen Systemebenen übertragen werden, wo sie höchst unterschiedliche Ausprägungen aufweisen können. Das Ziel »Gewinnmaximierung« bedeutet z. B. für die Einkaufsabteilung »Ausschöpfung der günstigsten Bezugsquellen und Losgrößen«, für die Produktion »Hohe Durchlaufgeschwindigkeit bei geringstmöglichem Ausschuss«, für die Verwaltung »Rationelles Arbeiten unter geringstmöglichem Personalaufwand«.

3.1.2.2 Organisationslehre: Die Elemente des Organisationssystems

Aus der Definition der Begriffe »Organisation« und »System« ergeben sich zugleich die Elemente des Organisationssystems. Diese sind

- Menschen (personale Aktionsträger),
- Maschinen (maschinelle Aktionsträger) und Sachmittel,
- Bedingungen und
- organisatorische Regeln.

Systeme, in denen Menschen und Maschinen Leistungen gemeinsam erbringen, werden als **sozio-technische Systeme** bezeichnet. Infolge der fortgeschrittenen Technisierung können nahezu alle Systeme innerhalb der modernen Zivilisation – Unternehmen, Institutionen, Vereinigungen – mit diesem Begriff bezeichnet werden.

3.1.2.2.1 Aktionsträger Menschen und Sachmittel

Die Leistungsfähigkeit einer Organisationsstruktur hängt wesentlich davon ab, inwieweit es gelingt, die verschiedenen Teilaufgaben auf geeignete Aktionsträger zu übertragen. Trotz zunehmender Automatisierung steht der Mensch innerhalb des sozio-technischen Systems immer noch als Aktionsträger im Vordergrund. Sein Einsatz innerhalb einer Aktionseinheit eines Systems hängt maßgeblich ab von den physischen und psychischen Eigenheiten des Individuums, über die die Arbeitswissenschaft und Verhaltensforschung verallgemeinernde Annahmen trifft. Das Leistungspotenzial eines Menschen hängt von seiner Leistungsfähigkeit und seiner Leistungsbereitschaft ab. Während die Leistungsfähigkeit durch die vorhandenen körperlichen Anlagen, Kenntnisse und Talente bestimmt ist und durch Training bzw. Aus- und Fortbildung gesteigert werden kann, hängt die Leistungsbereitschaft (der Leistungswille) von der seelischen Verfassung ab. Innerhalb der Arbeitswissenschaft nehmen die Theorien über die Steigerung der Leistungsbereitschaft (Motivationstheorien) einen breiten Raum ein.

Maschinelle Aktionsträger sind, im Gegensatz zu ihren menschlichen »Kollegen«, konstruktions- und kapazitätsbedingt auf die Erfüllung bestimmter Aufgaben festgelegt. Daher gibt es im Zusammenhang mit ihnen lediglich das Problem, sie optimal in den Leistungserstellungsprozess zu integrieren. Gleiches gilt für alle Arten sonstiger Sachmittel (Einrichtungsgegenstände und Hilfsmittel wie Karteien, Schreibgeräte, Telefonanlagen etc.).

3.1.2.2.2 Die Beziehungen zwischen den Aktionsträgern

Innerhalb eines sozio-technischen Systems gibt es

- Mensch – Mensch-Beziehungen,
- Mensch – Sachmittel-Beziehungen und
- Sachmittel – Sachmittel-Beziehungen (besonders Maschine – Maschine-Beziehungen).

Diese Beziehungen können materieller oder informationeller Art sein.

Materielle Beziehungen bestehen innerhalb einer Unternehmung im Austausch von Gegenständen, also Gütern, Vorprodukten, Schecks etc. Es gilt, diejenigen Stellen, die im Rahmen eines Bearbeitungsprozesses zusammenarbeiten müssen, räumlich und zeitlich zu koordinieren. Zeitliche Koordination besteht in der Planung der zeitlichen Abfolge von Verrichtungen zur Vermeidung von Versäumnissen oder Wartezeiten. Räumliche Koordination beinhaltet die Minimierung von Transportwegen.

Informationelle Beziehungen (Kommunikationsbeziehungen) zwischen den Aktionseinheiten innerhalb eines Systems sind sowohl bei der Vorbereitung und Abstimmung von Entscheidungen als auch zur Koordination von Arbeitsabläufen unerlässlich.

Informationsflüsse unterscheiden sich hinsichtlich ihrer

- **Richtung:** Informationen können einseitig (eine Aktionseinheit informiert eine andere) oder zweiseitig (zwei Aktionseinheiten informieren sich gegenseitig) fließen.
- **Stufung:** Informationen können direkt vom Informanten zum Informationsempfänger (einstufiger Informationsfluss) oder über zwischengeschaltete Informationsträger (mehrstufiger Informationsfluss) geleitet werden.
- **Schichtung:** Informationen können zwischen den verschiedenen hierarchischen Ebenen eines Systems vertikal (von unten nach oben oder von oben nach unten), horizontal (zwischen Aktionsträgern der gleichen Ebene) oder diagonal (zwischen Aktionsträgern unterschiedlicher Ebenen und Bereiche) ausgetauscht werden.

Nach ihrem **Informationsinhalt** lassen sich Informationen unterscheiden in

- **Anweisungen:** Weisungen und Befehle, die im allgemeinen von einer übergeordneten Ebene an einen unmitelbar unterstellten Aktionsträger gerichtet werden und eine vorab festgelegte Weisungsbefugnis voraussetzen,
- **Kontrollmeldungen,** die in der Regel von einem Aktionsträger an einen unmittelbar Vorgesetzten weitergegeben werden, und
- **Mitteilungsinformationen,** die weder Anweisungen noch Kontrollmeldungen sind und zwischen Aktionsträgern aller Hierarchieebenen ein- oder zweiseitig abgesetzt werden.

Die Beziehungen zwischen den Aktionseinheiten eines sozio-technischen Systems bedürfen organisatorischer Regelungen.Dieses Regelwerk, das ein eigenständiges System innerhalb des sozio-technischen Systems darstellt und sowohl personenbezogene Verhaltensregeln als auch maschinenbezogene Funktionsregeln umfasst, entspricht dem Organisationsbegriff im engeren Sinne.

Das sozio-technische System **ist** nicht nur eine Organisation, sondern es **hat** auch eine Organisation!

3.1.2.2.3 Bedingungen

Als Bedingungen bezeichnet man diejenigen Faktoren, die das System beeinflussen, ohne von diesem gleichfalls beliebig beeinflusst werden zu können.

– **Interne Bedingungen:** Hierunter versteht man die Eigenschaften der im System integrierten Menschen und Sachmittel, auf die unter dem Stichwort »Aktionsträger« bereits eingegangen wurde, sowie spezifische Eigenheiten des Systems. Beispiele hierfür sind

  – die Personalstruktur,
  – die Kapital- und Anlagenstruktur,
  – die Rechtsform,
  – die historisch gewachsene »Unternehmenskultur« usw.

– **Externe Bedingungen:** Diese werden durch die Systemumwelt bestimmt. Den Umwelteinflüssen ist der folgende Abschnitt gewidmet.

3.1.2.2.4 Umwelteinflüsse

Anders als in der Frühzeit der menschlichen Entwicklung, sind soziale oder sozio-technische Systeme heute nicht mehr autark, also umweltunabhängig, sondern auf vielfältige Art mit anderen Systemen verbunden.

Daneben existieren zahlreiche weitere externe Bedingungen, die vom System nicht oder nur bedingt beeinflusst werden können.

Bezogen auf eine Unternehmung als organisatorisches System, unterscheidet man:

– *Beziehungen zu anderen Unternehmen:*
  Die XY-GmbH beliefert die EXPORT-AG mit Maschinenteilen. Beide wickeln ihren Zahlungsverkehr über die Sparkasse Geldhausen ab. Die Transportversicherung übernimmt die Safety-First-Versicherung.

– *Ökonomische Umweltbedingungen:*
  Die XY-GmbH kann nach Belieben Verträge abschließen oder ablehnen, weil ihr die Wirtschaftsordnung der Bundesrepublik Deutschland keine diesbezüglichen Beschränkungen auferlegt. Als Zulieferfirma für exportierende Unternehmen ist sie jedoch abhängig von der konjunkturellen Entwicklung, insbesondere von Maßnahmen der Währungspolitik.

– *Marktverhältnisse:*
  Als Lieferant von Spezialteilen operiert die XY-GmbH auf einem bilateral oligopolistischen Markt. Daneben wird sie einerseits beeinflusst von der Lage des Arbeitsmarktes – der Mangel an qualifizierten Fachkräften für die Metallbearbeitung zwingt sie zu intensiven Ausbildungsaktivitäten – und andererseits von der Kapitalmarktlage – das hohe Zinsniveau erfordert zur Zeit die Verlagerung einer fälligen Großinvestition auf einen späteren Zeitpunkt. Die Preisschwankungen auf dem Rohstoffmarkt zwingen das Unternehmen derzeit, auf langfristige Lieferverträge mit Festpreisvereinbarungen zu verzichten.

– *Politische Bedingungen:*
  Vom Ausgang der nächsten Wahlen hängt es ab, ob die XY-GmbH künftig schärfere Emissionsauflagen beachten muss. Die parlamentarische Demokratie lässt eine unmittelbare Einflussnahme des Unternehmens auf derartige politische Entscheidungen nicht zu. Die Geschäftsleitung vertritt ihren Standpunkt jedoch öffentlich auf Bürgerversammlungen und in den Medien und trägt so zur öffentlichen Meinungsbildung bei.

– *Rechtliche Bedingungen:*
  Als Gesellschaft mit beschränkter Haftung unterliegt die XY-GmbH den speziellen Rechtsvorschriften nach dem GmbH-Gesetz. Daneben wird sie von einer Vielzahl anderer Rechtsnormen berührt, so etwa von steuer- und arbeitsrechtlichen Vorschriften, aber auch von der bereits oben geschilderten Verschärfung der Umweltschutzbestimmungen.

– *Soziale und kulturelle Bedingungen:*
  Die XY-GmbH beschäftigt in zunehmendem Maße ausländische Arbeitnehmer. Hierdurch entstanden in letzter Zeit häufiger Spannungen innerhalb der Arbeitnehmerschaft.

– *Technologische Bedingungen:*
  Unter dem Druck der Konkurrenz ist die XY-GmbH gezwungen, sich technologischen Neuerungen gegenüber aufgeschlossen zu zeigen. So plant die Geschäftsleitung die mittelfristige Umorganisation im Sinne des Computer Integrated Manufacturing (CIM).

3.1.2.2.5 Anpassungsprozesse

Die oben genannten Umweltbedingungen sind keine konstanten Größen; vielmehr unterliegen sie im Zeitablauf ständigen Veränderungen, die nicht immer langfristig vorhersehbar sind. Damit ist die Unternehmungsumwelt gekennzeichnet durch

– **Komplexität:** Es gibt nicht **die** Umwelt, sondern eine Fülle von Umweltbedingungen und unterschiedlichen Abhängigkeiten zwischen diesen;

– **Diskontinuität:** Die Umweltbedingungen verändern sich unregelmäßig. Anstelle kontinuierlicher Trends (stetiges, gleichmäßiges Wachstum) sind in vielen Bereichen nichtperiodische Schwankungen zu beobachten (z. B. Konjunkturentwicklung);

– **Dynamik:** Insbesondere die technologische Entwicklung vollzieht sich mit zunehmender Geschwindigkeit;

– **Unsicherheit:** Zeitpunkt, Richtung und Intensität von Veränderungen entziehen sich häufig jeder Vorhersagbarkeit.

Die Schwierigkeit eines Unternehmens, sich seiner veränderlichen Umwelt anzupassen und in ihr nicht nur zu überleben, sondern wirtschaftlich erfolgreich zu sein, wird als Anpassungs- oder **Adaptationsproblematik** (ebenfalls gebräuchlich: »Adaptionsproblematik«) bezeichnet. Sie spielt eine wesentliche Rolle in der Planungslehre.

Zur Bewältigung dieser Problematik reicht es nicht aus, wie etwa noch in den fünfziger Jahren, Daten über die Vergangenheit zu sammeln und mittels simpler Extrapolation (Fortschreibung eines Trends unter der Annahme der Stetigkeit und Sicherheit) in die Zukunft fortzuschreiben. Vielmehr gilt es, die Entwicklungen der verschiedensten Faktoren der Unternehmensumwelt ständig und systematisch zu beobachten und ein »Frühwarnsystem« zu installieren, das Veränderungen signalisiert, die eine Gefahr darstellen, aber auch mögliche Chancen. Diese Vorgehensweise ist jedoch nur sinnvoll in Verbindung mit einem »strategischen Management«, das nicht nur Ziele und Strategien festlegt, sondern auch die Unternehmungsstrukturen in Anpassungsüberlegungen einbezieht, diese also gleichfalls nicht als starr und unveränderlich auffasst. Auch hiervon wird später ausführlich die Rede sein.

3.1.2.2.6 Anforderungen des Qualitätmanagements

Wachsender Einfluss auf die Organisationsstrukturen und die sich in ihnen vollziehenden Abläufe geht vom Qualitätsmanagement aus. Modernes Qualitätsmanagement ist nicht ergebnis-, sondern prozessorientiert und erstreckt sich auf alle unmittelbar und mittelbar mit der Produkterstellung (analog: Dienstleistung) zusammenhängenden betrieblichen Bereiche. Die Einführung und Verfolgung eines Qualitätswesens erfordert eingehende Organisationsanalysen und in aller Regel auch organisatorische Anpassungen.

Das Qualitätsmanagement wird ausführlich in Abschnitt 3.4.2 behandelt.

3.2 Aufbauorganisation, Ablauforganisation und Projektmanagement

Innerhalb eines arbeitsteiligen Systems werden komplexe Aufgaben in Teilaufgaben zerlegt und diese auf verschiedene Aktionsträger verteilt. Die organisatorische Regelung der Beziehungen der Aktionsträger untereinander und zu ihrer Aufgabe ist Gegenstand der **Aufbauorganisation**, während die räumliche und zeitliche Strukturierung der in einem System ablaufenden Prozesse als **Ablauforganisation** bezeichnet wird. Das **Projektmanagement** schließlich ist eine moderne Organisationsform, bei der innerhalb einer gegebenen Organisationsstruktur eine eigenständige Sekundärorganisation gebildet wird, deren konkrete Ausgestaltung von wechselnden Projekten abhängt.

3.2.1 Aufbauorganisation

3.2.1.1 Die Bildung und Gliederung von Organisationseinheiten

Ziel der Aufbauorganisation ist es, die einzelnen Teilaufgaben innerhalb eines Systems bestimmten Aktionsträgern oder Gruppen von Aktionsträgern zuzuordnen und ein Regelwerk aufzustellen, nach dem die verschiedenen Aktionseinheiten im Aufgabenerfüllungsprozess zusammenarbeiten.

Die Bildung von Aktionseinheiten, die im Unternehmen als Stellen bezeichnet werden, setzt eine methodische Analyse der zu erfüllenden Aufgabe voraus. Kriterien der **Aufgabenanalyse** sind

– **Verrichtung:** Welche Aufgabe ist zu verrichten?

– **Objekt:** An welchem Gegenstand ist die Verrichtung vorzunehmen?

– **Rang:** Handelt es sich um eine Entscheidungs- oder eine Verrichtungsaufgabe?

– **Phase:** Ist die Verrichtung Planungs-, Durchführungs- oder Kontrollaufgabe?

– **Hilfsmittel, Ort und Zeit:** Womit, wo, wann, wie oft und wie lange ist die Verrichtung zu leisten?

Beispiel:
In der XY-GmbH stellt sich allmorgendlich die Aufgabe der Postbearbeitung, die in die Teilaufgaben Postabholung, Sortierung, Öffnen der (nicht-persönlichen) Post und Postverteilung zerfällt. Die Teilaufgabe »Öffnen der Post« wird wie folgt analysiert:

Kriterium der Aufgabenanalyse	Frage	Beispiel
Verrichtung	Was wird verrichtet?	Briefe öffnen
Objekt	Woran wird verrichtet?	Brief
Rang	Entscheidung oder Durchführung?	Durchführung
Phase	Planung, Realisation, Kontrolle?	Realisation
Hilfsmittel	Womit wird verrichtet?	Brieföffner
Ort	Wo wird verrichtet?	Sekretariat
Zeit	Wann wird verrichtet?	Täglich ab 7.30 Uhr

3.2.1.1.1 Stelle und Instanz

Der Aufgabenanalyse folgt die Stellenbildung, wobei Aufgaben sinnvoll zusammen gefasst werden (**Aufgabensynthese**). Eine Stelle kann aus einem oder mehreren Arbeitsplätzen bestehen und ist nicht raumgebunden. In sozio-technischen Systemen besteht jedoch die Einschränkung, dass eine Maschine allein keine Stelle bekleiden kann, weil sie weder Verantwortung übernehmen kann noch die Fähigkeit der Improvisation besitzt.

Die **Stellenbildung** kann nicht allein auf Basis der Aufgabenmerkmale erfolgen, sondern muss auch die Bedürfnisse der möglichen Stelleninhaber berücksichtigen. Es ist also stets zu fragen, ob eine Stelle, deren Einrichtung sich aufgrund der Aufgabenanalyse und -synthese anbietet, auch ausfüllbar und zumutbar ist oder ob ihr – etwa weil ein menschlicher Stelleninhaber in Erfüllung seiner Aufgabe ständig schädlichen Umwelteinflüssen oder unvertretbaren, weil einseitigen körperlichen Dauerbeanspruchungen ausgesetzt wäre – arbeitswissenschaftliche und rechtliche Einwände entgegenstehen.

Die **Stellenbesetzung** schließlich, also die Zuordnung von Mitarbeitern zu Stellen, erfolgt anhand einer Gegenüberstellung der Anforderungen der Stelle einerseits und der Fähigkeiten und Bedürfnisse der möglichen Stelleninhaber andererseits. Kriterien dieses Abgleichs, die in ihren Merkmalsausprägungen möglichst weitgehend zur Übereinstimmung gebracht werden sollen, sind etwa

– spezielle Fähigkeiten und Fertigkeiten,
– Spezialwissen und Erfahrung,
– körperliche und geistige Belastbarkeit,
– Flexibilität und vieles mehr.

Bei der Stellenbildung gilt es zunächst, zwischen Realisations- und Entscheidungsaufgaben zu unterscheiden. Wie bereits aus Abschnitt 3.1.2.1 bekannt ist, orientiert sich im Bereich der Realisationsaufgaben die Stellenbildung an der Art der Arbeitsteilung, also daran, ob die Verrichtung oder das Objekt im Vordergrund steht.

In Abhängigkeit von den von ihnen zu bewältigenden Aufgaben werden Stellen mit angemessenen Rechten und Pflichten, die zusammengefasst als Kompetenzen bezeichnet werden können, ausgestattet. Die wichtigsten dieser Kompetenzen sind

– die **Ausführungskompetenz:** Kompetenz zur Erledigung bestimmter Aufgaben nach festgelegten Regeln;

– die **Verfügungskompetenz:** Recht zur Hinzuziehung bestimmter Materialien und Hilfsmittel oder zur Einsicht und Nutzung bestimmter Informationen von außerhalb des eigenen Arbeitsplatzes;

– die **Antragskompetenz:** Recht, Entscheidungsprozesse anzustoßen;

– die **Mitsprachekompetenz:** Recht zur Mitwirkung an Entscheidungen in Form eines Anhörungsrechts, Mitberatungsrechts oder Mitentscheidungsrechts;

– die **Entscheidungskompetenz:** Recht zur Entscheidung über bestimmte Aktionen (Maßnahmenkompetenz) oder zur Festlegung von Rahmenbedingungen für Aktionen Dritter (Richtlinienkompetenz);

– die **Anordnungskompetenz:** Recht, andere zu bestimmtem Tun oder Unterlassen zu veranlassen;

– die **Stellvertretungskompetenz:** Recht, das Unternehmen nach außen zu vertreten und in seinem Namen Verträge abzuschließen (bisweilen wird dieser Begriff aber auch verwendet, wenn jemand das Recht hat, andere Stelleninhaber zu vertreten und für diese zu handeln).

Im Bereich der Entscheidungsaufgaben lassen sich folgende Stellenarten unterscheiden:

- **Dienstleistungsstellen** beschaffen Informationen und bereiten sie dergestalt auf, dass übergeordnete Stellen auf ihrer Basis Entscheidungen vorbereiten und treffen können,

- **Stabsstellen** werten die von den Dienstleistungsstellen zusammengetragenen Informationen aus und bereiten sie zu Handlungsalternativen auf für die wiederum übergeordneten

- **Instanzen,** die letztendlich die Entscheidungen treffen.

Die XY-GmbH plant die Anschaffung einer Großrechneranlage, die die Verknüpfung von Konstruktion, Fertigung und kaufmännischer Auftragsabwicklung im Sinne des Computer Integrated Manufacturing (CIM; vgl. Abschn. 2.2.2) ermöglichen soll. Ein Mitarbeiter der EDV-Abteilung erhält den Auftrag, Informationen über die verschiedenen am Markt erhältlichen Rechnersysteme zusammenzutragen. Gleichzeitig wird ein Mitarbeiter der Finanzabteilung beauftragt, Darlehenskonditionen bei verschiedenen Sparkassen und Banken einzuholen. Nach erfolgter Informationssammlung tragen beide Mitarbeiter die gewonnenen Erkenntnisse dem Assistenten des Geschäftsführers vor, der daraus eine Übersicht zusammenstellt, aus der die technischen Daten der verschiedenen Rechner sowie die Folgekosten der alternativen Investitionsentscheidungen ersichtlich sind. Auf der Basis dieser Ausarbeitung fällt der Geschäftsführer die Entscheidung für den Rechner der Z-DATA KG und die Kreditaufnahme bei der Volksbank Geldhausen.

In Abhängigkeit von der Größe und den Aufgaben der Unternehmung werden verschieden große Stellen gebildet, die wiederum – nach den oben beschriebenen Kriterien »Verrichtung« oder »Objekt« – in Abteilungen und Hauptabteilungen zusammengefasst werden.

Im allgemeinen Sprachgebrauch hat es sich eingebürgert, den Begriff der Stelle als Synonym für den einzelnen Arbeitsplatz zu verwenden und somit auf einzelne Personen als Stelleninhaber zu beziehen. Diese Auffassung des Stellenbegriffs schlägt sich z. B. nieder in den gebräuchlichen Stellenbeschreibungen.

3.2.1.1.2 Stellenbeschreibung und Organisationsplan

Für das reibungslose Funktionieren einer Organisation ist es unerlässlich, dass jeder einzelne Aktionsträger Einblick in die Organisationsstruktur und damit die Kenntnis darüber hat, welche Funktion er ausüben soll und welcher Art seine Beziehungen zu anderen Stelleninhabern sein sollen. Die erforderliche Transparenz schaffen Stellenbeschreibungen und Organisationspläne (Organigramme).

Stellenbeschreibungen fixieren die Aufgaben und Anforderungen einer Position sowie deren Einordnung in das organisatorische Gefüge des Unternehmens in verbaler Form.

Stellenbeschreibungen gliedern sich für gewöhnlich in die Beschreibung der

- **Stellenaufgabe:** Tätigkeiten, Rechte, Pflichten und Verantwortungsbereich;

- **Stellenanforderungen:** Schulische und berufliche Vorbildung, spezielle Kenntnisse und persönliche Eigenschaften;

- **Stelleneingliederung:** Position der Stelle innerhalb der Gesamtorganisation, somit Verdeutlichung der Über-, Unter- und Gleichstellungsverhältnisse.

Die Beziehungen zwischen den Stellen innerhalb eines Unternehmens – Über-, Unter- und Gleichstellungsverhältnisse sowie informationelle Beziehungen – werden grafisch in Organisationsplänen dargestellt. Diese dienen also der bildlichen Darstellung der hierarchischen Betriebsstruktur. Grafische Darstellungen der unterschiedlichen Organisationsformen folgen in Abschnitt 3.2.1.2.

3.2.1.1.3 Die hierarchische Unternehmensstruktur

In Unternehmungen finden sich im Grundsatz drei **Leitungsebenen**:

– Die oberste Leitungsebene **(Top Management)**, die die Führungs- und Repräsentationsaufgaben wahrnimmt;

– die mittlere Leitungsebene **(Middle Management,** z. B. Hauptabteilungsleiter) mit folgenden Aufgaben:

  – Einsatz und Anleitung der Mitarbeiter,
  – Koordination der Zusammenarbeit,
  – Ausübung der Kontrolle im eigenen Zuständigkeitsbereich,
  – Treffen von Entscheidungen im eigenen Bereich,
  – Entscheidungsvorbereitung für die oberste Leitungsebene;

– die untere Leitungsebene **(Lower Management;** z. B. Gruppenleiter, Werkmeister) mit folgenden Aufgaben:

  – Arbeitsvorbereitung,
  – Übertragung der Ausführung an die ausführenden Stellen,
  – Überwachung der untergeordneten ausführenden Stellen,
  – Mitwirkung bei der Ausführung.

Mit abnehmendem Rang sinkt der Anteil der Leitungsvollmachten an der Stellenaufgabe, während der Anteil an ausführenden Tätigkeiten zunimmt.

Während den Stelleninhabern aller drei Leitungsebenen Leitungsaufgaben zukommen, sind die so genannten Führungsaufgaben der obersten Ebene vorbehalten.

3.2.1.1.4 Zentralisation und Dezentralisation von Entscheidungsbefugnissen

Die Begriffe der Zentralisierung und Dezentralisierung können in unterschiedlicher Weise aufgefasst werden: Meist jedoch umschreiben sie eine räumliche Komponente. Zentralisierung in diesem Sinne ist die Bündelung gleichartiger Aufgaben in ein- und derselben Stelle bzw. am selben Ort; Dezentralisation meint dem gegenüber die räumlich getrennte Verteilung gleichartiger Aufgaben auf mehrere Stellen.

Nahezu jede Zentralisierung nach einem Kriterium zieht die Dezentralisierung nach anderen Kriterien nach sich: Aus Objektzentralisierung in der Fertigung resultiert notgedrungen eine Verrichtungsdezentralisierung und umgekehrt (vgl. Abschn. 3.1.2.1.1).

Übertragen auf Leitungsaufgaben, bezeichnen die Begriffe der Zentralisierung und Dezentralisierung (häufig auch: Zentralisation, Dezentralisation) das Ausmaß, in dem Entscheidungsbefugnisse auf wenige Personen an der Unternehmensspitze konzentriert oder aber auf nachrangige Mitarbeiter übertragen werden; d.h. den Grad der Entscheidungsdelegation.

Konzentrieren sich Aufgaben mit bedeutendem Entscheidungsspielraum ausschließlich auf die Stellen des Top-Managements, so liegt **Zentralisation** vor.

Ihr Vorteil wird darin gesehen, dass sie der Führungsspitze eine konsequentere, von inneren Widersprüchen freiere Führung ermöglicht, als dies bei Delegation von Entscheidungsbefugnissen auf nachrangige Stellen zu erwarten wäre. Gegen Zentralisation spricht jedoch die vergleichsweise starke Belastung des Spitzenmanagements und der geringe Motivationsanreiz, der von dieser Form der Führung auf Mitarbeiter ausgeht.

Die Nachteile der Zentralisation sind die Vorteile der **Dezentralisation:** Werden nicht nur Aufgaben, sondern auch Entscheidungskompetenzen (und Verantwortung) auf Stellen des mittleren und unteren Managements übertragen, wirkt sich dies in der Regel positiv auf Engagement und Kreativität der so »aufgewerteten« Mitarbeiter aus. Die positiven Erfahrungen mit dem so genannten »**Lean Management**«, flachen Organisationsstrukturen also, die sich durch weitgehende Verlagerung von Verantwortung und Entscheidungskompetenz auf nachgeordnete – auch ausführende – Stellen auszeichnen, bestätigen, dass mit Dezentralisation nicht auch zwangsläufig ein Koordinationsverlust einhergehen muss. Voraussetzung hierfür ist allerdings die Einschränkung so genannter »**fallweiser Regelungen**« durch den Erlass **genereller Regelungen** als Richtschnur für das Handeln nachrangiger Mitarbeiter. Diese Philosophie des Ersetzens fallweiser Regelungen durch generelle Regelungen wird auch als »**Substitutionsprinzip der Organisation**« bezeichnet.

3.2.1.2 Organisationsformen

Wie inzwischen bekannt ist, beinhaltet die Aufbauorganisation die Regelung der Beziehungen zwischen verschiedenen Aktionsträgern bzw. Stellen innerhalb eines Systems. Diese Beziehungen können materieller und/oder informationeller Art sein.

Die folgenden Betrachtungen beziehen sich insbesondere auf diejenigen informationellen Beziehungen, die mit dem Begriff der **Weisungsbefugnis** umschrieben werden können.

Klassische Formen der Aufbauorganisation sind

– Einlinienorganisation,
– Stablinienorganisation,
– Mehrlinienorganisation (Funktionsorganisation),
– Matrixorganisation,
– teamorientierte Organisation,
– Projektorganisation.

3.2.1.2.1 Die Einlinienorganisation

Bei der Einlinienorganisation gelangen Anweisungen streng vertikal von oben nach unten; ebenso werden Kontrollmeldungen von unten nach oben weitergeleitet.

Jede untergeordnete Stelle hat nur **einen** unmittelbaren Vorgesetzten; ausschließlich von diesem können Weisungen entgegengenommen werden.

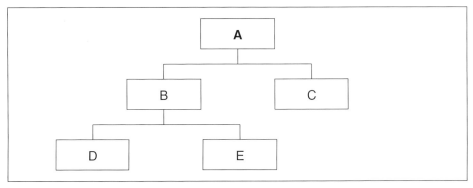

Einlinienorganisation

Die Einlinienorganisation findet sich vornehmlich in kleinen oder mittleren, also überschaubaren Unternehmen.

Funktionale Organisation

Bei einer Aufgabenteilung nach dem **Verrichtungsprinzip** und gleichzeitiger Anwendung des Einliniensystems hinsichtlich der Leitungsbeziehungen entsteht die so genannte funktionale Organisation.

Hierzu die folgende Abbildung:

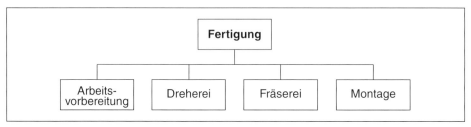

Funktionale Organisation

Die funktionale Organisation ermöglicht aufgrund der mit ihr einhergehenden Zusammenfassung gleichartiger oder verwandter Tätigkeiten eine **hohe Spezialisierung** der ausführenden Stellen und damit eine kostengünstige Leistungserstellung. Demgegenüber fallen jedoch die so genannten Beziehungskosten, also die Kosten für Transporte von Material und Informationen, stärker ins Gewicht als bei der nachfolgend geschilderten divisionalen Organisation.

Daher eignet sich die funktionale Organisation besonders für Unternehmungen mit homogenem, wenige Umstellungen erforderndem Produktionsprogramm.

Divisionale Organisation

Bei einer Aufgabenteilung nach dem **Objektprinzip** und gleichzeitiger Anwendung des Einliniensystems entsteht dagegen eine divisionale Organisation. Sie empfiehlt sich für Unternehmungen mit heterogenem Produktionsprogramm, welches eine Spezialisierung nach Produkten erforderlich macht.

Eine Organisation, bei der auf der zweiten Hierarchieebene – also unterhalb der Führungsebene – eine Gliederung nach dem Objektprinzip erfolgt, wird **Spartenorganisation** genannt. Eine zunehmend an Bedeutung gewinnende Spezialform der divisionalen Organisation ist das **Profit-Center-Konzept,** bei dem jede Sparte eine weitgehend selbstständige, gewinnorientierte Subunternehmung darstellt.

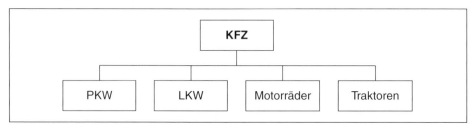

Divisionale Organisation (Objektprinzip)

3.2.1.2.2 Die Stablinienorganisation

Bei der Stablinienorganisation sind der obersten Leitungsebene nicht weisungsbefugte, sondern lediglich beratende Fachleute bzw. mit solchen bestückte Fachabteilungen zugeordnet, die als **Stäbe** bezeichnet werden.

Häufig sind dies Rechtsabteilungen und Abteilungen für Öffentlichkeitsarbeit. Insbesondere größere Unternehmungen sind häufig in dieser Form organisiert.

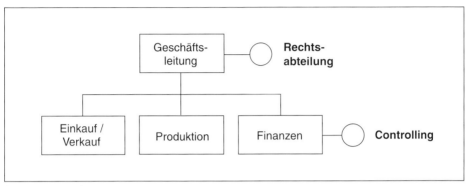

Stablinienorganisation

3.2.1.2.3 Die Mehrlinienorganisation

Die Mehrlinien- oder Funktionsorganisation ist auf das so genannte Funktionsmeistersystem von TAYLOR zurückzuführen.

Hierbei empfangen die untergeordneten Stellen Anweisungen nicht nur von einem Vorgesetzten, sondern von mehreren vorgesetzten Stellen, von denen jede für einen bestimmten Spezialbereich zuständig ist.

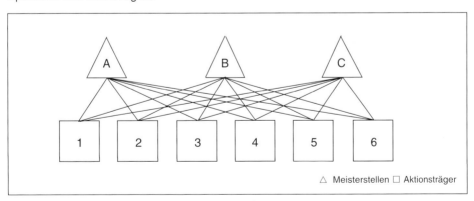

Mehrlinienorganisation (Funktionsmeistersystem nach TAYLOR)

Im klassischen System von Taylor gibt es Meister, die für die Arbeitsvorbereitung zuständig sind, und andere, die – unter Verfolgung verschiedener Zielsetzungen (Geschwindigkeit, Qualität, Maschinenwartung) – die ordnungsgemäße Durchführung verantworten.

Ein Aufsichtsmeister hat die Gesamtleitung inne.

3.2.1.2.4 Die Matrixorganisation

Die Matrixorganisation vereinigt die Anwendung des Objektprinzips mit der des Verrichtungsprinzips. Hieraus resultiert zwangsläufig die Überlagerung zweier Leitungsebenen in einem Mehrliniensystem. Auf die folgende Abbildung wird aufmerksam gemacht.

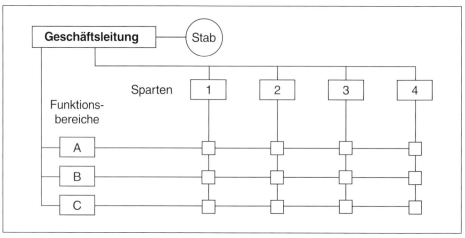

Matrixorganisation – Prinzipdarstellung

Der Vorteil dieser Organisationsform liegt darin, dass sowohl die auf das Produkt als auch die auf die Funktion bezogenen Spezialkenntnisse ausgeschöpft werden. Die Teilung der Leitungs- und Weisungsbefugnisse führt jedoch zu einer ständigen Konfliktsituation, die sich unproduktiv auswirken kann.

Nach GROCHLA eignet sich diese Organisationsform wegen des hohen Konfliktpotentials und wegen des starken Einsatzes von Spezialisten deshalb insbesondere für die **Lösung innovativer und komplexer Probleme**, für die andere Strukturen zu bürokratisch sind.

Eine Spezialform der Matrixorganisation ist die **Tensororganisation**, bei der neben der Orientierung am Objekt- und am Verrichtungsprinzip weitere Gliederungskriterien (nach Regionen, Märkten oder Kunden) berücksichtigt werden. Auf diese Weise entsteht eine dreioder mehrdimensionale Organisationsstruktur, für die die genannten Vor- und Nachteile der Matrixorganisation in erhöhtem Maße gelten.

3.2.1.2.5 Die teamorientierte Organisation

Alle bislang geschilderten Organisationsstrukturen weisen die Gemeinsamkeit auf, dass sich die Übertragung (Delegation) von Befugnissen seitens der Führungsebene auf untergeordnete Stellen lediglich auf einzelne Personen beschränkt. Teamorientierte Organisationsstrukturen sehen dagegen nicht mehr die Einpersonen-Instanz, sondern **multipersonale Instanzen** vor, die ihre Entscheidungen im Team treffen.

Ziel dieses Ansatzes ist es, zum einen die Qualität der getroffenen Entscheidungen zu verbessern und zum anderen die Durchsetzbarkeit von Entscheidungen dadurch zu erleichtern, dass sie von allen Mitgliedern des Teams mitgetragen werden. In der Praxis erweist sich die Teamorganisation häufig als zu wenig flexibel; als Organisationsmodell ganzer Unternehmungen ist sie daher bislang nicht anzutreffen. Sie bleibt eher auf einzelne Teilbereiche innerhalb größerer Unternehmungsstrukturen beschränkt.

3.2.1.2.6 Die Projektorganisation

Die Projektorganisation gleicht der Spartenorganisation. Als Gliederungsvorgabe dienen dabei Großprojekte (z. B. große Industriebauten, Staudämme, Verkehrssysteme), weswegen sich diese Organisationsform bevorzugt im **Großanlagenbau** findet.

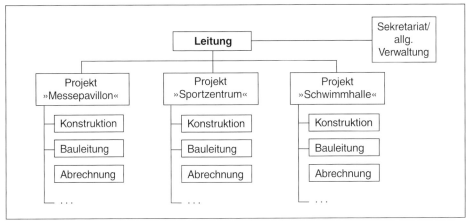

Projektorganisation

Auf diese Organisationsform und die »modernere« Variante, das **Projektmanagement**, wird in Abschnitt 3.2.3 noch ausführlich eingegangen.

3.2.1.2.7 Die fraktale Organisation

Die fraktale Organisation kann als Weiterentwicklung der Teamorganisation betrachtet werden. In ihr finden sich Mitarbeiter in verschiedenen Teams zusammen, von denen jedes eine für einen bestimmten Geschäftsprozess zuständige Einheit, ein so genanntes **Fraktal**, darstellt. »Alle Fraktale des Unternehmens sind selbstständig agierende und eigenverantwortliche Unternehmenseinheiten, in denen die Unternehmensziele und unternehmerisches Denken und Handeln gelebt werden und deren Ziele und Leistungen eindeutig beschreibbar sind« (vgl. WARNECKE 1995).

Dabei gehört jeder Mitarbeiter zunächst einem nach fachlichen Gesichtspunkten gebildeten, dauerhaften **Kompetenzteam** an. Je nach Anforderung durch aktuelle Arbeitsaufträge ist er außerdem für begrenzte Zeiträume Mitglied wechselnder **Projektteams** bzw. mit internen Aufgaben – etwa der Organisation des Qualitätsmanagements – befasster so genannter **virtueller Teams**. Bei Bedarf – etwa um gemeinsam mit anderen an neuen Ideen oder speziellen Problemstellungen zu arbeiten – kann er sich spontan informellen **Ad-hoc-Teams** anschließen. Ein Mitarbeiter ist in der Regel gleichzeitig Mitglied seines Kompetenzteams und mehrerer Projekt-, Ad-hoc- und virtueller Teams.

In größeren Unternehmen werden Kompetenzteams zu **Kompetenzcentern** und Kompetenzcenter zu **Geschäftsbereichen** zusammengeschlossen. Dabei entsteht aber keine streng hierarchisch gegliederte Organisation; vielmehr sind alle organisatorischen Einheiten als Fraktale verschachtelt, so dass jeder Mitarbeiter die Möglichkeit hat, seine Kompetenz auf allen Ebenen des Unternehmens einzubringen. Einfluss auf die Unternehmensführung nehmen zu können ist damit, anders als in hierarchisch strukturierten Unternehmen, nicht an eine Vorgesetzteneigenschaft gebunden.

Prinzipiell ist die fraktale Organisation eine sich selbst steuernde Organisation. Ohne Führungskräfte kommt auch sie nicht aus; jedoch spielen Macht über Personen und geschlossene Zirkel eine geringe, Kooperation, Kompetenz und Kommunikation dafür eine um so größere Rolle.

Diese Organisationsform findet sich derzeit vorrangig in Unternehmen des IT-Bereichs, wo der Hauptvorteil dieses Systems - nämlich seine hohe Flexibilität, bedingt durch die fraktale Struktur - wesentliche Voraussetzung des Markterfolges ist.

Als besondere Merkmale der fraktalen Organisation gelten (wiederum nach WARNECKE) vor allem

— »**Selbstähnlichkeit**«: Die Naturwissenschaft verwendet den Begriff der Selbstähnlichkeit für solche geometrischen Objekte, bei denen bei vergrößerter Betrachtung ein Objektteil die (gleiche oder ähnliche) Gestalt des ursprünglichen Ganzen aufweist und bei verkleinerter Betrachtung das Ganze in ein Teil eines größeren Ganzen mit gleicher/ähnlicher Gestalt übergeht (z. B. ähnelt der Zweig eines Baumes dem Baum selbst und der Baum folglich auch jedem seiner Zweige). Übertragen auf Fraktale als Unternehmenseinheiten bedeutet dies, dass jedes Fraktal die wesentlichen Strukturelemente des Unternehmens einschließlich seiner Werte und Ziele beinhaltet.

— **Selbstorganisation** und **Selbstoptimierung** in operativer und strategischer Hinsicht: Ziele werden von der Organisation selbstständig erkannt, und sie richtet ihre Strukturen selbstständig auf die Realisierung dieser Ziele aus;

— **Dynamik** und **Vitalität**: Besonderes Kennzeichen von Fraktalen ist ihre dichte, auf den Regeln der Kybernetik basierende Vernetzung durch Informations- und Kommunikationssysteme, die schnelle und flexible Anpassungen an neue Anforderungen ermöglicht;

— **Aufgabenorientierung**: Im Vordergrund steht die Aufgabe, nicht die Person. Wenn es die Aufgabe erfordert, muss die Zusammensetzung des Teams geändert werden.

3.2.2 Ablauforganisation

Unter Ablauforganisation werden die organisatorischen Regelungen verstanden, nach denen einzelne Teilaufgaben zu einem Gesamtvorgang zusammengefügt werden. Die Ablauforganisation regelt also **dynamische Vorgänge** innerhalb des durch die Aufbauorganisation geschaffenen statischen Rahmens.

Der Assistent des Geschäftsführers der XY-GmbH diktiert einen Brief auf Tonband. Eine Phonotypistin aus dem zentralen Schreibdienst schreibt den Brief und gibt ihn mit Durchschlag an den Assistenten zurück. Dieser prüft ihn und legt ihn dem Geschäftsführer vor, der ihn unterschreibt. Die Sekretärin des Geschäftsführers heftet die Durchschrift ab und kuvertiert das Original, das anschließend dem Postversand übergeben wird. Dort wird der Brief gewogen, frankiert und in das Postausgangsbuch eingetragen. Am Abend bringt der Auszubildende die gesamte Post zum Postamt.

3.2.2.1 Formen und Darstellungen von Arbeitsabläufen

3.2.2.1.1 Organisationsformen der Arbeitsabläufe

Wie bereits bekannt ist, orientiert sich die Art der Stellenbildung innerhalb einer Unternehmung an der Art der Arbeitsteilung, also daran, ob die Verrichtung oder das Objekt im Vordergrund steht. Dementsprechend können auch Arbeitsabläufe verrichtungs-(verfahrens-)-orientiert oder objektorientiert organisiert sein. Weitere Organisationskriterien sind **Raum**, **Zeit** und **Entscheidung**.

3.2.2.1.1.1 Verfahrensorientierte Ablauforganisation

Bei der verfahrensorientierten Ablauforganisation wird der Ablauf eines Arbeitsvorganges allein von der zu verrichtenden Aufgabe, nicht jedoch von dem Gegenstand, an dem die Aufgabe zu erfüllen ist, bestimmt.

Im Schreibbüro der XY-GmbH spielt es für die Zuordnung eines Auftrages zu einer Schreibkraft keine Rolle, welchen Inhalts ein Schriftstück ist; denn die Organisation orientiert sich an der Verrichtung des Schreibens. Mit jeder Einlieferung eines diktierten Textes auf Tonbandkassette wird in gleicher Weise verfahren: Diejenige Schreibkraft, die gerade frei geworden ist, holt die Kassette aus dem Eingangskorb, schreibt den Text nach den Anweisungen des Diktierenden ab, speichert ihn, druckt ihn aus und legt sowohl den Ausdruck als auch die Kassette in den Ausgangskorb.

3.2.2.1.1.2 Objektorientierte Ablauforganisation

Bei der objektorientierten Ablauforganisation steht der Gegenstand, an der die Aufgabe zu erfüllen ist, im Vordergrund.

Die einer Obstvermarktungsgenossenschaft angeschlossene Verarbeitungsanlage verarbeitet die eingelieferten Äpfel in Abhängigkeit von ihrer Größe und ihrem Zustand unterschiedlich. Zunächst werden sie einer Sichtprüfung unterzogen. Sehr kleine Äpfel und alle Äpfel mit sichtbaren Beschädigungen und Beeinträchtigungen wandern in den Entsafter. Die verbleibenden Äpfel durchlaufen verschiedene Siebe, und diejenigen, die die Verkaufsnormgrößen nicht erfüllen, werden der Entkernung und Schälung zugeführt und danach zu Kompott verarbeitet. Die restlichen Äpfel sind marktverkäuflich und werden entsprechend verpackt, bevor sie mit einem Kühlfahrzeug zum Großmarkt gefahren werden.

3.2.2.1.1.3 Raumorientierte Ablauforganisation

In der Regel sind mehrere Stellen und Abteilungen in Arbeitsabläufe einbezogen. Zwischen ihnen bestehen materielle und informationelle Beziehungen. Insbesondere die körperliche Weitergabe von Werk- oder Schriftstücken verursacht Verzögerungen im Arbeitsablauf, deren Umfang sich proportional zu den zu überwindenden Entfernungen verhält. Aber auch informationelle Beziehungen bedingen die zeitaufwändige Zurücklegung von Wegen, wenn die Kommunikation nicht fernmündlich stattfinden kann. Einer zweckmäßigen Raumplanung kommt daher große Bedeutung zu.

Die Häufigkeit, mit der Wege zurückgelegt werden, kann in einer Ist-Aufnahme erfasst werden. Hierbei bietet sich die Methode der **Dauerbeobachtung** (ein »Organisator« hält sich über mehrere Tage an einem Arbeitsplatz auf und beobachtet die stattfindenden Kontakte) oder die Führung von »Strichlisten« durch die Mitarbeiter an. Die Beobachtungen fließen ein in ein »**Kommunigramm**« und letztlich in einen Vorschlag zur Raumzuordnung.

Beispiel:
Die Verwaltung der XY-GmbH soll demnächst ein neues Gebäude beziehen. Da die räumliche Anordnung der Abteilungen noch festzulegen ist, sollen die Beziehungen zwischen den verschiedenen Gruppen untersucht werden. Durch das Führen von Strichlisten über einen Beobachtungszeitraum von zwei Wochen wurden folgende **Beziehungshäufigkeiten** *ermittelt:*

3 Betriebliche Organisation und Unternehmensführung

Abteilung	G	P	L	F	B	E	W	S
G	-	110	15	35	15	50	80	120
P		-	80	10	5	40	-	95
L			-	75	5	40	-	50
F				-	80	15	-	60
B					-	15	-	15
E						-	10	40
W							-	80
S								-

Legende:
G Geschäftsleitung
P Personalleitung
L Lohnbüro
F Finanzbuchhaltung
B Betriebsbuchhaltung
E EDV und Organisation
W Werbung
S Zentraler Schreibdienst

Auf Basis dieser Beobachtungen wird das folgende Kommunigramm erstellt:

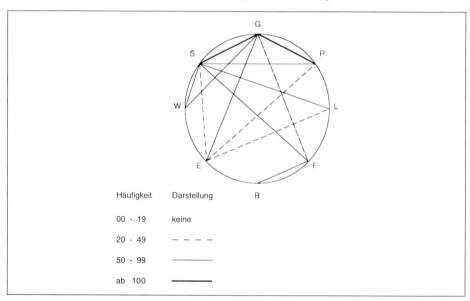

Kommunigramm

Aus dem Kommunigramm ergeben sich die starke Inanspruchnahme des zentralen Schreibdienstes durch alle anderen Abteilungen sowie ausgeprägte Kommunikationsbeziehungen einerseits zwischen Personalleitung und Finanzbuchhaltung sowie Finanzbuchhaltung und Lohnbuchhaltung untereinander und zwischen dieser Gruppe und der Geschäftsleitung, andererseits zwischen Werbung und Geschäftsleitung. Die EDV-Abteilung wird von allen Abteilungen genutzt, ist aber nicht von der gleichen hervorragenden Bedeutung wie der Schreibdienst; die Betriebsbuchhaltung führt ein Schattendasein neben der Finanzbuchhaltung.

Hieraus ergibt sich die folgende Empfehlung für die Raumverteilung:

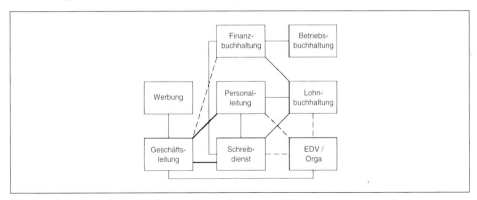

Raumverteilung

Vielfach lässt sich eine auf diese Weise gefundene Raumanordnung nicht vollständig verwirklichen, es sei denn, es handle sich um ein Großraumbüro, das die variable Raumnutzung zulässt.

Aus diesem Beispiel wird deutlich, dass sich bei der raumorientierten Ablauforganisation weniger der Arbeitsablauf an der räumlichen Anordnung der Arbeitsgruppen als vielmehr die Raumverteilung am Arbeitsablauf orientiert.

Durch die Dauerbeobachtung bilateraler Beziehungen, wie im Beispiel demonstriert, wird allerdings noch keine Feststellung über die Richtung und die tatsächliche Abfolge einzelner Arbeitsprozesse getroffen.

3.2.2.1.1.4 Zeitorientierte Ablauforganisation

Da jeder Aufgabenerfüllungsprozess an Termine gebunden ist, genügt es nicht, die Reihenfolge von Teilaufgaben festzulegen; genauso wesentlich ist die terminliche Abstimmung dieser Teilaufgaben. Bereits in der Planungsphase eines Projektes ist der Zeitaufwand für jede Teilaufgabe so festzulegen, dass der Endtermin des Projektes eingehalten wird.

Während der Realisierungsphase erfolgt eine ständige Kontrolle der Termineinhaltung; werden Terminüberschreitungen erkennbar, muss seitens der Projektleitung steuernd in den Ablauf eingegriffen werden.

Die zeitorientierte Ablauforganisation setzt folgende Vorarbeiten voraus:

1. Zerlegung der Gesamtaufgabe in Teilaufgaben (Vorgänge),

2. Schätzung des Zeitbedarfs für jede einzelne Teilaufgabe auf der Basis von Erfahrungswerten oder Angaben der mit der Ausführung betrauten Stellen,

3. Festlegung der Reihenfolge der Teilaufgaben unter Berücksichtigung von Abhängigkeiten und unter Prüfung der Möglichkeiten, einzelne Teilaufgaben parallel ablaufen zu lassen,

4. Erstellung einer Vorgangsliste, in welcher die Erkenntnisse aus 1.–3. zusammengefasst werden.

3 Betriebliche Organisation und Unternehmensführung

Beispiel:
Der Bau des Verwaltungsgebäudes der XY-GmbH wurde in der oben dargestellten Weise geplant. Aus dieser Planung resultiert die folgende Vorgangsliste:

Projekt: Bau des Verwaltungsgebäudes   **Vorgangsliste**

Nr.	Vorgang	Dauer (Wochen)	Unmittelbarer Vorgänger
1	Erdarbeiten	2	-
2	Fundament	3	1
3	Rohbau	10	2
4	Dachstuhl	2	3
5	Dacheindeckung	2	4
6	Installationen	8	3
7	Fenster, Türen	1	4
8	Außenverklinkerung	4	7
9	Innenputz	3	5,7
10	Malerarbeiten	3	9
11	Außenanlagen	6	7
12	Einzug	2	6, 8, 10, 11

Die Addition der jeweils benötigten Wochen würde keinen Sinn machen, da einige der aufgeführten Teilaufgaben offensichtlich parallel ausgeführt werden können; die Summe der Wochen wäre also nicht identisch mit der Gesamtdauer des Projektes.

Die grafische Darstellung des Arbeitsablaufs in einem Diagramm oder Netzplan, aus der auch die tatsächliche Gesamtdauer abzulesen ist, wird in Abschnitt 3.2.2.1.2.5 behandelt.

3.2.2.1.1.5 Entscheidungsorientierte Ablauforganisation

Handelt es sich bei der zu erfüllenden Aufgabe um einen mehrstufigen Entscheidungsprozess, bei dem Entscheidungen in zeitlicher Abfolge und/oder von mehreren Instanzen getroffen werden müssen, liegt eine entscheidungsorientierte Ablauforganisation vor. Entscheidungsprozesse sind Gegenstand der in Abschnitt 3.1.1 behandelten Planungstheorie.

3.2.2.1.2 Erfassung und Darstellung von Arbeitsabläufen

Wenn geplante oder vorhandene Arbeitsabläufe dargestellt werden sollen, so kann dies in verbaler Form erfolgen. Übersichtlicher ist jedoch häufig die grafische Darstellung unter Zuhilfenahme der folgenden Instrumente:

– Arbeitsgangdarstellung (Arbeitsganganalyse),
– Flussplan (Flussdiagramm),
– Arbeitsablaufbogen (Arbeitsablaufdiagramm),
– Balkendiagramm (Gantt-Diagramm),
– Netzplan.

3.2.2.1.2.1 Aufgabenzergliederung und Arbeitsganganalyse

Die Vorgehensweise bei der Zergliederung von Aufgaben wurde bereits in Abschnitt 2.9 anhand der Arbeit des Programmierers dargestellt. Dieser strukturiert zunächst die von ihm zu erledigenden Arbeiten in einem DV-Feinkonzept, bevor er die vom Programm zu bewältigende Gesamtaufgabe in Einzelschritte zerlegt und programmiert. Ein anderes Beispiel ist das Bauprojekt der XY-GmbH: Dort wurde die Gesamtaufgabe »Bau des Verwaltungsgebäudes« in Teilaufgaben zerlegt.

Eine detaillierte Aufgabenzergliederung ist Voraussetzung für alle weiteren Arbeitsschritte. Sie erfordert die Analyse der zu bewältigenden Einzelaufgaben sowie der Abhängigkeiten zwischen diesen.

Methoden zur Erfassung von Arbeitsabläufen sind:

- **Die Dauerbeobachtungsmethode:** Ein mit der Organisation beauftragter Mitarbeiter hält sich mindestens einige Tage lang ohne Unterbrechung im zu analysierenden Bereich auf und beobachtet alle Arbeiten hinsichtlich ihrer Ausführung (Handgriffe, Hilfsmittel), ihrer Abfolge (Reihenfolge der Bearbeitung und der Einbeziehung anderer Mitarbeiter) und ihrer Dauer. Je nach Aufgabenstellung registriert er auch das Arbeitsumfeld (Geräuschpegel, Raumklima, Beleuchtung).

  Diese Methode erfordert einen hohen Zeitaufwand seitens des Organisators und setzt ein Grundverständnis des von ihm beobachteten Arbeitsablaufs voraus.

- **Die Multimomentaufnahme:** Stichprobenartige Einzelbeobachtungen werden nach einem Zeitplan vorgenommen. Hierdurch werden weniger Abläufe verdeutlicht als vielmehr Aussagen über die Häufigkeit von Einzelverrichtungen möglich.

  Beispiel:
  Bei vierhundert von fünfhundert Stichproben in der CNC-Halle wurde die CNC-Drehmaschine in Betrieb vorgefunden. Hieraus kann auf eine 80%ige Auslastung dieser Maschine geschlossen werden.

- **Die Fragebogenmethode:** Die Mitarbeiter der zu untersuchenden Aufgabengebiete erhalten einen Fragebogen, in dem sie Auskunft über ihre Tätigkeiten und den hierfür benötigten Zeitaufwand geben. Diese Methode ist vergleichsweise preisgünstig und ermöglicht die gleichzeitige Erfassung beliebig vieler Arbeitsplätze. Die Formulierung der Fragen, die auf den einzelnen Arbeitsplatz abgestimmt sein müssen, ist jedoch schwierig, da sie die Sachkenntnis des Untersuchenden voraussetzt. Außerdem besteht die Gefahr, dass der Ist-Zustand unrichtig dargestellt wird, etwa indem einzelne Verrichtungen zeitlich über- oder unterbewertet werden.

  Eine Sonderform des Fragebogens ist der **Arbeitsverteilungsbogen,** der keine vorformulierten Fragen, sondern lediglich vom Mitarbeiter auszufüllende Spalten (Aufgaben, Tätigkeiten, Zeitaufwand, Häufigkeit) enthält.

- **Die Interview-Methode:** Jeder Mitarbeiter wird über seine Aufgaben, Verrichtungen und Beziehungen zu anderen Mitarbeitern befragt.

  Diese Methode eignet sich nicht nur zur Analyse von Arbeitsabläufen, sondern auch und vor allem für die Erfassung der Aufbauorganisation der Unternehmung und für die Vorbereitung oder Überprüfung von Stellenbeschreibungen.

Die Anwendung der geschilderten Methoden setzt voraus, dass es bereits einen Ist-Zustand zu beobachten gibt.

Wird ein Projekt hingegen erstmals geplant, so beschränkt sich die Analyse auf die Zerlegung der Gesamtaufgabe in Teilaufgaben und die Festlegung von Reihenfolgen, etwa in Form einer Vorgangsliste.

Im Zuge der Arbeitsganganalyse kann eine grafische **Arbeitsgangdarstellung** erfolgen.

Das in Abschnitt 3.2.2 geschilderte Beispiel, in dem der Assistent des Geschäftsführers einen Brief diktiert und bearbeiten lässt, vollzieht sich in den folgenden Schritten:

3 Betriebliche Organisation und Unternehmensführung

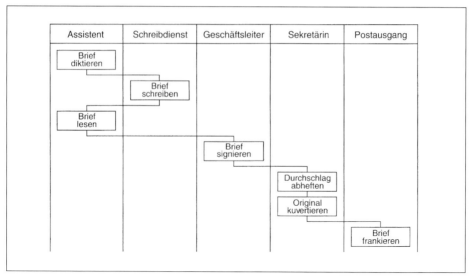

Arbeitsgangdarstellung

3.2.2.1.2.2 Flussplan

Unter Verwendung der aus der EDV bereits bekannten Symbole nach **DIN 66001** (vgl. Abschn. 2.9.4) kann der oben geschilderte Sachverhalt wie folgt dargestellt werden:

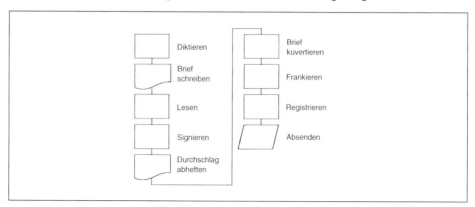

Flussplan

3.2.2.1.2.3 Arbeitsablaufbogen

Der gleiche Sachverhalt kann in einem **Arbeitsablaufbogen**, auch **Arbeitsablaufkarte** oder -diagramm genannt, dargestellt werden:

3 Betriebliche Organisation und Unternehmensführung

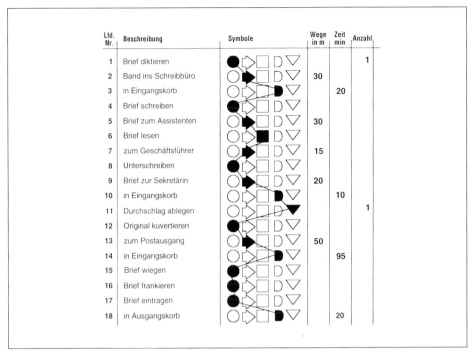

Arbeitsablaufbogen

ASME-Codes

Diese Methode hat den Vorteil, dass Verzögerungen erkennbar werden.

3.2.2.1.2.4 Balkendiagramm (Gantt-Diagramm)

Die Erstellung von Balkendiagrammen erfolgt auf der Basis einer Vorgangsliste, wie sie am Beispiel des Projektes »Bau des Verwaltungsgebäudes der XY-GmbH« bereits vorgestellt wurde. Mit Hilfe des Balkendiagramms können vermittelt und verdeutlicht werden:

– Gesamtdauer und Endtermin,
– Anfangs- und Endtermin jeder Teilaufgabe und
– parallel ablaufende Vorgänge.

3 Betriebliche Organisation und Unternehmensführung

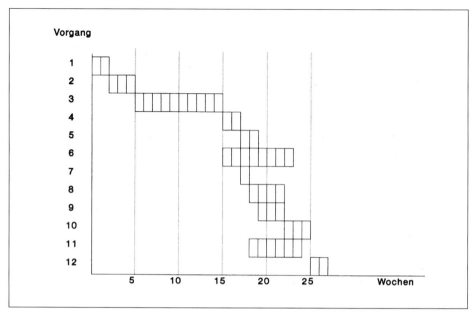

Balkendiagramm »Bau des Verwaltungsgebäudes«

3.2.2.1.2.5 Netzplan

In einer Netzplan-Darstellung werden die einzelnen Teilaufgaben als »Vorgangsknoten« dargestellt. Jeder dieser Knoten enthält die folgenden Angaben:

– Vorgangsnummer,
– Vorgangsdauer,
– Reservezeit (Puffer).

An die Darstellung des Ablaufs kann sich die Ermittlung von Terminen anschließen.

Die frühesten Anfangs- und Endzeitpunkte (FAZ bzw. FEZ) werden in Form einer **Vorwärtsrechnung** bestimmt, wobei von dem in der Vorgangsliste ermittelten Zeitbedarf auszugehen ist. FAZ und FEZ werden über dem jeweiligen Vorgangsknoten notiert.

Die spätesten Anfangs- und Endzeitpunkte (SAZ bzw. SEZ) eines jeden Vorgangs werden durch eine **Rückwärtsrechnung** (retrograd), ausgehend vom Endtermin, ermittelt.

Vorgänge, bei denen früheste und späteste Anfangs- und Endzeitpunkte identisch sind, werden als **kritische Vorgänge** bezeichnet. Sie bieten keine Zeitreserven; Verzögerungen bei der Erfüllung dieser Teilaufgaben haben zwangsläufig Auswirkungen auf den Endtermin.

Die Gesamtheit aller kritischen Vorgänge ergibt den »**kritischen Weg**«, der die Gesamtdauer des Projektes bestimmt.

Der »Bau des Verwaltungsgebäudes« in Form eines Netzplans wird aus der folgenden Abbildung deutlich:

3 Betriebliche Organisation und Unternehmensführung

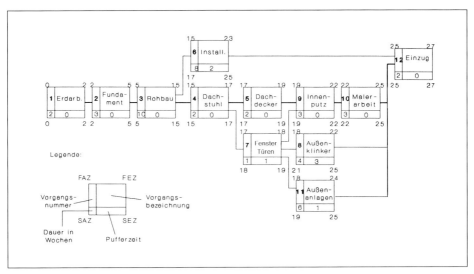

Netzplan »Bau des Verwaltungsgebäudes«

3.2.2.2 Phasen und Methoden des Organisierens

Die Phasen des Organisierens wurden bereits in Abschnitt 2.9.3 eingeführt: Sie entsprechen dem dort vorgestellten Phasenschema der Systementwicklung. Die dort geschilderte Vorgehensweise beschränkt sich keineswegs ausschließlich auf die Umsetzung eines EDV-Projektes, sondern gilt ganz allgemein für jede Form des Organisierens.

Werden Projekte innerhalb bereits bestehender Systeme geplant und durchgeführt, so ist eine Analyse dieses Systems im Rahmen der Projektorganisation unerlässlich. Ist die Schaffung eines Systems selbst Gegenstand des Organisierens, so treten Umfeldanalysen in den Vordergrund. Im Abschnitt 3.1.1 »Planung« wurden die Phasen und Methoden des Planens und Organisierens bereits ausführlich dargestellt. An dieser Stelle sollen diese Darstellungen ergänzt und vertieft werden.

3.2.2.2.1 Initiierungsphase

Organisatorische Probleme werden zufällig oder aufgrund systematischer Analysen des Ist-Zustandes (Ist-Analyse) identifiziert. Häufig angewandte Analysetechniken sind

– die Kennzahlentechnik,
– das Checklistenverfahren und
– die ABC-Analyse.

Auf die subjektive Erkenntnis eines Problems folgt die Abwägung, ob hieraus ein Handlungsbedarf resultiert. Wird dies bejaht, so schließen sich diejenigen Prozesse an, die bereits als Projektvorschlagsphase bekannt sind, nämlich

– die **Definition des Problems** unter Ausformulierung der Eingangsvoraussetzungen, des gewünschten Zustandes nach Lösung des Problems und, soweit in diesem Zeitpunkt bereits möglich, die Skizzierung möglicher Lösungswege;
– die Erklärung und Begründung der **Problembedeutung** und seiner Aktualität.

Die Initiierung von Organisationsaktivitäten besteht letztlich darin, einen Entwicklungsantrag zu stellen, der Aussagen über Ziel, Nutzen und Zeitaufwand der Projektdurchführung trifft. Auf die Annahme des Entwicklungsantrages durch die entscheidungsbefugten Instanzen schließen sich die im folgenden beschriebenen Phasen an.

3.2.2.2.2 Systemanalyse

Die Durchführung eines jeden Projektes beginnt mit der Analyse des Systems, das den Rahmen für das initiierte Projekt darstellt. Die Systemanalyse umfasst

- die Feststellung des Ist-Zustandes **(Ist-Aufnahme),**
- die Untersuchung des danach vorgefundenen Systemzustandes **(Ist-Analyse)**,
- die **Dokumentation** der Ergebnisse der Ist-Aufnahme und Ist-Analyse.

Ist-Aufnahme, Ist-Analyse und Dokumentation sind kaum strikt voneinander zu trennen: Die in der Aufnahme entwickelten Aktivitäten weisen vielfach analytischen Charakter auf, und die Dokumentation findet parallel zu Aufnahme und Analyse, nicht etwa zeitlich nachgelagert, statt.

3.2.2.2.2.1 Ist-Aufnahme

Vor Beginn der Ist-Aufnahme sind folgende **Fragen** zu beantworten:
- Welche Stellen und welche Abläufe sollen primär aufgenommen werden?
- Welche Schnittstellen zu anderen Bereichen sind zu berücksichtigen? Besteht demzufolge auch in diesen (subsidiären) Bereichen die Notwendigkeit einer Zustandsaufnahme?
- Welche Daten sollen mit der Aufnahme ermittelt werden?
- Welche Methoden der Ist-Aufnahme sollen angewendet werden?
- Welche Vorbereitungen sind notwendig?
- Wer führt die Ist-Aufnahme durch?

Die Bestimmung des **Aufnahmeinhaltes** (Stellen, Abläufe, Daten) orientiert sich an der im Entwicklungsantrag formulierten Zielsetzung. Folgende Inhalte kommen infrage:
- Organisatorisches Umfeld (Art und Anzahl der Stellen, Standort, verfügbare Sachmittel),
- Datenbestände und Art der Speicherung (Bezeichnung, Standort, Datenträger, Inhalt),
- Arbeitsabläufe (Art und Reihenfolge von Arbeitsgängen, Ausstattung der Arbeitsplätze mit Hilfsmitteln),
- Mengendaten (innerhalb einer Zeiteinheit, etwa einer Woche, durchfließende Belege, Werkstücke etc.),
- Zeitbedarf (Durchlaufzeit für Daten, Bearbeitungszeit für Werkstücke, Transport- und Liegezeiten, Verzögerungen),
- Personal (Anzahl und Qualifikation).

Methoden der Ist-Aufnahme sind
- die Interview-Methode,
- die Fragebogenmethode,
- die Dauerbeobachtungsmethode,
- die Multimomentmethode,
- die Erhebung mittels Arbeitsverteilungsbogen,
- die Dokumentationsauswertung und
- die Konferenzmethode.

Da die erstgenannten Methoden bereits beschrieben wurden, soll an dieser Stelle nur auf die beiden letztgenannten Verfahren eingegangen werden.

– Die **Dokumentationsauswertung:** Häufig sind in den zu untersuchenden Arbeitsbereichen bereits Dokumentationen (meist in Form von Arbeitsanweisungen) vorhanden, die den Ist-Zustand beschreiben. Ihre Verwendung als Grundlage für die Ist-Analyse ersetzt die Ist-Aufnahme vor Ort. Allerdings muss gesichert sein, dass die Dokumentation eine vollständige Beschreibung aller benötigten Fakten darstellt und die in ihr geschilderten Verfahren auch tatsächlich praktiziert werden. Eine Überprüfung, etwa durch Stichproben, ist daher unerlässlich.

– Die **Konferenzmethode:** Die Ist-Aufnahme erfolgt in einem vom Organisator (z. B dem Leiter eines Projektteams) geleiteten Gespräch »am runden Tisch«, zu dem alle diejenigen Personen eingeladen werden, die über die aufzunehmenden Inhalte erschöpfend Auskunft erteilen können. Im Gegensatz zur Interviewmethode werden nicht Einzelpersonen befragt, sondern die Stellungnahmen erfolgen im Plenum. Diese Methode kann nur angewendet werden, wenn der Personenkreis überschaubar ist (nicht mehr als 10 bis 12 Personen), die Teilnehmer vorab über die Themenstellung informiert wurden und sich vorbereitet haben und wenn eine straffe Gesprächsleitung stattfindet. Die Konferenzmethode eröffnet die Chance, Streitfragen im Zusammenhang mit dem Projekt diskutieren zu können und im Idealfall ein abgestimmtes Ergebnis zu erzielen; sie birgt aber auch die Gefahr der Ineffizienz und eines übermäßigen Zeitaufwandes.

Die genannten Methoden werden häufig in Kombination angewandt; etwa kann im Anschluss an Interviews mit Einzelpersonen oder an eine Beobachtungsphase eine Konferenz durchgeführt werden.

Im Anschluss an die Festlegung der anzuwendenden Methode und in Abhängigkeit von dieser sind vor der Durchführung der Ist-Aufnahme umfangreiche Vorbereitungen zu treffen. Hierzu gehören

– die **Auswahl** der zu befragenden Personen bzw. der zu beobachtenden Stellen und Vorgänge,

– die **Entwicklung** von Fragebögen bzw. von Interview- oder Beobachtungsplänen, in denen die Reihenfolge und Termine einzelner Befragungen bzw. Beobachtungen sowie die Inhalte von Befragungen festgelegt werden,

– die **Information** der betroffenen sowie der vorgesetzten Stellen über Durchführungszeitpunkt, -dauer und Ziel der Ist-Aufnahme (möglichst in einer Weise, die keine Ablehnung, sondern die Bereitschaft zur Mitarbeit hervorruft).

Nach Abschluss der vorbereitenden Arbeiten kann die Ist-Aufnahme durchgeführt werden.

3.2.2.2.2.2 Ist-Analyse

Die Ist-Analyse umfasst folgende Aufgaben:

– **Prüfung** der Aufnahmeergebnisse auf Fehler- und Widerspruchsfreiheit,

– **Begutachtung** des aufgenommenen Systemzustandes hinsichtlich änderungsbedürftiger Fakten und Abläufe,

– **Beurteilung** des Systems in Hinblick auf die geplante Projektdurchführung.

Die Prüfung der Fehlerfreiheit erfolgt zum Teil simultan mit der Ist-Aufnahme, weil Missverständnisse oder Widersprüche häufig durch direkte Nachfrage aufgeklärt werden. Durch das Einstreuen von Kontroll- und Wiederholungsfragen in Interviews oder Fragebögen wird die Fehleridentifikation erleichtert.

Der nachträglichen Erkennung verborgener Fehler dienen folgende Verfahren:

- **Plausibilitätskontrollen:** Die Ergebnisse der Befragung verschiedener Personen, deren Tätigkeitsfelder einander berühren, werden verglichen und auf Widerspruchsfreiheit untersucht. Außerdem wird der ermittelte Ist-Zustand mit Vergleichswerten aus ähnlichen Bereichen verglichen.

- **Vollständigkeitskontrollen:** Die vorgefundenen Arbeitsabläufe werden in Flussplänen dargestellt. Hierdurch werden Lücken erkennbar. Ferner kann eine Sammlung von Formularen aus dem untersuchten Arbeitsbereich mit den untersuchten Datenbeständen verglichen werden.

- **Abweichungskontrollen:** Sind Organisationspläne und/oder Arbeitsanweisungen vorhanden, kann ein Vergleich des vorgefundenen Ist-Zustandes mit diesen Dokumentationen ebenfalls zur Identifikation von Aufnahmeversäumnissen beitragen.

Eine Systembegutachtung kann nur stattfinden bzw. macht nur dann Sinn, wenn die Ergebnisse der Ist-Aufnahme durch die Anwendung der obengenannten Methoden abgesichert wurden.

Die Analyse des Ist-Systems auf Schwachstellen und seine Beurteilung in Hinblick auf künftige organisatorische Gestaltungen bedient sich häufig der folgenden Methoden:

- Grundlagenanalyse,
- Kennzahlenanalyse,
- Checklistentechnik und
- ABC-Analyse.

Die **Grundlagenanalyse** betrachtet die einzelnen Komponenten des Ist-Systems (Arbeitsplätze, Arbeitsschritte, Formulare etc. in Abhängigkeit vom Untersuchungsgegenstand) und prüft jeweils deren Notwendigkeit, Sinnhaftigkeit und Verbesserungswürdigkeit. Auf diese Weise findet eine erste Identifikation überflüssiger, nicht-optimaler oder falscher Gegebenheiten statt.

Die **Kennzahlenanalyse** ermittelt Kennzahlen, die mit Plan- oder Sollzahlen, Branchendurchschnitts- oder Betriebsvergleichswerten verglichen werden. Diese Kennzahlen beziehen sich auf den Kosten- und Zeitaufwand für einzelne Vorgänge. So wird z. B. im Anschluss an eine Ist-Aufnahme in einer Buchhaltungsabteilung ermittelt, welchen Zeitaufwand eine einzelne Buchung erfordert und welche Kosten hierdurch verursacht werden.

Eine **Checkliste** ist eine Zusammenstellung von Fragen, deren Bearbeitung und Beantwortung sicherstellen soll, dass kein für die Analyse wesentlicher Gesichtspunkt außer acht gelassen wird. Bekannt sind Checklisten aus dem Cockpit von Flugzeugen oder in Form der beliebten, von vielerlei Institutionen alljährlich veröffentlichten Empfehlungen vor Antritt einer Urlaubsreise (»Wasser abgestellt? Kanarienvogel versorgt? Reisepass eingesteckt? Badehose eingepackt?«). Zugleich soll die Checklistentechnik der Erkennung von Schwachstellen dienen. Deshalb ähneln die Fragestellungen denen der Grundlagenanalyse. Beispiele für Fragestellungen, die sich auf beobachtete Bearbeitungsprozesse an einem Werkstück beziehen:

- Entstehen Verzögerungen bei der Weitergabe von Werkstücken?
- Werden die Verzögerungen vom Absendenden oder vom Empfänger verursacht?
- Welche Ursachen haben die Verzögerungen?
- Können diese Ursachen abgestellt werden, und wenn ja, wie?
- Welche Konsequenzen haben die Verzögerungen (Zeiten der Untätigkeit von Mitarbeitern, nicht-optimale Maschinenauslastung usw.)?

Die Ausarbeitung von Checklisten ist aufwendig und schwierig und setzt einen erfahrenen, mit der Untersuchungsmaterie vertrauten Organisator voraus.

Die **ABC-Analyse** ist eine Methode zur Identifikation von Schwerpunkten und damit zur Auswertung von Mengen-, Wert- und Zeitgrößen (quantitativen Größen) geeignet.

Beispiel:
Gegenstand der Systemanalyse ist der Arbeitsplatz einer Mitarbeiterin der Abteilung Rechnungswesen. Die Analyse erfolgt in Vorbereitung einer neuen Aufgabenverteilung innerhalb der Abteilung. Die Beobachtung der Tätigkeiten dieser Mitarbeiterin über den Zeitraum von einer Woche (40 Arbeitsstunden) fand Eingang in die folgende Übersicht:

Tätigkeit	Dauer (Std.)	Häufigkeit	Gesamtdauer (Std.)	Anteil %
Belegvorbereitung	1,5	5	7,5	18,75
Belegerfassung	2,5	5	12,5	31,25
Erfassungskontrolle	1	5	5	12,5
Rechnungsschreibung	2	2	4	10
Mahnschreiben	0,5	2	1	2,5
Telefonate	0,1	30	3	7,5
Kalkulation	3,5	2	7	17,5

Die Einzeltätigkeiten werden nach abnehmender Bedeutung sortiert; die Zeiten und Anteile werden kumuliert:

Tätigkeit	Rang	Gesamtdauer (Std.)	Gesamtdauer (kumuliert)	Anteil %	Anteil (kumul.)
Belegerfassung	1	12,5	12,5	31,25	31,25
Belegvorbereitung	2	7,5	20	18,75	50
Kalkulation	3	7	27	17,5	67,5
Erfassungskontrolle	4	5	32	12,5	80
Rechnungsschreibung	5	4	36	10	90
Telefonate	6	3	39	7,5	97,5
Mahnschreiben	7	1	40	2,5	100

Da sieben unterschiedliche Tätigkeiten festgestellt wurden, macht jede einzelne Tätigkeit ca. 15% (100/7) Anteil an der Menge der Tätigkeiten aus. Durch eine Klassifizierung der Tätigkeiten anhand der Gesamtdauer und ihres tatsächlichen prozentualen Anteils an der Gesamt-Arbeitszeit wird der Tätigkeitsschwerpunkt der Mitarbeiterin bestimmt:

Tätigkeit	Rang	Gesamtdauer (kumuliert)	Anteil (kumuliert)	ABC-Gruppe
Belegerfassung	1	12,5	31,25	A
Belegvorbereitung	2	20	50	B
Kalkulation	3	27	67,5	B
Erfassungskontrolle	4	32	80	C
Rechnungsschreibung	5	36	90	C
Telefonate	6	39	97,5	C
Mahnschreiben	7	40	100	C

Durch die Klassifizierung der Tätigkeiten in A-Tätigkeiten (schwergewichtig mit einem Anteil von über 30% an der Gesamtarbeitszeit), B-Tätigkeiten (gewichtig mit einem Anteil von über 15% an den Gesamttätigkeiten) und C-Tätigkeiten (von nachgeordneter Bedeutung) wird deutlich, dass die betreffende Mitarbeiterin zu gut 2/3 ihrer Arbeitszeit mit nur drei Tätigkeiten befasst ist. Veränderungen in der Organisaton dieser Tätigkeiten berühren den Arbeitsplatz dieser Mitarbeiterin daher in besonderem Maße.

3.2.2.2.2.3 Dokumentation

Die Systemanalyse ist nur vollständig, wenn die Ergebnisse der Ist-Aufnahme und Ist-Analyse **schriftlich** festgehalten werden. Die Dokumentation enthält vielfach neben verbalen Erläuterungen auch grafische Darstellungen, vor allem Flusspläne, Ablaufpläne, Tabellen und Diagramme.

3.2.2.2.3 Grobplanung und Sollkonzept

Auf Basis der durch die Systemanalyse gewonnenen Erkenntnisse können Lösungsvorschläge skizziert und sukzessive präzisiert werden. Diese Vorgehensweise ist bereits aus Abschnitt 2.9.3.2 als fachliche Grob- und Feinkonzepte und deren schriftliches Ergebnis, dem **Soll-Vorschlag**, bekannt. Die dort nachzulesenden Ausführungen sollen nicht wiederholt werden; ergänzend noch einige Methoden der Ideenfindung:

Hier bietet sich einmal die bekannte Zergliederung der Gesamtaufgabe in Teilaufgaben und deren Delegation an einzelne Mitglieder oder Gruppen eines Organisationsteams an. Die gefundenen Vorschläge zur Lösung der Teilprobleme werden anschließend im Konferenzverfahren auf ihre Eignung und Integrationsfähigkeit untersucht. Hierbei bieten sich die Techniken der Diskussion oder der Debatte an, auf die an dieser Stelle jedoch nicht eingegangen werden kann.

Eine andere, jedoch nicht immer praktikable und effiziente Methode der Ideenfindung ist das zu den Kreativitätstechniken gehörende **Brainstorming.**

Das Brainstorming verläuft regelmäßig in zwei Phasen. In der ersten Phase werden die anwesenden Mitglieder des Projektteams aufgefordert, in freier Assoziation stichwortartige Gedanken zur Sache zu äußern. Erklärungen hierzu erfolgen in der Regel ebensowenig wie Kommentare oder Kritiken seitens anderer Teilnehmer. Alle Äußerungen werden schriftlich oder auf Band festgehalten. Diese Phase sollte nicht kürzer als zehn Minuten sein (weil erfahrungsgemäß nach dieser Zeit eine »schöpferische Pause« eintritt, auf die die Äußerung der konstruktivsten Ideen folgt), aber nicht wesentlich länger als zwanzig Minuten. In der zweiten Phase werden die notierten Stichworte nacheinander aufgerufen und diskutiert. Erfahrungsgemäß können die meisten Äußerungen von vornherein verworfen werden; der verbleibende »Bodensatz« enthält jedoch nicht selten gute und originelle Ansätze.

3.2.2.2.4 Systemplanung

Probleme haben die Eigenschaft, dass sich zu ihrer Bewältigung häufig mehr als eine Lösung anbietet. Dies gilt natürlich auch für organisatorische Probleme. Daher gibt es häufig nicht **das** Sollkonzept; vielmehr wird eine – begrenzte – Menge von Handlungsalternativen generiert, die hinsichtlich ihrer Eignung, Durchsetzbarkeit und Zielkonformität beurteilt werden müssen. Zumindest eine Alternative zur Durchführung eines Projektes oder zur Einführung eines Systems stellt sich regelmäßig, nämlich die Unterlassung und Beibehaltung des alten Zustandes.

Die Systemplanung umfasst die Phasen der **Alternativenbeurteilung** und **Alternativenauswahl.**

3.2.2.2.4.1 Alternativenbeurteilung (Projektwertung)

Bei der Beurteilung von Handlungsalternativen sind folgende Vorgehensweisen möglich:

– die **eindimensionale Beurteilung**, die lediglich ein Merkmal berücksichtigt, also z. B. nur die Kosten oder nur den Zeitaufwand;

– die **mehrdimensionale Beurteilung**, die unterschiedliche Kriterien berücksichtigt, etwa indem diese durch Gewichtung und die Anwendung einer Rechenvorschrift »gleichnamig gemacht« und »verschmolzen« (amalgamiert) werden. Ein typischer Amalgamationsansatz ist die im folgenden beschriebene Nutzwertanalyse. Eine andere Methode der mehrdimensionalen Beurteilung ist die Aufstellung relationaler Größen, wodurch – im Gegensatz zur Amalgamation – die unterschiedlichen Dimensionen erhalten bleiben. Auf diese Weise entsteht z. B. der »Return on Investment« (ROI).

– die Beurteilung unter Zuhilfenahme grafischer Präsentationen, die die Unterschiede der Alternativen verdeutlichen und so ihre Bewertung erleichtern.

Methoden der Beurteilung sind
– die Entscheidungstabellentechnik (vgl. Abschn. 2.9.4),
– die Vergleichsrechnung (Vergleich der Kosten, Gewinne oder Rentabilität),
– die Kapitalwertmethode,
– die gewichtete Rangstufenmethode,
– die Nutzwertanalyse und
– die Präsentationstechnik.

Im Folgenden werden Beispiele für die drei gebräuchlichsten Verfahren angeführt.

Kostenvergleichsrechnung

Im Rahmen der Grobplanung wurden folgende Kosten ermittelt:

Kostenstelle	Jahreskosten in Tsd. €	
	Projekt	bestehendes System
Personalkosten	500	700
Kapitalkosten	200	80
Materialverbrauch		
– Rohstoffe	300	400
– Hilfsstoffe	100	150
– Betriebsstoffe	80	100
Lagerhaltung	100	140
Summe	1.280	1.570

Aufgrund des Vergleichs der jährlichen Kosten wird eine Aussage über die langfristige Vorteilhaftigkeit möglich. Auch eine Gegenüberstellung mehrerer alternativer Projekte kann nach dieser Methode durchgeführt werden. Es handelt sich allerdings um eine eindimensionale Methode, die lediglich ein Kriterium – eben die Kosten – berücksichtigt.

Nutzwertanalyse

Mit der Nutzwertanalyse können mehrere – auch qualitative – Kriterien in die Betrachtung einbezogen werden.

Beispiel:
Man betrachtet zwei Alternativen eines Soll-Vorschlages, in deren Beurteilung folgende Kriterien mit der angegebenen Gewichtung und dem daraus resultierenden Multiplikationsfaktor einfließen sollen:

Kriterium	Gewichtung	Multiplikator
Kosten	30%	3
Produktqualität	30%	3
Umweltschutz	20%	2
Herstellzeit pro Einheit	20%	2

3 Betriebliche Organisation und Unternehmensführung

Jede Alternative ist hinsichtlich jeden Kriteriums mit einer Benotung zu versehen. Hierbei werden entweder »Schulnoten« von 1 (sehr gut) bis 6 (ungenügend) oder stärker differenzierende Noten, etwa von 1 bis 20, vergeben. Soll im Endergebnis größere Vorteilhaftigkeit durch höheren Nutzwert ausgedrückt werden, muss die Benotung jedoch in der Weise erfolgen, dass nicht die kleinste, sondern die größte Zahl die bessere Note repräsentiert. Eine andere Möglichkeit der Bewertung, die sich beim Vergleich vieler Alternativen anbietet, ist die Rangreihung (Note 1 für die hinsichtlich des betrachteten Kriteriums vorteilhafteste, Note 2 für die zweitbeste Alternative usw.).

*Im gegebenen Beispiel erfolgt die **Benotung** nach Schulnoten:*

Kriterium	Alternative A	Alternative B
Kosten	2	3
Produktqualität	4	1
Umweltschutz	1	3
Herstellzeit	3	2

Der »Nutzwert« für jede Alternative errechnet sich durch die Multiplikation jeder Note mit dem dazugehörigen Faktor und die Addition der so gefundenen Einzelergebnisse:

Kriterium	Gewichtung	Bewertung		Ergebnis	
		A	B	A	B
Kosten	3	2	3	6	9
Produktqualität	3	4	1	12	3
Umweltschutz	2	1	3	2	6
Herstellzeit	2	3	2	6	4
Summe				26	22
Rangplatz				zwei	eins

Da Alternative B das geringere und damit bessere Ergebnis erbringt (denn: je kleiner die Note, desto besser die Bewertung), ist sie der Alternative A vorzuziehen.

Kapitalwertmethode

Der in der Investitionstheorie bedeutsame Kapitalwert ist die Summe aller auf den Projektbeginn abgezinsten Ein- und Auszahlungen eines Investitionsprojektes.

Beipiel:
Betrachtet werden zwei alternative Projekte mit unterschiedlichen Zahlungsreihen sowie ein über die Projektdauer als einheitlich erwarteter Zinsfuß p von 0,05. Beide Projekte starten im Zeitpunkt t=0 mit einer Investitionsausgabe und erbringen in drei aufeinanderfolgenden Jahren unterschiedliche Erträge. Der Einfluss der Ertragsteuern und der Abschreibungen wird aus Vereinfachungsgründen nicht berücksichtigt.

Projekt	Einzahlungen in Tsd € im Zeitpunkt t =			
	0	1	2	3
A	–500	100	400	300
B	–800	0	500	600

Die Betrachtung der Nominalwerte gibt keinen Aufschluss darüber, welche Alternative vorzuziehen ist, da ein Betrag im gegenwärtigen Zeitpunkt umso weniger wert ist, je weiter der Zeitpunkt seiner Auszahlung in der Zukunft liegt. Die Abzinsung und Summierung der Beträge erfolgt nach der Formel

$$K_0 = \Sigma K_t \cdot q^{-t}$$

(Erläuterung: K_o = Kapitalbarwert; K_t = Kapitalwert im Zeitpunkt t; $q = 1 + p$)

Damit ergibt sich folgende Berechnung des Kapitalwertes K:

K_A = –500 + 100 x 1,05^{-1} + 400 x 1,05^{-2} + 300 x 1,05^{-3}
  = –500 + 100 x 0,9524 + 400 x 0,907 + 300 x 0,8638
  = –500 + 95,24   + 362,8   + 259,14
  = 217,18

K_B = –800 + 0 x 1,05^{-1} + 500 x 1,05^{-2} + 600 x 1,05^{-3}
  =–800 + 0   + 453,5   + 518,28
  = 171,78

(*Erläuterung:* $X^{-Y} = \frac{1}{X^Y}$)

Damit ist Alternative A als günstiger identifiziert. In die Beurteilung floss jedoch mit den Zahlungsströmen nur ein Kriterium ein.

3.2.2.2.4.2 Alternativenauswahl (Entscheidung)

Die Entscheidung für die Inangriffnahme eines Projektes wird durch die entscheidungsbefugte Instanz (z. B. Geschäftsleitung) auf der Basis der obigen Alternativenbeurteilung getroffen. Diese Phase wirft Probleme auf, wenn die Bewertung keine eindeutige Rangfolge der Alternativen erbracht hat.

Mit der Auswahl eines Projektes geht in der Regel seine **Ratifikation** (verbindliche Vorgabe zur Realisierung) einher.

3.2.2.2.5 Systemrealisierung

Die Realisierungsphase beinhaltet die Schritte

– **Feinplanung** (bekannt aus Abschn. 2.9.3.3),
– **Durchsetzung**,
– **Durchführung** und
– **Kontrolle**.

3.2.2.2.5.1 Durchsetzung

Die Durchsetzung eines Projektes hängt im wesentlichen davon ab, inwieweit es gelingt, Widerstände und Realisationsschwierigkeiten zu erkennen und abzubauen. Störfaktoren, die die Realisierung be- oder gar verhindern können, sind

– kognitiver Art, also durch mangelnde Information und Kommunikation bedingte Störungen des Planverständnisses seitens des Planempfängers,

– motivationaler Art, also die mangelnde Akzeptanz des Projektes auf Seiten der Betroffenen, oder

– korporaler Art, d. h. physische Gründe stehen der Realisation entgegen.

Beispiel:
Herr Schulze erhält eine Zeichnung, nach der er ein neuartiges Teil anfertigen soll. Er kann die Zeichnung jedoch nicht deuten und das Teil deshalb nicht fertigen. Hier liegt eine kognitive Störung vor. Herr Meier versteht die Zeichnung zwar, hält das dargestellte Teil aber für völlig überflüssig. Diese Störung der Plandurchführung ist motivationaler Art. Herr Müller versteht die Zeichnung und ist auch mit dem Produktionsauftrag einverstanden. Er kann ihn aber nicht durchführen, da ihm die erforderlichen Fertigkeiten fehlen. Dies ist eine physische Störung.

3.2.2.2.5.2 Durchführung

Die Durchführung eines Projektes erfolgt in Abhängigkeit vom Planungsgegenstand und dem vorgegebenen Zeitrahmen durch den koordinierten Einsatz von menschlicher und maschineller Arbeit, Betriebs- und Hilfsmitteln und Werkstoffen, die be- oder verarbeitet werden. Die Koordination dieser Einsatzfaktoren ist eine organisatorische Aufgabe, die einerseits der konkreten Vorbereitung in der Planungsphase, andererseits der laufenden Kontrolle in allen Phasen ihrer Realisation bedarf.

3.2.2.2.5.3 Kontrolle

Trotz sorgfältiger Planung läuft die Durchführung eines Projektes im allgemeinen nicht störungsfrei ab: Zum einen können Verzögerungen eintreten, die die fristgerechte Fertigstellung gefährden (Ausfall von Mitarbeitern oder Maschinen, Durchführungsfehler etc.), zum anderen können sich Umweltbedingungen, auf deren Basis die Entscheidung für ein Projekt getroffen wurde, während der Durchführungsphase verändern und Korrekturen bedingen (z. B. veränderte gesetzliche Auflagen, steigende Zinsen oder Rohstoffpreise, technologische Neuerungen). Deshalb darf sich Kontrolle nicht auf die Prüfung der Übereinstimmung zwischen Endergebnis und Sollvorgabe (**Ergebniskontrolle**) beschränken; vielmehr muss die Durchführung eines Projektes von laufenden Kontrollen (**Fortschrittskontrollen**) begleitet werden. Hierzu ist es erforderlich, dass vorab Prüfzeitpunkte (Checkpoints) innerhalb des Durchführungszeitraums festgelegt werden, bis zu deren Erreichen bestimmte, gleichfalls zuvor definierte Teilziele erreicht sein sollen. Fortschrittskontrollen ermöglichen das rechtzeitige Erkennen von Fehlentwicklungen und die Ergreifung von Gegenmaßnahmen.

3.2.2.2.6 Systemeinführung und Systemüberprüfung

In Abschnitt 2.9.3.3 wurden die Probleme der Systemeinführung am Beispiel der Inbetriebnahme eines EDV-Systems beschrieben. Die dort geschilderte Vorgehensweise ist unmittelbar auf jedes andere System übertragbar. Folgende Arbeitsschritte sind regelmäßig zu vollziehen:

– Organisatorische Anpassung des bestehenden Umfeldes,
– Einarbeitung der betroffenen Mitarbeiter,
– Erprobung des Systems als Nachweis seiner praktischen Eignung,
– Überwachung des Systemanlaufs und
– Übergabe des Systems an die Adressaten.

Auch hinsichtlich der **Systempflege** gilt das unter 2.9.3.3 Dargestellte.

3.2.3 Projektmanagement

In den vorangegangenen Abschnitten wurde bereits verschiedentlich der Begriff des Projektes erwähnt. Zum einen war im Zusammenhang mit den Formen der Aufbauorganisation schon von Projektorganisation die Rede; zum anderen zieht sich der Projektbegriff gewissermaßen als »roter Faden« durch die Ausführungen zur Ablauforganisation. An dieser Stelle nun sollen Projektbegriff, -organisation und -durchführung im Mittelpunkt der Betrachtung stehen.

3.2.3.1 Begriff, Zielsetzung und Einflussfaktoren von Projektmanagement

3.2.3.1.1 Projekt, Projektorganisation, Projektmanagement

Zunächst sollen im Folgenden einige Begriffe definiert werden; vor allem gilt es, das moderne Projektmanagement vom klassischen Begriff der Projektorganisation abzugrenzen.

Projekt

Nach **DIN 69901** ist ein Projekt im Wesentlichen gekennzeichnet durch

- **Einmaligkeit:** Die Aufgabe stellt sich in der aktuell vorliegenden Form kein zweites Mal.
- **Endlichkeit:** Die Aufgabe ist innerhalb eines vorab festgelegten Zeitraumes zu erfüllen.
- **Restriktionen:** Die zur Projektdurchführung verfügbaren Mittel (Sachmittel, Geld, Arbeitskräfte) sind begrenzt. Oberstes Kriterium der Projektorganisation ist daher stets die Wirtschaftlichkeit.
- **Abgrenzbarkeit:** Das Projekt ist gegenüber anderen Vorhaben klar abgegrenzt.
- **Spezifische Organisation**.

Weitere Merkmale sind

- **Komplexität:** Die Aufgabe besitzt einen nennenswerten Schwierigkeitsgrad (Anforderung der »Nichttrivialität«).
- **Unsicherheit/Risiko:** Die Art der Aufgabenlösung ist nicht eindeutig vorgezeichnet, d. h. es gibt möglicherweise mehr als eine oder auch gar keine Lösung. Die Durchführung ist nicht unabhängig von Umwelteinflüssen: Während des verfügbaren Zeitraumes können Änderungen oder auch der Abbruch der Projektarbeit erforderlich werden. Die Projektdurchführung beinhaltet ein Risiko.
- **Interdisziplinäre Bearbeitung:** Die Aufgabenlösung erfordert Expertenwissen aus verschiedenen Fachbereichen, ggf. auch **Internationalität**.

Beispiele:

Ein Unternehmen befürchtet mittelfristige Umsatzeinbußen und Marktanteilsverluste wegen Überalterung der Produktpalette. Die Suche nach einem neuen, zukunftsträchtigen Produkt soll Gegenstand eines Projektes sein: Dieses umfasst bei einer mehrmonatigen Gesamtdauer die Produktforschung und -entwicklung, die Konstruktion, die Fertigung von Prototypen, die Optimierung und die Producterprobung. Mit der Phase der Produktionsaufnahme und Markteinführung, die vom Projektteam begleitet werden kann, wird die Überleitung der Projektergebnisse in die unternehmerische Haupttätigkeit vollzogen.

In einer Fachabteilung soll die bisherige konventionelle Aufgabenerfüllung künftig mit Hilfe eines computergestützten Systems erfolgen. Die Einführung dieses Systems ist Gegenstand eines Projektes, in dessen Rahmen Fachleute der direkt betroffenen Abteilung und der indirekt betroffenen angrenzenden Abteilungen, EDV-Fachkräfte und ein Mitglied der Geschäftsleitung eine hierarchieübergreifende Projektgruppe bilden.

Ein international tätiges Großunternehmen will ein Zweigwerk in Indien errichten.

Ein vor drei Jahren gegründetes Softwarehaus, das bislang nur regional tätig und bekannt war, plant, sich erstmals auf der Fach- und Publikumsmesse CEBIT in Hannover zu präsentieren. Das für Öffentlichkeitsarbeit zuständige Mitglied der Geschäftsführung initiiert die Gründung einer Projektgruppe aus Mitarbeitern verschiedener Fachbereiche, die sich mit der Vorbereitung und Durchführung der Messepräsentation befassen soll.

Der Großauftrag eines Kunden zum Bau einer Maschinenanlage erfordert die Neuentwicklung verschiedener Bauteile und wird damit zum Ausgangspunkt eines Projektes.

Die vorstehenden Beispiele zeigen die mögliche Bandbreite dessen, was unter »Projekt« verstanden werden kann: Die Unterschiede in den zeitlichen, kapazitiven und finanziellen Dimensionen sind augenfällig. Zum letzten Beispiel sei angemerkt, dass einzelne Kundenaufträge, die sich auf die bereits eingeführte Produktpalette beziehen, in der Regel keine Projekte sind.

Eine besondere Art des Projekts stellt das **Gemeinschaftsprojekt** dar. Hierunter ist der Zusammenschluss mehrerer rechtlich und wirtschaftlich voneinander unabhängiger Unternehmen oder Institutionen in bezug auf ein gemeinsames Vorhaben zu verstehen. Solche Kooperationen, die etwa im rechtlichen Rahmen von Arbeitsgemeinschaften (ARGE), BGB-Gesellschaften oder Gesellschafts-Neugründungen abgewickelt werden können, sind häufig erforderlich, wenn Umfang, Komplexität, Finanzbedarf und Risiko des Vorhabens die Möglichkeiten eines einzelnen Unternehmens überschreiten.

Projektorganisation

Projektorganisation ist in DIN 69901 definiert als »Gesamtheit der Organisationseinheiten und der aufbau- und ablauforganisatorischen Regelungen zur Abwicklung eines bestimmten Projektes«. Es verwundert nicht, dass im gegenwärtigen Sprachgebrauch die Begriffe »Projektorganisation« und »Projektmanagement« häufig synonym verwendet werden.

Vielfach wird der Begriff der Projektorganisation aber auch auf eine bestimmte Form der Aufbauorganisation angewendet. Diese wurde in Abschnitt 3.2.1.2.6 bereits vorgestellt als Organisationsform für Unternehmen im Großanlagenbau, die ihre organisatorische Struktur ab der zweiten Hierarchieebene an Großaufträgen (Bau eines Kernkraftwerks, Bau eines Staudamms usw.) ausrichten. Auch für Architektur- und Ingenieurbüros ist diese Form typisch.

Charakteristisches Merkmal der strukturverleihenden Projekte in dieser als »klassisch« zu bezeichnenden Organisationsform ist ihre Langfristigkeit, die eine Ausrichtung des gesamten organisatorischen Gefüges an den Projekterfordernissen erlaubt: Mit dem Abschluss eines Projektes (z. B. Fertigstellung des Staudamms und Übergabe in die Verantwortung des Auftraggebers) ist eine tiefgreifende Neugestaltung der Organisationsstruktur nötig.

Projektmanagement

Modernes Projektmanagement meint etwas grundsätzlich anderes als die vorgeschilderte »klassische« Projektorganisation: Es versteht sich als Antwort auf die zunehmenden Adaptionsprobleme der Unternehmung (vgl. Abschn. 3.1.2.2.5), indem es innerhalb einer gegebenen Organisationsstruktur **(Primärorganisation)** eine eigenständige interne Organisation **(Sekundärorganisation)** bildet, deren konkrete Ausgestaltung von den jeweils anstehenden Projekten abhängt. Die Primärorganisation stellt also den auf Dauer angelegten Rahmen für eine flexibel gestaltbare Sekundärorganisation dar.

3.2.3.1.2 Vorteile und Rahmenbedingungen des Projektmanagements

Mit der neuen Organisationsphilosophie des Projektmanagements soll das im Unternehmen befindliche Kreativitäts- und Innovationspotential besser ausgenutzt werden. Durch Interdisziplinarität soll der Komplexität der sich stellenden Aufgaben besser als bisher begegnet werden; Probleme werden »ganzheitlich« angegangen. Weitere Ziele sind die Verbesserung von Produktivität und Flexibilität. Mit dem letzteren Ziel soll den die Unternehmungsumwelt zunehmend prägenden Problemen der Unsicherheit, Diskontinuität und Dynamik begegnet werden. Insoweit ist die Einführung des Projektmanagements letztlich auch eine Maßnahme der Existenzsicherung.

In jedem Falle setzt ein funktionierendes Projektmanagement voraus, dass

- Ziele und Leistungsstandards definiert,
- Ressourcen personeller, räumlicher und finanzieller Art bekannt und nutzbar und
- zeitliche Abläufe geplant und bekannt sind,
- die Schnittstelle zwischen Primär- und Sekundärorganisation genau beschrieben ist,
- eine verantwortliche Person benannt ist.

In Zusammenhang mit dem Projektmanagement wird häufig der Begriff »**Task Force**« verwendet. Dieser bezeichnet eine Gruppe von Personen, die innerhalb bestehender Organisationsstrukturen ein fach- und hierarchieübergreifendes Team bilden, dem die Lösung einer besonderen Aufgabe, beispielsweise die Planung und Durchführung eines Projektes, übertragen wird. Häufig handelt es sich dabei aber um eine »außerplanmäßige« Maßnahme, die eher als »Krisenmanagement« angesehen werden kann.

3.2.3.2 EDV-Einsatz im Projektmanagement

In der Projektplanung und -steuerung können EDV-Systeme eingesetzt werden. Der Markt hält einige einschlägige Software-Programme bereit, mit denen die Ablauf- und Kostenplanung sowie die entsprechende Überwachung abgewickelt werden können. Wegen der rasanten Entwicklung im EDV-Bereich soll hier auf Nennung oder Beschreibung einzelner Produkte verzichtet werden.

3.2.3.3 Organisationsformen im Projektmanagement

Die Form der Einbindung des »Projektmanagers« an die bestehende Organisation kann in der betrieblichen Praxis sehr unterschiedlich geregelt sein:

- **Projektmanager als Stabsfunktion:**
  Stäbe besitzen lediglich Beratungsbefugnisse (vgl. Abschn. 3.2.1.2.2). Der Projektmanager im Stab informiert und berät den Linienmanager, dessen Bereich er angegliedert ist. Er bereitet damit Entscheidungen vor, die jedoch »in der Linie« getroffen werden. Diese Form der Projektorganisation wird auch als **Projektkoordination** bezeichnet.

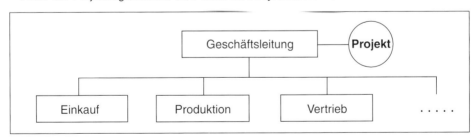

Projektkoordination

- **Projektmanager als Matrixfunktion:**
  Der Projektmanager trägt die fachliche Verantwortung für das Projekt, während die disziplinarische Weisungsbefugnis dem Vorgesetzten in der Primärorganisation vorbehalten ist. Typisch für die Organisationsform ist, dass gleichzeitig – bei durchaus unterschiedlichen Beginn- und Endterminen – mehrere Projekte verfolgt werden. Wie bereits erwähnt, stellt sich die Organisationsform als Matrix dar (siehe auch die folgende Abbildung).

  Unerlässlich sind daher **Konsistenzkontrollen**, die die Planungen daraufhin überprüfen, ob sie inhaltlich und logisch widerspruchsfrei in Bezug auf andere Projekte sind.

3 Betriebliche Organisation und Unternehmensführung

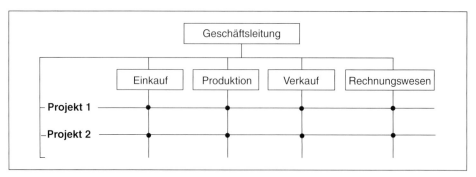

Projektmanagement in der Matrixorganisation

– »Reines« Projektmanagement:
Nur in dieser Variante trägt der Projektmanager die volle Verantwortung für das Projekt und ist zugleich mit allen erforderlichen Befugnissen ausgestattet.

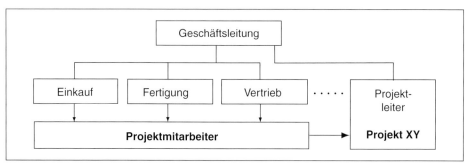

Reines Projektmanagement

– **Fachbereichsbezogenes Projektmanagement:**
Dies ist eine in der Praxis anzutreffende Variante, die aber wegen der hierarchischen Zuordnung des Projektleiters zu einem Fachbereich problematisch ist, weil dieser das Projekt nicht voll verantwortet und nicht über die hinreichenden Befugnisse verfügt.

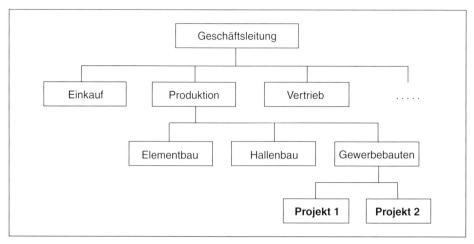

Fachbereichsbezogenes Projektmanagement

3.2.3.4 Phasen und Methoden des Projektmanagements

Das Projektmanagement verläuft generell in drei Phasen; diese lassen sich unabhängig von Art, Dauer und Größe eines Projektes immer beobachten:

Phase 1: Projektauswahl und -planung
– Problemanalyse,
– Umfeld- und Risikoanalyse,
– Formulierung des Projektauftrages,
– Projektplanung.

Phase 2: Projektsteuerung
– Steuerung,
– Überwachung,
– Dokumentation.

Phase 3: Projektabschluss
– Abschlussbericht und Präsentation,
– Implementierung der Projektergebnisse,
– Prozessbegleitung.

3.2.3.4.1 Situationserfassung und Problemanalyse

Eine Projektidee ist »geboren«: Nun ist es das Ziel des Projektmanagements, die aktuell vorhandene Situation (Ist-Zustand) in die angestrebte Situation (Soll-Zustand) zu überführen. Es ist also erforderlich, den Ist-Zustand zu kennen, um die für die Überleitung notwendigen Schritte ausführen zu können, und den Soll-Zustand genau zu definieren.

Auf Ist-Aufnahme und -analyse wurde bereits in Abschnitt 3.2.2.2.2 ausführlich eingegangen. Sie sind Bestandteil der Problemanalyse (vgl. auch Abschn. 2.9.3.1).

Die Problemanalyse

– bezieht alle Betroffenen in die kritische Aufnahme des Ist-Zustandes ein;
– stützt sich, wann immer möglich, auf Zahlen, Daten und Fakten (»ZDF-Regel«);
– untersucht die grundsätzliche Projektbedeutung »aus Unternehmenssicht«: dabei ist festzustellen, welche Bedeutung dem Projekt in Bezug auf die Unternehmensziele zukommt (im allgemeinen stehen dabei wirtschaftliche Betrachtungen, also der Projektnutzen, im Vordergrund);
– analysiert das Problem »aus Kundensicht« unter den Aspekten »Wertschöpfung« (was ist tatsächlich notwendig bzw. »wofür ist der Kunde bereit zu zahlen«) und »Verschwendung« (was ist verzichtbar bzw. bringt keinen Mehrerlös);
– trifft Feststellungen zur Projektaktualität: es muss begründet werden, warum ein Projekt gerade zum gegenwärtigen Zeitpunkt durchgeführt werden soll.

3.2.3.4.2 Umfeld- und Risikoanalyse

Die **Umfeldanalyse** beschäftigt sich eingehender mit dem externen und internen Projektumfeld.

Externe Einflüsse können von – bereits eingeleiteten oder zu erwartenden – Maßnahmen von Mitbewerbern oder von allgemeinen (politischen, gesamtwirtschaftlichen, technologischen) Entwicklungen ausgehen.

Das **interne** Umfeld ist geprägt durch
- vorhandenes Know-how,
- die Datenbasis,
- Ressourcen (Finanzen, Personal, Räume etc.),
- die Unterstützungsbereitschaft durch die Unternehmensleitung ..

Die **Risikoanalyse** beschäftigt sich mit den Risiken, die aus der Projektdurchführung resultieren können, und stellt diese in Beziehung zu der bei der Unternehmensleitung vorhandenen Risikobereitschaft. Dabei können (hier nicht näher beschriebene) mathematisch-statistische Verfahren zum Einsatz kommen.

3.2.3.4.3 Formulierung des Projektauftrages

Nach Abschluss der Situationserfassung und Problemanalyse kann – sofern das Projekt nicht verworfen wurde – die Formulierung des Projektauftrages erfolgen.

Sie beinhaltet
- die genaue Bezeichnung und Beschreibung des mit der Projektdurchführung angestrebten Ziels,
- den Abschlusstermin bzw. die Gesamtdauer des Projekts,
- die Beteiligten und ihre Befugnisse,
- den internen Auftraggeber (»Machtpromotor« – als solcher fungiert ein namentlich genanntes Mitglied der Geschäftsleitung).

Besonderes Augenmerk muss dabei der Formulierung des angestrebten Ziels gelten, wobei bei komplexen Projekten an die Stelle eines Einzelergebnisses ein Zielsystem (Zielszenario) aus mehreren Zielen tritt.

DIN 69901 beschreibt Projektziele als »nachzuweisendes Ergebnis und vorgegebene Randbedingungen der Gesamtaufgabe eines Projektes«. Auf die Bildung und Arten unternehmerischer Ziele wird ausführlich im Abschnitt 3.3.1.4 eingegangen.

3.2.3.4.4 Projektplanung

Die Projektplanung setzt sich in der Regel aus den folgenden Teilplanungen zusammen:
- **Projektstrukturplanung,**
- **Ressourcenplanung,**
- **Ablauf- und Terminplanung,**
- **Liquiditäts- und Kostenplanung,**
- **Budgetplanung (Finanzplanung).**

Dabei sind die Übergänge zwischen den Schritten fließend, und die obige Reihenfolge ist – zumindest hinsichtlich der Punkte 2 und 3 – nicht bindend; die Aufgliederung in Einzelschritte begünstigt aber die Übersichtlichkeit und ermöglicht die Festlegung von »Checkpoints« für die Fortschrittskontrolle.

Nicht zuletzt erleichtert die **isolierte** Betrachtung der Teilplanungen die weiteren Erläuterungen.

Die Planungsschritte werden im Folgenden beschrieben und verdeutlicht.

3 Betriebliche Organisation und Unternehmensführung

Beispiel:
Die Schmitz & Schnulz GmbH ist ein kleines, aber aufstrebendes Unternehmen der metallverarbeitenden Industrie, das sich auf die Herstellung von Gehäusen für Computer und HiFi-Geräte spezialisiert hat. In den zwölf Jahren, die seit der Gründung vergangen sind, ist der Betrieb stark expandiert, und die Fertigung ist inzwischen aus der kleinen Werkstatt der Gründerjahre in zwei vor drei Jahren errichtete jeweils 300 qm große Fertigungshallen umgezogen.

Die Verwaltung ist dagegen noch immer in dem altem Gebäude – einer ehemaligen KFZ-Reparaturwerkstatt mit einigen kleinen Büroräumen im ersten Stock – untergebracht. Für die mittlerweile 14 dort arbeitenden Personen ist die drangvolle Enge aber kaum noch erträglich; außerdem ist das Gebäude in einem wenig repräsentativen Zustand.

Die Errichtung eines Verwaltungsneubaus auf dem Gelände der neuen Fertigungshallen würde genehmigungsrechtlich keine Schwierigkeiten bereiten und soll nun in Angriff genommen werden.

Das Projekt »Planung und Errichtung eines neuen Verwaltungsgebäudes« wurde einer Planungsgruppe unter Führung des Geschäftsleitungsassistenten übertragen. Dabei wurden im Projektauftrag folgende Ziele formuliert:

Sachziel: *Umsiedlung der Verwaltung in einen auf dem vorhandenen Gelände zu errichtenden Neubau, der ausreichenden Platz für alle vorhandenen Arbeitsplätze und eine langfristig hinreichende Platzreserve bietet.*

Kostenziel: *Max. 2 Mio. € inklusive aller Kosten für Innenausstattung, Außenanlagen und Umzug.*

Terminziel: *Spätestens am 31.12. des nächsten Jahres muss die Verwaltung arbeitsfähig im neuen Gebäude untergebracht sein.*

3.2.3.4.5 Projektstrukturplanung

In der Projektstrukturplanung erfolgt auf Basis des Projektauftrages eine Zerlegung des Projektes in Teilprojekte, Arbeitspakete und Vorgänge. Die Vorgänge als kleinste Einheiten innerhalb der Gesamtaufgabe werden mit Leistungsbeschreibungen versehen und in Netzplänen (vgl. Abschn. 3.2.2.1.2.5) verarbeitet.

Mit Hilfe des Strukturplanes kann eine Zuordnung von Einzelaufgaben zu Stellen erfolgen.

In der Praxis wird wie folgt vorgegangen:

1. Anlegen einer **Aufgabenliste**: Hierbei handelt es sich um eine vorbereitende Tätigkeit, bei der die schon zu diesem Zeitpunkt erkennbaren Teilaufgaben mit ihren Hauptmerkmalen aufgelistet werden. Ein Beispiel für eine Aufgaben- oder Tätigkeitsliste zeigt die Abbildung.

Aufgabenliste für Projekt:		**Bau des Verwaltungsgebäudes**					
lfd. Nr.	Vorgang Nr.	Tätigkeit	Voraussetzung/ Vorgänger	Zuständige Abteilung	Beginntermin	Dauer	Kosten
1	1	Entwurf	–	A3	23. KW	3 WO	...
2	2	Bauantrag	1	A3	26. KW	1 WO	...
.	.						
.	.						
.	.						

Aufgabenliste

3 Betriebliche Organisation und Unternehmensführung

Oft wird in dieser Phase für jede Teilaufgabe ein eigenes Aufgabenblatt angelegt, in dem die Merkmale des jeweiligen Vorgangs näher ausgeführt werden.

Häufig werden dann im Verlauf der Planung weitere Aufgaben, die zunächst übersehen wurden, hinzukommen.

2. Aufstellung eines **Projektstrukturplanes (PSP)**: Auf Basis der Aufgabenliste wird eine vor allem in die Tiefe strukturierende Zergliederung des Projektes in Teilprojekte, Aufgaben und Unteraufgaben vorgenommen.

Dabei bietet sich die Form der Organigramm-Grafik an, die einer tabellarischen Aufstellung wegen ihrer Übersichtlichkeit vorzuziehen ist. Die Aufgaben auf der jeweils untersten Stufe der Hierarchie werden als Arbeitspakete bezeichnet. Ein Arbeitspaket ist demnach die kleinste Einheit, die eindeutig abgegrenzt, selbstständig erledigt und kontrolliert und einer bestimmten Stelle zugeordnet werden kann. Ziel der Gliederung ist die Herstellung einer optimalen Übersicht bei einem der Komplexität des Problems angepassten Detaillierungsgrad, wobei gilt:

So viel planen und vororganisieren wie nötig, so viel delegieren wie möglich! Die Gliederungstiefe wird dabei wesentlich von der Zahl der beteiligten Personen bestimmt.

Es empfiehlt sich, die einzelnen Aufgaben **mit Nummern** zu versehen, die im Verlauf der folgenden Planung weiterverwendet werden. Dabei kommen entweder fortlaufende oder sprechende Nummern in Betracht. Eine fortlaufende Nummerierung bietet den Vorteil kurzer, unverwechselbarer Ziffern, nachteilig ist jedoch, dass die hierarchische Zuordnung der einzelnen Teilaufgabe anhand der Nummer nicht erkannt werden kann. Für eine sprechende Nummerierung, wie sie die folgende Abbildung zeigt, gilt die umgekehrte Argumentation.

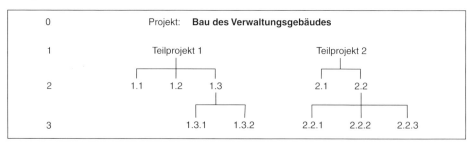

Projektgliederung im Projektstrukturplan mit Nummerierung

Der Aufbau von Projektstrukturplänen kann – ähnlich der Unterscheidung beim Einliniensystem im Rahmen der Aufbauorganisation (vgl. Abschnitt 3.2.1.2.1) – nach verschiedenen Aspekten erfolgen:

– objektorientiert: Objekte können Produkte, Gegenstände, Orte usw. sein;

– verrichtungsorientiert (funktionsorientiert), also an Tätigkeiten ausgerichtet;

– zeitorientiert: Die Gliederung vollzieht Phasen oder (eventuell zwangsläufige) Abfolgen nach.

Dabei sind Kombinationen möglich, also etwa eine Gliederung, die in der ersten Ebene am Objekt, in der weiteren Gliederung verrichtungsorientiert ist.

Die folgende Abbildung zeigt – unter Bezug auf das fortlaufende Beispiel – verschiedene **Gliederungsalternativen a–d**.

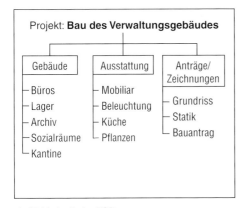

a) objektorientierter PSP

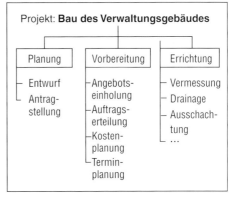

b) verrichtungsorientierter PSP

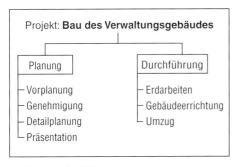

c) zeitorientierter PSP

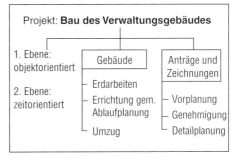

d) gemischt-orientierter PSP

Letztlich gibt es keine verbindliche Empfehlung dazu, wie der ideale PSP auszusehen hätte – seine Gestaltung, sein Detaillierungsgrad und seine Gliederung sind so zu wählen, dass für die jeweilige Problemstellung eine optimale Funktionalität erreicht wird.

Häufig wird sich der erste Entwurf als nicht tauglich oder nicht hinreichend herausstellen, und oft wird die Strukturplanung ein zyklischer Prozess sein, in dem der PSP von der Grobplanung über mehrere Zwischenstufen zu seiner endgültigen Form entwickelt wird.

3. Für die einzelnen Arbeitspakete, die kleinsten abgegrenzten, selbstständigen Einheiten also, aus deren Gesamtheit sich das Projekt zusammensetzt, werden Beschreibungen erstellt.

Ein Beispiel für eine solche Beschreibung zeigt die folgende Abbildung.

3 Betriebliche Organisation und Unternehmensführung

Projekt:	Beschreibung für Arbeitspaket:
Bau des Verwaltungsgebäudes	Antragstellung für Baugenehmigung
Tätigkeiten:	– Lageplan erstellen – Grundriss erstellen – Statik erstellen...
Voraussetzungen:	– Flurkarte muss vorliegen – Raumplanung intern – Gutachten zur Bodenbeschaffenheit...
Probleme:	– knapper zeitlicher Rahmen – Fläche ist nicht geräumt...
Risiken:	– vorzeitiger Wintereinbruch...

Beschreibung eines Arbeitspakets

Die Strukturplanung ist Grundlage für alle weiteren Planungen.

3.2.3.4.6 Ablauf- und Terminplanung

Bei der Terminplanung im Rahmen des Projektmanagements wird bevorzugt mit Netzplänen gearbeitet. Diese ermöglichen nicht nur Aussagen über den Abschlusstermin, sondern liefern auch Angaben über früheste und späteste Endtermine der einzelnen Vorgänge und ermöglichen damit eine permanente Fortschrittskontrolle. Auch werden Pufferzeiten, also Zeitspannen, innerhalb derer sich einzelne Vorgänge zeitlich verlagern dürfen, ohne dass dies eine Auswirkung auf den Endtermin hätte, ersichtlich.

In Abschnitt 3.2.2.1.2 wurde bereits auf die Darstellung zeitlicher Abfolgen in Netzplänen eingegangen. Bei dem dort gezeigten Netzplan handelt es sich um ein so genanntes Vorgangsknotennetz, bei dem die Vorgänge in Knoten abgebildet werden und die Abhängigkeiten durch Pfeile verdeutlicht werden.

Im obigen Projektstrukturplan wird davon ausgegangen, dass die Planung und Durchführung der eigentlichen Gebäudeerrichtung einem Architekturbüro übertragen wird. Dort werden die erforderlichen Gewerke aufgelistet, terminiert, in eine Reihenfolge gebracht, mittels eines Gantt-Diagramms visualisiert und zu einem Netzplan verarbeitet, der die frühesten und spätesten Anfangs- und Endzeitpunkte sowie freie Pufferzeiten und kritische Vorgänge aufzeigt.

Eine andere Möglichkeit der Darstellung ist die Zuweisung von Vorgängen zu Pfeilen, während die durch die Vorgänge geschaffenen Ereignisse oder Tatbestände durch Knoten abgebildet werden. Weitere Methoden der Netzplantechnik, nämlich

– **CPM** (Critical Path Method),

– **PERT** (Program Evaluation and Review Technique),

– **MPM** (Metra-Potential-Method)

werden im Anschnitt 3.4.3.5 beschrieben.

Anstelle von Netzplänen oder in Vorbereitung oder Ergänzung derselben können auch Flusspläne, Arbeitsablauf- und Gantt-Diagramme (vgl. Abschn. 3.2.2.1.2.4) zum Einsatz kommen.

3.2.3.4.7 Ressourcenplanung

Die Ressourcenplanung bezieht sich auf den Materialeinsatz, den Betriebsmitteleinsatz und das benötigte Personal. Im Rahmen einer ersten Kapazitätsanalyse sind folgende Fragen zu beantworten:

– Welches Personal und welche Sachmittel werden benötigt? Diese Frage ist zunächst nur in bezug auf das betrachtete Projekt zu beantworten. Da die Terminplanung vorangegangen ist, können für den ermittelten Bedarf schon Zeitpunkt oder -dauer angegeben werden.

– Welches Personal und welche Sachmittel stehen zur Verfügung? Diese Frage kann nicht isoliert für das jeweilige Projekt beantwortet werden, es sei denn, das Projekt sei die einzige betriebliche Aktivität (etwa zur Zeit eines Betriebsstillstandes oder im Zuge der Unternehmensgründung); ansonsten ist folgende Fragestellung zu beachten:

– Welche anderen Projekte und betrieblichen Vorgänge konkurrieren um dieselben Kapazitäten? Wenn Konkurrenzen festgestellt werden, stellt sich sofort die nächste Frage:

– Gibt es Kapazitätsengpässe? Wenn diese Frage zu bejahen ist, wird es - sofern die Kapazitäten nicht erweitert werden können - erforderlich, Prioritäten festzulegen. Im allgemeinen erfolgt die Vorgabe von Prioritäten und sonstigen Entscheidungskriterien durch die Geschäftsleitung.

– Wer und was wird zusätzlich benötigt? Die Antwort auf diese Frage ist in den Antworten zu den Fragen 1 bis 4 implizit: Immer dann, wenn unabdingbare Ressourcen unabänderlich belegt oder überhaupt nicht vorhanden sind, muss eine Beschaffungsentscheidung fallen.

Ähnlich den in Kapitel 7 dargestellten Maschinenfolgediagrammen können **Belastungsdiagramme** auch für andere Mittel, insbesondere auch für einzelne Mitarbeiter, erstellt werden. Soweit möglich, sollten dabei gleichartige Mittel bzw. Mitarbeiter, die sich gegenseitig vertreten können, zu **Kapazitätsgruppen** zusammengefasst werden. Die nachfolgende Abbildung zeigt exemplarisch eine Reihe von Vorgängen unter Angabe der Vorgänger, der Dauer und der Anzahl der benötigten gleichqualifizierten Mitarbeiter und darunter ein daraus entwickeltes Gantt-Diagramm.

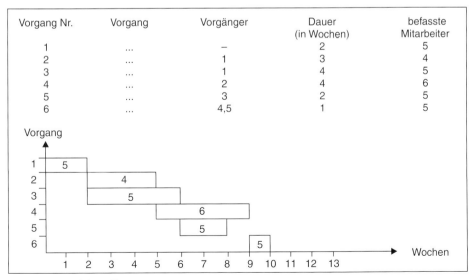

Vorgangsliste und Gantt-Diagramm

3 Betriebliche Organisation und Unternehmensführung

In Weiterführung des mit der vorstehenden Abbildung begonnenen Beispiels lässt sich folgender Netzplan entwickeln:

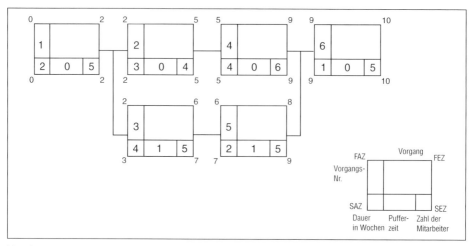

Netzplan

Die Gestalt des hieraus zu entwickelnden Belastungsdiagramms hängt davon ab, ob man jeweils die frühesten oder spätesten Anfangszeitpunkte zugrundelegt:

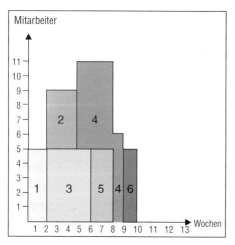

Belastungsdiagramm für früheste Anfangszeitpunkte

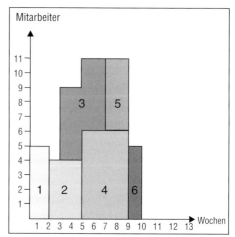

...für späteste Anfangszeitpunkte

Den Belastungsdiagrammen ist die verfügbare Kapazität gegenüber zu stellen.

Engpässe werden in einem Soll-Ist-Vergleich zwischen der verfügbaren und der benötigten Kapazität dargestellt (siehe hierzu die folgenden Abbildungen).

3 Betriebliche Organisation und Unternehmensführung

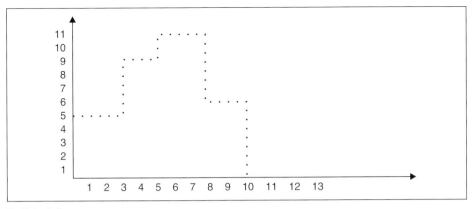

Verfügbarkeit

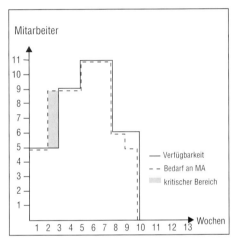

Soll-Ist-Kapazitätsvergleich für früheste...

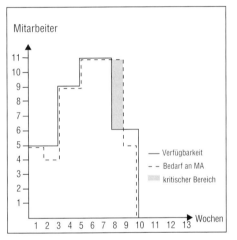

...für späteste Anfangszeitpunkte

Der Kapazitätsausgleich kann wie folgt in Angriff genommen werden:

− Zunächst sollte der Ausgleich durch Verschiebung im Rahmen der aufgedeckten Puffer erfolgen. Ein adäquates Mittel ist die Streckung.

Beispiel:
Ein Vorgang, der innerhalb der ersten sechs Projektwochen erledigt werden muss, wurde mit drei Wochen Dauer und sechs Mitarbeitern angesetzt. Der Soll-Ist-Vergleich zeigt aber, dass nur drei Arbeiter, diese aber für die Gesamtdauer von sechs Wochen, verfügbar sind. Hier bietet sich eine Streckung um drei Wochen auf sechs Wochen mit drei Arbeitern an.

Analog sind Stauchungen oder die Aufteilung von Vorgängen in getrennt zu erledigende Teilaufgaben zu erwägen.

− Es ist zu prüfen, ob anstelle der ursprünglich geplanten Mittel ähnliche Mittel (Substitute) einsetzbar sind.

− War das Ergebnis der vorstehenden Überprüfung negativ, müssen entweder die eigenen Mittel erweitert oder einzelne Leistungen fremdbezogen werden. Dabei ist zu beachten, dass Betriebsmittelanschaffungen Investitionen darstellen, die die Dauer des Projektes möglicherweise überleben. Ihre Sinnhaftigkeit kann daher meist nicht allein im Rahmen des Projektmanagements beurteilt werden. Die Entscheidung über Erweiterungsinvestitionen wird im Allgemeinen – je nach Finanzvolumen – der Geschäftsleitung oder der zuständigen Führungsebene vorbehalten sein.

– Wenn eine Erweiterung der Kapazitäten bzw. der Fremdbezug nicht möglich oder nicht gewünscht ist, muss das Projekt verlängert oder zu einem anderen Zeitpunkt in Angriff genommen werden.

3.2.3.4.8 Liquiditäts-, Kosten- und Budgetplanung

In der Kostenplanung werden zunächst die anfallenden Kosten in ihrer Gesamthöhe und mit den Einzelzeitpunkten und -beträgen ihres Anfallens antizipiert. Hierzu werden für die einzelnen Projektbestandteile Prognosen erstellt, die im Projektverlauf permanent kontrolliert und fortgeschrieben werden. Erwartete Auszahlungen müssen vorab hinsichtlich ihrer Auswirkungen auf die Liquidität untersucht werden. Die Planung und Kontrolle der Kosten und der Liquidität erfolgt in enger Zusammenarbeit mit dem internen Rechnungswesen. Auf Einzelheiten wird in Kapitel 4 ausführlich eingegangen.

3.2.3.4.9 Planänderungen

Die vorgenannten Planungen müssen zu Beginn der zweiten Phase, der eigentlichen Projektdurchführung also, abgeschlossen sein. Sie müssen aber so weit flexibel sein, dass Abweichungen, die sich während der Realisierungsphase als notwendig erweisen, noch berücksichtigt und eingearbeitet werden können. Wegen der Interdependenzen zwischen den einzelnen Plänen zieht eine Planänderung zwangsläufig Änderungen der anderen Teilpläne nach sich: Deshalb sind Änderungsanträge sorgfältig auf ihre Konsequenzen zu untersuchen.

3.2.3.5 Projektsteuerung und -kontrolle

3.2.3.5.1 Aufgabenverteilung

In die Realisierung des Projektes können – je nach Aufgabenstellung – verschiedene Stellen bzw. Fachabteilungen eingebunden sein. In jedem Falle beteiligt sind

– die Unternehmensleitung: Ein Mitglied der Führungsspitze muss »hinter dem Projekt stehen«; es fungiert als interner Auftraggeber (**»Machtpromotor«**);
– ein Projektleiter, der hauptverantwortlich für das Projekt zeichnet und bei dem »alle Fäden zusammenlaufen«; ihm wird gegebenenfalls ein Gremium zur Unterstützung bei der Projektkoordination zur Seite gestellt;
– das interne Rechnungswesen: Diese Abteilung liefert einen Großteil der für die Projektplanung und -kontrolle erforderlichen Daten;
– der Betriebsrat: In jedem Falle ist zu prüfen, inwieweit dieser nach dem BetrVerfG in die Projektierung einzubeziehen ist.

3.2.3.5.2 Durchführung der Projektsteuerung

Die Projektlenkung vollzieht sich im Regelkreis aus

– Durchführungsmaßnahme,
– Überwachung,
– Steuerung und
– Planung (Planrevision).

Jedem Arbeitspaket ist ein so genannter **Anfragevorgang** vorgeschaltet, in dem geklärt wird, ob die für seine Durchführung erforderlichen Materialien und Kapazitäten fristgerecht zur Verfügung stehen.

Die Projektdurchführung ist von ständigen **Fortschrittskontrollen** begleitet, wobei die Rückmeldungen entweder von den Projektmitarbeitern geliefert (»**Bringschuld**«) oder eingeholt (»**Holschuld**«) werden: Sie dienen der Feststellung des jeweils bis hierhin geschaffenen neuen Ist-Zustandes. Ergibt die Überwachung eine Abweichung vom Soll-Zustand, reagiert die Projektsteuerung fallweise mit der Ergreifung von Maßnahmen, die geeignet erscheinen, das gewünschte Soll zu erzeugen, bzw. mit Planänderungen, die zu einer Neudefinition des Soll-Zustandes führen.

Dieser Regelkreis wird bis zum Abschluss des Projektes immer wieder durchlaufen. Damit besitzt die Projektlenkung Controlling-Charakter.

3.2.3.5.3 Dokumentation und Abschlussbericht

Alle schriftlichen Niederlegungen, die im Verlaufe des Projekts anfallen, sind Bestandteil der Dokumentation und aufzubewahren. Während Teile der einschlägigen Literatur die Dokumentation als eigenständigen, letzten Teil des Phasenschemas des Projektmanagements ansehen, soll hier darunter die Sammlung des in den einzelnen Entwicklungsphasen ohnehin angefallenen Dokumentenmaterials verstanden werden.

Zur **Projektdokumentation** gehören damit unter anderem

- der formulierte Projektantrag,
- alle Pläne inklusive Anpassungen (»mitlaufende Aktualisierung«),
- Zwischenberichte
- Testbedingungen,
- Testdaten,
- Testergebnisse.

Als übliche Formen für Zwischenberichte finden sich in der Praxis

- **Projekt-Statusberichte** (status review): Turnusmäßig (je nach Projektdauer wöchentlich, monatlich oder vierteljährlich) an verschiedene Interessenten versandte Berichte mit Informationen über

    - den Stand der Leistungen,
    - den gegenüber dem letzten Bericht erreichten Fortschritt,
    - Soll-Ist-Gegenüberstellungen von Terminen und Kosten,
    - Abweichungen und ergriffene oder geplante Gegenmaßnahmen,
    - aufgetretene Probleme und erwartete Folgen usw.;

- **Projekt-Sonderberichte:** Ergänzende oder außerhalb des Turnus erforderliche Berichte mit Informationen über nicht vorhergesehene und somit unberücksichtigte Situationen und Probleme, ggf. mit Darlegung bereits eingeleiteter Reaktionen oder möglicher Handlungsalternativen mit Einschätzung der Folgen.

Die Dokumentation wiederum ist Bestandteil des Abschlussberichts.

Mit dem Abschluss des Projektes ist die Dokumentation nicht beendet: Zum einen erfährt sie laufende Ergänzungen und Aktualisierungen durch Systemänderungen und -anpassungen, zum anderen kann sie um Aufzeichnungen des Auftraggebers nach Implementierung der Projektergebnisse ergänzt werden.

Das Projekt endet in der Regel mit einer **Projektpräsentation** vor allen Betroffenen. In ihr werden Ausgangslage, Ziele, Projektverlauf und Projektergebnisse dargestellt, ohne dass (noch einmal) eine inhaltliche Diskussion stattfindet.

Eine ausführliche Darstellung bietet der zu erstellende **Abschlussbericht**. Dieser beinhaltet
- die vollständige Dokumentation,
- die Projektergebnisse,
- Hinweise zur Ergebnis-Implementierung (d. h. Umsetzung der Ergebnisse).

Je nach Interesse der Betroffenen kann der Abschlussbericht in unterschiedlich ausführlichen Fassungen (»Individualisierte Abschlussberichte«, »Teilreports«) vorgelegt werden.

3.2.3.6 Die Auswirkungen des Projektmanagements

3.2.3.6.1 Auswirkungen auf die Führungs- und Unternehmenskultur

Die Einführung der Organisationsform des Projektmanagements in einem bestehenden, bislang »konventionell« geführten Unternehmen hat erhebliche Auswirkungen auf die Führungs- und Unternehmenskultur. Hervorstechendstes Merkmal ist die Überlagerung einer Primärstruktur durch eine Sekundärstruktur, wobei sich zwangsläufig »Kompetenzkreuzungen« ergeben. Damit hieraus keine Konflikte erwachsen, ist es notwendig, die daraus folgende Aufteilung der Kompetenzen vorab exakt zu definieren. Dieses Problem stellt sich zwar regelmäßig in Zusammenhang mit Matrixorganisation, ist aber im Projektmanagement wegen derer spezifischen Merkmale (Einmaligkeit, Komplexität, Innovation und vor allem Befristung) in besonderem Maße zu beachten.

Projektmanagement bedingt aber keineswegs nur Leitungs»probleme«: Die spezielle Ablauforganisation, die von Veränderungen potentiell berührte Mitarbeiter frühzeitig aktiv in Neugestaltungen einbezieht und damit »aus Betroffenen Beteiligte macht«, ist besonders geeignet, Motivation zu erzeugen und letztlich Ziele, Normen und Werthaltungen der Führenden und der Mitarbeiter aneinander anzugleichen.

Die vorangegangenen Ausführungen haben verdeutlicht, dass mit der Einführung des Projektmanagements besondere Anforderungen an die Mitarbeiter einhergehen. Als – vor allem im nicht-fachlichen, häufig mit »Methoden- und Sozialkompetenz« und »Schlüsselqualifikationen« umschriebenen Bereich angesiedelten – wünschenswerte Eigenschaften sind z. B. folgende häufig genannt:

- Kreativität,
- Kooperations- und Kommunikationsfähigkeit,
- Abstraktionsvermögen,
- Lernfähigkeit,
- Fähigkeit zum methodischen Arbeiten,
- unternehmenskonformes Risikoverhalten,
- Vorurteilslosigkeit,
- Flexibilität.

An späterer Stelle wird noch ausführlich auf Fragen der Personalführung eingegangen.

3.2.3.6.2 Umsetzung von Projektergebnissen

Kein Projekt ist »Selbstzweck«: Im Zuge seiner Durchführung wird ein **vorheriger** Ist-Zustand in einen (zuvor als Soll-Zustand definierten) anderen Zustand versetzt, und hieraus ergeben sich Konsequenzen für Aufbau und Abläufe innerhalb der Primärorganisation.

In Fortführung der einleitenden Beispiele:

Die Entwicklung eines neuen Produktes ist erfolgreich abgeschlossen. Das neue Produkt wurde zur Serienreife geführt; nun soll es in die Produktpalette aufgenommen werden. Hiervon sind Beschaffung, Fertigung und Absatz nachhaltig berührt.

3 Betriebliche Organisation und Unternehmensführung

Das neue EDV-System wurde angeschafft, unter Berücksichtigung der geplanten Neuorganisation der Arbeitsabläufe eingerichtet und getestet. Belege wurden entworfen, Handbücher geschrieben, Mitarbeiter geschult.. nun erfolgt die Übergabe an die Fachabteilung, die dauerhaft mit dem neuen System arbeiten muss.

Das Zweigwerk in Indien hat die Probeläufe in der Herstellung erfolgreich absolviert. Nun soll die Produktion aufgenommen, also für den Markt produziert werden. Nach und nach sollen die Fachkräfte aus Deutschland abgezogen und die bisher von ihnen wahrgenommenen Aufgaben von einheimischen Fachkräften übernommen werden.

Die gelungene Messepräsentation hat dem Softwarehaus den Großauftrag eines neuen Kunden eingebracht. Eine dauerhafte Zusammenarbeit zeichnet sich ab. Die Einstellung weiterer Programmierer ist dringend erforderlich.

Der Großauftrag des Kunden konnte nur dank einer erheblichen Ausweitung bei Personal und Betriebsmitteln termingerecht ausgeführt werden. In Ermangelung größerer Folgeaufträge wird jetzt erwogen, die vorhandenen Überkapazitäten durch die Einrichtung eines zwischenbetrieblichen Ausbildungszentrums zu nutzen.

Die Umsetzung der Projektergebnisse in die Praxis setzt voraus, dass die vorzunehmenden Maßnahmen und Veränderungen auf die Akzeptanz der Betroffenen stoßen. Dies ist dann am wenigsten problematisch, wenn die Betroffenen im Projektteam partizipieren oder zu einem möglichst frühen Zeitpunkt einbezogen werden konnten.

Die eigentliche **Implementierung** erfolgt in der Praxis durch

- Maßnahmenblätter,
- Streifenlisten und
- Prozessbegleiter.

Maßnahmenblätter enthalten exakte Beschreibungen einzelner Maßnahmen und nennen jeweils Verantwortliche und Fertigstellungstermine. Ganze Stapel von Maßnahmenblättern, die in regelmäßigen Zusammenkünften aller Implementierungsverantwortlichen abgearbeitet und aktualisiert werden, werden als **Streifenlisten** bezeichnet.

Ihre **Abarbeitung** erfolgt, indem regelmäßig geprüft wird,

- ob einzelne Maßnahmen ausgeführt sind, die dazugehörigen Maßnahmenblätter also abgelegt werden konnen,
- ob sich im Zuge der Bearbeitung einer einzelnen Maßnahme der Bedarf nach Ergänzungen ergeben hat (diese werden auf dem jeweiligen Maßnahmenblatt verzeichnet),
- ob Bedarf an neuen Maßnahmen besteht (und somit dem Stapel weitere Maßnahmenblätter hinzugefügt werden müssen).

Die Implementierung **wird dadurch sichergestellt**, dass

- keine Maßnahme vergessen werden kann,
- jede eingegangene und auf einem Maßnahmenblatt vermerkte Verpflichtung unbedingt bindend ist,
- jeder auf einem Maßnahmenblatt genannte Verantwortliche an allen Sitzungen teilnehmen muss,
- zumindest ein Mitglied der Unternehmensleitung am Umsetzungsprozess teilnimmt.

Soweit möglich und notwendig, können **Prozessbegleiter** eingesetzt werden, die den Implementierungsprozess aktiv unterstützen. Dabei wird es sich in der Regel um Mitarbeiter der betroffenen Fachabteilungen handeln, die für die Dauer der Systemeinführungsphase von ihren üblichen Aufgaben freigestellt sind.

3.3 Führungstechniken

Der Begriff der Führung wird im allgemeinen Sprachgebrauch häufig als Synonym für eine Vielzahl anderer Begriffe benutzt. Mit diesen Begriffen – etwa Leitung, Herrschaft, Macht, Autorität, Lenkung usw. – ist der Führungsbegriff, wie wir ihn hier verstehen wollen, jedoch derart unscharf umrissen, dass er einer genauen Definition bedarf.

Die Sozialwissenschaften definieren Führung als »zielorientierte Einflussnahme auf Menschen«. In diesem Sinne ist jegliche Tätigkeit in einem Unternehmen oder jedem anderen sozialen System, unabhängig von der hierarchischen Stellung des Handelnden, als Führung zu verstehen.

Die Wirtschaftswissenschaften präzisieren den Führungsbegriff in Hinblick auf hierarchisch organisierte Systeme, indem sie Führung als eine Aufgabe betrachten, die sich lediglich an der Spitze der Hierarchie einer Organisation vollzieht.

In diesem Sinne ist Unternehmensführung

»die zielorientierte Einflussnahme auf Menschen und Dispositionen über wirtschaftliche Güter, Rechte und Geld in der organisatorischen Spitze der Hierarchie einer Unternehmung« (HANSCHMANN/MUS).

Die Aufgaben der Unternehmensführung sind im Wesentlichen

- Festlegung von Unternehmenszielen und -grundsätzen,
- Treffen gewichtiger Entscheidungen,
- Koordination der Funktionsbereiche,
- Delegation von Aufgaben und Verantwortung,
- Vorgabe von Leistungsanforderungen,
- Überwachung des Unternehmensgeschehens,
- Auswahl leitender Mitarbeiter,
- Aufnahme und Weitergabe von Informationen und
- Repräsentation des Unternehmens.

Diese Aufzählung zeigt, dass die Aufgaben der Unternehmensführung (nicht zuletzt werden die Personen, die an der Spitze eines Unternehmens stehen, selbst als »Unternehmensführung« oder »Unternehmensleitung« bezeichnet) weniger ausführender als vielmehr anleitender Art sind. Zugleich fällt auf, dass die meisten der genannten Funktionen entweder Planungscharakter aufweisen oder Planung voraussetzen.

Daher ist der **Planung** in den folgenden Betrachtungen breiter Raum gewidmet. Ausgehend von der erstgenannten Aufgabe, werden jedoch zunächst die Festlegung von Unternehmenszielen und -grundsätzen behandelt.

3.3.1 Unternehmensziele

Die Ziele einer Unternehmung sind keine von vornherein feststehenden, unveränderlichen Größen, sondern das Ergebnis eines Entscheidungsprozesses, der sich nicht nur einmalig bei der Unternehmensgründung, sondern in den Lebensphasen der Unternehmung immer wieder vollzieht.

Der Zielbildungsprozess ist regelmäßig darauf ausgerichtet, die Ziele der Unternehmensleitung mit denen anderer gesellschaftlicher Gruppen in- und außerhalb des Unternehmens in Einklang zu bringen.

Die Ziele und Werte, die von Individuen oder sozialen Gruppen verfolgt werden, sind durchaus unterschiedlich. Hieraus resultieren regelmäßig Zielkonflikte, wenn die von einer Person oder Gruppe angestrebten Ziele denjenigen einer anderen Person oder Gruppe entgegenwirken. Das Individuum wird sich zur Mitwirkung an einem Zielerreichungsprozess aber nur bewegen lassen, wenn hierdurch auch die eigenen Ziele gefördert werden. Eine Verleugnung der eigenen Ziele oder das Fehlen eines Anreizes, der die Erreichung noch nicht erfüllter Ziele in Aussicht stellt, führt zur »inneren Aufkündigung« der Mitarbeit oder gar zu Widerständen. Jede Organisation, so auch die Unternehmung, befindet sich daher nur dann in einem stabilen Zustand, wenn ihre Ziele mit denen ihrer Träger (Unternehmensleitung, Anteilseigner, Arbeitnehmer) konform gehen.

Die Festlegung von Unternehmungszielen kann nicht losgelöst betrachtet werden von den Motiven menschlichen Verhaltens. Die berühmte Motivationstheorie von MASLOW klassifiziert die menschlichen Motive in der nachfolgend dargestellten Hierarchie (**Motivationspyramide**):

Die unterste Stufe der Motivationspyramide bilden die physiologischen, also die körperlichen oder Grundbedürfnisse: Nahrung, Kleidung, Wohnung, Atemluft, Schlaf usw. Nur wenn ihre Befriedigung vom Individuum als dauerhaft sichergestellt betrachtet wird, können weitergehende Motive bestimmend für das individuelle Verhalten werden. Hier stehen die Sicherheitsbedürfnisse, etwa der Wunsch nach Unfallschutz, Sicherheit des Arbeitsplatzes, Altersvorsorge, nach »geregeltem Leben« also, im Vordergrund. Sind auch diese Bedürfnisse befriedigt, so wendet sich das Individuum der Befriedigung seiner sozialen Bedürfnisse zu. Diese sind etwa das Bedürfnis nach Kontakt, Freundschaft und Liebe, also der Wunsch nach menschlicher Zuwendung. Die nächste Motivklasse bilden die Wertschätzungsmotive: Streben nach Anerkennung durch andere Individuen, Prestige, Respekt, Bedeutung, Verantwortung, Macht. Nur wenn alle genannten Motive befriedigt sind, werden die obersten Ziele, nämlich die nach Selbstverwirklichung im Sinne von Weiterentwicklung persönlicher Fähigkeiten und Neigungen, dominant.

Die Grenzen zwischen den Motivklassen sind aber fließend; auch ist das Verhalten eines Individuums selten nur von einem einzigen Motiv bestimmt. Es lässt sich außerdem feststellen, dass eine endgültige Befriedigung nie erreicht wird; denn »ein jeder Wunsch, der sich erfüllt, kriegt augenblicklich Junge« (Wilhelm Busch).

Die genannten Individualziele schlagen sich auf die Bildung von Unternehmungszielen maßgeblich nieder, weil ihre Festlegung einerseits Individuen obliegt, die ihre persönlichen Ziel- und Wertvorstellungen in diesen Prozess einfließen lassen; andererseits wird die Unternehmung fremdbestimmt durch die Anforderungen, die die Umwelt in Verfolgung ihrer eigenen Ziele durchzusetzen sucht.

In Hinblick auf die Zielbildung eines Unternehmens sind folgende Faktoren bestimmend:
- Unternehmensleitbild,
- Unternehmenspotential,
- Marktpotential und
- Umweltpotential.

3.3.1.1 Das Leitbild der Unternehmung

Die Leitmaximen, nach denen eine Unternehmung geführt wird, hängen von ethischen und moralischen Wertvorstellungen ihrer Leitungsträger ab. Diese »**Unternehmensphilosophie**« bestimmt das Verhältnis zwischen der Führungsspitze und den Mitarbeitern, Anteilseignern (z. B. Aktionären), Kunden, Lieferanten, Konkurrenten und öffentlichen Interessen und beinhaltet die Grundeinstellungen

- zur Wirtschafts- und Gesellschaftsordnung und ihren »Spielregeln«,
- zu Wachstum und – insbesondere technologischem – Fortschritt,
- zum Wettbewerb und
- zu den Mitarbeitern (soziale Verantwortung, Anerkennung, Toleranz, Zusammenarbeit mit der gewählten Vertretung der Mitarbeiterschaft).

Die Unternehmensphilosophie findet ihren Niederschlag in den von der Unternehmensführung vorgegebenen Unternehmenszielen, die entweder – im Rahmen geltender gesetzlicher Bestimmungen – auf die einseitige Durchsetzung von Interessen oder auf die Berücksichtigung der Interessen der verschiedenen gesellschaftlichen Gruppen ausgerichtet sein können.

3.3.1.2 Unternehmungsinternes Zielbildungspotenzial

Innerhalb der Unternehmung wirken verschiedene Gruppen auf die Zielbildung ein. Dies sind
- die Mitglieder der Unternehmensleitung,
- die Anteilseigner,
- die Mitarbeiter.

Jedes Mitglied einer jeden Gruppe hat individuelle Ziele, die sich jedoch innerhalb der Gruppen eher entsprechen als bei gruppenüberschreitender Betrachtung. Daher kann nicht davon ausgegangen werden, dass die Unternehmung als geschlossenes Ganzes von vornherein eine homogene Zielsetzung verfolgt; vielmehr hängt die Zielbildung innerhalb der Unternehmung stark von den Machtverhältnissen zwischen den unternehmenstragenden Gruppen und deren ethischer und moralischer Grundhaltung ab.

Jede Gruppe wird versuchen, ihre Ziele zu Zielen der Unternehmung zu machen und diese auch gegenüber konträren Interessengruppen durchzusetzen. In der Marktwirtschaft genießen Eigentümer bzw. die von ihnen eingesetzten Vertreter (die Unternehmensleitung, das Management) eine Vorrangstellung gegenüber den abhängig Beschäftigten und damit die Legitimation, Ziele zu formulieren und vorzugeben. Diese Vormachtstellung wird lediglich für die von den Mitbestimmungsgesetzen betroffenen Kapitalgesellschaften eingeschränkt. Möglichkeiten seitens der Arbeitnehmerschaft, eigene Ziele gegen die erklärten Interessen der Unternehmerseite durchzusetzen, sind – rein rechtlich betrachtet – lediglich dort gegeben, wo Zielvorgaben mit geltendem Recht kollidieren.

Das hier skizzierte Szenario spiegelt die Rechtslage wieder, gibt jedoch kein realistisches Abbild der tatsächlichen Verhältnisse. Längst hat sich auf seiten der Kapitaleigner und ihrer Vertreter weitgehend die Erkenntnis durchgesetzt, dass die Erreichung von Zielen enorm erschwert oder unmöglich ist, wenn seitens der mit der Ausführung betrauten Personen keine Zielakzeptanz besteht. Wenn auch unbestritten ist, dass die Formulierung der Unternehmensziele eine Aufgabe der Unternehmungsführung ist, so sind doch in der Regel Bemühungen anzutreffen, die Interessen aller insgesamt die Unternehmung darstellenden Gruppen zu berücksichtigen.

3.3.1.3 Markt- und Umweltpotenzial

Die Unternehmensträger sind nicht frei in ihrer Zielbildung; vielmehr gilt es eine Reihe externer Einflussfaktoren zu berücksichtigen. Dies sind

– Marktfaktoren und
– sonstige Umweltfaktoren.

Märkte, die auf die Unternehmung wirken, sind

– der Beschaffungsmarkt, der Rohstoffpreise und verfügbare Rohstoffmengen bestimmt,
– der Absatzmarkt, der bestimmte Anforderungen stellt, dessen Bedürfnisse erkundet und befriedigt werden müssen und der u.U. mit Konkurrenten geteilt werden muss,
– der Arbeitsmarkt, der über die Verfügbarkeit und Kosten qualifizierten Personals und über die Erfordernisse in Aus- und Weiterbildung entscheidet, und
– der Kapitalmarkt, der die Bereitstellung von Fremdkapital und die hiermit einhergehenden Kosten ebenso bestimmt wie die Rentabilität von Kapitalanlagen.

Beispiel:
Ein Firmeninhaber oder Anteilseigner strebt den größtmöglichen ökonomischen Erfolg des eigenen Unternehmens als Voraussetzung für die Erreichung seiner persönlichen Ziele an. In diesem Streben »bremsen« ihn Interessengruppen, von denen seine wirtschaftliche Existenz abhängt: So verlangen seine Kunden günstige Preise und Zahlungsbedingungen sowie pünktliche Lieferung. Seine Lieferanten möchten hingegen ebenfalls angemessen verdienen und pünktlich bezahlt werden. Seine Konkurrenten am Absatzmarkt möchten ebenfalls leben und ringen um Marktanteile. Die Arbeitnehmer als Mitglieder privater Haushalte verlangen eine angemessene Entlohnung und soziale Leistungen. Der Mangel an Fachkräften auf dem regionalen Arbeitsmarkt zwingt ihn, eigene Fortbildungsmaßnahmen durchzuführen. Unser Firmeninhaber ist also keineswegs frei in der Festsetzung seiner Ziele, sondern genötigt, diese mit den unterschiedlichen Zielen und Bedingungen der ihn umgebenden Einflussgruppen in Einklang zu bringen.

Andere Einflussfaktoren sind

– Staat und
– Öffentlichkeit.

Der Staat verlangt die Einhaltung des geltenden Rechts und die Zahlung von Steuern und Abgaben. Er erlegt der Unternehmensführung eine Reihe von Bedingungen und Beschränkungen auf, die bei der Zielbildung zu berücksichtigen sind, z. B. Umweltschutzauflagen, arbeits- und tarifrechtliche Bestimmungen, Beschränkungen im Export von Embargogütern (z. B. Waffen) usw.

Die Öffentlichkeit interessiert sich umso mehr für ein Unternehmen, je größer sein Einfluss auf das Schicksal der Region ist. Auf folgenschwere (legale) Planungen wie Betriebsstilllegungen oder Massenentlassungen reagiert sie mit Protesten, im schwersten Fall mit Boykotten am Absatzmarkt.

Unternehmungsinterne und -externe Interessen sind insoweit verknüpft, als dass jedes Mitglied der Unternehmensführung, ebenso wie jeder Arbeitnehmer, zugleich auch Nachfrager am Absatzmarkt und Angehöriger des Staates und der Öffentlichkeit ist. Dies bedingt häufig auch **intrapersonelle Zielkonflikte**:

Herr Schneider verdient sein Geld als Produzent von Faltschachteln. Sein unternehmerisches Interesse liegt darin, möglichst viele davon zu verkaufen. Als Konsument ärgert er sich jedoch über seinen Müllberg.

3.3.1.4 Zielbildung und Zielkatalog

3.3.1.4.1 Unternehmenszielkatalog

Wenn auch in den vorangegangenen Abschnitten mehrfach von Unternehmensphilosophie im Sinne ethischer und moralischer Werthaltungen die Rede war, so darf natürlich nicht übersehen werden, dass Unternehmen vorrangig Wirtschaftsbetriebe sind. Daher orientieren sich die Sach- und Formalziele (vgl. Abschn. 3.1.2.1.3) der Unternehmung vorrangig an Leistung und Effizienz. Unterschieden werden:

– **Leistungsziele:** Diese orientieren sich

  – am Beschaffungsmarkt: Quelle, Menge und Qualität der zu beschaffenden Rohstoffe,
  – an der Produktion: Mengen, Qualitäten, Durchlaufzeit der zu produzierenden Güter, Produktionsverfahren und -standorte usw.,
  – am Absatzmarkt: Marktanteil, Absatzmengen und -preise, Absatzwege usw.

– **Erfolgsziele:** Diese sind ausgerichtet auf

  – den Umsatz,
  – die Kostenstruktur,
  – den Gewinn usw.

– **Finanzziele:** Diese betreffen

  – die Zahlungsfähigkeit (Liquidität),
  – die Gewinnverwendung,
  – die Finanzstruktur (z. B. Verhältnis zwischen Anlagevermögen und langfristigem Fremdkapital),
  – die Investitionsplanung usw.

– **Flexibilitätsziele:** Diese sind darauf ausgerichtet, die Anpassungsfähigkeit der Unternehmung an veränderte Umweltsituationen zu gewährleisten.

Während Leistungsziele überwiegend Sachziele sind, stellen die Finanz-, Erfolgs- und Flexibilitätsziele formale Ziele dar. Letztere sind zu ergänzen um

Sozialziele, die auf die Zufriedenheit der Mitarbeiter ausgerichtet sind, z. B.

– gerechte Entlohnung,
– Sicherheit des Arbeitsplatzes und am Arbeitsplatz,
– Gewinnbeteiligung,
– Vermögensbeteiligung (etwa in Form von Mitarbeiter-Aktien),
– Schaffung eines guten Betriebsklimas,
– Einräumung von Mitspracherechten usw.

Besonderes Augenmerk gilt letztlich dem Ziel der Wahrung der Existenz des Unternehmung. **Existenzbedingungen** sind

– **Liquidität:** Die Zahlungsfähigkeit des Unternehmens muss jederzeit gewährleistet sein; kurzfristige Illiquidität bedingt Vertrauensverluste, im schlimmsten Falle die Insolvenz.

– **Wachstum:** Das Überleben eines Unternehmens in einer wachsenden Gesamtwirtschaft ist langfristig nur gesichert, wenn es im gleichen Maße mitwächst.

– **Rentabilität:** Arbeitet das Unternehmen längerfristig unrentabel, so wird das vorhandene Kapital verzehrt; neue Geldquellen sind nicht erschließbar. Als Konsequenz droht auch hier die Insolvenz.

3.3.1.4.2 Zielbildung

Nach WILD sollen **Ziele** folgende **Anforderungen** erfüllen:

- **Realistik:** Die verfolgten Ziele sollen mit Hilfe der verfügbaren Mittel unter den gegebenen Bedingungen erreichbar sein.
- **Operationalität** (»Handhabbarkeit«): Die Ziele sollen hinsichtlich ihres Inhalts, des Zeitrahmens und der Verantwortlichkeit konkret definiert werden.
- **Ordnung:** Die verschiedenen Ziele sind in eine Zielhierarchie einzuordnen, die die Beziehungen zwischen ihnen darstellt.
- **Konsistenz:** Die verschiedenen Ziele sollen widerspruchsfrei sein.
- **Aktualität:** Der Zielkatalog ist regelmäßig um aufgegebene oder nicht mehr erstrebenswerte Ziele zu bereinigen.
- **Vollständigkeit:** Alle wichtigen Ziele sind im Zielsystem zu berücksichtigen; werden Ziele übersehen, so können durch sie bedingte Konflikte mit anderen Zielen den Gesamtkatalog in Frage stellen.
- **Durchsetzbarkeit:** Die Ziele sollen akzeptanzfähig und motivierend sein.
- **Kongruenz:** Ziele sind so zu bilden, dass sie den Aufgabenträgern innerhalb der Organisation zugeordnet und vollständig abgedeckt werden können.
- **Transparenz:** Das Zielsystem soll übersichtlich und verständlich sein.
- **Überprüfbarkeit:** Die Ziele sollen so formuliert und dokumentiert sein, dass ihre Erreichung überprüft werden kann.

3.3.1.4.3 Zielplanung

Die Zielplanung vollzieht sich im Idealfall in folgenden Phasen:

- **Zielsuche:** In diesem kreativen Prozess werden mögliche und vorstellbare Ziele entwickelt. Eine Wertung erfolgt zunächst nicht.
- **Zielformulierung:** Die in der Zielsuche noch unpräzise ausgedrückten möglichen Ziele werden hinsichtlich ihres Inhalts, Ausmaßes und Zeitraums ausformuliert. Gleichzeitig sind Restriktionen (einschränkende Bedingungen), Zuständigkeiten und verfügbare Mittel zu präzisieren.
- **Zielordnung:** Die Einzelziele werden in eine Hierarchie eingestellt, die
  - Prioritäten setzt, also eine Rangfolge nach Wichtigkeit und Dringlichkeit herstellt,
  - Beziehungen aufzeigt, vor allem zeitliche Interdependenzen,
  - Konflikte und Korrelationen aufdeckt, also aufzeigt, ob sich Maßnahmen zur Erreichung eines bestimmten Zieles positiv oder negativ auf die Verwirklichung anderer Ziele auswirken.
- **Zielüberprüfung:** Die aufgestellte Zielordnung wird dahingehend überprüft, ob die aufgestellten Ziele in ihrer Gesamtheit mit den verfügbaren Mitteln und unter den gegebenen Restriktionen verwirklicht werden können. Diese Betrachtung berücksichtigt insbesondere auch den zeitlichen Horizont der für die Zielerreichung erforderlichen Maßnahmen und stellt unauflösbare Zielkonflikte heraus.
- **Zielauswahl:** Bis zu dieser Phase enthält das entworfene Zielsystem häufig noch Alternativen, aus denen nunmehr eine endgültige Auswahl zu treffen ist.

- **Zieldurchsetzung:** Die betroffenen organisatorischen Einheiten sind spätestens jetzt festzulegen und zu informieren. Widerstände gegen Ziele sind umso weniger zu erwarten, je stärker die Betroffenen in den Planungsprozess einbezogen wurden. Der Grad der Zielerreichung hängt in starkem Maße ab von der Akzeptanz und Motivation der mit ihr befassten Mitarbeiter.

- **Prämissenkontrolle:** In der betrieblichen Realität lässt sich ein solchermaßen systematischer und strukturierter Zielplanungsprozess kaum beobachten. Insbesondere in kleinen und mittleren Unternehmen ist es eher die Ausnahme, wenn Ziele von der Unternehmensführung ausformuliert und an die nachrangigen Stellen weitergegeben werden. Diffuse Zielsetzungen und die Annahme, dass sich diese Ziele »von selbst verstünden«, sind häufig die Wurzel ineffizienten Arbeitens und dauerhafter Konflikte. Nicht nur die Zielerreichung, auch die Zielsetzung selbst ist regelmäßig daraufhin zu überprüfen, ob sie noch aktuell ist, d. h. ob die Zielerreichung noch wünschenswert ist oder ob geänderte Umweltbedingungen oder nachträglich erkannte Irrtümer während des Zielbildungsprozesses eine Revision erfordern.

3.3.2 Zeitgemäßes Führungsverhalten

3.3.2.1 Führungsverhalten

Die Frage nach zeitgemäßem Führungsverhalten beinhaltet auch die Fragestellung, was Führung in der heutigen Zeit ausmacht: Welche Faktoren führen dazu, wie Menschen sich in ihrer (Arbeits-)Welt verhalten? Neben angeborenen Instinkten und Trieben, mehr oder weniger erlernten Bedürfnissen und Motiven, aus der persönlichen Entwicklung entstandenen Werten und Einstellungen, gelernten Fähigkeiten und Fertigkeiten spielen aber auch andere Faktoren eine Rolle.

Schlagworte sind in diesem Kontext beispielsweise: Flache Hierarchien, Delegation von Verantwortung, Mitarbeiterförderung und Einschätzung des Mitarbeiterpotentials. Generell ist festzuhalten, dass das Wissen um eigene Werte und Normen jeder Führungskraft hilft, Kommunikationssituationen mit Vorgesetzten und Mitarbeitern besser einschätzen zu können. Dabei muss jeder sich in (Gesprächs-) Situationen mit **Selbstbild** und **Fremdbild** auseinandersetzen.

Das Selbstbild entsteht, indem sich ein Mensch mit anderen **vergleicht**. Dabei überprüft er laufend, ob das Gegenüber kleiner, genauso groß oder größer als er selbst ist. Bei diesem Vergleich geht es beispielsweise um die **Einschätzung**, ob der andere körperlich überlegen ist, besser reden kann, eine bessere Ausbildung hat und Ähnliches mehr. Aufgrund dieser Einschätzung der eigenen Persönlichkeit handeln die Menschen – egal ob diese Einschätzung nun der Realität entspricht oder nicht.

Das kann bedeuten: Wer sich für »schwächer« oder »stärker« **hält** als der andere (ohne es tatsächlich zu sein) verhält sich anders, weil sein Selbstbild kleiner oder größer ist. Fremdbild bedeutet dementsprechend »wie der Gesprächspartner uns wahrnimmt«. Auch dessen Selbstbild muss nicht unbedingt mit der Realität übereinstimmen. Ganz deutlich wird daraus, dass Kommunikation zu einem wesentlichen Teil von diesen Einschätzungen und den daraus folgenden Verhaltensweisen abhängig ist (vgl. Buch 2, Abschn. 6.5.1).

3.3.2.2 Gruppenpsychologie

Im Zusammenhang mit Fragen der Führung stehen auch und gerade Fragen der Funktionsfähigkeit von Gruppen (vgl. Abschn. 6.5.2). Die Aufgaben in einem Unternehmen können nur selten von einer einzelnen Person wahrgenommen und erledigt werden. Insofern besteht die Notwendigkeit, zur Aufgabenerfüllung Gruppen zu bilden. Innerhalb dieser Gruppe(n) ist ein Regelwerk **(Normen)** erforderlich, damit bestimmte Ziele erreicht werden (können). Von den einzelnen Gruppenmitgliedern werden dabei bestimmte Verhaltensweisen **(Rollen)** erwartet, wobei Rolle im Sinne von »Bündel von Erwartungen« zu verstehen ist.

Gruppen unterliegen aufgrund der inneren und äußeren Einflüsse einem ständigen Wandel. In jeder Gruppe existiert eine Rangordnung und jedem Gruppenmitglied ist eine bestimmte Rolle zugewiesen, die Einfluss und Status in der Gruppe regelt. Zusammensetzung und Aufgabenstellungen für Gruppen sind dynamisch und ändern sich je nach Anforderung und Situation.

So genannte **formelle Gruppen** werden gezielt durch die Organisation eines Unternehmens gebildet. Entlang der Aufgabenstellungen entstehen beispielsweise Abteilungen, Arbeitsgruppen und Teams. Charakteristische Merkmale für Gruppen sind die gemeinsamen Ziele und die gemeinsamen Arbeitsaufgaben.

Daneben entwickeln sich in jedem Unternehmen auch so genannte **informelle Gruppen**. Damit sind Gruppen gemeint, die betrieblich nicht geplant sind und sich außerhalb der durch die Unternehmensorganisation festgelegten Strukturen entwickeln, z. B. aufgrund gemeinsamer Hobbys.

3.3.2.3 Mitarbeiterführung

Die **Führungskultur** in einem Unternehmen hängt wesentlich von dem dort vorherrschenden Menschenbild ab. Ist unternehmerisches Handeln in erster Linie rational und durch monetäre Gesichtspunkte geprägt, spricht man von rational-ökonomischem Verhalten. Das soziale Menschenbild ist geprägt durch die Befriedigung der sozialen Bedürfnisse der Menschen am Arbeitsplatz. Spricht man vom komplexen Menschen, so meint man damit, dass der Mensch charakterisiert wird durch seine vielfältigen Bedürfnisse. Diese können sich situationsbedingt ändern. Ziel der Führungskräfte muss es folglich sein, eine Situationsanalyse vorzunehmen, eigenes Verhalten darauf abzustellen und die Mitarbeiter am Arbeitsprozess zu beteiligen.

Die Mitarbeiterrekrutierung erfolgt im Rahmen des Unternehmensleitbildes, das auch die Führungskultur entscheidend prägt. In Abhängigkeit davon sind unter anderem die unternehmensspezifischen Führungsstile und der damit verbundene Umgang mit Macht und Autorität zu sehen (vgl. Abschn. 6.5.3).

3.3.2.4 Führungsaufgaben und Führungsinstrumente

Für Personalentwicklungsmaßnahmen von der Mitarbeiterauswahl bis hin zum Ausscheiden des Mitarbeiters aus dem Unternehmen stehen dem Vorgesetzten Führungsinstrumente zur Verfügung. Das sind neben der **Zielvereinbarung**, bei der Ziele gemeinsam formuliert und schriftlich fixiert werden, die **Mitarbeiterbeurteilung** während eines vereinbarten Zeitraums (Halbjahr, Jahr) und das **Mitarbeitergespräch**, das regelmäßig durchzuführen ist. Dabei ist es Aufgabe der Führungskraft, den einzelnen Mitarbeiter in seiner Entwicklung unterstützend zu begleiten, zu fordern, zu prüfen und zu fördern. Es soll auf einige Führungskonzepte kurz eingegangen werden (ausführlich in Abschn. 6.5.3).

Das **Harzburger Modell** ist ein Führungskonzept auf Delegationsbasis und gehört zum Bereich des **Management-by-Delegation (MbD)**. Dabei werden Aufgaben, Kompetenzen und Verantwortung auf jene Stellen des Unternehmens übertragen, die diese Aufgabe(n) am besten wahrnehmen können.

Eine andere Variante ist die des **Management-by-Objectives (MbO)**, der Führung durch Ziele. Entweder werden Ziele direkt durch den Vorgesetzten vorgegeben (autoritäre Variante), oder es werden zwischen Vorgesetztem und Mitarbeiter Ziele gemeinsam erarbeitet und beschlossen (kooperativer Stil). Das MbO ist mithin sehr zeit- und gesprächsaufwändig.

Im Rahmen der Führung durch Befehl und Kontrolle, des **Management-by-Direction-and-Control (MbDC)**, verteilt der Vorgesetzte die auszuführenden Tätigkeiten und greift laufend in die Arbeitsprozesse ein, um seine Vorstellungen zu verwirklichen.

Werden vorab festgelegte Toleranzgrenzen überschritten und hat der Mitarbeiter den Vorgesetzten nur in solchen Fällen zu informieren, so spricht man von **Management-by-Exception (MbE)**, der Führung durch Eingriff im Ausnahmefall.

3.3.2.5 Gruppenarbeit

Die Zusammenarbeit in Gruppen und Teams bedarf zunächst der Unterscheidung, ob es sich um eine **Projekt-Gruppe**, also eine Gruppe, die über einen bestimmten Zeitraum mit einem speziellen Thema betraut wurde, oder um eine im Organisationplan vorgesehene **ständig existente Gruppe** innerhalb einer Abteilung handelt. Dementsprechend müssen die Gruppen geführt werden.

Wichtiges Kriterium für das Entstehen einer Gruppe ist das gleiche Interesse an einer Aufgabe (z. B. »buchen«) oder eine gleichartige Bedürfnislage (»Menschen helfen«).

Neben neuen Formen der Arbeitsstrukturierung, wie beispielsweise **selbststeuernde Arbeitsgruppen** (vgl. Abschn. 6.5.2), sind in diesem Zusammenhang ebenso **Job Rotation**, **Job Enrichment** und **Job Enlargement** als Stichworte zu nennen.

Es gilt: Je komplexer und abwechslungsreicher die Tätigkeiten sind, desto wichtiger wird – neben der Rolle des Vorgesetzten und den zwischenmenschlichen Beziehungen – eine darauf abgestimmte Informations- und Kommunikationsstruktur/-kultur.

3.3.2.6 Information und Kommunikation im Unternehmen

Grundlage unternehmerischer Entscheidungsprozesse sind Informationen sowohl über externe (Kunden, Mitbewerber, Märkte ..) als auch über interne Faktoren und Prozesse (Produktionsstörungen, Maschinenausfälle ..). Mitarbeiter können ihnen gestellte Aufgaben nur dann richtig erfüllen, wenn ihnen die dazu erforderlichen Informationen vorliegen bzw. zur Verfügung gestellt werden.

Informations- und Kommunikationswege verlaufen einerseits entlang bestehender organisatorischer Strukturen von oben nach unten und umgekehrt sowie horizontal, andererseits entlang informeller Kanäle, und können mündlich (Telefon, Videokonferenz..) bzw. schriftlich (Brief, Fax, E-mail..) erfolgen. Wichtig dabei ist, dass aus dem enormen Informationsangebot der betriebsspezifische Informationsbedarf gedeckt werden kann.

Auf diese Problemstellung und die Sender-Empfänger-Problematik wird detailliert in Abschnitt 6.5.4 eingegangen.

3.3.3 Moderation von Gesprächen und Besprechungen

In Abschnitt 3.1.2.2.2 wurde unter der Überschrift »Die Beziehungen zwischen den Aktionsträgern« bereits auf innerbetriebliche Kommunikations**beziehungen** eingegangen, die systematisiert und hinsichtlich ihrer formalen Einbindung in das betriebliche Geschehen erläutert wurden.

In Abschnitt 3.3.2 wurden dagegen Faktoren dargestellt, die das Kommunikations**verhalten** des Menschen in Abhängigkeit vom Selbstbild und der Wahrnehmung des Kommunikationspartners beeinflussen. Hieran knüpfen die folgenden Ausführungen an, die sich der zielorientierten Gesprächsführung widmen und dabei insbesondere die Rolle und das Verhalten der Führungskraft beleuchten.

3.3.3.1 Gesprächsführung und Rhetorik

Kommunikation kann zwischen körperlich Anwesenden oder auch Abwesenden, etwa telefonisch, stattfinden, setzt aber immer das Vorhandensein mindestens eines Partners voraus. Sie kann dialogisch – im Gespräch, in Diskussionen, wobei die Rollen von »Sender« und »Empfänger« stetig wechseln – oder einseitig als Rede, Vortrag, Vorlesung angelegt sein.

Mittel der Kommunikation ist aber nicht allein die Sprache: Auch durch Körpersprache, Mimik und Gestik werden Signale zwischen kommunizierenden Partnern vermittelt, und zwar auch von demjenigen, der nicht selbst spricht, sondern zuhört.

Aktives Zuhören

Wer sich mit Gesprächsführung und Rhetorik nur mit der Absicht beschäftigt, ein »guter Redner« zu werden, neigt häufig dazu, die Bedeutung des Zuhörens zu verkennen und die Kommunikationsaktivitäten »Sprechen« und »Zuhören« mit »aktivem« und »passivem« Part gleichzusetzen. Andererseits ist die Triebfeder der Kommunikation im Allgemeinen der Wunsch, verstanden zu werden und selbst zu verstehen (und zwar nicht nur im Sinne von akustischer Verständlichkeit). Ein »guter« Zuhörer wird meist mehr geschätzt als ein brillanter Rhetoriker; wer sich selbst gern reden hört, aber Desinteresse an den Redebeiträgen anderer signalisiert, fällt in der Wertschätzung seiner Mitmenschen nahezu zwangsläufig durch. Es kommt also darauf an, auch und gerade in der Situation des Zuhörers aktiv positive Signale zu setzen. Nun soll keinesfalls der Eindruck erweckt werden, dass hier dem Erwerb und der routinierten Anwendung einer »Signalsprache« das Wort geredet werden soll: Gespielte Aufmerksamkeit wird im Allgemeinen schnell durchschaut und verkehrt den gewünschten positiven Effekt unmittelbar und nachhaltig in sein Gegenteil, weil sich der Sprechende nicht ernst genommen und respektiert fühlt. Voraussetzung für gutes Zuhören ist daher vor allem **echtes Interesse** an den Äußerungen des Gesprächspartners. Auch einer rhetorisch erfahrenen und geschulten Führungskraft fällt es sicherlich nicht immer leicht, dieses Interesse für jedes Mitarbeiteranliegen in jeder Situation aufzubringen. Sind die Rahmenbedingungen für ein Gespräch – etwa die Raumsituation, ständige Störungen, Zeitmangel oder die eigenen Gedanken beherrschende andere Probleme – ungünstig, sollte daher nach Möglichkeit ein anderer Zeitpunkt für die Gesprächsdurchführung vereinbart und, sofern der Gesprächsgegenstand vorab bekannt ist, eine vorherige gedankliche Einstimmung versucht werden.

Zeichen aktiven Zuhörens sind zum einen die eigenen Erwiderungen, Ergänzungen und Kommentare – selbstverständlich sollen diese unmittelbar auf das Gehörte Bezug nehmen –, zum anderen **körpersprachliche Signale** wie geöffnete, straffe Körperhaltung, Nicken, Stirnrunzeln, Lächeln oder Lachen (wenn es etwas zum Lachen gibt) usw.

Auch kurze verbale Einwürfe (»tatsächlich?«, »ah ja«) und Ermunterungen (»und wie ging es dann weiter?«, »das ist ja interessant!«) zeigen die Präsenz des Zuhörenden und sind zudem geeignet, den Gesprächsfluss aufrecht zu erhalten und Monologe aufzubrechen. All diese Signale vermitteln dem Redner das Gefühl, angenommen zu werden, anstatt auf »taube Ohren« zu treffen.

Konflikt- und Kritikgespräche

Konflikte drücken sich durch unterschiedliche Einstellungen zu einem Thema aus. Diese können Anlass für ein zwischen Vorgesetztem und Mitarbeiter zu führendes Gespräch sein oder auch erst im Verlauf eines Gespräches zutage treten. Während im ersten Fall, etwa wenn ein (tatsächliches oder vermeintliches) Fehlverhalten erörtert werden soll, eine gedankliche Vorbereitung der Beteiligten möglich ist und auch erfolgen sollte, trifft der Konflikt die Gesprächspartner im zweiten Falle häufig völlig unerwartet. In beiden Fällen sollte das Ziel der Unterredung nicht die Verhärtung der Fronten, sondern vielmehr das Erreichen einer einvernehmlichen Übereinkunft oder wenigstens einer Annäherung sein.

Auch wenn ein Fachvorgesetzter im konkreten Streitfall mit Weisungsbefugnissen ausgestattet ist und gegebenenfalls als Disziplinarvorgesetzter über Mittel zur Durchsetzung seiner Vorstellungen verfügt, sollte die Anweisung, der »Befehl«, nur letztes Mittel eines Vorgesetzten sein: Schließlich steht die Motivation des Mitarbeiters, möglicherweise sogar das Betriebsklima auf dem Spiel. Statt dessen sollte der Mitarbeiter Gelegenheit erhalten, seinen Standpunkt zu erklären, und die Führungskraft sollte die Gründe für ihre abweichende Sichtweise verdeutlichen. Gelingen kann dies nur, wenn sich beide Beteiligten als gute Zuhörer im Sinne der obigen Ausführungen erweisen. Kenntnisse über Argumentationstechniken (vgl. Abschn. 3.3.3.2) sind hier von Nutzen.

Anlass für ein **konstruktives Kritikgespräch** ist eine – dem Mitarbeiter häufig selbst nicht bewusste – Fehl- oder Minderleistung. Kritik kann verletzen; und die Reaktion, die sie hervorruft, ist selten spontane Einsicht, sondern zunächst Widerspruch. An dieser Stelle drohen Kritikgespräche häufig in Unsachlichkeit umzuschlagen, die sich z. B. darin ausdrücken kann, dass vom eigentlichen Thema auf »Nebenschauplätze«, etwa länger zurückliegende Konflikte oder vermeintliche Blindheit des Vorgesetzten in Bezug auf noch schlechtere Leistungen von Kollegen, ausgewichen wird.

Ziel eines Kritikgespräches ist aber, den Mitarbeiter zu einer Verhaltensänderung anzuregen und zu ermutigen. Dieses Ziel kann erreicht werden, wenn die Führungskraft und der Mitarbeiter die Gründe für den kritisierten Mangel herauszufinden versuchen, gemeinsam über Wege zur Verbesserung nachdenken und entsprechende Vereinbarungen treffen.

Konflikt- und Kritikgespräche sollten grundsätzlich **unter vier Augen** geführt werden. Ihr Erfolg wird gestützt, wenn der Vorgesetzte erkennen lässt, dass er positive Veränderungen wahrnimmt und anerkennt.

Gruppengespräche

Die Anlässe für Gruppengespräche sind vielfältig; und die zu Besprechungen zusammenkommenden Gruppen können sowohl unterschiedlich groß als auch in ihrer Zusammensetzung homogen (z. B. gleichrangige Mitglieder der Geschäftsleitung) oder heterogen (z. B. Mitarbeiter verschiedener Hierarchieebenen, die gemeinsam eine Projektgruppe bilden) sein.

Die Rollen der am Gespräch Teilnehmenden können schon im vorhinein verteilt sein, z. B. kann ein Gruppenleiter als Gesprächsleiter bereits feststehen, oder noch der Festlegung bedürfen. Nicht immer muss das in der Unternehmenshierarchie ranghöchste Gruppenmitglied die Gesprächsleitung selbst innehaben.

Von der Delegation dieser Aufgabe an einen Mitarbeiter können durchaus positive Impulse ausgehen; jedoch sollte eine solche Maßnahme mit der betreffenden Person vorher verabredet sein, und es sollte zuvor darüber nachgedacht werden, ob mit empfindlichen Reaktionen anderer Mitarbeiter zu rechnen wäre. Da aber insbesondere bei Gruppen, die sich erstmals in der gegebenen Zusammensetzung treffen, vor dem Einstieg in das Thema der Besprechung die Notwendigkeit der Vereinbarung von Regeln besteht, wird es im allgemeinen die Führungskraft sein, die als erste das Wort ergreift – insbesondere dann, wenn sie selbst zu dem Gespräch eingeladen hat.

Zu vereinbaren sind vor allem

– der Gegenstand und das Ziel der Zusammenkunft,
– die Dauer der Besprechung,
– die Vorgehensweise:

  – Sollen Redebeiträge von Anfang an zugelassen sein, oder erfolgt zunächst eine Einführung in das Thema durch ein Gruppenmitglied, die nicht unterbrochen werden soll?
  – Sind Wortmeldungen durch Handzeichen anzuzeigen?
  – Werden Wortmeldungen in der Reihenfolge der Anzeige »abgearbeitet«, oder sollen sie nur berücksichtigt werden, wenn sie unmittelbar an die Ausführungen des Vorredners anknüpfen?
  – Ist die Redezeit des einzelnen Gruppenmitglieds je Wortbeitrag oder insgesamt begrenzt?
– die Protokollführung: Wer führt das Protokoll, und in welcher Form?

Auf Möglichkeiten der Gestaltung von Gruppenbesprechungen durch die Anwendung von Moderationstechniken wird in Abschnitt 3.3.3.3 noch ausführlich eingegangen werden.

Diskussionsverhalten

Eine Diskussion ist eine geleitete Aussprache über ein Thema, zu dem kontroverse Ansichten bestehen (können). Der Diskussionsleiter kann durchaus selbst eine Ansicht vertreten, muss aber in erster Linie für einen geordneten, konstruktiven Ablauf der Diskussion sorgen und im Allgemeinen auch eine – sachliche, nicht bereits von der persönlichen Meinung geprägte – Themeneinführung halten. Die vorab zu treffenden Vereinbarungen entsprechen denjenigen, die unter dem Stichwort »Gruppengespräche« bereits genannt wurden. Diskussionen bergen die Gefahr, dass einzelne Beteiligte durch Lautstärke oder durch beharrliche Wiederholung immer gleicher Argumente dominieren, andere in ihren Empfindungen verletzt werden oder die Veranstaltung mit dem Gefühl verlassen, nicht hinreichend zu Wort gekommen zu sein. Der Diskussionsleiter hat daher die Aufgabe, darauf zu achten, dass die Vertreter der unterschiedlichen Standpunkte gleichgewichtig gehört werden, persönliche Angriffe unterbleiben und der erzielte Diskussionsstand den Teilnehmenden immer wieder durch Zusammenfassungen verdeutlicht wird.

Handelt es sich um eine Diskussion über eine geplante betriebliche Maßnahme und ist der Diskussionsleiter zugleich der Vorgesetzte der Diskutierenden, steht er häufig vor dem Dilemma, dass die Diskussion nicht zu dem von ihm »gewünschten« Ergebnis führt – viele Vorgesetzte neigen dazu, Diskussionen anzuberaumen, um den Mitarbeitern das Gefühl der Beteiligung an einem Entscheidungsprozess zu vermitteln, obwohl bereits feststeht, wie die Entscheidung ausfallen wird. Wird diese Taktik durchschaut, kann dies nachhaltige negative Auswirkungen auf die Motivation der Mitarbeiter nach sich ziehen; eine Führungskraft sollte eine Diskussion daher nur dann anregen, wenn ihr eigener Meinungsfindungsprozess noch nicht abgeschlossen und eine Offenheit zur Auseinandersetzung mit anderen Argumenten vorhanden ist. Auf jeden Fall sollte vor Eintritt in die Diskussion klargestellt werden, ob das mögliche Ergebnis »verbindlich« ist (»so, wie es die Mehrheit der Diskussionsteilnehmer am Ende der Diskussion beschließt, wird es gemacht«) bzw. welchen Stellenwert der Vorgesetzte dem Ergebnis in seiner Entscheidungsfindung einräumt.

Sprachstil

Der Sprachstil einer Person ist gekennzeichnet durch Wortschatz, Grammatik, Ausdrucksweise, Sprechgeschwindigkeit und -verständlichkeit sowie Satzbau. Er wird geprägt vom Bildungsniveau, von den Menschen des täglichen Umgangs und von der sozialen Stellung, die die betreffende Person innehat. Für eine Führungskraft, die mit Menschen unterschiedlicher Herkunft und Vorgeschichte zu tun hat, ist die Fähigkeit und Bereitschaft zur Anpassung der eigenen Sprache an die jeweilige Gesprächssituation unerlässlich, denn: Ein Gespräch macht nur Sinn, wenn jeder Gesprächspartner eine Sprache spricht, die vom anderen verstanden wird. Ein aktiver Zuhörer wird in der Regel schnell herausfinden, welches Sprachniveau seinem Gegenüber angemessen ist, und seine Sprache nach Möglichkeit anpassen (was »nach unten« naturgemäß leichter fällt als andersherum). Im Gespräch mit einem Partner, der ein niedrigeres Sprachniveau pflegt, kann dies z. B. Verzicht auf Fremdwörtergebrauch und verschachtelte Sätze, Verlangsamung des Sprechtempos oder – insbesondere bei ausländischen Mitarbeitern – besonders deutliche Aussprache bedeuten.

3.3.3.2 Argumentationstechniken

Wie schon oben erwähnt wurde, ist das Erteilen bloßer Anweisungen selten geeignet, die Motivation der Mitarbeiter anzuregen: Wer etwas tun soll, möchte im Allgemeinen gern den Grund für die geforderte Maßnahme nicht nur wissen, sondern auch nachvollziehen und akzeptieren können: Gute Argumente machen Mitarbeiter zu »Komplizen«! Es ist daher sinnvoll, jeder Anweisung – außer vielleicht in Notfällen, in denen ein sofortiges Handeln in einer bestimmten Weise zwingend erforderlich ist – eine Begründung beizufügen.

Beispiel:
Die Aufforderung »Setzen Sie Ihren Helm auf!« wird zwar wahrscheinlich zur Folge haben, dass der so angesprochene Mitarbeiter seinen Helm tatsächlich aufsetzt – allerdings vermutlich ungern, weil er den Grund für diese Maßnahme nicht erkennen kann. »Setzen Sie bitte ab jetzt hier in der Halle immer Ihren Helm auf, weil die Unfallverhütungsvorschriften dies seit dem Einbau des neuen Deckenkrans erfordern«, ist dagegen eine unmittelbar nachvollziehbare Aufforderung, die geeignet ist, ein entsprechendes Verhalten auch bei späterem Betreten der Halle sicherzustellen.

Nicht jeder Fall ist so einfach gelagert wie der oben geschilderte: Häufig werden Argumente mit Gegenargumenten erwidert. Hier kommt es, wie in allen anderen Gesprächssituationen, wiederum auf aktives Zuhören an. Dies zeigt sich darin, dass das Gegenargument nicht übergangen oder abgetan, sondern aufgegriffen, entkräftet oder bestätigt wird und gegebenenfalls die unterschiedliche Bedeutung der verschiedenen Argumente herausgestellt wird.

Vorgesetzter: »Sie haben jetzt schon sechs Stunden ohne Unterbrechung an diesem Vorgang gearbeitet. Sie müssen jetzt bitte erst einmal Mittagspause machen.« Mitarbeiter: »Ich kann das jetzt nicht unterbrechen, weil ich dann den Faden verliere. Außerdem möchte ich heute früher nach Hause.« Vorgesetzter: »Ich bestehe aber darauf, dass Sie jetzt eine Pause machen.«

Besser: *Vorgesetzter: »Ich kann das gut verstehen, aber ich bin für die Einhaltung der gesetzlich vorgeschriebenen Pausenzeiten verantwortlich, und das Arbeitsrecht schreibt vor, dass Sie nach sechs Stunden mindestens eine halbe Stunde Pause einlegen müssen.«*

»Killerargumente« wie »Das haben wir immer schon so gemacht« sollten von einer Führungskraft selbstverständlich nicht vorgebracht, aber auch nicht unwidersprochen akzeptiert werden. Um im Falle einer solchen Argumentation eine Verhaltensänderung bei den Mitarbeitern hervorzurufen, bedarf es persönlicher Überzeugungskraft, die eine Führungskraft allerdings nicht »kraft Amtes«, sondern durch im beruflichen Alltag und im Mitarbeiterumgang unter Beweis gestellte **Kompetenz** erwirbt.

3.3.3.3 Moderationstraining

3.3.3.3.1 Grundlagen der Moderation

Die Leitung von Besprechungen gehört zu den häufigen, wenn nicht alltäglichen Aufgaben einer Führungskraft. Sofern es bei diesen Besprechungen nicht nur um reinen Informationsaustausch geht, sondern es sich um Gruppenzusammenkünfte handelt, deren Ergebnis die Lösung eines Problems sein soll, kommt dem **methodischen Vorgehen** der leitenden Person besondere Bedeutung zu. Hier hat sich in den letzten beiden Jahrzehnten die Moderationsmethode bewährt und durchgesetzt, da sie besonders geeignet ist, die Bedeutung der Mitarbeiterbeteiligung zu unterstreichen, Kreativitätspotentiale freizusetzen und die Zusammenarbeit der Gruppenmitglieder zu stärken.

Die Rolle der Führungskraft als Moderator ist ähnlich definiert wie diejenige des Diskussionsleiters (vgl. Abschn. 3.3.3.1), jedoch mit dem Unterschied, dass der Moderator keine Stellung zu inhaltlichen Fragen bezieht, sondern »nur« seine **Methodenkompetenz** beisteuert. Seine Aufgabe besteht darin, in das Thema einzuführen und den Diskussionsprozess zu leiten, vor allem aber die inhaltlichen Beiträge der Gruppenmitglieder festzuhalten, zu visualisieren und in Hinblick auf das angestrebte Ziel zu strukturieren, sie also gewissermaßen auf eine Problemlösung oder Entscheidungsfindung zu fokussieren. Den Abschluss einer moderierten Besprechung bildet die Zusammenfassung der von der Gruppe herausgearbeiteten Arbeitsergebnisse, die Verabredung von Maßnahmen zur Realisierung der gefundenen Lösung unter Festlegung von Terminen, die Verteilung von Aufgaben und (im Verlauf der Realisationsphase) die Überwachung der Einhaltung der getroffenen Vereinbarungen.

3.3.3.3.2 Vorbereitung, Aufbau und Ablauf einer Moderation

Aus den obigen Ausführungen wurde bereits deutlich, dass der Moderator hinsichtlich des Themas der von ihm zu moderierenden Besprechung kein Fachexperte sein muss – unter Umständen ist es sogar für den Erfolg der Veranstaltung von Nutzen, wenn er der Thematik fachlich fernsteht. Betriebliche Führungskräfte, die Entscheidungsfindungsprozesse in von ihnen selbst einberufenen Gruppen moderieren und damit zwangsläufig über Fachwissen verfügen, müssen sich daher unbedingt disziplinieren und mit subjektiv eingefärbten Einmischungen und Beiträgen zurückhalten. Aus alledem folgt, dass eine fachliche **Vorbereitung** nicht oder nur insoweit erforderlich ist, als eine kurze Einführung in das Thema vor Beginn der eigentlichen Gruppenarbeit gehalten werden sollte. Die Vorbereitung erstreckt sich also vorrangig auf die Rahmenbedingungen der moderierten Besprechung, wie die Festlegung von Ort, Raum und Uhrzeit, Beschaffung und Bereitstellung von Hilfsmitteln und Medien sowie Einladung der Teilnehmer.

Die am häufigsten praktizierte Moderationsmethode ist die Metaplan® – oder Pinnwandtechnik, die eine Reihe von Hilfsmitteln erfordert:

– bewegliche Pinnwände mit nachgiebigen Innenflächen, in die
– Stecknadeln oder Pinns eingesteckt werden können und die mit
– Packpapier – am günstigsten von der Rolle – bespannt werden,
– verschiedenfarbige Karten oder »Wolken« aus Papier oder dünner Pappe,
– Klebestifte,
– breite Faserschreiber in verschiedenen Farben und
– farbige Klebepunkte.

Wenn die Pinnwände bespannt sind und die zunächst benötigte Anzahl im Sichtfeld der Teilnehmer aufgestellt ist, kann die Moderation beginnen.

3 Betriebliche Organisation und Unternehmensführung

Begrüßung, Eröffnung und Einführung

Sofern der Moderator den Teilnehmenden nicht bekannt ist – etwa weil er als betriebsexterner Moderationsspezialist eigens für diese Veranstaltung verpflichtet wurde –, stellt er sich selbst zunächst vor und bittet die Gruppenmitglieder, dies ebenfalls zu tun. Kennen sich die Teilnehmenden untereinander nicht oder nicht durchgängig, kann diese Vorstellungsrunde durchaus ausführlicher ausfallen: Gern werden Partnerinterviews durchgeführt, bei denen jeder Teilnehmer einen ihm zugelosten anderen Teilnehmer interviewt und anschließend im Plenum nicht sich selbst, sondern den Interviewpartner vorstellt. Häufig werden die Teilnehmer durch den Moderator aufgefordert, ihre Erwartungen, Hoffnungen, gegebenenfalls auch Befürchtungen in Bezug auf die vor ihnen liegende Veranstaltung zu formulieren.

Die Einführung in das Thema wird sich meistens auf dessen Nennung beschränken; außerdem ist es – vor allem, wenn einige Teilnehmer bisher noch nie an moderierten Besprechungen teilgenommen haben – sinnvoll, das weitere Vorgehen zu skizzieren.

Häufig beginnt die eigentliche Moderation mit einer Kartenabfrage zur Einstellung der Teilnehmer zum Thema.

Beispiel:
Das wichtigste und bisher erfolgreichste Produkt des Unternehmens weist seit einiger Zeit sinkende Absatzzahlen auf. Eine Gruppe aus insgesamt 15 Fachkräften der Abteilungen Produktion, Marketing, Vertrieb/Außendienst, Forschung/Entwicklung und Werbung soll gemeinsam mögliche Ursachen und Vorschläge zur ihrer Behebung erarbeiten. Der Moderator wählt den Diskussionseinstieg über die Frage: »Würden Sie unser Produkt für Ihren privaten Haushalt kaufen?«, die er aber nicht verbal in den Raum stellt, sondern auf einer Pinwand zusammen mit einem vorbereiteten Antwortraster präsentiert. Die Teilnehmer werden gebeten, ihre Antwort durch einen Klebepunkt zu kennzeichnen.

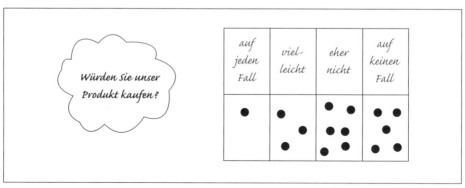

Moderationseröffnung mittels Eröffnungsfrage

Die Antworten, die deutlich zum Negativen tendieren, machen nicht nur deutlich, dass mit dem Produkt tatsächlich »etwas nicht stimmt«, sondern auch, dass bei den Gruppenteilnehmern ein Problembewusstsein vorhanden ist, aus dem Verbesserungsvorschläge gewonnen werden können.

Identifizierung relevanter Themenbereiche

Der nächste Schritt besteht in der Einholung freier Äußerungen zu einer vom Moderator vorgegebenen Frage, die von den Teilnehmenden schriftlich in Stichworten auf Abfragekarten notiert werden.

Diese Phase besitzt den Charakter eines **Brainstorming** (vgl. Abschn. 3.2.2.2.3).

3 Betriebliche Organisation und Unternehmensführung

Ziel der Veranstaltung ist es, herauszufinden, welche Maßnahmen getroffen werden müssen, um den Absatz des Produktes wieder zu verbessern. Dazu ist es erforderlich, herauszuarbeiten, was den Kunden eigentlich zum Griff nach diesem Produkt veranlasst bzw. was ihn davon abhält. Die Frage, die der Moderator formuliert, muss einerseits eindeutig sein, darf aber andererseits die Überlegungen der Teilnehmenden nicht von vornherein auf bestimmte Bereiche beschränken. Der Moderator entschließt sich, folgende Frage zu stellen und an eine weitere Pinnwand zu hängen: »Welche Faktoren beeinflussen die Kaufentscheidung unserer Kunden?« Die Gruppenmitglieder haben zwanzig Minuten Zeit, um – jeder für sich – mögliche Antworten stichwortartig und gut leserlich auf jeweils einzelnen Karten zu notieren. Anschließend sammelt der Moderator alle Karten ein und befestigt sie – zunächst ungeordnet – mittels Pinnadeln neben der Ausgangsfrage. Letzteres können die Teilnehmer auch selbst tun, wenn nicht zuvor Wahrung der Anonymität vereinbart wurde. Die folgende Abbildung zeigt einen Ausschnitt aus der Pinnwand:

Das Ergebnis der Kartenabfrage

Dass einige Antworten doppelt erscheinen, verwundert nicht angesichts des Umstandes, dass jedes Gruppenmitglied allein gearbeitet hat. Im nächsten Schritt werden die Karten auf einer leeren, mit Packpapier bespannten Pinnwand nach Zusammengehörigkeit gruppiert: Es werden **Cluster** gebildet. Hierdurch sollen verschiedene Themenbereiche identifiziert werden. Alle Karten werden dabei verwendet, denn Mehrfachnennungen spiegeln die Bedeutung des Aspektes wider. Einige Antworten bedürfen möglicherweise der Erörterung, um ihre Zuordnung zu ermöglichen: Hier entscheidet der Verfasser – sofern er sich zu erkennen geben will –, welchem Bereich seine Karte zugeordnet werden soll. Die Antwort »Nutzen« etwa veranlasst den Moderator zu der Nachfrage, was damit gemeint sei; der Verfasser beschreibt daraufhin, dass er dabei an das problemlose Funktionieren des Produktes gedacht habe. Zweimal wurde die Antwort »Qualität« gegeben; während ein Teilnehmer dabei ebenfalls an die Funktion gedacht hat, erläutert der andere, dass er darunter vor allem »Haltbarkeit« verstehe. Die Antwort »Sicherheit« bezieht sich auf Gefährdungen, die mit der Bedienung einhergehen und durch gute Handhabbarkeit vermieden werden können. Der Moderator identifiziert mit Hilfe der Gruppe acht Cluster.

Die Clusterbildung erbringt verschiedene Themenbereiche, die für die Annäherung an das Kernproblem, um dessentwillen die Gruppe zusammengetreten ist, aber nicht gleichermaßen wichtig sind. In einem nächsten Schritt werden die Gruppenmitglieder daher gebeten, diejenigen Bereiche, die sie für besonders problemrelevant halten und die sie deshalb weiterbearbeiten möchten, durch das Einkleben von Wertungspunkten kenntlich zu machen. Meist erhält jedes Gruppenmitglied mehrere Punkte; ob eine Mehrfach-Bepunktung desselben Clusters zulässig sein soll, muss vorab vereinbart werden.

Der Moderator verteilt drei Klebepunkte je Gruppenmitglied und fordert die Teilnehmenden auf, diejenigen Bereiche kenntlich zu machen, die nach ihrer Ansicht die vorrangigen Ursachen für den Nachfragerückgang in sich tragen.

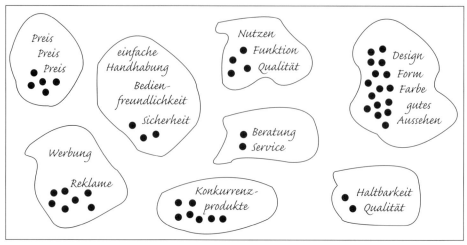

Clusterbildung und -bewertung

Die Nennungen konzentrieren sich auf die Bereiche »Design«, »Konkurrenzprodukte«, »Werbung« und – in geringerem Maße – »Preis«. Offensichtlich werden die Bereiche »Funktion«, »Haltbarkeit/Qualität«, »Beratung/Service« und »Bedienfreundlichkeit« also als wenig problemrelevant empfunden. Allein aus dieser Verteilung könnten jetzt bereits Schlussfolgerungen gezogen werden. Der Moderator muss nun entscheiden, ob die hochbepunkteten Bereiche so weit in einem Zusammenhang stehen, dass sie simultan diskutiert werden können, oder ob die Erörterung sequentiell, etwa in der sich aus der Bepunktung ergebenden Reihenfolge, erfolgen soll. Er entscheidet sich, die Gruppe in vier Teilgruppen aufzuteilen, von denen sich jede mit einem der wesentlichen Themenbereiche beschäftigen soll.

Jede Gruppe erhält den Auftrag, folgende Fragestellungen zu erörtern:

– *Welche Kritikpunkte resultieren aus dem betreffenden Bereich?*
– *Welche Maßnahmen können zur Verbesserung getroffen werden?*
– *Wer kann diese Maßnahmen durchführen?*

Anschließend stellen die Gruppen ihre Ergebnisse im Plenum vor und stellen sie dort zur Diskussion.

Verabredung von Maßnahmen

Aus den vorangegangenen Schritten werden sich Maßnahmenvorschläge ergeben haben, von denen einige, die allgemeinen Konsens erzielt haben, in der Folgezeit realisiert werden sollen.

Abschließende Aufgabe des Moderators ist es, diese Maßnahmen und die verabredeten Zuständigkeiten, Termine und Ziele in einem **Maßnahmenkatalog** festzuhalten, die Teilnehmenden zur fristgerechten Erledigung ihrer Aufgaben zu verpflichten und die Veranstaltung zu schließen.

Ohne die schriftliche Fixierung der ins Auge gefassten Schritte besteht die Gefahr der Unverbindlichkeit des Erarbeiteten. Außerdem erfüllt ein Maßnahmekatalog Dokumentationszwecke in mehrfacher Hinsicht: Zum einem belegt er das Ergebnis der Moderation; zum anderen dient er der späteren Abarbeitungskontrolle.

Aufbau und Inhalt eines Maßnahmenkataloges sollen aus der folgenden Abbildung deutlich werden.

Nr.	Maßnahme	wer	mit wem	bis wann	was
1	Wertanalyse Konk.-Produkt	Hofer/MA	Marx/F&E	31.5	Präsentation
2	Neue Verpackung	Meier/VT	Borg/WE	15.6	Entwürfe
3	Neue Werbemittel	Broder/WE	Haß/MA	30.6	Vorschlagsliste
..	.....	....	....	....	.....
..	....	....	....	....	.....
..	....	....	....	....	.....

Maßnahmenkatalog

Häufig wird der Moderator im Anschluss an die Veranstaltung zusätzlich ein **Protokoll** erstellen, das die Zwischenschritte (z. B. in Form von Fotografien der bestückten Pinnwände), die Arbeitsergebnisse und den Maßnahmenkatalog festhält. Dieses Protokoll erhalten ebenfalls alle Teilnehmenden, möglicherweise aber auch andere Interessenten, etwa die Geschäftsleitung.

3.3.3.4 Problemlösungsmethoden

In Abschnitt 2.9 wurde unter dem Stichwort »Anwendungsentwicklung« der Weg »vom Problem zum Programm« dargestellt. Hierbei wurde die Identifikation und Analyse von Problemen bereits behandelt. Dabei wurde jedoch nur auf solche Probleme eingegangen, die mittels eines Algorithmus, also einer bestimmten Anweisungskette folgend, gelöst werden können, wobei der Lösungsweg prinzipiell bekannt ist. Viele Probleme des betrieblichen Alltags stellen sich jedoch diffuser dar: Oft liegt ein Missstand vor, dessen Ursachen vielfältig sind und sich nicht auf den ersten Blick erschließen, wie etwa in dem oben geschilderten Beispiel eines Nachfragerückgangs. Während bei der **Problemidentifikation** meist systematisch/schematisch vorgegangen wird, kommen bei der **Lösungsfindung** häufig Methoden zum Einsatz, die auf die Freisetzung von Kreativitätspotentialen der an der Lösungsfindung beteiligten Menschen abzielen.

Methoden der Problemidentifikation sind z. B.

– der **morphologische Kasten**, der in einer Matrix alle Bestimmungsfaktoren eines Sachverhaltes aufnimmt,

– **Ursache-Wirkungs-Diagramme** und andere **Methoden des Qualitätsmanagements** (vgl. die sehr ausführlichen Darstellungen in Abschn. 3.4.2),

– **statistische Erhebungen und Auswertungen** (vgl. Abschn. 3.6),

– die **Systemanalyse** (vgl. Abschn. 3.2.2.2.2),

– die **Fragenkaskade:** Ausgehend von einer Frage werden – ähnlich, wie Kinder es zu tun pflegen – weitere Fragen, die mit demselben Fragewort beginnen, formuliert.

Beispiel:
»Warum schreibt der Füller nicht mehr?« – »Weil keine Tinte mehr vorn herauskommt.« – »Warum kommt keine Tinte heraus?« – »Weil die Spitze verstopft ist.« – »Warum ist die Spitze verstopft?« – »Weil die Tinte eingetrocknet ist.« – usw.

Eine häufig angewandte Methode zur Auffindung von Problemlösungswegen ist das bereits in Abschnitt 3.2.2.2.3 dargestellte Brainstorming. Andere bekannte Kreativitätstechniken sind

— **die Methode 635 (Brainwriting):** Ausgehend von der Beschreibung des Problems, entwickeln **sechs** Mitglieder eines Teams je **drei** Lösungsvorschläge binnen **fünf** Minuten: Jeder schreibt drei Ideen auf und gibt seine Blätter nach fünf Minuten an das nächste Teammitglied weiter, das, anknüpfend an diese Ideen des Vorgängers, daraus drei neue Ideen entwickelt. Nach fünf Minuten werden die neuen Blätter weitergereicht usw. Auch andere Varianten, etwa 423, sind realisierbar.

— **Synektik** (nach W. J. GORDON): Diese Methode spricht vor allem die emotionale Kreativität an, ist schwierig zu vermitteln und sollte daher nur von erfahrenen Moderatoren versucht werden. Ein Team aus ca. 10 Mitgliedern verschiedener Fachrichtungen betrachtet ein gegebenes Problem gemeinsam von allen Seiten und sucht nach Analogien aus anderen Bereichen, z. B. Ähnlichkeiten, die ein technisches Problem mit einem Sachverhalt in der Natur aufweist. Die Teammitglieder werden aufgefordert, sich in den – mit dem eigentlichen Problem in keinem direkten Zusammenhang stehenden – analogen Sachverhalt hineinzudenken, persönliche Empfindungen auszudrücken und damit einen höheren Abstraktionsgrad zu erreichen. Damit soll eine Horizonterweiterung und zugleich ein »Einfühlen« in die Situation gefördert werden. Im Zuge der behutsamen Rückführung zum Ausgangsproblem ist so der Boden für »Geistesblitze« bereitet.

3.3.3.5 Die Präsentation von Arbeitsergebnissen

Die Anlässe für eine Präsentation sind vielfältig: Im Rahmen einer Systemanalyse oder im Verlauf eines Projektes besteht zum Abschluss einzelner Phasen immer wieder die Notwendigkeit, das bisher Erreichte den Entscheidungsträgern vorzustellen, um deren Zustimmung für das weitere Vorgehen einzuholen. Regelmäßig enden Projekte mit einer Präsentation der Arbeitsergebnisse. Bei dieser Art von Präsentation handelt es sich meist um eine betriebsinterne Veranstaltung, die vom Gruppen-, Abteilungs- oder Projektleiter geleitet und gestaltet wird. Präsentationen können sich aber auch an externe oder intern/extern gemischte Gruppen wenden, etwa wenn es gilt, ein neues Produkt, eine neue Werbekampagne oder eine wichtige Veränderung in der Unternehmenspolitik mit Öffentlichkeitswirkung, z. B. den Börsengang des Unternehmens oder eine Fusion, vorzustellen. Jeder dieser Anlässe stellt die Führungskraft vor höchste Anforderungen: Die Präsentation soll die Zuhörer von Anfang bis Ende fesseln, überzeugen und begeistern!

3.3.3.5.1 Auswählen und Verdichten von Informationen

»In der Kürze liegt die Würze«, weiß schon der Volksmund. Häufig hat sich die Arbeit an dem zu präsentierenden Gegenstand über Jahre erstreckt; die Dokumentationen füllen Aktenschränke, und die Faktoren, die das zu präsentierende Arbeitsergebnis beeinflusst haben, sind in ihrer Komplexität und ihren Wechselwirkungen auch für mit der Thematik Vertraute kaum überschaubar. Die Hauptschwierigkeit bei der Vorbereitung einer Präsentation besteht daher im Allgemeinen in der Auswahl derjenigen Informationen, die unbedingt vermittelt werden sollen – bzw. in der Identifikation derjenigen Informationen, die unerwähnt bleiben können, ohne dass Verständlichkeit und Nachvollziehbarkeit leiden.

Welche Informationen transportiert werden müssen, hängt natürlich von der Zielgruppe, also von denjenigen Personen, für die und vor denen die Präsentation durchgeführt werden soll, und von den vom Präsentierenden bzw. der von ihm vertretenen Gruppe verfolgten Absichten ab:

Zur **Zielgruppe:** Welches Interesse, welche Erwartungen und welche Vorkenntnisse sind vorhanden? Wie anspruchsvoll ist dieses Publikum hinsichtlich Hintergrundinformation, wissenschaftlicher Basis des Vortrags, Medieneinsatz im Vortrag?

Zur **Absicht:** Soll das Publikum zu bestimmten Handlungen und Einstellungen (Zustimmung, Mittelgewährung, Mitarbeit an einer Projektrealisation, Anerkennung einer Leistung usw.) animiert werden?

Nach den Antworten auf diese Fragen richten sich die zu vermittelnden Schwerpunkte und die Intensität, mit der einzelne Aspekte behandelt werden.

3.3.3.5.2 Aufbereitung, Gestaltung, Hilfsmittel, Ablauf

Aus der Lerntheorie ist bekannt, dass die Aufnahme von Informationen um so besser gelingt, je mehr »Eingangskanäle« des Informationsempfängers angesprochen werden. Ein bloßer Vortrag wird daher regelmäßig einen weniger nachhaltigen Eindruck hinterlassen als eine Vorstellung, die neben dem auditiven Kanal auch andere Sinne anspricht. Präsentationen setzen vor allem auf **Visualisierung**, seltener auf kinästhetische (»begreifende«, das direkte Handeln fordernde), olfaktorische (den Geruchssinn ansprechende) oder gustatorische (geschmackliche) Reize.

Informationen können mittels Schriftzeichen, Symbolen und Bildern visuell erfassbar gemacht werden. Dazu bedarf es jeweils eines **Mediums**, das die Darstellungen aufnimmt, und häufig auch eines Hilfsmittels (z. B. eines Gerätes oder eines »Möbels«), das die Wiedergabe ermöglicht. Bei der Auswahl der Darstellungsform und des Mediums sollten folgende Faktoren berücksichtigt werden:

- **Texte** sollten sich auf Schlagworte beschränken und »plakativ« sein, also prägnant, gut lesbar und in aufgelockerter Verteilung (grosse Abstände, klare Gliederung; keine »Bleiwüste«) unter sparsamem Verbrauch von Hervorhebungen (Fettdruck, Farbe, Unterstreichung usw.) der besonders wichtigen Informationen (was nicht wichtig ist, muss überhaupt nicht erscheinen);

- verwendete **Symbole** sollten ohne Erklärung ihrem Sinn nach erfassbar sein und »für sich sprechen«, wie dies etwa bei Piktogrammen der Fall ist;

- **Bilder** können statisch oder bewegt sein, auf jeden Fall sollten sie mit den notwendigen Elementen und Farben auskommen, um keine Reizüberflutung auszulösen, und klar erkennbar sein;

- das gewählte **Medium** sollte eine hinreichend grosse und deutliche Wiedergabe bei ungehinderter Sicht von allen Teilnehmerplätzen gewähren;

- die visualisierten Informationen und der Vortrag des Präsentierenden müssen in jeder Phase der Präsentation zusammenpassen und **aufeinander Bezug nehmen;**

- zwischen Präsentierendem und Publikum sollte ein ständiger **Blickkontakt** möglich sein; hiervon kann ausnahmsweise, etwa wenn der Raum für die Vorführung eines Films abgedunkelt wurde, abgewichen werden;

- Abwechslung erzeugt Aufmerksamkeit: je nach Dauer der Präsentation sollten **verschiedene Medien und Hilfsmittel** zum Einsatz kommen (aber: zuviel Wechsel erzeugt Unruhe und kann zu Ermüdung der Augen führen!);

3 Betriebliche Organisation und Unternehmensführung

– vor der Präsentation vor dem eigentlichen Zielpublikum sollte ein **Probelauf** stattfinden, der sich mindestens auf die Prüfung der Funktionstüchtigkeit der eingesetzten Geräte und der Erkennbarkeit der vorbereiteten Medien erstreckt (vor bedeutenderen Veranstaltungen kann auch eine »Generalprobe« vor einem kritischen Testpublikum, z. B. den Mitgliedern des Projektteams, durchgeführt werden).

Die bekanntesten **Visualisierungsmedien und -hilfsmittel** sind die folgenden.

Tafel: Die traditionelle schwarze oder grüne Tafel ist ein Instrument zur nicht-dauerhaften Aufnahme von Schriften und Bildern, die handschriftlich mit weißer oder farbiger Kreide aufgebracht und mit einem angefeuchteten Schwamm wieder entfernt werden.

Whiteboard: Viele dieser weißen Tafeln, die mit nicht-permanenten Filzschriften (»Boardmarkern«) beschriftet werden, können auch für die Anbringung magnetischer Kleingegenstände oder als Projektionsfläche genutzt werden.

Flipchart: Ein auf einem an einen Notenständer erinnernden Gestell am oberen Rand befestigter Papierblock wird mit Filzstiften Blatt für Blatt dauerhaft beschrieben. Flipcharts eignen sich besonders zur Vorbereitung von Präsentationen, in deren Verlauf ein Blatt nach dem anderen aufgeblättert wird. Vorteilhaft ist die Möglichkeit zum Rückgriff auf früher gezeigte Blätter, da deren Inhalt – im Gegensatz zu demjenigen von Tafel und Whiteboard – nicht verloren ist.

Pinnwand: Pinnwände können wahlweise an Wandvorrichtungen eingehängt oder mittels Ständern frei im Raum aufgestellt werden. Ihre Oberfläche ist mit einem textilen Material vor einem weichen Untergrund ausgestattet, der das Einstecken von Stecknadeln, Reißzwecken oder Pinns zur Befestigung von Papierkarten gestattet. Für Moderationen werden Pinnwände häufig beidseitig vorbereitet; oft werden sie mit Packpapier bespannt, damit ihre Oberfläche zusätzlich für Beschriftungen genutzt werden kann.

Overheadprojektion: Mittels eines elektrisch betriebenen Projektionsgerätes wird der auf durchsichtige Einzel- oder »Endlos«-Folien aufgebrachte Inhalt auf eine Leinwand oder geeignete Wandfläche projiziert. Je nachdem, ob die Lichtquelle im Kopf oder im Gehäuse des Gerätes untergebracht ist, spricht man von »aufscheinendem« oder »durchscheinendem« Projektor. Die Folienbeschriftung erfolgt mittels spezieller Faserschreiber, die eine permanent haftende oder eine nicht-permanente, abwaschbare Farbe abgeben, oder durch Bedrucken bzw. Aufkopieren. Bedruckt oder kopiert werden können allerdings nur Einzelfolien. Folien können während des Vortrags entwickelt oder vorbereitet und bei Bedarf aufgelegt werden; im letzteren Falle wird gern eine Abdecktechnik angewandt, die sicherstellt, dass das Publikum jeweils nur die Stichworte oder Abbildungen sieht, die zum aktuellen Vortragsinhalt passen.

Episkop: Mit Hilfe dieses Projektionsgerätes können nicht-durchscheinende Vorlagen, etwa Abbildungen aus Büchern, projiziert werden.

Dia- bzw. Filmprojektion: Lichtbild- und Filmvorführungen erfordern im allgemeinen einen abgedunkelten Raum und können innerhalb einer Präsentation daher nur begleitend, aber nicht als Hauptgestaltungselement eingesetzt werden. Vertonung lässt den Präsentierenden zeitweilig in den Hintergrund treten. Günstiger und technisch leichter umzusetzen ist häufig die Vorführung von Videofilmen, da bei Einsatz eines Großbildmonitors eine Verdunkelung im allgemeinen nicht erforderlich ist.

Computeranimierte Präsentation: Mit Hilfe spezieller Software können Präsentationen vorbereitet werden, die – entweder automatisch oder durch Eingriff des Präsentierenden – auf einem Computermonitor ablaufen, dessen Inhalt wiederum mittels eines **Beamers** oder einer LCD-Auflage für lichtstarke Overheadprojektoren auf eine Leinwand projiziert werden kann. Gegenüber der konventionellen Overhead-Projektion weist dieses Verfahren den Vorteil auf, dass auch bewegte Bilder erzeugt und vorgeführt werden können und ein »Hantieren« mit Folien und Stiften überflüssig wird.

Für den Ablauf einer Präsentation von Arbeitsergebnissen lassen sich keine allgemeingültigen Empfehlungen aussprechen: Häufig wird am Anfang und Ende der Veranstaltung das bloße gesprochene Wort des Präsentierenden stehen und ein Medieneinsatz dem Kernteil der Präsentation vorbehalten sein; gerade deswegen kann unter Umständen besondere Aufmerksamkeit erzeugt werden, wenn der Einstieg über ein Bild oder einen Film erfolgt. Meist werden Präsentationen zunächst »von Anfang bis Ende durchgezogen«, bevor sich das Publikum zu Wort melden darf; es kann aber besonders auflockernd sein, Fragen und Anmerkungen jederzeit zuzulassen. In jedem Fall muss der Ablauf vorab im Sinne einer »**Dramaturgie**«, eines gewünschten Spannungsbogens, sorgfältig geplant werden, damit die Veranstaltung zum gewünschten Erfolg führt.

3.4 Planungs- und Analysemethoden

3.4.1 Planungsgrundlagen

3.4.1.1 Einflussfaktoren der Planung

Bereits in Abschnitt 3.1.1 wurde darauf hingewiesen, dass Planung in allen Lebensphasen und allen Arbeitsbereichen eines Unternehmens stattfindet und sowohl auf die Gestaltung von Systemen als auch auf die reibungsverlustfreie Gestaltung von Abläufen innerhalb bestehender Systeme abzielen kann. Wie an der angegebenen Stelle bereits erwähnt, spricht man im ersteren Fall von strategischer Planung, im letzteren von operativer Planung.

Bezüglich weiterer Einzelheiten sei auf den angegebenen Textabschnitt verwiesen, in dem die Grundlagen der Planungslehre und die die Planung beeinflussenden Faktoren sehr ausführlich behandelt werden.

3.4.1.2 Instrumente der strategischen und operativen Planung

Welches Planungsinstrument für welchen Zweck in Betracht kommt, hängt von der Natur des zu planenden Sachverhaltes ab. Wie bei der Auswahl statistischer Methoden (vgl. Abschn. 3.6), so gilt auch bei der Auswahl von Planungstechniken, dass ihre Eignung für den angestrebten Zweck sorgfältig erwogen werden muss: Die Beantwortung etwa der Frage, welche Stückzahl eines Produktes im nächsten Quartal hergestellt werden soll, kann kaum aufgrund einer Produktlebenszykluskurve erfolgen, und die Auswahl zwischen drei Investitionsalternativen sollte nicht einer Brainstorming-Runde überlassen werden.

Diese Negativbeispiele sind natürlich überzogen, sollen aber verdeutlichen, dass, genau wie in der Statistik, unbefriedigende Ergebnisse meist nicht der Unzulänglichkeit der Methode, sondern schlichtweg der falschen Methodenwahl des Planenden anzulasten sind.

Einige Methoden eignen sich ausschließlich für die strategische Planung, etwa die **Portfolio-Technik** (vgl. Abschn. 3.4.3.4) und das im Kapitel »Produktionswirtschaft« behandelte **Produktlebenszyklus-Konzept** (vgl. Abschn. 9.4.1.3 in Buch 2). Andere Verfahren, etwa aus dem Bereich des **Operations Research**, sind sowohl für strategische wie für operative Planungen anwendbar.

Aufgrund der Vielfalt der Methoden und Techniken kann die nachfolgende Auswahl im Unterricht oder im Selbststudium der einschlägigen Literatur erheblich erweitert werden.

3 Betriebliche Organisation und Unternehmensführung

Intensiv behandelt werden

- verschiedene Aspekte des Qualitätsmanagements,
- Methoden des Operations Research,
- die lineare Programmierung,
- die Theorie der Warteschlange und
- das Portfolio-Management.

Ein wesentliches Instrument der Planung ist auch die **Netzplantechnik**, die bereits in Abschnitt 3.2.2.1.2.5 ausführlich dargestellt wurde.

Ebenfalls den Instrumenten der Planung zuzurechnen sind die in Abschnitt 3.2.2.2.4.1 anhand von Beispielen vorgeführten Methoden der **Alternativenbeurteilung**.

Auf tabellarische und graphische Darstellungen, ihre Auswahl und Interpretation wird ausführlich im Rahmen der Statistik (Abschn. 3.6) eingegangen.

3.4.2 Analysemethoden

3.4.2.1 Von der klassischen Qualitätskontrolle zum QM-System

Während die Handwerker des Mittelalters die Güte der von ihnen selbst gefertigten Erzeugnisse auch selbst prüften, entstand mit der Entwicklung der Arbeitsteilung auch eine eigenständige Qualitätsprüfung, die so genannte Revision. Der Revisor prüfte in der Regel jedes einzelne Stück (Vollkontrolle); Stichprobenverfahren wurden erst in diesem Jahrhundert eingeführt.

Etwa seit Mitte der sechziger Jahre gilt Qualitätssicherung als eigenständige, interdisziplinäre Führungsaufgabe, die der Regelung bedarf. In zahlreichen Industrienationen haben sich seither Verbände mit dem Ziel der Qualitätsförderung konstituiert, die international zusammenarbeiten.

In der Bundesrepublik ist dies die »**Deutsche Gesellschaft für Qualität e.V.**« **(DGQ)** mit Sitz in Frankfurt/Main; viele der in den nachfolgenden Abschnitten gebrauchten Begriffe und Definitionen beziehen sich auf von der DGQ getroffene Festlegungen.

Ziel der Qualitätssicherung ist die Gewährleistung der dauerhaften Einhaltung des festgelegten Qualitätsstandards. Neben dem angesichts der verschärften Bestimmungen zur Produkthaftung (vgl. Abschn. 3.7.3) besonders bedeutenden Qualitätsmerkmal »Sicherheit« machen die Gebrauchstauglichkeit und -zuverlässigkeit, die Lebensdauer, die Reparatur- und Wartungsfreundlichkeit und das äußere Erscheinungsbild die Qualität eines Produktes aus.

Allerdings kommt der Sicherheit insoweit eine Sonderstellung zu, als sie nicht Gegenstand einer Kosten-Nutzen-Abwägung sein kann, sondern vollständig, also unter Ausschaltung aller gefährlichen (Neben-)Wirkungen, gewährleistet sein muss, während bei allen anderen genannten Merkmalen Abstriche aus Kostengründen bewusst vorgenommen (und vom Abnehmer unter seinerseitiger Abwägung von Preis und Nutzen in Kauf genommen) werden können.

Die Mitwirkung des Qualitätswesens setzt bereits bei der Entwicklung eines Produktes ein und erstreckt sich über alle Phasen der Fabrikationsvorbereitung und Fertigung bis zur Sicherung und Beobachtung des fertigen Erzeugnisses.

3 Betriebliche Organisation und Unternehmensführung

Insbesondere in den letzten Jahren ist die Problematik der Qualitätssicherung in vielen Betrieben in den Mittelpunkt des Interesses gerückt. Wurde dem Qualitätsaspekt zuvor ausschließlich oder vorrangig in Form von Endkontrollen Rechnung getragen, so setzt sich mehr und mehr die Philosophie eines alle betrieblichen Bereiche umspannenden, bereits auf Entwicklungen und Abläufe abzielenden Qualitätsmanagements durch.

Besondere Bedeutung kommt dabei dem von der **International Standardization Organisation** (ISO) erarbeiteten **Normenwerk ISO 9000 ff** zu, auf das im Folgenden näher eingegangen werden soll.

3.4.2.1.1 Märkte im Wandel

Die Entwicklung des modernen Qualitätsmanagements ist untrennbar mit der Globalisierung der Märkte, mit veränderten Beschaffungs- und Absatzmethoden (vgl. hierzu die Ausführungen über die »Just-in-Time-Steuerung« in Buch 2, Abschn. 9.6.4.2) und der veränderten Auffassung der Absatzwirtschaft im Sinne eines kundenorientierten Marketing verbunden.

Bei der Festlegung der an ein Produkt zu stellenden Forderungen steht die Zufriedenheit des Abnehmers im Mittelpunkt; Abnehmer kann dabei sowohl der Käufer eines fertigen Produktes als auch eine unternehmensintern weiterverarbeitende Stelle sein. Das Problem des Produzenten besteht darin, dass der Qualitätsbegriff nur schwer zu objektivieren ist: Was einem Kunden recht ist, mag den Ansprüchen eines anderen Kunden nicht genügen.

Vor allem in rechtlichen Auseinandersetzungen offenbart sich nicht selten dieses Dilemma. Angesichts der üblicherweise notwendigen, enormen Vorinvestitionen ist die mögliche Verweigerung der Abnahme wegen Qualitätsmängeln ein für den Produzenten untragbares Risiko: Die Forderung nach einer »Normierung« von Qualitätsstandards liegt nahe und wird uns im Folgenden ausgiebig beschäftigen.

Traditionelles Instrument zur Gewährleistung einer abnehmerkonformen Qualität auszuliefernder Produkte (unter der Annahme, dass die Abnehmer-Anforderungen bekannt sind) ist die der Produktion nachgelagerte Endkontrolle (**»End-of-the-Pipe«-Kontrolle**).

Die schon seit Ende der siebziger Jahre international aufsehenerregenden Erfolge der japanischen Industrie bei der Qualitätsverbesserung führten jedoch zur allmählichen Übernahme einer völlig anderen Philosophie durch westliche Produzenten:

Man erkannte, dass es effektiver ist, von vornherein Qualität zu produzieren, als diese im Nachhinein zu kontrollieren. Der hieraus resultierende ganzheitliche Führungsansatz wird heute mit dem Schlagwort »**Total Quality Management**« (TQM) umrissen.

3.4.2.1.2 Total Quality Management (TQM)

Nach einer Siemens-Studie entstehen 75% aller Fehler zwar bereits in der Planungsphase, werden aber zu 80% erst am fertigen Produkt entdeckt. Total Quality Management zielt darauf ab, die Qualität der Unternehmensleistungen in sämtlichen Bereichen kontinuierlich zu verbessern. Als Endziel wird eine Null-Fehler-Produktion angestrebt.

Daraus ergeben sich verschiedene Folgerungen:

Zur Festlegung der Qualität: Über die Qualitätsanforderungen entscheidet der Markt; Ausgangspunkt der Qualitätsplanung ist damit der Kundenwille, der zunächst erkundet und in der Entwicklung von Produkten und Leistungen berücksichtigt werden muss. Ein Verfahren der kundenanforderungsorientierten Qualitätssicherung ist das in Abschnitt 3.4.2.2.1 beschriebene **Quality Function Deployment (QFD)**.

Zur Verantwortung: Anstöße zur kontinuierlichen Verbesserung der Qualität und ihre Durchsetzung gehen von den Führungskräften aus; dabei handelt es sich nicht um eine einmalige oder fallweise Tätigkeit, sondern um eine Daueraufgabe. In der Umsetzung der Qualitätsvorgaben sind alle Mitarbeiter gefordert; ihr Handeln beeinflusst die Qualität maßgeblich.

Zum Führungsstil: Information und Beteiligung der Mitarbeiter an Entscheidungsprozessen sowie die Delegation von Verantwortung und Kompetenzen sind notwendige Voraussetzungen für die erfolgreiche Durchsetzung und Durchführung von Qualitätsvorgaben. Unabdingbar ist daher eine »Führung im Mitarbeiterverhältnis« und die Verankerung des Qualitätsanspruchs im Bewusstsein aller Mitarbeiter.

Zur Durchführung: Das Qualitätsmanagement umspannt alle betrieblichen Bereiche, umfasst also die Entwicklung, alle Phasen der Herstellung sowie alle Informations-, Kommunikations- und Führungsabläufe und beeinflusst damit die gesamte Unternehmensstruktur sowohl bezüglich der Aufbau- als auch der Ablauforganisation.

Zur Kontrolle: Die die Qualitätsanforderungen betreffenden Zielsetzungen sind laufend zu überprüfen (»Prämissenkontrolle«). Eine »Qualitätskontrolle« im Sinne eines Soll-Ist-Vergleiches zu festgelegten Zeitpunkten oder Anlässen findet nicht statt; an ihre Stelle tritt die Qualitätslenkung.

Zur Qualitätslenkung (die im Englischen »quality control« heißt, was aber nicht wörtlich übersetzt werden kann): Diese umfasst die vorbeugende, überwachende und koordinierende Tätigkeiten während des Produktionsprozesses. Nicht zuletzt aus psychologischen Gründen wird der Begriff der Kontrolle vermieden: Sein Gebrauch würde die Selbständigkeit und Eigenverantwortlichkeit des Einzelnen unnötig unterminieren.

Qualitätsmanagement ist ein dynamischer Prozess. Eine gleichfalls dynamische, dabei von Diskontinuität, Komplexität und Unsicherheit geprägte Unternehmensumwelt verlangt nach einer ständigen Hinterfragung der Qualitätsanforderungen und einer dementsprechenden Anpassung der Organisationsstruktur, die bei Einführung eines Qualitätsmanagementsystems im Sinne des TQM in der Regel erhebliche Veränderungen erfährt. Damit diese Struktur für alle Mitarbeiter transparent erscheint und bleibt, ist eine vollständige Dokumentation vonnöten. Diese erfolgt in Form eines **Qualitätssicherungshandbuches**, das die Zielhierarchie, die gesamte Aufbau- und Ablauforganisation des Unternehmens und das im Unternehmen vorhandene Know-How geordnet darstellt.

Insbesondere werden im Qualitätssicherungshandbuch alle im Unternehmen als Standard festgeschriebenen Methoden und Verfahren der Qualitätssicherung sowie Aufbau und Organisation des Systems der Qualitätssicherung einschließlich der Zuständigkeiten beschrieben. Die Erstellung und Pflege eines solchen Handbuches setzt umfassende Analysen voraus und erfordert einen nicht unerheblichen Zeit- und Arbeitsaufwand.

Das Qualitätssicherungshandbuch muss von der Geschäftsführung in Kraft gesetzt und – als notwendige Voraussetzung für die Erzielung eines messbaren Nutzens – von allen Mitarbeitern verbindlich genutzt werden: Wenn auch die Entscheidung für die Einführung eines Qualitätssicherungssystems und die Regelung der Durchsetzung und Durchführung vornehmliche Aufgaben der Unternehmensführung sind, so sind bei der Durchführung selbst letztlich alle Mitarbeiter gefordert.

Die Binnenwirkung des Qualitätssicherungshandbuches besteht in seinem **Anweisungscharakter** und seiner stabilisierenden Wirkung auf die Organisationsstruktur; es hat aber auch eine Außenwirkung, da es Kunden gegenüber als Nachweis methodischer und begründeter Qualitätssicherung eingesetzt werden kann.

Dem letzteren Aspekt kommt in Zusammenhang mit der bereits erwähnten Produkthaftung besondere Bedeutung zu!

3.4.2.1.3 Qualitätssicherung als Regelkreis

Regelkreise im Sinne einer systematischen Abfolge von »Prüfung-Auswertung-Fehlerermittlung-Ursachenforschung-Korrektur-Prüfung« sind auf allen betrieblichen Ebenen anzutreffen.

Den QS-Regelkreis verdeutlicht die folgende Abbildung.

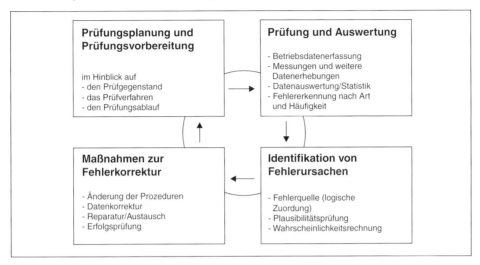

Der QS-Regelkreis

Die Mitwirkung der Qualitätssicherung setzt bereits bei der Entwicklung eines Produktes ein und erstreckt sich über alle Phasen der Fabrikationsvorbereitung und Fertigung bis zur Sicherung und Beobachtung des fertigen Erzeugnisses.

3.4.2.1.4 Die Normfamilie DIN EN ISO 9000ff

Entwicklung und Aufbau

Die ersten bekannten allgemeine Regelwerke zur – produktneutralen – Sicherstellung der Produktqualität entstanden nach dem zweiten Weltkrieg im militärischen Bereich. Aus dem USA-Standard MIL-STD 9858A wurde in den siebziger Jahren das NATO-Regelwerk AQAP 1,4,9 (Allied Quality Assurance Publication) entwickelt. Zugleich entstanden in den USA, ebenso wie in Kanada, zahlreiche Normen im zivilen Anwendungsbereich, die sich jedoch jeweils auf bestimmte Branchen und Produkte konzentrierten. Spezielle Normen entstanden etwa im Bereich der Luft- und Raumfahrt (QSF-Qualitätssicherungsanforderungen QSF-A bis QSF-D) und der Elektronik (CECC-Gütebestätigungssystem für elektronische Bauelemente; CECC = Cenelec Electronic Components Committee). Allerdings unterscheiden sich alle diese Normen erheblich hinsichtlich ihrer Inhalte, Gliederungen und Formulierungen.

Mit der zunehmenden Internationalisierung des Handels und Wettbewerbs und der fortschreitenden Technologie entwickelte sich die Notwendigkeit für ein international gültiges Regelwerk. 1987 erschien die weltweit geltende Normenreihe ISO 9000 ff. der International Standardization Organisation auf Basis von bereits seit 1985 in Großbritannien geltenden Normen. Sie wurde als DIN ISO 9000 bis DIN ISO 9004 in das deutsche Normenwerk aufgenommen. Zugleich erfolgte die Übernahme in das europäische Normenwerk.

Während sich Normen ansonsten im allgemeinen auf Produkteigenschaften beziehen, definieren die DIN ISO-Normen Anforderungen an die Unternehmensstruktur und die sich darin vollziehenden Abläufe. Sie sind nicht rechtsverbindlich und beschreiben lediglich Mindestanforderungen.

Die Norm in der Fassung von 1994 wurde vor allem wegen ihrer Kompliziertheit und der erschwerten Anwendung durch kleine und mittlere Unternehmen kritisiert. Im Dezember 2000 trat – mit einer Übergangsfrist von drei Jahren – eine umfassende Revision der Normenreihe ISO 9000ff in Kraft, mit der die Norminhalte einen neuen prozessorientierten Aufbau erhielten. Dabei flossen die bisherigen 20 Elemente der ISO 9001:1994 in 4 Kernprozesse der neuen Norm ein. Diese berücksichtigen bzw. betonen stärker als zuvor die Verpflichtung (insbesondere der obersten Leitung) zur kontinuierlicher Verbesserung, die Abbildung des tatsächlichen betrieblichen Prozesses, die Kundenzufriedenheit und die Mitarbeiterbelange.

Mit der Revision gingen eine Reduzierung der geforderten Systemdokumentation, verständlichere Definitionen und eine Angleichung an die Normen über Umweltmanagementsysteme (ISO 14000-Reihe) und die BS-8000-Reihe einher. Die Normen ISO 9002 und ISO 9003 entfielen. Dafür sind die Möglichkeiten für die Zertifizierung maßgeschneiderter Systeme erhöht worden.

Die neue Normenreihe ISO 9000:2000 enthält die folgenden vier Hauptnormen:
– ISO 9000 beschreibt die Grundlagen von QM-Systemen und legt die Terminologie fest.
– ISO 9001 legt als Grundlage einer Zertifizierung die Anforderungen an ein QM-System fest. Untersucht wird, ob die Produkte des Unternehmens die Kundenanforderungen erfüllen und die Kundenzufriedenheit erhöhen.
– ISO 9004 betrachtet die Wirksamkeit und Effizenz des QM-Systems.
– ISO 19011 ist der Leitfaden für Umwelt- und Qualitätssystemaudits.

Zertifizierung

Die Zertifizierung erfolgt durch eine Zertifizierungsgesellschaft, ein Unternehmen also, das die neutrale Begutachtung, Validierung oder Zertifizierung von Einrichtungen, Prozessen und Managementsystemen anderer Unternehmen und Organisationen vornimmt. Die Zertifizierung ist teilweise durch gesetzliche Vorschriften, die eine unabhängige Überprüfung verlangen, begründet; vielfach wird sie aber auch ohne gesetzlichen Zwang betrieben, was sich vor allem aus dem Streben der Auftraggeber nach Wettbewerbsfähigkeit erklärt.

Die Zertifizierung ist drei Jahre gültig, wenn sich das Unternehmen einem jährlichen Überwachungsaudit unterzieht.

DIN ISO 9001 fordert die regelmäßige Durchführung **interner Qualitätsaudits** durch kompetente Auditoren nach einem internen Auditplan. Hierdurch sollen die tatsächliche Praxis und die Wirksamkeit des Qualitätssicherungssystems überprüft und Möglichkeiten zur weiteren Verbesserung des Systems aufgezeigt werden. Sind wesentliche Änderungen in betrieblichen Funktionsbereichen vorgenommen worden – zum Beispiel in Reaktion auf aufgetretene Fehler –, ist ein internes Qualitätsaudit unverzichtbar. In der Praxis können vertragliche Vereinbarungen zwischen Lieferanten und Kunden die Überprüfung des Qualitätssicherungssystems des Lieferanten durch den Kunden vorsehen. In diesem Falle spricht man von **Kundenaudit**. Audits werden in Abschnitt 3.4.2.3 gesondert behandelt.

Die Zertifizierung von QM-Systemen muss nicht zwangsläufig nach den ISO-Normen erfolgen: Auch andere Kriterienmodelle zur Beurteilung des Zustands des Qualitätsmanagements haben praktische Bedeutung erlangt. Vor allem zu erwähnen sind hier die Kriterienmodelle des **Malcolm Baldrige Award (MBA)** und des **European Quality Award (EQA)** der **European Foundation for Quality Management (EFQM)**, die neben dem Zustand des QM-Systems auch die Produkt- und Leistungsqualität und die Zukunftsausrichtung der kontinuierlichen Verbesserung berücksichtigen.

Im Rahmen der Zertifizierung soll nachgewiesen werden, dass ein den Ansprüchen der ausgewählten Norm genügendes Qualitätsmanagementsystem betrieblich eingeführt, praktiziert und dokumentiert ist. Der Überprüfung durch einen externen Auditor geht eine mehr oder minder lange Arbeitsphase voraus, in der die Einführung eines normenkonformen Qualitätssicherungsprogramms vorbereitet wird.

Diese Phase ist insbesondere bei der Erst-Zertifizierung im Allgemeinen sehr arbeitsintensiv: Häufig werden Prozesse dabei erstmals gründlich durchleuchtet, und nicht selten ergeben sich hieraus organisatorische Änderungen, die bei den Betroffenen das Gefühl erzeugen, dass der Betrieb »der Norm angepasst werde«. Tatsächlich werden aber oft suboptimale, nachteilige oder überflüssige Praktiken aufgedeckt, deren Abänderung die in die Vorbereitung investierte Arbeit wirtschaftlich mehr als rechtfertigt.

3.4.2.2 Methoden des kundenorientierten Qualitätsmanagements

Im Folgenden werden ausgewählte Methoden (begründete, planmäßige Vorgehensweisen zur Erreichung bestimmter Ziele) und Verfahren (= ausführbare Vorschriften zur gezielten Anwendung von Methoden) des Qualitätswesens behandelt. Zum besseren Verständnis werden einige Ausführungen zu Prüfungen im Rahmen der Qualitätsüberwachung vorangestellt.

Prüfungen spielen eine große Rolle im Rahmen der Qualitätsüberwachung und sollen daher an dieser Stelle eingehender behandelt werden. Alle Prüfungen im Rahmen der Qualitätssicherung unterliegen zunächst einer Planung **(inspection planning)**, aus der ein **Prüfplan (inspection plan)** resultiert. Dieser Prüfplan besteht aus der Prüfspezifikation, der Prüfanweisung und dem Prüfablaufplan.

In der **Prüfspezifikation (inspection specification)** werden die Prüfmerkmale, vorgegebene Merkmalsausprägungen, Prüfbedingungen, Art und Umfang der Prüfung, Prüfmittel und die anzuwendenden Prüfverfahren festgelegt. Hinsichtlich der Prüfmerkmale ist es erforderlich, dass die Qualitätsmerkmale des zu prüfenden Produktes genau bestimmt sind; wissenschaftlich erarbeitete Hilfsmittel (**»Design-Review-Checklisten«**, »**Fehlerbaum-Analysen**«) stehen hier zur Verfügung. Aufzunehmende Prüfmerkmale sind Eigenschaftsbeschreibungen, Höchst- und Mindestangaben für Messwerte sowie die bei bestimmungsgemäßem Einsatz herrschenden Umgebungsbedingungen. In der Produktentwicklungsphase kann eine technische Spezifikation nur Zielvorgaben beschreiben; im Zuge fortschreitender Entwicklung gewinnt sie jedoch an Details, bis zum Abschluss der Entwicklung eine vollständige Beschreibung der erforderlichen Produkteigenschaften vorliegt. Die Prüfspezifikation ermöglicht die Abschätzung des für die Produktprüfung erforderlichen Zeit- und Kostenaufwandes ebenso wie die Vorhersage von Fehlern und Mängeln hinsichtlich einzelner Eigenschaften und die Entwicklung von Fehlerkatalogen, in denen die einzelnen möglichen Fehler nach Qualitätsmerkmalen geordnet und gewichtet werden.

Dabei ist zu untersuchen, welche Ausfälle einzelner Bauteile oder ganzer Baugruppen vorkommen können und welche Auswirkungen dies auf die Sicherheit und Funktionstüchtigkeit des fertigen Produktes hätte: Als Konsequenz können geeignete Schutzmaßnahmen (z. B. Verwendung besonders zuverlässigen Materials; Festlegung von Umgebungsbedingungen, die in die Gebrauchsanweisung aufzunehmen sind; Vorsehen redundanter Reservesysteme, die bei Ausfall des Hauptsystems dessen Aufgabe übernehmen) getroffen werden.

Die **Fehlerklassifizierung (classification of nonconformities)** erfolgt dementsprechend nach dem Kriterium der Fehlerfolgen. Unterschieden werden in der Regel – abgestuft nach Bedeutung – folgende Fehlertypen:

- **Kritischer Fehler (critical defect)**: Fehler, der zur Gefährdung der Sicherheit der den zu prüfenden Gegenstand benutzenden Personen führen kann oder die Funktionsfähigkeit einer größeren Anlage verhindert;

- **Hauptfehler (major nonconformity)**: Nichtkritischer Fehler, der die Brauchbarkeit für den vorgesehenen Verwendungszweck wesentlich beeinträchtigt bzw. voraussichtlich zum Ausfall führt;
- **Nebenfehler (minor nonconformity)**: Fehler, der die Brauchbarkeit des Gegenstandes für den vorgesehenen Verwendungszweck nur unwesentlich beeinflusst.

Prüfungen finden bei Annahme von Lieferungen **(acceptance inspection)**, als Zwischenprüfungen während der Herstellung **(manufacturing inspection = Fertigungsprüfung)** – teils durch den Bearbeiter **selbst (operator inspection)** und, vor Übergabe an den Abnehmer, als Endprüfung **(final inspection)** statt. Prüfungen seitens des Abnehmers werden als **Abnahmeprüfung** bezeichnet.

Hinsichtlich der Prüfmethoden sind die 100%-Prüfung (**100%-inspection**, auch **Vollprüfung oder Stückprüfung** genannt) und **die statistische Qualitätsprüfung** (statistical quality inspection and test) zu unterscheiden. In der 100%-Prüfung werden alle Einheiten eines **Prüfloses (inspection lot** = Bezeichnung für das Los, das zu einem Zeitpunkt als Ganzes zu einer Qualitätsprüfung vorgestellt wird) geprüft. Die statistische Prüfung, auf die nachfolgend näher eingegangen wird, bedient sich statistischer Methoden und beschränkt sich auf Teilprüfungen (Stichproben). Zu unterscheiden sind dabei

- **Variablenprüfungen** als messende Prüfungen, als deren Ergebnisse variable Daten (unterschiedliche Messergebnisse) vorliegen,
- **Attributprüfungen**, bei denen lediglich eine »gut/schlecht«-Unterscheidung vorgenommen und das Verhältnis von annehmbaren und nicht annehmbaren Stücken durch Zahlenvergleich dargestellt werden kann, und
- **visuelle Prüfungen** durch Inaugenscheinnahme nicht messbarer Merkmale, wobei jedoch versucht werden soll, nicht messbare Tatbestände »messbar« zu machen (z. B. Farbmessung anhand einer RAL-Karte).

Wie eine Prüfung durchzuführen ist, legt die **Prüfanweisung (inspection instruction)** fest. Die Reihenfolge der Qualitätsprüfungen wird schließlich im **Prüfablaufplan (inspection schedule)** festgeschrieben.

3.4.2.2.1 Quality Function Deployment (QFD)

Ein Verfahren, mit dem sichergestellt werden soll, dass die Anforderungen des Kunden in allen Stufen des Produktionsprozesses beachtet und verwirklicht werden, ist das Quality Function Deployment (QFD). Dieses Verfahren verwendet eine Reihe von Matrizes zur Gegenüberstellung von Anforderungen und Realisierungsmöglichkeiten – je eine für jede Produktionsstufe –, wobei die Realisierungsmöglichkeiten einer Stufe den Anforderungen der unmittelbar nachgeschalteten Stufe entsprechen müssen. Auf diese Weise wird sichergestellt, dass keine Anforderung übersehen werden kann.

3.4.2.2.2 Fehler-Möglichkeits- und Fehler-Einfluss-Analyse (FMEA)

Zeigen sich im Rahmen systematischer Prüfungen Streuungen außerhalb der Spezifikationsgrenzen, ist der Prozess »außer statistischer Kontrolle«. In diesem Falle gilt es, die Ursachen zu identifizieren und abzustellen, den Prozess also »unter statistische Kontrolle« zu bringen, so dass als einzige – nie völlig abzustellende – Abweichungsursachen Zufallseinflüsse verbleiben.

Ein häufig angewandtes Verfahren zur Untersuchung von Fehlerhäufigkeiten und -einflüssen ist die **PARETO-Analyse**. Hierbei werden die Fehlerursachen zunächst nutzenorientiert geordnet (z. B. nach Häufigkeit ihres Auftretens oder Auswirkungen auf die Kosten).

In einer grafischen Darstellung wird die Bedeutung der einzelnen Fehler visualisiert; dies erleichtert die Festlegung der Prioritäten bei der Fehlerbekämpfung. Anschließend werden nach demselben Verfahren diejenigen Merkmale des Prozesses herausgefiltert, die den jeweiligen Fehler verursachen.

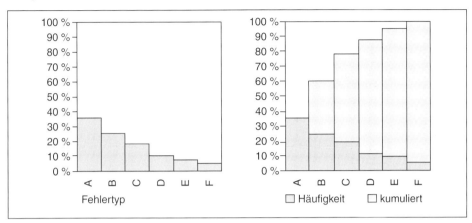

Visualisierung der Bedeutung von Fehlerursachen nach PARETO (links selektiv, rechts kumuliert)

Zur Analyse der Ursachen für Ergebnisabweichungen werden häufig **Ursache-Wirkungs-Diagramme** nach ISHIKAWA eingesetzt. Hierbei werden zunächst die Hauptursachen für die Prozessstreuung mit langen Pfeilen versehen, die auf einen die Wirkung symbolisierenden Balken zeigen. Kleinere Pfeile, beschriftet mit speziellen Ursachen, weisen wiederum auf die Hauptursachen.

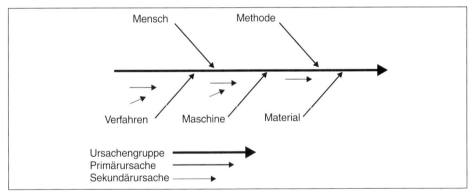

ISHIKAWA-Diagramm

Wie bereits erwähnt, verfolgt die moderne Qualitätssicherung jedoch die Philosophie der Fehler**vermeidung**, denn:

Fehler, die nicht gemacht werden, müssen nicht behoben werden!

Die Sinnhaftigkeit dieser Philosophie belegt die – empirisch belegte – »**Verzehnfachungsregel der Fehlerkosten**«, nach der sich Kosten der Beseitigung eines nicht entdeckten oder behobenen Fehlers von Entwicklungsstufe zu Entwicklungsstufe verzehnfachen.

Ein Verfahren der präventiven Qualitätssicherung ist die **FMEA** (Failure Modes and Effects Analysis; übersetzt »Fehlermöglichkeits- und Einflussanalyse), die bereits im Vorfeld der Produktentwicklung einsetzt (Konstruktions-FMEA), den Produktionsplanungsprozess begleitet (Prozess-FMEA) und die so geschaffenen Systeme analysiert (System-FMEA).

3 Betriebliche Organisation und Unternehmensführung

Das fertige Produkt (das im Falle einer Konstruktions-FMEA zunächst nur auf dem «Reißbrett» existiert) wird zum Zweck der Analyse systematisch in einzelne Bauteile und Funktionen »zerlegt« (Top-Down-Verfahren). Diese werden daraufhin untersucht, inwieweit sie die konstruktiven Forderungen bei isolierter Betrachtung und nach ihrer Eingliederung im Zuge des Integrationsprozesses erfüllen. Diese Aufgabe wird idealerweise einem interdisziplinär besetzten Team übertragen, das – u. a. durch Anwendung von Kreativitätstechniken wie z. B. Brainstorming – mögliche Fehler und ihre Ursachen und Auswirkungen zunächst auflistet (Risikoanalyse). In der anschließenden Risikobewertung werden die Auswirkung, die Wahrscheinlichkeit des Auftretens und die Schwierigkeit der Fehlerentdeckung, jeweils auf einzelne Fehler bezogen, durch Faktoren bewertet. Die hieraus resultierende **Risikoprioritätszahl (RPZ)** ermöglicht die Identifizierung besonders fataler Fehler, auf die sich das weitere Vorgehen konzentriert: Im Rahmen der Risikominimierung werden geeignete Maßnahmen zur Vermeidung bzw. Aufdeckung dieses Fehlers entwickelt. Unter der Voraussetzung, dass diese Maßnahmen zur Durchführung gelangen, wird eine erneute Risikobewertung vorgenommen. Dieser Vorgang wird so lange wiederholt, bis die RPZ unterhalb eines vorab definierten Toleranzwertes liegt.

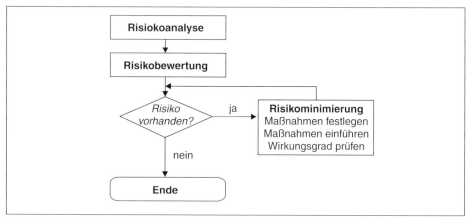

FMEA-Ablaufplan

Während in der Konstruktions-FMEA einzelne Bauteile analysiert (Beispiel: Welle) werden, unterzieht die System-FMEA das Produkt (Beispiel: Motor) einer gesamtheitlichen Betrachtung. Die Prozess-FMEA konzentriert sich auf die einzelnen Bearbeitungsschritte (Beispiel: Montage).

Auf weitere Einzelheiten der FMEA kann an dieser Stelle nicht eingegangen werden. Das Literaturverzeichnis enthält Hinweise auf weiterführende Quellen.

3.4.2.2.3 Statistische Prozessregelung (SPR)

Statistische Prozessregelung (SPR, auch SPC: **Statistical Process Control)** kann überall dort eingesetzt werden, wo die Ergebnisse eines Prozesses Streuungen (Abweichungen) aufweisen. In der Fertigung ist dies praktisch immer der Fall, da völlige Identität zweier Produkte, die nacheinander nach dem gleichen Procedere hergestellt wurden, nie erreichbar sein wird.

Die Ursachen hierfür sind vielfältig: So unterliegen etwa Maschinen und Werkzeuge einem Verschleiß; das Ausgangsmaterial unterliegt Qualitätsschwankungen; das Personal vollführt niemals exakt die gleichen Handgriffe, und auch die Umweltbedingungen variieren hinsichtlich der herrschenden Umgebungstemperatur, Luftfeuchtigkeit usw.

Ziel des SPR-Einsatzes ist die Verbesserung der Produktivität und der Produktqualität durch Ergreifung von Maßnahmen zur Verbesserung des Prozesses (**zukunftsorientiert**) anstelle von Maßnahmen aufgrund von Mängeln am fertigen Produkt (**vergangenheitsorientiert**): Dabei wird eine Strategie der Früherkennung von Fehlentwicklungen und der Fehlervermeidung verfolgt, die durch Ausschussverringerung bei gleichzeitiger Qualitätssteigerung zugleich kostensenkend und ertragssteigernd wirken soll. Im Folgenden wird vorrangig von Fertigungsprozessen ausgegangen; Methoden des SPR können aber in zahlreichen anderen Bereichen eingesetzt werden.

SPR erfüllt folgende Aufgaben:

- Nachweis nicht-zufälliger Abweichungen im Herstellungsprozess, für die beeinflussbare Faktoren verantwortlich sind,
- Quantifizierung bestimmter Abweichungen und der Wahrscheinlichkeit ihres Auftretens durch Messung,
- qualitative und quantitative Messungen des Einflusses von Abweichungen auf das Ergebnis,
- Nachweis des Zusammenhanges zwischen Prozessparametern und Produktqualität,
- Bereitstellung von Instrumenten zur Prozessüberwachung.

Die Betrachtung eines Prozesses bezieht alle an der Entstehung eines Produktes (oder an einer Dienstleistung) beteiligten Elemente ein: Personal, Sachmittel, Material ebenso wie eingesetzte Methoden und Umweltbedingungen.

Voraussetzung für den Einsatz von SPR ist die Messbarkeit von Prozessen und Produkteigenschaften mindestens im Sinne einer **Attributprüfung**, bei der eine »gut/schlecht«-Unterscheidung vorgenommen und das Verhältnis von annehmbaren und nicht annehmbaren Stücken angegeben werden kann.

Die Aufbereitung von Messwerten soll an einem Beispiel erläutert werden.

Bei der Messung von 50 Wellen als Stichprobe aus der Tagesproduktion wurden folgende Ergebnisse festgestellt (Angabe nur der Nachkommastellen – in mm –):

Stichproben-Messergebnisse
(nur Nachkommastellen - in mm)
Proben-Nr. / Messergebnis

Nr.	Mess.	Nr.	Mess.	Nr.	Mess.	Nr.	Mess.	Nr.	Mess.
1	23	11	22	21	22	31	20	41	19
2	24	12	21	22	21	32	21	42	20
3	26	13	22	23	23	33	20	43	21
4	19	14	23	24	26	34	20	44	21
5	23	15	24	25	20	35	23	45	21
6	23	16	23	26	21	36	24	46	23
7	24	17	22	27	20	37	29	47	19
8	24	18	19	28	23	38	19	48	24
9	26	19	26	29	24	39	20	49	25
10	23	20	28	30	25	40	21	50	20

Stichproben-Messergebnisse

Die gefundenen Ergebnisse können mittels einer Strichliste ausgewertet und in einem Schaubild (Histogramm) visualisiert werden:

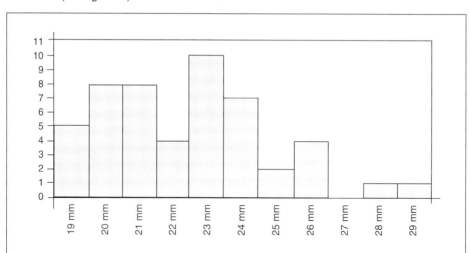

Visualisierung der Messergebnisse im Histogramm

Je größer die Stichprobe, desto »glatter« fällt der Verlauf der aus dem Histogramm abzuleitenden Verteilungskurve aus. Aus der Kurve, die sich aus der Auswertung der Stichprobe ergibt, kann auf die Grundgesamtheit geschlossen werden.

Verteilungen unterscheiden sich hinsichtlich ihrer Lage, Form und Streuung. Ein Maß für die Lage der Verteilung ist das **arithmetische Mittel**, während die Streuung durch die **Standardabweichung** (vgl. Abschn. 3.6.4.2) ausgedrückt wird.

Die am häufigsten anzutreffende Verteilung ist die **Gauß'sche Normalverteilung**. Sie wird durch eine symmetrische so genannte »Glockenkurve« beschrieben.

Wenn eine Stichprobe der Normalverteilung entspricht, kann daraus für die Grundgesamtheit gefolgert werden, dass 68,26% der Grundgesamtheit zwischen den Wendepunkten der Verteilungskurve in einer Verteilung von ± 1 σ um den Mittelwert zu finden sein werden; dieser Prozentsatz erhöht sich bei ± 2 σ auf 95,44%, bei ± 3 σ auf 99,73% und bei ± 4 σ auf 99,994%. Für nicht-normalverteilte Stichproben und Grundgesamtheiten ergeben sich selbstverständlich andere Prozentsätze.

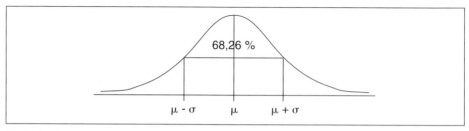

Gauß'sche Normalverteilung

Die Fläche unter der Normverteilungskurve gestaltet sich wie folgt:

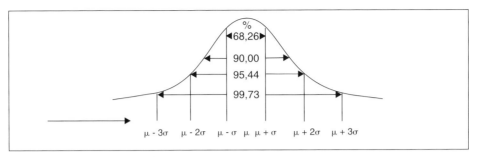

Fläche unter der Normalverteilungskurve

Ergeben sich bei im Zeitverlauf verschiedentlich vorgenommenen Stichproben Abweichungen in der Verteilung, so liegt die Vermutung nahe, dass systematische (und damit beeinflussbare) Einflüsse wirksam werden: Der Prozess ist »außer statistischer Kontrolle«. In der Praxis werden Prozesse in einem kontinuierlichen Regelkreis aus Datensammlung, -aufbereitung, -auswertung und ggf. Eingriffen mit Hilfe von Prozessregelkarten »unter statistische Kontrolle« gebracht. Zeigt die Auswertung, dass sich der Prozess »unter statistischer Kontrolle« befindet, kann eine Aussage über die so genannte Prozessfähigkeit getroffen werden.

3.4.2.2.4 Maschinen- und Prozessfähigkeitsuntersuchung (MFU/PFU)

Wenn ein Prozess »unter statistischer Kontrolle« ist, so bedeutet dies, dass systematische, abstellbare Einflüsse ausgeschaltet sind und lediglich Zufallseinflüsse für die noch verbliebene Streuung verantwortlich sind. Ist diese Streuung sehr groß, so ist der praktizierte Prozess möglicherweise für die Herstellung des Produktes in der gewünschten Qualität ungeeignet: Er muss grundlegend überarbeitet werden.

Die drei Phasen der Prozessregelung mittels Regelkarten – Datensammlung, Berechnung von Eingriffsgrenzen und Beurteilung der Fähigkeit – sind kontinuierlich zu wiederholen; auf diese Weise wird eine ständige Prozessverbesserung erreicht.

Die so genannte Fähigkeit ist definiert als das Maß der tatsächlichen Güte einer Maschine oder eines Prozesses, bezogen auf die Spezifikation.

Allgemein gilt:

- **Maschinenfähigkeit** (also die Eignung einer Maschine, in einem bestimmten Prozess eingesetzt zu werden) ist gegeben, wenn die Streuung mindestens mit $x \pm 3s$, gesamt also 6s, innerhalb der Spezifikationsgrenzen liegt, d. h. 99,73% der gefertigten Teile innerhalb der Toleranzgrenzen liegen. Die Kennzahl, mit der dies ausgedrückt wird, ist der Maschinenfähigkeitskennwert **Cm = (OTG–UTG)/6s** mit OTG und UTG als oberer bzw. unterer Toleranzgrenze.

    Gemäß einer Empfehlung der DGQ – Deutsche Gesellschaft für Qualität – soll dieser Wert $\geq 1{,}33$ sein (VDA-Empfehlung: Cm $\geq 1{,}66$).

- analog hierzu ist **Prozessfähigkeit** ist gegeben, wenn die Streuung mindestens mit $x \pm 3s$ der Spezifikation (= 99,73%) entspricht. Die hier verwandte Kennzahl ist der Prozessfähigkeitskennwert **Cp = (OTG–UTG)/6s**, für den gleichfalls die oben für den Cm angegebenen Grenzwerte empfohlen werden.

Soll über die Fähigkeit einer neu angeschafften Maschine eine Aussage getroffen werden, so steht hierfür nur ein relativ kurzer Zeitraum zur Verfügung: Entsprechend gering ist die Anzahl der in die Schätzung einzubeziehenden gefertigten Teile, an deren Qualität darum besonders hohe Ansprüche gestellt werden.

3 Betriebliche Organisation und Unternehmensführung

Für die Prüfung der Maschinenfähigkeit wird eine **Stichprobengröße** bestimmt (z. B. mindestens 50 Teile). Es muss sichergestellt sein, dass alle verwendeten Teile und Materialien bis zu dem zu untersuchenden Bearbeitungsschritt der Spezifikation entsprechen, da der Maschine sonst Fehler zugeschrieben werden, die bereits im Vorfeld angelegt wurden.

Sind mehrere gleichartige Maschinen zu überprüfen, hat die Überprüfung für jede einzelne Maschine zu erfolgen.

Die Ergebnisse der Maschinenfähigkeitsprüfung werden in Formblätter übertragen und grafisch dargestellt. Ein Vergleich mit den vorweg eingetragenen Spezifikationsgrenzen führt zu einer Aussage über die Fähigkeit der untersuchten Maschine.

Nicht immer entsprechen die beobachteten Merkmale der Normalverteilung. Bei einem auf einer Maschine an sich normalverteilten Produktionsergebnis ist dies ein Hinweis auf systematische Einflüsse, etwa die Beschädigung verwendeter Werkzeuge. Daneben gibt es Fälle einer regelmäßigen Nicht-Normalverteilung; hierauf soll an dieser Stelle aber nicht eingegangen werden.

3.4.2.2.5 Das KANO-Modell

Das von Noraki KANO 1984 vorgestellte Modell liefert ein Verfahren zur **Strukturierung von Kundenanforderungen** und zur Bestimmung ihres jeweiligen Einflusses auf die Kundenzufriedenheit. Es wird vor allem dort eingesetzt, wo komplexen, variierbaren Produkten eine Vielzahl unterschiedlicher Kundenanforderungen gegenüberstehen, und zielt darauf ab,

– den Einfluss von Kundenanforderungen auf die Kundenzufriedenheit transparenter und einschätzbarer zu machen,
– mittels dieser Kenntnisse die Zusammenstellung anforderungsgerechter Leistungs»pakete« nach Zielgruppen differenziert zu ermöglichen,
– damit Wettbewerbsvorteile und höhere Marktanteile zu erzielen und
– Prioritäten für die (Weiter-)Entwicklung von Produkten bereitzustellen.

Dabei werden Basisanforderungen (»**Must-be Quality**«) sowie Leistungsanforderungen (»**Performance Quality**«) und Begeisterungsanforderungen (»**Excitement Quality**«) unterschieden.

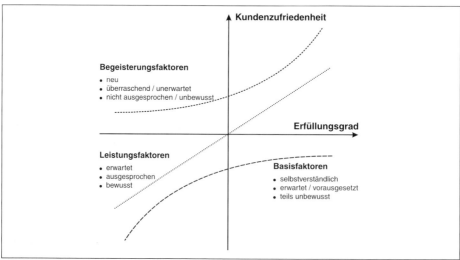

»Kano-Modell«

3 Betriebliche Organisation und Unternehmensführung

Im Einzelnen hierzu:

- Die Erfüllung der **Basisanforderungen** wird vom Kunden als selbstverständlich vorausgesetzt. Da er sie deshalb meist nicht ausdrücklich erwähnt, besteht die Gefahr der Vernachlässigung. Ihr Fehlen ist ein »k.o.-Kriterium«, ihr Vorhandensein selten ein Werbeargument.

- **Leistungsanforderungen** werden vom Kunden entweder selbst gestellt oder kommen in seinen Fragen zum Ausdruck. Der Grad ihrer Erfüllung ist großenteils ausschlaggebend für die Kaufentscheidung. Erfüllte Leistungsanforderungen (z. B. serienmäßige Ausstattungsmerkmale, lieferbare Modellvarianten oder Sonderausstattungen) werden werblich herausgestellt, wenn sie das eigene Produkt positiv von Mitbewerberprodukten unterscheiden.

- **Begeisterungsanforderungen** formuliert der Kunde meist nicht, weil er sie gar nicht erwartet. Ihr Vorhandensein ist für ihn vielmehr meist eine positive Überraschung. Wichtig und als Verkaufsargument werblich verwertbar werden sie nur, wenn sie einen echten, erlebbaren Nutzen für den Kunden darstellen.

Die Anwendung der Kano-Methode setzt voraus, dass die Kundenanforderungen zunächst sehr detailliert, etwa in ausführlichen Befragungen und sorgfältigen Auswertungen, identifiziert werden.

3.4.2.2.6 Anforderungen an die Prüfmittel

Auch an die Prüfmittel selbst sind hohe Qualitätsanforderungen zu stellen: Geräte, die der Produktionsüberwachung dienen und daher ständig vom fertigenden Personal – also nicht von ausgebildeten, externen Prüfern – benutzt werden, sollten genormt und von der Qualitätssicherungsabteilung überprüft sein, bevor sie zum Einsatz kommen.

Ist eine Überprüfung im eigenen Betrieb nicht möglich, sollte ein Prüfnachweis vom Lieferanten gefordert oder der **Deutsche Kalibrierdienst** (ansässig in Braunschweig) mit der Überprüfung beauftragt werden.

Nicht nur bei Neuanschaffung muss auf Messgenauigkeit der Prüfmittel geachtet werden: In regelmäßigen Abständen sind die im Betrieb eingesetzten Prüfgeräte zu kontrollieren und bei festgestellter Beschädigung aus dem Verkehr zu ziehen. Die Mitarbeiter sollten angehalten werden, auch selbstverschuldete Beschädigungen sofort zu melden. Dies setzt voraus, dass ihnen hieraus keine Nachteile entstehen.

3.4.2.2.7 Benchmarking

Beim Benchmarking werden die Stärken der eigenen Produkte bzw. Leistungen systematisch mit denjenigen der Mitbewerber verglichen. Die Orientierung richtet sich dabei an den Bestleistungen der konkurrierenden Unternehmen aus, die – unterteilt nach verschiedenen Disziplinen – in einem **Besten-Profil** beschrieben werden. Ziel des Benchmarking ist die Erarbeitung von Zielvorgaben für das eigene Unternehmen, die die Bestleistungen der Mitbewerber nach Möglichkeit übertreffen sollen.

3.4.2.3 Audits

Das englische Wort Audit steht für »Buchprüfung« oder »Rechnungsprüfung«. Im Qualitätswesen wird dieser Begriff inzwischen wesentlich weiter gefasst als »systematischer, unabhängiger und dokumentierter Prozess zur Erlangung von Nachweisen und zu deren objektiver Auswertung, um festzustellen, inwieweit Auditkriterien erfüllt sind« (ISO 9000:2000).

Aufgabe eines Audits ist, festzustellen, ob bei der praktischen Anwendung von Verfahren und der Durchführung von Prozessen von vorgegebenen Standards, Regeln, Richtlinien und dokumentierten Vorgehensweisen abgewichen wird. Einfacher ausgedrückt: Im Audit wird festgestellt, ob die Maßnahmen des Qualitätsmanagements geeignet sind sicherzustellen, dass »die Dinge so gemacht werden, wie sie gemacht werden sollen«. Dabei geht es aber nicht um bloße Kontrolle und schon gar nicht darum, Abweichungen »abzustrafen«: Das Audit hat ausdrücklich auch die Aufgabe, die vorgefundenen Stärken und deren Entwicklungsmöglichkeiten zu thematisieren und vorgefundene Schwächen nicht nur zu monieren, sondern auf Verbesserungsmöglichkeiten hinzuweisen. Ziel ist letztlich die Weiterentwicklung der Qualität. Die einem Audit unterzogenen Prozesse sind dabei inzwischen in allen Bereichen eines Unternehmens oder einer Verwaltung anzutreffen. Auditmanagement ist heute selbstverständlicher Bestandteil von Qualitätsmanagementsystemen. Internationale Normen treffen Festlegungen darüber, wie Audits durchzuführen sind. Seit Dezember 2002 bildet die Norm DIN EN ISO 19011:2002-12 den internationalen Standard für das Audit von QM-Systemen.

Audits werden z.B. aufgrund von EU-Vorschriften in Form von **Öko-Audits** und standardmäßig im Rahmen des Qualitätsmanagements durchgeführt.

3.4.2.3.1 Arten von Audits

Audits können von eigenen Mitarbeitern (**internes Audit**) zur Selbstbewertung oder von Auditoren außerhalb des eigenen Unternehmens (**externes Audit**) durchgeführt werden. Als externe Interessenten kommen vor allem Kunden in Betracht (**Kundenaudit**), die als Abnehmer vor allem in einsatzsynchron arrangierten Zulieferketten ein besonderes Interesse an der gleichbleibenden Qualität der zugelieferten Leistungen haben. Ein solches Audit wird auch als **Zweitparteien-Audit** bezeichnet. Wenn Audits von externen Organisationen als neutralen Prüfungsstellen durchgeführt werden, weil eine Zertifizierung (häufig nach DIN ISO 9000) angestrebt wird, liegt ein so genanntes **Drittparteien-Audit** vor. Ein **kombiniertes Audit** ist eine gemeinsame Auditierung von Qualitäts- und Umweltmanagementsystem.

Im Qualitätsmanagement unterschiedene Arten von Audits sind die folgenden.

- **Produktaudit:** In diesem auch als Inspektion bezeichneten Verfahren wird über den Zustand der Produkte auf die Wirksamkeit der im Rahmen des Qualitätswesens geschlossenen Maßnahmen und die Qualitätsfähigkeit der Herstellprozesse geschlossen, indem ein (kleines) Prüflos auf Übereinstimmung mit den Vorgaben überprüft wird.

- **Prozessaudit:** Dieses Audit untersucht Prozesse daraufhin, ob sie sich dafür eignen, Qualität hervorzubringen: Man spricht auch von der Qualitätsfähigkeit von Prozessen. Wesentliche Anforderung an einen qualitätsfähigen Prozess ist Störungsresistenz als Voraussetzung für gleichbleibende Ergebnisse. Die Beurteilung der Qualitätsfähigkeit von Verfahren wird auch als Verfahrensaudit bezeichnet. Beim Prozess- oder Verfahrensaudit wird nicht das aktuelle Produkt bzw. das konkret erzeugte Ergebnis untersucht, sondern das Vorgehen als solches: Es geht darum, festzustellen, ob die Qualität über bestimmte Parameter gesteuert wird bzw. werden kann und ob die wesentlichen Einflussgrößen bekannt und beherrscht sind.

- **Systemaudit:** Hierbei wird das Qualitätsmanagementsystem insgesamt einer Beurteilung unterzogen. Damit verbunden ist meist der Wunsch nach Erlangung eines Zertifikates durch eine anerkannte, neutrale Zertifizierungsstelle, die wiederum bei einer übergeordneten Trägergemeinschaft akkreditiert ist und hieraus ihre formale Kompetenz bezieht. Ein Systemaudit setzt das Vorhandensein einer ausführlichen, detailtiefen (und dementspre-chend mit einer zeit- und kostenaufwändigen Erstellung verbundenen) Dokumentation des Prozesses in Form eines so genannten **Qualitäts(-management-)handbuchs** voraus. Geprüft wird die Konformität des QM-Systems, also dessen Übereinstimmung mit den in der Norm erhobenen Anforderungen an ein Qualitätssystem.

3.4.2.3.2 Audit-Vorbereitung

Bevor einzelne Audits durchgeführt werden können, muss eine **Audit-Organisation** geschaffen werden, die festlegt, wie der **Auditprozess** (nicht zu verwechseln mit dem zu auditierenden Prozess!), d.h. der Ablauf des Audits von der Vorbereitung über die Visitation und Prozessanalyse vor Ort bis zur Umsetzung der als verbesserungswürdig erkannten Maßnahmen, ablaufen soll.

Zum anderen wird im Rahmen der vorgeschalteten Audit-Organisation bestimmt, wer die internen oder externen Auditoren sein sollen. Wenn ein Pool interner Autoren geschaffen werden soll, müssen die ausgewählten Mitarbeiter für diese Aufgabe geschult werden:

Auditieren ist eine Führungsaufgabe, die sowohl Fach- als auch Methodenkompetenzen als auch – vor allem im Sinne von »Fingerspitzengefühl« – Sozialkompetenz voraussetzt!

In der **Auditplanung** werden die zu auditierenden Prozesse – in der Regel die betrieblichen Kernprozesse – identifiziert. Um sicherzustellen, dass alle wesentlichen Prozesse in angemessenen Zeitabständen überprüft werden, wird meist ein betrieblicher **Auditrahmenplan** aufgestellt, der die Termine des letzten Audits und des nächsten durchzuführenden Audits für jeden dieser Prozesse aufführt. Die Zyklen betragen in der Regel 2–3 Jahre. Neben turnusmäßigen Audits können auch außerplanmäßige Audits angesetzt werden, wenn Veränderungen des Prozesses vorgenommen wurden.

Voraussetzung für die Durchführung eines Audits ist das Vorhandensein einer Dokumentation der Standards, anhand derer die im Audit festgestellte Praxis beurteilt werden kann. Ein Systemaudit setzt ein in einem **Qualitätsmanagementhandbuch** vollständig beschriebenes und von der Leitung in Kraft gesetztes Qualitätsmanagementsystem voraus. Der Auditor bzw. das Audit-Team muss so gut wie möglich in den zu auditierenden Gegenstand eingeführt sein und in seiner Vorbereitung wie auch in der späteren Audit-Durchführung auf aktuelles und vollständiges Material zugreifen können.

In der Vorbereitung auf ein ganz bestimmtes Audit müssen die mit dem Audit verfolgten Ziele festgelegt werden. Ziel des Audits meint nicht das vordergründige Interesse des Auftraggebers, ein anerkanntes Zertifikat zu erlangen, sondern die angestrebte Weiterentwicklung der Qualität. Je nach Auditgegenstand werden Aspekte der Effizienzverbesserung, der Potenzialentwicklung oder der Schwächenbehebung im Vordergrund stehen. Die als Referenz heranzuziehenden Verfahren und Anforderungen müssen anhand des vom Auftraggebers (beim internen Audit ist hierunter der zu auditierende Bereich zu verstehen) zur Verfügung gestellten Materials aufbereitet werden, und letztlich muss sich das Auditorenteam in den zu auditierenden Prozess einarbeiten und über das methodische Vorgehen – Einsatz, Zeitpunkt, Partner, Thema usw. von Interviews, moderierten Gruppengesprächen, Workshops – entscheiden.

Externe Qualitätsaudits mit dem Ziel der Zertifizierung werden meist entweder durch ein Voraudit oder eine Selbstdarstellung des zu auditierenden Bereichs eingeleitet.

Beim **Voraudit** werden zunächst die vom Auftraggeber eingereichten QM-Unterlagen (Handbuch, Verfahrens- und Arbeitsanweisungen) im Rahmen einer Dokumentenprüfung

3 Betriebliche Organisation und Unternehmensführung

auf Plausibilität und Vollständigkeit sowie Normkonformität des Systems gesichtet; anschließend wird – meist durch einen Auditor, der dem Auditorenteam angehört – überprüft, inwieweit das QM-System tatsächlich im Prozess implementiert ist. In dieser Phase werden bereits Interviews mit Mitarbeitern geführt und Prozesse vor Ort in Augenschein genommen. Der Auftraggeber erhält einen Bericht über die Feststellungen des Auditors und ggf. ein Abweichungsprotokoll. Das Voraudit ist gewissermaßen die Generalprobe des Zertifizierungs-Audits. Festgestellte Mängel sind in Bezug auf die Zertifizierung ohne negative Konsequenzen.

Fragenkataloge oder **Selbstreports** dienen der Überprüfung, ob die Voraussetzungen für ein Zertifizierungsaudit erfüllt sind. Auf Wunsch des Auftraggebers kann jeweils ein Informationsgespräch vorgeschaltet werden.

Letztlich gehört zur Vorbereitung auch, dass die Stellen, die einem Audit unterzogen werden sollen, rechtzeitig informiert werden.

3.4.2.3.3 Audit-Durchführung

Die Durchführung eines Audits ist kein einmaliger Vorgang, sondern ein in einem Regelkreis permanent ablaufender Prozess. Sie besteht in der Überprüfung der aktuell praktizierten Prozesse **im Rahmen von Visitationen vor Ort** auf Übereinstimmung mit dem darin dokumentierten (optimalen) Soll-Zustand anhand der erwähnten Checklisten oder Qualitätshandbücher.

Die Durchführung stützt sich auf Interviews und Beobachtung. Aus den vorliegenden Unterlagen weiß der Auditor, welche Vorgaben für eine Arbeit bestehen. Durch die Inaugenscheinnahme des Prozesses vor Ort will er erfahren,

– ob die Vorgaben bekannt sind,
– ob nach den Vorgaben gearbeitet wird und
– wie der Nachweis hierfür erbracht wird.

Dies erfährt er unmittelbar am Arbeitsort durch die Beobachtung von Teilprozessen und gezielte Nachfragen. Die weiterführende Prozessanalyse vor Ort umfasst Interviews mit Prozessbeteiligten und Vorgesetzten, ggf. auch Gruppengespräche und Workshops. Hierbei sind jeweils Notizen anzufertigen.

Der Auditor bzw. der Leiter des Auditorenteams unterliegt einem beruflichen Ehrenkodex, der ihn verpflichtet, seine Aufgabe unvoreingenommen und unabhängig wahrzunehmen, planvoll vorzugehen und wahrheitsgemäß zu berichten. Häufig werden Auditoren in ihrer Tätigkeit damit konfrontiert, dass die Situation des Audits von den Mitarbeitern der auditierten Stelle als unangenehm empfunden wird, denn bei aller Betonung des guten und sicherlich von jedem Mitarbeiter mitgetragenen Ziels der Qualitätsverbesserung ist der Eindruck von Audit als Kontrollausübung doch oft beherrschend. Es liegt in der Hand des Auditors bzw. des Auditorenteams, die daran geknüpften Befürchtungen durch sein Verhalten entweder zu bestätigen oder gar zu verstärken oder aber eine Atmosphäre zu schaffen, die eine konstruktive Zusammenarbeit ermöglicht und das Audit zum gewünschten Erfolg führt.

In Bezug auf die notwendige **Mitarbeiterakzeptanz** sollten Auditoren folgende Punkte beachten:

– Den Mitarbeitern der auditierten Organisation sollten Zweck und Ziel des Audits sowie die Rolle des Auditors von Anfang an deutlich gemacht werden. Wichtig ist, ihnen zu vermitteln, dass ein Audit nicht allein dazu da ist, Schwachstellen aufzudecken, sondern auch Stärken identifizieren, betonen und Vorschläge zu ihrer weiteren Verstärkung hervorbringen soll. Wenn Schwächen gefunden werden, ist es nicht Aufgabe des Auditors,

3 Betriebliche Organisation und Unternehmensführung

Schuldige auszumachen und nach oben zu melden, sondern darum, gemeinsam Vorschläge zur Behebung der Schwächen herauszuarbeiten.

– Ein Audit darf nicht nur die Führungskräfte einbinden und nicht »über die Köpfe hinwegreden«: Die am auditierten Prozess beteiligten Mitarbeiter sind aktiv einzubeziehen. Befragungen am vertrauten Arbeitsplatz, Gespräche über die aktuell zu erledigenden Arbeiten und Erklärungen, was notiert wird und warum, sind vertrauensbildende Maßnahmen.

– Im Gespräch sollte der Auditor aufmerksam hinhören und ggf. nachfragen, sich interessiert zeigen, ruhig auch einmal sagen, wenn er etwas gut oder weniger gut findet, und sich dabei nicht an seiner Checkliste »festhalten«. Diskussionen und Einmischungen Dritter sollten diplomatisch unterbunden werden.

– Ein Audit will eine Entwicklung einleiten, lenken und in Gang halten: Deshalb sollte es einen annähernden Workshop-Charakter haben. Interviews, wenn sie mit einzelnen Mitarbeitern geführt werden (müssen), dürfen keine Verhöre sein. Die Einübung von Fragetechniken ist daher unumgänglich.

Ebenso wie die Auditoren sind natürlich auch die Mitarbeiter der auditierten Stelle gefordert, gewünschte Auskünfte ehrlich und präzise zu geben, nichts zu beschönigen und insgesamt konstruktiv mitzuarbeiten. Für beide Seiten gilt: Besserwisserei ist nicht hilfreich!

Verschiedene Verbände (z. B. der Verband der Automobilindustrie VDA) haben Fragenkataloge zur Auditierung entwickelt. Die **Kernfragen** lauten:

– Sind die Sachinhalte ausreichend und richtig im Qualitätshandbuch **beschrieben**?

– Sind die im Qualitätshandbuch beschriebenen Sachinhalte **verbindlich** als Maßnahme angeordnet?

– Ist diese Maßnahme jedem Betroffenen **bekannt**?

– Wird diese Maßnahme in der Praxis beachtet und wirksam **durchgeführt**?

– Wird die Durchführung entsprechend **dokumentiert**?

3.4.2.3.4 Audit-Nachbereitung

Von den Auditoren werden Beurteilungen darüber erwartet, ob

– die Vorgaben vollständig, eindeutig, unmissverständlich und sinnvoll sind,
– die Zuständigkeit klar geregelt ist und
– das System insgesamt wirksam ist.

Die Erkenntnisse der Prozessanalyse vor Ort werden in einem Bericht festgehalten, der nicht nur identifizierte Schwächen aufzeigt, sondern Handlungs-/Nachbesserungsempfehlungen ausspricht und auch die Stärken erwähnt. Auf diese interne Nachbereitung folgt idealerweise eine Nachbereitung vor Ort in Form einer Präsentation, in der die Ergebnisse mit den Mitarbeitern des auditierten Bereiches diskutiert und Ziele, Maßnahmen und konkrete Aktivitäten vereinbart werden. Auf diese Weise regen Audits zum Ausbau von Stärken und zu Weiterentwicklungen an.

An der Durchführung der verabredeten Maßnahmen werden interne Auditoren ggf. beteiligt. Bei gravierenden Maßnahmen wird eventuell ein **Nachaudit** durchgeführt werden. Die erreichten Veränderungen müssen ebenso in die Dokumentation des QM-Systems als auch in die Audit-Checklisten eingearbeitet werden:

Nur so ist gewährleistet, dass auch das nächste Audit sinnvoll durchgeführt wird und Wirkung entfalten kann – und nicht zur »same procedure as every year« gerät!

3.4.2.4 Der Mensch im Mittelpunkt der TQM-Strategie

Ein TQM-System umfasst den gesamten Betrieb und jeden einzelnen Mitarbeiter. Es kann nur erfolgreich sein, wenn alle Mitarbeitenden im Betrieb "mitziehen" und ein Qualitätsbewusstsein entwickeln, das über den engen eigenen Arbeitsbereich hinaus den gesamten Betrieb einschließt. Dies setzt vor allem voraus, dass jedem Mitarbeiter die gesamtbetrieblichen Zusammenhänge und seine Mitverantwortung für den Gesamterfolg klar sind. Umfangreiche Schulungen und die Einbeziehung aller Mitarbeiter müssen daher im Zentrum aller Bemühungen um die Einführung und Weiterentwicklung des TQM-Systems stehen; Mitarbeiter müssen »qualitätsfähig« gemacht werden.

Häufig wird die Einführung und Durchsetzung eines QM-Systems zunächst auf Widerstände stoßen, denn sie bedeutet, dass alle eingefahrenen Verfahren und Praktiken durchleuchtet, ständig in Frage gestellt und angepasst werden und alle Aktionen strikt einzuhaltenden Prozeduren zu folgen haben, in denen die Befolgung von Qualitätshandbüchern und die ständige Dokumentation von Prozessen und Ergebnissen breiten Raum einnehmen und häufig als unangenehm empfunden werden. Letztlich wird sich das Bewusstsein des einzelnen Mitarbeiters für die Wichtigkeit seines eigenen Beitrags zum Erfolg des Unternehmens, der in der Qualität des Geleisteten zum Ausdruck kommt, aber motivationsfördernd auswirken.

Besondere Bedeutung kommt der **Auswahl und Schulung** von Mitarbeitern zu, wobei ein umfangreicher Schulungsbedarf häufig erst bei Einführung eines Qualitätsmanagementsystems erst zutage tritt. Dabei darf sich die Wissensvermittlung nicht auf die Praktizierung neuer Verfahren am einzelnen Arbeitsplatz beschränken; vielmehr soll der gesamtbetriebliche Zusammenhang und die Mitverantwortung des einzelnen unterstrichen werden. In diesem Zusammenhang ist die Vermittlung von Grundbegriffen und -funktionen der Qualitätssicherung unerlässlich: letztlich wirkt sich die Verdeutlichung des Mitarbeiterbeitrages zur Qualität und des Einbezuges in die Verantwortung motivationsfördernd aus.

Qualitätsförderung ist kein »Projekt« mit einmaligem Charakter, festgelegtem Endzeitpunkt und feststehendem Endziel, sondern eine **Daueraufgabe**: Der jeweils erreichte Standard wird als Basis und Ausgangspunkt permanenter Verbesserungen genommen. Dabei darf sich das Bemühen um stetige Steigerung der bestehenden Produktqualität nicht allein auf die »hauptberuflich« mit Qualitätssicherung befassten Stellen konzentrieren; vielmehr sollte das Ideenpotential aller Mitarbeiter systematisch genutzt werden. Dies kann vorrangig geschehen durch

— ein dauerhaft installiertes betriebliches Verbesserungvorschlagswesen (BVW), das Ideen von Mitarbeitern zur Verbesserung von Abläufen innerhalb ihres eigenen oder eines anderen Arbeitsgebietes sammelt, auswertet und ggf. prämiert, und dessen Weiterentwicklung im Sinne eines regelkreisorientierten **kontinuierlichen Verbesserungsprozesses (KVP)**;

— Sonderaktionen in Form von »**Fehlerverhütungsprogrammen**« in Verbindung mit innerbetrieblichen Wettbewerben oder Schulungsmaßnahmen;

— interdisziplinäre Arbeitsgruppen (»**Quality Circles**« – Sicherheitszirkel; zur Gruppenarbeit vgl. auch Abschnitte 3.3.2.5 und 6.5.2), die sich in gleichbleibender oder wechselnder Besetzung regelmäßig mit Fragen der Qualitätsverbesserung beschäftigen.

3.4.2.4.1 Vom betrieblichen Vorschlagswesen zum Kontinuierlichen Verbesserungsprozess

Das Betriebliche Vorschlagswesen

Das Betriebliche Vorschlagswesen **(BVW)** bezieht möglichst sämtliche Mitarbeiter eines Betriebes ein, wobei allerdings leitende Mitarbeiter meist ausgeschlossen werden, weil das

Erkennen und Umsetzen von Verbesserungsmöglichkeiten als ihre originäre Aufgabe betrachtet wird, die nicht gesondert prämiert werden soll; außerdem soll durch diese Maßnahme sichergestellt werden, dass sich Mitarbeiter mit ihren Ideen vertrauensvoll an ihre Vorgesetzten wenden können, ohne einen »Ideenklau« befürchten zu müssen. Oft werden auch betriebsfremde Personen, etwa das im Betrieb eingesetzte Fremdpersonal, in das BVW eingeschlossen.

Das BVW setzt **Prämien** für Verbesserungsvorschläge aus, die meist nur dann zur Auszahlung kommen, wenn der Vorschlag nicht nur umsetzbar ist, sondern auch tatsächlich umgesetzt wird. Die Höhe der Prämie richtet sich nach dem Nutzen, der oft ein wirtschaftlicher Nutzen ist und in einer Kostenersparnis besteht: Letztlich schlagen sich auch Verbesserungen, die in erster Linie auf organisatorische, sicherheitstechnische oder sonstige Aspekte abzielen, als Kostenersparnisse oder (etwa wenn es um eine imagefördernde Idee geht) als Mehrerträge nieder.

Im Allgemeinen wird vom Betrieb ein BVW-Beauftragter eingesetzt, der die Vorschläge der Mitarbeiter entgegennimmt. In manchen Betrieben werden Vorschläge nur angenommen, wenn sie vom jeweiligen Vorgesetzten des Vorschlagenden unterstützt werden; andere Betriebe legen Wert darauf, die Anonymität der Einreichenden zu schützen mit der Begründung, dass dadurch einerseits verhindert werde, dass der Ideengeber von Kollegen oder Vorgesetzten unter Druck gesetzt werde, und andererseits eine objektive, nicht von Sympathien oder Antipathien geprägte Entscheidung über einen Vorschlag möglich sei.

Eingehende Vorschläge werden zunächst daraufhin untersucht, ob sie

– wirklich etwas Neues beinhalten,

– tatsächlich eine Verbesserung des Ist-Zustandes bewirken,

– die Einführung unter wirtschaftlichen oder anderen für wichtig angesehenen Gesichtspunkten sinnvoll ist,

– der Vorschlag des Mitarbeiters ursächlicher Anstoß für die Umsetzung ist, diese also nicht »über kurz oder lang« zwangsläufig gewesen wäre.

Über die Annahme und Umsetzung eines Vorschlages entscheidet ein Gutachter oder ein Gutachtergremium, das sich aus Fachleuten von innerhalb oder auch außerhalb des Betriebes zusammensetzt. Oft obliegt die Berechnung der Prämienhöhe einer separaten Bewertungskommission.

Zur **Bewertung** generell: Meist ist der Nutzen eines Vorschlags in Geld ausdrückbar. In diesen Fällen wird der Prämienberechnung die Nettoersparnis (Ersparnis abzüglich Verwirklichungskosten), bezogen auf einen bestimmten Zeitraum (je nach Bedeutung des Vorschlages für ein Jahr oder mehrere Jahre) zugrundegelegt, von der ein vorab – z. B. in einer Betriebs- oder Dienstvereinbarung – festgelegter Prozentsatz zur Auszahlung kommt.

Zur Bewertung von nicht in Geld bewertbaren Vorschlägen werden oft Kriterienkataloge herangezogen, die bestimmte Merkmale der Person und des Vorschlages nach Punkten bewerten. Solche Kriterien können sein

– die Stellung des Vorschlagenden im Betrieb: Führungskräfte, sofern sie überhaupt prämienberechtigt sind, erhalten dabei weniger Punkte als Fachkräfte, und diese wiederum erhalten weniger Punkte als ungelernte Kräfte oder Auszubildende;

– die Nähe des Vorschlags zum eigenen Tätigkeitsbereich: Je ferner die Tätigkeit dem eigenen Aufgabenfeld steht, desto höher ist die Bepunktung;

– die Ausführungsreife, wobei für sofort umsetzbare Vorschläge eine höhere Punktzahl gegeben wird als für Vorschläge, an denen noch gearbeitet werden muss;

- die Neuartigkeit (Originalität) des Vorschlags, wobei ganz neue Ideen höher eingeschätzt werden als Ideen, die auf – betriebsfremde oder arbeitsfeldfremde – Vorbilder zurückgehen oder die allgemein bekannt sind;

- die Brauchbarkeit (Bedeutung) des Vorschlags: Dieses wichtigste Kriterium staffelt die Tauglichkeit von »gering« bis »sehr groß« und sieht bei der Bepunktung häufig eine Bandbreite vor, aus der ein Bewertungsausschuss schöpfen kann, z. B.

sehr große Bedeutung:	50 bis 100 Punkte
große Bedeutung:	30 bis 49 Punkte
mittlere Bedeutung:	15 bis 29 Punkte
geringere Bedeutung:	5 bis 15 Punkte
wenig Bedeutung:	1 bis 4 Punkte

Die erzielten Punkte werden in einer **Berechnungsformel** umgesetzt. Diese kann eine simple Addition der Punkte und die Bewertung mit einem Geldbetrag je Punkt vorsehen oder auch komplizierter aufgebaut sein, wobei die Punkte zu bestimmten Kategorien als Multiplikatoren dienen.

Beispiel:
Der Vorschlag des Mitarbeiter Müller wurde wie folgt bepunktet:
- *Stellung des Vorschlagenden im Betrieb (S): 2 Punkte (als Facharbeiter);*
- *Nähe des Vorschlags zum eigenen Tätigkeitsbereich (T): 3 Punkte (der Vorschlag bezieht sich auf einen anderen Bereich);*
- *Ausführungsreife (R): 20 Punkte (der Vorschlag kann sofort umgesetzt werden);*
- *Neuartigkeit (N): 2 Punkte (das Verfahren wird in einem Zweigbetrieb, den der Mitarbeiter während eines Arbeitsaufenthaltes kennen gelernt hat, bereits ähnlich praktiziert);*
- *Brauchbarkeit (B): 75 Punkte (der Vorschlag wird als sehr bedeutend eingeschätzt; die Punktevergabe orientierte sich an Vorschlägen der Vergangenheit).*

Die Prämie wird gemäß der Betriebsvereinbarung nach der Formel

$$(B + R) \times (N + T) \times S \times 10 \text{ errechnet.}$$

Sie beträgt die also $(75 + 20) \times (2 + 3) \times 2 \times 10 = 9.500,00 \text{ €}$.

Kaizen und Kontinuierliche Verbesserung (KVP)

In den achtziger Jahren fiel in USA und Europa auf, dass in den japanischen Betrieben offensichtlich immenser Nutzen aus einer Vielzahl von Verbesserungsvorschlägen von Mitarbeitern gezogen werden konnte, der den des praktisch seit Beginn der Industrialisierung weithin praktizierten Betrieblichen Verbesserungvorschlagswesens bei weitem übertraf. Die Untersuchung der Ursachen ergab einen wesentlichen Unterschied zwischen dem »konventionellen« BVW und dem »modernen«, japanischen Verfahren, das auf die Philosophie des Kaizen (»Der Ersatz des Guten durch das Bessere«) und der Kontinuierlichen Verbesserung (KVP) zurückging:

- BVW-Verbesserungsvorschläge erstrecken sich auf fremde Arbeitsgebiete,
- KVP-Verbesserungsvorschläge beziehen das eigene Arbeitsgebiet mit ein.

Betriebe, die ein BVW eingeführt haben, setzen Prämien für Verbesserungsvorschläge eines Mitarbeiters außerhalb seines eigenen Aufgabengebietes aus: Die optimale Erledigung der eigenen Aufgaben wird schließlich mit dem regulären Lohn abgegolten. Interpretiert wird diese Regelung aber häufig so, dass sich ein prämierungsfähiger Vorschlag auch nicht auf das eigene Arbeitsgebiet erstrecken dürfe, selbst dann nicht, wenn eigene Zuständigkeiten und Pflichten nicht berührt seien. Der Anreiz für den einzelnen Mitarbeiter, über die Dinge, die sich direkt in seinem Arbeitsumfeld abspielen, kritisch nachzudenken, ist folglich nicht unbedingt gegeben.

Für KVP- oder Kaizen-Vorschläge gilt diese Beschränkung auf fremde Arbeitsgebiete dagegen nicht.

Ein anderer Unterschied zwischen BVW und KVP ist darin zu sehen, dass

- BVW-Verbesserungsvorschläge eher auf spontane, ungelenkt entstandene Ideen einzelner Mitarbeiter zurückgehen, während
- KVP-Verbesserungsvorschläge aus einer systematischen, gelenkten Ideenfindung in moderierten Gruppen resultieren.

In beiden Fällen geht es um Ideenfindung: Deswegen werden BVW und KVP häufig auch unter dem Stichwort »**Ideenmanagement**« zusammengefasst. Während aber die für das BVW zuständigen Personen – dies kann ein Vorgesetzter oder auch ein eigens hiermit beauftragter betrieblicher Koordinator sein – nicht selbst aktiv in die Ideenentstehung eingreifen, indem sie etwa Entwicklungen auf bestimmten Gebieten einfordern, werden im KVP Mitarbeiter systematisch angeregt, über Verbesserungen zu bestimmten Themenfeldern nachzudenken.

3.4.2.4.2 Lernstatt und »Zirkel«

KVP wird typischerweise in Teams vorangebracht, die homogen (Mitarbeiter aus demselben Arbeitsfeld; Mitarbeiter einer bestimmten Hierarchieebene, usw.) oder heterogen, also mit Mitarbeitern der verschiedenen Arbeitsbereiche, Hierarchieebenen und Wissensdisziplinen, besetzt sein können. Für diese Teams, die ähnlich wie die mit Sicherheitsfragen befassten »**Sicherheitszirkel**« regelmäßig über längere Zeiträume zusammenarbeiten, war in den 80er Jahren der Begriff des »**Qualitätszirkels**« gebräuchlich. Diese wiederum waren hervorgegangen aus dem Konzept der so genannten »**Lernstatt**«. Die diesem Konzept zugrunde liegende Idee, das Erlernen von Fach- und zugleich sozialer Kompetenz am Arbeitsort zu verwirklichen, wurde in den siebziger Jahren in Deutschland erstmals bei BMW und Hoechst praktiziert, indem ausländische Mitarbeiter unter Anleitung durch speziell ausgebildete Vorgesetzte gleichzeitig fachlich ausgebildet und im Gebrauch der deutschen Umgangssprache trainiert wurden. »Learning by doing«, »Training on the job« und »Lernen im Team« fanden hier gleichzeitig statt.

In KVP-Teams wie auch in »Zirkeln« vollzieht sich ein systematischer, moderierter Prozess, der häufig als **PDCA-Zyklus** (oder Deming-Zyklus) bezeichnet wird:

- **P**lan (planen),
- **D**o (ausführen),
- **C**heck (überprüfen),
- **A**ct (agieren, anpassen).

Dieser immer wiederkehrende Ablauf, der stets damit beginnt, den Ist-Zustand auf Verbesserungsmöglichkeiten zu untersuchen, um diese dann durchzuführen, ihre Wirkung zu überprüfen, ggf. nachzubessern und den so geschaffenen neuen Ist-Zustand in einem weiteren Durchlauf erneut zu überprüfen usw., entspricht dem Regelkreis der Kontinuierlichen Verbesserung.

3.4.2.4.3 Gruppenarbeit als Methode für Problemlösungen

Wenn Problemlösungen in eigens hierfür anberaumten Veranstaltungen gefunden und alle anwesenden Personen aktiv in den Findungsprozess einbezogen werden sollen, bietet es sich an, Gruppenarbeit durchzuführen. Dabei arbeiten mindestens zwei Personen (»Partnerarbeit«) in einem durch zuvor getroffene Verabredungen strukturierten, zielgerichteten Prozess zusammen.

Meist wird die Problemstellung vorab im Plenum erläutert. Dabei wird auch die weitere Vorgehensweise abgestimmt. Die einschlägige Literatur beschreibt verschiedene Methoden der Gruppenarbeit, die sich hinsichtlich der Länge und Häufigkeit der Gruppenarbeitsphasen, der Gruppengröße und -zusammensetzung, der Arbeitsweise innerhalb der Gruppen und der Funktion des Plenums unterscheiden. In jedem Falle gibt es mindestens eine Gruppenarbeitsphase mit mindestens zwei Gruppen und ein abschließendes Plenum.

Als ideal wird häufig eine Gruppenstärke von fünf Personen genannt, die einerseits ein Sich-Einbringen jedes einzelnen Gruppenmitglieds erlaubt und andererseits hinreichend viele unterschiedliche Kenntnisse und Auffassungen zusammenführt; außerdem wird häufig darauf hingewiesen, dass unerwünschte Effekte durch »Verbrüderungen« (Unterdrückungssituation »zwei gegen einen«; Pattsituation durch Frontenbildung »zwei gegen zwei«) bei fünf Beteiligten nicht möglich sind.

Wird innerhalb einer jeden Gruppe eine bestimmte Zusammensetzung gewünscht (z.B. wenn jeder Gruppe je ein Angehöriger einer betroffenen Fachabteilung angehören soll), muss das Gruppenbildungsverfahren von der Veranstaltungsleitung vorbereitet sein und erklärt werden. Wird die Gruppenbildung den Beteiligten selbst überlassen, werden sich häufig Personen, die sich ohnehin gut kennen bzw. ständig zusammenarbeiten, zusammenfinden, was hinsichtlich der Vertrautheit der Personen vorteilhaft, hinsichtlich der Originalität der Ergebnisse jedoch auch durchaus von Nachteil sein kann. »**Systematische Zufallsgruppenbildung**« kann durch Zulosung, Abzählen usw. vorgenommen werden.

Bevor die Gruppenarbeit beginnt, werden im Plenum die Arbeitsaufträge vergeben, die entweder für alle Gruppen gleich (»arbeitsgleiche Gruppen«) oder auch gruppenunterschiedlich (»arbeitsteilige Gruppen«) sein können. Außerdem wird verabredet, wie, wo und wie lange in den Gruppen gearbeitet werden soll. Wesentlich für den Erfolg sind klare Arbeitsaufträge, die festlegen, welche Ergebnisse erwartet werden (»Entwickeln Sie ein Konzept für...«, »...Fassen Sie die Ergebnisse Ihrer Überlegungen in fünf Punkten zusammen«). Diese Zielansagen sind vor allem in Hinblick auf die anschließenden Berichte im Plenum wichtig, weil diffuse Gruppenergebnisse oder lange, unstrukturierte Berichte mehrerer Gruppen hintereinander die Geduld und Aufnahmefähigkeit des Auditoriums überstrapazieren. Üblicherweise wird ein Gruppensprecher bestimmt, dem meist die Aufgabe zufällt, den Arbeitsprozess in der Gruppe zu leiten und die Gruppenergebnisse anschließend im Plenum zu präsentieren. Wenn nicht nur Ergebnisse, sondern auch Prozesse festgehalten werden sollen, wird bisweilen jeder Gruppe ein Protokollant zugeordnet, der nur beobachtet und mitschreibt, aber nicht selbst aktiv in den Arbeitsprozess eingreift.

Gruppenarbeit kann auch in der Form praktiziert werden, dass nach einer ersten Gruppenphase ein Zwischenaustausch oder eine weitere Informationseingabe im Plenum erfolgt und dann eine zweite Gruppenphase – in denselben oder in neu zusammengesetzten Gruppen – erfolgt.

3.4.3 Weitere Methoden und Techniken der Planung

3.4.3.1 Operations Research

Operations Research **(OR)** bedeutet »Unternehmungsforschung«, wobei Unternehmung jedoch nicht im Sinne von Betrieb, sondern vielmehr im Sinne von Handlung oder Aktion zu verstehen ist. OR als relativ junger Zweig der Betriebswirtschaftslehre (dort im Allgemeinen im Rahmen der Wirtschaftsmathematik abgehandelt) nahm seinen Anfang im Zweiten Weltkrieg im militärstrategischen Bereich. Mit Hilfe von OR-Ansätzen löste man vorrangig logistische Probleme.

Inzwischen erstrecken sich die Tätigkeitsfelder des OR auch auf die Bereiche der Privatwirtschaft und der öffentlichen Planung. In der Bundesrepublik Deutschland gibt es zwei Gesellschaften für Operations Research: Die Deutsche Gesellschaft für Operations Research (DGOR) und die Deutsche Gesellschaft für Mathematik, Ökonomie und Operations Research (GMÖOR).

OR-Aktivitäten, häufig als **OR-Prozess** bezeichnet, gliedern sich in drei Bereiche:

- **Der erste Bereich** befasst sich mit der Konstruktion von mathematischen Modellen als Abbildung vorhandener oder zu schaffender Systeme. Die hierzu erforderlichen Aktivitäten umfassen die Problemidentifikation und -formulierung, die Analyse der Aufbau- und Ablauforganisation, die Beschreibung des problemrelevanten Systemausschnitts, die Analyse und Festlegung von Zielen und Entscheidungskriterien, die prognostische Analyse der Systemumwelt, die Generierung von Entscheidungsalternativen und letztendlich die Nachbildung des realen Systemausschnitts in einem mathematischen Modell.

Beispiel:
Ein Großhandelsunternehmen möchte die Kosten des Fuhrparkbetriebes senken und erblickt eine Chance hierfür in der strafferen Planung des Fahrzeugeinsatzes. Besonders kostenintensiv sind die Überlandtransporte wegen des hohen Personaleinsatzes und Benzinverbrauchs. Folgende Feinziele kommen in Betracht: 1. die Minimierung der zurückzulegenden Entfernungen, 2. die Minimierung der erforderlichen Fahrzeuge. Letzteres Ziel ist identisch mit dem Ziel der Auslastungsoptimierung, d. h. der optimalen Zusammenstellung von Sammeltransporten. Da die Ziele zu 1. und 2. nicht zwangsläufig widerspruchsfrei sind, entscheidet sich die Unternehmensleitung zunächst dafür, der Streckenminimierung den Vorzug zu geben. Der Lösung nähert man sich mit Hilfe eines Modells, in dem die problemrelevanten Daten – Lage der Kundenorte zueinander und zum Fahrzeugdepot, Entfernungen in Straßenkilometern, Liefermengen und Restriktionen (z. B. kundenseitige Zeitvorgaben) – abgebildet werden.

- **Der zweite Bereich** betrifft die mathematischen Operationen, die an dem im ersten Schritt konstruierten Modell durchgeführt werden sollen. Er umfasst die Auswahl von Algorithmen (Rechenverfahren), ggf. die Auswahl von EDV-Programmen und die eigentliche Modellrechnung.

Am oben beschriebenen Modell werden heuristische Lösungsverfahren (d. h. Verfahren, die optimumnahe, jedoch nicht zwangsläufig optimale Lösungen ergeben) erprobt, z. B. das Savings-Verfahren (auf eine Beschreibung sei an dieser Stelle verzichtet). Hierzu bedient man sich einer kommerziellen Tourenplanungssoftware. Die Modellrechnung zeigt die Möglichkeit auf, künftig – unter Zugrundelegung der bisherigen Kunden und Mengen – eine Verringerung der Fahrkilometer um 15% zu erreichen. Hiermit geht erfreulicherweise die Reduktion des vorhandenen Fuhrparks um ein Fahrzeug mitsamt Besatzung einher. Insgesamt können die fixen und variablen Fuhrparkkosten um 20% gesenkt werden.

- **Der dritte Bereich** befasst sich mit der Übertragung der am Modell gewonnenen Ergebnisse und Erkenntnisse auf die Realität. Hierzu werden die am Modell ermittelten Ergebnisse zunächst interpretiert und implementiert. Bei einmaligen Problemen (z. B. Wahl des Standortes oder der Rechtsform eines Unternehmens) wird das Modell anschließend nicht mehr benötigt, während wiederkehrende Probleme (z. B. Produktionsplanung, Transportoptimierung) eine kontinuierliche Modellpflege erfordern.

Die Umsetzung der am Modell gewonnenen Erkenntnisse erfordert zunächst die Umstellung der bisherigen Fahrtouren auf ein neues Lieferungssystem. Probleme erwachsen hierbei vor allem daraus, dass die Kundschaft auf geänderte Lieferzyklen und -zeiten eingestellt werden muss und das Fahrpersonal davon zu überzeugen ist, dass künftig andere

Routen gefahren werden sollen. Außerdem zeigt sich, dass problemlösungsrelevante Umstände übersehen wurden: So kann eine in der Ideallösung enthaltene Strecke wegen einer gewichtsbeschränkten Brücke nicht gefahren werden; eine andere Strecke enthält einen Einbahnstraßenabschnitt. Diese Restriktionen bedingen die Modifikation der gefundenen Lösung und eine leichte Verschlechterung gegenüber der im Modell ermittelten minimalen Kilometerzahl. Dennoch verzeichnet das Unternehmen nach Abschluss des OR-Prozesses eine Verringerung der Fuhrparkkosten um insgesamt 18%.

Auf die Vielfalt der mit den Methoden des Operations Research lösbaren Probleme kann an dieser Stelle nicht vertiefend eingegangen werden. Interessierten Lesern mit fundierten Mathematikkenntnissen sei das Werk »Operations Research« von Prof. Heiner MÜLLER-MERBACH empfohlen.

3.4.3.2 Lineare Programmierung

In der unternehmerischen Praxis stellt sich häufig das Problem, dass eine optimale Entscheidung bei gleichzeitig begrenzten Mitteln gefunden werden soll. Falls sowohl die zu optimierende Funktion als auch die Nebenbedingungen einen linearen Verlauf aufweisen, so bedient man sich der Methode der linearen Programmierung.

Dieses Verfahren soll anhand eines Beispiels erläutert werden; vorab ist jedoch die Einführung einiger Begriffe erforderlich:

– **Zielfunktion** ist eine zu optimierende (d. h. zu maximierende oder minimierende) Funktion, z. B. eine Gewinnfunktion.

– **Nebenbedingungen** betreffen z. B. Kapazitätsgrenzen oder Absatzgrenzen; die Angaben erfolgen in Form einer Ungleichung (»oder«).

– **Nichtnegativitätsbedingungen** bestimmen, dass die gesuchten Größen nicht kleiner als Null sein dürfen.

Lineare Optimierungsprobleme (kurz: **LOP**) sind grafisch oder rechnerisch zu lösen. Ersteres soll an folgendem Beispiel demonstriert werden.

Zwei Produkte P1 und P2 sollen hergestellt werden. Jedes der beiden Produkte durchläuft die beiden Maschinen M1 und M2 in unterschiedlicher Stundenzahl. Jede der beiden Maschinen hat eine bekannte Gesamtkapazität, die in Maschinenstunden pro Monat ausgedrückt wird. Die Ausgangsdaten sind der folgenden Tabelle zu entnehmen:

Maschinen	Gesamtkapazität (Std.)	P1 Produkte P2 Maschinenstunden je Einheit	
M1	120	1	5
M2	80	4	2

Die angegebenen Daten sind unabhängig von der produzierten Menge. Jede beliebige Menge beider Produkte kann am Markt abgesetzt werden. Die unbekannte Anzahl von zu produzierenden Mengeneinheiten des Produktes P_1 wird mit x_1 bezeichnet, analog wird für P2 die Variable x_2 verwendet.

Die formale Darstellung des obigen Sachverhaltes, der die Bedingungen der Produktion umschreibt, hat folgendes Aussehen:

$$x_1 + 5x_2 \leq 120$$
$$4x_1 + 2x_2 \leq 80$$
$$x_1 \geq 0$$
$$x_2 \geq 0$$

Die Nichtnegativitätsbedingungen ergeben sich aus der trivialen Tatsache, dass die produzierten Mengen x nicht negativ sein können.

Die Unternehmensleitung fordert das gewinnmaximale Produktionsprogramm. Bei dessen Ermittlung sind die Deckungsbeiträge der einzelnen Produkte zugrundezulegen (der Deckungsbeitrag ist die Differenz zwischen Erlös und direkt zurechenbaren Kosten. Verringert man diese Differenz noch um die Fixkosten, so erhält man den Gewinn. In unserem Beispiel werden die fixen Kosten der Einfachheit halber »unterschlagen«).

*Folgende **Deckungsbeiträge** wurden ermittelt:*

Produkt 1: Geldeinheiten pro Mengeneinheit, also $5x_1$ Geldeinheiten für x_1 Mengeneinheiten

Produkt 2: 3 Geldeinheiten pro Mengeneinheit, also $3x_2$ Geldeinheiten für x_2 Mengeneinheiten

Addiert man $5x_1$ und $3x_2$, so erhält man den Gewinn, der beim Absatz von x_1 Mengeneinheiten von P1 und x_2 Mengeneinheiten von P2 anfällt. Die lineare Gewinnfunktion hat also die Form

$$Z = 5x_1 + 3x_2$$

Das lineare Modell hat insgesamt die folgende Form:

$$\begin{aligned} \max.\ Z &= 5x_1 + 3x_2 \\ \text{u.d.N.}\quad x_1 + 5x_2 &\leq 120 \\ 4x_1 + 2x_2 &\leq 80 \\ x_1 &\geq 0 \\ x_2 &\geq 0 \end{aligned}$$

Hierbei steht max. für »maximiere« und u.d.N. für »unter den Nebenbedingungen«.

Durch die Darstellung der Nebenbedingungen in einem Koordinatensystem erhält man den Lösungsraum, der die Menge der zulässigen (d. h. auch der nicht-optimalen) Lösungen enthält. Zeichnet man nun auch die Zielfunktion ein, so kann durch deren Parallelverschiebung die »optimale Ecke«, also die äußerste gerade noch zulässige Lösung, ermittelt werden. Die grafische Problemlösung verdeutlicht die folgende Abbildung.

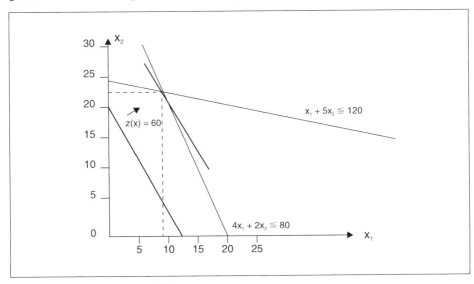

Grafische Lösung des Beispiels — LOP

3 Betriebliche Organisation und Unternehmensführung

Ein mathematisches Lösungsverfahren für lineare Optimierungsprobleme ist die Simplex-Methode (Berechnungen im Matrix-Tableau unter Durchführung Gauß'scher Eliminationen), deren Darstellung jedoch den Rahmen hier bei weitem sprengen würde.

3.4.3.3 Die Theorie der Warteschlange

Die Warteschlangentheorie (als Teilgebiet der Wahrscheinlichkeitstheorie) beschäftigt sich mit Schlangen, die sich an Schaltern und Abfertigungsstationen aller Art bilden. Sie findet überall dort Anwendung, wo Personen oder Gegenstände an Schaltern, Schleusen, Kreuzungen oder sonstigen Engpässen auf Durchlass oder Abfertigung warten. Mit ihrer Hilfe werden Problemlösungsalternativen untersucht und bewertet, etwa

– Besetzung von Schaltern mit unterschiedlicher Personenanzahl,
– Variationen in der Umschaltfrequenz von Ampelanlagen,
– Variationen in der Bedienreihenfolge verschiedener Schlangenglieder.

3.4.3.4 Portfolio-Management

Das strategische Portfolio-Management betrachtet die diversen Produkt-Markt-Kombinationen (strategische Geschäftsfelder) einer Unternehmung ebenso, wie die Investitionstheorie die Anlage von Finanzmitteln in Aktienportefeuilles betrachtet, nämlich als »Investitionen«, die in einem möglichst optimalen Mischungsverhältnis zusammengestellt werden sollen.

Das **Portfolio-Management-Konzept der Boston Consulting Group** (auch als BCG-Analyse bekannt) konzentriert sich dabei auf die Erfolgsgrößen »durchschnittliches Marktwachstum« und »relativer Marktanteil« und stuft alle Produkt-Markt-Kombinationen in Bezug auf diese beiden Größen als »hoch« oder »niedrig« ein. Hieraus resultiert eine Vier-Felder-Matrix, die so genannte Portfolio-Matrix.

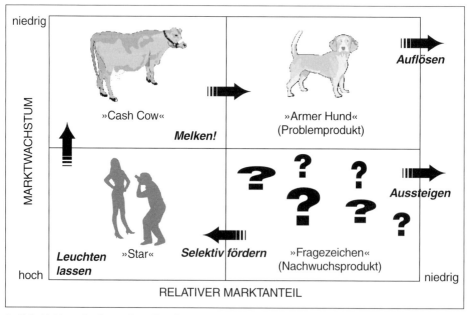

Portfolio-Matrix nach »Boston Consulting Group«

Der Zusammenhang zwischen den beiden Schlüsselgrößen »Marktwachstum« und »Marktanteil« erklärt sich über den **Erfahrungskurveneffekt,** eine empirisch gestützte Hypothese, nach der die Stückkosten eines Produktes bei jeder Verdoppelung der kumulierten Produktmengen um bis zu 30% sinken. Ein expandierender Markt bedingt bei konstantem relativem Marktanteil einen Anstieg der absetzbaren Produktmenge. Gleichzeitig sinkende Stückkosten führen zur Verbesserung des Verhältnisses zwischen Umsatz und Kosten und damit des Netto-Cash flow. Dieser Effekt ist umso größer, je größer der relative Marktanteil ist.

Die »Geldsäcke« oder »Milchkühe« (cash cows) sind durch hohe Erträge und hohen Cash Flow gekennzeichnet. Für sie gilt die Strategie des »Melkens«, um mit den hierbei erwirtschafteten Mitteln die »Nachwuchsprodukte« oder »Fragezeichen« fördern zu können. Diese Förderung darf sich nicht auf alle Nachwuchsprodukte erstrecken, weil diese aufgrund ihres schwachen Marktanteils einen hohen negativen cash flow erzeugen; vielmehr muss für jedes einzelne Produkt entschieden werden, ob die Erhöhung des Marktanteils forciert oder eine Desinvestitionsstrategie (die einem Ausstieg aus dem Markt gleichkommt) verfolgt werden soll. Nachwuchsprodukte werden gefördert mit der Zielsetzung, »Stars« aus ihnen zu machen, also solche Produkte, die zwar gegenwärtig noch keinen cash flow erwirtschaften, jedoch wahrscheinlich eines Tages zu Milchkühen avancieren und das Überleben der Unternehmung in der Zukunft sichern.

Im ungünstigen Falle können sich geförderte Nachwuchsprodukte jedoch als »cash traps« erweisen, also als schwarze Löcher, in denen die in sie investierten Mittel verschwinden, ohne Wirkung zu zeigen. Für die als »Arme Hunde« oder »Lahme Enten« bezeichneten Produkte, die sowohl hinsichtlich des Marktwachstums als auch im Hinblick auf ihren Marktanteil als niedrig eingestuft wurden, gibt es nur eine strategische Empfehlung, nämlich den Ausstieg.

Die Portfolio-Analyse führt bei isolierter Betrachtung zu eher globalen Erkenntnissen. Es versteht sich daher von selbst, dass ihr tiefergreifende Analysen sowohl voranzugehen als auch zu folgen haben.

3.4.3.5 Netzplantechnik

Die Netzplantechnik eignet sich zur Planung und Überwachung grosser Projekte, die sich aus einzelnen, jeweils Zeit beanspruchenden, voneinander abhängigen Teilvorgängen zusammensetzen. Mit ihren Methoden können z. B. die kürzestmögliche Gesamtdauer eines Projektes, die Anfangs- und Endtermine für einzelne Vorgänge und die kritischen Vorgänge ermittelt werden. Abschnitt 3.2.2.1.2.5 enthält die grafische Darstellung eines Netzplanes. Dort wird jede Teilaufgabe durch einen Knoten dargestellt, während die Anordnungsbeziehungen durch Pfeile repräsentiert werden. Eine andere Möglichkeit der Darstellung ist die Zuweisung von Vorgängen zu Pfeilen, während die durch die Vorgänge geschaffenen Ereignisse oder Tatbestände durch Knoten abgebildet werden.

Die wichtigsten Methoden der Netzplantechnik sind

- **CPM** (critical path method): Diese Methode bildet Vorgänge als Pfeile ab und stellt Ende-Anfang-Beziehungen dar (Vorgang B kann nicht beginnen, bevor nicht Vorgang A abgeschlossen ist).

- **PERT** (program evaluation and review technique): Knoten repräsentieren Ereignisse; die Darstellung verdeutlicht Ende-Ende-Beziehungen (Ereignis B folgt auf Ereignis A).

- **MPM** (metra-potential-method): MPM erzeugt Vorgangsknoten-Netzpläne und bildet Anfang-Anfang-Beziehungen ab (Vorgang B kann erst beginnen, wenn A begonnen hat).

3.5 Die Wertanalyse

3.5.1 Begriff und Anwendungsgebiete

Das Verfahren der Wertanalyse geht auf L.D. MILES zurück, der nach dem Zweiten Weltkrieg für die General Electric Co. Untersuchungen über das Verhältnis von Kosten zu Funktionswerten von in Fertigung oder Entwicklung befindlichen Produkten anstellte. Die Wertanalyse kann sowohl auf gegenständliche Objekte als auch auf Dienstleistungen oder Verfahren angewendet werden, ebenso auf bestehende und entstehende Objekte.

Sie ist eine in inzwischen zahlreichen Unternehmen praktisch erprobte Methode zur Steigerung des Wertes von Produkten, Leistungen und Abläufen. Ihre Grundgedanken sind ein entscheidungsorientierter Ablauf, die systematische Analyse von Funktionen und die Nutzung von Kreativitätspotentialen.

MILES selbst beschreibt die Wertanalyse als »eine organisierte Anstrengung, die Funktionen eines Produktes mit den niedrigsten Kosten zu erstellen, ohne dass die erforderliche Qualität, Zuverlässigkeit und Marktfähigkeit des Produktes negativ beeinflusst werden«.

Die Funktionsanalyse als Kernstück der Wertanalyse, von MILES als »Mittel zur Überwindung der psychischen Trägheit im Erfindungsprozess« begründet, folgt strikten Sprachregeln: Der Untersuchungsgegenstand wird durch Wort-Paar-Begriffe (»Funktionen«) beschrieben, auf die sich die weitere Entwicklung konzentriert. Jedes Paar umfasst ein Verb und Substantiv.

Mittels Funktionsanalyse soll die Bedeutung »nützlicher« Funktionen erkannt und »schädigende« Funktionen aufgedeckt werden.

Vorrangige **Ziele** der Wertanalyse sind die

– Senkung bestehender (konstruktions- oder organisationsstrukturbedingter) Kosten,
– Vermeidung weiterer (durch unnötige Funktionen bedingter) Kosten,
– marktgerechte Leistungsgestaltung durch das Erkennen und die Verwirklichung des Kundennutzens.

Letztlich dient die Wertanalyse also der Steigerung des Unternehmenserfolgs.

Sie wird vor allem bei der Entwicklung neuer (**»Wertgestaltung«**) oder der Überarbeitung bereits vorhandener Produkte (**»Wertverbesserung«**) eingesetzt und soll dabei zur Verkürzung der Entwicklungszeiten beitragen, innovative Ideen anregen, Produktfunktionen und -qualität verbessern und zugleich unternehmensintern organisationsentwickelnd wirken.

3.5.2 Arbeitsplan

Verfahren und Begriffe der Wertanalyse sind in der **EU-Norm EN 12973** festgeschrieben, die die bisherige Norm nach DIN 69910 ersetzt. Außerdem ist sie Gegenstand der VDI-Richtlinien 2801 und 2802. Folgende **Merkmale** kennzeichnen die Wertanalyse:

– Betrachtung des Gesamtnutzens des Betrachtungsgegenstandes: Die Wertanalyse betrachtet nicht nur den Nutzen für den Hersteller, sondern den Gesamtnutzen für Hersteller **und** Abnehmer. Im Vordergrund der Betrachtung steht daher nicht das Produkt oder die Dienstleistung, sondern die hierdurch erfüllten Funktionen.

– Funktionsbezogene Objektbeschreibung: Funktionen werden identifiziert und in schematisierter Weise benannt.

– Wesentliches wird von Unwesentlichem getrennt: Funktionen werden in Haupt- und Nebenfunktionen eingeteilt.

- Quantifizierung des Aufwands und Nutzens: Kosten und Nutzen können einzelnen Funktionen zugeordnet werden.
- Kreativität und Teamarbeit werden gefördert: Auf diese Weise entstehen bereichsübergreifende, von »Betriebsblindheit« unbeeinflusste Lösungen.
- Systematisches Vorgehen: Der Wertanalyse-Arbeitsplan wird konsequent und lückenlos durchlaufen.
- Ganzheitliche Betrachtung des Objektes, etwa in Bezug auf Anforderungen, Material, Konstruktion, Fertigung usw.

Das Bemerkenswerte an der Wertanalyse ist sicherlich, dass sie einerseits Kreativitätspotenziale nutzt und durch die starke Erfordernis von Teamarbeit die bereichsübergreifende Kommunikation und Kooperation im Betrieb in außerordentlicher Weise stärkt, andererseits aber durch die strikte Verfolgung eines vielschrittigen Arbeitsplans sehr strukturiert vorgeht und zu gewissermaßen schematisiertem Denken und Handeln in Regelkreisen aus Überprüfung, Kritik, Verbesserung und neuerlicher Überprüfung zwingt.

Der **Arbeitsplan** der Wertanalyse gliedert sich im Allgemeinen in sechs Grundschritte und zahlreiche Teilschritte.

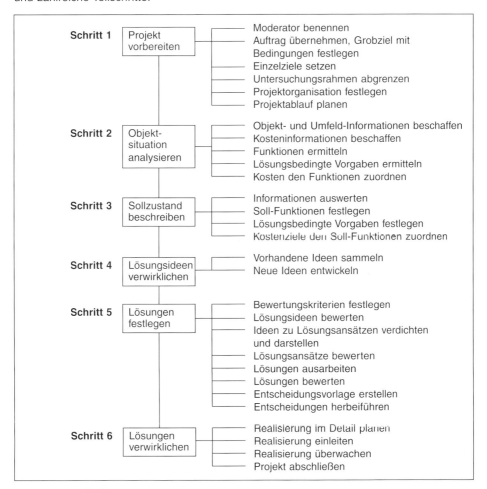

Wertanalyse-Arbeitsplan

3.5.2 Grundschritte

3.5.2.1 Vorbereitende Maßnahmen

Die vorbereitenden Maßnahmen im Rahmen der Wertanalyse entsprechen den aus der Organisation und der Planungstheorie bekannten Phasen der Initiierung. Daher soll an dieser Stelle keine erneute Darstellung erfolgen.

3.5.2.2 Ermitteln und Prüfen des Ist-Zustandes

Der zweite und dritte Grundschritt widmen sich der Ermittlung und Analyse des Ist-Zustandes. Hierbei kommt der Beschreibung und Bewertung einzelner Funktionen große Bedeutung zu. Die Wertanalyse betrachtet nicht nur den Nutzen für den Hersteller eines Produktes (bzw. einer Dienstleistung oder eines Verfahrens), sondern den Gesamtnutzen für Hersteller und Abnehmer (vergl. Abschn. 3.5.1). Im Vordergrund der Betrachtung steht daher nicht das Produkt oder die Dienstleistung, sondern die hierdurch erfüllten Funktionen, die im Rahmen der Wertanalyse mit einem Haupt- und einem Tätigkeitswort umschrieben werden, wobei das Hauptwort quantifizierbar sein soll. Durch diesen Zwang zum verbalen Ausdruck soll eine voreilige Fixierung auf bestimmte technische Realisierungsmöglichkeiten vermieden werden. Derart ausgedrückte Funktionen sind etwa »Energie abgeben«, »Uhrzeit anzeigen«, »Personen befördern« usw.

Die so umschriebenen Funktionen können weiter unterteilt werden in **Funktionsarten:**

– **Gebrauchs**funktionen, die zur technischen und wirtschaftlichen Nutzung des Objektes erforderlich sind, und

– **Geltungs**funktionen, die Geschmacks- oder Prestigeansprüche erfüllen.

Man unterscheidet ferner in **Funktionsklassen:**

– **Haupt**funktionen, die den eigentlichen Zweck des Produktes bzw. der Dienstleistung kennzeichnen, und

– **Neben**funktionen, die dienenden oder ergänzenden Charakter aufweisen und gegebenenfalls verzichtbar sind.

Produkt	Funktionsart		Funktionsklasse		Funktionsart		Funktionsklasse	
	Gebrauchs-funktion	Geltungs-funktion	Hauptfunktionen		Gebrauchs-funktion	Geltungs-funktion	Nebenfunktionen	
			Subst.	Verb			Subst.	Verb
Wecker	x		Zeit	anzeigen				
	x		Signal	abgeben				
Armbanduhr	x	x	Zeit	anzeigen		x	Träger	schmücken
Schraube	x		Teile	verbinden	x		Lösen	ermöglichen
Ohrring		x	Träger	schmücken				

Neben den obengenannten Funktionskategorien kennt die Wertanalyse den Begriff der »**funktionsbedingten Eigenschaften**«. Hierunter ist die Art und Weise der Aufgabenerfüllung zu verstehen, d. h. »in Bemessungsdaten ausgedrückte auf die Funktionen bezogene quantitative und qualitative Anforderungen«. Funktionsbedingte Eigenschaften geben an, wie lange, wie häufig, mit welcher Wirkung, unter welchen Bedingungen und mit welcher Qualität eine Funktion erfüllt wird oder erfüllt werden soll. Damit grenzen sie die Lösungsmöglichkeiten ein. Aus der Zusammenfassung von Funktionseigenschaften entsteht ein funktionales Gesamtbild (auch als Funktionsgliederung bzw. Funktionsstruktur bezeichnet), das im Falle der Neugestaltung eines Produktes als Soll-Struktur zu erstellen, im Falle der Wertverbesserung eines bereits vorhandenen Objektes zu überprüfen ist. Im letzteren

Falle kann eine Überprüfung zu der Erkenntnis führen, dass einzelne Funktionen unnötig sind, weil sie weder der Erfüllung anderer, wesentlicher Funktionen dienen noch einen selbstständigen Nutzen für den Abnehmer darstellen.

Funktionsgliederungen nennen nicht nur die nach Funktionsklassen in Haupt-und Nebenfunktionen unterschiedenen funktionsbedingten Eigenschaften, sondern untergliedern jede Hauptfunktion in Nebenfunktionen, indem, ausgehend von der Hauptfunktion, jeweils nach dem »Wie« gefragt wird, während die nachrangigen Stufen ihre »Daseinsberechtigung« jeweils aus der Frage nach dem Dienst für die Hauptfunktion (»Warum?«) ableiten.

Gegenstand der Betrachtung ist ein Füllfederhalter.

Hauptfunktionen 1. Rangstufe	Nebenfunktionen 2. Rangstufe	3. Rangstufe
Papier beschreiben	Tinte bereithalten	Tank bereithalten
	Tinte aufnehmen	Kolben aufdrehen
	Tinte abgeben	Feder füllen
	Tinte dosieren	Feder verjüngen
	Tinte zurückhalten	Feder druckentlasten
	Eintrocknen verhindern...	Feder abdichten...

Derartige Funktionsgliederungen bieten Orientierungshilfen zur Produktgestaltung bzw. ihrer Verbesserung und damit zur Ermittlung der Kosten und des Marktnutzens. Hierbei werden jeder einzelnen Funktion die auf sie entfallenden Kosten zugeordnet. Dieses Verfahren liefert wichtige Erkenntnisse für die weitere »Produktpolitik«:

Ein Vergleich der Kosten für einzelne Funktionen mit den Kosten für Alternativlösungen sowie mit den Kosten anderer Funktionen wird möglich; hieraus resultieren

– Anregungen kostengünstigerer Funktionslösungen,
– Ermittlung der Kosten, die durch als unnötig erkannte Funktionen verursacht werden,
– Ermittlung der Kosten neu hinzuzufügender Funktionen.

3.5.2.3 Die Prüfung von Lösungsvorschlägen

Die Vorziehungswürdigkeit einer Lösung orientiert sich im Wesentlichen an folgenden Wertmaßstäben:

Qualität In der Qualität drückt sich die Funktionstüchtigkeit eines Produktes aus. Diese bezieht stoffliche und technische Eigenschaften ebenso ein wie die Tauglichkeit der bei der Herstellung angewandten Verfahren.

Gewinn Der Gewinn drückt sich in ökonomischen Größen wie Wirtschaftlichkeit oder Rentabilität aus.

Aktualität Der Aspekt der Aktualität berücksichtigt die Marktgegebenheiten, also saisonbedingte Nachfrage, Mode und Innovationsbedürfnisse der Endverbraucher.

Diese Wertmaßstäbe sind nicht isoliert zu betrachten; vielmehr ergibt sich der Wert des Produktes aus ihrer einheitlichen Betrachtung.

3.5.2.4 Vorschlag und Verwirklichung einer Lösung

Der Bewertung der gefundenen Lösungsmöglichkeiten werden die genannten Wertmaßstäbe zugrundegelegt, wobei zu Vergleichszwecken eine Gewichtung vorgenommen werden kann. Der so ermittelte Gesamtwert setzt sich, entsprechend der vorgenommenen Unterteilung in Funktionsarten, aus dem Gebrauchs- und dem Geltungswert des jeweiligen Produktes zusammen.

Immaterielle, lediglich für die Unternehmung relevante Zusatzwerte, wie Image, Know-how oder Tradition, fließen nicht in die wertanalytische Betrachtung ein. Ergibt die Bewertung eine Rangreihung der möglichen Alternativen, so wird die höchstrangige Lösung realisiert.

Teile der Fachliteratur kritisieren die Wertanalyse insofern, als die detaillierte Analyse der Funktionen die Gefahr des Versinkens in Detailbetrachtungen unter Aufgabe der ursprünglichen Absicht der ganzheitlichen Betrachtung birgt. Die Folge, so die Kritiker, ist das Auffinden und die Verwirklichung von Insellösungen unter Vernachlässigung übergreifender, möglicherweise wirtschaftlicherer Lösungsmöglichkeiten. Dennoch ist allgemein unbestritten, dass die Wertanalyse wichtige Beiträge zur Aufdeckung und Beseitigung von Unwirtschaftlichkeiten zu leisten vermag.

3.6 Statistik als unternehmenspolitisches Instrument

3.6.1 Grundzüge der Statistik

3.6.1.1 Begriff und Aufgaben der Statistik

Der Begriff der Statistik umfasst sowohl die Gesamtheit der Methoden zur Untersuchung von Massenerscheinungen als auch die Zusammenstellung von Zahlen oder Daten in Form von Tabellen.

Die statistische Methodenlehre ist, streng genommen, keine eigenständige Wissenschaft, sondern eine Hilfslehre, derer sich die unterschiedlichsten Disziplinen bedienen, etwa die Naturwissenschaften (Mathematik, Physik, Biologie), die Medizin, Psychologie und Soziologie und die Wirtschaftswissenschaften. In all diesen Bereichen ist die Statistik unentbehrliches Instrument der Analyse geworden, mit dessen Hilfe scheinbar oder tatsächlich unregelmäßig verlaufende Vorgänge mit quantitativen Methoden untersucht werden können.

In der Volksmeinung gilt Statistik häufig als frag- oder unglaubwürdig (bekanntlich lauten die drei Steigerungsformen der Lüge »Notlüge – gemeine Lüge – Statistik«; auch heißt es »traue keiner Statistik, es sei denn, du hättest sie selbst gefälscht«). Diese Vorwürfe treffen jedoch die statistische Methodenlehre zu Unrecht, denn sie verwendet logisch einwandfreie Verfahren der angewandten Mathematik. Vielfältige Möglichkeiten der Manipulation ergeben sich jedoch, wenn die an sich richtigen Methoden absichtlich oder fahrlässig falsch angewendet werden. Fehler können in der Verwendung unzutreffenden Datenmaterials oder in der Anwendung an sich richtiger, jedoch für den zu untersuchenden Gegenstand ungeeigneter Verfahren belegen sein.

3.6.1.2 Grundlagen der betriebswirtschaftlichen Statistik

Wie viele andere Wissenschaftsbereiche nutzt auch die Betriebswirtschaftslehre die statistische Methodenlehre als Instrument der Analyse, Prognose und des Vergleichs. Ausgehend von der Auffassung als Teilgebiet des Rechnungswesens, nimmt die Statistik mittlerweile den Rang eines eigenen Fachgebietes im Lehrgebäude der Wirtschaftswissenschaften ein.

3 Betriebliche Organisation und Unternehmensführung

Einige Beispiele sollen Anwendungsbereiche statistischer Verfahren verdeutlichen:

Ein Spielwarengrosshändler möchte 10.000 Feuerwerkskörper für Silvester einkaufen. Bevor er das Geschäft abschließt, möchte er wissen, wie funktionstüchtig die ihm angebotene Ware ist. Da Feuerwerksraketen bekanntlich nur einmal fliegen, ist eine vollständige Erprobung ausgeschlossen. Er entschließt sich, einen Test durchzuführen, bei dem einige Feuerwerkskörper »geopfert« werden müssen. Aus dem Testergebnis lässt sich mit Hilfe statistischer Methoden die Fehlerquote der gesamten Partie hochrechnen.

Die Gemeindevertretung von X-Hausen erwägt die Vergrößerung des städtischen Schwimmbades. Die Auswertung der täglich ermittelten Besucherzahlen und der durchschnittlichen Verweildauer mit Hilfe statistischer Verfahren liefert Anhaltspunkte zur Beurteilung von Art und Ausmaß der Umbaumaßnahmen.

Die Leitung der XY-GmbH benötigt eine Prognose der Umsatzentwicklung für die nächsten zwei Jahre. Aus den Umsatzzahlen der vergangenen zehn Jahre wird ein Trend ermittelt und auf die zukünftigen Zeiträume fortgeschrieben.

Die Leitung der XY-GmbH möchte kurzfristig ungebundenes Kapital in Aktien anlegen. Zur Auswahl stehen Anteile der AZ-AG und der BC-AG. Mittels statistischer Verfahren werden Prognosen über Kursentwicklung, Ausschüttung und Risiko beider Anlagenalternativen erstellt.

Die nachfolgenden Darstellungen werden verständlicher, wenn die immer wieder kehrenden Begriffe aus der **Fachsprache der Statistik** vorab erklärt werden. Dies soll an dieser Stelle in Form eines Glossars geschehen.

Statistische Einheit	Einzelobjekt der statistischen Betrachtung und Träger einer Information. Die bei einer Volkszählung erfassten Personen sind statistische Einheiten. Jede statistische Einheit muss sachlich, räumlich und zeitlich eindeutig identifizierbar sein.
Statistische Masse	Menge statistischer Einheiten mit übereinstimmenden Identifikationskriterien. Für eine statistische Untersuchung zur Vorhersage eines Wahlausganges sind alle wahlberechtigten Bürger die statistische Masse.
Bestandsmasse	Menge von Einheiten, die einen zeitlichen Bestand (Lebensdauer) aufweist. Die Einwohner der Stadt Itzehoe sind eine Bestandsmasse. Bestandsmassen unterliegen aber Veränderungen: Ihre Messung erfolgt daher zeitpunktbezogen, etwa als »Einwohnerbestand am 31.12.01«.
Ereignismasse	Menge von Ereignissen, die innerhalb eines Zeitraumes eintreten. Die Geburten des Jahres 1989 im Itzehoer Krankenhaus sind eine Ereignismasse.
Korrespondierende Massen	Ereignismassen beschreiben Zu- und Abgänge, die Bestandsmassen betreffen. Die Bevölkerung von Itzehoe korrespondiert mit den Geburtenzugängen ebenso wie mit den Todesfällen sowie der Masse der zu- bzw. fortgezogenen Personen.
Fortschreibung	Die kontinuierliche Ergänzung einer Bestandsmasse durch korrespondierende Ereignismassen.
Merkmal	Eigenschaft einer statistischen Einheit, die auch als Merkmalsträger bezeichnet wird.
Merkmalsausprägung	Wert, den ein Merkmal annehmen kann (Merkmalswert).

3.6.2 Das statistische Ausgangsmaterial

Vor der Durchführung einer statistischen Untersuchung muss zunächst festgelegt werden, welche Merkmale der zu erfassenden statistischen Einheiten bzw. der zu erfassenden statistischen Masse untersucht werden sollen. Die Entscheidung hängt wesentlich von der Problemstellung ab. Häufig ergibt sich die Bedeutung eines bestimmten Merkmals jedoch erst aus der Analyse der erfassten Daten.

3.6.2.1 Erfassung

Die Beschaffung von Daten, d. h. die Erfassung von Beobachtungswerten, geschieht durch eine statistische Erhebung. Formen der statistischen Erhebung sind

- Befragung,
- Beobachtung und
- Experiment.

Befragungen können persönlich durch Interview oder schriftlich durch die Verwendung von Fragebögen durchgeführt werden. Während die erste Form vor allem in der Markt- und Meinungsforschung angewendet wird, ist die Benutzung von Fragebögen sehr verbreitet. Bei jeder Art der Befragung besteht das Risiko, falsche Antworten zu erhalten. Deshalb enthalten Fragebögen häufig Kontrollfragen, die die Identifikation unzutreffender Aussagen ermöglichen sollen.

Beobachtungen werden durch Inaugenscheinnahme (z. B. Kundenzählung, Verkehrszählung) oder durch gerätegestützte Messung (Wiegen und Messen von Testpersonen zur Ermittlung des Gewichts und der Körpergröße) getätigt.

Experimente dienen der Ermittlung (technischer) Nutzeigenschaften von Gebrauchsgegenständen. Im Bereich der Wirtschaftswissenschaften sind Experimente jedoch kaum möglich.

Werden im Rahmen einer statistischen Untersuchung alle Einheiten einer statistischen Masse erfasst, so handelt es sich um eine **Vollerhebung**. Beschränkt sich die Erfassung dagegen lediglich auf einen Teil der statistischen Masse, so liegt eine **Teilerhebung** vor. Die Menge der erfassten statistischen Einheiten heißt **Stichprobe**. Teilerhebungen erlauben unter bestimmten Voraussetzungen den Rückschluss auf die Gesamtmasse.

Häufig wird zum Zwecke statistischer Untersuchungen auf bereits vorhandenes Datenmaterial zurückgegriffen. Diesen Fall bezeichnet man als **Sekundärerhebung** im Unterschied zur Ersterhebung von Daten, der sog. **Primärerhebung**. Vorrangige Datenquellen für Sekundärerhebungen sind die Träger der amtlichen Statistik, also das Statistische Bundesamt, das alljährlich das Statistische Jahrbuch für die Bundesrepublik Deutschland veröffentlicht, sowie die statistischen Ämter der Länder und Gemeinden.

Die Gewinnung von Stichprobenwerten

In der betrieblichen Praxis wird sich die Kontrolle der Qualität eines Prüfloses aus Kosten- und Zeitgründen selten auf die Grundgesamtheit, also jedes einzelne Stück des Prüfloses, erstrecken können, vielmehr wird man sich auf Stichproben beschränken.

Stichprobenkontrollen erfolgen

- in der **Eingangskontrolle** bezüglich der Eigenschaften (Zusammensetzung, Maße, Eigenschaften) des gelieferten Materials;
- in der **Fertigungskontrolle** bezüglich der Übereinstimmung des untersuchten Teils mit einer vorab definierten Spezifikation, wodurch auf die Arbeitsgenauigkeit von Maschinen

(»Maschinenfähigkeit«), Mess- und Prüfgeräten (»Prüfmittelfähigkeit«) geschlossen und die Eignung neuer Verfahren und Anlagen (»Prozessfähigkeit«) überprüft werden kann;

– in der **Endkontrolle** bezüglich der Eigenschaften der gefertigten Teile, wobei auch die Tauglichkeit der vorangegangenen Fertigungskontrolle untersucht wird.

Damit eine Stichprobe die Grundgesamtheit auch hinreichend charakterisiert, muss sie ausreichend groß sein, und die Auswahl muss zufällig erfolgen, d. h. jedes Stück eines Loses muss die gleiche Chance haben, in die Stichprobe einbezogen zu werden. In diesem Falle ist die Stichprobe repräsentativ für die Grundgesamtheit.

Das Ergebnis der Stichprobenauswertung entscheidet darüber, ob ein Los angenommen oder abgelehnt wird. Maßgeblich hierfür ist die zuvor festzulegende »annehmbare Qualitätsgrenzlage« (**AQL**, acceptable quality level), die erfüllt ist, wenn ein Los nach der Stichprobenvorschrift n-c geprüft wurde und unter Berücksichtigung des dabei festgestellten Fehleranteils zu einem vorab bestimmten (hohen) Prozentsatz, z. B. 98%, angenommen wird (wenn also die Chance, dass der Fehleranteil der Stichprobe annehmbar ist, 98% beträgt).

Die Stichprobenvorschrift *n–c* besagt, dass bei einer annehmbaren Qualität eine bestimmtes Verhältnis zwischen dem Stichprobenumfang n und der zulässigen Fehlerzahl c nicht überschritten sein darf.

Es gibt keine festen mathematischen Regeln darüber, wie groß eine Stichprobe sein muss. Die betriebliche Praxis trifft Prüfvereinbarungen häufig bezugnehmend auf **DIN 2859**, die Qualitätsgrenzlagen mit dazugehörigen Stichprobenumfängen und zulässigen Fehlern beinhaltet.

3.6.2.2 Aufbereitung

Ordnung von Merkmalsausprägungen

Die Aufbereitung und Auswertung der gewonnenen Daten setzt die Ordnung und Klassifizierung der Merkmalsausprägungen und -werte voraus. Beispiele für Merkmale und ihre Ausprägungen zeigt die folgende Übersicht für den Bereich personenbezogener Daten:

Merkmal	*Merkmalsausprägungen*
Geschlecht	weiblich, männlich
Körpergröße	X cm
Schuhgröße	.. 38, 39, 40 ..
Kinderzahl	1,2,3 ..
Beruf	Schlosser, Sekretärin ..

Körper- und Schuhgröße und Zahl der Kinder sind Intensitätsgrößen, die durch Messen oder Zählen ermittelt werden. Sie können zur Berechnung eines Durchschnitts herangezogen werden, denn durchschnittliche Körpergröße oder durchschnittliche Kinderzahl (auch wenn 1,8 Kinder an sich eine Absurdität darstellen) sind durchaus sinnvolle, aussagefähige Werte. Dagegen handelt es sich bei Geschlecht und Beruf um qualitative Eigenschaften, für die kein Durchschnitt ermittelt werden kann (ein durchschnittliches Geschlecht oder einen durchschnittlichen Beruf gibt es nicht).

Dieses einfache Beispiel weist bereits darauf hin, dass statistische Daten nicht einheitlich weiterverarbeitet werden können; vielmehr gilt:

– **Qualitative Merkmale** können nur nach dem Kriterium »gleich« oder »verschieden« geordnet werden. Diese Ordnung erfolgt in einer **Nominalskala**, die keine Rangreihung zulässt.

- **Intensitätsmäßige Merkmale**, die nicht nur nach dem obigen Kriterium geordnet, sondern darüber hinaus in eine natürliche Reihenfolge gebracht werden können, werden in einer **Ordinal-** oder **Rangskala** geordnet. Dabei wird aber noch keine Aussage über den absoluten Wert einer Merkmalsausprägung getroffen.

  Beispiel:
  Die Rangreihung von Schülern einer Mathematikklasse nach aufsteigenden Zensuren besagt nicht, dass Einserschüler A doppelt so gut ist wie Zweierschüler B. Auch ist nicht gesagt, dass der Leistungsabstand zwischen A und B genauso gross ist wie derjenige zwischen B und dem Dreierschüler C.

- Können Intervalle, Differenzen oder Quotienten von Merkmalsausprägungen miteinander verglichen werden, so nennt man die betreffenden Merkmale kardinal skalierbare Merkmale, die dazugehörige Skala wird als **Kardinalskala** bezeichnet.

  Der Abstand zwischen den Zahlen 1 und 2 ist genauso gross wie der zwischen den Zahlen 5 und 6. Die Zahlenfolge 1,2,3,4,5,6 repräsentiert daher eine Kardinalskala.

- Kann ein Merkmal nur einzelne Zahlenwerte annehmen, sind also Zwischenwerte ausgeschlossen, so handelt es sich um ein **diskretes Merkmal**. Sind beliebige Zwischenwerte möglich, so spricht man von einem **stetigen Merkmal**.

  Die Zahl der Kinder ist ein diskretes Merkmal; Körpergewicht und Temperatur sind stetige Merkmale.

Klassierung von Merkmalsausprägungen

Vielfach ist es nicht sinnvoll oder unmöglich, alle Ausprägungen eines Merkmals aufzuzählen, weil ihre Anzahl zu gross ist. In solchen Fällen werden benachbarte Merkmalsausprägungen zu einer Klasse zusammengefasst. Damit ist zwar ein Informationsverlust verbunden; die Auswertung gewinnt jedoch an Übersichtlichkeit.

Eine Klasse wird in der Regel durch zwei Grenzen, die obere und die untere Klassengrenze, begrenzt.

Für eine Untersuchung der Einkommensverteilung innerhalb eines Unternehmens werden Klassen gebildet, die die ermittelten Bruttoeinkünfte wie folgt zusammenfassen:
bis 999,99 €, 1.000,00 bis 2.999,99 €, ab 3.000,00 €. Da eine obere Klassengrenze nicht von vornherein angegeben werden kann, handelt es sich bei der letzten Klasse um eine offene Randklasse.

Zur Aufbereitung stetiger Merkmale ist die Klassenbildung unerlässlich.

Sofern das Problem es zulässt, sollen alle Klassen die gleiche Breite aufweisen. Die Klassenmitte bezeichnet den repräsentativen Wert einer Klasse.

Statistische Reihen

Die in einer statistischen Erhebung ermittelten Merkmalswerte bilden eine statistische Reihe. Hierbei ist zwischen **geordneten** und **ungeordneten statistischen Reihen** zu unterscheiden.

Die Befragung von 10 Personen nach ihrer Schuhgröße ergab die ungeordnete Reihe 36, 42, 41, 47, 38, 39, 36, 43, 40, 44. Die geordnete Reihe hierzu lautet 36, 36, 38, 39, 40, 41, 42, 43, 44, 47.

Eine Sonderform der statistischen Reihe ist die **Zeitreihe**, bei der Werte zu verschiedenen Zeitpunkten (bei Bestandsmassen) oder für verschiedene Zeitintervalle (bei Ereignismassen) erhoben werden. Hier erfolgt keine Rangreihung nach aufsteigender Größe, sondern die Ordnung in der Reihenfolge des zeitlichen Anfalls.

3 Betriebliche Organisation und Unternehmensführung

Häufigkeiten

In einer statistischen Reihe kommen zumindest einige Merkmalsausprägungen mehrfach vor. Die Anzahl der Merkmalswerte mit gleicher Ausprägung wird als **absolute Häufigkeit** der Merkmalsausprägung bezeichnet. Drückt man ihren Anteil relativ zur Gesamtzahl der Beobachtungswerte aus, so handelt es sich bei dieser Angabe um eine **relative Häufigkeit**.

Von 50 befragten Personen haben 12 die Schuhgröße 41. Die absolute Häufigkeit ist 12, die relative Häufigkeit beträgt 12/50 = 0,24; also 24%.

Verteilungen

Bei umfangreichen Erhebungen lassen sich die erhobenen Daten im allgemeinen übersichtlicher darstellen, wenn die aufgetretenen Merkmalsausprägungen nur einmal aufgeschrieben und um die Angabe der Häufigkeit ihres Auftretens ergänzt werden. Aus dieser Zuordnung ergibt sich die Verteilung eines Merkmals.

Beispiel
Die Längenmessung von 500 Aluminiumstäben erbrachte die folgende Verteilung:

Länge in mm:	317	318	319	320	321	322	323	324	325	326
Häufigkeit:										
○ absolut	8	12	33	67	108	112	98	42	19	1
• relativ	1,6%	2,4%	6,6%	13,4%	21,6%	22,4%	19,6%	8,4%	3,8%	0,2%

Häufig ist die gemeinsame Verteilung mehrerer Merkmale von Interesse. In diesem Falle spricht man von mehrdimensionaler Häufigkeit.

Für die obigen 500 Aluminiumstäbe wurde neben der Länge auch der Durchmesser gemessen. Dabei wurde die folgende Verteilung gefunden:

Länge in mm:	317	318	319	320	321	322	323	324	325	326
⌀ in mm:										
17	1	1	3	7	11	11	5	3	2	0
18	5	10	26	55	89	90	92	35	16	1
19	2	1	4	5	8	11	1	4	1	0

Auch die mehrdimensionale Häufigkeit kann in absoluten oder relativen Werten ausgedrückt werden. Offensichtlich ist zu ihrer Darstellung eine Matrix erforderlich.

3.6.3 Die Darstellung statistischen Zahlenmaterials

3.6.3.1 Tabellen

Aufbereitete Erhebungsdaten werden meist in Tabellen dargestellt. Für die Gestaltung statistischer Tabellen gibt es Regeln, die in **DIN 55301** zusammengestellt sind.

Nach DIN 55301 besteht eine Tabelle aus folgenden Bestandteilen:

- Überschrift (u. U. ergänzt um wichtige Angaben),
- Tabellenkopf (oberste Zeile ohne Vorspalte),
- Vorspalte,
- Zeilen,
- Spalten,
- ggf. Fußnoten.

3 Betriebliche Organisation und Unternehmensführung

Den Aufbau einer Standard-Tabelle verdeutlicht die Abbildung.

Überschrift (Titel und wichtige Angaben)		
Vorspaltenkopf	Tabellenkopf	

Mitarbeiterbestand Jahr 01 – Jahr 10			
Erhebungsjahr	Bestand		
01	5000		
02	5200		
03	5300		
04	5400		
05	5700		
06	6300		
07	6000		
08	6100		
09	6400		
10	6700		

Aufbau einer Standard-Tabelle

Leere Felder einer Tabelle werden üblicherweise wie folgt ausgefüllt:

X = Angabe kann nicht gemacht werden

– = Nichts, der Zahlenwert beträgt genau Null

0 = Der Zahlenwert ist größer als Null, kann aber in den Einheiten der Tabelle nicht angegeben werden

.. = Angabe erfolgt später

Folgende Anforderungen sind an Tabellen zu stellen:

– Übersichtlichkeit,
– leichte Lesbarkeit,
– unmissverständliche Bezeichnungen.

Der Aufbau von Tabellen, in denen das gemeinsame Auftreten von mehr als zwei Merkmalen dargestellt werden soll, ist im Allgemeinen schwierig, wenn nicht unmöglich, weil Tabellen die dritte Dimension fehlt.

3.6.3.2 Grafische Darstellungen

Statistisches Material kann nicht nur in Tabellen, sondern (meist zusätzlich zu deren Erläuterung) auch durch Grafiken veranschaulicht werden.

Diese Form der Darstellung findet sich häufig in den Printmedien, bevorzugt im Wirtschaftsteil von Tageszeitungen:

3 Betriebliche Organisation und Unternehmensführung

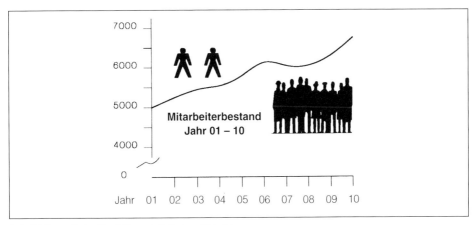

Beispiel für grafische Darstellung statistischen Materials

Diagrammformen

Stab- oder Säulendiagramm: Diese Darstellungsform eignet sich besonders für nominal- und ordinalskalierbare Merkmale. Häufigkeiten werden durch die Höhe bzw. Länge von Stäben oder Säulen ausgedrückt.

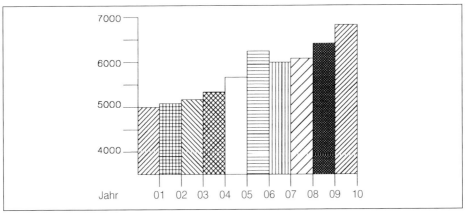

Säulendiagramm

Liniendiagramm: Häufigkeiten werden durch die Länge von Strecken ausgedrückt.

Flächendiagramm: Grafische Darstellung von Häufigkeiten durch Flächen (flächenproportionale Darstellung).

3 Betriebliche Organisation und Unternehmensführung

Kreisdiagramm: Häufigkeiten werden durch die sektorale Aufteilung einer Kreisfläche dargestellt.

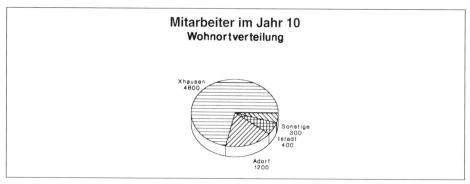

Kreisdiagramm

Kurvendiagramm: Grafische Darstellung von Häufigkeiten durch Kurven in einem Koordinatensystem.

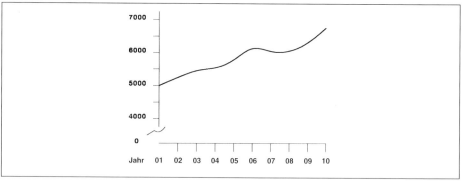

Kurvendiagramm

Piktogramm: Häufigkeiten werden durch eine unterschiedliche Anzahl von Bildsymbolen oder durch unterschiedlich grosse Bildsymbole dargestellt.

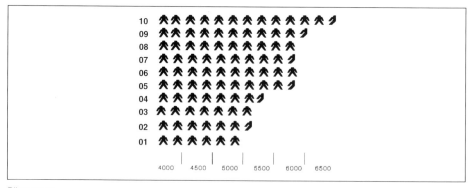

Piktogramm

Kartogramm: Häufigkeiten werden – unter Verwendung der beschriebenen Diagrammformen – in einer Landkarte abgebildet.

3.6.4 Statistische Maßzahlen

Im Rahmen statistischer Methoden werden die verschiedensten Maßzahlen verwendet, von denen die wichtigsten und gebräuchlichsten nachfolgend vorgestellt werden sollen. Diese sind

– Mittelwerte,
– Streuungsmaße,
– Verhältniszahlen,
– Zeitreihen und
– Indexzahlen.

3.6.4.1 Mittelwerte

Mittelwerte beschreiben eine statistische Masse durch eine einzige charakteristische Größe. Mit ihrer Hilfe soll der Vergleich verschiedener Mengen von Merkmalswerten vereinfacht werden. Zudem ermöglichen Mittelwerte die Beurteilung von Einzelwerten innerhalb der erhobenen Daten.

Beispiel:
Aus der Erhebung sämtlicher in einer Unternehmung gezahlten Bruttogehälter lässt sich ein Mittelwert ermitteln, der sowohl den Vergleich mit der durchschnittlichen Entlohnung eines anderen Unternehmens ermöglicht als auch die Angabe zulässt, um wieviel das Gehalt eines einzelnen Arbeitnehmers absolut oder relativ vom Durchschnitt abweicht.

Die wichtigsten Mittelwerte sind

– der Modalwert (Modus),
– der Zentralwert (Median),
– das arithmetische Mittel.

Auf das geometrische und das harmonische Mittel wird nicht eingegangen.

Modus

Der Modus (Modalwert, häufigster Wert) bezeichnet diejenige Merkmalsausprägung, die am häufigsten auftritt.

500 Männer wurden danach befragt, wieviele Paar Schuhe sie besitzen. Die Erhebung erbrachte die folgende Verteilung:

Anzahl der Schuhpaare: 1   2   3   4   5   6   7   8   9   mehr als 9
Häufigkeit: 28 26 51 107 107 66 55 30 21 9

Die häufigsten Werte sind $x = 4$ und $x = 5$.

Gibt es mehrere Merkmalsausprägungen mit größter Häufigkeit, so gibt es dementsprechend mehrere **Modalwerte**.

Median

Die Anwendung des Medians oder Zentralwertes setzt voraus, dass die untersuchten Merkmalsausprägungen zumindest nach einer Ordinalskala geordnet werden können. Die geordnete Reihe der Beobachtungswerte wird durch den Zentralwert in zwei gleiche Teile zerlegt.

Der Zentralwert Z errechnet sich für eine ungerade Anzahl n von Beobachtungswerten X nach der Vorschrift

$$Z = X_{\frac{n+1}{2}}$$

Für eine gerade Anzahl von Beobachtungswerten gilt die Vorschrift

$$Z = (X_{\frac{n}{2}} + X_{\frac{n}{2}+1}) \times 0{,}5$$

Beispiele:

Bei der Mitarbeiterbeurteilung nach einem Punktsystem wurden von 15 Mitarbeitern folgende Punktzahlen erzielt (Wiedergabe in bereits geordneter Reihe):
85, 85, 90, 90, 90, 95, 100, 100, 105, 105, 105, 110, 115, 115, 120.
Der gesuchte Zentralwert ist X_8, also der achte Wert der Reihe.

Eine Klassenarbeit, an der zehn Schüler teilnahmen, erbrachte die folgenden Ergebnisse:
1, 2, 2, 2, 3, 3, 3, 3, 4, 5.
Der Zentralwert ist $(X_5 + X_6) \times 0{,}5$; also $(3+3):2=3$. Dies entspricht dem arithmetischen Mittel aus den beiden mittleren Reihenwerten.

Das arithmetische Mittel

Dieser am häufigsten verwendete Mittelwert, volkstümlich als »**Durchschnitt**« bezeichnet, kann nur auf kardinal skalierbare Merkmale angewendet werden. Das arithmetische Mittel errechnet sich aus der Summe der Beobachtungswerte, dividiert durch die Anzahl der Beobachtungen.

Kommen gleiche Merkmalsausprägungen mehrfach vor, so spricht man von einem gewogenen arithmetischen Mittel, wenn die Häufigkeiten des Auftretens einzelner Merkmalsausprägungen berücksichtigt werden.

Am Ende eines Geschäftsjahres soll der durchschnittliche Einkaufspreis einer Ware ermittelt werden, die zu unterschiedlichen Marktpreisen und in verschieden grossen Partien eingekauft wurde:

Einkaufsdatum	*Menge in kg*	*Einzelpreis in €*
01.02.	1000	6,00
01.04.	2000	5,50
15.06.	1500	5,00
01.10.	2000	6,20
15.12.	1000	6,50

Die Berechnung des einfachen arithmetischen Mittels würde zu einem Durchschnittspreis von

$$\frac{6{,}0 + 5{,}5 + 5{,}0 + 6{,}2 + 6{,}5}{5} = 5{,}84$$

führen, während sich bei Gewichtung der Einzelpreise mit den zugehörigen Mengen der Durchschnittspreis wie folgt errechnet:

```
1000 x 6,0 =  6000
2000 x 5,5 = 11000
1500 x 5,0 =  7500
2000 x 6,2 = 12400
1000 x 6,5 =  6500
7500         43400 : 7500 = 5,786
```

Auch für klassierte Merkmalswerte kann das arithmetische Mittel berechnet werden, wobei üblicherweise die Klassenmitten zugrundegelegt werden. Hierbei können jedoch – im Hinblick auf die Ursprungswerte – Verzerrungen auftreten.

3 Betriebliche Organisation und Unternehmensführung

Die Befragung von 25 Personen nach ihrem Alter ergab folgende Beobachtungswerte: 21, 34, 56, 72, 12, 23, 36, 52, 31, 29, 48, 45, 34, 56, 15, 66, 21, 18, 18, 36, 80, 27, 11, 20, 30.

Das gewogene arithmetische Mittel ist

$$\frac{2 \times 21 + 2 \times 24 + 2 \times 56 + 1 \times 72 ... + 1 \times 11 + 1 \times 20 + 1 \times 30}{25} = 35,64$$

Die Einordnung der obigen Altersangaben in Altersklassen von je 10 Jahren ergibt folgende Klassierung:

Altersklasse	Klassenmitte	Häufigkeit
unter 10	5	-
10 bis unter 20	15	5
20 bis unter 30	25	6
30 bis unter 40	35	6
40 bis unter 50	45	2
50 bis unter 60	55	3
60 bis unter 70	65	1
70 bis unter 80	75	1
80 und mehr	85	1

Aus den klassierten Werten ergibt sich das arithmetische Mittel:

$$\frac{0 \times 5 + 5 \times 15 + 6 \times 25 + 6 \times 35 + 2 \times 45 + 3 \times 55 + 1 \times 65 + 1 \times 75 + 1 \times 85}{25} = 36,6$$

Die Abweichung zwischen dem arithmetischen Mittel der klassierten Werte und dem der Ursprungswerte ist größer, wenn die Mehrzahl der Beobachtungswerte im unteren oder oberen Bereich der jeweiligen Klassen angesiedelt sind.

3.6.4.2 Streuungsmaße

Nicht immer sind die Mittelwerte geeignet, eine statistische Masse hinreichend zu charakterisieren, da sie keine Aussage darüber zulassen, in welcher Breite sich die beobachteten Werte um den Mittelwert verteilen.

Für die Beobachtungswerte 1, 50, 99 ist das arithmetische Mittel ebenso gross wie für die Verteilung 49, 50, 51.

Im ersten Beispiel ist die Streuung der Werte offensichtlich viel größer als im zweiten Beispiel. Die Streuung von Beobachtungswerten wird in folgenden Kennzahlen ausgedrückt:

– Spannweite,
– Mittlere absolute Abweichung,
– Varianz und Standardabweichung.

Spannweite

Die Spannweite ist die Differenz zwischen dem kleinsten und dem größten vorkommenden Merkmalswert. Als simpelstes aller Streuungsmaße ist sie jedoch wenig aussagefähig.

Für die obige Erhebung von Altersangaben ist die Spannweite (w):
$w = 80 - 11 = 69$

Mittlere absolute Abweichung

Die mittlere absolute Abweichung (d), häufig auch als MAD abgekürzt, ist das arithmetische Mittel aus den absoluten Abweichungen der Reihenwerte vom Mittelwert. Als Mittelwert kann dabei der Zentralwert oder, wie im folgenden Beispiel, das arithmetische Mittel verwendet werden.

Für die folgende Reihe

Geordnete Reihe (in mm):	403	404	407	410	410	412	413	413	413	415
Reihenwert Nr.	1	2	3	4	5	6	7	8	9	10

wurde zuvor das arithmetische Mittel $\mu = 410$ ermittelt.

Die mittlere absolute Abweichung errechnet sich hier zu

$$d = \frac{|403-410|+|404-410|+|407-410|+|410-410|+|410-410|+|412-410|+|413-410|+|413-410|+|413-410|+|415-410|}{10}$$

$$= \frac{7 + 6 + 3 + 0 + 0 + 2 + 3 + 3 + 3 + 5}{10}$$

$$= \frac{32}{10} = 3{,}2$$

Durchschnittlich weichen die einzelnen Reihenwerte um 3,2 vom Zentralwert ab.

Varianz und Standardabweichung

Die Standardabweichung ist das gebräuchlichste Streuungsmaß, um die Streuung von Einzelwerten einer Grundgesamtheit oder von Stichprobenwerten um ihren Mittelwert auszudrücken. Um sie zu ermitteln, muss zunächst die Varianz errechnet werden.

Die Varianz ist die mittlere quadratische Abweichung der beobachteten Reihenwerte vom arithmetischen Mittel. Durch die Verwendung quadratischer Abweichungen werden größere Abstände vom Mittelwert (in diesem Falle das arithmetische Mittel!) stärker berücksichtigt, als dies bei der mittleren absoluten Abweichung der Fall ist.

Für die Werte aus obigem Beispiel ergibt sich folgende Varianz:

$$\sigma^2 = \frac{7^2 + 6^2 + 3^2 + 0^2 + 0^2 + 2^2 + 3^2 + 3^2 + 3^2 + 5^2}{10}$$

$$= \frac{150}{10} = 15$$

Die Standardabweichung ergibt sich damit zu

$$\sigma = \sqrt{15} = 3{,}873$$

Das bedeutet, dass die ermittelten Messwerte ganz überwiegend im Zahlenbereich von

$\bar{x} - 1\sigma$	$\bar{x}$	$\bar{x} + 1\sigma$
406,13	410	413,873

liegen. Der Vergleich mit den echten vorgefundenen Werten zeigt, dass tatsächlich nur drei Werte außerhalb dieses Bereiches liegen.

Handelt es sich bei den auszuwertenden Messzahlen um Stichprobenwerte, erfolgt die Berechnung der so genannten empirischen (n–1)-Standardabweichung nach der Formel

$$s_x = \sqrt{\frac{1}{n-1} \left(\sum_{i=1}^{n} (x_i - \bar{x})^2 \right)}$$

mit n = Anzahl der Einzelwerte der Stichprobe; (n-1) ist der Freiheitsgrad, auf den hier nicht weiter eingegangen werden soll.

Angenommen, es handele sich bei den oben angegebenen Messwerten um die Längenmessungen an 10 stichprobenartig aus einer Grundgesamtheit entnommenen Wellen, und mit der Standardabweichung soll etwas über die Streuung der Längen innerhalb der Grundgesamtheit ausgesagt werden:

In diesem Falle ist die Berechnung

$s^2 = \dfrac{150}{10-1} = 16{,}667$

Die Standardabweichung ergibt sich damit zu

$s = \sqrt{16{,}667} = 4{,}082$

und ist damit größer als im obigen Berechnungsfalle. Hierdurch wird die Unsicherheit, mit der eine Stichprobe gegenüber den vollständigen Werten einer Grundgesamtheit behaftet ist, berücksichtigt.

Wird dann die Standardabweichung ins Verhältnis zu einem Mittelwert (meist dem arithmetischen Mittel, seltener dem Zentralwert) gesetzt, ergibt sich der so genannten **Variationskoeffizient**, der für Vergleichszwecke eingesetzt werden kann.

3.6.4.3 Verhältniszahlen

Werden zwei Maßzahlen in Form eines Quotienten zueinander in Beziehung gesetzt, so ist das Ergebnis eine Verhältniszahl. Ihre Bildung ist nur sinnvoll, wenn zwischen beiden Maßzahlen tatsächlich eine sachliche Beziehung besteht.

Die wichtigsten Verhältniszahlen sind

– Gliederungszahlen,
– Beziehungszahlen,
– Messzahlen.

Gliederungszahlen

Gliederungszahlen beziffern den Anteil einer Teilmasse an einer Gesamtmasse.

Die XY-GmbH beschäftigt 22 leitende Angestellte (die wir an dieser Stelle allerdings nicht definieren wollen). Darunter befinden sich zwei Frauen. Als Gliederungszahl für weibliche leitende Angestellte ergibt sich somit

$\dfrac{2}{22} = 0{,}09 = 9\%.$

Beziehungszahlen

Beziehungszahlen setzen verschiedene statistische Gesamt- oder Teilmassen zueinander in Beziehung.

Beziehungszahlen sind z. B.

– Rentabilität = Periodengewinn / eingesetztes Kapital
– Produktivität = Produzierte Menge / geleistete Arbeitsstunden

Auch Beziehungszahlen sind nicht immer sinnvoll. So lässt sich zum Beispiel durch die Berechnung »Menge der bundesdeutschen Alkoholiker / Fläche der BRD« die Zahl der Alkoholiker pro Quadratkilometer ermitteln – inwieweit dies eine nützliche Größe ist, sei jedoch dahingestellt.

Messzahlen

Messzahlen geben an, wie sich zwei gleichartige, jedoch räumlich oder zeitlich verschiedene Merkmalswerte zueinander verhalten. Meist handelt es sich um Zeitreihenwerte, die verglichen werden sollen. Alle Werte werden hierbei auf eine Basisperiode bezogen.

Beispiel:
Die Umsatzzahlen zweier Produkte A und B sollen miteinander verglichen werden. Zur Erleichterung der Vergleichbarkeit werden sämtliche Umsätze in bezug auf den Monat Juli umgerechnet (Juli-Umsatz = 100). Im letzten halben Jahr wurden folgende Umsätze registriert:

Monat	*absoluter Umsatz in Stück*		*Messzahl (Juli = 100), gerundet*	
	A	*B*	*A*	*B*
Juli	*1000*	*2400*	*100*	*100*
August	*1200*	*2800*	*120*	*117*
September	*1600*	*3300*	*160*	*138*
Oktober	*1800*	*3400*	*180*	*142*
November	*1500*	*2700*	*150*	*113*
Dezember	*1200*	*2400*	*120*	*100*

Offensichtlich bleibt die Umsatzentwicklung von Produkt B hinter der des Produktes A zurück.

Auf die Standardisierung, Umbasierung und Verkettung von Messzahlen soll an dieser Stelle nicht eingegangen werden.

3.6.4.4 Zeitreihen

Zeitreihen sind Folgen von Merkmalswerten, die in verschiedenen Zeitpunkten (bei Bestandsmassen) oder Zeitintervallen (bei Ereignismassen) erhoben wurden.

Zeitreihen dienen zum einen der Bestandsanalyse, zum anderen der Prognose zukünftiger Entwicklungen durch die Untersuchung von Gesetzmäßigkeiten innerhalb von Zeitreihen.

Bestandsanalyse

Die Bestandsanalyse kann sich häufig nicht allein darauf beschränken, Bestände durch Zählen oder Messen zu ermitteln; vielmehr sind Größen wie Zu- und Abgänge, Durchschnittsbestände, Verweildauer und Umschlaghäufigkeit ebenso zu berücksichtigen.

Die Stadtvertretung von X-Hausen möchte wissen, ob das bestehende Freibad einer Erweiterung bedarf. Daher wird der Leiter der zuständigen Stadtwerke beauftragt, während der Badesaison eine Besucherstatistik zu führen. Er löst diese Aufgabe, indem er die verkauften Eintrittskarten registriert. Das Ergebnis sieht folgendermaßen aus:

3 Betriebliche Organisation und Unternehmensführung

Monat	tägliche Besucherzahl im Monatsdurchschnitt
Mai	800
Juni	1000
Juli	1300
August	1600
September	900
Oktober	500

Diese Zahlen veranlassen den Stadtrat, sofort einen Erweiterungsbau in Planung zu geben; denn das Schwimmbad ist nur für maximal 400 Personen ausgelegt.

Vor Inangriffnahme der Umbauarbeiten nehmen die Stadtvertreter im nächsten August eine Ortsbesichtigung vor, bei der sie – trotz Hochsaison – reichlich Platz im Wasser, auf der Liegewiese und in den Umkleidekabinen vorfinden. Nach längerem Überlegen und Beobachten kommt einem der Honoratioren die Erleuchtung: Offensichtlich kommen viele Besucher im Laufe des Tages, schwimmen eine oder zwei Stunden und gehen wieder. Diese Tatsache hatte man schlichtweg übersehen.

Fazit: Die vorgenommene Bestandsanalyse war unvollständig, ihre Ergebnisse daher untauglich.

Ein Mitglied des Stadtrates schlägt vor, die Zahl der Badbesucher stündlich neu festzustellen. Ein Versuch, dies in die Tat umzusetzen, scheitert jedoch daran, dass die Besucher ständig umherlaufen. Man zieht sich daher zunächst zurück, um über geeignetere Verfahren zu beraten.

Ein Bestand kann dadurch ermittelt werden, dass die Zugänge und Abgänge innerhalb von Zeitintervallen registriert und vom Anfangs- bzw. dem fortgeschriebenen Bestand zu- oder abgeschrieben werden.

Unser Beispielschwimmbad ist eine geschlossene Bestandsmasse, d. h. vor Öffnung und nach Schließung des Bades sind keine Besucher zu verzeichnen. Eine Untersuchung der Zu- und Abgänge, im Stundenintervall durchgeführt, gibt Auskunft über die jeweiligen Bestände während einer Stunde. Eine exakte Angabe über die Anzahl der Besucher zu einem bestimmten Zeitpunkt ist jedoch nur möglich, wenn jeder Zu- und Abgang sofort registriert wird und in die Bestandserhebung eingeht.

Der Stadtrat von Xhausen gibt eine neue Erhebung in Auftrag. Diesmal registriert die Kassenwärterin jeden neuen Besucher und jeden Abgang. Zu jeder vollen Stunde addiert sie die Zu- und Abgänge der abgelaufenen Stunde und ermittelt so den Besucherbestand.

Das Ergebnis eines Augusttages sieht wie folgt aus:

Uhrzeit	Zugänge	Zugangssumme	Abgänge	Abgangssumme	Bestand
08.00	30	30	0	0	30
09.00	100	130	20	20	110
10.00	220	350	60	80	270
11.00	200	550	130	210	340
12.00	140	690	200	410	280
13.00	120	810	120	530	280
14.00	320	1130	180	710	420
15.00	270	1400	250	960	440
16.00	110	1510	300	1260	250
17.00	80	1590	260	1520	70
18.00	30	1620	40	1560	60
19.00	0	1620	60	1620	0

Offensichtlich liegt die Zahl der Besucher, die sich gleichzeitig im Schwimmbad aufhalten, auch in Spitzenzeiten nur knapp über 400. Der Durchschnittsbestand, der sich aus der Summe der Bestände, dividiert durch die Menge der Intervalle (in diesem Falle 11), errechnet, liegt sogar nur bei 232 Personen.

Möglicherweise könnte also auf den Erweiterungsbau verzichtet werden, wenn es gelänge, die Besucherzahl gleichmäßiger zu verteilen. Der Bürgermeister schlägt vor, eine Zeitbegrenzung einzuführen, also den Aufenthalt pro Besucher auf eine bestimmte Dauer zu beschränken. Dazu müsste man wissen, wie lange sich die Badbesucher durchschnittlich im Schwimmbad aufhalten — schließlich möchte man auch keinen Wähler verärgern, indem man seine liebgewordenen Gewohnheiten beschneidet. Man überlegt also, wie die Verweildauer ermittelt werden könnte.

Die **Verweildauer (d)** ist die Differenz zwischen dem Zeitpunkt des Abgangs und dem Zeitpunkt des Zugangs einer Einheit. Ihre Erfassung kann tabellarisch erfolgen; die grafische Darstellung von Verweilzeiten erfolgt in einem Verweildiagramm:

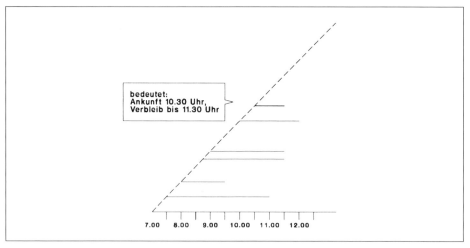

Verweildiagramm

Kennt man die Verweildauer der einzelnen Einheiten nicht (dies wird in der Regel der Fall sein), so errechnet sich der Zeitmengenbestand aus der Multiplikation des Durchschnittsbestandes mit der Länge des Beobachtungszeitraumes. Teilt man diesen Zeitmengenbestand durch die Menge aller Einheiten, die dem Bestand angehört haben, so ergibt sich die mittlere Verweildauer.

Für unser Schwimmbadbeispiel wurde ein Durchschnittsbestand von 232 Personen ermittelt; der Beobachtungszeitraum umfasste 11 Stunden. Damit gilt für die mittlere Verweildauer

$$\frac{232 \times 11}{1620} = 1{,}575 \text{ (gerundet)}$$

Jeder Besucher hat sich also durchschnittlich 1 Stunde und 35 Minuten im Schwimmbad aufgehalten. Damit ist natürlich nichts darüber gesagt, ob nicht einzelne Besucher wesentlich kürzer oder aber auch den ganzen Tag geblieben sind. Dies könnte nun noch dadurch überprüft werden, dass jede verkaufte Eintrittskarte beim Betreten und Verlassen abgestempelt und anschließend abgegeben würde. Auf diese Weise ließe sich die Streuung um die ermittelte durchschnittliche Verweildauer ermitteln.

Am Schwimmbadbeispiel wird deutlich, wieviele Informationen bei sachgerechter Auswertung aus einer Zeitreihe abgeleitet werden können. Letztlich können unsere Stadtväter auf der Basis der ermittelten Werte eine Handlungsweise ableiten, als deren Konsequenz auf den geplanten Erweiterungsbau verzichtet werden kann.

Prognose

Prognosen sind Voraussagen über zukünftige Entwicklungen bzw. Zustände. Wenn diese Voraussagen nicht auf Spekulationen und Mutmaßungen beruhen sollen, so ist es unumgänglich, sie quantitativ-statistisch zu fundieren. Da die Zukunft grundsätzlich nicht bekannt ist, wird man die Entwicklung der zu prognostizierenden Größe in der Vergangenheit untersuchen und die Zeitreihen abgelaufener Zeiträume analysieren. Diese Analyse erbringt Erkenntnisse über

– Trends: Langfristige Entwicklungstendenzen des untersuchten Merkmals,
– periodische Schwankungen konjunktureller oder saisonaler Art,
– unregelmäßige, keiner Gesetzmäßigkeit folgende Restschwankungen.

Die Berechnung von Trends erfolgt z. B. durch die Bestimmung gleitender Durchschnitte.

Gleitende Durchschnitte

Bei der Bestimmung gleitender Durchschnitte wird aus einer definierten Anzahl von Zeitreihenwerten das arithmetische Mittel bestimmt. Der gefundene Mittelwert wird dem mittleren der bei der Durchschnittsbildung berücksichtigten Zeitpunkte oder Intervalle zugeordnet.

Ist die Anzahl der Werte, die in die Berechnung eingehen, gerade, so handelt es sich bei dem Ergebnis um einen gleitenden Durchschnitt gerader Ordnung, ansonsten um einen gleitenden Durchschnitt ungerader Ordnung. Nur der letztere Fall soll im folgenden dargestellt werden.

Beispiel:
Die Zahl der jährlichen Besucher des Freilicht-Museums wurde während der zehn Jahre seines Bestehens festgehalten. Die zuständige Behörde möchte wissen, ob hieraus ein Trend abzuleiten ist, und beauftragen einen Mitarbeiter mit der Berechnung des gleitenden Durchschnitts dritter Ordnung. Hierbei werden jeweils die Besucherzahlen dreier aufeinanderfolgender Jahre zusammengefasst und durch 3 dividiert. Das jeweilige Ergebnis wird dem mittleren Wert der Dreierreihe zugeordnet.

Jahr	*Besucher*	*3er-Durchschnitte*
01	5000	–
02	5200	(5000 + 5200 + 5300)/3 = 5167
03	5300	(5200 + 5300 + 5400)/3 = 5300
04	5400	(5300 + 5400 + 5700)/3 = 5467
05	5700	(5400 + 5700 + 6300)/3 = 5800
06	6300	(5700 + 6300 + 6000)/3 = 6000
07	6000	(6300 + 6000 + 6100)/3 = 6133
08	6100	(6000 + 6100 + 6400)/3 = 6167
09	6400	(6100 + 6400 + 6700)/3 = 6400
10	6700	–

Die ermittelte Reihe von Trendwerten zeigt einen kontinuierlichen Anstieg, der durch die Besucherzahlenrückgänge in 07 und 08 zwar gebremst, jedoch nicht gebrochen wurde. Der Rückgang der Besucherzahl in den genannten Jahren ist auf die jeweils verregneten Sommer zurückzuführen.

Weitere Prognoseverfahren werden in Kap. 8 Absch. 8.1.2.2, vorgestellt.

Wurde ein Trend lediglich im Form gleitender Durchschnitte ermittelt, so besteht die Möglichkeit, ihn durch Bildung der Differenzen von Vergangenheitswerten fortzuschreiben. Dieses Verfahren gehört zu den so genannten naiven Prognosetechniken.

3.6.4.5 Indexzahlen

Indexzahlen sind Maßzahlen, die mehrere Wert- oder Mengengrößen eines Zeitraumes oder einer Region zu den entsprechenden Größen eines Basiszeitraumes oder einer Bezugsregion in Beziehung setzen.

Indexzahlen spielen in zahlreichen Bereichen der angewandten Statistik eine grosse Rolle. Beispiele für gebräuchliche Indizes sind

– der Preisindex für die Lebenshaltungskosten,
– der Index der industriellen Nettoproduktion,
– der Index der Arbeitsproduktivität,
– der DAX und der Dow-Jones-Index.

Das folgende Beispiel soll die Bildung einer Indexzahl verdeutlichen:

Die Werkskantine der XY-GmbH verbraucht monatlich 70 kg Brot, 50 kg Schnittkäse, 30 kg Leberwurst und 40 kg Butter. Die €-Kilopreise für diese Lebensmittel betrugen

	Brot	Käse	Wurst	Butter
im Januar 01	3,20	11,–	15,–	4,–
im Januar 02	3,50	11,–	17,–	4,50

Im Januar 01 wurden also 70 x 3,20 + 50 x 11 + 30 x 15 + 40 x 4 = 1.384 € aufgewendet, im Januar 02 dagegen 70 x 3,50 + 50 x 11 + 30 x 17 + 40 x 4,50 = 1.485 €. Der Preisindex für Januar 02 zur Basis Januar 01 beträgt 1485/1384 = 1,0729 bzw. 1485/1384x100 = 107,30.

3.6.5 Anwendungsgebiete der Statistik – ausgewählte Kennzahlen

3.6.5.1 Statistik als Entscheidungshilfe im Betrieb

Es wurde bereits auf die Vielzahl wissenschaftlicher Disziplinen hingewiesen, die sich der Statistik als Instrument der Analyse bedienen. Im Folgenden soll näher auf die betriebswirtschaftlichen Anwendungsbereiche und Kennzahlen eingegangen werden.

Kennzahlen sind meist Verhältniszahlen, mit deren Hilfe Zusammenhänge und Beziehungen verdeutlicht werden, oder Richtzahlen (Durchschnittszahlen), die Maßstäbe für die Beurteilung betriebsindividueller Zahlen bilden.

Umsatzkennzahlen

Die Umsatzstatistik ist Grundlage für wichtige betriebliche Entscheidungen, indem sie z. B. Hinweise auf veränderte Käufergewohnheiten liefert. Wichtige Umsatzkennzahlen sind:

Umschlagskoeffizienten, die das Verhältnis des Umsatzes zu Bestandsgrößen angeben, z. B.

– Umsatz/durchschnittlicher Lagerbestand
– Umsatz/Gesamtkapital

Umschlagsdauer, etwa berechnet durch

- durchschnittlicher Lagerbestand x Tage/Umsatz
- Gesamtkapital x Tage/Umsatz

Umschlagsergiebigkeit, z. B.

Gesamtgewinn x 100/Umsatz

Umsatz-Einzelkosten-Verhältnis, z. B.

- Umsatz/Zahl der Beschäftigten
- Umsatz/Verkaufsfläche

Produktionskennzahlen

Die Produktionsstatistik umfasst die Kosten-, Auftrags- und Reparaturstatistik, ferner die Überwachung des Beschäftigungsgrades, der Ausschussquoten, der Leerlaufzeiten und vieles andere mehr. Wichtige Kennzahlen sind für diesen Bereich die folgenden:

Kosten-Ertrags-Kennzahlen, z. B.

- Aufwand x 100/Gesamtertrag
- Selbstkosten x 100/Betriebsertrag

Kosten-Leistungs-Verhältnisse, z. B.

- Materialkosten/produzierte Stücke
- Lohnkosten/produzierte Stücke

Einzelkosten-Gesamtkosten-Verhältnisse, z. B.

- Materialkosten/Gesamtkosten
- Hilfslöhne/Gesamtkosten

Kosten-Zeit-Verhältnisse, z. B.

- Fertigungskosten/Maschinenstunden

Personalkennzahlen

Die Personalstatistik untersucht die Zusammensetzung der Belegschaft (Personalstruktur), Personalzu- und -abgänge (Personalbewegung), Arbeitsausfälle durch Krankheit, Urlaub, Streik usw., die Lohnstruktur und die betrieblichen sozialen Leistungen. Kennzahlen aus dem Bereich der Personalstatistik sind beispielsweise

- Angestellte x 100/Arbeiter (oder umgekehrt)
- Fertigungspersonal/Verwaltungspersonal
- Abgänge/Beschäftigte

Zahlreiche Kennzahlen basieren auf Zahlen der Bilanz und Erfolgsrechnung. Ihnen ist der folgende Abschnitt gewidmet.

3.6.5.2 Statistik als Kontrollinstrument

Die vorstehend genannten statistischen Kennzahlen (und natürlich viele weitere, die aus Platzgründen nicht genannt werden konnten) werden zur Kontrolle des Betriebes herangezogen. Dies erfolgt häufig im Rahmen eines Betriebsvergleiches.

Ein Betriebsvergleich ist ein Vergleich betrieblicher Vorgänge und Zustände

- innerhalb desselben Betriebes zu verschiedenen Zeitpunkten (**innerbetrieblicher Vergleich**) oder

3 Betriebliche Organisation und Unternehmensführung

– zwischen verschiedenen Betrieben des gleichen oder unterschiedlicher Wirtschaftszweige (**zwischenbetrieblicher Vergleich**).

Betriebsvergleiche beziehen neben statistischen Kennzahlen auch Plandaten (Soll-Ist-Vergleich) und Verfahren (Produktions-, Lagerhaltungs-, Vertriebs-, Verwaltungsverfahren usw.) ein.

Kennzahlen finden ihren Niederschlag im Rahmen des Betriebsvergleiches

– im **innerbetrieblichen Zeitvergleich** in Form von **Verhältniszahlen,** die über mehrere Erhebungsperioden miteinander verglichen werden;

– im **zwischenbetrieblichen Richtzahlenvergleich** in Form von **Richtwerten**, die Branchendurchschnittswerte darstellen, oder als Verhältniszahlen beim Direktvergleich von Betrieben gleicher oder unterschiedlicher Wirtschaftszweige.

Die Auswertung der zum Zwecke des Betriebsvergleiches ermittelten Kennzahlen erfolgt wiederum mittels Verfahren der angewandten Statistik, etwa in Form der Trendanalyse beim innerbetrieblichen Vergleich.

Ziel ist die Aufdeckung eines Handlungsbedarfs, also etwa der Erfordernis, gegensteuernde Maßnahmen einzuleiten.

3.6.5.3 Statistik als Teilgebiet des Rechnungswesens

3.6.5.3.1 Kennzahlen des Rechnungswesens

Aus entsprechend aufbereiteten Bilanzen und Erfolgsrechnungen kann eine Vielzahl von Kennzahlen gebildet werden, die etwa Aufschlüsse über die Rentabilität, die Liquidität, die Vermögensstruktur oder die Finanzierungsstruktur geben.

Rentabilitätskennzahlen

Aufschluss über die Rentabilität eines Betriebes geben Kennzahlen, die Gewinn oder Zinsen ins Verhältnis zum Eigen- oder Gesamtkapital setzen, wie z. B.

– **Eigenkapitalrentabilität:** Gewinn x 100 / Eigenkapital
– **Gesamtkapitalrentabilität:** (Gewinn + Fremdkapitalzinsen) x 100 / Gesamtkapital

Finanzierungskennzahlen

Finanzierungskennzahlen geben Auskunft über die Finanzierungsstruktur, also z. B. das Verhältnis zwischen Eigen- und Fremdkapital sowie zwischen Eigen- oder Fremdkapital und Gesamtkapital:

– **Eigenkapitalquote:**   Eigenkapital x 100 / Gesamtkapital
– **Fremdkapitalquote:**   Fremdkapital x 100 / Gesamtkapital
– **Verschuldungsgrad:**   Fremdkapital x 100 / Eigenkapital

Vermögenskennzahlen

Vermögenskennzahlen drücken den Vermögensaufbau aus:

– **Anlagenquote (Anlagenintensität):** Anlagevermögen / Gesamtvermögen
– **Umlaufquote:** Umlaufvermögen / Gesamtvermögen

3.6.5.3.2 Statische Methoden der Investitionsrechnung

Bei den statischen Methoden der Investitionsrechnung handelt es sich in den überwiegenden Fällen um »Faustregeln«, die sich im Laufe der Zeit aus der betrieblichen Praxis heraus gebildet haben. Die im direkten Vergleich zu den dynamischen Methoden der Investitionsrechnung fehlende finanzmathematische Basis hat zur Folge, dass zeitliche Unterschiede bei Ein- und Auszahlungen, die sonst durch Auf- und Abzinsungen auf einen gemeinsamen Stichtag Berücksichtigung finden, entweder überhaupt nicht oder nur unvollkommen berücksichtigt werden.

Daher verwenden die statischen Methoden die Begriffe »Einzahlung« und »Auszahlung« überhaupt nicht, sondern orientieren sich an den Begriffspaaren »Aufwand« und »Ertrag« aus der Finanzbuchhaltung und »Kosten« und »Leistungen« aus der Kosten- und Leistungsrechnung.

Zu den statischen Methoden der Investitionsrechnung gehören:

– die Kostenvergleichsrechnung,
– die Gewinnvergleichsrechnung,
– die Rentabilitätsrechnung und
– die Amortisationsrechnung.

3.6.5.3.2.1 Die Kostenvergleichsrechnung

Die Kostenvergleichsrechnung nimmt bei gegebener Ausbringungsmenge einen Vergleich der in einer Periode anfallenden Kosten von zwei oder mehreren Investitionsobjekten vor. Dabei kann es sich im Rahmen einer **Ersatzinvestition** um den Vergleich einer alten mit einer neuen Anlage oder im Rahmen einer **Erweiterungsinvestition** um den Vergleich von mehreren Neuanlagen handeln.

Kriterium für die Vorteilhaftigkeit ist die jeweilige **Kostendifferenz**. Konkret werden hierfür die jeweils relevanten **Gesamtkosten (K)** einer Periode, nämlich die Kapitalkosten (Abschreibungen und Zinsen) und die Betriebskosten (Lohn-, Material-, Energie- und Instandhaltungskosten) einer Anlage verglichen. Zur Berechnung der Zinsbelastung ist entsprechend des Verfahrens der Durchschnittswertverzinsung die Hälfte der Anschaffungskosten zu verzinsen.

Die Anschaffung von Anlage 1 ist günstiger als diejenige von Anlage 2, wenn gilt:

$$K_1 < K_2$$

In der grafischen Darstellung ergibt sich folgendes Bild:

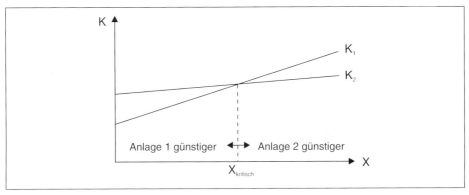

Kostenvergleichsrechnung in einer Periodenbetrachtung

3 Betriebliche Organisation und Unternehmensführung

Stimmen die Kapazitäten der zu vergleichenden Anlagen nicht überein, sind nicht die o. g. Gesamtkosten der Periode, sondern die jeweiligen **Kosten pro Stück (k)** zu vergleichen. Hier muss jedoch beachtet werden, dass diese Stückkosten vom Grad der Kapazitätsauslastung abhängig sind. Somit führt eine Kostenvergleichsrechnung auf Stückkostenbasis nur dann zu einer richtigen Investitionsentscheidung, wenn die Anlage mit den geringeren Stückkosten die höhere Auslastung aufweist und die Erträge pro Stück bei sämtlich betrachteten Anlagen konstant sind.

Auch hier ist Anlage 1 günstiger als Anlage 2, wenn gilt:

$$k_1 < k_2$$

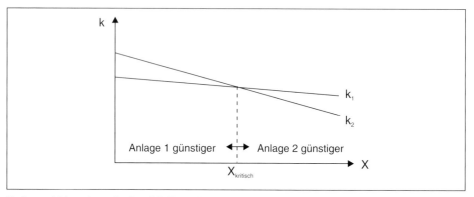

Kostenvergleichsrechnung in einer Stückkostenbetrachtung

Das folgende Zahlenbeispiel soll die Vorgehensweise der Kostenvergleichsrechnung verdeutlichen.

Es wird angenommen, dass die Kapazitäten der zu vergleichenden Anlagen identisch sind. Daher können die relevanten Gesamtkosten einer Periode gegenübergestellt werden.

	Anlage 1	Anlage 2
1. Anschaffungskosten	35.000	45.000
2. Betriebskosten pro Jahr		
Lohnkosten	8.000	6.000
Instandhaltungskosten	3.500	2.000
Energie- und Materialkosten	2.250	2.000
Abschreibungen (5 bzw. 8 Jahre Nutzungsdauer)	7.000	5.625
anteilige Raumkosten	800	700
Zinsen (8% Fremdfinanzierung gem. Durchschnittswertverzinsung, d. h. auf 17.500 € bzw. 22.500 €)	1.400	1.800
Kosten der Periode gesamt	**22.950 €**	**18.125 €**

Gesamtkostenvergleich zweier Anlagen

Gemäß der Methode der Kostenvergleichsrechnung stellt sich die Anlage 2 als die vorteilhaftere dar.

Neben der generellen Schwäche der statischen Methoden der Investitionsrechnung, dass zeitliche Unterschiede bei Ein- und Auszahlungen, die sonst durch Auf- und Abzinsungen auf einen gemeinsamen Stichtag Berücksichtigung finden, entweder überhaupt nicht oder nur unvollkommen berücksichtigt werden, weist die Kostenvergleichsrechnung weitere Schwächen auf:

– Die Kostenvergleichsrechnung wendet eine sehr kurzfristige Betrachtungsweise an, bei der sich keine sicheren Rückschlüsse auf die zukünftige Kosten- und Erlösentwicklung der Investition ziehen lassen.

– Für den Fall einer Ersatzinvestition findet der Restwert der zu ersetzenden Anlage keine Berücksichtigung.

– Dieses Verfahren erlaubt keinerlei Aussagen über die Verzinsung des eingesetzten Kapitals (Rentabilität der Investition).

3.6.5.3.2.2 Die Gewinnvergleichsrechnung

Die Gewinnvergleichsrechnung findet regelmäßig dann Anwendung, wenn die Kostenvergleichsrechnung zu keiner klaren Vorteilhaftigkeit einer Alternative führt. Dies ist regelmäßig dann der Fall, wenn den betrachteten Alternativen verschiedene Erträge zuzurechnen sind, weil beispielsweise eine neue Anlage das Produkt in einer besseren als der bisherigen Qualität herstellen kann. Dieser Umstand erlaubt als Folge dieser Qualitätserhöhung beispielsweise eine Anhebung des Verkaufspreises.

Kriterium für die Vorteilhaftigkeit ist der jeweilige **Gewinn (G)**. Er stellt die Differenz von **Kosten (K)** und **Erlösen (E)** dar. Dies geschieht in der Weise, dass in Ergänzung zur Kostenvergleichsrechnung die Verkaufserlöse mit in die Vergleichsrechnung einbezogen werden:

– Bei **Ersatzinvestitionen** erfolgt dabei ein Vergleich des durchschnittlichen Periodengewinns der alten Anlage mit dem zu erwartenden durchschnittlichen Periodengewinn der neuen Anlage.

– Bei **Erweiterungsinvestitionen** erfolgt ein Vergleich der jeweiligen durchschnittlichen Periodengewinne der verschiedenen Investitionsalternativen.

Anlage 2 ist Anlage 1 vorzuziehen, wenn gilt: $E_1 - K_1 < E_2 - K_2$

bzw. (vereinfacht ausgedrückt): $G_1 < G_2$

In der grafischen Darstellung ergibt sich folgendes Bild:

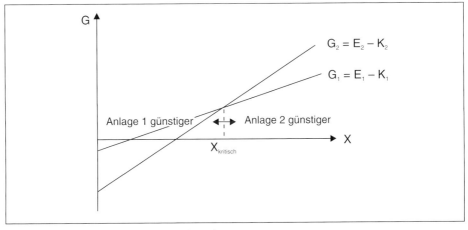

Gewinnvergleichsrechnung in einer Periodenbetrachtung

3 Betriebliche Organisation und Unternehmensführung

Wird das Zahlenbeispiel der vorhergehenden Seite im Rahmen einer anstehenden Erweiterungsinvestition um die Angaben der erwarteten durchschnittlichen Periodenerlöse und somit um den jeweils zu erwartenden Periodengewinn ergänzt, ergibt sich eine veränderte Entscheidungssituation:

	Anlage 1	Anlage 2
1. Anschaffungskosten	35.000	45.000
2. Betriebskosten pro Jahr		
Lohnkosten	8.000	6.000
Instandhaltungskosten	3.500	2.000
Energie- und Materialkosten	2.250	2.000
Abschreibungen (5 bzw. 8 Jahre Nutzungsdauer)	7.000	5.625
anteilige Raumkosten	800	700
Zinsen (8% Fremdfinanzierung gem. Durchschnittswertverzinsung, d. h. auf 17.500 € bzw. 22.500 €)	1.400	1.800
Kosten der Periode gesamt	**22.950**	**18.125**
Erlöse der Periode (durchschnittlich erwartet)	**25.500**	**20.250**
Gewinn der Periode (durchschnittlich erwartet)	**2.550 €**	**2.125 €**

Gewinnvergleichsrechnung zweier Anlagen

Gemäß der Methode der Gewinnvergleichsrechnung erscheint die Anlage 1 als die vorteilhaftere Alternative.

Die Gewinnvergleichsrechnung hat gegenüber der Kostenvergleichsrechnung den Vorteil einer größeren Anwendungsbreite. Neben den generellen Schwächen der statischen Methoden der Investitionsrechnung weist jedoch auch dieses Verfahren eine Reihe von Schwächen auf, die mit denen der Kostenvergleichsrechnung weitgehend übereinstimmen:

— Die sehr kurzfristige Betrachtungsweise lässt keine sicheren Rückschlüsse auf die zukünftige Kosten- und Erlösentwicklung der Investition zu.

— Für den Fall einer Ersatzinvestition findet der Restwert der zu ersetzenden Anlage keine Berücksichtigung.

— Dieses Verfahren erlaubt keinerlei Aussagen über die Verzinsung des eingesetzten Kapitals (Rentabilität der Investition).

3.6.5.3.2.3 Die Rentabilitätsrechnung

Die Rentabilitätsrechnung als dritte Methode der hier genannten statischen Verfahren der Investitionsrechnung ermittelt die Rentabilität der betrachteten Investitionsalternativen. Sie ergibt sich aus dem Verhältnis des durchschnittlichen Periodengewinnes zum gebundenen Kapital:

$$\text{Rentabilität} = \frac{\text{Periodengewinn} \times 100}{\text{gebundenes Kapital}}$$

Kriterium für die Vorteilhaftigkeit einer Investition ist die jeweilige **Rentabilität (R)**. Im Rahmen einer anstehenden Ersatzinvestition vergleicht man die erzielte Rentabilität der zu ersetzenden Anlage mit der erwarteten Rentabilität der neuen Anlage. Bei Erweiterungsinvestitionen erfolgt ein Vergleich der jeweils zu erwartenden Rentabilität der verschiedenen Investitionsalternativen.

Anlage 2 ist Anlage 1 vorzuziehen, wenn gilt: $R_1 < R_2$

In der Praxis herrscht oftmals Uneinigkeit über die Definition des **gebundenen Kapitals**. Es haben sich hierzu im Laufe der Zeit drei Ansätze herausgebildet:

1. **Ansatz:** Das gebundene Kapital entspricht in **voller Höhe** dem ursprünglichen Investitionsbetrag.
2. **Ansatz:** Man geht vom durchschnittlich gebundenen Kapital aus, d. h. **der Hälfte** des ursprünglichen Investitionsbetrages.
3. **Ansatz:** Das gebundene Kapital ergibt sich anhand des jeweiligen **Buchwertes** einer Investition, welcher sich entsprechend der gewählten Abschreibungsmethode ergibt. Die jährliche Abnahme des Buchwertes hat zur Folge, dass bei gleichbleibenden Gewinnerwartungen die Rentabilität zunimmt. Durch Errechnung eines Mittelwertes aus den laufend steigenden Rentabilitäten wird diese praxisfremde Tendenz eliminiert.

Das folgende Beispiel verdeutlicht die Vorgehensweise der Rentabilitätsrechnung und macht den Unterschied zwischen den verschiedenen Definitionen des gebundenen Kapitals kenntlich.

Ein Unternehmen plant die Anschaffung einer modernen CNC-Maschine, die im Vergleich zur alten Anlage eine jährliche Materialeinsparung von 30.000 € ermöglichen soll. Die Investitionskosten betragen 100.000 €, die Nutzungsdauer wird mit 5 Jahren veranschlagt.

1. **Ansatz:** *Das gebundene Kapital entspricht in voller Höhe dem ursprünglichen Investitionsbetrag.*

$$Rentabilität: \frac{30.000 \times 100}{100.000} = 30\%$$

2. **Ansatz:** *Das durchschnittlich gebundene Kapital einer Investition findet Anwendung, d. h. die Hälfte des ursprünglichen Investitionsbetrages.*

$$Rentabilität: \frac{30.000 \times 100}{50.000} = 60\%$$

3. **Ansatz:** *Das gebundene Kapital ergibt sich anhand des jeweiligen Buchwertes einer Investition. Es reduziert sich in jeder Periode um den Betrag der Abschreibungen. Geht man in diesem Beispiel von einer linearen Abschreibung bei einer Nutzungsdauer von 5 Jahren aus, so beträgt der jährliche Abschreibungssatz 100.000 € : 5 = 20.000 €.*

Jahr	Buchwert zum Jahresbeginn	Rentabilität des jeweiligen Jahres
1	100.000	$\frac{30.000 \times 100}{100.000} = 30\%$
2	80.000	$\frac{30.000 \times 100}{80.000} = 37,5\%$
3	60.000	$\frac{30.000 \times 100}{60.000} = 50\%$
4	40.000	$\frac{30.000 \times 100}{40.000} = 75\%$
5	20.000	$\frac{30.000 \times 100}{20.000} = 150\%$

Tabelle zur Jahresrentabilitätenberechnung

Der Mittelwert (RM) der jeweiligen Jahresrentabilitäten ergibt sich aus:

$$RM = \frac{30 + 37,5 + 50 + 75 + 150}{5} = 68,5\%$$

Je nach Ansatz im Rahmen der Definition des gebundenen Kapitals ergeben sich Rentabilitäten der geplanten Investition zwischen 30 – 68,5%. In der Praxis dominiert der Ansatz 2, d. h. die Verwendung des durchschnittlich gebundenen Kapitals zur Ermittlung der Rentabilität.

Bei Anwendung der Rentabilitätsrechnung wird im Rahmen der Berechnung der Rentabilität einer Investition und somit des eingesetzten Kapitals eine wesentliche Schwäche sowohl der Kostenvergleichs- als auch der Gewinnvergleichsrechnung ausgeschaltet. Neben den weiterhin geltenden generellen Schwächen der statischen Methoden der Investitionsrechnung weist auch dieses Verfahren wesentliche der bisher genannten Schwächen auf:

– Die sehr kurzfristige Betrachtungsweise lässt keine sicheren Rückschlüsse auf die zukünftige Kosten- und Erlösentwicklung der Investition zu.

– Für den Fall einer Ersatzinvestition findet der Restwert der zu ersetzenden Anlage keine Berücksichtigung.

3.6.5.3.2.4 Die Amortisationsrechnung

Die Amortisationsrechnung als vierte und letzte Methode der hier genannten statischen Verfahren der Investitionsrechnung ermittelt die Amortisationsdauer einer Investition und vergleicht diese mit denen anderer Investitionen oder mit der vom Unternehmen vorgegebenen maximalen Amortisationsdauer.

Als Amortisationsdauer wird dabei der Zeitraum bezeichnet, in dem die Anschaffungsausgaben einer Anlage durch die jährlich erwarteten Einzahlungsüberschüsse (d. h. Einzahlungen abzüglich laufender Betriebskosten) gedeckt werden.

Kriterium für die Vorteilhaftigkeit ist somit die jeweilige **Amortisationsdauer (t)**. Im Rahmen einer anstehenden **Ersatzinvestition** wird eine alte Anlage nur dann ausgetauscht, wenn sich die neue Anlage aufgrund ihrer geringeren Kosten oder höheren Kapazitäten innerhalb einer kürzeren Zeit amortisiert als in der vom Unternehmen vorgegebenen maximalen Amortisationsdauer (t_{max}):

$$t_1 < t_{max}$$

Im Fall einer **Erweiterungsinvestition** erfolgt ein Vergleich der jeweiligen Amortisationsdauer der Investitionsalternativen (t_1/t_2). Es ist hier jedoch zu beachten, dass eine Investition nur dann in die engere Wahl kommt, wenn ihre Amortisationsdauer kürzer ist als die maximale Amortisationsdauer:

$$t_1 < t_2$$

In der Praxis kommt der Amortisationsdauer besonders unter **Risikogesichtspunkten** eine große Bedeutung zu:

Hierbei gelten Investitionen mit einer kurzen Amortisationsdauer als relativ sicher, solche mit relativ langer Amortisationsdauer als vergleichsweise riskant. Der Grund hierfür findet sich in einer zunehmenden Unsicherheit bei Ausdehnung des Planungshorizontes.

Betrachtet man die **Anschaffungsausgaben (A)** einer Anlage und die jährlich erwarteten **Einzahlungsüberschüsse (E)** im Zeitablauf, so wird im Rahmen einer grafischen Darstellung der Zusammenhang sehr deutlich:

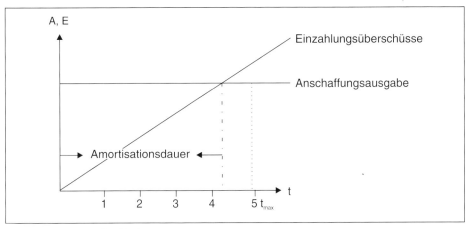

Amortisationsdauer im Zeitablauf

Beispiel:
Beträgt die Anschaffungsausgabe für einen Flugmotorenprüfstand inkl. Fundament und Lärmschutzwall 250.000 € bei jährlich zu erwartenden Einzahlungsüberschüssen von 50.000 € (jährliche Einzahlungen 80.000 € abzüglich 30.000 € jährliche laufende Betriebskosten), so beträgt die Amortisationsdauer:

$$\frac{250.000}{50.000} = 5 \text{ Jahre}$$

Die Amortisationsrechnung ist grundsätzlich als **Zusatzkriterium** für Investitionsentscheidungen brauchbar, im Wesentlichen für die Beurteilung des Risikos und der Liquidität. Optimale Anwendung findet sie als Ergänzung zu einer der im folgenden dargestellten dynamischen Methoden der Investitionsrechnung.

Ein Unternehmen, das sich bei anstehenden Investitionsentscheidungen einzig und allein auf die Aussagen der Amortisationsrechnung verlässt, geht folgende Gefahren ein:

– Eine einzelne Investition kann trotzdem vorteilhaft sein, obwohl sie über der maximalen Amortisationsdauer liegt.

– Investitionsalternativen, die aufgrund gleicher Amortisationszeiten als ebenbürtig bezeichnet werden müßten, weisen regelmäßig wesentliche Unterschiede in ihrer Vorteilhaftigkeit auf.

– Es besteht die Gefahr einer zeitlichen Betrachtungsasymmetrie, da kurzfristige Entscheidungen bei dieser Methode den langfristigen Entscheidungen vorgezogen werden.

Zusätzlich sind neben den bereits genannten generellen Schwächen die weiteren Kritikpunkte zu beachten, dass

– für den Fall einer Ersatzinvestition der Restwert der zu ersetzenden Anlage keine Berücksichtigung findet und

– dieses Verfahren keinerlei Aussagen über die Verzinsung des eingesetzten Kapitals (Rentabilität der Investition) erlaubt.

Ferner ist dem Umstand Beachtung zu schenken, dass die maximale Amortisationsdauer auf einer subjektiven Schätzung des investierenden Unternehmens beruht und in der Praxis regelmäßig wesentlich unter der wirtschaftlichen Nutzungsdauer einer Anlage liegt.

3.6.5.3.3 Dynamische Methoden der Investitionsrechnung

Die dynamischen Verfahren der Investitionsrechnung zeichnen sich im Gegensatz zu den statischen Verfahren im wesentlichen dadurch aus, dass sie die Vorteilhaftigkeit einer Investition nicht nur für eine Periode, sondern für die **gesamte Lebensdauer** einer Investition untersuchen.

Berechnungsgrundlage für diesen Zeitraum bilden **Ein- und Auszahlungsreihen**, die den Zu- und Abfluss von Zahlungsmitteln aufzeigen. Die Auszahlungsreihen setzen sich dabei zusammen aus den Anschaffungsauszahlungen für die Anlage und den laufenden Auszahlungen für die Aufrechterhaltung der Betriebsbereitschaft (Betriebskosten) und den proportionalen Auszahlungen für Roh-, Hilfs- und Betriebsstoffe sowie den Personalkosten. Die Einzahlungsreihen entstehen überwiegend aus dem Absatz der mit Hilfe der angeschafften Anlage produzierten Güter.

Zu den dynamischen Methoden der Investitionsrechnung gehören:

– die Kapitalwertmethode,
– die Interne-Zinsfuß-Methode und
– die Annuitätenmethode.

3.6.5.3.3.1 Die Kapitalwertmethode

Die Kapitalwertmethode beruht auf der Überlegung, die Summe aller Einzahlungen mit der Summe aller Auszahlungen einer Investition zu vergleichen, um hieraus Kriterien für eine Vorteilhaftigkeit ableiten zu können.

Man hat hierbei jedoch den Umstand zu berücksichtigen, dass sämtliche Ein- und Auszahlungen, die im Zusammenhang mit einer getätigten Investition im Verlauf der gesamten Lebensdauer dieser Anlage einmal anfallen werden, in ihrer Höhe und in ihrem Zeitpunkt unterschiedlich sind.

Um nun eine Vergleichbarkeit dieser beiden Zahlungsströme herstellen zu können, sind sämtliche Ein- und Auszahlungen auf einen einheitlichen Zeitpunkt zu beziehen. In Bezug auf den Wert, den Zahlungen zu einem einheitlichen Zeitpunkt annehmen, sind **Barwerte** von **Endwerten** zu unterscheiden:

Wird eine zukünftige Ein- oder Auszahlung auf einen gegenwärtigen Zeitpunkt bezogen, so spricht man von **Abzinsung**. Der Wert, den diese zukünftige Zahlung (K_n) bei einem Kalkulationszinsfuß (i) gegenwärtig annimmt, wird als **Barwert** bezeichnet.

Der Zahlungsstrahl verdeutlicht die Problemstellung bei der Frage, welchen heutigen Barwert (K_0) eine Zahlung bei einem Kalkulationszinsfuß (i) hat, die in (n) Jahren fällig wird.

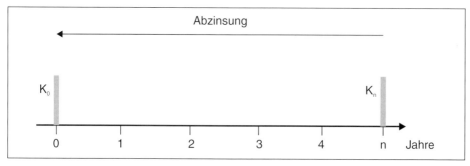

Abzinsung einer zukünftigen Zahlung (K_n) auf ihren Barwert (K_0)

3 Betriebliche Organisation und Unternehmensführung

Die **Abzinsungsformel** lautet:

$$K_0 = K_n \cdot \frac{1}{(1+i)^n}$$

oder auch:

$$K_0 = K_n \cdot (1+i)^{-n}$$

mit
K_0 = Barwert einer Zahlung
K_n = Endwert einer Zahlung
i = Kalkulationszinsfuß (als Dezimalzahl, d. h. 6% = 0,06)
n = Anzahl der Jahre

Beispiel:
Ein Geschäftsführer erwartet in 5 Jahren eine Abfindung in Höhe von 150.000 €. Wieviel ist diese Zahlung unter Zugrundelegung eines Kalkulationszinsfußes von 8% heute wert?

K_0 = 150.000 · (1 + 0,08)$^{-5}$
K_0 = 150.000 · 0,68058
K_0 = 102.087

Die Abfindung hat heute einen Wert von 102.087 €

Wird im entgegengesetzten Fall eine gegenwärtige Ein- oder Auszahlung unter Berücksichtigung von Zinseszinsen auf einen zukünftigen Zeitpunkt bezogen, so spricht man von **Aufzinsung**. Der Wert, den diese gegenwärtige Zahlung (K_0) bei einem Kalkulationszinsfuß (i) zukünftig annimmt, wird als **Endwert** bezeichnet.

Der Zahlungsstrahl verdeutlicht auch hier die Problemstellung bei der Frage nach einer Aufzinsung; hierzu ebenfalls eine Abbildung:

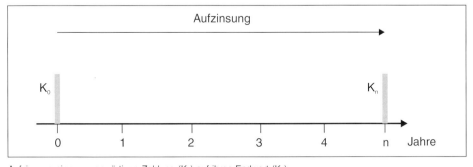

Aufzinsung einer gegenwärtigen Zahlung (K_0) auf ihren Endwert (K_n)

Die **Aufzinsungsformel** lautet:

$$K_n = K_0 \cdot (1+i)^n$$

mit
K_n = Endwert einer Zahlung
K_0 = Barwert einer Zahlung
i = Kalkulationszinsfuß (als Dezimalzahl)
n = Anzahl der Jahre

3 Betriebliche Organisation und Unternehmensführung

Beispiel:
Ein Schüler bekommt von seiner Oma 80.000 € heute geschenkt. Wie hoch wird der Betrag in 8 Jahren sein, wenn er zu 7% unter Berücksichtigung von Zinseszinsen in Höhe des Kalkulationszinsfußes bei einem Geldinstitut angelegt wird?

$K_n = 80.000 \cdot (1 + 0{,}07)^8$
$K_n = 80.000 \cdot 1{,}71819$
$K_n = 137.455{,}20$

In 8 Jahren ist Omas Geschenk 137.455,20 € wert.

Kriterium für die Vorteilhaftigkeit einer Investition ist der **Kapitalwert (C)**. Er ergibt sich aus der Differenz der Summe der **Barwerte aller Einzahlungen (E_0)** und der Summe der **Barwerte aller Auszahlungen (A_0)**.

Anstelle einer separaten Berechnung der Barwerte für Einzahlungen und Auszahlungen kann die Berechnung des Kapitalwertes auch über eine Abzinsung der Nettoeinzahlungen (Differenz Einzahlung (E_n) – Auszahlung (A_n)) eines jeweiligen Jahres erfolgen.

$$C = E - A_0 \text{ bzw.}$$

$$E = \frac{e_1 - a_1}{(1 + i)^1} + \frac{e_2 - a_2}{(1 + i)^2} + \frac{e_n - a_n}{(1 + i)^n} + \frac{R}{(1 + i)^n}$$

Eine Investition ist dann vorteilhaft, wenn ihr Kapitalwert (C_0) gleich Null oder positiv ist.

– Ist der Kapitalwert **gleich Null**, so wird gerade noch die Mindestverzinsung erreicht, d. h. die Einzahlungsüberschüsse reichen aus, um die Anfangsauszahlung zu tilgen und das investierte Kapital in Höhe des Kalkulationszinsfußes zu verzinsen.

– Ist der Kapitalwert **positiv**, so wird neben der Mindestverzinsung ein weiterer Einzahlungsüberschuss erzielt.

– Ergibt sich ein **negativer** Kapitalwert, so wird deutlich, dass die Mindestverzinsung nicht erreicht wird und das zu investierende Kapital an anderer Stelle, beispielsweise im Rahmen einer Geldanlage auf dem Kapitalmarkt, eine höhere Rendite erzielen würde.

Im Fall einer Ersatzinvestition wird eine alte Anlage nur dann ausgetauscht, wenn der Kapitalwert gleich Null oder positiv ist. Bei einer Erweiterungsinvestition ist die Anlage, die unter den vorhandenen Alternativen den höchsten (positiven) Kapitalwert errreicht, die vorteilhafteste. Das folgende Beispiel untersucht eine Investition auf ihre Vorteilhaftigkeit.

Für eine geplante Investition wird mit den in der folgenden Tabelle dargestellten Ein- und Auszahlungen gerechnet:

	Anschaffungsjahr	1. Nutzungsjahr	2. Nutzungsjahr	3. Nutzungsjahr	4. Nutzungsjahr	gesamt
Einzahlung	–	3.000	2.000	2.000	2.000	9.000
Auszahlung	– 6.000	–1.000	– 500	–300	–	– 7.800
Nettoeinzahlung	– 6.000	2.000	1.500	1.700	2.000	1.200

Ein- und Auszahlungen einer Investition

3 Betriebliche Organisation und Unternehmensführung

Bei erster Betrachtung fällt auf, dass die Investition ohne Ansatz eines Kalkulationszinsfußes in der Summe einen Einzahlungsüberschuss von 1.200 € erreicht. Hat das Unternehmen nun für diese Investition ein Bankkredit in Anspruch zu nehmen, der mit 8% verzinst wird, so ist als Folge ein Kalkulationszinsfuß von mindestens 8% anzusetzen.

Aufgrund des negativen Kapitalwertes ist die Investition nicht vorteilhaft, da die effektive Verzinsung geringer ist als der Kalkulationszinsfuß und somit die Kreditkosten für den Bankkredit nicht gedeckt werden.

Eine rechnerische Vereinfachung ist gegeben, wenn die Nettoeinzahlungen c am Ende eines jeden Jahres während der Gesamtlaufzeit der Investition gleich hoch sind. Dann gilt:

$$C = E - A_0$$

mit $E = C \dfrac{(1 + i)^n - 1}{i(1 + i)^n} + \dfrac{R}{(1 + i)^n}$

Fallen diese gleichhohen Zahlungen nicht nur für eine begrenzte Anzahl von Jahren, sondern für einen unbegrenzten Zeitraum (mindestens n > 30) an, so spricht man von einer **ewigen Rente**, für die gilt

$$E = \dfrac{c}{i} \text{ und } C = E - A_0$$

3.6.5.3.3.2 Die Annuitätenmethode

Die zuvor geschilderten Methoden unterstellen jeweils, dass hinsichtlich der während der Laufzeit der Investition zu erwartenden Ein- und Auszahlungen bereits Größenordnungsvorstellungen bestehen. Oft sind aber nur die Höhe der Anschaffungsauszahlung und die Lebensdauer der Anlage bekannt, und man würde gern wissen, wie hoch die durchschnittlichen jährlichen Nettoerträge (also **durchschnittliche jährliche Einzahlungen**, auch **DJE** abgekürzt, abzüglich der **durchschnittlichen jährlichen Auszahlungen**, auch **DJA** abgekürzt) mindestens ausfallen müssen, damit die betrachtete Investition unter Zugrundelegung eines bestimmten Kalkulationszinsfußes als vorteilhaft anzusehen ist. Im Allgemeinen – und so auch hier – wird davon ausgegangen, dass ein Restwert der Anlage nach Ablauf der veranschlagten Nutzungsdauer nicht zu berücksichtigen (d.h. gleich Null) ist. Außerdem werden konstante jährliche Nettoeinzahlungen unterstellt.

Wie oben dargestellt, errechnet sich der Kapitalwert einer Investition gemäß der Formel

$$C = E - A_0$$

mit $E = c \cdot \dfrac{(1 + i)^n - 1}{i(1 + i)^n} + \dfrac{R}{(1 + i)^n}$

oder, in zusammengefasster Schreibweise:

$$C = c \dfrac{(1 + i)^n - 1}{i(1 + i)^n} - A_0$$

Setzt man C = 0, so erhält man durch Umformung

$$c = \dfrac{i(1 + i)^n}{(1 + i)^n - 1} A_0$$

Dabei bezeichnet c die Nettoeinzahlung, die durchschnittlich jedes Jahr erzielt werden muss, damit die Anschaffungsauszahlung A_0 und eine Verzinsung zum gegebenen Kalkulationszinsfuß i während der Nutzungsdauer n zurückerwirtschaftet wird.

Der Ausdruck

$$\frac{i(1+i)^n}{(1+i)^n - 1}$$

ist als **Annuität** oder – in anderen Literaturquellen – als **Kapitalwiedergewinnungsfaktor KWF** bekannt. Viele Tabellenbücher enthalten Tabellen mit Werten für diesen Ausdruck in Abhängigkeit von unterschiedlichen Zinssätzen und Laufzeiten.

Beispiel:
Ein Bürogebäude in der Innenstadt wird für 3.000.000 € angeboten. Bei Anschaffung sind weitere 2.000.000 € für Umbauten und Modernisierungen aufzuwenden. Wie hoch müssen die jährlichen Netto-Mieteinnahmen durchschnittlich sein, wenn die Gesamt-Anschaffungskosten in 25 Jahren erwirtschaftet werden sollen? Angenommen wird ein Kalkulationszinsfuß von 6%.

$$c = 5.000.000 \; \frac{0{,}06 \, (1+0{,}06)^{25}}{(1+0{,}06)^{25} - 1} = 5.000.000 \; \frac{0{,}2575122}{3{,}29187} = 391.133{,}61 \; €$$

3.6.6 Methoden zur Messung von Kundenzufriedenheit

Die Methoden zur Messung der Kundenzufriedenheit stellen einen Teilausschnitt aus dem grossen Bereich der **Marktforschung** dar, auf den in Kapitel 9, Abschnitt 9.3, noch ausführlich eingegangen werden wird. Auf einzelne repräsentative und nicht-repräsentative Verfahren zur Auswahl von Kunden, die in eine statistische Erhebung einbezogen werden, soll daher an dieser Stelle nicht eingegangen werden. Auch hinsichtlich der Datenerhebung durch Befragung oder Beobachtung sei auf den angegebenen Abschnitt verwiesen. Ergänzend wird im Folgenden eine mögliche Vorgehensweise bei der Zufriedenheitsmessung dargestellt, die sich aus dem sequentiellen Einsatz verschiedener ausgewählter Methoden aus der Qualitätssicherung zusammensetzt, nämlich

– die Kontaktpunktanalyse,
– die Critical Incident Technique und
– die Frequenz-Relevanz-Analyse.

Dargestellt werden diese Methoden am Beispiel eines Dienstleistungsbetriebes.

Für das Reisebüro »Globotours« soll eine umfangreiche Erhebung der Kundenzufriedenheit durchgeführt werden. Hierzu ist es zunächst erforderlich, alle oder wenigstens die wichtigsten Kontaktsituationen zwischen Kunden und Reisebüromitarbeitern zu erfassen und herauszufinden, welche dieser Situationen ein »kritisches Potential« enthalten, einfacher ausgedrückt: Was »schieflaufen« kann, was in der Vergangenheit bereits »schiefgelaufen« ist und welche Häufigkeit und Bedeutung diese negativen Ereignisse aus Kundensicht aufweisen.

3.6.6.1 Kontaktpunktanalyse

Über alle vorstellbaren Kontaktsituationen zwischen Mitarbeitern und Kunden können Angehörige dieser beiden Gruppen selbst am besten Auskunft geben. Die Kontaktpunktanalyse bedient sich dazu des offenen Einzelinterviews mit dem Ziel, die Abfolge der Kontaktstationen und -situationen in Verbindung mit den dabei gesammelten Erlebniseindrücken chronologisch und möglichst vollständig zu erfassen.

Häufig wird in der Praxis die Entwicklung einer Ablaufdarstellung (z. B. ein die Abläufe visualisierender Flussplan, ein »**Blueprinting**«) aus Sicht der Mitarbeiter mit Kundenkontakt und der zuarbeitenden »Back-Office«-Mitarbeiter vorangegangen sein, aus der sich die verschiedenen Kontaktanlässe und Einschätzungen bezüglich deren Bedeutung und Fehlerbehaftung ergeben. In einem Dienstleistungsunternehmen mit vielfältigen Kundenkontakten kann es sinnvoll sein, die Erhebung auf bestimmte Kontaktanlässe (etwa Erstkontakt, Folgekontakte..) oder bestimmte Situationen (Beratung, Leistungserstellung..) zu beschränken. In Hinblick auf die weiteren vorgesehenen Analysen können gezielte Fragen nach bestimmten Aspekten, nach besonders guten oder schlechten Erfahrungen vorgesehen werden. Vorbereitend sind folgende Vorarbeiten zu leisten:

– Festlegung der zu untersuchenden Kontaktanlässe,
– Erstellung eines Fragenkataloges,
– Auswahl der zu befragenden Kunden (mit entsprechender Kontakterfahrung) und Mitarbeiter (letztere möglichst in Vollerhebung, erstere als Stichprobe),
– Klärung der Mitwirkungsbereitschaft der ausgewählten Kunden,
– Festlegung von Termin, Dauer, Ort, Interviewer...,
– Bereitstellung der Dokumentationsmedien (Tonbandgerät, Videoaufzeichnungsgerät...).

Die »Globotours«-Leitung hat eine Liste von Kunden vorgelegt, die nach ihren Erlebniseindrücken aus der Erstkontaktsituation befragt werden sollen. Bei der Auswahl wurde darauf geachtet, dass nicht nur treue Stammkunden, sondern auch erst in den letzten Jahren hinzugewonnene Kunden berücksichtigt wurden, unter denen sich auch Kunden befinden, die die Leistungen des Reisebüros bisher nur einmal in Anspruch genommen haben. Als Interviewer werden vorab geschulte Mitarbeiter eingesetzt, die den jeweils interviewten Kunden bisher nicht persönlich bekannt sind. Jeder ausgewählte und mitwirkungsbereite Kunde wird einzeln interviewt, wobei je Interview eine halbe Stunde eingeplant wurde. Da den Kunden kein standardisierter Fragenkatalog vorgelegt wird, sondern sie vielmehr zum »freien Erzählen« (»narratives Interview«) aufgefordert werden, können Kundenäußerungen auch nicht standardmäßig erfasst werden. Deswegen werden im Einvernehmen mit den Befragten Tonbandmitschnitte gefertigt.

Das Interview beginnt mit der Frage »Beschreiben Sie bitte von Anfang an, was Sie im »Globotours«-Reisebüro in Zusammenhang mit Ihrer letzten Reise erlebt haben!« Unterstützend werden bedarfsweise – etwa bei stockendem Gesprächsfluss, Überspringen einer Situation oder unklarer Aussage – situationsbezogene Fragen eingeworfen: »Wie sind Sie auf dieses Reisebüro aufmerksam geworden?« »Wie war Ihr Eindruck beim Betreten dieses Reisebüros?« »Wie lange hat es gedauert, bis sich jemand um Sie gekümmert hat?« »Wie war der Verlauf des ersten Beratungsgesprächs?« usw. Abschließend wird gefragt »Ist Ihnen eine bestimmte Situation als besonders positiv oder negativ im Gedächtnis geblieben?«

Die Auswertung der Tonbandprotokolle ist aufwändig: Die einzelnen Äußerungen müssen knapp, aber treffend beschrieben und den verschiedenen Prozessphasen zugeordnet werden. Anschließend erfolgt eine Zusammenfassung sinngemäß gleicher Aussagen zu Clustern unter Notierung der vorgefundenen Häufigkeiten; insoweit gleicht das Ergebnis der in Abschnitt 3.3.3.3.2 dargestellten Auswertung der Kartenabfrage bei Anwendung der Metaplan®-Technik. Gegebenenfalls können die Kundenaussagen durch Eindrücke der Interviewer ergänzt werden. Die Ergebnisse können für die Vorbereitung einer genaueren Analyse der kritischen Kontaktsituationen genutzt werden.

3.6.6.2 Critical Incident Technique

Diese auch als »Kritische-Ereignisse-Methode« bezeichnete Technik geht ebenfalls von offenen Einzelinterviews aus, zielt aber – anders als die Kontaktpunktanalyse – nicht auf die vollständige und chronologische Erfassung gesamter Abläufe ab, sondern konzentriert sich auf die Sammlung von Informationen zu als »außergewöhnlich« im Sinne einer Normabweichung (zum Guten oder Schlechten) erlebten Situationen. Dabei sollen vor allem die Emotionen der Gesprächspartner erfasst werden.

Die Befragung eines mitwirkungswilligen Kunden wird mit der Frage eingeleitet: »Erinnern Sie sich bitte an ein besonders positives oder negatives Erlebnis beim Besuch Ihres Reisebüros!« Nach kurzem Überlegen fällt dem Kunden eine Begebenheit ein, die ihm missfallen hat: Als er seine letzte Reise buchen wollte, waren alle Beratungsplätze besetzt, und er hatte lange warten müssen. Der Interviewer fragt nach Einzelheiten: Wo genau, an welchem Tag, zu welcher Zeit ist dies passiert? Was war daran besonders unangenehm? Worüber hat sich der Kunde geärgert? Wie hat er reagiert? Es stellt sich heraus, dass der Kunde kurz nach Neuerscheinen der Veranstalterkataloge freitags zur Feierabendzeit spontan ins Reisebüro gekommen war und eigentlich auch mit einer Wartezeit gerechnet hatte. Geärgert hat ihn eigentlich nicht die Notwendigkeit des Wartens, sondern der Umstand, dass er diese Zeit im Stehen hatte verbringen müssen. Letztlich hat er seine Buchung aber doch vornehmen können. Beschwert hat er sich nicht; seine Konsequenz war, dass er jetzt nur noch am frühen Nachmittag ins Reisebüro geht. Schließlich fällt ihm noch etwas ein: Wegen der langen Wartezeit war seine Parkzeit überzogen gewesen, weswegen er bei der Rückkehr zum Auto einen Strafzettel vorgefunden hatte. Spontan hatte er sich über das »blöde Reisebüro« geärgert, bis jetzt aber nicht mehr an diesen Vorfall gedacht.

Aufgrund der offenen Fragestellung ist bei Anwendung der Critical Incident Technique mit Äußerungen zu allen denkbaren Situationen zu rechnen; im Beispiel bezieht sich der Kunde sowohl auf die Situation einer Nachfrage nach einer Dienstleistung als auch auf eine nur mittelbare Situation nach Verlassen des Reisebüros. In der Clusterung, die im Übrigen, wie auch das weitere Vorgehen, genau wie bei der Kontaktpunktanalyse vorgenommen wird, ist daher eine zusätzliche Gliederung nach den unterschiedlichen Situationen vorzunehmen. Diese Methode sollte sehr behutsam von erfahrenen Interviewern und auch nur mit einer eingeschränkten Anzahl von Gesprächspartnern durchgeführt werden: Zum einen weckt sie negative Emotionen, zum anderen die Erwartung bei den Befragten, dass die erörterten Missstände sofort behoben würden.

3.6.6.3 Frequenz-Relevanz-Analyse

Alle Probleme sind wichtig, aber nicht alle Probleme sind **gleichermaßen** wichtig. Die Frequenz-Relevanz-Analyse von Problemen **(FRAP)** will herausfinden, wie häufig und wie gravierend ein bestimmtes Problem von Kunden empfunden wird.

Vorbereitend wird eine Liste von Situationen erstellt, die z. B. im Rahmen einer Kontaktpunktanalyse oder bei Anwendung der Critical Incident Technique als problembehaftet identifiziert wurden. Ausgewählte Kunden werden gebeten, zu jeder Situation anzugeben, ob er sie schon einmal als problematisch empfunden und, wenn ja, welche Bedeutung er diesem Problem beigemessen hat.

Die Geschäftsleitung von Globotours schreibt 200 Kunden an und bittet sie, einen dem Anschreiben beigelegten Erhebungsbogen auszufüllen und (portofrei und anonym) zurückzuschicken.

»Im Folgenden sind einige Situationen aufgelistet, die Sie sicherlich schon in einem unserer Reisebüros erlebt haben. Wir bitten Sie, jeweils anzugeben, ob Sie die Situation schon einmal als problematisch empfunden haben und wie stark Sie dieses Problem bewerten. Bitte beachten Sie bei der Bewertung die Erläuterungen unterhalb der Tabelle. Zusätzlich möchten wir Sie bitten, das Problem stichwortartig zu erläutern.

3 Betriebliche Organisation und Unternehmensführung

Situation	Problem		Gewichtung				
	ja	nein	1	2	3	4	5
Telefonische Auskunft	☐	☐	☐	☐	☐	☐	☐
Telefonische Erreichbarkeit	☐	☐	☐	☐	☐	☐	☐
Öffnungszeiten	☐	☐	☐	☐	☐	☐	☐
Personal	☐	☐	☐	☐	☐	☐	☐
Prospektausgabe	☐	☐	☐	☐	☐	☐	☐
Wartezeiten	☐	☐	☐	☐	☐	☐	☐
Beratung	☐	☐	☐	☐	☐	☐	☐
Buchung	☐	☐	☐	☐	☐	☐	☐
Buchungsbestätigung	☐	☐	☐	☐	☐	☐	☐
Umbuchung	☐	☐	☐	☐	☐	☐	☐
Storno	☐	☐	☐	☐	☐	☐	☐
Versand von Unterlagen	☐	☐	☐	☐	☐	☐	☐
Zahlungswege	☐	☐	☐	☐	☐	☐	☐
Parkmöglichkeiten	☐	☐	☐	☐	☐	☐	☐
Sonstiges (bitte benennen)	☐	☐	☐	☐	☐	☐	☐

1 = hat mich zwar etwas geärgert, aber kann schon einmal vorkommen
2 = hat mich ziemlich geärgert, blieb für mich aber ohne Konsequenzen
3 = hat mich so stark geärgert, dass ich mich das nächste Mal beschweren werde
4 = hat mich dermaßen geärgert, dass ich mich beschwert habe
5 = hat mich dermaßen geärgert, dass ich die Konsequenz gezogen habe

VIELEN DANK für Ihre Mitwirkung!«

Nach vier Wochen sind 23% der Fragebögen ausgefüllt zurückgekommen. Der Geschäftsführer ist über diese Resonanz zunächst enttäuscht, wird aber von einem Statistikexperten belehrt, dass diese Quote sogar sehr gut sei. Die Auswertung der Bögen, die wegen der Standardisierung zügig erledigt ist, ergibt, dass gravierende Probleme bei der telefonischen Erreichbarkeit und bei der Bearbeitung von Umbuchungen und Stornierungen bestehen. Daher soll als erstes an Verbesserungen in diesen Bereichen gearbeitet werden.

Die Methode FRAP eignet sich offensichtlich sehr gut für die Befragung größerer Kundenzahlen, da sie schriftlich durchgeführt werden kann und keine zeitaufwändigen Interviews erfordert. Sie setzt aber die vorausgehende Durchführung einer Methode zur Identifizierung realistischer Problemfelder voraus. Die Auswertung ist vergleichsweise einfach und schnell zu erledigen. Auch hier entsteht allerdings ein Handlungsdruck, da die Befragten Abhilfe in als problematisch geschilderten Situationen erwarten werden.

3.7 Rechtsgrundlagen

3.7.1 Umweltrecht

Der Gesetzgeber verfolgt mit dem Umweltrecht im Wesentlichen **drei Ziele**:

– Dem Menschen soll eine Umwelt gesichert werden, wie er sie für seine Gesundheit und ein menschenwürdiges Dasein braucht.

– Boden, Wasser, Luft, Tierwelt und Pflanzenwelt sollen vor nachteiligen Wirkungen menschlicher Eingriffe geschützt werden.

– Schäden oder Nachteile aus menschlichen Eingriffen sollen beseitigt werden.

3.7.1.1 Prinzipien des Umweltrechts

Dem Umweltrecht liegen verschiedene Prinzipien zugrunde:

– Nach dem **Vorsorgeprinzip** sollen Umweltgefahren und Umweltschäden soweit wie möglich vermieden werden.

– Durch das **Verursacherprinzip** werden die Kosten zur Vermeidung, Beseitigung und zum Ausgleich von Umweltbeeinträchtigungen demjenigen auferlegt, der sie verursacht hat. Das Verursacherprinzip ist somit ein Grundsatz der Kostenzurechnung.

– Kann der Verursacher nicht festgestellt werden, muss die Allgemeinheit die Kosten über den Staatshaushalt tragen **(Gemeinlastprinzip)**.

– Nach dem **Subsidiaritätsprinzip** ist die Kostenübernahme durch die Allgemeinheit aber stets nachrangig zur Kostentragung durch den Verursacher.

– Das **Kooperationsprinzip** besagt, dass Staat, Wirtschaft und Gesellschaft zusammen wirken müssen, um die Ziele der Umweltpolitik zu erreichen. Umweltschutz ist demnach nicht alleinige Aufgabe des Staates.

3.7.1.2 Deutsches Umweltrecht

Das deutsche Umweltrecht setzt sich aus vielen verschiedenen Rechtsquellen zusammen.

Grundlage ist Artikel 20a des Grundgesetzes, der dem Staat den Schutz der natürlichen Lebensgrundlagen »nach Maßgabe von Gesetz und Recht« aufträgt.

Im Folgenden wird eine Auswahl von Bundesgesetzen behandelt. Daneben gibt es umweltrechtliche Landesgesetze sowie das Umweltrecht betreffende kommunale Satzungen.

3.7.1.2.1 Bundesimmissionsschutzgesetz (BImSchG)

Das BImSchG bildet den Mittelpunkt des bundesrechtlichen Immisionsschutzes. Es wird durch diverse Spezialregelungen ergänzt, wie z. B. durch das Gesetz gegen Fluglärm. Daneben gibt es zahlreiche Verordnungen, die auf der Grundlage des BImSchG ergangen sind (z. B. Verordnung über genehmigungspflichtige Anlagen; Verordnung über das Genehmigungsverfahren).

Das BImSchG dient dem Schutz von

– Menschen, Tieren und Pflanzen,
– Boden, Wasser und Atmosphäre,
– Kultur und sonstigen Sachgütern.

Diese Güter sollen erstens vor schädlichen Umwelteinwirkungen von **Immissionen** (z. B. Luftverunreinigung, Licht, Wärme, Lärm etc.) geschützt werden. Zweitens sollen Gefahren und sonstige erhebliche Belästigungen, die von **genehmigungsbedürftigen Anlagen** ausgehen können, abgewendet werden.

Genehmigungsbedürftig sind Anlagen, die in besonderem Maße geeignet sind, schädliche Umwelteinwirkungen hervorzurufen oder in anderer Weise die Allgemeinheit erheblich zu gefährden oder zu belästigen.

§ 5 BImSchG legt dem Betreiber einer genehmigungsbedürftigen Anlage einen Katalog von Pflichten auf, nach deren Maßgabe die Anlage zu errichten und zu betreiben ist. Dazu gehören Vermeidung schädlicher Umwelteinwirkungen und Gefahren, Abfallvermeidung, Nutzung der entstehenden Wärme und Vorsorge gegen schädliche Umwelteinwirkungen durch dem Stand der Technik entsprechende Maßnahmen.

Neben diesem **anlagebezogenen Immissionsschutz** regelt das BImSchG den produktbezogenen, den verkehrsbezogenen und den gebietsbezogenen Immissionsschutz.

Die §§ 34ff. BImSchG bilden die Ermächtigungsgrundlage für den Erlass von Rechtsverordnungen über die Beschaffenheit von Brennstoffen, Treibstoffen, Schmierstoffen und sonstigen Erzeugnissen **(produktbezogener Immissionsschutz)**.

Der **verkehrsbezogene Immissionsschutz** (§§ 38 ff. BImSchG) betrifft die Beschaffenheit und den Betrieb von Fahrzeugen sowie den Bau und die Änderung von Straßen und Schienenwegen. Er dient der Abgasentgiftung und der Lärmbekämpfung.

Der in § 49 BImSchG geregelte **gebietsbezogene Immissionsschutz** ermächtigt die Landesregierungen, durch Rechtsverordnungen den Schutz bestimmter Gebiete festzulegen. Dies können Gebiete sein, die eines besonderen Schutzes vor schädlichen Umwelteinwirkungen bedürfen (z. B. Badeorte) oder Gebiete, in denen während austauscharmer Wetterlagen ein starkes Anwachsen schädlicher Umwelteinwirkungen durch Luftverunreinigungen zu befürchten ist (Smoggebiete).

3.7.1.2.2 Kreislaufwirtschafts- und Abfallgesetz (KrW-/AbfG)

Das KrW-/AbfG von 1996 ersetzt das Abfallgesetz von 1986. Es stellt eine Fortentwicklung des Abfallrechts zu einem Recht der Kreislaufwirtschaft dar.

Zweck des KrW-/AbfG ist die Förderung der Kreislaufwirtschaft zur Schonung der natürlichen Ressourcen und die Sicherung der umweltverträglichen Beseitigung von Abfällen. Abfälle sind bewegliche Sache, die in Anhang 1 zum KrW-/AbfG aufgeführt sind und deren sich ihr Besitzer entledigt, entledigen will oder entledigen muss.

Als Grundsatz formuliert das KrW-/AbfG in § 4, dass Abfälle in erster Linie zu vermeiden sind, sowohl durch Reduzierung der Abfallmenge als auch durch Verminderung deren Schädlichkeit. In zweiter Linie sind Abfälle stofflich zu verwerten oder zur Energiegewinnung (sog. energetische Verwertung) zu nutzen. Vorrang hat die besser umweltverträgliche Verwertungsart. Die energetische Verwertung ist jedoch nur zulässig, wenn durch die Erfüllung weiterer Voraussetzungen (z. B. Heizwert des Abfalls) sichergestellt ist, dass die Energiegewinnung - und nicht die Abfallbeseitigung - im Vordergrund steht.

Abfälle, die nicht verwertet werden, sind dauerhaft von Kreislaufwirtschaft auszuschließen und unter Wahrung des Wohls der Allgemeinheit zu beseitigen. Die Abfallbeseitigung darf nur in dafür zugelassenen Anlagen oder Einrichtungen erfolgen.

Das KrW-/AbfG unterteilt Abfall in »nicht überwachungsbedürftig«, »überwachungsbedürftig« und »besonders überwachungsbedürftig«. Maßgebend für die Unterteilung ist, ob der Abfall in besonderem Maße gesundheits-, luft- oder wassergefährdend ist, ob er Krankheitserreger enthält oder hervorbringen kann u. a. Die Eingruppierung erfolgt durch Rechtsverordnung. (Verordnungen zur Bestimmung von besonders überwachungsbedürftigen und überwachungsbedürftigen Abfällen zur Verwertung vom 10.9.1996; Verordnung zur Einführung des Europäischen Abfallkataloges vom 13.9.1996).

Erzeuger, die jährlich mehr als 2000 kg besonders überwachungsbedürftige Abfälle oder 2000 t überwachungsbedürftige Abfälle hervorbringen, müssen ein **Abfallwirtschaftskonzept** und eine **Abfallbilanz** erstellen. Das Abfallwirtschaftskonzept dient als internes Planungsinstrument und enthält Angaben über Art, Menge und Verbleib des Abfalls, Maßnahmen zur Vermeidung, Entsorgungswege u. a. In der Abfallbilanz ist Art, Menge und Verbleib des Abfalls für das jeweils vorhergehende Jahr darzustellen.

§ 22 KrW-/AbfG formuliert für jeden, der Erzeugnisse entwickelt, herstellt, be- und verarbeitet oder vertreibt, eine **Produktverantwortung**. Zur Erfüllung dieser Produktverantwortung sind Erzeugnisse so zu gestalten, dass bei deren Herstellung und Gebrauch die Entstehung von Abfällen vermindert wird und die umweltverträgliche Verwertung und Beseitigung der nach deren Gebrauch entstehenden Abfälle sichergestellt ist.

Aus der Produktverantwortung folgt insbesondere:
- die Erzeugnisse sollen mehrfach verwendbar und langlebig sein;
- bei der Herstellung der Erzeugnisse sollten vorrangig verwertbare Abfälle oder sekundäre Rohstoffe verwendet werden;
- schadstoffhaltige Erzeugnisse sollen gekennzeichnet werden;
- auf Rückgabe-, Wiederverwendungs- oder Verwertungsmöglichkeiten oder -pflichten soll hingewiesen werden;
- die Erzeugnisse sollen nach Gebrauch zurückgenommen werden.

Die Bundesregierung ist ermächtigt, durch Rechtsverordnung den Kreis der Verpflichteten sowie Art und Weise der Produktverantwortung zu bestimmen.

3.7.1.2.3 Wasserhaushaltsgesetz (WHG)

Das Gesetz zur Ordnung des Wasserhaushalts (WHG) gehört zum Gebiet des Gewässerschutzrechts, das dem Schutz des Umweltmediums Wasser vor Überbeanspruchung und Verunreinigung dient. Es gilt für oberirdische Gewässer, Küstengewässer und das Grundwasser.

Ziel dieses Gesetzes ist es, die Gewässer als Bestandteil des Naturhaushaltes und als Lebensraum für Tiere und Pflanzen zu sichern.

Daher formuliert das WHG als Grundsatz, dass Gewässer so zu bewirtschaften sind, dass sie dem Wohl der Allgemeinheit und im Einklang mit ihm auch dem Nutzen einzelner dienen, und dass vermeidbare Beeinträchtigungen ihrer ökologischen Funktionen unterbleiben (§ 1a Abs.1 WHG).

Nach §1 Abs.2 WHG trifft jedermann die Verpflichtung, bei Maßnahmen mit potentieller Einwirkung auf ein Gewässer die nach den Umständen erforderliche Sorgfalt anzuwenden, um eine Verunreinigung oder sonstige nachteilige Veränderungen des Wassers zu vermeiden. Die gleiche Sorgfalt ist anzuwenden, um eine sparsame Verwendung des Wassers zu erzielen und um eine Vergrößerung und Beschleunigung des Wasserabflusses zu vermeiden.

Das Grundeigentum berechtigt weder zu einer Gewässerbenutzung, die nach dem WHG oder einem Landeswassergesetz erlaubnispflichtig ist, noch zum Ausbau eines oberirdischen Gewässers (§ 1 Abs.3 WHG).

Das WHG enthält den Grundsatz, dass **jede Benutzung** eines Gewässers der behördlichen Erlaubnis oder Bewilligung bedarf (§ 2 WHG).

Als Benutzung in diesem Sinne gelten gemäß § 3 WHG:
- Entnehmen und Ableiten von Wasser aus oberirdischen Gewässern,
- Aufstauen und Absenken von oberirdischen Gewässern,
- Entnehmen fester Stoffe aus oberirdischen Gewässern, soweit dies auf den Zustand des Gewässers oder auf den Wasserabfluss einwirkt,
- Einbringen und Einleiten von Stoffen in oberirdische Gewässer, Küstengewässer und in das Grundwasser,
- Entnehmen, Zutagefördern und Zutageleiten und Ableiten von Grundwasser,
- Aufstauen, Absenken und Umleiten von Grundwasser,
- sonstige Maßnahmen, die geeignet sind, dauernd in einem nicht nur unerheblichen Ausmaß schädliche Veränderungen der physikalischen, chemischen oder biologischen Beschaffenheit des Wassers herbeizuführen (z. B. Abwärme).

Diese ausführliche Aufzählung macht alle wesentlichen Gewässernutzungen erlaubnis- oder bewilligungspflichtig.

Ausgenommen von der Zulassungspflicht sind Benutzungen, die ausdrücklich vom WHG selbst oder sonstigen landesrechtlichen Bestimmungen für erlaubnisfrei erklärt werden.

Für oberirdische Gewässer bestimmt § 23 WHG, dass der Gemeingebrauch in dem vom Landesrecht gestatteten Umfang erlaubnisfrei ist. Hierunter fallen z. B. typische Freizeitnutzungen wie Baden und Schwimmen.

Hinsichtlich des Grundwassers ergibt sich aus § 33 WHG der Umfang der erlaubnisfreien Nutzung. Danach ist z. B. die Benutzung des Grundwassers für den Haushalt, den landwirtschaftlichen Hofbetrieb oder in geringen Mengen für einen vorübergehenden Zweck erlaubnisfrei.

Die **Erlaubnis** (§ 7 WHG) gewährt die widerrufliche Befugnis, ein Gewässer zu einem bestimmten Zweck in einer nach Art und Maß bestimmten Weise zu benutzen. Sie kann befristet werden.

Die **Bewilligung** (§ 8 WHG) gewährt dagegen das Recht, ein Gewässer zu nutzen und kann nur unter den in §12 WHG bestimmten Voraussetzungen widerrufen werden. Sie räumt ihrem Inhaber eine weitergehende Rechtsposition als die Erlaubnis ein.

Es besteht kein Rechtsanspruch auf Erteilung einer Erlaubnis oder Bewilligung. Das heißt, dass die Behörde nicht verpflichtet ist, bei Vorliegen bestimmter Voraussetzungen eine Erlaubnis oder Bewilligung zu erteilen.

Die Erteilung einer Erlaubnis oder Bewilligung wird versagt, wenn von der beabsichtigten Benutzung eine Beeinträchtigung des Wohls der Allgemeinheit zu erwarten ist, die weder durch Auflagen noch durch Maßnahmen einer Körperschaft des öffentlichen Rechts ausgeglichen wird (§ 6 WHG).

§ 41 WHG bestimmt, dass Zuwiderhandlungen gegen das WHG als Ordnungswidrigkeiten mit Geldbußen bis zu 50.000 € geahndet werden.

Neben dem WHG gibt es weitere Rechtsquellen, die den Gewässerschutz betreffen.

Dazu gehören folgende Verordnungen:
– Verordnung über wassergefährdende Stoffe bei Beförderung in Rohrleitungsanlagen,
– Verordnung über Anforderungen an das Einleiten von Abwasser in Gewässer (Abwasserverordnung),
– Verordnung zur Umsetzung der Richtlinie 80/68/EWG des Rates vom 17.12.1979 über den Schutz des Grundwassers gegen Verschmutzung durch bestimmte gefährliche Stoffe (Grundwasserverordnung).

Außerdem füllen Landeswassergesetze den vom WHG gesteckten Rahmen aus.

3.7.1.2.4 Umwelthaftungsgesetz (UmweltHG)

Das UmweltHG begründet eine **verschuldensunabhängige Gefährdungshaftung** für gefährliche Anlagen. Wird durch eine Umwelteinwirkung, die von einer Anlage ausgeht, jemand getötet, sein Körper oder seine Gesundheit verletzt oder eine Sache beschädigt, muss der Inhaber der Anlage dem Geschädigten den daraus entstehenden Schaden ersetzen.

Diese Gefährdungshaftung besteht nur für Anlagen, die im Anhang 1 zum UmweltHG genannt sind. In die Haftung einbezogen sind auch noch nicht fertiggestellte oder nicht mehr betriebene Anlagen. Dies macht deutlich, dass das UmweltHG die Haftung nicht an den Betrieb der Anlage knüpft, sondern an die Gefährlichkeit, die von den in Anhang 1 genannten Anlagen ausgeht.

Zur Begründung der Haftung reicht aus, dass der Schaden durch eine Umwelteinwirkung der Anlage entstanden sein könnte (**Ursachenvermutung** gemäß § 6 UmweltHG). Wenn der bestimmungsgemäße Betrieb der Anlage nachgewiesen wird, entfällt die Ursachenvermutung.

Die Haftung ist ausgeschlossen, wenn der Schaden durch höhere Gewalt verursacht wurde. Höhere Gewalt ist ein betriebsfremdes, von außen herbeigeführtes Ereignis, das auch durch Anwendung der äußersten Sorgfalt nicht hätte vermieden werden können.

Für die Haftung nach dem UmweltHG besteht gemäß §15 eine Haftungshöchstgrenze von 80 Mio. €.

Nach §19 UmweltHG müssen die Inhaber von Anlagen, die in Anhang 2 zum UmweltHG genannt sind, dafür Sorge tragen, dass sie ihrer Schadensersatzpflicht nachkommen können. Diese **Deckungsvorsorge** kann insbesondere durch eine Haftpflichtversicherung erbracht werden.

3.7.1.2.5 Umweltstrafrecht

Das Umweltstrafrecht setzt sich aus Vorschriften des Strafgesetzbuches (StGB) und jeweiliger Fachgesetze zusammen. Die wichtigsten Umweltdelikte wurden durch das Gesetz zur Bekämpfung der Umweltkriminalität 1980 in das StGB eingefügt.

Strafbar mit Freiheitsstrafe bis zu 5 Jahren oder Geldstrafe sind danach:

- § 324   StGB: Gewässerverunreinigung
- § 324a   StGB: Bodenverunreinigung
- § 325   StGB: Luftverunreinigung
- § 325a   StGB: Verursachen von Lärm
- § 326   StGB: Unerlaubter Umgang mit gefährlichen Abfällen
- § 327   StGB: Unerlaubtes Betreiben von Anlagen
- § 328   StGB: unerlaubter Umgang mit radioaktiven Stoffen und anderen gefährlichen Stoffen und Gütern
- § 329   StGB: Gefährdung schutzbedürftiger Gebiete.

§ 330 StGB eröffnet für besonders schwere Fälle einer Umweltstraftat nach §§ 324–329 StGB einen Strafrahmen der Freiheitsstrafe von mindestens 6 Monaten bis zu 10 Jahren.

Mit Freiheitsstrafe von 1 Jahr bis zu 10 Jahren wird bestraft, wer gemäß § 330a StGB durch Freisetzen von Giften die menschliche Gesundheit schwerwiegend gefährdet.

Die in den §§ 324-329 StGB geregelten Umweltstraftaten können vorsätzlich oder fahrlässig begangen werden. Vorsatz bedeutet die Begehung mit Wissen und Wollen. Fahrlässig wird ein Delikt verwirklicht, wenn der Täter die erforderliche Sorgfalt außer acht lässt. Der zugrunde zu legende Sorgfaltsmaßstab ist auf Grund des hohen Umweltbewusstseins in der Bevölkerung an relativen strengen Anforderungen zu messen.

3.7.1.3   Europäisches Umweltrecht

Mit der »Einheitlichen Europäischen Akte« wurde 1986 die gesetzliche Grundlage für das europäische Umweltrecht in den EG-Vertrag aufgenommen. In Artikel 130 r, Absatz 1 des EG-Vertrages werden die Ziele der Umweltpolitik festgehalten:

»Die Umweltpolitik der Gemeinschaft trägt zur Verfolgung der nachstehenden Ziele bei:
- Erhaltung und Schutz der Umwelt sowie Verbesserung ihrer Qualität;
- Schutz der menschlichen Gesundheit;
- umsichtige und rationelle Verwendung der natürlichen Ressourcen;
- Förderung von Maßnahmen auf internationaler Ebene zur Bewältigung regionaler oder globaler Umweltprobleme.«

In Absatz 2 bekennt sich die EG zum **Vorsorgeprinzip** und zum **Verursacherprinzip**. Diese allgemeinen Ziele werden in Form von Verordnungen und Richtlinien umgesetzt. Verordnungen haben unmittelbar bindende Wirkung für alle Mitglieder der EU, während Richtlinien in das jeweilige nationale Recht der Mitgliedsländer umgesetzt werden müssen. Das neue Kreislaufwirtschaftsgesetz der Bundesrepublik Deutschland beruht z. B. auf einer solchen Umsetzung von EG-Richtlinien.

Neben zahlreichen Richtlinien wurden von der EG seit 1972 fünf Aktionsprogramme zum Umweltschutz erstellt. Letztere haben keinen bindenden Charakter, sondern formulieren umweltpolitische Zielvorstellungen der EG-Kommission. Von besonderer Bedeutung ist dabei das fünfte Aktionsprogramm, da es einen ökologischen Strukturwandel fordert und eine Langzeitorientierung enthält. Grundlage dieses Aktionsprogramms ist die Forderung nach einer »nachhaltigen Entwicklung (substainable development)«.

Damit ist eine Entwicklung gemeint, die die Bedürfnisse der Gegenwart zu erfüllen hat, ohne dabei die Möglichkeiten der nachfolgenden Generationen einzuschränken, ihrerseits ihre Bedürfnisse zu befriedigen. Das Programm fordert, neben der Politik der Auflagen und Verordnungen stärker marktwirtschaftliche Instrumente einzusetzen. So wird z. B. für die Einführung einer Öko-Steuer auf europäischer Ebene plädiert. Als dringende Probleme werden die Bereiche Verkehr, Energie und Abfall benannt. Das Aktionsprogramm strebt die Stärkung des schienengebundenen Verkehrs, die Verminderung des Energieverbrauchs durch Energieeinsparung, die Abfallvermeidung und die Stärkung einer umweltfreundlichen Landwirtschaft an. Langfristig werden Emissionsgrenzen bei Kohlendioxid, Stickoxiden, Schwefeldioxid, Dioxinen und Schwermetallen angestrebt.

3.7.2 Bedeutung des betrieblichen Umweltschutzes

3.7.2.1 Umweltbelastungen durch Produktion und Konsum

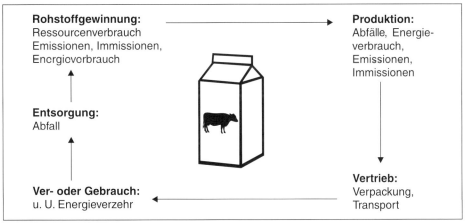

Der Lebensweg eines Produktes

Umweltbelastungen treten in allen Phasen des Produkt-Lebensweges auf.
– bei der Produktion:
  – Verbrauch von Rohstoffen und Energie,
  – Emissionen von Schadstoffen und Lärm,
  – Entstehung von Abfällen,
  – Herstellung umweltgefährdender Produkte;

– beim Vertrieb:
  – Energieverbrauch insbesondere beim Transport der Erzeugnisse,
  – Materialverbrauch bei der Verpackung;

– beim Konsum:
  – Entsorgung des Verpackungsmaterials,
  – Energieverbrauch bei der Nutzung,
  – Entstehung von Abfällen bei der Nutzung;

– bei der Entsorgung: Abfälle zur Beseitigung.

Wie bereits erwähnt, erfordert die Produktverantwortung von den Herstellern der Erzeugnisse, diese Umweltbelastungen bereits bei der Entwicklung und der Produktion zu berücksichtigen. Im folgenden werden wichtige Umweltbelastungen näher beschrieben.

Abluft

Luftverunreinigungen können ausgehen von Anlagen, die Dämpfe, Gase oder Stäube emittieren. **Dämpfe** sind feinstverteilte Kondensate von Flüssigkeiten, die die Anlage in gasförmigem Zustand verlassen, an der Luft aber sofort in Form von winzigen Tröpfchen kondensieren. In der Hauptsache handelt es sich um Wasserdampf. Emittierte **Gase** können sich in Wasser lösen und kommen mit dem Niederschlag auf die Erde zurück, oder sie verteilen sich in der Atmosphäre. Gase mit geringem spezifischem Gewicht können bis in die obersten Atmosphärenschichten aufsteigen und die dort befindliche Ozonschicht gefährden.

Stäube bestehen aus kleinen feinstverteilten festen Teilchen. Sie gelangen in die Atmosphäre, werden durch Winde verbreitet und schlagen sich irgendwann nieder.

Schwermetalle werden in Form von Stäuben durch Luftbewegungen weit verbreitet. Sie schlagen sich auf Pflanzen nieder oder gelangen in Gewässer. Tiere nehmen diese belasteten Stäube mit der Nahrung auf. Die Schwermetalle gelangen auf diese Weise in die Nahrungskette. Der Mensch nimmt die Schadstoffe über die pflanzliche und tierische Nahrung ein. In den menschlichen Organen reichern sich die Schwermetalle an und können im Laufe der Zeit Vergiftungserscheinungen hervorrufen oder das Krebsrisiko steigern.

Schwefeldioxid (SO_2) ist ein farbloses, stechend riechendes Gas, welches bei der Verbrennung von schwefelhaltigen Verbindungen entsteht. Da Schwefel ein Bestandteil der Eiweißverbindungen ist, entsteht Schwefeldioxid bei der Verbrennung von fossilen Brennstoffen (Kohle, Erdöl, Erdölprodukte). **Stickoxide (No_x)** sind aggressive Gase, die bei Verbrennungsprozessen entstehen. Schwefeldioxid und Stickoxide lösen sich gut in Wasser und bilden dabei Säuren. Aus diesem Grunde sind sie hauptverantwortlich für den sauren Regen.

Kohlenmonoxid (CO) entsteht bei der unvollständigen Verbrennung organischer Stoffe und kann beim Menschen zu Kopfschmerzen, Schwindel, Übelkeit, bei hohen Konzentrationen sogar zum Tod führen. Kohlenmonoxid wird allerdings relativ schnell zu Kohlendioxid umgewandelt, so dass es nur dann schädliche Wirkungen hervorruft, wenn es vorübergehend in hohen Konzentrationen auftritt (Smog).

Bei der unvollständigen Verbrennung entstehen außerdem verschiedene organische Verbindungen, von denen viele krebserregend oder hochgiftig sind. Dazu gehören auch **halogenierte Dioxine** (das Seveso-Gift).

Bei verschiedenen industriellen Prozessen wurden **Fluorchlorkohlenwasserstoffe (FCKW)** freigesetzt. FCKW sind als Treibgase in Sprayflaschen bekannt geworden. Mittlerweile werden sie nicht mehr produziert, sind aber durch andere, weniger schädliche Stoffe ersetzt worden. Auch diese fördern die Entstehung und die in den letzten Jahren beobachtete Vergrößerung des **Ozonlochs**. Ozon ist eine kurzlebige Verbindung des Sauerstoffs. Es entsteht in den hohen Atmosphärenschichten durch Einwirkung der ultraviolettreichen

Sonnenstrahlung. Die Geschwindigkeiten von Entstehung und Zerfall halten sich die Waage, so dass in einer Höhe von 20 bis 35 km eine stabile Ozonschicht entstanden ist. Diese Ozonschicht schirmt die Erdatmosphäre vor einem grossen Teil der ultravioletten Strahlung (UV-Strahlung) ab. Diese Strahlung könnte sonst schwerwiegende Schädigungen bei Lebewesen hervorrufen: Neben der Hautkrebsgefahr ist insbesondere die Vernichtung von Planktonbeständen, die am Anfang der Nahrungskette stehen, durch UV-Strahlung zu beobachten. Abgase, die in die Ozonschicht vordringen, beschleunigen den Zerfallsprozess von Ozon. Dadurch entstehen Gebiete mit niedrigerer Ozonkonzentration, die so genannten Ozonlöcher, so dass die Gebiete unterhalb der Ozonlöcher der gefährlichen UV-Strahlung in höherem Maße ausgesetzt sind.

In Erdnähe führen Industrieabgase und Kfz-Abgase zu einem umgekehrten Effekt, da hier die ultraviolette Strahlung geringer ist. Bei besonders hoher Sonneneinstrahlung und hohen Abgaskonzentrationen wird die Ozonbildung beschleunigt. Es entsteht der so genannte **Sommersmog**. Hohe Ozonkonzentrationen führen beim Menschen zu Reizungen der Schleimhäute und Atembeschwerden. Pflanzen können durch Ozon geschädigt, niedere Lebewesen durch Ozon abgetötet werden.

Ein weiteres Problem der Luftverunreinigung ist der so genannte **Treibhauseffekt**. Dieser wird verursacht durch die Anreicherung von Kohlendioxid (CO_2) in der Atmosphäre. Der Anteil des Kohlendioxids in der Atmosphäre beträgt nur einige Hundertstel Prozent. Es wird von den Pflanzen aufgenommen und zusammen mit Wasser zu Kohlehydraten umgesetzt. Dabei dient Sonnenlicht als Energiequelle und Chlorophyll (Blattgrün) als Katalysator. Bei diesem Prozess wird Sauerstoff freigesetzt, der von Menschen und Tieren eingeatmet wird. Der Sauerstoff reagiert mit den pflanzlichen und tierischen Nahrungsmitteln unter Freisetzung von Energie zu Kohlendioxid, welches wieder ausgeatmet wird. Auf diese Weise ist in der Natur ein Kreislauf zwischen Pflanzen und Tieren entstanden, welcher zu einer stabilen Kohlendioxidkonzentration in der Erdatmosphäre geführt hat.

Mit dem Zeitalter der Industrialisierung hat der Kohlendioxidausstoß jedoch erheblich zugenommen, da dieses Gas bei jedem Verbrennungsprozess entsteht. Diese Mengen können durch den Pflanzenbestand der Erde nicht mehr verarbeitet werden. Hinzu kommt, dass der Pflanzenbestand durch Abholzung von Wäldern verringert wird. Auf diese Weise reichert sich Kohlendioxid in der Atmosphäre an. Kohlendioxid ist gut durchlässig für kurzwellige Strahlung von der Sonne. Die längerwellige Wärmeabstrahlung der Erde wird jedoch vom Kohlendioxid zurückgehalten. Ähnlich wie in einem Treibhaus kommt es zu einer Erwärmung der Erdatmosphäre.

Schon eine Erwärmung um einige Grad hat schwerwiegende Folgen für das Klima auf der Erde. Durch Abschmelzen von Polareis und Gletschern können verheerende Überschwemmungen ausgelöst werden. Es wird mit der Verwüstung von ganzen Gebieten gerechnet. Die Klimaveränderungen können zu schweren Unwetterkatastrophen führen.

Abwasser

Abwasser ist das aus Haushalt, Gewerbe und Industrie ablaufende, gebrauchte und verunreinigte Brunnen- oder Leitungswasser. Die Zusammensetzung des Wassers ist durch den Gebrauch verändert worden. Diese wassergefährdenden Stoffe können das ökologische Gleichgewicht von Gewässern stören und zu Schädigungen bei Tieren und Pflanzen führen. Darüber hinaus gelangen einige der Stoffe über die Nahrungsaufnahme von Wassertieren in die Nahrungskette, wo sie sich anreichern können.

Außer von den giftigen Bestandteilen des Abwassers gehen auch Gefahren von einer **Überdüngung von Gewässern** durch Abwasser aus. Mit Abwässern können grosse Mengen von Nährstoffen für Pflanzen in das Wasser gelangen. Es handelt sich dabei vor allem um Nitrate und Phosphate. Diese stammen aus industriellen Abwässern, aus Haushaltsabwässern und in hohem Maße auch aus den in der Landwirtschaft verwendeten Düngemitteln.

Durch diese Überdüngung (Eutrophierung) wird das Pflanzenwachstum erheblich beschleunigt. Die Pflanzen sterben ab und verbrauchen bei der Zersetzung sehr viel Sauerstoff. Es kommt zu Sauerstoffarmut und Fäulnis. Das Gewässer kann »umkippen«. Aufgrund des Sauerstoffmangels und der im Faulschlamm entstehenden Gifte kommt es zum Aussterben von Tierarten.

Durch **Einleiten von erwärmtem Kühlwasser** werden einige Tier- und Pflanzenarten begünstigt, andere benachteiligt.

Mit Abwasser können auch verschiedene **chlorierte Kohlenwasserstoffe** in den Wasserkreislauf gelangen. Chlorierte Kohlenwasserstoffe werden benutzt als Lösungsmittel (z. B. Chloroform, Methylenchlorid, Trichlorethan), Reinigungsmittel (z. B. Tetrachlorkohlenstoff, Perchlorethylen), für die PVC-Herstellung (Vinylchlorid) und als Pestizide (z. B. Chlordan, DDT, Aldrin, Lindan). Chlorierte Kohlenwasserstoffe reichern sich im Fettgewebe von Menschen und Tieren an und sind meist giftig oder krebserregend.

Abfall

Als Abfall bezeichnet man bewegliche Sachen, derer sich der Besitzer entledigen will oder deren geordnete Beseitigung zur Wahrung des Allgemeinwohls, insbesondere des Schutzes der Umwelt, notwendig ist. Die zunehmenden Mengen an industriellem und privatem Abfall zwingen zu neuen Konzepten im Umgang mit Abfällen. Im Vordergrund stehen die Vermeidung und die Verwertung von Abfall, um die Menge des Abfalls zur Beseitigung auf ein Mindestmaß zu beschränken. Von der Beseitigung des Abfalls gehen neue Umweltgefährdungen aus. So werden bei der Verbrennung von Abfällen Schadstoffe emittiert, u. a. auch Schwermetalle und die hochgiftigen Dioxine. Für die Deponierung von Abfällen werden grosse Flächen benötigt, wodurch natürlicher Lebensraum vernichtet wird. Schadstoffe können ins Erdreich versickern und in das Grundwasser gelangen. Sowohl bei der Verbrennung und bei der Deponierung sind Geruchsbelästigungen nicht auszuschließen. Durch die Verklappung von Abfällen wird der Lebensraum Meer bedroht.

Lärm

Unter Lärm versteht man Schall, welcher störend, belästigend oder sogar schmerzhaft auf den Menschen wirkt. Lärm entsteht beim Betrieb von technischen Anlagen, Maschinen, Fahrzeugen sowie bei der Ausführung verschiedener Arbeiten. Die Einheit für die Stärke von Lärm heißt Dezibel (dB). Die Lärmbelastung des Menschen wird durch vier Lärmstufen erfasst:

>**Lärmstufe I** – 30 bis 65 dB (A):
>Schlafstörungen und Behinderungen der Kommunikation möglich
>
>**Lärmstufe II** – 65 bis 85 dB (A):
>Reaktionen im Bereich des vegetativen Nervensystems
>
>**Lärmstufe III** – 85 bis 120 dB (A):
>Starke psychische und vegetative Reaktionen, Gehörschädigungen möglich
>
>**Lärmstufe IV** – über 120 dB (A):
>Gefahr ständiger akuter Schädigung des Gehörs

Strahlung

Strahlenbelastungen treten auf beim Betrieb von medizinischen Röntgenanlagen, industriellen Strahlenanwendungen (Röntgenstrahlung, Gammastrahlung) und beim Betrieb von

Kernkraftwerken. Röntgenstrahlung und Gammastrahlung sind kurzwellige elektromagnetische Strahlungen. Sie sind sehr energiereich und können Schädigungen der Zellen von Lebewesen herbeiführen. Bei Kernzerfallsprozessen entsteht neben Gammastrahlung auch Beta- und Alphastrahlung. Betastrahlung besteht aus hochbeschleunigten Elektronen, Alphastrahlung aus hochbeschleunigten Heliumatomkernen, die beim radioaktiven Zerfall freigesetzt werden. Sie haben mutagene Wirkungen bei Menschen und Tieren, d. h. die genetische Substanz in den Zellkernen wird verändert. Die Folgen sind erhöhtes Krebsrisiko und die Gefahr von Missgestaltungen bei den Nachkommen.

Bei radioaktiven Zerfallsprozessen entstehen radioaktive Stoffe, die bei Störung der Sicherheitsvorkehrungen in die Atmosphäre gelangen können und über grosse Entfernungen verbreitet werden. Sie schlagen sich dann andernorts als radioaktiver »Fallout« nieder. Diese Stoffe geraten in die Nahrungskette und führen deshalb auch bei geringer Strahlendosis zu Schädigungen der inneren Organe. Am Ende der radioaktiven Zerfallskette stehen radioaktive Produkte, die eine hohe Lebensdauer haben. Aus diesem Grunde ist die sichere Endlagerung dieser Stoffe bis heute nicht gelöst.

Altlasten

Unter Altlasten versteht man

– Standorte ehemaliger Gewerbe- und Industriebetriebe, mit umweltgefährdenden Stoffen;
– Flächen, auf denen in der Vergangenheit Abfälle oder Rückstände abgelagert wurden;
– mit umweltschädigenden Stoffen belastete Standorte, die sich noch im Betrieb befinden.

Altlasten können zu Schädigungen des Ökosystems führen, da nach und nach die umweltgefährdenden Stoffe freigesetzt werden. Umweltgifte aus belasteten Böden können z. B. in das Grundwasser gelangen. Die Nutzung belasteter Flächen kann bei der Bebauung zur Freisetzung von Schadstoffen führen. Belastete Flächen und Standorte sind in den meisten Fällen sanierungsbedürftig, bevor eine Nutzung stattfinden kann.

Einzel- und gesamtwirtschaftliche Aufwendungen für den Umweltschutz

Umweltbelastungen verursachen Kosten. Sofern die Unternehmen mit diesen Kosten belastet werden, spricht man von **privaten Kosten**. Diese entstehen durch die Installierung von Umweltschutztechnik, durch die Erfüllung von Rücknahme- und Entsorgungspflichten, durch den Verzicht auf umweltgefährdende Produktion, durch kostspieligere Produktionsverfahren oder durch Umweltschäden, die unmittelbar das Unternehmen betreffen. Daneben entstehen durch die Umweltbelastung Kosten, die durch die Allgemeinheit getragen werden müssen, sei es, weil kein Verursacher ausgemacht werden kann, oder weil der Staat im Rahmen seiner Umweltpolitik Mittel zur Förderung umweltfreundlicher Technologien bereitstellt. Solche Kosten, die von der Gemeinschaft getragen werden müssen, entstehen z. B. durch die Beseitigung von Waldschäden, die Reinigung von verschmutzten Gewässern, die Beseitigung von Altlasten, die Behandlung von Gesundheitsschädigungen usw. Man nennt sie **externe Kosten**. Von externen Kosten spricht man auch, wenn von der Umweltbelastung eine Verringerung der Lebensqualität ausgeht, die nur schwer monetär zu bewerten ist. Die Unternehmen berücksichtigen bei ihren Einkaufs-, Produktions- und Absatzentscheidungen lediglich die privaten Kosten, sofern das Ziel in der Gewinnmaximierung besteht. Kosten für weitergehende Maßnahmen zum Umweltschutz werden zum Teil als Belastung angesehen und deshalb vielfach abgelehnt. Wenn die Summe aus privaten und externen Kosten verringert wird, sind solche Maßnahmen jedoch aus Sicht der gesamten Gesellschaft zu befürworten. Da das einzelne Unternehmen nur die privaten Kosten selbst tragen muss, die gesamten verursachten Kosten aber höher sind, entsteht ein externer Effekt, d. h. ein Effekt, der vom Verursacher bei seinen Entscheidungen nicht berücksichtigt wird, von dem aber Dritte betroffen sind. Die

Nichtberücksichtigung der externen Kosten führt dazu, dass der »Preis« der Umweltbelastung zu gering eingeschätzt wird. Die Folge ist eine sozial unverträgliche Belastung der Umwelt. Es sollte allerdings nicht unerwähnt bleiben, dass umweltbewusstes Management auch zur Senkung der privaten Kosten führen kann. So können durch Einsatz verbesserter Technologie oder Optimierung der Organisation des Produktionsprozesses der Rohstoffeinsatz und Energieverbrauch verringert werden. In die gleiche Richtung wirkt die Einführung von Recyclingprozessen. Außerdem ist eine umweltschonende Produktion ein marketingpolitisches Mittel.

Der Staat versucht, mit seiner Umweltpolitik die externen Effekte den Verursachern anzulasten (Verursacherprinzip); vergleiche dazu Kapitel 1.5.12.

3.7.2.2 Betriebliches Umweltmanagement

Angesichts des zunehmenden Umweltbewusstseins in der Gesellschaft hängt die öffentliche Akzeptanz eines Unternehmens in hohem Maße auch von dessen umweltpolitischen Aktivitäten ab. Viele Unternehmen benutzen das Umweltargument, um sich am Markt zu plazieren. Der Umweltschutz geht also immer mehr in die strategischen Zielstellungen von Unternehmen ein.

Darüber hinaus werden die Unternehmen mit immer mehr Vorschriften und Richtlinien zum Umweltschutz von Seiten des Staates konfrontiert. Auf diese sich verändernden Rahmenbedingungen gilt es, sich langfristig einzustellen. Um alle umweltpolitischen Aktivitäten des Unternehmens in optimaler Weise zu bündeln, planbar und kontrollierbar zu machen, ist die Einführung eines systematischen Umweltmanagements nötig. In der Praxis wird dabei auf die Erfahrungen mit der Einführung eines betrieblichen Qualitätsmanagements zurückgegriffen. Lag bislang der Schwerpunkt des betrieblichen Umweltschutzes auf technischen Maßnahmen, so rückt heute mehr der organisatorische Aspekt in den Vordergrund.

Ausgehend von der Formulierung umweltpolitischer Zielstellungen für den Betrieb muss ein System geschaffen werden, welches alle Möglichkeiten zur Verminderung der Umweltbelastungen ausschöpft. Die Einführung eines solchen Systems ist Aufgabe des Managements. Aktionsfelder des Umweltmanagements sind alle Bereiche, die dem Ziel eines optimalen Umweltschutzes dienen:

- **Produktgestaltung:** Sparsamer Materialeinsatz, höhere Funktionalität, längere Lebensdauergestaltung, Einsatz umweltfreundlicher, z. B. wiederverwendbarer Materialien;
- **Produktionsmengengestaltung:** Anpassung der Mengen an den tatsächlichen Bedarf;
- **Verfahrensgestaltung:** Optimierung der organisatorischen und technischen Abläufe, Einsatz umweltschonender Hilfs- und Betriebsstoffe, energiesparende Prozesse, Verringerung von Ausschuss und Abfällen, Verzicht auf gesundheitsgefährdende Stoffe;
- **Wiederverwertung** (Recycling) von Abfällen.

Mit Hilfe von **Öko-Bilanzen** werden Stoffe und Energien als Input-Output-Ströme erfasst und bewertet. Auf diese Weise wird die Herstellung einzelner Produkte oder die Produktion ganzer Betriebe bilanziert. Zunehmend entwickeln Großunternehmen ein eigenständiges Öko-Controlling.

Ähnlich wie bei der Einführung des Qualitätsmanagements sind internationale Normen zur Durchsetzung des Umweltmenagements entwickelt worden. Auf internationaler Ebene wird das Umweltmanagement durch die Serie 14000 normiert. Die **DIN EN ISO 14001 »Umweltmanagementsysteme – Spezifikationen und Anleitung zur Anwendung«** enthält verbindliche Elemente der Ausgestaltung des Umweltmanagements.

Ähnlich wie bei der Zertifizierung des Qualitätsmanagementssystem nach DIN EN ISO 9001 ff wird die Überprüfung des Umweltmanagementssystems durch einen akkreditierten Zertifizierer durchgeführt. Die Auditierungstechniken und Begrifflichkeiten ähneln denen des Qualitätsmanagements.

Wesentliche Elemente der Systemprüfung sind:

– Festlegung der Umweltpolitik durch die Unternehmensführung
– Betriebliche Umweltorganisation
– Festlegung umweltpolitischer Ziele und Maßnahmen zur Umsetzung
– Umweltmanagementhandbuch
– Verfahrensanweisungen zur Ablaufkontrolle
– Maßnahmen zur Vermeidung von Notfällen und Verhaltensanweisungen bei Notfällen
– Innerbetriebliche Information und Mitarbeiterschulung
– Überwachungspläne
– Korrektur von Abweichungen
– Regelmäßige Einschätzung und Fortentwicklung des Umweltmanagementsystems durch die Unternehmensführung.

Nach DIN EN ISO 14001 wird nicht die Umweltverträglichkeit von Produkten und Produktionsprozessen zertifiziert. Diesem Zweck dienen andere Normen aus der Serie 14000.

Die europäische **Öko-Audit-Verordnung EMAS** (European Management and Audit Scheme) geht über die ISO Norm 14001 hinaus. Die Zertifizierung nach EMAS ist im Gegensatz zur ISO 14001 öffentlich-rechtlich geregelt. Die Überprüfung erfolgt durch einen zugelassenen Umweltgutachter. Die Eintragung erfolgt im Register der örtlichen Industrie- und Handelskammer sowie im Amtsblatt der EU. Die validierten Firmen haben das Recht, das EMAS-Logo als Warenzeichen zu führen. Die teilnehmenden Unternehmen müssen sich einer Umweltprüfung unterziehen, auf Grundlage dieser Bestandaufnahme ihre Umweltpolitik festlegen und in Form eines Umweltprogramms Umweltziele formulieren. Ein funktionstüchtiges Umweltmanagementsystem muss eingeführt und dokumentiert werden. Das Managementsystem und die Verfahren zum Schutz der Umwelt müssen regelmäßig einer Umweltbetriebsprüfung unterzogen werden. Die Ergebnisse werden in einer Umwelterklärung veröffentlicht.

3.7.2.3 Einbindung des Umweltschutzes in die betriebliche Organisation

Die einzelnen Vorschriften des Umweltrechts sehen unter bestimmten Voraussetzungen die Bestellung eines Immissionsschutzbeauftragten, eines Störfallbeauftragten, eines Gewässerschutzbeauftragten, eines Abfallbeauftragten, eines Strahlenschutzbeauftragten sowie eines Gefahrgutbeauftragten vor.

Eine gesetzliche Regelung über einen Umweltschutzbeauftragten gibt es nicht. In der betrieblichen Praxis wird aber, wo erforderlich, i.d.R. nur ein Umweltschutzbeauftrager benannt, der die genannten vom Gesetz geforderten Funktionen wahrnimmt. Je nach Größe des Betriebes kann es jedoch auch sinnvoll und nötig sein, mehrere Beauftragte für die einzelnen Bereiche zu nennen. Denkbar ist z. B. die Einrichtung einer Stabsstelle oder Stabsabteilung. Aufgabe der Umweltschutzbeauftragten ist es, den Betrieb der technischen Anlagen zu überwachen, die Unternehmensführung (die für den Betrieb der Anlagen verantwortlich ist) zu beraten und die Betriebsangehörigen über mögliche Umweltbeeinträchtigungen zu informieren. Dazu ist eine enge Zusammenarbeit mit der Unternehmensleitung und dem Betriebsrat nötig.

Betriebliche Maßnahmen zur Vermeidung und Verminderung von Umweltbelastungen müssen in allen Bereichen durchgeführt werden.

3 Betriebliche Organisation und Unternehmensführung

Emissionsschutz

In der TA Luft sind Emissionsgrenzwerte für gasförmige und staubförmige Stoffe enthalten. Die Abluft aus einem Produktionsprozess muss durch technische Verfahren gereinigt werden, bis diese Grenzwerte erfüllt sind.

Die **Abgasentschwefelung** dient der Beseitigung von Schwefeldioxid aus der Abluft. Beim wichtigsten Verfahren wird das Schwefeldioxid oxidiert und in Kalkwasser gebunden. Dabei entsteht als Nebenprodukt Gips.

Bei der **Abgaswäsche** werden umweltschädliche Bestandteile in wäßrigen Lösungen gebunden. Die Waschwässer werden eingedampft. Dabei entstehen trockene Rückstände, die je nach Giftgehalt auf geeigneten Deponien gelagert werden.

Stäube werden durch verschiedene Verfahren abgetrennt. Große Bedeutung haben dabei **Elektrofilter**. Dies sind unter hoher Spannung stehende Elektroden, an denen sich die Stäube aufgrund der elektrostatischen Anziehungskraft ablagern. Eine andere Möglichkeit zur Staubabscheidung ist z. B. der Einsatz von **Gewebefiltern**.

Organische Schadstoffe können durch hohe Temperaturen **(thermische Nachverbrennung)** oder mit Hilfe von Katalysatoren **(katalytische Nachverbrennung)** zu Kohlendioxid und Wasser umgesetzt werden.

Abfallwirtschaft

Um eine optimale Entsorgung zu gewährleisten, müssen Abfälle entsprechend ihrer Entsorgungsmöglichkeiten und entsprechend ihrer Umweltgefährdung **getrennt** werden. Diese Trennung sollte mit einer getrennten Sammlung der anfallenden Abfälle beginnen. In Produktionsprozessen fallen allerdings Abfälle meistens gemischt an.

Zur Trennung dieser Gemische gibt es eine Reihe von technischen Verfahren. Diese machen sich unterschiedliche physikalische und chemische Eigenschaften der Abfälle zunutze: So z. B. unterschiedliche magnetische Eigenschaften, Leitfähigkeit, Sink- und Schwimmeigenschaften, unterschiedliches Flugverhalten (Windsichtung) usw.

Die Abfalltrennung sollte nach folgenden Kriterien erfolgen:

- **Wiederverwendbare Abfälle:** Bestimmte Verpackungen, Behältnisse, Paletten und andere Gegenstände werden der Wiederverwendung zugeführt.

- **Wiederverwertbare Abfälle:** Papier, Pappe, Kunststoffe, Holz, Glas, Metalle und andere Stoffe können recycelt werden. Dabei wird die Qualität der recycelten Stoffe um so besser, je sauberer die Stoffe von Fremdstoffen getrennt werden.

- **Kompostierbare Abfälle:** Pflanzliche und z. T. tierische Produkte können gut kompostiert werden. Es ist darauf zu achten, dass nur unbelastete Produkte kompostiert werden.

- **Überwachungsbedürftige und besonders überwachungsbedürftige Abfälle:** Diese Abfälle müssen einer Sonderbehandlung, wie z. B. Lagerung auf Sondermülldeponien, zugeführt werden. Sie müssen deshalb getrennt von anderen Abfällen gesammelt werden.

- **Abfälle zur Beseitigung:** Alle anderen Abfälle müssen in besonderen dafür vorgesehenen Anlagen entsorgt werden. Sie werden der Abfallverbrennung, der Deponierung oder der Verklappung im Meer zugeführt.

Recycling

Unter Recycling versteht man die Wiedergewinnung von Rohstoffen aus Abfällen für den Produktionsprozess. Im Idealfall soll durch Recycling ein nahezu geschlossener Kreislauf hergestellt werden, bei dem kaum noch Restabfälle anfallen. Damit werden zwei Ziele verfolgt: Zum einen müssen weniger Restabfälle vernichtet oder deponiert werden, wodurch die Belastung der Umwelt eingeschränkt werden kann. Zum anderen kann der Wiedereinsatz von recycelten Materialien im Produktionsprozess zu Kostenersparnissen bei den Materialaufwendungen führen. Kostenersparnisse können jedoch nur dann erreicht werden, wenn der Recyclingprozess hinreichend wirtschaftlich gestaltet werden kann.

Es werden grundsätzlich vier Formen des Recycling unterschieden.

1. Wiederverwendung: Die gebrauchten Materialien werden in derselben Art und Weise häufig wiederverwendet. Es handelt sich in diesem Fall um langlebige Gebrauchsgüter wie Paletten, Fässer, Behälter, Flaschen und andere Verpackungsmaterialien. Die Wiederverwendung ist innerbetrieblich relativ problemlos zu organisieren. Aber auch im Warenverkehr zwischen den Betrieben können wiederverwendbare Materialien eingesetzt werden. Allerdings kann das Rückholsystem oder Sammelsystem Kosten verursachen, die höher sind als der Einsatz von Einwegmaterialien. Aus ökologischer Sicht ist die Wiederverwendung allen anderen Formen der Abfallentsorgung vorzuziehen, da nur eine geringe Umweltbelastung entsteht.

2. Weiterverwendung: Die gebrauchten Materialien bzw. Abfälle werden für einen anderen Zweck weiterverwendet. Abgase können z. B. unter Umständen zur Energiegewinnung eingesetzt werden. Abwärme kann zum Heizen benutzt werden. Schlacken aus Verbrennungsprozessen werden im Bauwesen eingesetzt. Von Nachteil ist in diesem Fall, dass der Weiterverwendung Grenzen gesetzt sind: Meist ist nur eine einmalige Weiterverwendung möglich. Materialien und Abfälle, die mit Umweltschadstoffen belastet sind, können in der Regel nicht weiterverwendet werden.

3. Wiederverwertung: Gebrauchte Materialien und Abfälle werden in einem Recyclingprozess aufgearbeitet, so dass sie im Produktionsprozess wieder gemäß ihrem ursprünglichen Zweck eingesetzt werden können. Alte Reifen werden z. B. zerkleinert, regeneriert und wieder als Rohstoff eingesetzt. Aus gebrauchten Kunststofffolien können wieder neue Kunststofffolien hergestellt werden. Altöl wird gereinigt und kann wieder in der Produktion eingesetzt werden. Der Regenerierung sind allerdings Grenzen gesetzt, da mit jeder Aufbereitung die Qualität der Ausgangsmaterialien geringer wird.

4. Weiterverwertung: Die gebrauchten Materialien und Abfälle werden aufgearbeitet und einem anderen als dem ursprünglichen Verwendungszweck zugeführt. Es handelt sich dabei meist um Materialien, deren Qualität bei der Aufarbeitung stark abnimmt, so dass die wiedergewonnenen Rohstoffe nicht mehr für den ursprünglichen Zweck verwendet werden können. Aus Regenerat von Kunststoffgemischen oder verunreinigten Kunststoffen werden z. B. Tische und Bänke für Autobahnparkplätze oder Schallschutzwände hergestellt.

Die Möglichkeiten der Wieder- und Weiterverwertung sind um so besser, je reiner die zu verwertenden Materialien sind. Aus diesem Grunde sollte schon bei der Produktentwicklung darauf geachtet werden, dass möglichst reine Materialien eingesetzt werden und diese gut voneinander zu trennen sind. Es sollten dabei nur solche Materialien verwendet werden, die außerdem gut aufzuarbeiten sind.

Viele Betriebe sind heute durch vertragliche Bindungen oder freiwillig bereit, für eine Verwertung ihrer Erzeugnisse nach Gebrauch zu sorgen. Insofern sollte der Einsatz leicht verwertbarer Materialien auch aus Kostengründen eine wichtige Rolle spielen. Die Qualität der

3 Betriebliche Organisation und Unternehmensführung

Regenerate hängt im Wesentlichen von der Qualität der Ausgangsstoffe ab. Aus diesem Grunde sollte auch eine Trennung nach unterschiedlichen qualitativen Eigenschaften der aufzubereitenden Materialien erfolgen.

Einsatz nicht umweltgefährdender Arbeits- und Hilfsstoffe

Jeder Produktionsprozess muss daraufhin untersucht werden, inwieweit auf umweltgefährdende Roh-, Hilfs- und Betriebsstoffe verzichtet bzw. wie deren Einsatz vermindert werden kann. So ist beispielsweise der Einsatz von Fluorchlorkohlenwasserstoffen (FCKW) als Treibgas in Spraydosen, als Kühl- und Kältemittel, als Schaumstoff-, Reinigungs- und Lösungsmittel in Deutschland verboten. Die FCKW sind mitverantwortlich für die Entstehung und Vergrößerung der Ozonlöcher in der Erdatmosphäre.

Als Ersatzstoffe stehen chlorfreie Fluorkohlenwasserstoffe oder andere Kohlenwasserstoffe zur Verfügung, in vielen Fällen konnte ganz auf den Einsatz von FCKW oder Ersatzstoffen verzichtet werden (z. B. Ersatz von Sprayflaschen mit Treibgasen durch Pumpzerstäuber).

Wegen des Treibhauseffektes kommt der Reduzierung des Kohlendioxidausstoßes grosse Bedeutung zu. Diese ist nur möglich durch eine Verringerung der Verbrennung fossiler Brennstoffe. Um dieses Ziel durchzusetzen, ist u. a. die Öko-Steuer eingeführt worden. Damit soll erreicht werden, dass durch technologische Veränderungen der Wirkungsgrad der Verbrennungsprozesse so verbessert wird, dass weniger Brennstoffe benötigt werden (z. B. Kraftfahrzeugmotoren mit geringem Benzinverbrauch).

Bei jedem Produktionsprozess muss geprüft werden, ob auf Rohstoffe, die letztendlich nur als Sonderabfall entsorgt werden können, nicht verzichtet werden kann.

Einsatz nicht gesundheitsschädlicher Hilfsstoffe

Gesundheitsschädliche Hilfsstoffe stellen nicht nur eine Gefahr bei der Entsorgung und beim Produktionsprozess dar, sondern gefährden auch den Verwender der Produkte. Auf den Einsatz dieser Hilfsstoffe sollte völlig verzichtet werden.

Ein Beispiel ist der Ersatz von **Asbest**. Asbestfasern werden beim Bearbeiten von asbesthaltigen Baumaterialien freigesetzt. Sie haben eine eindeutig kanzerogene Wirkung und führen zu Lungen-, Rippenfell- und Bauchfellkrebs. Asbestose ist eine durch Asbest ausgelöste Staublungenerkrankung. Als Ersatzstoffe für Asbest kommen anorganische oder organische Faserstoffe in Frage, wie z. B. Glaswolle, Kohlenstofffasern, Metallwolle, Polyacrylnitril- und Polyvinylalkoholwolle.

Ein anderes Beispiel ist **Formaldehyd**, welches als sensibilisierender Arbeitsstoff mit begründetem Verdacht auf krebserzeugende Eigenschaften eingestuft wurde. Es wird bei der Holzverarbeitung, in der Bauindustrie, der Kunststoffindustrie, der Textil- und der Papierindustrie eingesetzt. Laut Chemikalien-Verbotsverordnung sind Platten, die mehr als 0,1 ml Formaldehyd pro m^3 emittieren, sowie Wasch-, Reinigungs- und Pflegemittel mit einem Gehalt von mehr als 0,2% Formaldehyd verboten.

Farben enthalten gesundheitsschädliche Schadstoffe wie Schwermetalle oder krebserregende Azo-Verbindungen. Anstelle synthetisch hergestellter Farbstoffe ist der Einsatz von Farben aus Naturstoffen vorzuziehen. Ein weiteres Gefahrenpotential stellen organische **Lösemittel** in Farben und Klebstoffen dar. Weniger gefährlich sind Klebstoffe und Farben auf Wasserbasis.

Weichmacher in Kunststoffen sind organische Verbindungen, die zum Teil kanzerogene Wirkung haben. Aus diesem Grund wird im Lebensmittelbereich auf Weich-PVC als Verpackungsmaterial verzichtet.

Abwasserreinigung

Abwässer müssen, bevor sie in Gewässer eingeleitet werden können, so weit wie möglich von umweltschädlichen Stoffen gereinigt werden. Dieses wird kostenpflichtig durch kommunale Kläranlagen gelöst oder kann in eigenen betrieblichen Anlagen geschehen.

Die Reinigung in Kläranlagen erfolgt in mehreren Stufen. Zunächst findet eine mechanische Reinigung statt. Grobe Verschmutzungen werden durch Siebanlagen abgetrennt. In einem Sandfang wird die Strömungsgeschwindigkeit herabgesetzt, so dass ungelöste Partikel sich absetzen können. Die feineren nichtgelösten Bestandteile setzen sich im Absetzbecken ab. Aufschwimmende Flüssigstoffe wie Öle und Fette werden im Ölabscheider abgetrennt. Im Anschluss an die mechanische Reinigung erfolgt die biologische Reinigung. Im Belebungsbecken wird das Abwasser gut durchmischt und mit Sauerstoff angereichert. Mikroorganismen bauen einen Großteil der Schadstoffe ab. Anschließend erfolgt die Abtötung der Mikroorganismen mit Hilfe von Ozon oder Chlor. Daneben können je nach enthaltenen Schadstoffen weitere Reinigungsstufen eingeschaltet werden. Gelöste Metalle können mit Hilfe von Kalkwasser oder Natronlauge als unlösliche Hydroxide ausgefällt und abfiltriert werden.

Energiemanagement

Die Produktionsprozesse sind hinsichtlich des Energieverbrauchs zu optimieren. Hoher Energieverbrauch führt zu einem rascheren Verbrauch der fossilen Energieträger sowie zu Umweltbelastungen durch Kohlendioxid, Schwefeldioxid, Stickoxide und andere Schadstoffe. Eine Optimierung des Energieverbrauchs führt auch zu einem effizienteren Einsatz der Produktionsfaktoren und damit zu einer Verbesserung des Betriebsergebnisses. Die Optimierung besteht in der Verbesserung der technischen Wirkungsgrade der verwendeten Maschinen und Anlagen und in einer Optimierung der Ablauforganisation.

Die in den Produktionsprozessen entstehende Restwärme sollte genutzt werden, z. B. für Heizzwecke. Daneben sind Maßnahmen zu ergreifen, um Energieverluste zu vermeiden, z. B. durch Wärmedämmung. Wo möglich, sollten regenerative Energieträger zum Einsatz kommen, wie z. B. Wind- und Sonnenenergie.

3.7.3 Haftung nach dem Produkthaftungsgesetz (ProdHaftG)

Das Produkthaftungsgesetz trat am 01.01.1990 in Kraft. Mit diesem Gesetz wird die Richtlinie des EG-Rates vom 25.07.1985 zur Angleichung der Rechts- und Verwaltungsvorschriften der Mitgliedsstaaten über die Haftung für fehlerhafte Produkte (85/374/EWG) in innerstaatliches Recht umgesetzt.

3.7.3.1 Voraussetzungen der Haftung

Nach § 1 ProdHaftG ist der **Hersteller** eines Produktes, das er in den Verkehr gebracht hat, zum Schadensersatz verpflichtet, wenn durch den Fehler eines Produktes jemand getötet, sein Körper oder seine Gesundheit verletzt oder eine Sache beschädigt wird.

Was als **Produkt im Sinne des ProdHaftG gilt**, bestimmt § 2 ProdHaftG. Danach ist ein Produkt jede bewegliche Sache, auch wenn sie einen Teil einer anderen beweglichen oder unbeweglichen Sache bildet, sowie Elektrizität. Der Produktbegriff umfasst nur bewegliche

Sachen. Weder das ProdHaftG noch die durch das ProdHaftG umgesetzte Richtlinie bestimmen, was bewegliche Sachen sind. Daher wird dieser Begriff durch das bürgerliche Recht definiert. Nach § 90 BGB sind bewegliche Sachen körperliche Gegenstände, die weder Grundstücke noch Grundstücksbestandteile sind.

Um Produkteigenschaft im Sinne des ProdHaftG zu erlangen, ist es nicht erforderlich, dass das Produkt auf eine bestimmte Weise hergestellt worden ist. Irrelevant ist also z. B. ob das Produkt aus industrieller Fertigung stammt oder in Serie gefertigt worden ist.

3.7.3.2 Produkte in den Verkehr bringen

Der Hersteller muss das Produkt in den Verkehr gebracht haben, um nach dem ProdHaftG haftbar zu sein. Ein Produkt gilt als **objektiv** in den Verkehr gebracht, wenn es die Sphäre des Herstellers verlassen hat. Dies ist der Fall, wenn es sich außerhalb seines Machtbereiches befindet.

Subjektiv bedeutet Inverkehrbringen, dass sich der Hersteller willentlich des Produktes entäußern muss. Diese Entäußerung ist kein Rechtsgeschäft, sondern ein Realakt. Daher finden die bürgerlich-rechtlichen Vorschriften über Rechtsgeschäfte keine Anwendung. So kann der Hersteller z. B. das Inverkehrbringen nicht anfechten, wenn es auf einem Irrtum beruht.

3.7.3.3 Fehlerhaftigkeit von Produkten

Ein Fehler kann in dem Produkt selbst liegen, wenn es z. B. aufgrund fehlerhafter Konstruktion nicht den erforderlichen Sicherheitsbedürfnissen entspricht. Ein Fehler kann aber auch durch die Art und Weise, wie das Produkt in den Verkehr gebracht wurde, begründet werden. Dies kann beispielsweise dadurch geschehen, dass eine fehlerhafte oder ungenügende Gebrauchsanweisung dem Produkt beigefügt wird.

Ob ein Produkt fehlerhaft im Sinne des ProdHaftG ist, ergibt sich aus § 3 ProdHaftG. Nach dieser Vorschrift hat ein Produkt einen Fehler, wenn es nicht die Sicherheit bietet, die unter Berücksichtigung aller Umstände berechtigterweise vom Abnehmer erwartet werden kann.

Umstände dieser Art sind

– die Darbietung des Produktes,
– sein Gebrauch, mit dem billigerweise gerechnet werden kann,
– der Zeitpunkt, in dem es in Verkehr gebracht wurde,

Zur Beantwortung der Frage, ob die Sicherheit geboten wird, die berechtigter Weise erwartet werden kann, ist auf das Sicherheitsbedürfnis der Allgemeinheit, auf die »**Verkehrsanschauung**« abzustellen. Entscheidend ist, welche Erwartungshaltung hinsichtlich der Sicherheit geweckt wurde. Dies ist unter Berücksichtigung aller Umstände zu ermitteln. Die Aufzählung in § 3 ProdHaftG ist nicht abschließend, sondern hat beispielhaften Charakter.

Als Darbietung i.S.d. § 3 ProdHaftG gilt jede Art der Vorstellung des Produktes gegenüber potentiellen Benutzern. Auch Werbung kann eine Darbietung sein, wenn sie Sicherheitserwartungen bei der Allgemeinheit auslöst.

Ein Gebrauch, mit dem billigerweise gerechnet werden kann, liegt vor, wenn die Verwendung des Produktes auf diese Weise nicht fernliegend ist. Es ist nicht die Vorstellung des Herstellers maßgebend. Unerheblich ist auch, ob der Hersteller mit dieser Verwendung rechnete.

Maßgebender Zeitpunkt für die Erwartungshaltung hinsichtlich der Sicherheit des Produktes ist der Zeitpunkt des Inverkehrbringens. Der Grund hierfür liegt darin, dass die Sicherheitserwartung der Allgemeinheit sich mit fortschreitenden Entwicklungen verändert und dadurch ein ursprünglich fehlerfreies Produkt nachträglich zu einem fehlerhaften werden könnte. Da der Hersteller auf diese Entwicklung keinen Einfluss hat, kann sie ihm nicht zugerechnet werden.

3.7.3.4 Schaden und Kausalität

Um eine Haftung nach dem ProdHaftG zu begründen, muss der entstandene Schaden in den Kreis der in § 1 ProdHaftG geschützten Rechtsgüter fallen. Dies sind:

Der Tod eines Menschen:

Der Getötete hat nach seinem Tod keine Ansprüche mehr. Daher geht es hier um Ansprüche Dritter, die durch den Tod entstehen.

Körper- oder Gesundheitsverletzung:

Als **Körperverletzung** gilt jede Beeinträchtigung der körperlichen Unversehrtheit und jede Störung der natürlichen inneren Lebensvorgänge. Für die Annahme einer Körperverletzung ist keine Störung des gesundheitlichen Befindens notwendig. Es reicht, dass eine objektive Abweichung vom Normalzustand vorliegt.

Unter einer **Gesundheitsverletzung** wird jede Störung der körperlichen, geistigen oder seelischen Vorgänge verstanden, ohne dass ihre Ursache in der unmittelbaren Beeinträchtigung der körperlichen Integrität liegt. Der Übergang zwischen Körperverletzung und Gesundheitsverletzung ist fließend.

Sachbeschädigung:

Als Sachbeschädigung gelten die Entziehung oder Beeinträchtigung des Eigentumsrechts, die Beeinträchtigung der Sachsubstanz durch Zerstörung oder Beschädigung und die Entziehung der Sache oder Beeinträchtigung ihres Gebrauchs oder ihrer Funktion.

Kausalitätszusammenhang zwischen Schaden und Produktfehler:

Die Haftung wird nur begründet, wenn das in den Verkehr gebrachte fehlerhafte Produkt kausal für den Schaden war. Kausalität ist anzunehmen, wenn das Inverkehrbringen des fehlerhaften Produktes nicht hinweg gedacht werden kann, ohne dass der eingetretene Schaden entfiele. Damit sind **alle** Personen geschützt, nicht nur der unmittelbare Benutzer, sondern auch solche, die zufällig mit dem Produkt in Kontakt kommen.

3.7.3.5 Umfang der Haftung

Die Ersatzpflicht bei **Tötung** (§ 7 ProdHaftG) umfasst den Ersatz der Kosten der versuchten Heilung, den Vermögensnachteil, der durch die versuchte Heilung entstand (z. B. Verdienstausfall) sowie die Beerdigungskosten. Zudem sind Unterhaltsansprüche eines Dritten gegen den Getöteten für die mutmaßliche Lebensdauer des Getöteten zu ersetzen.

Im Falle der **Körper- oder Gesundheitsverletzung** (§§ 8,9 ProdHaftG) sind auch die Kosten der Heilung zu ersetzen, sowie Vermögensnachteile auf Grund eingeschränkter oder aufgehobener Erwerbsfähigkeit auszugleichen. Auch inmaterielle Schäde (»Schmerzensgeld«) müssen nach § 253 Abs. 2 BGB ersetzt werden.

Der Haftungshöchstbetrag (§ 10 ProdHaftG) bei Personenschäden durch ein Produkt oder gleiche Produkte mit dem selben Fehler liegt bei 85 Mio. €. Falls die Schadensersatzansprüche mehrerer Geschädigter diese Grenze übersteigen, mindert sich deren Anspruch.

Bei **Sachbeschädigung** mindert sich die Schadensersatzpflicht gemäß § 11 ProdHaftG um 500 € Selbstbeteiligung des Geschädigten. Diese Selbstbeteiligung soll die Regulierung von Bagatellschäden ausschließen. Für den Geschädigten besteht aber die Möglichkeit, seinen Schaden bei Vorliegen der Voraussetzungen über die deliktische Produkthaftung (vgl. Buch 2, Abschn. 7.9.3.2) auszugleichen, da es dort keine Selbstbeteiligung gibt.

3.7.3.6 Welche Personen haften?

Gemäß § 1 ProdHaftG ist der Hersteller zum Schadensersatz verpflichtet. Aus § 4 ProdHaftG ergibt sich, wer Hersteller ist.

Hersteller ist danach, wer

– das Endprodukt, einen Grundstoff oder ein Teilprodukt hergestellt hat,
– sich durch Anbringen seines Namens, seiner Marke oder eines anderen unterscheidungsfähigen Kennzeichens als Hersteller ausgibt,
– ein Produkt zum Zweck des Verkaufs, der Vermietung, des Mietkaufs oder einer anderen Form des Vertriebs mit wirtschaftlichem Zweck im Rahmen seiner geschäftlichen Tätigkeit in den Geltungsbereich des Abkommens über den Europäischen Wirtschaftsraum einführt oder verbringt.

Für den Fall, dass der Hersteller eines Produktes nicht festgestellt werden kann, gilt jeder Lieferant als dessen Hersteller. Dies gilt nicht, wenn, der Lieferant dem Geschädigten innerhalb eines Monats nach diesbezüglicher Aufforderung den Hersteller oder diejenige Person benennen kann, die ihm das Produkt geliefert hat.

3.7.3.7 Haftungsausschluss

Die Haftung des Herstellers nach dem ProdHaftG ist gemäß § 1 Abs.2 unter folgenden Voraussetzungen ausgeschlossen:

1. Der Hersteller hat das Produkt nicht in den Verkehr gebracht.

2. Es ist davon auszugehen, dass das Produkt den Fehler, der den Schaden verursachte, noch nicht hatte, als der Hersteller es in den Verkehr brachte.

   Ob von der Fehlerlosigkeit zum Zeitpunkt des Inverkehrbringens auszugehen ist, hängt davon ab, ob ein Geschehensablauf vorliegt, der nach allgemeiner Lebenserfahrung die Schlussfolgerung auf den Zeitpunkt des Fehlereintritts plausibel erscheinen lässt. Tritt beispielsweise ein Fehler an einem Verschleißteil nach mehrjährigem Gebrauch auf, kann davon ausgegangen werden, dass das Produkt erst später fehlerhaft geworden ist.

   Auch Verhaltensweisen des Benutzers (z. B. unsachgemäße Lagerung oder mangelnde Pflege) können einen Geschehensablauf darstellen, der die spätere Fehlerhaftigkeit des Produktes vermuten lässt.

3. Der Hersteller hat das Produkt weder für den Verkauf oder eine andere Form des Vertriebs mit wirtschaftlichem Zweck hergestellt, noch hat er es im Rahmen seiner beruflichen Tätigkeit hergestellt oder vertrieben. Hierdurch wird die Ersatzpflicht bei nicht kommerziell hergestellten oder vertriebenen Produkten ausgeschlossen. Der Hersteller darf das Produkt also nicht zum Vertrieb mit wirtschaftlichem Zweck hergestellt haben. Das

bedeutet, dass das Produkt nicht in der Absicht hergestellt wurde, mit ihm irgendwie mittelbar oder unmittelbar Gewinn zu erzielen. Die Haftung entfällt nur, wenn der Hersteller **beide** in Nr. 3 genannten Voraussetzungen erfüllt.

4. Der Fehler beruht darauf, dass das Produkt zum Zeitpunkt des Inverkehrbringens zwingenden Rechtsvorschriften entsprach. Entscheidende Voraussetzung des Haftungsausschlusses ist hier, dass bestehende Rechtsvorschriften dem Hersteller die Produktion derart inhaltlich vorschreiben, dass er entweder so oder gar nicht herstellen kann. Rechtsvorschriften in diesem Sinne sind Gesetze, Rechtsverordnungen und öffentlich-rechtliche Satzungen.

5. Der Fehler konnte zum Zeitpunkt des Inverkehrbringens nicht nach dem Stand der Technik und Wissenschaft erkannt werden. Derartige »Entwicklungsfehler« können nur Konstruktionsfehler sein. Fabrikationsfehler – auch Ausreißer genannt – fallen nicht unter Nr. 5. Ein Entwicklungsfehler liegt nicht vor, wenn die potentielle Gefährlichkeit des Produktes nach dem **gesamten** Stand von Technik und Wissenschaft, nicht nur in der betreffenden Branche, von niemandem erkannt werden konnte.

4 Jahresabschluss, Finanzierung und Steuern

4.1 Gliederung der Bilanz und der Gewinn- und Verlustrechnung

4.1.1 Wesen und Aufgaben des Rechnungswesens

4.1.1.1 Wesen des Rechnungswesens

Das betriebliche Rechnungswesen gliedert sich in vier Teilbereiche.

Gliederung des Rechnungswesens

Die **Finanzbuchhaltung** erfasst die in Geld umrechenbaren Vorgänge, die Auswirkungen auf das Vermögen und Kapital des Betriebes haben (»Geschäftsvorfälle«), chronologisch auf Aufwands-, Ertrags-, Vermögens- und Kapitalkonten:

Daraus kann im Jahresabschluss der **Erfolg** als Differenz aus Aufwendungen und Erträgen und der **Bestand** von Vermögen und Schulden ermittelt werden. Hierzu sind die Vorschriften des Handels- und des Steuerrechts heranzuziehen.

Im Gegensatz zur Abrechnung der Außenbeziehungen eines Unternehmens in der Finanzbuchführung bildet die **Betriebsbuchhaltung** ein Abrechnungssystem für den Innenbereich.

Die bei der Leistungserstellung und -verwertung anfallenden Kosten werden nach der betreffenden Kostenart erfasst (z. B. Materialkosten, Energiekosten, Lohnkosten usw.), auf bestimmte Kostenstellen (z. B. Produktion, Verwaltung, Vertrieb) verteilt und dann den einzelnen produzierten Gütern oder Leistungen (Kostenträger) zugeordnet **(Kosten- und Leistungsrechnung):**

Auf diese Weise werden das Ergebnis des Betriebsprozesses und seine Zusammensetzung sowie Daten für die Kalkulation der Angebotspreise ermittelt.

Die **betriebliche Statistik** soll alle aus Finanzbuchführung und Kostenrechnung gewonnenen Ergebnisse mit dem Ziel auswerten, die Wirtschaftlichkeit zu kontrollieren und Basismaterial für Planungen zu erhalten:

Dazu dienen Zeitvergleiche (»Wie hat sich was im Zeitlauf verändert?«), Betriebsvergleiche mit Betrieben gleicher oder anderer Branchen und der Vergleich von Planwerten mit den tatsächlich eingetretenen Werten (Soll-Ist-Vergleich).

Planungsrechnungen stellen eine in die Zukunft gerichtete Schätzung dar. Sie setzen meist in einzelnen Bereichen an (z. B. Einkaufsplan, Produktionsplan, Absatzplan, Finanzplan) und können anschließend zu einem Gesamtunternehmensplan zusammengesetzt werden. Hieraus ließe sich eine Planbilanz und Plan-GuV (GuV = Gewinn- und Verlustrechnung) ableiten.

Sieht man das Unternehmen als ein Schiff an, das die Geschäftsleitung als Kapitän in den Hafen, d. h. zum wirtschaftlichen Erfolg führen soll, wird erkennbar, dass die Erfüllung dieser Aufgabe auch von der zur Verfügung stehenden Hilfestellung bzw. von Hilfsmitteln abhängt. In früheren Zeiten waren die Hilfsmittel rar und wenig verlässlich, die Navigation wurde zum Glücksspiel. Misserfolge (Strandung, Untergang) waren an der Tagesordnung, Erfolge (Entdeckung Amerikas) eher zufällig. Das **Controlling** hat damit zur Aufgabe, die Geschäftsleitung als Lotse oder Navigator zu unterstützen. Die Geschäftsleitung ist verantwortlich für das Ergebnis, das Controlling hat es transparent zu machen.

Die Hauptaufgabe des **operativen Controllings** besteht in der Erfassung und Analyse von Kostenabweichungen. Kostenrechnungssysteme stehen als Controllinginstrumente im Vordergrund. **Strategisches Controlling** unterstützt ein Unternehmen darin, zukünftige Chancen und Risiken zu erkennen, auf Stärken und Schwächen hinzuweisen und somit die Marschrichtung der nächsten Jahre aufzuzeigen. Es hat die weitere Aufgabe, die Veränderung des Unternehmensumfeldes zu erkennen und auf Chancen und Risiken frühzeitig hinzuweisen, sodass dem Unternehmen noch eine angemessene Reaktionszeit verbleibt: Es muss als Frühwarnsystem dienen können.

Controlling hat eine zielorientierte Unternehmensführung zu unterstützen und damit dem Unternehmen Koordinationslösungen und die dazu notwendigen Informationen zur Verfügung zu stellen. Eine zielorientierte Unternehmensführung beginnt bereits bei der Unternehmensplanung. Ausgehend von der ständigen Analyse aller Einflussfaktoren auf den Betrieb ist in einem Unternehmenskonzept das Ziel festzulegen und zu formulieren, in Einzelziele zu zerlegen und auf das Konzept abzustimmen, um als klare Orientierungshilfe für jeden einzelnen Bereich dienen zu können. Maßnahmen zur Erreichung dieser Ziele sind festzulegen, laufend zu kontrollieren und zu beurteilen.

Die **Planung** steht in einem sehr engen Bezug zum Controlling, sie ist sogar dessen Voraussetzung. Erst durch einen Vergleich von Istwerten mit den vorgegebenen Planwerten und Feststellung und Analyse der Abweichungen kann das Controlling seine Steuerfunktion erfüllen.

4.1.1.2 Aufgaben des Rechnungswesens

Hauptaufgabe des betrieblichen Rechnungswesens ist die zahlenmäßige Erfassung und Abrechnung des betrieblichen Leistungsprozesses. In den einzelnen Bereichen der Leistungserstellung (Beschaffung, Produktion, Absatz und der damit verbundenen Finanzierung) vollziehen sich Mengen- und Wertbewegungen, die es, unabhängig von den gesetzlichen Rechnungslegungspflichten, zu erfassen gilt. Die hieraus gewonnenen Informationen dienen vorwiegend der Kontrolle der Wirtschaftlichkeit, liefern aber auch der Geschäftsleitung Daten zur Planung und Steuerung des betrieblichen Geschehens. Neben dieser Aufgabe der Selbstinformation sind Informationsinteressen anderer Rechnungslegungsadressaten (Aktionäre, Kommanditisten oder Lieferanten und Kreditgeber) an der Vermögens-, Ertrags- und Finanzlage zu erfüllen, d. h. Informationen zu liefern über

– **Vermögenslage** (Darstellung der Vermögensgegenstände und Schulden),
– **Ertragslage** (Darstellung der Aufwendungen und Erträge),
– **Finanzlage** (Aussagen über den Finanzbereich, insbesondere über die Liquidität),
– **Wirtschaftlichkeit** (Verhältnis von Werteverzehr = Kosten/Wertezuwachs = Leistung),
– **Plandaten** (Soll-Ist-Vergleiche als Hilfe zur Entscheidungsfindung).

Daneben soll das Rechnungswesen geeignet sein, die gesetzlichen Buchführungs- und Aufzeichnungspflichten zu erfüllen und als Beweismittel im Rechtsstreit dienen zu können.

Das Steuerrecht bestimmt in § 140 der Abgabenordnung (AO), dass, wer nach anderen Gesetzen zur Buchführung verpflichtet ist, diese Pflicht auch für steuerliche Zwecke erfüllen muss. Die Vorschrift des § 141 AO begründet darüber hinaus eine originäre Pflicht zur Buchführung und Aufstellung eines Jahresabschlusses für solche Unternehmen, die eines der folgenden Merkmale überschreiten: Umsatz 350.000 €; Gewinn 30.000 €

Diese Grenzen gelten nicht für Freiberufler: Diese sind nicht buchführungspflichtig. Sie gelten auch nicht für Kapitalgesellschaften, diese sind immer buchführungspflichtig und müssen Jahresabschlüsse aufstellen.

4.1.1.3 Ziele des Rechnungswesens

Wirtschaftliches Handeln unterliegt dem **ökonomischen Prinzip**: Mit einem bestimmten Einsatz von Mitteln ist ein maximaler Erfolg anzustreben, oder ein bestimmtes Ziel ist mit minimalem Einsatz von Mitteln zu erreichen. Um festzustellen, ob die festgesetzten Ziele erreicht worden sind, müssen der Mitteleinsatz und das Ziel wertmäßig bestimmbar sein. Dabei drückt sich ein Erfolg in einer Mehrung der eingesetzten Vermögenswerte aus, ein Misserfolg entsprechend in einem Verlust an Vermögenswerten.

Hinsichtlich der Kenntnis über Vermehrung, Erhalt oder Verminderung des eingesetzten Vermögens sind verschiedene interne und externe Interessenten vorstellbar, etwa die Geschäftsleitung, Gesellschafter, Banken, Lieferanten und der Staat als Steuergläubiger. Mit Blick auf die externen Interessenten hat der Gesetzgeber Vorschriften zur Rechnungslegung erlassen, während den internen Adressaten neben der gesetzlich normierten Finanzbuchhaltung noch weitere Instrumente wie **Kostenrechnung**, **Statistik** und **Planungsrechnungen** zur Verfügung stehen. An dieser Stelle sollen die Aufgaben des Rechnungswesens vorwiegend aus der Sicht des Gesetzgebers betrachtet werden.

Die gesetzlichen Buchführungs- und Bilanzvorschriften und damit auch die mit ihnen verfolgten Buchführungszwecke haben sich seit der ersten gedruckten Darstellung im Jahre 1494, veröffentlicht durch den italienischen Mathematiker und Franziskanermönch Luca PACIOLI in seinem Sammelwerk über die Mathematik, »Summa«, erheblich gewandelt.

Eines der wesentlichsten Ziele der Rechnungslegungsvorschriften ist aus der Sicht des Gesetzgebers der **Gläubigerschutz**, zu dem bei den Aktiengesellschaften der Aktionärsschutz hinzukommt. Daher wird in der Literatur vor allem die Frage diskutiert, welche konkreten Bilanzziele bzw. Bilanzaufgaben sich aus den jeweiligen Rechnungslegungsvorschriften ergeben, durch deren Beachtung die Gesetzeszwecke Gläubigerschutz bzw. Gläubiger- und Aktionärsschutz erreicht werden sollen, und wie der Bilanzinhalt und die Bewertung in der Bilanz durch diese Bilanzziele bzw. -aufgaben bestimmt werden.

4.1.2 Rahmenbedingungen und Grundbegriffe

4.1.2.1 Begriffsabgrenzungen

Grundbegriffe des betrieblichen Rechnungswesens sind die folgenden Begriffspaare:

– Einzahlungen und Auszahlungen,
– Einnahmen und Ausgaben,
– Aufwand und Ertrag,
– Kosten und Leistungen sowie
– steuerliche Betriebseinnahmen und Betriebsausgaben.

4 Jahresabschluss, Finanzierung und Steuern

Bei der Erörterung dieser Grundbegriffe gilt es, den Zusammenhang zwischen dem Zahlungs-, Kredit- und Kapitalverkehr eines Unternehmens und dem Leistungserstellungs- und Austauschprozess unter Beachtung spezieller steuerlicher Modifikationen darzustellen. Die Grundbegriffe dienen der Beschreibung der Transaktionen eines Unternehmens mit der Außenwelt.

Eine **Auszahlung** liegt vor, wenn ein Unternehmen einen Zahlungsmittelbetrag auf ein anderes Wirtschaftssubjekt überträgt. Es geht also um die Bewegung von Zahlungsmitteln zwischen Wirtschaftseinheiten. Die Auszahlung stellt einen rein kassenmäßigen Begriff dar, d. h. es muss ein Zahlungsmittelkonto (z. B. das Kassen- oder Bankkonto) durch einen Abfluss von Zahlungsmitteln berührt sein.

Eine **Einzahlung** liegt vor, wenn ein Zahlungsmittelbetrag von einem anderen Wirtschaftssubjekt auf das Unternehmen übertragen wird. Auch die Einzahlung ist ein rein kassenmäßiger Begriff und berührt das Kassen-, Bank- oder Postbankkonto entsprechend.

Von Ein- und Auszahlungen abzugrenzen sind die Einnahmen und Ausgaben. **Ausgabe** ist das monetäre Äquivalent eines Einkaufs, also der geldmäßige Gegenwert einer eingekauften Menge. Die Rechenvorschrift »Bezogene Menge mal Preis pro Mengeneinheit« definiert die Ausgabe als rein wertmäßigen Begriff. Damit hat der Begriff der Ausgabe nichts mit einem Zahlungsvorgang zu tun, sondern spiegelt nur die mit einem Einkauf in Zusammenhang stehende Verpflichtung zur Zahlung wider.

Fällt diese Verpflichtung zur Zahlung mit dem Zahlungsvorgang zusammen, entsprechen sich Ausgabe und Auszahlung. Dies ist z. B. bei den täglichen Barkäufen oder bei so genannten Zug-um-Zug-Geschäften der Fall. Soweit sofortige Barzahlung nicht erfolgt, fallen Ausgabe und Auszahlung auseinander. Die Ausgabe führt zunächst zu einer Zunahme der Verbindlichkeiten, die durch die Auszahlung in der Folge wieder abgetragen werden.

Einnahme ist das geldmäßige Äquivalent für einen Absatz des Unternehmens. Der in Geld bewertete Absatz einer Periode entspricht der Einnahme für diesen Zeitraum. Einnahme und Einzahlung können beim Bargeschäft zusammenfallen (z. B. Verkauf von Waren in einem Automaten); bei Kreditbeziehungen (z. B. Verkauf auf Ziel) decken sich Einnahme und Einzahlung nicht.

Um von der Ausgabe zum **Aufwand** zu gelangen, hat eine Ausgabe zwei Bedingungen zu erfüllen. Der Aufwand umfasst nur

– erfolgswirksame und
– einer Periode zugeordnete

Ausgaben. Die Aufwendungen mindern den Gewinn bzw. erhöhen den Verlust eines bestimmten Abrechnungszeitraums. Entsprechend ist **Ertrag** zu definieren als erfolgswirksame und periodisierte Einnahme. Der Ertrag erhöht den Gewinn einer Periode bzw. vermindert einen Verlust.

Bei der Abgrenzung von Aufwand und Kosten bzw. Ertrag und Leistung ergibt sich ein Bereich, in dem sich Aufwand und Kosten entsprechen können. Allerdings gibt es auch Aufwendungen, die keine Kosten darstellen und umgekehrt Kosten, die keinen Aufwand verursachen. Der Aufwand erfasst den Verbrauch aller Werte innerhalb einer Periode, also auch den **neutralen Aufwand**, d. h. den Werteverzehr, der mit der Leistungserstellung nichts zu tun hat. Dies sind betriebsfremde, aber auch außerordentliche und/oder periodenfremde Aufwendungen. Der **betriebsfremde Aufwand** steht nicht in Zusammenhang mit der Leistungserstellung (z. B. Spenden für eine Wohltätigkeitsveranstaltung). Der Aufwand kann aber auch betrieblich und außerordentlich sein (z. B. Schäden durch höhere Gewalt) oder betrieblich und **periodenfremd** (z. B. Steuernachzahlungen für abgelaufene Jahre auf Grund einer Betriebsprüfung, für die keine Rückstellungen gebildet worden sind).

Die Begriffe **Kosten** und **Leistung** sind die negativen und positiven Erfolgskomponenten der Kosten- und Leistungsrechnung, die in Kapitel 5 ausführlich behandelt wird. An dieser Stelle sei nur erwähnt, dass Kosten stets Güterverbrauch darstellen, der bestimmte betriebliche Leistungen hervorgerufen hat.

4.1.2.2 Gesetzliche Grundlagen des Handelsrechts

Ein kurzer Überblick über die Entwicklung der gesetzlichen Buchführungs-, Bilanz- und Prüfungsvorschriften beginnt in Frankreich mit der Verordnung der Ordonnance de Commerce im Jahre 1673, wo erstmalig die Art der Buchführung bis ins Einzelne geregelt wurde. Bei nichtordnungsmäßiger Buchführung konnten die zur Rechnungslegung Verpflichteten bestraft werden. Mit dem Code de Commerce von 1807 wurde die Buchführungspflicht für Händler, Geldwechsler und Bankiers auf alle Kaufleute ausgedehnt. Ein besonderer Hinweis erfolgte zur Beweiskraft der Handelsbücher im Rechtsstreit. Beweiskraft hatte die Rechnungslegung nur, wenn sie nach kaufmännischer Art geführt war. Im deutschen Raum wurden die Kaufleute ab 1861 mit dem Allgemeinen Deutschen Handelsgesetzbuch verpflichtet, Bücher zu führen, aus welchen die Handelsgeschäfte des Kaufmannes und die Lage seines Vermögens vollständig zu ersehen sind. Die Pflicht zur Aufstellung einer Gewinn- und Verlustrechnung wird erstmals in der Aktienrechtsnovelle von 1884 für Aktiengesellschaften verankert.

Die Grundlage der heute geltenden Rechnungslegungsvorschriften ist dem **Handelsgesetzbuch (HGB)** von 1897 zu entnehmen. Alle Kaufleute haben danach in der Buchführung die Handelsgeschäfte und die Lage ihres Vermögens nach den **Grundsätzen ordnungsmäßiger Buchführung (GoB)** ersichtlich zu machen. In der ursprünglichen Fassung des Handelsgesetzbuches war ergänzend für Aktiengesellschaften die Aufstellung eines Geschäftsberichtes und eine eingeschränkte Publizität durch Einreichung dieses Berichtes zum Handelsregister geregelt. Erst 1931 wurden im Verordnungswege die aktienrechtlichen Vorschriften aus dem Handelsgesetzbuch herausgenommen. Durch diese Aktienrechtsreform wurde dem Bilanzrecht eine Generalnorm beigefügt, nach der der Jahresabschluss so klar und übersichtlich aufzustellen ist, dass er den Beteiligten einen möglichst sicheren Einblick in die Lage der Gesellschaft gewährt. Zudem wurde die Prüfungspflicht für den aktienrechtlichen Jahresabschluss eingeführt.

Mit der Umsetzung der EG-Richtlinien zur Rechnungslegung im HGB erfolgte Ende 1985 der zunächst letzte Schritt, allgemeine und rechtsformspezifische Rechnungslegungsvorschriften mit dazugehörigen Regelungen über die Prüfung, Offenlegung, Formblätter, Strafen, Zwangs- und Bußgelder gesetzlich niederzulegen. Aufgrund der EG-Richtlinien war auch die Bundesrepublik Deutschland verpflichtet, diejenigen Vorschriften zu koordinieren und gleichwertig zu gestalten, die EG-weit zum Schutz und im Interesse der Gesellschafter und Dritter vorgeschrieben sind.

Der Jahresabschluss einer Kapitalgesellschaft hat statt des Einblicks nunmehr unter Beachtung der Grundsätze ordnungsmäßiger Buchführung **ein den tatsächlichen Verhältnissen entsprechendes Bild der Vermögens-, Finanz- und Ertragslage** zu vermitteln. Unterstützt wird diese Forderung durch eine ebenfalls neue Berichtspflicht, ergänzende Angaben und Erläuterungen in einem Anhang beizufügen.

Inhalt der gesetzlichen Buchführungs- und Bilanzvorschriften sind schon seit Ende des 18. Jahrhunderts immer wieder Regeln über die Art der Buchführung, die Aufbewahrung von Handelsbüchern sowie über die Beweiskraft der Bücher. Daraus lässt sich der **Dokumentationszweck** der Buchführung ableiten: Durch die Dokumentation der Geschäftsvorfälle in den Handelsbüchern soll dem Bedürfnis nach Rechtssicherheit Rechnung getragen werden.

4 Jahresabschluss, Finanzierung und Steuern

Die Bücher eignen sich außerdem zum Beweis im Rechtsstreit: Der Kaufmann kann mit den Büchern etwas beweisen, oder dem Kaufmann wird anhand seiner Bücher etwas bewiesen (z. B. gläubigerschädigendes Verhalten). Die Dokumentation der Geschäftsvorfälle, also ihre Erfassung in Belegen und Buchführung und die Zusammenfassung der Buchführungszahlen in der Bilanz, kann daher als ein Hauptzweck der handelsrechtlichen Rechnungslegungsvorschriften angesehen werden. Durch ihre Dokumentation erhalten die Handelsbücher **Beweiskraft**.

Weitere Zwecke lassen sich aus den betriebswirtschaftlichen Aufgaben ableiten, die das Rechnungswesen für den Unternehmer erfüllen soll. Dabei gehört zum Wesen jeder unternehmerischen Betätigung, dass der Kaufmann zur Kontrolle seines Handels in dem abgeschlossenen Wirtschaftsjahr und als Maß für die Planung der Zukunft **Rechenschaft** über den Ablauf seiner wirtschaftlichen Betätigung im Hinblick auf das ökonomische Prinzip ablegt.

Der Jahresabschluss gewährt eine Übersicht über den Stand und die Veränderung des eingesetzten Kapitals. Während die Bilanz nur die Verhältnisse an einem Abschlussstichtag zeigt, ergibt sich aus der Gewinn- und Verlustrechnung der Erfolg oder Misserfolg einer Periode. Rechenschaft hierüber soll der Kaufmann nicht nur vor sich selbst ablegen, sondern durchaus im öffentlichen Interesse, vor allem auch im Interesse der Gläubiger. Somit resultiert aus dem Gedanken des Gläubigerschutzes die Aufgabe der Kontrolle des wirtschaftlichen Handelns durch **Selbstinformation** des buchführenden und bilanzierenden Kaufmanns, der durch die Handelsbücher über die Vermögens- und Ertragslage informiert und dank dieser Informationen in die Lage versetzt wird, das Unternehmen ordnungsgemäß zu führen und eine Insolvenz zu vermeiden.

Die handelsrechtlichen Rechnungslegungsvorschriften sind durch das **Bilanzrichtlinien-Gesetz** vom 19.12.85 nunmehr im 3. Buch des Handelsgesetzbuches (HGB) zusammengefasst.

Im 1. Abschnitt werden die **für alle Kaufleute** (soweit sie nicht unter das Publizitätsgesetz fallen) geltenden Vorschriften geregelt.

Der 2. Abschnitt enthält spezielle **Vorschriften für Kapitalgesellschaften**, die den allgemeinen Bestimmungen vorgehen. Insbesondere die Erstellung eines Lageberichtes und weitere Informationspflichten im Anhang sind neu in das Gesetz aufgenommen worden.

1. Abschnitt: Vorschriften für alle Kaufleute	§§ 238 — 263
1.1. Buchführung, Inventar	§§ 238 — 241
1.2. Eröffnungsbilanz, Jahresabschluss	
– allgemeine Vorschriften	§§ 242 — 245
– Ansatzvorschriften	§§ 246 — 251
– Bewertungsvorschriften	§§ 252 — 256
1.3. Aufbewahrung und Vorlage	§§ 257 — 261
1.4. Landesrecht	§§ 262 — 263
2. Abschnitt: Ergänzende Vorschriften für Kapitalgesellschaften	§§ 264 — 335
2.1. Jahresabschluss der Kapitalgesellschaft und Lagebericht	§§ 264 — 289
– allgemeine Vorschriften	§§ 264 — 265
– Bilanz	§§ 266 — 274a
– Gewinn- und Verlustrechnung	§§ 275 — 278
– Bewertungsvorschriften	§§ 279 — 283
– Anhang	§§ 284 — 288
– Lagebericht	§ 289

2.2. Konzernabschluss und -lagebericht	§§ 290 — 315
– Anwendungsbereich	§§ 290 — 293
– Konsolidierungskreis	§§ 294 — 296
– Inhalt und Form des Konzernabschlusses	§§ 297 — 299
– Vollkonsolidierung	§§ 300 — 307
– Bewertungsvorschriften	§§ 308 — 309
– anteilmäßige Konsolidierung	§ 310
– assoziierte Unternehmen	§§ 311 — 312
– Konzernanhang	§§ 313 — 314
– Konzernlagebericht	§ 315
2.3. Prüfung	§§ 316 — 324
2.4. Offenlegung...Prüfung durch das Registergericht	§§ 325 — 329
2.5. Verordnungsermächtigung für Formblätter...	§ 330
2.6. Straf- und Bußgeldvorschriften, Zwangsgelder	§§ 331 — 335
3. Abschnitt: Eingetragene Genossenschaften	§§ 336 — 339

Da eine Kapitalgesellschaft gem. § 6 HGB auch (Form-) Kaufmann ist, muss auf die Konkurrenz des ersten und zweiten Abschnitts für diese Kaufleute geachtet werden. Nur wenn im 2. Abschnitt keine Spezialregelung enthalten ist, gilt soweit auch für Kapitalgesellschaften der erste Abschnitt ohne Einschränkung (z. B. Rückstellungen gem. § 249 Absatz 1 HGB). Die Regelung für Sonderposten mit Rücklagenanteil in § 247 Abs. 3 HGB darf nicht auf Kapitalgesellschaften angewendet werden, da § 273 HGB im 2. Abschnitt eine besondere Regelung enthält.

Durch § 264a HGB werden OHG und KG, deren persönlich haftende Gesellschafter ausschließlich Kapitalgesellschaften sind, den Kapitalgesellschaften gleichgestellt. Damit haben auch diese Gesellschaften die besonderen Rechnungslegungs-, Prüfungs- und Offenlegungsvorschriften zu beachten. Kleinere Einschränkungen erlauben § 264b HGB (Einbeziehung in einen Konzernabschluss) und § 264c HGB (Ausweisvorschriften).

4.1.2.3 Grundzüge der Buchführung

4.1.2.3.1 Inventar und Inventur

Die Vorschrift des § 240 HGB verpflichtet den Kaufmann, zu Beginn seines Handelsgewerbes seine Grundstücke, seine Forderungen und Schulden, den Betrag seines baren Geldes sowie seine sonstigen Vermögensgegenstände genau zu verzeichnen und dabei den Wert der einzelnen Vermögensgegenstände und Schulden anzugeben. Er hat dazu für den Schluss eines jeden Geschäftsjahres ein solches **Inventar** aufzustellen. Dies ist innerhalb der einem ordnungsmäßigen Geschäftsgang entsprechenden Zeit zu bewirken, wobei die Dauer eines Geschäftsjahres zwölf Monate nicht überschreiten darf.

Der Kaufmann hat zunächst ein Eröffnungsinventar aufzustellen und dann jeweils zum Ende eines Geschäftsjahres, d. h. nach spätestens zwölf Monaten. Bei dem Inventar handelt es sich um ein Bestandsverzeichnis, das als Ergebnis der Bestandsaufnahme gewonnen wird. Das Inventar wird auf Grund einer Inventur aufgestellt. Unter **Inventur** wird die Bestandsaufnahme von Vermögensgegenständen und Schulden eines Unternehmens und das Aufzeichnen zum Zwecke der Inventaraufstellung verstanden.

Das Inventar ist die Grundlage der Bilanzierung, die genaue Aufzeichnung aller Vermögensgegenstände und Schulden bildet das Mengengerüst für die Bilanzaufstellung. Darüber hinaus besitzt das Inventar eine Dokumentations- und Nachweisfunktion; es ist ein Bestandsnachweis über die einzelnen Vermögensgegenstände nach Art und Menge.

Diese Aufgabe des Inventars kann nur ordnungsgemäß erfüllt werden, wenn bei der Inventarisierung bestimmte Grundsätze beachtet werden. Das Inventar muss vollständig sein, d. h. es muss alle Arten von Vermögensgegenständen und Schulden enthalten, die bilanzierungsfähig und dem Kaufmann zuzurechnen sind.

Die Zurechnung erfolgt nach dem Kriterium des wirtschaftlichen Eigentums, das sich nicht immer mit dem juristischen Eigentum decken muss. So sind auch Gegenstände zu erfassen, die unter Eigentumsvorbehalt erworben worden sind, oder Gegenstände, die sicherungsübereignet wurden.

Verschiedene Arten der Bestandsermittlung sind zulässig. Welche davon zur Anwendung gelangt, hängt von dem jeweiligen Inventursystem und dem jeweiligen Inventurverfahren ab. Der Begriff des Inventursystems bezieht sich auf Zeitpunkt oder Zeitraum der Inventurdurchführung und -aufstellung, während unter dem **Inventurverfahren** die Art der Bestandsaufnahme zu verstehen ist.

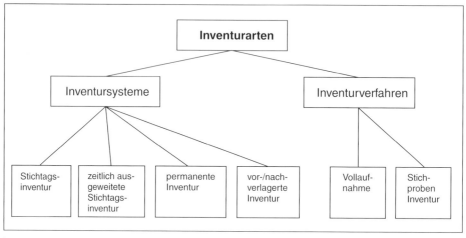

Inventurarten

Zu den **Inventursystemen** zählen die Stichtagsinventur, die zeitlich ausgeweitete Stichtagsinventur und die permanente Inventur sowie die vor- oder nachverlegte Stichtagsinventur. Bei den drei erstgenannten Inventursystemen fallen der Bilanzstichtag und der Tag, für den das Inventar aufgestellt wird, zusammen. Sie unterscheiden sich durch den unterschiedlichen Aufnahmetag, der nur bei der Stichtagsinventur mit dem Bilanzstichtag übereinstimmt.

Stichtagsinventur

Die als Stichtagsinventur bezeichnete körperliche Bestandsaufnahme zum Bilanzstichtag ist das Standard-Inventursystem. Es ist einfach anzuwenden und zuverlässig, da keinerlei Bestandsfortschreibungen notwendig sind. Es ist zwingend für diejenigen Bestandsarten vorgeschrieben, bei denen eine zuverlässige Bestandserfassung nur zum Bilanzstichtag möglich ist, also insbesondere für Bestände, die einem hohen Verlustrisiko durch Schwund und Verderb oder durch leichte Zerbrechlichkeit unterliegen, und für Bestände von besonderem Wert (z. B. Edelmetalle).

Zeitlich ausgeweitete Stichtagsinventur

Bei der zeitlich ausgeweiteten Stichtagsinventur liegen die Aufnahmetage kurz vor oder kurz nach dem Bilanzstichtag. Gemäß Abschnitt 30 Abs. 1 Satz 4 der EStR muss diese Inventur zeitnah, in der Regel innerhalb einer Frist von 10 Tagen vor oder nach dem Bilanzstichtag, durchgeführt werden. Dabei muss jedoch sichergestellt sein, dass die Bestandsveränderungen zwischen dem Bilanzstichtag und dem Tag der Bestandsaufnahme anhand von Belegen oder Aufzeichnungen ordnungsgemäß berücksichtigt werden.

Permanente Inventur

Nach § 241 Absatz 2 HGB kann sich bei der permanenten Inventur die körperliche Aufnahme auf das ganze Geschäftsjahr verteilen. Der Bestand für den Bilanzstichtag kann in diesem Fall nach Art und Menge anhand von Lagerbüchern (Lagerkarteien) festgestellt werden, wenn die folgenden Voraussetzungen erfüllt sind:

– In den Lagerbüchern und Lagerkarteien müssen alle Bestände und alle Zugänge und Abgänge einzeln nach Tag, Art und Menge (Stückzahl, Gewicht oder Volumen) eingetragen werden. Alle Eintragungen müssen belegmäßig nachgewiesen werden.

– In jedem Wirtschaftsjahr muss mindestens einmal durch körperliche Bestandsaufnahme geprüft werden, ob das Vorratsvermögen, das in den Lagerbüchern ausgewiesen wird, mit den tatsächlich vorhandenen Beständen übereinstimmt. Die Prüfung braucht nicht für alle Bestände gleichzeitig vorgenommen zu werden. Sie darf sich aber nicht nur auf Stichproben oder die Verprobung eines repräsentativen Querschnitts beschränken. Die Lagerbücher bzw. Lagerkarteien sind ggf. nach dem Ergebnis der Prüfung zu berichten. Der Tag der Bestandsaufnahme ist in den Lagerbüchern festzuhalten.

– Über die Durchführung und das Ergebnis der körperlichen Bestandsaufnahme sind Aufzeichnungen (Protokolle) anzufertigen, die unter Angabe des Zeitpunktes der Aufnahme von den aufnehmenden Personen zu unterzeichnen sind. Die Aufzeichnungen sind wie Handelsbücher zehn Jahre lang aufzubewahren.

Vor- oder nachverlagerte Stichtagsinventur

Nach § 241 Absatz 3 HGB kann die jährliche körperliche Bestandsaufnahme ganz oder teilweise innerhalb der letzten drei Monate vor oder der ersten zwei Monate nach dem Bilanzstichtag durchgeführt werden. Der dabei festgestellte Bestand ist nach Art und Menge in einem besonderen Inventar zu verzeichnen, das auch aufgrund einer permanenten Inventur erstellt werden kann.

Der in dem besonderen Inventar erfasste Bestand ist auf den Tag der Bestandsaufnahme (Inventurstichtag) nach allgemeinen Grundsätzen zu bewerten. Der sich danach ergebende Gesamtwert des Bestandes ist dann wertmäßig auf den Bilanzstichtag fortzuschreiben oder zurückzurechnen. Der Bestand braucht in diesem Fall nicht noch einmal zum Bilanzstichtag nach Art und Menge festgestellt werden, es genügt die Feststellung des Gesamtwertes des Bestands auf den Bilanzstichtag.

Die Bestandsveränderungen zwischen dem Inventurstichtag und dem Bilanzstichtag brauchen ebenfalls nicht nach Art und Menge aufgezeichnet zu werden; die wertmäßige Erfassung ist ausreichend. Das Verfahren zur wertmäßigen Fortschreibung oder Rückrechnung des Gesamtwertes des Bestandes am Bilanzstichtag muss den Grundsätzen ordnungsmäßiger Buchführung entsprechen. Die Fortschreibung des Warenbestands kann dabei nach der folgenden Formel vorgenommen werden, wenn die Zusammensetzung des Warenbestands am Bilanzstichtag von der des Warenbestands am Inventurstichtag nicht wesentlich abweicht:

      Wert des Warenbestands am Inventurstichtag
  + Wareneingang
  – Wareneinsatz (Umsatz – durchschnittlicher Rohgewinn)
  = Wert des Warenbestands am Bilanzstichtag

4 Jahresabschluss, Finanzierung und Steuern

Die **Inventurerleichterungen** durch die permanente oder die zeitverschobene Inventur dürfen nicht angewendet werden für Wirtschaftsgüter, die abgestellt auf die Verhältnisse des jeweiligen Betriebs besonders wertvoll sind, und auf Bestände, bei denen durch Schwund, Verdunsten, Verderb, leichte Zerbrechlichkeit o.ä. ins Gewicht fallende unkontrollierbare Abgänge eintreten, es sei denn, dass diese Abgänge aufgrund von Erfahrungssätzen schätzungsweise annähernd zutreffend berücksichtigt werden können. Für diese Bestandsarten ist die Stichtagsinventur vorgeschrieben.

Inventurverfahren

Das Inventurverfahren (die Inventurmethode) drückt die Art der Bestandsaufnahme aus. Diese kann grundsätzlich körperlich oder buch- bzw. belegmäßig vorgenommen werden. Die körperliche Bestandsaufnahme ist in der Regel eine **Vollaufnahme**. Eine teilweise körperliche Aufnahme wird unter Anwendung eines geeigneten **Stichprobenverfahrens** auch als Stichprobeninventur bezeichnet.

Für eine vollständige körperliche Aufnahme kommen Gegenstände in Betracht, deren Menge durch Messen, Zählen oder Wiegen ermittelt werden kann. Bei der Aufstellung des Inventars darf der Bestand nach Art, Menge und Wert auch mit Hilfe anerkannter mathematisch-statistischer Methoden auf Basis von Stichproben ermittelt werden. Nach § 241 Abs. 1 HGB muss das Verfahren den Grundsätzen ordnungsmäßiger Buchführung entsprechen und der Aussagewert des auf diese Weise aufgestellten Inventars muss dem Aussagewert eines auf Grund einer körperlichen Bestandsaufnahme aufgestellten Inventars gleichkommen.

4.1.2.3.2 Kontenrahmen und Kontenplan

Der **Kontenrahmen** dient der Zuordnung der einzelnen Konten zu einem bestimmten Geschäftsvorfall. Es handelt sich um ein Organisationsschema, das die einheitliche Verbuchung gewährleisten soll. Je nach Branche kommen Variationen vor (Industrie, Einzelhandel, Großhandel, Kfz-Betriebe).

Der **Kontenplan** ist die betriebsspezifische Vervollständigung des Kontenrahmens und bildet mit evtl. vorhandenen Kontierungsrichtlinien die Grundlage für eine sach- und zweckgerechte Erfassung und Zuordnung der Geschäftsvorfälle. Durch entsprechend tiefgehende Gliederung der Kontenpläne kann der Aussagewert der Buchhaltung verbessert werden. Die Untergliederung hat aber zu beachten, dass die Übersichtlichkeit nicht gefährdet wird. Über den sachlichen Inhalt der Konten muss Klarheit bestehen, damit eine zutreffende Verbuchung stattfinden kann (der an die Kunden zum Jahresende verschickte Kalender muss unter »Werbegeschenke« und darf nicht unter »Werbekosten allgemein« gebucht werden). Der Kontenrahmen gliedert die Konten in Kontenklassen, jede Kontenklasse ist wieder unterteilt in Kontengruppen. Die Kontengruppe besteht dann aus den einzelnen Konten, für die dann noch Unterkonten gebildet werden können.

So besteht der **DATEV-Kontenrahmen (SKR 01)** aus insgesamt **10 Kontenklassen:**

– Kontenklasse 0 = Anlage- und Kapitalkonten
– Kontenklasse 1 = Finanz- und Privatkonten
– Kontenklasse 2 = Abgrenzungskonten
– Kontenklasse 3 = Waren, Roh-, Hilfs- und Betriebsstoffe
– Kontenklasse 4 = Konten der Kostenarten
– Kontenklasse 5 = frei
– Kontenklasse 6 = frei
– Kontenklasse 7 = Erzeugnisse
– Kontenklasse 8 = Erlöskonten
– Kontenklasse 9 = Vortragskonten

Die Kontenklasse 0 könnte in folgende **Kontengruppen** unterteilt werden:

0001 Ausstehende Einlagen
0100 Gebäude
0200 Maschinen, Anlagen, Betriebsvorrichtungen
0300 Kraftfahrzeuge, Transportmittel
0400 sonstiges Inventar
0500 Beteiligungen, Rechtswerte
0600 langfristige Forderungen
0700 langfristige Verbindlichkeiten
0800 Kapital
0900 kalkulatorische Wertberichtigungen auf Anlagevermögen

Die Kontengruppen sind ihrerseits wieder in einzelne **Konten** untergliedert. So werden im DATEV-Kontenrahmen SKR 01 für die Kontengruppe 0200 »Maschinen, Anlagen, Betriebsvorrichtungen« folgende Konten aufgeführt:

0200 Maschinen, Anlagen, Betriebsvorrichtungen

0210 Maschinen
0220 maschinengebundene Werkzeuge
0240 maschinelle Anlagen
0250 Transportanlagen u.ä.
0260 Betriebsvorrichtungen
0290 Anlagen im Bau

Soweit es der Übersichtlichkeit dient, ist eine weitere Untergliederung in einem **betriebsspezifischen** Kontenplan möglich, z. B.:

0210 Maschinen

0211 Maschinen Werkstatt A
0212 Maschinen Werkstatt B

oder

0211 Drehbänke
0212 Bohrwerke
0213 Schleifmaschinen

Beispiel:
Der Erwerb einer Drehbank würde in der Kontenklasse 0 gebucht werden, in der Kontengruppe 0200: »Maschinen, Anlagen, Betriebsvorrichtungen« und auf dem Konto 0211: »Drehbänke«.

Weitere Untergliederungen in den **Sachkonten** »Forderungen und Verbindlichkeiten« sind dann notwendig, wenn umfangreiche Kontokorrentverhältnisse mit Kunden und Lieferanten bestehen.

Um die einzelnen Buchungsvorgänge mit diesen Geschäftspartnern übersichtlich zu gestalten, bedient man sich der **Personenkonten**. Das sind personenbezogene Unterkonten, die an das betreffende Hauptkonto jeweils nur die Salden liefern, während die einzelnen Buchungen auf dem Unterkonto vorgenommen werden.

Forderungsunterkonten werden als **Debitorenkonten** bezeichnet, die für die Lieferanten als **Kreditorenkonten**.

Sach- und Personenkonten spielen wie folgt zusammen:

4.1.2.3.3 Konten, Bilanz, Gewinn- und Verlustrechnung

Aufgabe der Buchführung ist die wertmäßige Aufzeichnung aller Geschäftsvorfälle nach bestimmten Normen zum vollständigen Nachweis aller Vermögens- und Kapitalveränderungen. Bei der **doppelten Buchführung (Doppik)** lässt sich der Erfolg aus der Gewinn- und Verlustrechnung sowie aus dem Vergleich von Anfangs- und Endvermögen in der Bilanz auf zweifachem Wege ermitteln.

Ausgangspunkt ist die Eröffnungsbilanz, wo der Kaufmann in einem Eröffnungsinventar die Vermögensgegenstände und Schulden nach dem Handelsgesetzbuch (HGB) vollständig zu verzeichnen hat (§ 240 Abs. 1 HGB). Der Kaufmann ist gem. § 238 Abs. 1 HGB verpflichtet, unter Beachtung der Grundsätze ordnungsmäßiger Buchführung (GOB) Bücher zu führen und nach § 242 Abs. 1 u. 2 HGB eine Schlussbilanz nebst Gewinn- und Verlustrechnung aufzustellen:

§ 240 Abs. 1 HGB:	Inventur → Inventar → Eröffnungsbilanz
§ 238 Abs. 1 HGB:	Erfassung der Geschäftsvorfälle
§ 240 Abs. 2 HGB:	Inventur → Inventar zum Ende jeden Jahres
§ 242 Abs. 1 u. 2 HGB:	Jahresbilanz und Gewinn- und Verlustrechnung

Die Bilanz zeigt auf ihrer Aktivseite das vorhandene Vermögen und auf der Passivseite, wie es finanziert wurde (Gläubiger oder Eigentümer). Es gilt stets die Bilanzgleichung: Aktiva = Passiva. Geschäftsvorfälle können die Bilanz in ihrer Struktur verändern, die Bilanzgleichung bleibt jedoch unverändert.

Beispiel:

BILANZ			
Anlagevermögen	100	Eigenkapital	80
Umlaufvermögen	120	Fremdkapital	140
Summe Aktiva	220	Summe Passiva	220

Die strukturelle Veränderung kann auf folgenden vier Grundtypen beruhen:

– **Aktivtausch** (z. B. Anschaffung einer Maschine gegen Barzahlung),

– **Passivtausch** (z. B. Umwandlung einer Lieferantenverbindlichkeit in ein Darlehen oder eine Beteiligung)

– **Aktiv-Passiv-Mehrung** als **Bilanzverlängerung** (z. B. Aufnahme von Krediten und Zufluss der Mittel),

– **Aktiv-Passiv-Minderung** als **Bilanzverkürzung** (z. B. Bezahlung einer Lieferantenverbindlichkeit).

Die Anschaffung einer Maschine im Werte von 30 löst bei Barzahlung einen Aktivtausch aus. Das Konto »Maschinen« erhöht das Anlagevermögen auf 130, die Barzahlung vermindert das Zahlungsmittelkonto im Umlaufvermögen auf 90.

BILANZ

Anlagevermögen	130	Eigenkapital	80
Umlaufvermögen	90	Fremdkapital	140
Summe Aktiva	220	Summe Passiva	220

Anders die Anschaffung der Maschine gegen Kreditaufnahme: Während das Anlagevermögen wie vorstehend um 30 steigt, wächst der Bereich des Fremdkapitals durch die Neuverschuldung von 140 auf 170. Die Bilanzsumme steigt daher auf 250, es kommt zu einer Bilanzverlängerung von 30.

BILANZ

Anlagevermögen	130	Eigenkapital	80
Umlaufvermögen	120	Fremdkapital	170
Summe Aktiva	250	Summe Passiva	250

Diese Geschäftsvorfälle haben aber noch keine Auswirkungen auf den **Erfolg** (Gewinn oder Verlust), weil der Leistung des Betriebes immer eine gleich hohe Gegenleistung gegenüberstand. Wird z. B. eingekaufte Ware zu einem höheren Preis wieder verkauft, ergibt sich eine Erfolgswirkung, weil das Konto Bank mehr zunimmt als das Konto Warenbestand abnimmt.

Können für den Warenverkauf 50 erzielt werden, und ist der betreffende Posten der Waren im Umlaufvermögen unter der Position Warenbestand mit 35 enthalten, würde sich aus der Gewinn- und Verlustrechnung ein Gewinn von 15 ermitteln lassen.

GEWINN- UND VERLUSTRECHNUNG

Bestandsminderung	35	Umsatzerlöse	50
Gewinn	15		

In der Bilanz würde das Umlaufvermögen einmal um den Wert der verkauften Ware, nämlich um 35 sinken, andererseits entsteht ein Anspruch auf den Kaufpreis von 50, der das Umlaufvermögen im Bereich der Forderungen entsprechend erhöht. Bei Barzahlung erhöht sich der Bereich der Zahlungsmittel entsprechend.

BILANZ

Anlagevermögen	100	Eigenkapital	80
Umlaufvermögen	120	Fremdkapital	140
Summe Aktiva	220	Summe Passiva	220

Anlagevermögen		100
Umlaufvermögen	120	
− Bestandsminderung	35	
+ Erhöhung der Forderungen	50	135
Summe Aktiva		235
− Fremdkapital		140
= Eigenkapital neu		95

Zieht man das bisherige Eigenkapital in Höhe von 80 ab, ergibt sich durch Vermögensvergleich ein Gewinn von 15.

4 Jahresabschluss, Finanzierung und Steuern

Konteneröffnung

Liegt die Eröffnungsbilanz vor, können die einzelnen Bilanzpositionen auf die betreffenden Konten der Buchführung vorgetragen werden. Die Eröffungsbilanz wird praktisch in einzelne Konten zerlegt. Die Verbuchung der Geschäftsvorfälle erfolgt dann nach sachlichen Gesichtspunkten auf den einzelnen **Sachkonten**.

Zur besseren Übersichtlichkeit können die Sachkonten für Kunden-(Forderungen) und Lieferanten-(Verbindlichkeiten) in Personenkonten für den Geschäftsverkehr mit einzelnen Personen weiter zerlegt werden. Die Sachkonten lassen sich einteilen in Bestandskonten, Unterkonten des Kapitalkontos, gemischte Konten und Umsatzsteuerkonten.

Bestandskonten

Bestandskonten schreiben die übernommenen Eröffnungsbestände fort und ergeben einen Buchbestand, der mit dem tatsächlichen Bestand übereinstimmen muss:

aktives Bestandskonto		passives Bestandskonto	
Soll	Haben	Soll	Haben
Anfangsbestand	Abgänge	Abgänge	**Anfangsbestand**
Zugänge	**Endbestand**	**Endbestand**	Zugänge

Unterkonten des Kapitalkontos

Das ursprünglich eingesetzte Kapital ändert sich immer dann, wenn Geschäftsvorfälle mit einem Gewinn oder Verlust enden oder der Unternehmer zusätzliches Eigenkapital in den Betrieb einbringt oder vorhandenes Kapital entnimmt. Diese Vorgänge schlagen sich im Kapitalkonto nieder:

Kapitalkonto

Soll	Haben
Verluste (Aufwendungen)	**Anfangsbestand**
Entnahmen	Gewinne (Erträge)
Endbestand	Einlagen

Gewinne und Verluste stellen betrieblich begründete Eigenkapitalveränderungen dar, Entnahmen und Einlagen verändern das Kapital aus privaten Gründen. Es ist zweckmäßig, die betrieblichen Kapitalveränderungen gesondert auf einem Gewinn- und Verlustkonto als Unterkonto des Kapitalkontos zu erfassen:

Gewinn- und Verlustkonto

Soll	Haben
Aufwendungen	Erträge
(= Minderung des Kapitals)	(= Erhöhung des Kapitals)
Sollsaldo = Gewinn	Habensaldo = Verlust

Regelmäßig hat eine weitere Zerlegung des Gewinn- und Verlustkontos in eine Vielzahl von Aufwands- und Ertragskonten zu erfolgen.

Die oben geschilderten privat begründeten Eigenkapitaländerungen lassen sich auch auf ein Unterkonto oder mehrere Unterkonten (Entnahmen- und Einlagenkonten) verteilen.

Gemischte Konten

Aufwands- und Ertragskonten als Erfolgskonten und Bestandskonten können sich überschneiden. Zu unterscheiden sind Erfolgskonten mit Bestand (etwa das Wareneingangskonto) und Bestandskonten mit Erfolg. So ist z. B. bei den Bestandskonten für das abnutzbare Anlagevermögen die jährliche Abschreibung als Habenposten abzusetzen und in der Gewinn- und Verlustrechnung als Aufwand zu erfassen:

Kraftfahrzeuge

Soll	Haben
Anfangsbestand	Abgänge
Zugänge	**Abschreibung → GuV**
	Endbestand

Umsatzsteuerkonten

Der Leistungsaustausch ist regelmäßig durch Umsatzsteuer belastet. Der leistende Unternehmer schuldet für seine Lieferungen und sonstige Leistungen die Umsatzsteuer, für an ihn ausgeführte Leistungen kann die Vorsteuer beansprucht werden. Insoweit ist es sinnvoll für die Umsatzsteuer entsprechende Forderungs- und Verbindlichkeitenkonten einzurichten. Der Saldo beider Konten ergibt dann die Zahllast gegenüber dem Finanzamt oder evtl. einen Erstattungsanspruch.

Vorsteuer ist die Umsatzsteuer, die dem Unternehmer für eingehende Lieferungen und sonstige Leistungen in Rechnung gestellt wird. **Umsatzsteuer** ist die Steuer, die auf ausgehende Lieferungen und sonstige Leistungen des Unternehmers, die er seinen Kunden in Rechnung stellt, erhoben wird.

Diese Technik der Abrechnung soll komplizierte Berechnungen über den »**Mehrwert**« vermeiden. Statt den »Mehrwert« jeder einzelnen Leistung zu ermitteln, wird unterstellt, dass sich die Mehrwerte einer Periode aus der Summe aller abgegebenen Leistungen abzüglich der Summe aller empfangenden Leistungen ergibt. Ein Beispiel:

Summe der abgegebenen Leistungen einer Periode	300 €
Summe der empfangenen Leistungen einer Periode	200 €
»Mehrwert«	100 €
Mehrwertsteuer 16%	16 €
In einer Umsatzsteuervoranmeldung würde dieser Vorgang wie folgt abgerechnet werden:	
abgegebene Leistungen 300 € x 16% =	48 €
./. empfangene Leistungen 200 € x 16% =	32 €
= Umsatzsteuerzahllast =	16 €

Es folgt ein Beispiel zur Buchung von Geschäftsvorfällen und der Erstellung von Bilanz und Gewinn- und Verlustrechnung:

Konto Eröffnungswerte	Aktiva	Konto Eröffnungswerte	Passiva
0050 Grund und Boden	80.000 €	0800 Kapital	300.000 €
0110 Fabrikgebäude	250.000 €	0700 Langfristige Verbindlichkeiten	240.000 €
0210 Maschinen	70.000 €	0950 Garantierückstellungen	3.000 €
0340 Fahrzeuge	79.000 €	0920 Wertberichtigungen	
0410 Betriebsausstattung	13.000 €	auf Forderungen	2.105 €
3250 unfertige Erzeugnisse	20.000 €	1600 Verbindlichkeiten	
1400 Forderungen (aus Lieferungen)	80.000 €	(aus Lieferungen)	28.095 €
1200 Bank 1	5.000 €	1814 erhaltene versteuerte Anzahlungen	15.000 €
0960 aktive Rechnungsabgrenzung	3.000 €	1886 Umsatzsteuerverbindlichkeit	1.800 €
Summe	600.000 €	1210 Bank 2 (Verbindlichkeit)	10.000 €
		Summe	600.000 €

4 Jahresabschluss, Finanzierung und Steuern

Geschäftsvorfälle:

1.	Warenverkäufe auf Ziel einschl. 16% USt	846.800 €
2.	Wareneinkäufe auf Ziel einschl. 16% USt	580.000 €
3.	Zahlungen von Kunden auf Bank 2	741.000 €
4.	Zahlungen an Lieferanten von Bank 2	573.420 €
5.	Zahlung einer Betriebsversicherung für den Zeitraum vom 1.4. bis 31.03. des Folgejahres von Bank 2	12.000 €
6.	Anschaffung einer Maschine für netto	3.000 €
	Erstellung eines Sockels hierfür durch eigene Arbeitskräfte: Lohnkosten von Bank 1	500 €
7.	Garantieleistung an einer im Vorjahr ausgelieferten Maschine: entstandene Lohnkosten	2.800 €
8.	Darlehenstilgung von Bank 2	24.000 €
9.	Zinsen für langfristiges Fremdkapital von Bank 2	3.000 €
10.	Überweisung von Bank 1 auf Bank 2	5.000 €
11.	Zahlung der Löhne von Bank 2	150.000 €
12.	Entnahme von Bank 2	3.000 €

Abschlussangaben:

1.	Abschreibungsbeträge für Gebäude	12.000 €
2.	Abschreibungen auf Maschinen	14.700 €
3.	Abschreibungen auf Fahrzeuge	20.000 €
4.	Abschreibung der Betriebsausstattung	5.000 €
5.	Bestand an unfertigen Erzeugnissen gem. ermittelter Herstellungskosten	18.000 €
6.	Pauschalwertberichtigung auf Forderungen 2,9075% der Nettoforderungen	
7.	Garantierückstellung 0,5% vom Umsatz	

Zunächst sollen die Buchungssätze gebildet werden. Naturgemäß verlangt die doppelte Buchführung dabei stets mindestens zwei Konten, die angesprochen werden müssen.

1.	per Forderungen	846.800 €	
	an Umsatzerlöse		730.000 €
	an Mehrwertsteuer		116.800 €
2.	per Materialeinkauf	500.000 €	
	an Vorsteuer	80.000 €	
	an Verbindlichkeiten		580.000 €
3.	per Bank 2	741.000 €	
	an Forderungen		741.000 €
4.	per Verbindlichkeiten	573.420 €	
	an Bank 2		573.420 €
5.	per Versicherungsaufwand	9.000 €	
	an Bank 2		9.000 €

Da die Versicherung vom 1.4. bis zum 31.3. des Folgejahres läuft, ist zunächst der Anteil für das laufende Geschäftsjahr zu ermitteln, hier also 9/12 von 12.000 €. Dieser Betrag ist Aufwand des laufenden Geschäftsjahres. Die Zahlung weiterer 3.000 € betrifft das folgende Geschäftsjahr und darf daher nicht als Aufwand des laufenden Jahres gebucht werden. Hierfür ist eine Abgrenzung zu bilden, die Buchung erfolgt auf dem Konto »aktive Rechnungsabgrenzung«:

per aktive Rechnungsabgrenzung	3.000 €	
an Bank 2		3.000 €

4 Jahresabschluss, Finanzierung und Steuern

Es sei hier unterstellt, dass diese Versicherung schon seit einigen Jahren in diesem Abrechnungsmodus entrichtet wird. Daher ist noch der vorhandene Vortrag auf dem Konto Rechnungsabgrenzung umzubuchen, da in diesem Eröffnungswert der im Vorjahr gezahlte Versicherungsbeitrag für die Zeit vom 1.1. bis 31.3 dieses Geschäftsjahres enthalten ist. Dieser Betrag ist nun Aufwand des laufenden Geschäftsjahres:

per Versicherungsaufwand	3.000 €	
an aktive Rechnungsabgrenzung		3.000 €

6. per Maschinen 3.000 €
   per Vorsteuer 480 €
   an Bank 1 3.480 €

Die Maschine ist mit den gesamten Anschaffungs- oder Herstellungskosten in der Bilanz zu bewerten. Dazu gehören auch die mit der Anschaffung oder Herstellung verbundenen eigenen Lohnkosten. Diese sind aber regelmäßig schon durch Buchung auf dem Lohnkonto erfasst und müssen daher umgebucht werden:

   per Maschinen 500 €
   an Lohnkosten 500 €

7. Garantieverpflichtungen entstehen mit der Auslieferung der Maschinen. Für mögliche Garantieleistungen ist daher zum Ende des Wirtschaftsjahres der Auslieferung bereits eine Rückstellung gebucht worden. Der Gewinn des Vorjahres hat sich hierdurch entsprechend vermindert. Die in diesem Jahr aufzuwendenden Lohnkosten für die Garantieleistung sind bereits auf dem Lohnkonto gebucht worden und würden den Gewinn dieses Jahres damit erneut mindern. Daher ist die Garantierückstellung entsprechend aufzulösen:

   per Garantierückstellung 2.800 €
   an Lohnkosten 2.800 €

8. per Darlehen 24.000 €
   an Bank 2 24.000 €

9. per Zinsaufwand 3.000 €
   an Bank 2 3.000 €

10. per Bank 2 5.000 €
    an Bank 1 5.000 €

11. per Lohnaufwand 150.000 €
    an Bank 2 150.000 €

12. per Privatkonto 3.000 €
    an Bank 2 3.000 €

Abschlussbuchungen:

13. Abschreibungen:
    per Abschreibungen 51.700 €
    an Gebäude 12.000 €
    an Maschinen 14.700 €
    an Fahrzeuge 20.000 €
    an Betriebsausstattung 5.000 €

14. Bestandsveränderungen:
    Inventurbestand am Jahresende 18.000 €
    Inventurbestand am Jahresbeginn 20.000 €
    Bestandsabnahme 2.000 €

    Buchung:
    per Bestandsveränderung (Aufwand) 2.000 €
    an Bestand an unfertigen Erzeugnissen 2.000 €

15. Pauschalwertberichtigung auf Forderungen:
Forderungsbestand am Jahresende	185.800 €
abzüglich enthaltene USt	25.628 €
Forderungsbestand netto	160.172 €
davon 2,9075%	4.657 €
bisher gebildet (Eröffnungswert)	2.105 €
noch zu bilden (Aufwand)	2.552 €

Buchung:

per Zuführung zur Rückstellung	2.552 €	
an Pauschalwertberichtigung		2.552 €

16. Garantierückstellungen:
garantiebehafteter Umsatz	730.000 €
davon 0,5%	3.650 €
bisher gebildet (Eröffnungswert)	3.000 €
bisher aufgelöst (7)	2.800 €
noch zu bilden (Aufwand)	3.650 €

Buchung:

per Zuführung zur Rückstellung	3.650 €	
an Garantierückstellung		3.650 €

Die **Zusammenstellung** der einzelnen Buchungen führt zu folgender Entwicklung der Bilanzkonten:

1. Fabrikgebäude (EB) 250.000 €
   – AfA (13) 12.000 €
   Bestand am 31.12. 238.000 €

2. Maschinen (EB) 70.000 €
   + Zugang (6) 3.500 €
   – AfA (13) 14.700 €
   Bestand am 31.12. 58.800 €

3. Fahrzeuge (EB) 79.000 €
   – AfA (13) 20.000 €
   Bestand am 31.12. 59.000 €

4. Betriebs- und Geschäftsausst. (EB) 13.000 €
   – AfA (13) 5.000 €
   Bestand am 31.12. 8.000 €

5. Bestand unfertige Erzeugnisse (EB) 20.000 €
   – Bestandsveränderung 2.000 €
   Bestand am 31.12. 18.000 €

6. Forderungen (EB) 80.000 €
   + Zugang (1) 846.800 €
   – Abgang (3) 741.000 €
   Bestand am 31.12. 185.800 €

7. Bank 1 (EB) 5.000 €
   – Abgang (6) 3.450 €
   – Abgang (10) 5.000 €
   Bestand am 31.12. 3.450 €   (Haben)

8. Aktive Rechnungsabgrenzung (EB)	3.000 €	
+ Zugang (5)	3.000 €	
– Abgang (5)	3.000 €	
Bestand am 31.12.	3.000 €	
9. Langfristige Verbindlichkeiten (EB)	240.000 €	
– Tilgung (8)	24.000 €	
Bestand am 31.12.	216.000 €	(Haben)
10. Wertberichtigungen auf Ford. (EB)	2.105 €	
+ Zugang (15)	2.552 €	
Bestand am 31.12.	4.657 €	(Haben)
11. Verbindlichkeiten aus Lieferungen (EB)	28.095 €	
– Abgang (4)	573.420 €	
+ Zugang (2)	580.000 €	
Bestand am 31.12.	34.675 €	(Haben)
12. USt-Verbindlichkeit (EB)	1.800 €	
+ Zugang (1)	116.800 €	
– Abgang Vorsteuer (2)	80.000 €	
– Abgang Vorsteuer (6)	480 €	
Bestand am 31.12.	38.120 €	(Haben)
13. Bank 2 (EB)	10.000 €	(Haben)
+ Zugang (1)	741.000 €	
+ Zugang (10)	5.000 €	
– Abgang (4)	573.420 €	
– Abgang (5)	12.000 €	
– Abgang (8)	24.000 €	
– Abgang (9)	3.000 €	
– Abgang (11)	150.000 €	
– Abgang (12)	3.000 €	
Bestand am 31.12.	29.420 €	(Haben)

Die **GuV-Posten** entwickeln sich wie folgt:

1. Umsatzerlöse	730.000 €	
2. Wareneinsatz:		
Wareneinkauf	500.000 €	
Bestandsminderung	2.000 €	502.000 €
3. Personalkosten:		
Personalkosten (11)	150.000 €	
– Umbuchung (6)	500 €	
– Umbuchung (7)	2.800 €	146.700 €
4. Versicherungen (5)	12.000 €	
5. Abschreibungen (13)	51.700 €	
6. Zinsen (9)	3.000 €	
7. Zuführung zu den Rückstellungen:		
PW auf Forderungen (15)	2.552 €	
Garantierückstellung (16)	3.650 €	6.202 €
8. Ergebnis	8.398 €	

Aus den Bestandskonten und dem aus der GuV ermittelten Ergebnis kann nun nachfolgende **Bilanz** ermittelt werden:

I. Aktiva

   A. Anlagevermögen
1. Grund und Boden	*80.000 €*	
2. Fabrikgebäude	*238.000 €*	
3. Maschinen	*58.800 €*	
4. Fahrzeuge	*59.000 €*	
5. Betriebs- u. Geschäftsausstattung	*8.000 €*	
B. Umlaufvermögen		
1. Vorräte	*18.000 €*	
2. Forderungen aus Lieferungen	*185.800 €*	
C. Rechnungsabgrenzungsposten	*3.000 €*	
Summe Aktiva	*650.600 €*	*650.600 €*

II. Passiva

A. Eigenkapital		
1. Anfangskapital	*300.000 €*	
2. – Entnahmen	*– 3.000 €*	
3. Bilanzgewinn	*8.398 €*	
4. Endkapital		*305.398 €*
B. Rückstellungen	*8.507 €*	
C. Fremdkapital (langfristig)	*216.000 €*	
Fremdkapital (kurzfristig)		
1. Bank 1	*3.480 €*	
2. Bank 2	*29.420 €*	
3. Verbindlichk. a. Lief.	*34.675 €*	
4. USt-Verbindlichkeiten	*38.120 €*	
5. erhaltene Anzahlungen	*15.000 €*	*120.695 €*
Summe Passiva		*650.600 €*

4.1.2.3.4 Warenkonten

Die Verbuchung von wertmäßigen Warenbewegungen ist zentrale Aufgabe der Buchführung eines Handelsbetriebes. Sie kann über ein einheitliches Warenkonto erfolgen, auf dem die Bestände, Zu- und Abgänge erfasst werden. Weil Bestandsgrößen und Erfolgsgrößen den Kontensaldo bestimmen und auch Buchungen zu Einkaufs- und Verkaufspreisen vorkommen, wird das einheitliche Warenkonto auch gemischtes Warenkonto genannt.

Soll	**einheitliches (gemischtes) Warenkonto**	Haben
Anfangsbestand (EK) Wareneinkauf (EK) Preisnachlässe/Rücksendungen an Kunden (VK) Saldo: Rohgewinn		Warenverkauf (VK) Preisnachlässe/Rücksendungen vom/an Lieferanten (EK) Endbestand (EK)

Das einheitliche Warenkonto zeigt zunächst den Anfangsbestand zum Einkaufspreisen (EK) auf der Soll-Seite. Dort werden auch Zugänge durch Wareneinkäufe, ebenfalls zu Einkaufspreisen, verbucht. Die Haben-Seite nimmt Abgänge durch Warenverkäufe zu Verkaufspreisen (VK) auf. Erst die Einbuchung des Endbestandes macht die Ermittlung des Rohgewinns möglich. Der Warenendbestand ist dabei durch eine Inventur zu ermitteln. Soweit Preisnachlässe und Rücksendungen von Waren vorkommen, sind diese, entsprechend bewertet, auf der Soll-Seite an Kunden zu Verkaufspreisen und auf der Haben-Seite vom/an Lieferanten zu Einkaufspreisen auszuweisen. Der gesonderte Ausweis des Waren einsatzes erfolgt auf dem gemischten Warenkonto nicht. Er lässt sich aus dem Anfangsbestand zuzüglich Wareneinkäufe abzüglich Endbestand ermitteln.

Vor allem die gemischte Bewertung von Buchungen zu Einkaufs- und Verkaufspreisen führte zu einer Trennung des einheitlichen Warenkontos in ein Wareneinkaufskonto und in ein Warenverkaufskonto.

Soll	**Wareneinkaufskonto**	Haben
Anfangsbestand (EK) Wareneinkauf (EK)	Preisnachlässe/Rücksendungen von/an Lieferanten (EK) Endbestand (EK) Saldo: Wareneinsatz	

Soll	**Warenverkaufskonto**	Haben
Anfangsbestand (EK) an Kunden (VK) Saldo: Umsatzerlöse (VK)	Warenverkauf (VK)	

Die Trennung der Wareneinkaufs- und Warenverkaufskonten führt zu einer einheitlichen Bewertung mit Einkaufs- bzw. Verkaufspreisen. Das Warenverkaufskonto weist als Saldo die Umsatzerlöse zu Verkaufspreisen, das Wareneinkaufskonto den Wareneinsatz zu Einkaufspreisen aus.

Für den Abschluss der getrennten Warenkonten gibt es zwei Möglichkeiten: Den **Nettoabschluss** und den **Bruttoabschluss**. Beim Nettoabschluss wird der Saldo des Wareneinkaufskontos, also der **Wareneinsatz**, auf das Warenverkaufskonto gebucht und ergibt dort den Rohgewinn, der dann in die Gewinn- und Verlustrechnung eingeht.

Beim Bruttoabschluss von Wareneinkaufs- und Warenverkaufskonto gehen die Salden direkt in die Gewinn- und Verlustrechnung. Dadurch erscheinen in der Gewinn- und Verlustrechnung nicht nur der Rohgewinn (wie beim Nettoabschluss), sondern der Wareneinsatz als Aufwand auf der Soll-Seite und die Umsatzerlöse als Ertrag auf der Haben-Seite.

4.1.2.3.5 Abgrenzungen

Bei manchen Geschäftsvorfällen steht einer Zahlung ein Aufwand oder Ertrag für einen längeren Zeitraum gegenüber. Geht dieser Zeitraum über den Bilanzstichtag als Ende der Buchungsperiode hinaus, muss geprüft werden, ob die erfolgswirksam gebuchten Beträge auch tatsächlich der betreffenden Buchungsperiode zuzuordnen sind, oder ob sie den Erfolg nachfolgender Perioden berühren und daher vom Erfolg dieser Periode abzugrenzen sind. So ist z. B. eine Versicherungszahlung am 1.7. für ein Jahr dem Erfolg der laufenden Periode und dem der Folgeperiode jeweils zur Hälfte zuzuordnen. Die Abgrenzung erfolgt durch Bildung von **Rechnungsabgrenzungsposten**, die auf der Aktiv- sowie auf der Passiv-Seite vorkommen können.

Aktive Rechnungsabgrenzungsposten stehen immer für Ausgaben vor dem Bilanzstichtag und Aufwand für einen bestimmten Zeitraum nach dem Bilanzstichtag, wie beim vorstehenden Beispiel der Versicherungszahlung. Handelt es sich um Einnahmen vor dem Bilanzstichtag, die Ertrag für eine bestimmte Zeit danach darstellen, dann ist ein **passiver Rechnungsabgrenzungsposten** zu bilden, d. h. wenn

– Vorleistungen aus einer **zeitraumbezogenen** Gegenleistung vorliegen,
– Ausgabe oder Einnahme vor dem Bilanzstichtag erfolgt,
– Aufwand oder Ertrag nach dem Bilanzstichtag liegt,
– Ausgabe oder Einnahme einen Aufwand oder Ertrag für eine **bestimmte Zeit** nach dem Bilanzstichtag darstellt.

4 Jahresabschluss, Finanzierung und Steuern

Im obigen Beispiel der Versicherungszahlung würde man im Jahr der Zahlung einen aktiven Rechnungsabgrenzungsposten bilden. Der Buchungssatz würden lauten: »Per aktive Rechnungsabgrenzung an Versicherungsaufwendungen«. Die Aktive Rechnungsabgrenzung würde über die Aktivseite der Bilanz in das nächste Jahr vorgetragen und dann gegen den Aufwand für Versicherungen aufgelöst mit der Buchung »per Versicherungsaufwendungen an aktive Rechnungsabgrenzung«. Damit ist der Aufwand entsprechend der bezahlten Versicherungsperiode verursachungsgerecht zugeordnet.

4.1.3 Basiselemente der handelsrechtlichen Bilanzierung

Nach § 242 HGB hat der Kaufmann zu Beginn seines Handelsgewerbes und für den Schluss eines jeden Geschäftsjahres einen **Jahresabschluss**, bestehend aus **Bilanz** und **Gewinn- und Verlustrechnung**, aufzustellen. Für Kapitalgesellschaften ist der Jahresabschluss nach § 264 HGB um einen **Anhang** zu erweitern. Darüber hinaus ist ein **Lagebericht** aufzustellen.

Das Handelsrecht verpflichtet damit Kaufleute zur Bilanzierung. Wer Kaufmann ist, regelt das HGB in den §§ 1 ff. Die persönliche Verpflichtung zur Aufstellung des Jahresabschlusses trägt in Einzelunternehmen der Kaufmann selbst, Gesellschaften handeln durch ihre Organe (geschäftsführende Gesellschafter, Vorstand).

Die **Aufstellung** des Jahresabschlusses bezeichnet den Vorgang der Erstellung bis hin zum fertigen Jahresabschluss und dessen Unterzeichnung durch den Kaufmann. Bei Kapitalgesellschaften wird der Jahresabschluss in der Regel der Gesellschafterversammlung vorgelegt, die ihn festzustellen hat. Die **Feststellung** ist die Erklärung, dass der vorliegende Jahresabschluss als der vom Gesetz verlangte gelten soll.

Der Jahresabschluss ist nach den Grundsätzen ordnungsmäßiger Buchführung aufzustellen, er muss klar und übersichtlich sein und ist innerhalb der einem ordnungsgemäßen Geschäftsgang entsprechenden Zeit aufzustellen. Während die Buchführung in einer lebenden Sprache zu fertigen ist, ist der Jahresabschluss in deutscher Sprache aufzustellen. Grundlegend für den Jahresabschluss gilt das **Nominalwertprinzip**. Inflation oder die verschiedenen Konzepte der Substanzerhaltung (so z. B. die Abschreibung von den Wiederbeschaffungskosten) dürfen nicht berücksichtigt werden.

4.1.3.1 Allgemeine Rahmenbedingungen

Aufzustellen ist der Jahresabschluss nach den **Grundsätzen ordnungsmäßiger Buchführung**, er muss klar und übersichtlich sein, und die Aufstellung muss innerhalb der einem ordnungsmäßigen Geschäftsgang entsprechenden Zeit erfolgen (§ 243 HGB).

Unter den Grundsätzen ordnungsmäßiger Buchführung werden allgemein anerkannte Regeln über die Führung von Büchern und die Aufstellung von Jahresabschlüssen zusammengefasst. Wesentliche Grundsätze sind z. B.:

- Grundsatz der **Richtigkeit und Willkürfreiheit**,
- Grundsatz der **Klarheit**,
- Grundsatz der **Vollständigkeit**,
- **Realisationsprinzip** (Gewinne dürfen erst bei Realisierung ausgewiesen werden),
- **Imparitätsprinzip** (Verluste müssen bei Erkennbarkeit ausgewiesen werden),
- **Vorsichtsprinzip**.

Teilweise finden diese Grundsätze Ausdruck in den gesetzlichen Vorschriften, z. T. sind sie bei der Auslegung der Gesetze oder bei der Schließung von Gesetzeslücken heranzuziehen.

4.1.3.2 Generalklausel

Der Jahresabschluss soll gem. § 264 Abs. 2 HGB unter Beachtung der Grundsätze ordnungsmäßiger Buchführung ein den tatsächlichen Verhältnissen entsprechendes Bild der Vermögens-, Finanz- und Ertragslage vermitteln **(Generalklausel)**. Führen besondere Umstände dazu, dass der Jahresabschluss ein den tatsächlichen Verhältnissen entsprechendes Bild nicht vermittelt, so sind im Anhang zusätzliche Angaben zu machen. Der Lagebericht soll ergänzend zu diesem Bild Informationen über den Geschäftsverlauf und die Lage des Unternehmens liefern. Das Grundprinzip der Bilanzierung, der Grundsatz des »**true and fair view**«, wurde aus dem anglo-amerikanischen Recht übernommen.

Je nach Rechtsform und Größe des Unternehmens sind die Bilanzierungspflichten unterschiedlich ausgeprägt. Die vorstehenden Leitlinien gelten zunächst für die Kapitalgesellschaften. Sie sind geprägt von einer Haftungsbegrenzung in Höhe eines bestimmten Kapitalbetrages. Daher sind hier intensivere Vorschriften notwendig als bei Einzelunternehmen und Personenhandelsgesellschaften, bei denen der Kaufmann oder die persönlich haftenden Gesellschafter mit ihrem gesamten Vermögen haften.

Was unter einer **Bilanz** (spätlateinisch bilanx = Waage) zu verstehen ist, ergibt sich aus § 242 Abs. 1 HGB. Danach hat jeder Kaufmann, also auch die Kapitalgesellschaft als Formkaufmann, für den Schluss eines jeden Geschäftsjahres einen das Verhältnis seines Vermögens und seiner Schulden darstellenden Abschluss aufzustellen. Die Bilanz weist auf der Aktivseite das Vermögen, d. h. die Summe aller Aktivwerte aus und auf der Passivseite das Kapital, unterteilt in Eigen- und Fremdkapital.

Die Passivseite bietet damit einen Überblick über die Mittelherkunft und zeigt, inwieweit das Unternehmen mit eigenen und fremden Mitteln finanziert ist. Die Aktivseite gibt an, wie diese Mittel verwendet worden sind. Während die Bilanz dem Einblick in die Vermögenslage dient, soll die Gewinn- und Verlustrechnung den Einblick in die Ertragslage ermöglichen. Alle Kaufleute sind nach § 242 Absatz 2 HGB verpflichtet, eine Gegenüberstellung der Aufwendungen und Erträge aufzustellen. Diese Gegenüberstellung kann nach dem **Gesamtkostenverfahren** oder nach dem **Umsatzkostenverfahren** erfolgen. Von der Struktur muss eine Gewinn- und Verlustrechnung mindestens das Ergebnis der gewöhnlichen Geschäftstätigkeit des Geschäftsjahres, das außerordentliche Ergebnis des Geschäftsjahres und periodenfremde Aufwendungen und Erträge ausweisen.

4.1.3.3 Gliederungsvorschriften

4.1.3.3.1 Gliederung gemäß Rechtsform und Größe

Die Jahresbilanz dient der Darstellung der Vermögenslage, sie ist der das Verhältnis von Vermögen und Schulden und damit das Reinvermögen darstellende Abschluss. Die Aktivseite der Jahresbilanz weist das Bruttovermögen aus, die Vermögensgegenstände, die Passivseite die Schulden und das Eigenkapital. Grundsätzlich dürfen Aktivposten nicht mit Passivposten verrechnet werden.

Gliederungsprinzipien

Die einschlägige Literatur beschreibt mehrere Gliederungsprinzipien für die Bilanz, von denen aber keines in Reinform in die gesetzlichen Gliederungsvorschriften eingegangen ist. Jedoch haben sich einzelne Elemente niedergeschlagen:

– Die Gliederung nach Funktionen und Zweckbestimmung der Vermögensgegenstände nach LE COUTRE hat z. B. zu der Unterscheidung in Anlage- und Umlaufvermögen geführt.

– Das Liquiditätsgliederungsprinzip ordnet die Vermögensgegenstände nach dem Grad ihrer Liquidierbarkeit, die Posten der Passivseite nach ihrer Fälligkeit.

– Eine Aufteilung in Sachen und Rechte ergibt sich nach der Gliederung nach Rechtsverhältnissen. Die Einteilung nach dem Ablaufgliederungsprinzip ist vor allem für die Vermögenspositionen von Bedeutung. Sie stellt auf den innerbetrieblichen Wertefluss ab. Nach diesem Prinzip unterscheidet man Anlage- und Umlaufvermögen, Roh-, Hilfs- und Betriebsstoffe, unfertige und fertige Erzeugnisse.

Gliederung der Bilanz nach HGB

Für alle Kaufleute, die keine Kapitalgesellschaften sind, verlangt § 247 Abs. 1 HGB lediglich, dass das Anlage- und Umlaufvermögen, das Eigenkapital, die Schulden sowie die Rechnungsabgrenzungsposten gesondert auszuweisen und hinreichend aufzugliedern sind. Was unter »hinreichend« zu verstehen ist, bestimmt sich nach den allgemeinen Grundsätzen der Klarheit und Übersichtlichkeit. Einerseits kann eine feinere Untergliederung der Übersichtlichkeit dienlich sein, andererseits kann eine zu weitgehende Unterteilung Klarheit und Übersichtlichkeit auch beeinträchtigen.

Das HGB enthält für die Kapitalgesellschaften in § 266 HGB ein verbindliches Gliederungsschema, wobei allerdings für die kleine Kapitalgesellschaft Erleichterungen vorgesehen sind (§ 266 Abs. 1 HGB, verkürzte Gliederung).

Grundsätze für die Gliederung sind in § 265 HGB aufgestellt, wobei aber wieder die bereits bekannte Gesetzessystematik zu beachten ist und die allgemeinen Gliederungsgesichtspunkte für alle Kaufleute gelten, soweit keine speziellere Vorschrift Abweichendes regelt.

Diese allgemeinen Bestimmungen werden um folgende Vorschriften ergänzt:

§ 265 Abs. 1 HGB: Stetigkeit in der Darstellung
§ 265 Abs. 2 HGB: Angabe von Vorjahreszahlen
§ 265 Abs. 3 HGB: Vermerk der Mitzugehörigkeit
§ 266 HGB: Verbindliches Gliederungsschema
§ 330 HGB: Verwendung von Formblättern

Verbindlichkeit des Gliederungsschemas besagt, dass die Reihenfolge der Bilanzposten einzuhalten und auf die gesonderten Ausweise der einzelnen Posten zu achten ist.

Abweichungen von diesem Schema sind für bestimmte Fälle zugelassen:

§ 265 Abs. 4 HGB: wenn der Geschäftszweig dieses erfordert
§ 265 Abs. 5 HGB: wenn eine weitere Untergliederung oder die Einfügung weiterer Positionen notwendig ist
§ 265 Abs. 6 HGB: wenn eine Änderung von Gliederung und Bezeichnung mehr Klarheit und Übersichtlichkeit wegen Besonderheiten der Kapitalgesellschaft bewirkt
§ 265 Abs. 7 HGB: Zusammenfassung von Posten
§ 265 Abs. 8 HGB: Null-Posten

Besonders zu der weitergehenden Untergliederung ist anzumerken, dass sie leicht die Klarheit und Übersichtlichkeit beeinträchtigen kann. Wenn die Gliederung zu tief erfolgt, könnte sie also unzulässig sein.

Nach § 266 HGB ist die Bilanz in **Kontoform** aufzustellen. Die Aktivseite des Kontos nimmt dabei das Anlagevermögen, das Umlaufvermögen und die Rechnungsabgrenzungsposten auf und zwar nach der Kapitalbindungsdauer geordnet (zunächst die »langfristigen« wie Gebäude bis zum »kurzfristigen« Kassenbestand). Auf der Passivseite folgt dem Ausweis des Eigenkapitals der des Fremdkapitals, wiederum nach Fristigkeit geordnet in Rückstellungen und Verbindlichkeiten. Abschließend erfolgt der Ausweis der Rechnungsabgrenzungsposten.

Für **Kapitalgesellschaften** ist in § 266 HGB eine Gliederung vorgegeben, die aber auch allen Kaufleuten eine Orientierungshilfe geben kann und wie folgt aussieht:

4 Jahresabschluss, Finanzierung und Steuern

Aktivseite	Passivseite
A. Ausstehende Einlagen – davon eingefordert	A. Eigenkapital I. Gezeichnetes Kapital
B. Aufwendungen für die Ingangsetzung und Erweiterung des Geschäftsbetriebs	II. Kapitalrücklage

C. Anlagevermögen
I. Immaterielle Vermögensgegenstände:
  1. Konzessionen, gewerbliche Schutzrechte und Werte sowie Lizenzen an solchen Rechten und Werten
  2. Geschäfts- oder Firmenwert
  3. geleistete Anzahlungen
II. Sachanlagen
  1. Grundstücke, grundstücksgleiche Rechte und Bauten einschließlich der Bauten auf fremden Grundstücken
  2. technische Anlagen und Maschinen
  3. andere Anlagen, Betriebs- und Geschäftsausstattung
  4. geleistete Anzahlungen und Anlagen im Bau
III. Finanzanlagen
  1. Anteile an verbundenen Unternehmen
  2. Ausleihungen an verbundene Unternehmen
  3. Beteiligungen
    – davon Restlaufzeit bis zu 1 Jahr
  4. Ausleihungen an Unternehmen, mit denen ein Beteiligungsverhältnis besteht
    – davon Restlaufzeit bis zu 1 Jahr
  5. Wertpapiere des Anlagevermögens
  6. sonstige Ausleihungen
	III. Gewinnrücklagen
	  1. gesetzliche Rücklage
	  2. Rücklage für eigene Anteile
	  3. satzungsmäßige Rücklagen
	  4. andere Gewinnrücklagen
	IV. Gewinnvortrag/Verlustvortrag
	V. Jahresüberschuss/-fehlbetrag
	B. Sonderposten mit Rücklageanteil
	C. Rückstellungen
	  1. Rückstellungen für Pensionen und ähnliche Verpflichtungen
	  2. Steuerrückstellungen
	  3. Rückstellung für latente Steuern
	  4. Sonstige Rückstellungen
	D. Verbindlichkeiten
	  1. Anleihen,
	    – davon konvertibel
	    – davon Restlaufzeit bis zu 1 Jahr
	  2. Verbindlichkeiten gegenüber Kreditinstituten
	  3. erhaltene Anzahlungen auf Bestellungen Verbindlichkeiten aus Lieferungen und Leistungen
	    – davon Restlaufzeit bis zu 1 Jahr
	  5. Verbindlichkeiten aus der Annahme gezogener Wechsel und Ausstellung eigener Wechsel
	  6. Verbindlichkeiten gegenüber verbundenen Unternehmen
	    – davon Restlaufzeit bis zu 1 Jahr
	  7. Verbindlichkeiten gegenüber Unternehmen, mit denen ein Beteiligungsverhältnis besteht
	    – davon Restlaufzeit bis zu 1 Jahr
	  8. sonstige Verbindlichkeiten
	    – davon aus Steuern
	    – davon im Rahmen der sozialen Sicherheit
	    – davon Restlaufzeit bis zu 1 Jahr
	E. Rechnungsabgrenzungsposten

D. Umlaufvermögen
I. Vorräte
  – davon Restlaufzeit bis zu 1 Jahr
  1. Roh-, Hilfs- und Betriebsstoffe
  2. unfertige Erzeugnisse, unfertige Leistungen
  3. fertige Erzeugnisse und Waren
  4. geleistete Anzahlungen
II. Forderungen und sonstige Vermögensgegenstände
  1. Forderungen aus Lieferungen und Leistungen
    – davon mit Restlaufzeit > 1 Jahr
  2. Forderungen gegen verbundene Unternehmen
    – davon mit Restlaufzeit > 1 Jahr
  3. Forderungen gegen Unternehmen, mit denen ein Beteiligungsverhältnis besteht
    – davon mit Restlaufzeit > 1 Jahr
  4. sonstige Vermögensgegenstände
III. Wertpapiere
  1. Anteile an verbundenen Unternehmen
  2. eigene Anteile
  3. sonstige Wertpapiere
E. Rechnungsabgrenzungsposten
F. Aktive latente Steuern
G. (ggf.) Nicht durch Eigenkapital gedeckter Fehlbetrag	

4 Jahresabschluss, Finanzierung und Steuern

Kleine Kapitalgesellschaften brauchen nur eine **verkürzte Bilanz** aufzustellen, in die die mit Buchstaben und römischen Zahlen gekennzeichneten Positionen gesondert und in der vorgeschriebenen Reihenfolge aufgenommen werden müssen.

Bei Inanspruchnahme der Verkürzungsmöglichkeiten für die kleine Kapitalgesellschaft ergibt sich folgendes Bild:

Aktivseite	Passivseite
A. Anlagevermögen	A. Eigenkapital
I. Immaterielle Vermögensgegenstände	I. Gezeichnetes Kapital
II. Sachanlagen	II. Kapitalrücklagen
III. Finanzanlagen	III. Gewinnrücklagen
B. Umlaufvermögen	IV. Gewinnvortrag/Verlustvortrag
I. Vorräte	B. Rückstellungen
II. Forderungen und sonstige Vermögensgegenstände	C. Verbindlichkeiten
III. Wertpapiere	D. Rechnungsabgrenzungsposten
IV. Schecks, Kassenbestand, Bundesbank- und Postbankguthaben, Guthaben bei Kreditinstituten	

Auch für die mittelgroße Kapitalgesellschaft ist das in § 266 HGB vorgeschriebene Gliederungsschema in vollem Umfang (wie bei der großen Kapitalgesellschaft) anzuwenden. Dies ist für die Aufstellung des Jahresabschlusses verbindlich. Bei der Veröffentlichung besteht aber nach § 327 Nr. 1 HGB die Möglichkeit, auf den Ausweis einzelner Posten zu verzichten. Außerdem kann bei bestimmten Positionen gewählt werden, ob die Angabe in der Bilanz oder im Anhang erfolgt. Weitere Erleichterungen ergeben sich aus § 327 Nr. 2 HGB, wonach auf einige Pflichtangaben (vgl. § 285 HGB) bei der Veröffentlichung verzichtet werden kann.

4.1.3.3.2 Rechnungslegungspflichten

Je nach Rechtsform, Größenklasse und Unternehmensverbindung (Konzern) sind spezifische Rechnungslegungsvorschriften zu beachten. Die Vorschriften beziehen sich auf die Erstellung, den Umfang, die Prüfung und Veröffentlichung des Jahresabschlusses.

Personenunternehmen

Einzelunternehmen und Personengesellschaften fallen unter den ersten Abschnitt des dritten Buches. Diese Vorschriften gelten für alle Kaufleute. Nach § 238 HGB ist jeder Kaufmann verpflichtet, Bücher zu führen und in diesen die Lage seines Vermögens nach den Grundsätzen ordnungsmäßiger Buchführung ersichtlich zu machen. Gemäß § 240 HGB hat der Kaufmann zu Beginn seines Handelsgewerbes seine Grundstücke, seine Forderungen und Schulden, den Betrag seines baren Geldes sowie seine sonstigen Vermögensgegenstände genau zu verzeichnen und dabei den Wert der einzelnen Vermögensgegenstände und Schulden anzugeben. Dieses Inventar ist Grundlage für den nach § 242 HGB aufzustellenden Jahresabschluss.

Der Jahresabschluss besteht aus der Bilanz (»einen das Vermögen und Schulden darstellenden Abschluss«) und der Gewinn- und Verlustrechnung (»Gegenüberstellung der Erträge und Aufwendungen«).

Kapitalgesellschaften

Die Vorschriften über die Rechnungslegung für Kapitalgesellschaften finden sich im zweiten Abschnitt des 3. Buches HGB. Zu beachten sind, dass es sich um ergänzende Vorschriften handelt, d. h. dass die allgemeinen Vorschriften für alle Kaufleute, auch für Kapitalgesellschaften, gelten, soweit es keine Spezialvorschriften gibt.

Als eine solche Besonderheit fordert § 264 HGB, dass der Jahresabschluss um einen Anhang zu erweitern ist, der mit der Bilanz und der Gewinn- und Verlustrechnung eine Einheit bildet. Qualitativ wird gefordert, dass der Jahresabschluss unter Beachtung der Grundsätze ordnungsmäßiger Buchführung ein den tatsächlichen Verhältnissen entsprechendes Bild der Vermögens-, Ertrags- und Finanzlage zu vermitteln hat, wobei im Anhang und im Lagebericht ggf. noch weitere Erläuterungen vorzunehmen sind.

Die Vorschriften für Kapitalgesellschaften sind nach § 264a HGB auch anzuwenden auf offene Handelsgesellschaften und Kommanditgesellschaften, bei denen nicht wenigstens ein persönlich haftender Gesellschafter eine natürliche Person oder eine OHG, KG oder andere Personengesellschaft mit einer natürlichen Person als persönlich haftendem Gesellschafter ist. Damit wird jetzt die GmbH & CO KG, die eigentlich eine Personengesellschaft ist, wie eine Kapitalgesellschaft behandelt.

Größenkategorien

Da die Rechnungslegungsvorschriften größenabhängige Modifikationen enthalten, wird durch § 267 HGB in große, mittlere und kleine Kapitalgesellschaften differenziert. Einteilungskriterien in die **Größenklassen** bilden Bilanzsumme, Umsatzerlöse und die Anzahl der Arbeitnehmer. Von den drei Kriterien müssen immer zwei erfüllt sein. Maßgebend hierfür ist der Zeitpunkt der erstmaligen Verpflichtung zur Aufstellung eines Jahresabschlusses nach neuem Recht. Änderungen treten erst dann ein, wenn an zwei aufeinander folgenden Stichtagen geänderte Kriterien vorliegen.

Danach liegt eine **kleine Kapitalgesellschaft** vor, wenn die Bilanzsumme nicht mehr als 4.015.000 € beträgt, der Jahresumsatz 8.030.000 € nicht überschreitet und/oder die Zahl der Arbeitnehmer nicht über 50 liegt.

Bei einer **mittleren Kapitalgesellschaft** beträgt die Bilanzsumme maximal 16.060.000 €, der Jahresumsatz überschreitet 32.120.000 € nicht und die Zahl der Arbeitnehmer ist nicht größer als 250.

Bei der **großen Kapitalgesellschaft** werden mindestens zwei dieser Grenzen überschritten.

Bei dem Merkmal »**Bilanzsumme**« ist anzumerken, dass dieses Kriterium von dem Unternehmen im Rahmen der gesetzlichen Möglichkeit beeinflusst werden kann. So können gem. § 272 HGB die nicht eingeforderten ausstehenden Einlagen auch von den Posten »gezeichnetes Kapital« offen abgesetzt werden. Weitere Einflussmöglichkeiten ergeben sich aus dem Wahlrecht, erhaltene Anzahlungen aktivisch abzusetzen, nur Pflichtrückstellungen zu bilden und keine Bilanzierungshilfen trotz Wahlrecht anzusetzen. **Sale-and-Lease-Back** (Verkauf eines Anlagegutes und Zurückleasen) und die Vermögensausgründung können die Bilanzsumme ebenfalls entsprechend beeinflussen. Insoweit kommt es zu einer Bilanzverkürzung und das Überschreiten der Größenkategorie »Bilanzsumme« kann ggf. verhindert werden (vgl. das Beispiel in Abschn. 4.5.1.3.2).

Das Größenmerkmal »**Umsatzerlöse**« beschränkt sich nur auf die Erlöse aus Umsätzen, es gehen also nicht alle Erlöse in die Berechnung der Grenze ein. Für die Einordnung der Erlöse als Umsatzerlöse ist vor allem der Geschäftszweck des Unternehmens laut Satzung maßgeblich.

4 Jahresabschluss, Finanzierung und Steuern

	Einzelunternehmen, Personengesellschaften	Kapitalgesellschaften		
		kleine	mittlere	große
1. Größenklasse	keine, sofern Unternehmen nicht unter das Publizitätsgesetz fällt	$\leq$ 4,015 Mio € $\leq$ 8,030 Mio € $\leq$ 50	Bilanzsumme $\leq$ 16,060 Mio € Umsatz $\leq$ 32,120 Mio € Arbeitnehmer $\leq$ 250	> 16,060 Mio € > 32,120 Mio € > 250
2. Buchführung	nach §§ 238 und 239 HGB und den Grundsätzen ordnungsmäßiger Buchführung	wie bei Einzelunternehmen und Personengesellschaften		
3. Jahresabschluss umfasst	Bilanz und Gewinn- und Verlustrechnung, § 242 Abs. 3 HGB; Lagebericht ist nicht zu erstellen	Bilanz, Gewinn- und Verlustrechnung und Anhang; Lagebericht ist zu erstellen, § 264 Abs. 1 HGB		
4. Prüfungspflicht	keine	keine	Prüfung von Jahresabschluss und Lagebericht, § 316 Abs. 1 HGB	
5. Offenlegungspflicht	keine	Einreichung von Bilanz und Anhang sowie Ergebnisverwendung (Beschluss, Vorschlag) zum Handelsregister; Bekanntgabe im Bundesanzeiger	Einreichung von Jahresabschluss, Lagebericht, Bericht des Aufsichtsrats (AR); Ergebnisverwendung (Beschluss, Vorschlag) zum Handelsregister; Bekanntgabe im Bundesanzeiger	Bekanntgabe von Jahresabschluss, Lagebericht; Bericht des AR, Ergebnisverwendung (Beschluss, Vorschlag) und Einreichung mit Bekanntgabe zum Handelsregister

Rechnungslegungspflichten

Die Abgrenzung nach der **Zahl der Beschäftigten** stellt auf die durchschnittliche Zahl der Arbeitnehmer ab. Dabei zählen alle im Inland und Ausland beschäftigten Arbeitnehmer mit, jedoch nicht die Auszubildenden. Der Durchschnitt wird aus dem arithmetischen Mittel der Beschäftigtenzahlen zum Quartalsende errechnet.

Beispiel:
Anzahl der Beschäftigten zum   31.03. 30.06. 30.09. 31.12. Summe
                                52   51   53   48   204
Durchschnitt: 51

Bedeutung hat die Unterscheidung nach großen, mittleren und kleinen Kapitalgesellschaften für folgende Bereiche:

Frist zur Aufstellung: Erleichterung für kleine Gesellschaften
Gliederung Bilanz: Erleichterung für kleine Gesellschaften
Gliederung GuV: Erleichterung für kleine und mittlere Gesellschaften
Angabepflichten (Anhang):   Erleichterung für kleine und mittlere Gesellschaften
Prüfungspflicht für Jahresabschluss: entfällt für kleine Gesellschaften
Offenlegung: nimmt mit der Größe zu

Da die durch das Bilanzrichtliniengesetz eingeforderten Pflichten gerade die mittelständische Wirtschaft zum Teil recht stark belasten, wird bereits die Auflockerung durch eine so genannte Mittelstandsrichtlinie diskutiert. Diese Richtlinie wurde am 8.11.90 vom Rat der Europäischen Gemeinschaft verabschiedet.

Die Umsetzung in nationales Recht ist so erfolgt, dass sie bereits für Jahresabschlüsse für in 1995 beginnende Geschäftsjahre anwendbar war.

Kernpunkte der Richtlinie sind **heraufgesetzte Größenmerkmale** (vgl. Abb. oben).

4.1.3.3.3 Veröffentlichungsvorschriften

Das Handelsgesetzbuch enthält in seinem dritten Buch Vorschriften über Handelsbücher. Im ersten Abschnitt finden sich allgemeine Regeln, die alle Kaufleute betreffen. Der zweite Abschnitt richtet Spezialvorschriften an Kapitalgesellschaften.

Diese Spezialvorschriften für Kapitalgesellschaften sind untergliedert in Vorschriften zum Jahresabschluss und zum Lagebericht, spezielle Konzernbestimmungen, Vorschriften über die Pflichtprüfung und Vorschriften über die Offenlegung.

Die **Offenlegung** umfasst nach § 325 HGB den Jahresabschluss, also Bilanz mit Gewinn- und Verlustrechnung und Anhang, den Bestätigungsvermerk der Wirtschaftsprüfer, den Lagebericht, den Bericht des Aufsichtsrates und den Vorschlag über die Ergebnisverwendung. Diese Unterlagen sind offenzulegen, d. h. sie sind zum Handelsregister am Sitz der Kapitalgesellschaft einzureichen. Grundsätzlich muss dies bis zum Ablauf des zwölften Monats nach Bilanzstichtag erfolgt sein. Im Anschluss daran sind die Unterlagen im Bundesanzeiger zu veröffentlichen, bzw. ein Hinweis, bei welchem Handelsregister und unter welcher Nummer die Unterlagen eingereicht worden sind.

Kleine Kapitalgesellschaften müssen nach § 326 HGB nur ihre Bilanz und den Anhang zum Handelsregister einreichen. Außerdem braucht der einzureichende Anhang keine Angaben zur Gewinn- und Verlustrechnung zu enthalten.

Mittelgroßen Kapitalgesellschaften gewährt § 327 auch einige Erleichterungen, die sich jedoch auf das Zusammenfassen von Jahresabschlusspositionen und das Weglassen einiger Angaben zum Anhang beschränken.

Letztlich hat das Registergericht noch zu prüfen, ob die Unterlagen vollständig eingereicht und, sofern vorgeschrieben, bekanntgemacht worden sind. Die Verpflichtung zur Offenlegung wurde mangels unbedeutender Sanktionen lange Zeit nicht richtig ernst genommen. Erst auf Druck der EU wurde die KapuCoRiLiG (Gesetz zur Durchführung der Richtlinie des Rates der Europäischen Union zur Änderung der Bilanz- und der Konzernbilanzrichtlinie hinsichtlich ihres Anwendungsbereichs (90/605/EWG), zur Verbesserung der Offenlegung von Jahresabschlüssen und zur Änderung anderer handelsrechtlicher Bestimmungen) vorgelegt.

Vor allem die **Sanktionen** bei Verstößen gegen die Offenlegung wurden erheblich verschärft. Es drohen Zwangsgelder bis zu 25.000 € sowie eine **Registersperre**, d. h. Eintragungen im Handelsregister dürfen erst vorgenommen werden, wenn ordnungsgemäß offengelegt worden ist.

4.1.3.4 Aufbau der Bilanz

4.1.3.4.1 Vermögens- und Kapitalseite

Bei der Darstellung des grundsätzlichen **Bilanzaufbaus** wurde bereits in Abschnitt 4.1.3 dargelegt, dass es sich bei der Bilanz um eine Gegenüberstellung von vorhandenem Vermögen (= Aktivseite) und den Quellen der Finanzierung (= Passivseite) handelt. In Unterabschnitt 4.1.3.3.1 wurde die Aufschlüsselung beider Bilanzseiten ausführlich behandelt.

Im Folgenden wird daher nur auf einige besondere Bilanzpositionen eingegangen, nämlich das Anlagevermögen, die latenten Steuern und die Haftungsverhältnisse. Vorab soll aber die Bilanzierung des Eigenkapitals und der Verbindlichkeiten dargestellt werden.

4.1.3.4.2 Bilanzierung des Eigenkapitals

Zum Eigenkapital rechnen nach § 272 HGB bei einer Kapitalgesellschaft das gezeichnete Kapital, die Kapitalrücklagen, die Gewinnrücklagen und nach § 266 Abs. 3 HGB der Ergebnisvortrag sowie der Jahresüberschuss bzw. Jahresfehlbetrag.

Das **gezeichnete Kapital** ist das Kapital, auf das die Haftung der Gesellschafter für die Verbindlichkeiten der Kapitalgesellschaft gegenüber den Gläubigern beschränkt ist. Bei der GmbH wird es als **Stammkapital**, bei der AG als **Grundkapital** bezeichnet und auch betragsmäßig mit Mindestbeträgen festgelegt. Das Grundkapital, also die von der Gesamtheit der Aktionäre getätigten Einlagen, entspricht dem Nennwert der dafür ausgegebenen Anteile. Bei der GmbH ist das Stammkapital durch die Stammeinlagen der Gesellschafter gebildet worden. Nach der Beteiligung am Grund- oder Stammkapital richten sich regelmäßig die Gesellschaftsrechte (Gewinnbezugsrecht, Stimmrecht).

Grund- oder Stammkapital sind feste, nur durch förmlichen Gesellschafterbeschluss zu verändernde Größen. Ist das gezeichnete Kapital nicht vollständig eingezahlt, ergeben sich ausstehende Einlagen. Diese können gem. § 272 Abs. 1 HGB von dem gezeichneten Kapital offen abgesetzt werden.

In der Bilanzposition nach dem gezeichneten Kapital sind **Kapitalrücklagen** auszuweisen. Es sind offene Rücklagen, die für bestimmte Anwendungsfälle vorgesehen sind, z. B. nach § 272 Abs. 2 HGB für den Betrag, der bei der Ausgabe von Anteilen über den Nennwert hinaus erzielt wird. In die Kapitalrücklage einzustellen ist auch der Betrag, der bei der Ausgabe von Schuldverschreibungen zum Erwerb von Anteilen erzielt wird und der Betrag von Zuzahlungen, den die Gesellschafter gegen die Gewährung eines Vorzugs für ihre Anteile leisten. Soweit sich andere Zuzahlungen der Gesellschafter ergeben, gehören sie ebenfalls zur Kapitalrücklage.

Einen variablen Teil des Eigenkapitals stellt die **Gewinnrücklage** dar. Sie ist ebenfalls eine offene Rücklage und nimmt Ergebnisbeträge auf, die nach dem Gesetz, aufgrund der Satzung oder durch Gewinnverwendungsbeschluss der Gesellschafter aus dem Jahresergebnis zu bilden sind.

Im Gegensatz zu den offenen Rücklagen stehen die Rücklagen, die nicht in der Bilanz offen ausgewiesen werden dürfen. Diese **stillen Rücklagen** (oder Reserven) sind latent vorhanden und wurden zwangsweise durch Bilanzierungsvorschriften oder wahlweise durch Ausübung von Bilanzierungswahlrechten gebildet. Die stillen Reserven entstehen dabei aus der Differenz eines vermutet höheren Verkehrswertes im Vergleich zum vorgeschriebenen oder wählbaren Buchwert. So ist ein Grunderwerb zu den Anschaffungskosten zu aktivieren. Liegt dieser entsprechend lange zurück, waren die Bilanzwerte im Vergleich zu den Verkehrswerten relativ niedrig. Gleichwohl gestattet das **Realisationsprinzip** keine Wertaufholung, es kommt zur zwangsweisen Bildung von stillen Reserven. Ähnliche Effekte lassen sich auch durch entsprechende Ausübung von Bewertungswahlrechten erzielen: So können die unfertigen Arbeiten niedrig bewertet werden, wenn Einbeziehungswahlrechte in die Herstellungskosten entsprechend ausgeübt werden. Im Bestand der unfertigen Arbeiten stecken dann freiwillig gelegte stille Reserven.

4.1.3.4.3 Bilanzierung der Verbindlichkeiten

Bewertungsmaßstab für Verbindlichkeiten ist nach § 253 Abs. 1 HGB der Rückzahlungsbetrag. Das gilt grundsätzlich auch für unverzinsliche Verbindlichkeiten, weil der Vorteil der Unverzinslichkeit erst nach Ablauf der gesamten Laufzeit eingetreten und damit nach dem Realisationsprinzip jetzt noch nicht ausweisbar ist.

So verkehrt sich das Niederstwertprinzip der Aktivseite (vgl. Abschn. 4.2.5.1) in ein **Höchstwertprinzip** der Passivseite. Der niedrigere Barwert der unverzinslichen Schuld darf nicht angesetzt werden, weil er unter dem Rückzahlungsbetrag (Anschaffungskosten im übertragenen Sinne) liegt.

Ebenso ansatzpflichtig und mit dem Rückzahlungsbetrag anzusetzen sind bestrittene Verbindlichkeiten.

Ein **Damnum** (auch **Disagio** oder Abgeld) liegt vor, wenn der Rückzahlungsbetrag einer Verbindlichkeit höher als der Ausgabebetrag ist. Bei der Ausgabe wurde das Damnum vom Rückzahlungsbetrag abgezogen und hat zu einer geringeren Auszahlung (»unter pari«) geführt. Das Damnum kann als vorweg gezahlter Zins interpretiert werden. Die Passivierung der Schuld erfolgt in jedem Falle auch hier zum Rückzahlungsbetrag, jedoch kann das Damnum als Rechnungsabgrenzungsposten nach § 250 Abs. 3 HGB aktiviert und über die Laufzeit der Verbindlichkeit abgeschrieben werden.

4.1.3.4.4 Anlagenspiegel

Im Anlagenspiegel soll die Entwicklung der einzelnen Posten des **Anlagevermögens** und des Postens **Aufwendungen für Ingangsetzung und Erweiterung des Geschäftsbetriebs** dargestellt werden. Der Anlagenspiegel kann in die Bilanz oder in den Anhang eingefügt werden. Dabei sind gem. § 268 Abs. 2 HGB, ausgehend von den gesamten Anschaffungs- und Herstellungskosten, die Zugänge, Abgänge, Umbuchungen und Zuschreibungen des Geschäftsjahres sowie die Abschreibungen in ihrer gesamten Höhe gesondert aufzuführen. Die Abschreibungen des Geschäftsjahres sind entweder in der Bilanz bei dem betreffenden Posten zu vermerken oder im Anhang in einer der Gliederung des Anlagevermögens entsprechenden Aufgliederung anzugeben.

Anlagenbestand zu historischen Anschaffungs- oder Herstellungskosten	Zugänge zu Anschaffungs- oder Herstellungskosten	Abgänge zu historischen Anschaffungs- oder Herstellungskosten	Umbuchungen zu Anschaffungs- oder Herstellungskosten	Abschreibungen, kumuliert ggf. mit Zuschreibungen des Vorjahres saldiert	Abschreibungen des Geschäftsjahres	Zuschreibungen des Geschäftsjahres	Endbestand =Restbuchwerte
	+	−	+/−	−	nachrichtlich	+	=

Anlagenspiegel

4.1.3.4.5 Latente Steuern

Latente Steuern treten auf, wenn Steuerbilanzgewinn und Handelsbilanzgewinn nicht übereinstimmen. Da z. B. die Bilanzierungswahlrechte im Steuer- und Handelsrecht nicht einheitlich geregelt sind, kann es zu Unterschieden kommen. Nun stellt sich die Frage, wie in der Handelsbilanz die Steuerrückstellungen zu bemessen sind, wenn der Steuerbilanzgewinn abweicht. Die Berechnung der Steuern erfolgt immer nach dem Steuerbilanzergebnis. Nimmt man das Handelsbilanzergebnis als Grundlage zur Steuerberechnung in der Handelsbilanz, kommt es wegen der tatsächlich zu entrichtenden Steuer zu Differenzen. Man hat sich beholfen, indem man in der Handelsbilanz die Steuer zunächst nach dem Handelsbilanzergebnis berechnet und die Differenz zu der Steuer nach dem Steuerbilanzergebnis als latente Steuern abgrenzt. Ergibt sich ein Aktivposten (der Steuerbilanzgewinn ist also höher), so besteht gem. § 274 Abs. HGB ein Aktivierungswahlrecht; ergibt sich ein negativer Posten (das Steuerbilanzergebnis ist niedriger), so muss eine Rückstellung gebildet werden.

4 Jahresabschluss, Finanzierung und Steuern

Beispiel:

Handelsbilanz	Steuerbilanz
Aktiva 100 / div. Passiva 80 Gewinn 20	Aktiva 11 / div. Passiva 80 Gewinn 30

Diese vorläufigen Bilanzen beinhalten noch keine Steuervorauszahlung und -rückstellung. Die betreffenden Unternehmenssteuern werden vereinfachend mit 50% angenommen.

Steuern nach Steuerbilanz: 50% von 30 = 15
Steuern nach Handelsbilanz: 50% von 20 = 10

In der Handelsbilanz sind Steuerrückstellungen in Höhe von 15 zu buchen sowie eine aktive Abgrenzung von 5.

4.1.3.4.6 Haftungsverhältnisse

Unter der Bilanz sind nach § 251 HGB, sofern sie nicht auf der Passivseite auszuweisen sind, Verbindlichkeiten aus der **Begebung und Übertragung von Wechseln**, aus **Bürgschaften**, Wechsel- und Scheckbürgschaften und aus **Gewährleistungsverträgen** sowie Haftungsverhältnisse aus der **Bestellung von Sicherheiten** für fremde Verbindlichkeiten zu vermerken; sie dürfen in **einem** Betrag angegeben werden.

Die Haftungsverhältnisse sind auch dann anzugeben, wenn ihnen gleichwertige Rückgriffsforderungen gegenüberstehen.

Bei Kapitalgesellschaften sind die in § 251 HGB bezeichneten Haftungsverhältnisse jeweils gesondert unter der Bilanz oder im Anhang unter Angabe der gewährten Pfandrechte und sonstigen Sicherheiten anzugeben.

Zu beachten ist auch, dass der Gesamtbetrag der sonstigen finanziellen Verpflichtungen, die nicht in der Bilanz erscheinen und auch nicht nach § 251 HGB anzugeben sind, nach § 285 HGB im Anhang erwähnt werden müssen, wenn diese Angabe für die Beurteilung der Finanzlage von Bedeutung ist.

4.1.3.5 Struktur und Aufbau der GuV

Das Handelsrecht regelt in § 275 HGB, dass die Gewinn- und Verlustrechnung nach dem Gesamtkostenverfahren oder dem Umsatzkostenverfahren aufzustellen ist, und schreibt für beide Systeme eine Mindestgliederung vor. Beide Gliederungen enden mit dem Jahresüberschuss und beschränken sich damit auf den Bereich der Gewinnermittlung. Die Darstellung der Gewinnverwendung erfolgt nicht mehr in der Gewinn- und Verlustrechnung.

Die **Erfolgsrechnung** ist grundsätzlich in Ertrags- und Aufwandsarten untergliedert. Zudem ist eine Erfolgsspaltung, d. h. eine Trennung in ordentliche und außerordentliche Posten durch Einführung entsprechender Zwischensummen (z. B. Ergebnis der gewöhnlichen Geschäftstätigkeit; außerordentliches Ergebnis) vorzunehmen.

Die **Erfolgsquellen** sollen sichtbar gemacht werden. So lässt sich das Ergebnis der gewöhnlichen Geschäftstätigkeit zerlegen in das Betriebsergebnis (§ 275 Abs. 2 Nrn. 1 bis 8 HGB; § 275 Abs. 3 Nrn. 1 bis 7 HGB) und in das Finanzergebnis (§ 275 Abs. 2 Nrn. 9 bis 13 HGB; § 275 Abs. 3 Nrn. 8 bis 12 HGB).

Die früher ausweispflichtige Gesamtleistung lässt sich beim Gesamtkostenverfahren aus den Positionen des § 275 Abs. 2 Nrn. 1 bis 3 HGB ermitteln. Zieht man hiervon die Position 5 (Materialaufwand) ab, erhält man den Rohertrag.

4 Jahresabschluss, Finanzierung und Steuern

Das **Gesamtkostenverfahren** geht davon aus, dass die Gesamtkosten der Produktion einer Periode den Umsatzerlösen der abgesetzten Leistungen und den Bestandserhöhungen durch noch nicht abgesetzte Leistungen gegenüberzustellen sind.

Ausgangspunkt beim **Umsatzkostenverfahren** ist die Gegenüberstellung der abgesetzten Leistung (Umsatzerlöse) mit den hierzu gehörenden Kosten. Es werden also nicht alle betrieblichen Kosten erfasst, sondern nur diejenigen, die mit der abgesetzten Leistung in Zusammenhang stehen.

Nach § 276 HGB dürfen kleine und mittelgroße Kapitalgesellschaften die Posten § 275 Abs. 2 Nr. 1 bis 5 oder Abs. 3 Nr. 1 bis 3 und 6 HGB zu einem Posten unter der Bezeichnung »Rohergebnis« zusammenfassen.

Für Nicht-Kapitalgesellschaften ist diese Gliederung zwar so nicht vorgeschrieben; nach den Grundsätzen der Klarheit und Übersichtlichkeit haben auch diese Kaufleute sich aber zumindest an dem Gliederungsschema zu orientieren.

Im Einzelnen wird auf die nachfolgenden Gliederungen verwiesen, die wegen des Zusammenhanges und der Gegenüberstellung der beiden Verfahren auf einer Seite (der folgenden) dargestellt werden.

4 Jahresabschluss, Finanzierung und Steuern

Gesamtkostenverfahren	Umsatzkostenverfahren

1. Umsatzerlöse
2. Erhöhung oder Verminderung des Bestands an fertigen und unfertigen Erzeugnissen
3. andere aktivierte Eigenleistungen
4. sonstige betriebliche Erträge
5. Materialaufwand
   a) Aufwendungen für Roh-, Hilfs- und Betriebsstoffe und für bezogene Waren
   b) Aufwendungen für bezogene Leistungen
6. Personalaufwand
   a) Löhne und Gehälter
   b) soziale Abgaben und Aufwendungen für Altersversorgung und Unterstützung
    – davon für Altersversorgung
7. Abschreibungen
   a) auf immaterielle Vermögensgegenstände des Anlagevermögens und sowie auf aktivierte Aufwendungen für die Ingangsetzung und Erweiterung des Geschäftsbetriebs
   b) auf Vermögensgegenstände des Umlaufvermögens, soweit diese die in der Kapitalgesellschaft üblichen Abschreibungen überschreiten
8. sonstige betriebliche Aufwendungen
9. Erträge aus Beteiligungen
   – davon aus verbundenen Unternehmen
10. Erträge aus anderen Wertpapieren und Ausleihungen des Finanzanlagevermögens
11. sonstige Zinsen und ähnliche Erträge
   – davon aus verbundenen Unternehmen
12. Abschreibungen auf Finanzanlagen und Wertpapiere des Umlaufvermögens
13. Zinsen und ähnliche Aufwendungen
   – davon an verbundene Unternehmen
 	
14. Ergebnis der gewöhnlichen Geschäftstätigkeit
 	
15. außerordentliche Erträge
16. außerordentliche Aufwendungen
 	
17. außerordentliches Ergebnis
 	
18. Steuern vom Einkommen und vom Ertrag
19. sonstige Steuern
 	
20. Jahresüberschuss/Jahresfehlbetrag
	1. Umsatzerlöse
	2. Herstellungskosten der zur Erzielung der Umsatzerlöse erbrachten Leistungen
	3. Bruttoergebnis vom Umsatz
	4. Vertriebskosten
	5. allgemeine Verwaltungskosten
	6. sonstige betriebliche Erträge
	7. sonstige betriebliche Aufwendungen
	8. Erträge aus Beteiligungen
	9. Erträge aus anderen Wertpapieren
	10. sonstige Zinsen und ähnliche Erträge
	11. Abschreibungen auf Finanzanlagen und auf Wertpapiere des Umlaufvermögens
	12. Zinsen und ähnliche Aufwendungen
	
	13. Ergebnis der gewöhnlichen Geschäftstätigkeit
	
	14. außerordentliche Erträge
	15. außerordentliche Aufwendungen
	
	16. außerordentliches Ergebnis
	
	17. Steuern vom Einkommen und vom Ertrag
	18. sonstige Steuern
	
	19. Jahresüberschuss/Jahresfehlbetrag

Beispiel:
Ein Maschinenbaubetrieb fertigt jährlich 2 identische Maschinen. Die Materialkosten betragen pro Maschine 300, die Fertigungslöhne 500. An Vertriebs- und Verwaltungskosten ergaben sich 100, an Gehältern 1100. Der Erlös pro Maschine beträgt 1000. Im Jahr 01 wird eine Maschine abgesetzt, im Jahr 02 drei Stück:

Gesamtkostenverfahren	Umsatzkostenverfahren
Jahr 01:	
1. Umsatzerlöse 1000	1. Umsatzerlöse 1000
2. Bestandserhöhung 800	2. Herstellungskosten der abgesetzten Leistung 800
(3. Gesamtleistung 1800)	
4. Materialaufwand 600	3. Bruttoergebnis 200
5. Personalaufwand 1100	4. Vertriebs- und Verwaltungskosten 100
6. Jahresüberschuss 100	5. Jahresüberschuss 100
Jahr 02:	
1. Umsatzerlöse 3000	1. Umsatzerlöse 3000
2. Bestandsverminderung 800	2. Herstellungskosten der abgesetzten Leistung 2400
(3. Gesamtleistung 2200)	
4. Materialaufwand 600	3. Bruttoergebnis 600
5. Personalaufwand 1100	4. Vertriebs- und Verwaltungskosten 100
6. Jahresüberschuss 500	5. Jahresüberschuss 500

4.1.3.6 Lagebericht

Nach § 289 HGB sollen im Lagebericht der Geschäftsverlauf und die Lage der Kapitalgesellschaft dargestellt werden. Die Darstellung des Geschäftsverlaufs besteht dabei nicht in einer chronologischen Aufzählung der wichtigsten Vorgänge des Geschäftsjahres, vielmehr müssen im Lagebericht die für die wirtschaftliche Situation der Gesellschaft und für das Ergebnis des abgelaufenen Geschäftsjahres entscheidenden Vorgänge im Zusammenhang dargestellt sowie bewertet und beurteilt werden.

Die Darstellung der Lage der Gesellschaft soll Angaben liefern, die nach vernünftiger kaufmännischer Beurteilung zur wirtschaftlichen Charakterisierung der Gesamtsituation des Unternehmens erforderlich sind. Der Lagebericht soll die wirtschaftliche Situation bewerten. Er dient damit dem Aufsichtsrat, wenn er die Feststellung des Jahresabschlusses zu beschließen hat, z. B. hinsichtlich der Einstellung von Beträgen aus dem Jahresüberschuss in die Rücklagen. Die Gesellschafterversammlung kann den Lagebericht als Grundlage nehmen, über die Gewinnverwendung zu beschließen oder Entlastung der Geschäftsleitung zu erteilen. Ebenso kann er Gläubigern und Kapitalanlegern Entscheidungshilfen für ihr Engagement liefern. Weitere Inhalte des Lageberichts sind

– **Nachtragsbericht,**
– **Entwicklungsprognose** und
– **Angaben zum Bereich Forschung und Entwicklung.**

Nach § 289 Abs. 2 HGB soll der Lagebericht auch eingehen auf

– Vorgänge von besonderer Bedeutung, die nach dem Schluss des Geschäftsjahres eingetreten sind,
– die voraussichtliche Entwicklung der Kapitalgesellschaft,
– den Bereich Forschung und Entwicklung,
– bestehende Zweigniederlassungen der Gesellschaft.

4.1.3.7 Anhang

Die Pflicht, den Jahresabschluss um einen Anhang zu erweitern, ist nach § 264 Absatz 1 HGB auf Kapitalgesellschaften beschränkt. Der Anhang dient zur Erläuterung der Bilanz und der Gewinn- und Verlustrechnung. Insbesondere wenn besondere Umstände dazu führen, dass der Jahresabschluss ein den tatsächlichen Verhältnissen entsprechendes Bild der Vermögens-, Finanz- und Ertragslage nicht vermitteln kann, sind zusätzliche Angaben im Anhang zu machen.

Sachverhalt	HGB
Zusätzliche Angaben zur Vermittlung des »true and fair view«	§ 264 Abs. 2 Satz 2
Durchbrechung der Darstellungsstetigkeit	§ 265 Abs. 1 Satz 2
Anpassung Vorjahreszahlen	§ 265 Abs. 1 Satz 3
Fehlende Vergleichbarkeit mit Vorjahreszahlen	§ 265 Abs. 2 Satz 2
Mitzugehörigkeit zu anderen Bilanzposten	§ 265 Abs. 3 Satz 1
Geschäftszweigbedingte Gliederungsänderungen	§ 265 Abs. 4 Satz 2
Aufgliederung von in Bilanz/GuV zusammengefassten Posten	§ 265 Abs. 7 Satz 2
Angabe Ergebnisvortrag bei Bilanz nach Ergebnisverwendung	§ 268 Abs. 1 Satz 2
Anlagenspiegel	§ 268 Abs. 2 Satz 1
Abschreibungen des Geschäftsjahres im Anlagevermögen	§ 268 Abs. 2 Satz 3
Antizipative Abgrenzungsposten unter den sonstigen Vermögensgegenständen	§ 268 Abs. 4 Satz 2
Antizipative Abgrenzungsposten unter Verbindlichkeiten	§ 268 Abs. 5 Satz 3
Angabe aktiviertes Disagio	§ 268 Abs. 6
Aufgliederung Haftungsverhältnisse	§ 268 Abs. 7
Aktivierte Aufwendungen für Ingangsetzung und Erweiterung des Geschäftsbetriebs	§ 269 Satz 1
Vorschriften, nach denen Sonderposten mit Rücklageanteil gebildet worden sind	§ 273 Satz 2
Passive latente Steuern	§ 274 Abs. 1 Satz 1
Aktive latente Steuern	§ 274 Abs. 2 Satz 2
Außerplanmäßige Abschreibungen auf den niedrigeren beizulegenden Wert im Anlagevermögen	§ 277 Abs. 3 Satz 1a)
Abschreibungen auf den sog. nahen Zukunftswert im Umlaufvermögen	§ 277 Abs. 3 Satz 1b)
A.o. Erträge und a.o. Aufwendungen	§ 277 Abs. 4 Satz 2
Periodenfremde Erträge und Aufwendungen	§ 277 Abs. 4 Satz 3
Aus steuerrechtlichen Gründen unterlassene Zuschreibung	§ 280 Abs. 3
Vorschriften, nach denen steuerrechtliche Wertberichtigungen gebildet wurden	§ 281 Abs. 1 Satz 2
Steuerrechtliche Sonderabschreibungen im Anlagevermögen	§ 281 Abs. 2 Satz 1
Steuerrechtliche Sonderabschreibungen im Umlaufvermögen	§ 281 Abs. 2 Satz 1
Auflösung/Einstellung Sonderposten mit Rücklageanteil	§ 281 Abs. 2 Satz 2
Erläuterung Bilanzierungs- und Bewertungsmethoden	§ 284 Abs. 2 Nr. 1
Grundlagen der Währungsumrechnung	§ 284 Abs. 2 Nr. 2
Abweichungen von Bilanzierungs- und Bewertungsmethoden	§ 284 Abs. 2 Nr. 3
Einfluss von Bewertungsänderungen	§ 284 Abs. 2 Nr. 3
Unterschiedsbeträge bei Bewertungsvereinfachungen	§ 284 Abs. 2 Nr. 4
Einbeziehung von Fremdkapitalzinsen in die Herstellungskosten	§ 284 Abs. 2 Nr. 5
Langfristige Verbindlichkeiten	§ 285 Nr. 1a)
Sicherheiten bei Verbindlichkeiten	§ 285 Nr. 1b)
Aufgliederung der Verbindlichkeiten	§ 285 Nr. 2
Nicht passivierte finanzielle Verpflichtungen	§ 285 Nr. 3
Gesamtbetrag der nicht passivierten finanziellen Verpflichtungen gegenüber verbundenen Unternehmen	§ 285 Nr. 3
Haftungsverhältnisse gegenüber verbundenen Unternehmen	§ 285 Nr. 3
Aufgliederung der Umsatzerlöse	§ 285 Nr. 4
Ergebnisbeeinflussung durch steuerrechtliche Bewertung	§ 285 Nr. 5
Aufteilung der Ertragsteuerbelastung	§ 285 Nr. 6
Zahl der Arbeitnehmer	§ 285 Nr. 7
Materialaufwand bei Anwendung des Umsatzkostenverfahrens	§ 285 Nr. 8a)
Personalaufwand bei Anwendung des Umsatzkostenverfahrens	§ 285 Nr. 8b)
Bezüge tätiger Organmitglieder	§ 285 Nr. 9a)
Bezüge früherer Organmitglieder	§ 285 Nr. 9b)
Kredite an Organmitglieder	§ 285 Nr. 9c)
Haftungsverhältnisse zugunsten von Organmitgliedern	§ 285 Nr. 9c)
Angaben zu Organmitgliedern	§ 285 Nr. 10
Beteiligungsliste	§ 285 Nr. 11
Erläuterung der sonstigen Rückstellungen	§ 285 Nr. 12
Gründe für die planmäßige Abschreibung des Geschäfts- oder Firmenwerts	§ 285 Nr. 13
Angaben zum Mutterunternehmen	§ 285 Nr. 14

Angabepflichten im Anhang (Auswahl)

Form und Inhalt des Anhangs ergeben sich aus § 284 HGB. Danach sind in den Anhang diejenigen Angaben aufzunehmen, die zu den einzelnen Posten der Bilanz oder der Gewinn- und Verlustrechnung vorgeschrieben oder die im Anhang zu machen sind, weil sie in Ausübung eines Wahlrechts nicht in die Bilanz oder die Gewinn- und Verlustrechnung aufgenommen wurden.

Zu unterscheiden sind Pflichtangaben im Anhang, Wahlpflichtangaben im Anhang oder Jahresabschluss und freiwillige Angaben.

Freiwillige Angaben können das Bild des »**true and fair view**« ergänzen, so kann beispielsweise der Einblick in die Finanzlage durch eine Kapitalflussrechnung oder durch einen Finanzplan unterstützt werden.

Für den Anhang ist weder eine Gliederung noch die Form der Darstellung vorgeschrieben. Als Teil des Jahresabschlusses unterliegt der Anhang auch der Generalnorm des § 243 Abs. 2 HGB, wonach der Jahresabschluss klar und übersichtlich sein muss.

Zu beachten ist in jedem Fall, dass auch durch den Anhang gemäß § 264 Abs. 2 HGB ein den tatsächlichen Verhältnissen entsprechendes Bild der Vermögens-, Finanz- und Ertragslage der Kapitalgesellschaft vermittelt werden soll.

Eine Einschränkung der Berichtspflichten ergibt sich, wenn es für das nationale Wohl erforderlich ist oder die Gesellschaft oder die Anteilseigner Schaden durch die Veröffentlichung erleiden könnten (§ 286 HGB). Auch ergeben sich für kleine und mittlere Kapitalgesellschaften nach § 288 HGB bestimmte größenabhängige Erleichterungen.

4.2 Bilanzierungs- und Bewertungsvorschriften für Wirtschaftsgüter

4.2.1 Aktivierungs- und Passivierungsvorschriften

Ansatzvorschriften regeln, was bilanziert werden **muss**, was bilanziert werden **darf**, wo Bilanzierungs**verbote** bestehen.

Es geht also um den Ansatz **dem Grunde nach**, während die Bewertungsvorschriften den Ansatz der Höhe nach regeln.

4.2.1.1 Aktivierungsvorschriften

Die Vorschrift des § 246 Abs. 1 HGB bestimmt, dass grundsätzlich alle Vermögensgegenstände zu aktivieren sind, sofern nichts anderes bestimmt ist.

In § 248 HGB wird vorgeschrieben, dass Aufwendungen für die Gründung und Kapitalbeschaffung nicht aktiviert werden dürfen. Gleiches gilt für immaterielle Vermögensgegenstände, die nicht entgeltlich erworben worden sind (z. B. selbstgeschaffener Firmenwert). Diese Vorschriften gelten auch für die Kapitalgesellschaften. Hierfür eröffnet § 269 HGB ein Bilanzierungswahlrecht für die Aufwendungen zur Ingangsetzung und Erweiterung des Geschäftsbetriebes. Auch die Aktivierung latenter Steuern nach § 274 Abs. 2 HGB ist ein Wahlrecht. Gewinne, die durch Wahl der Aktivierung entstehen, dürfen nicht ausgeschüttet werden (**Ausschüttungssperre**).

4.2.1.2 Passivierungsvorschriften

Für die Passivseite der Bilanz bestimmt wiederum § 246 Abs. 1 HGB, dass der Kaufmann auch sämtliche Schulden aufzuführen hat. Danach ergibt sich eine Passivierungspflicht für Verbindlichkeiten. Passivierungsverbote sind in § 249 Abs. 3 HGB für die dort genannten Rückstellungen ausdrücklich erwähnt, Passivierungswahlrechte ergeben sich aus § 249 Abs. 2 HGB. Das Passivierungwahlrecht für **Pensionsrückstellungen** ist seit dem Bilanzrichtlinien-Gesetz nunmehr Passivierungspflicht.

4.2.2 Bewertungsvorschriften für Wirtschaftsgüter

4.2.2.1 Wesen und Bedeutung der Bewertung

Die seit langem allgemein formulierten Grundsätze ordnungsmäßiger Buchführung haben teilweise Eingang in das Gesetz gefunden. Durch eine allgemein gültige und rechtsformunabhängige Formulierung besteht auch weiterhin Flexibilität in der Anpassung an zukünftige wirtschaftliche und technische Entwicklungen. Auslegungsrahmen und -spielräume werden durch die Generalnorm begrenzt, entsprechend den Grundsätzen ordnungsmäßiger Buchführung. Zusätzliche Anforderung für Kapitalgesellschaften ist die Vermittlung eines den tatsächlichen Verhältnissen entsprechenden Bildes.

4.2.2.2 Auslegung der Grundsätze ordnungsmäßiger Buchführung (GoB)

Bilanzidentität: § 252 Abs. 1 Nr. 1 HGB verlangt, dass die Wertansätze der Eröffnungsbilanz jeweils mit den Werten der Schlussbilanz des vorhergehenden Geschäftsjahrs übereinstimmen müssen. Wertveränderungen dürfen also nur innerhalb des betreffenden Geschäftsjahres berücksichtigt werden. Hier besteht eine Verbindung zum allgemeinen Grundsatz der Vollständigkeit.

Going-Concern-Prinzip: Dies geht von der Erkenntnis aus, dass verschiedene Unternehmenssituationen auch verschiedene Bewertungsziele verlangen. Stellt z. B. die Insolvenz auf die Feststellung des noch verwertbaren Vermögens ab, ergibt sich für die Bewertung im Jahresabschluss der Gesichtspunkt, dass ein Wirtschaftsgut für den laufenden Betrieb einen anderen Wert besitzen kann, als es z. B. im Einzelveräußerungspreis zum Ausdruck kommen würde. Bei der Bewertung für den Jahresabschluss ist jedenfalls der Aspekt der Unternehmensfortführung zu beachten (§ 252 Abs. 1 Nr. 2 HGB).

Einzelbewertungsprinzip: Nach § 252 Abs. 1 Nr. 3 HGB sind die Vermögensgegenstände und Schulden zum Abschlussstichtag einzeln zu bewerten. Dieses kann auch durch indirekte Einzelbewertung erfolgen (z. B. Durchschnittsbewertung des Heizölbestandes, der aus mehreren Lieferungen zu unterschiedlichen Preisen im Tank vermischt ist).

Stichtagsprinzip: Aus § 252 Abs. 1 Nr. 3 HGB ergibt sich auch, dass die Bewertung auf einen bestimmten Stichtag zu erfolgen hat. Regelmäßig fällt der Abschlussstichtag auf den 31.12., es sei denn, dass ein vom Kalenderjahr abweichendes Wirtschaftsjahr vorliegt.

Vorsichtsprinzip: Es ist vorsichtig zu bewerten, d. h. der Kaufmann soll sich in keinem Fall reicher rechnen als er ist. Insbesondere sind nach § 252 Abs. 1 Nr. 4 HGB alle vorhersehbaren Risiken und Verluste, die bis zum Abschlussstichtag entstanden sind, zu berücksichtigen, selbst wenn diese erst zwischen dem Abschlussstichtag und dem Tag der Aufstellung des Jahresabschlusses bekanntgeworden sind.

4 Jahresabschluss, Finanzierung und Steuern

Beispiel:
Ein mehrfach erfolglos gemahnter Schuldner hat am 1.12. das Land mit Ziel Südamerika verlassen, dieser Umstand wird aber erst im Januar des Folgejahres bekannt, die Bilanz wird im Februar aufgestellt. Nach dem vorstehenden Grundsatz, der auch als Wertaufhellung bezeichnet wird, wäre der Forderungsverlust noch für das Bilanzjahr zu berücksichtigen.

Ein weiterer Zusammenhang besteht zum **Imparitätsprinzip**. Danach sind Verluste bereits dann in die Bewertung einzubeziehen, wenn sie erkennbar sind.

Abgrenzungsprinzip: Aufwand und Ertrag sind nach ihrer Verursachung zu erfassen, der Zeitpunkt der Zahlung spielt insoweit keine Rolle. Gibt sich der Jahresabschluss streng stichtagsbezogen, also statisch, zeigt sich mit der Periodenabgrenzung eine dynamische, zeitraumbezogene Regelung in § 252 Abs. 1 Nr. 5 HGB.

Stetigkeitsprinzip: Nach § 252 Abs. 1 Nr. 6 HGB sollen die auf den vorhergehenden Jahresabschluss angewandten Bewertungsmethoden beibehalten werden. Man will dadurch die Vergleichbarkeit der Jahresabschlüsse im Zeitablauf erreichen. Die Stetigkeit bezieht sich nur auf Bewertungsmethoden (z. B. Bewertungswahlrechte), nicht auf Bilanzierungsmethoden. In begründeten Ausnahmefällen darf gem. § 252 Abs. 2 HGB von diesem Grundsatz abgewichen werden.

Die Werte der zu bilanzierenden Vermögensgegenstände und Schulden hängen von der jeweiligen Marktlage zum Bilanzstichtag ab, sie sind keine feststehenden Größen. Die Werte können unterschiedlich sein, je nachdem, ob von der Fortführung oder Zerschlagung des Unternehmens ausgegangen wird, ob einzelne Gegenstände oder Gruppen von Vermögensgegenständen zusammengefasst werden, ob vorsichtig oder optimistisch bewertet wird.

Der **Bilanzwert** der jeweiligen Vermögensgegenstände und Schulden ist dabei in mehreren Schritten zu ermitteln:

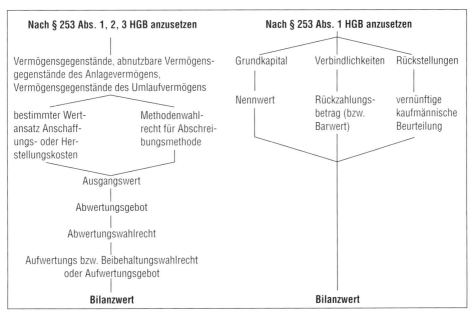

Grundkonzeption des Bewertungsrechts

Ein weiteres Grundprinzip ist die **Trennung von Rechnungslegung und Finanzierung**, d. h. weder Geldwertschwankungen noch Substanzerhaltungskonzepte dürfen Eingang in die Bewertung des Jahresabschlusses finden.

Sieht man z. B. die Funktion der Abschreibungen darin, Abschreibungsbeträge aus dem Gewinn zurückzuhalten und für die Reinvestition »anzusparen«, hat man nach Ablauf der Nutzungsdauer lediglich die historischen Anschaffungskosten im »Spartopf«. Sind Preissteigerungen für dieses Wirtschaftsgut eingetreten, reichen die angesammelten Abschreibungen nicht mehr zur Reinvestition.

Daher hat man – allerdings vergeblich – auch die Abschreibung von den Wiederbeschaffungskosten vorgeschlagen; die Bewertungskonzeption des Handelsrechts folgt dem sog. **Nominalwertprinzip**.

Dazu regelt § 253 Abs. 1 HGB, dass die Vermögensgegenstände höchstens mit den Anschaffungs- oder Herstellungskosten, Verbindlichkeiten mit dem Rückzahlungsbetrag und Rückstellungen mit dem nach vernünftiger kaufmännischer Beurteilung notwendigen Betrag anzusetzen sind.

Für Kapitalgesellschaften ist das Grund- oder Stammkapital zum Nennbetrag auszuweisen.

4.2.3 Bewertung von Sachanlagen

4.2.3.1 Anschaffungskosten

Die Anschaffungskosten sind in § 255 Abs. 1 HGB folgendermaßen definiert: »Anschaffungskosten sind die einzeln zuordenbaren Aufwendungen, die geleistet werden, um einen Vermögensgegenstand zu erwerben und ihn in einen betriebsbereiten Zustand zu versetzen«.

Zu den Anschaffungskosten gehören auch die **Anschaffungsnebenkosten** und etwaige nachträgliche Anschaffungskosten. Abzusetzen sind Anschaffungspreisminderungen.

Anschaffungskosten setzen eine Anschaffung, also einen Erwerb voraus und entstehen mit der Verpflichtung zur Gegenleistung. Der Vermögensgegenstand ist damit soviel wert, wie er gekostet hat. Dazu gehören auch die Kosten, die angefallen sind, um den Vermögensgegenstand in einen betriebsbereiten Zustand zu versetzen, also Transport, Montage und Inbetriebnahme.

Nicht dazu gehören Gemeinkosten, die dem betreffenden Vermögensgegenstand nicht zugeordnet werden können, z. B. nicht zurechnungsfähige Kosten der Einkaufsabteilung.

Zu den Anschaffungskosten kommen die mit der Anschaffung verbundenen Nebenkosten. Hierzu zählen Provisionen, bei Grundstücken z. B. Notarkosten und Grunderwerbsteuer, nicht jedoch Finanzierungskosten. Diese stehen mit einer Kreditaufnahme in Zusammenhang, die den Wert der erworbenen Vermögensgegenstände grundsätzlich nicht beeinflussen darf, denn ansonsten könnten sich für denselben Gegenstand unterschiedliche Werte ergeben, je nachdem, ob er bar oder auf Kredit erworben wurde.

Auch die **Umsatzsteuer** gehört nach § 9 b EStG bei vorsteuerabzugsberechtigten Unternehmen nicht zu den Anschaffungskosten.

Nachträgliche Anschaffungskosten hängen mit dem Erwerb von vornherein zusammen, fallen aber nach dem Erwerbstag an, wie z. B. Anliegerbeträge beim Grundstückserwerb.

Anschaffungspreisminderungen wie Rabatte, zurechenbare Boni und Skonti mindern die Anschaffungskosten und sind abzusetzen. Sehr umstritten ist die Behandlung von Investitionszulagen und -zuschüssen. Nach der herrschenden Meinung mindern sie die Anschaffungskosten nicht (z. B. Baumbach/Hopt Komm. zum HGB, Anm. 4 zu § 255 HGB).

Insbesondere bei **Gebäuden** kann es schwer fallen, Anschaffungs- oder Herstellungskosten von Erhaltungsaufwendungen bei der Instandsetzung und Modernisierung von Gebäuden abzugrenzen.

Anschaffungskosten eines Gebäudes sind die Aufwendungen, die geleistet werden, um das Gebäude zu erwerben und es in einen betriebsbereiten Zustand zu versetzen, soweit sie dem Gebäude einzeln zugeordnet werden können, ferner die Nebenkosten und die nachträglichen Anschaffungskosten. Ein Gebäude ist betriebsbereit, wenn es entsprechend seiner Zweckbestimmung genutzt werden kann. Instandsetzungs- und Modernisierungsaufwendungen können in diesem Fall keine Anschaffungskosten i.S.d. § 255 Abs. 1 Satz 1 HGB sein.

Die Betriebsbereitschaft setzt die Funktionstüchtigkeit des Gebäudes voraus. Zur Zweckbestimmung gehört auch die Entscheidung, welchem Standard das Gebäude zukünftig entsprechen soll (sehr einfach, mittel oder sehr anspruchsvoll). Baumaßnahmen, die das Gebäude auf einen höheren Standard bringen, machen es betriebsbereit, ihre Kosten sind Anschaffungskosten.

4.2.3.2 Herstellungskosten

Herstellungskosten sind nach § 255 Abs. 2 HGB die Aufwendungen, die durch den Verbrauch von Gütern und die Inanspruchnahme von Dienstleistungen für die Herstellung eines Vermögensgegenstands, seine Erweiterung oder für eine über seinen ursprünglichen Zustand hinausgehende wesentliche Verbesserung entstehen.

Dazu gehören Materialkosten, Fertigungskosten und Sonderkosten der Fertigung.

- **Einzelkosten** gehören zwingend zu den Herstellungskosten. Einzelkosten sind die dem Produkt direkt zurechenbaren Aufwendungen für Material (z. B. Roh-, Hilfs- und Betriebsstoffe) und für die Fertigung (z. B. Personalkosten). Sondereinzelkosten der Fertigung sind z. B. Konstruktionskosten, Spezialwerkzeuge, Lizenzgebühren.

- **Gemeinkosten** sind dem Produkt nicht direkt zuzuordnen. Für angemessene Teile der notwendigen Materialgemeinkosten, der notwendigen Fertigungsgemeinkosten und für den Wertverzehr des Anlagevermögens, soweit er durch die Fertigung veranlasst ist, besteht ein Einbeziehungswahlrecht (z. B. für allgemeine Energiekosten, durch die Fertigung veranlasste planmäßige Abschreibungen, Versicherungen usw.). Gleiches gilt für die Kosten der allgemeinen Verwaltung (Gehälter im Verwaltungsbereich, Telefon) und des Sozialbereichs (Kantine, Jubiläen, Altersversorgung).

- **Vertriebskosten:** Ihre Einbeziehung in die Herstellungskosten ist verboten.

Fremdkapitalzinsen gehören nicht zu den Herstellungskosten und dürfen nach § 255 Abs. 3 HGB grundsätzlich nicht mit bewertet werden. Ausgenommen hiervon sind die Zinsen für Fremdkapital, das zur Herstellung eines Vermögensgegenstands verwendet wird. Diese Zinsen dürfen einbezogen werden, soweit sie auf den Zeitraum der Herstellung entfallen.

Auf die folgende Abbildung wird ergänzend verwiesen.

4 Jahresabschluss, Finanzierung und Steuern

Herstellungskostenansatz		
Kostenarten	Handelsrecht	Steuerrecht
Materialeinzelkosten	Pflicht	Pflicht
Fertigungseinzelkosten	Pflicht	Pflicht
Sondereinzelkosten der Fertigung	Pflicht	Pflicht
Materialgemeinkosten	Wahl	Pflicht
Fertigungsgemeinkosten	Wahl	Pflicht
Abschreibungen	Wahl	Pflicht
Verwaltungskosten	Wahl	Wahl
bestimmte soziale Aufwendungen	Wahl	Wahl
bestimmte Fremdkapitalzinsen	Wahl	Wahl
Vertriebskosten	Verbot	Verbot

Herstellungskostenansatz nach Handels- und Steuerrecht

4.2.4 Abschreibungsarten und -formen

4.2.4.1 Wertgrenzen

Obergrenze: Anschaffungs- oder Herstellungskosten

Die handelsrechtlichen Bewertungsvorschriften dienen in erster Linie dem **Gläubigerschutz** und werden dadurch vom Vorsichtsprinzip (vergl. Abschn. 4.2.2.2) beherrscht.

Die Vorschrift des § 253 HGB regelt in Absatz 1 die Bewertung der Vermögensgegenstände im Grundsatz und in Absatz 2 die Bewertung des abnutzbaren Anlagevermögens.

Grundsätzlich sind danach Vermögensgegenstände höchstens mit den Anschaffungs- oder Herstellungskosten (vgl. Abschn. 2.3.1.6) anzusetzen. Die tatsächlichen Anschaffungs- oder Herstellungskosten bilden damit eine **Höchstgrenze** der Bewertung.

Damit verfolgt die Bewertungskonzeption des Handelsrechts auch den Grundsatz der nominalen Kapitalerhaltung. Eine Höherbewertung ist nicht zulässig.

Ein unbebautes Grundstück wird mit den Anschaffungskosten in die Bilanz aufgenommen. Sollte der Wert steigen, so bleibt dieses unberücksichtigt. Die Bewertungsvorschriften zwingen hier zur Bildung von stillen Reserven in Höhe der Differenz zum gestiegenen Verkehrswert.

Planmäßige Abschreibungen

Für die abnutzbaren Gegenstände des Anlagevermögens, deren Nutzung also zeitlich begrenzt ist, sind die Anschaffungs- oder Herstellungskosten um planmäßige Abschreibungen zu vermindern.

Abnutzbar sind dabei fast alle Gegenstände des Anlagevermögens (neben Gebäuden, Maschinen und Gegenständen der Geschäftsausstattung z. B. auch Rechte, Antiquitäten, Anlagen im Bau, nicht aber – im Regelfalle – Grundstücke).

Die technische und/oder wirtschaftliche Abnutzbarkeit soll durch die planmäßige Abschreibung in »normalem« Umfang in die Bewertung einfließen.

Eine planmäßige Abschreibung setzt einen Plan voraus, also einen **Abschreibungsplan**, der die Anschaffungs- oder Herstellungskosten nach der gewählten Abschreibungsmethode auf die Zeit der voraussichtlichen Nutzung (betriebsgewöhnliche Nutzungsdauer) verteilt.

Niedrigere Wertansätze

Weniger eine Verteilungsregel für die Anschaffungs- und Herstellungskosten als vielmehr eine echte Bewertungsregel ist die Vorschrift des § 253 Abs. 2 Satz 3 HGB:

Hiernach können bei Vermögensgegenständen des Anlagevermögens, und zwar unabhängig davon, ob ihre Nutzung zeitlich begrenzt ist, **außerplanmäßige Abschreibungen** vorgenommen werden, um die Vermögensgegenstände mit einem niedrigeren Wert anzusetzen, der ihnen am Abschlussstichtag beizulegen ist.

Dieses Wahlrecht setzt allerdings voraus, dass es sich nur um eine vorübergehende Wertminderung handelt. Bei einer dauernden Wertminderung muss die außerplanmäßige Abschreibung vorgenommen werden (vgl. Abschn. 4.2.4.2.1).

4.2.4.2 Methoden der Abschreibung des Anlagevermögens

Aufgabe der planmäßigen Abschreibung von Gegenständen des abnutzbaren Anlagevermögens **(AfA = Absetzung für Abnutzung)** ist die Verteilung der Anschaffungs- oder Herstellungskosten auf die betriebsgewöhnliche Nutzungsdauer (vgl. Abschn. 4.2.4.2.2).

Die AfA beginnt mit der Lieferung oder der Fertigstellung, eine spätere Inbetriebnahme verschiebt den AfA-Beginn grundsätzlich nicht.

Die Abschreibung ist zeitanteilig (»pro rata temporis«), aus **Vereinfachungsgründen** auf volle Monate, zu bemessen; nur bei beweglichen Wirtschaftsgütern des Anlagevermögens galt bis 31. Dezember 2003 eine Vereinfachungsregelung, nach der der Halbjahresbeginn zugrunde gelegt werden durfte. Mit dem Veranlagungszeitraum 2004 wurde die Vereinfachungsregel 2 **abgeschafft**.

Beispiel:
Die XY-GmbH schafft am 5.6.2005 einen PKW an; Anschaffungskosten netto: 43.200 €, betriebsgewöhnliche Nutzungsdauer gem. AfA-Tabelle (vgl. Abschn. 4.2.4.2.2): 6 Jahre. Bei linearer Abschreibung (= Verteilung der Anschaffungskosten auf 72 gleiche Monatsbeträge, vgl. auch Abschn. 4.2.4.2.3) kann für 2005 eine Abschreibung für die Monate Juni bis Dezember in Höhe von 4.200 € geltend gemacht werden

4.2.4.2.1 Planmäßige und außerplanmäßige AfA

Handels- und Steuerrecht lassen neben den planmäßigen Abschreibungen (vgl. Abschn. 4.2.4.1) auch außerplanmäßige Abschreibungen sowohl auf das abnutzbare als auch auf das nicht abnutzbare Anlagevermögen zu, wenn eine außerplanmäßige technische oder wirtschaftliche Abnutzung eingetreten ist.

Außerplanmäßige technische Abnutzungen sind im Allgemeinen schadensbedingt (Unfall, Brand, Explosion, nachträgliche Aufdeckung einer Bodenverseuchung), während außerplanmäßige wirtschaftliche Abnutzungen gleichbedeutend sind mit einer Entwertung, etwa dann, wenn wegen geänderter Marktbedingungen (z. B. Innovationen, Modewechsel) ein Preisverfall eingetreten ist.

4 Jahresabschluss, Finanzierung und Steuern

Die außerplanmäßigen Abschreibungen treten neben die planmäßigen Abschreibungen, sind also zusätzlich vorzunehmen. Dabei gilt sowohl für das abnutzbare wie für das nicht abnutzbare Anlagevermögen das **strenge Niederstwertprinzip** (vgl. Abschn. 4.2.5.1) im Falle einer dauerhaften Wertminderung und das **gemilderte Niederstwertprinzip** (Wahlrecht) im Falle einer vorübergehenden Wertminderung. Kapitalgesellschaften dürfen im Falle einer vorübergehenden Wertminderung keine außerplanmäßige Abschreibung vornehmen. Steigt der Wert später wieder an, besteht ein Zuschreibungs- bzw. Beibehaltungswahlrecht.

4.2.4.2.2 Die betriebsgewöhnliche Nutzungsdauer

Diese Zeit der wirtschaftlichen (nicht technischen) Nutzbarkeit des Vermögensgegenstandes ist vorsichtig zu schätzen.

Die Praxis orientiert sich stark an den Tabellen für die Absetzung für Abnutzung (so genannte **AfA-Tabellen**), die vom Bundesminister der Finanzen herausgegeben werden und den Finanzämtern als Richtschnur dienen; in begründeten Fällen kann jedoch von diesen Tabellen abgewichen werden.

Die folgende Tabelle enthält einige (verallgemeinerte, da nicht nach Wirtschaftszweigen differenzierte) Beispiele für die Nutzungsdauer häufig vorkommender Wirtschaftsgüter.

Wirtschaftsgüter		Nutzungsdauer Jahre
3	**Betriebsanlagen allgemeiner Art**	
3.1	Krafterzeugungsanlagen	
3.1.1	Dampferzeugung (Dampfkessel mit Zubehör)	15
3.1.2	Stromerzeugung (Gleichrichter, Ladeaggregate, Notstromaggregate, Stromgeneratoren, Stromumformer usw.)	19
...		
3.1.5	Windkraftanlagen	16
3.1.6	Photovoltaikanlagen	20
3.1.7	Solaranlagen	10
...		
4	**Fahrzeuge**	
4.1	Schienenfahrzeuge	25
4.2	Straßenfahrzeuge	
4.2.1	Personenkraftwagen und Kombiwagen	6
4.2.2	Motorräder, Motorroller, Fahrräder u.ä.	7
4.2.3	Lastkraftwagen, Sattelschlepper, Kipper	9
4.2.4	Traktoren und Schlepper	12
...		

Nutzungsdauer ausgewählter Wirtschaftsgüter

4.2.4.2.3 Abschreibungsverfahren

Die Wahl des Abschreibungsverfahrens ist nur insoweit vorgeschrieben, als die anzuwendende Abschreibungsmethode den Grundsätzen ordnungsmäßiger Buchführung entsprechen muss.

Danach muss gewährleistet sein, dass die Anschaffungs- oder Herstellungskosten **nicht willkürlich** auf die Nutzungsdauer verteilt werden.

Sowohl handels- als auch steuerrechtlich zulässig sind
- die lineare Abschreibung (Abschreibung in **gleichbleibenden Beträgen**),
- die geometrisch-degressive Abschreibung (Abschreibung in **fallenden Beträgen**),
- die Abschreibung **nach Maßgabe der Leistung**.

Lineare Abschreibung

Unter den Abschreibungsmethoden wird am häufigsten die lineare Abschreibung gewählt. Hier werden die Anschaffungs- oder Herstellungskosten in gleichen Jahresbeträgen auf Nutzungsdauer verteilt, d. h. der Abschreibungsbetrag errechnet sich nach der Formel

$$\text{Jahres-AfA} = \frac{\text{Anschaffungskosten}}{\text{betriebsgewöhnliche Nutzungsdauer}}$$

Beispiel:
Die Anschaffungskosten einer am 5.2.01 angeschafften Maschine betragen 80.000 €. Die betriebsgewöhnliche Nutzungsdauer wird auf 8 Jahre festgesetzt.

Danach ergibt sich die folgende Abschreibungsverteilung:

Datum	Abschreibung	Buchwert nach Abschreibung
05.02.01	0	80.000
31.12.01	10.000	70.000
31.12.02	10.000	60.000
31.12.03	10.000	50.000
31.12.04	10.000	40.000
31.12.05	10.000	30.000
31.12.06	10.000	20.000
31.12.07	10.000	10.000
31.12.08	10.000	0

Lineare Abschreibung

Falls von vornherein mit der Erzielung eines nennenswerten Resterlöses (z. B. Schrottwertes) am Ende der Nutzungsdauer zu rechnen ist, ist dieser zuvor von den Anschaffungskosten in Abrechnung zu bringen, sodass der Restbuchwert nach Vollabschreibung dem Resterlös entspricht.

Degressive Abschreibung

Die degressive Abschreibung verteilt die Anschaffungs- oder Herstellungskosten in fallenden Jahresbeträgen. Zunächst größere Abschreibungsbeträge werden im Zeitablauf geringer. Man sieht die degressive Abschreibung in Korrelation mit den Reparaturkosten, die bei einem neuen Wirtschaftsgut im Allgemeinen zuerst gering ausfallen und sich im Laufe der Nutzungsdauer steigern. Man strebt hierbei eine gleichmäßige Verteilung der Summe aus Abschreibungsbeträgen und Reparaturkosten an.

Die degressive Abschreibung ist in verschiedenen Ausprägungsformen denkbar. Steuerlich zulässig ist jedoch nur die **geometrisch-degressive Abschreibung**. Dabei wird die Abschreibung mit einem konstanten Prozentsatz vom jeweiligen Restbuchwert bemessen. Der Prozentsatz darf gem. § 7 Abs. 2 EStG nicht größer sein als der zweifache Satz der linearen AfA und 20% nicht übersteigen.

4 Jahresabschluss, Finanzierung und Steuern

Beispiel:
Die Maschine aus obigem Beispiel soll degressiv abgeschrieben werden. Bei einer betriebsgewöhnlichen Nutzungsdauer von 8 Jahren ergibt sich ein linearer AfA-Satz von 12,5% (d. h. 100% der Anschaffungs- oder Herstellungskosten werden auf 8 Jahre verteilt; 100:8=12,5). Der zweifache lineare AfA-Satz errechnet sich also zu 12,5 x 2 = 25%. Da dieses Ergebnis den höchstzulässigen Satz von 20% übersteigt, kommt es aber nicht zum Tragen: Es wird mit 20% abgeschrieben.

Bei Annahme einer betriebsgewöhnlichen Nutzungsdauer von 12 Jahren ergäbe sich dagegen ein linearer AfA-Satz von 8,33%. Das Zweifache hiervon sind 16,7%. Dieser Wert stellt das zulässige Maximum dar.

Es liegt in der Natur der geometrisch-degressiven Abschreibung, dass der Restbuchwert niemals den Wert Null erreichen kann. Da das Unternehmen aber im Allgemeinen das Ziel der **Steuerbarwertminimierung** verfolgt und damit daran interessiert ist, »möglichst früh möglichst viel« abzuschreiben, empfiehlt es sich, diese Methode nicht bis zum Ende der betriebsgewöhnlichen Nutzungsdauer zu verfolgen und an deren Ende den Restbuchwert in einer Summe abzuschreiben, sondern stattdessen einen Methodenwechsel vorzunehmen.

Obwohl der Grundsatz der Bewertungsstetigkeit (§ 252 Abs. 1 Nr. 6 HGB) gilt, ist ein Wechsel von der geometrisch-degressiven zur linearen Abschreibung zulässig (nicht jedoch andersherum), wenn auch nicht vorgeschrieben (Ausnahme: wenn planmäßig geometrisch-degressiv abgeschrieben wird und eine außerplanmäßige Abschreibung vorgenommen werden soll, muss zuvor ein Wechsel zur linearen Abschreibung erfolgen).

Dieser Wechsel sollte (im Sinne der oben erwähnten Steuerbarwertminimierung) in der Periode erfolgen, in der der Abschreibungsbetrag, der sich ergibt, wenn der Restbuchwert linear auf die Restnutzungsdauer verteilt wird, den planmäßigen geometrisch-degressiven Abschreibungsbetrag übersteigt, also gilt

$$\text{Restbuchwert : Restnutzungsdauer} \geqq \text{Restbuchwert x geom.-degr. AfA-Satz}$$

Beispiel:
Es wird wiederum von einem Anschaffungswert von 80.000 € und einer betriebsgewöhnlichen Nutzungsdauer von 8 Jahren ausgegangen. Die folgende Tabelle enthält neben der Angabe des Restbuchwertes und des geometrisch-degressiven AfA-Betrages auch eine Vergleichsspalte »Restbuchwert (RBW) : Restnutzungsdauer (RND)«; sobald der darin enthaltene Wert den Wert der Spalte »AfA degr.« übersteigt oder mindestens erreicht, erfolgt der Methodenwechsel.

Nutzungs-dauer/Jahre	Restnutzungs-dauer (RND)	Restbuch-wert (RBW)	AfA 20% degr./lin.	Vergleichswert RBW : RND
1	8	80.000,00	16.000,00	10.000,00
2	7	64.000,00	12.800,00	9.142,86
3	6	51.200,00	10.240,00	8.533,33
4	5	40.960,00	8.192,00	8.192,00
5	4	32.768,00	8.192,00	8.192,00
6	3	24.576,00	8.192,00	–
7	2	16.384,40	8.192,00	–
8	1	8.192,00	8.192,00	–
9	0	0,00	0,00	–

Geometrisch-degressive Abschreibung

Zulässig ist auch die so genannte **Leistungsabschreibung**. Hier wird der Abschreibungsbetrag nach Maßgabe der abgegebenen Leistung bemessen, z. B. bei einem Fahrzeug die jährlich gefahrenen Kilometer, bei einer Maschine die produzierten Einheiten.

Allerdings muss zuvor das gesamte Leistungsvermögen geschätzt werden, und die Voraussetzungen zur Messung der tatsächlich abgegebenen Leistung müssen gegeben sein.

Beispiel:
Eine Maschine, die für 18.000 € angeschafft wurde, ist für 1 Mio. Stanzvorgänge ausgelegt. Über ein Zählwerk wird die Anzahl der Stanzungen festgehalten. Am Ende des ersten Jahres ergibt die Ablesung einen Zählerstand von 153.795.
Die AfA berechnet sich aus

> *Abschreibungsbetrag =*
> *Anschaffungskosten x Jahresleistungsabgabe : Gesamtleistung*
> *zu 18.000 x 153.795 : 1.000.000 = 2.768,31 €*

4.2.5 Bewertung des Umlaufvermögens

4.2.5.1 Bewertung des Vorratsvermögens

Die Bewertung der Gegenstände des Vorratsvermögens richtet sich grundsätzlich ebenfalls nach der Vorschrift des § 253 Abs. 1 HGB. Auch beim Vorratsvermögen als Teil des Umlaufvermögens gelten die **Anschaffungs- oder Herstellungskosten als absolute Obergrenze der Bewertung.**

Nach § 253 Abs. 3 HGB ergibt sich zudem noch die Verpflichtung zur Abwertung, wenn sich am Bilanzstichtag ein niedrigerer Wert aus einem Börsen- oder Marktpreis ableiten lässt. Für das Umlaufvermögen gilt das so genannte **strenge Niederstwertprinzip**. Dieses fordert, dass niedrigere Stichtagswerte zwingend anzusetzen sind, auch wenn zum Zeitpunkt der Bilanzaufstellung bereits eine Werterholung abzusehen ist.

Maßgeblich ist nicht der Börsen- oder Marktpreis schlechthin, sondern der daraus abgeleitete Preis, der noch eine **verlustfreie Bewertung** zulässt. Demzufolge ist der Börsen- oder Marktpreis um noch anfallende Aufwendungen (z. B. Verkaufskosten) zu mindern. Soweit ein Börsen- oder Marktpreis nicht festgestellt werden kann und die Anschaffungs- oder Herstellungskosten den sog. beizulegenden Wert übersteigen, so ist auf diesen Wert abzuschreiben. Der beizulegende Wert beschreibt in der Regel den Erlös, der bei einer Verwertung noch für den Vermögensgegenstand zu erzielen ist.

Bei **Roh-, Hilfs- und Betriebsstoffen** sowie **fremdbezogenen Teilen** sind die Anschaffungskosten regelmäßig mit den am Stichtag geltenden Preisen am Wiederbeschaffungsmarkt zu vergleichen; der niedrigere Ansatz ist zwingend.

Bei den am Stichtag im Fertigungsprozess bzw. im Lager befindlichen **unfertigen und fertigen Erzeugnissen** sind die Herstellungskosten, die in jedem Falle die Bewertungsobergrenze darstellen, mit den Preisen am Beschaffungsmarkt (sofern es einen solchen gibt) oder am Absatzmarkt zu vergleichen.

Da die grundsätzlich vorzunehmende Einzelbewertung im Vorratsvermögen häufig kaum oder nur mit unzumutbarem, unwirtschaftlichem Aufwand durchzuführen ist, erfolgt die Ermittlung der Anschaffungskosten meist unter Anwendung der **Vereinfachungsverfahren**, die in Abschnitt 4.2.6 beschrieben werden.

4 Jahresabschluss, Finanzierung und Steuern

Außerdem dürfen nach § 253 Abs. 3 Satz 3 HGB Abschreibungen vorgenommen werden, soweit diese nach vernünftiger kaufmännischer Beurteilung notwendig sind. Man will damit verhindern, dass in der nächsten Zukunft der Wertansatz dieser Vermögensgegenstände auf Grund von Wertschwankungen geändert werden muss. Es kann also wahlweise ein am Bilanzstichtag unter dem Zeitwert liegender Wertansatz gewählt werden, um absehbare zukünftige Wertschwankungen vorwegzunehmen.

Im Falle einer vorgenommenen Abwertung stellt sich die Frage, wie zu verfahren ist, wenn zu einem späteren Bilanzstichtag der Wert wieder gestiegen ist. Nach § 253 Abs. 5 HGB darf ein niedrigerer Wertansatz beibehalten werden. Dieses Beibehaltungswahlrecht gilt aber nur für diejenigen Kaufleute, die keine Kapitalgesellschaften sind. Für Letztere sind die speziellen Vorschriften im zweiten Abschnitt des HGB für Kapitalgesellschaften maßgeblich, die den allgemeinen Regeln für alle Kaufleute vorgehen.

So bestimmt § 280 Abs. 1 HGB, dass nach einer Abwertung eine **Zuschreibung** zu erfolgen hat, wenn die Gründe für die Abwertung nicht mehr bestehen. Die Zuschreibung muss aber eine etwaige planmäßige Abschreibung berücksichtigen. Keinesfalls darf die Zuschreibung zu einer Überschreitung der ursprünglichen Anschaffungs- oder Herstellungskosten führen.

4.2.5.2 Bewertung des sonstigen Umlaufvermögens

Im Prinzip gelten die Bewertungsregeln des Vorratsvermögens auch für das sonstige Umlaufvermögen. So sind

- **Forderungen** zum Nennwert zu bewerten,
- **zweifelhafte Forderungen** zu ihrem wahrscheinlichen Wert anzusetzen,
- **uneinbringliche Forderungen** abzuschreiben.

Ein Sonderfall ergibt sich bei **unverzinslichen Forderungen**. Hier ist der abgezinste Barwert anzusetzen. Forderungen in fremder Währung sind zum Geldkurs in € umzurechnen.

Bei **Wertpapieren des Umlaufvermögens** erfolgt der Ansatz zum Börsenkurs, wobei etwaige Anschaffungsnebenkosten zeitanteilig abzuschreiben sind, es sei denn, die Wertpapiere seien zum alsbaldigen Verkauf bestimmt. In diesem Fall gelten die Absatzmarktpreise unter Abzug von Veräußerungskosten.

Auch hier gilt das generelle Beibehaltungswahlrecht nach einer Abwertung nicht für die Kapitalgesellschaften. Sie haben nach § 280 Abs. 1 HGB das **Wertaufholungsgebot** zu beachten.

4.2.6 Ausnahmen von der Einzelbewertung: Bewertungsvereinfachungen

Nach § 256 HGB sind die folgenden Bewertungsvereinfachungsverfahren zulässig:

Verbrauchsfolgeverfahren

Gleichartige Vermögensgegenstände des Vorratsvermögens können, soweit es den Grundsätzen ordnungsmäßiger Buchführung entspricht, nach der **FIFO-**, **LIFO-** oder einer sonstigen Methode bewertet werden (FIFO = first in — first out, LIFO = last in — first out).

Festbewertung

Nach §§ 256, 240 Abs. 3 HGB ist für Vermögensgegenstände des Sachanlagevermögens und für Roh-, Hilfs- und Betriebsstoffe, die

– laufend ersetzt werden,
– im Gesamtwert für das Unternehmen von nachrangiger Bedeutung sind,
– in Menge, Wert und Zusammensetzung nur geringen Veränderungen unterliegen,

eine Bewertung mit einem festen Wert möglich, wobei der Wert regelmäßig alle drei Jahre durch körperliche Bestandsaufnahme zu überprüfen ist.

Festwerte kommen häufiger bei Gerüst- und Schalungsteilen in der Bauwirtschaft vor. Dabei ist zu beachten, dass eine Festwertbildung für Gerüstbauunternehmen ausscheidet, weil die wertmäßige Bedeutung nicht nachrangig ist.

Gruppenbewertung

Mit **gewogenem Durchschnittswert** können gem. § 240 Abs. 4 HGB bewertet werden:
– gleichartige Vermögensgegenstände des Vorratsvermögens,
– andere gleichartige oder
– annähernd gleichwertige bewegliche Vermögensgegenstände.

Für einen Heizölbestand ergeben die Aufzeichnungen folgende Werte:

Anfangsbestand 01.01.	4.000 l x 0,80 €/l	3.200,00 €
Bezug 10.03.	3.000 l x 0,82 €/l	2.460,00 €
Bezug 02.08.	4.500 l x 0,83 €/l	3.735,00 €
Bezug 30.12.	3.500 l x 0,815 €/l	2.852,50 €
Summen	15.000 l	12.247,50 €
Endbestand 31.12.	4.950 l	

*Bei der Bewertung mit dem **gewogenem Durchschnittswert** wird regelmäßig unterstellt, dass sich der Endbestand an Heizöl identitätsmäßig nicht mehr auf den Anfangsbestand und/oder die Zugänge zuordnen lässt. Der gewogene Durchschnittswert ermittelt sich dann wie folgt:*

$$12.247,50 € : 15.000 l = 0,8165 €/l$$

Der Bestand wäre danach zu bewerten mit 4.950 l x 0,8165 €/l = 4.041,68 €. Der Verbrauch ergibt sich dann mit 10.050 l x 0.8165 €/l = 8.205,82 €.

*Eine Bewertung nach der **FIFO-Methode** ergäbe folgendes Bild:*

Endbestand 31.12	4.950 l	
davon aus Bezug 30.12.	3.500 l x 0,815 €/l	2.852,50 €
davon aus Bezug 02.08.	1.450 l x 0,83 €/l	1.203,50 €
Bestandswert		4.056,00 €
Für den Verbrauch ergibt sich entsprechend		8.191,50 €

*Die Anwendung der **LIFO-Methode** würde ergeben:*

Endbestand 31.12.	4.950 l	
davon aus Anfangsbestand	4.000 l x 0,80 €/l	3.200,00 €
davon aus Bezug 10.03.	950 l x 0,82 €/l	779,00 €
Bestandswert		3.979,00 €
Für den Verbrauch erhält man damit		8.268,50 €

Es ist deutlich geworden, dass die Bestandsbewertung in der Bilanz eine bestimmte Bewertung des Verbrauchs in der Gewinn- und Verlustrechnung nach sich zieht:

Bewertungsverfahren	Bestand	Verbrauch
gewogener Durchschnittswert	4.041,68 €	8.205,82 €
FIFO	4.056,00 €	8.191,50 €
LIFO	3.979,00 €	8.268,50 €

Zu beachten ist aber, dass die so ermittelten Werte nicht immer schon den zutreffenden Bilanzansatz darstellen. Tauscht man z. B. die Mengen und Literpreise von Anfangsbestand und letztem Bezug aus, ergibt sich zunächst mathematisch keinerlei Veränderung, der Durchschnittswert bliebe erhalten (der letzte Zukauf am 30.12. (4.000 l für 0,80 €/l) signalisiert, dass der Marktpreis von 0,80 €/l unter dem rechnerischen Durchschnittswert von 0,8165 €/l liegt). Der Ansatz des höheren Durchschnittswertes würde zu einer Bewertung über dem aktuellen Marktpreis führen. Diese Überbewertung wäre aber unzulässig. Anzusetzen wäre daher der **Marktpreis zum Bilanzstichtag als Bewertungsobergrenze**, und dieser entspricht dem Preis des letzten Bezuges am 30.12.

Betrachtet man die Ergebnisse der Bewertung nach der FIFO-Methode unter diesem Aspekt, ergibt sich, dass die Bewertung auch ohne den vorherigen Austausch den Endbestand zu hoch bewertet, höher als den letzten Marktpreis. Auch hier wäre eine Abwertung zur Ermittlung des Bilanzansatzes geboten. Lediglich die LIFO-Methode führt zu Werten, die als Bilanzansatz bei diesen Zahlen Bestand haben können.

4.2.7 Bewertungsvorschriften für Kapitalgesellschaften

§ 253 HGB regelt für alle Kaufleute, wie bestimmte Wertminderungen durch Abschreibung bei der Bewertung zu berücksichtigen sind (**allgemein gültige Vorschriften**):

Art der Wertminderung	Abschreibung
planmäßige	planmäßige Abschreibung im Anlagevermögen ist Pflicht, § 253 Abs. 2 HGB
dauernde	Abschreibung für Anlage- und Umlaufvermögen ist Pflicht, § 253 Abs. 2 und 3 HGB
vorübergehende	Abschreibungswahlrecht im Anlagevermögen, § 253 Abs. 2 Satz 3 HGB Abschreibungspflicht im Umlaufvermögen, § 253 Abs. 3 Sätze 1 und 2 HGB

Ergänzend erlaubt § 254 HGB die Anpassung an steuerliche Abschreibungen.

§ 279 HGB regelt, inwieweit die Vorschrift des § 253 HGB auch auf Kapitalgesellschaften angewendet werden kann. In Bezug auf die vorstehende Tabelle ergeben sich für planmäßige und dauernde Wertminderungen keine Abweichungen von der allgemeinen Regelung. Das Abschreibungswahlrecht für vorübergehende Wertminderungen wird aber durch § 279 Abs. 1 Satz 2 HGB auf **Finanzanlagen** eingeschränkt.

Weitere Spezialvorschriften ergeben sich aus § 281 HGB, wonach die Differenz zwischen den handelsrechtlichen und den steuerlich zulässigen Abschreibungen (§ 254 HGB) in einem **Sonderposten mit Rücklagenanteil** eingestellt werden kann.

Nach § 282 HGB können die für die **Ingangsetzung und Erweiterung des Geschäftsbetriebs** ausgewiesenen Beträge in jedem folgenden Geschäftsjahr (also nicht im ersten) mit mindestens 25% abgeschrieben werden.

Zuvor wurde untersucht, welchen Einfluss bestimmte Wertminderungsursachen auf die Bewertung haben. Fallen die Gründe für die Wertminderung weg, stellt sich die Frage, ob die Abschreibung dann wieder rückgängig gemacht werden kann oder muss. Für die Kaufleute allgemein regelt § 253 Abs. 5 HGB, dass ein niedrigerer Wertansatz beibehalten werden darf, auch wenn die Gründe dafür nicht mehr bestehen. Für die **Kapitalgesellschaften** ergibt sich kein Wahlrecht (**Wertaufholungsgebot**), hier regelt § 280 Abs. 1 HGB, dass eine Zuschreibung erfolgen **muss**. Dabei ist der Wertansatz so zu ermitteln, dass die planmäßige Abschreibung in Abzug gebracht wird.

4.2.8 Steuerliche Bewertungen

Die **Steuerbilanz** gem. § 4, § 5 ff. EStG ist die aufgrund zwingender steuerrechtlicher Vorschriften korrigierte Handelsbilanz. Sie wird bei Betrieben, die zur Aufstellung einer Handelsbilanz verpflichtet sind, aus dieser abgeleitet und dient der zutreffenden Ermittlung des steuerrechtlichen Gewinns durch Betriebsvermögensvergleich.

Bei der Mehrzahl der gewerblichen Unternehmen wird nur eine Steuerbilanz erstellt, die zugleich als Handelsbilanz dient. Allerdings ist die Erstellung einer solchen **Einheitsbilanz** dann nicht möglich, wenn sich aus den Vorschriften des Handelsrechts einerseits und des Steuerrechts andererseits zu bestimmten Positionen zwingend abweichende Ansätze ergeben.

Der Zusammenhang zwischen beiden Bilanzen ergibt sich aus dem **Grundsatz der Maßgeblichkeit** der Handelsbilanz für die Steuerbilanz. Die zugrunde liegende Rechtsnorm ist § 5 Abs. 1 EStG. Sie besagt, dass Gewerbetreibende bei Bilanzierung das Betriebsvermögen anzusetzen haben, das nach den handelsrechtlichen Grundsätzen ordnungsgemäßer Buchführung auszuweisen ist.

Faktisch können Einzelkaufleute und Personengesellschaften die nach steuerlichen Vorschriften ermittelten niedrigeren Werte ohne Beschränkungen in ihre Handelsbilanz übernehmen. Insbesondere sind Abschreibungen zulässig, die nur auf einer steuerrechtlich zulässigen Abschreibung beruhen (§ 254 Satz 1 HGB). Für Kapitalgesellschaften ist diese Übernahme nach § 279 Abs. 2 HGB nur zulässig, »wenn das Steuerrecht ihre Anerkennung bei der steuerrechtlichen Gewinnermittlung davon abhängig macht, dass sie sich aus der Bilanz ergeben«. Vergleichbare Einschränkungen bestehen für Kapitalgesellschaften auch bezüglich der Übernahme anderer steuerlich zulässiger Werte in die Handelsbilanz.

4.2.9 Rückstellungen

Für die Bemessung einer Rückstellung gibt § 253 Abs. 1 HGB vor, dass sie nur in Höhe des Betrags anzusetzen ist, der nach vernünftiger kaufmännischer Beurteilung notwendig ist. Damit ist die ungewisse Verbindlichkeit grundsätzlich nicht in maximaler Höhe rückstellungsfähig oder -pflichtig, sondern mit dem Betrag, mit dem am ehesten zu rechnen ist. Der Wert kann im Wege der Einzelbewertung oder pauschal gefunden werden, wenn eine Einzelbewertung nicht durchgeführt werden kann (z. B. bei Garantierückstellungen).

4.2.9.1 Rückstellungen für Gewährleistungen

Rückstellungen für Gewährleistungen, die zu bilden sind, wenn am Bilanzstichtag bereits ein Gewährleistungsfall eingetreten oder der Eintritt wahrscheinlich ist, werden nach den Selbstkosten bemessen. Zwar steht die Rückstellungshöhe im Ermessen des Kaufmanns, seine Schätzung muss aber angemessen sein, d. h. sie darf einen den betrieblichen Verhältnissen entsprechenden Umfang nicht überschreiten. Die abstrakte Möglichkeit der Inanspruchnahme reicht nicht aus; eine gewisse Wahrscheinlichkeit des Eintretens muss nachvollziehbar dargelegt werden können.

Die Gewährleistungspflicht beginnt grundsätzlich mit der Auslieferung bzw. Abnahme, ggf. mit einer Teilabnahme. Erst ab diesem Zeitpunkt kann eine Rückstellung gebildet werden. Bis zu diesem Zeitpunkt gehört der auszuliefernde Gegenstand zu den unfertigen oder fertigen Gegenständen des Vorratsvermögens. Etwaige Wertminderungen wären dann durch Ansatz eines niedrigeren Bestandswertes zu berücksichtigen.

Maßgeblich für die Bildung der Rückstellung für Garantieverpflichtungen ist der bis zum Bilanzstichtag realisierte garantieverpflichtete Umsatz, auf den ein gleich bleibender Prozentsatz angewendet wird, der sich aus der betrieblichen Erfahrung herausgebildet hat.

Beispiel:
Die Gewährleistungsfrist beträgt zwei Jahre. Nach der betrieblichen Erfahrung wird eine Rückstellung von 1% des garantiebehafteten Umsatzes als angemessen angesehen. Die Aufträge werden gleichmäßig über das Wirtschaftsjahr ausgeliefert. Die Rückstellung ist für den 31.12. des Jahres 04 zu bilden:

Jahr	03	04
garantiebehafteter Soll-Umsatz	1.000.000 €	1.200.000 €
Garantieaufwand 1% pauschal	10.000 €	12.000 €

Der Soll-Umsatz 03 setzt sich aus ausgelieferten Leistungen zusammen, für die zum 31.12.03 noch eine Garantiepflicht bestand. Deshalb ist zu beachten, dass am 31.12.04 bereits ein Teil der Gewährleistungsfrist aus den Sollumsätzen abgelaufen ist. Von dem pauschalierten Garantieaufwand des Jahres 03 kommt in 04 nur noch die Hälfte zum Ansatz.

Rückstellung per 31.12.04 daher:
50% 03 + 100% 04 = 5.000 + 12.000 = 17.000 – es werden 17.000 € zurückgestellt.

4.2.9.2 Rückstellungen für drohende Verluste aus schwebenden Geschäften

Ein schwebendes Geschäft liegt vor, wenn sich beide Vertragsparteien bereits verpflichtet haben, aber noch keine Seite ihren Vertragspart erfüllt hat (z. B. wurde die Lieferung einer Maschine vertraglich vereinbart, aber weder die Lieferung noch die Bezahlung sind bisher erfolgt).

Schwebende Geschäfte sind regelmäßig nicht in der Buchführung enthalten. Dennoch können sich auch aus schwebenden Geschäften Risiken ergeben, wenn die Leistung als eigene (ungewisse) Verbindlichkeit die Gegenleistung wertmäßig übersteigt. Soweit ein Verlust droht, ist dieser nach den Grundsätzen ordnungsmäßiger Buchführung im Jahresabschluss zu berücksichtigen.

Abgeschlossene, aber noch nicht erfüllte Verkaufsverträge sind von Verlusten bedroht, wenn nach den Verhältnissen des Bilanzstichtags die Selbstkosten auf Basis der Vollkosten den vereinbarten Kaufpreis übersteigen. Dabei bleiben kalkulatorische Kosten und ein angemessener Unternehmensgewinn außer Ansatz.

Zu beachten ist, dass bereits angefangene (**halbfertige**) Arbeiten im Vorratsvermögen aktiviert werden müssen und gegebenenfalls dort abzuwerten sind. Die Rückstellung für drohende Verluste aus schwebenden Geschäften gilt jeweils für die noch nicht erbrachten Leistungen, zu denen sich der Kaufmann verpflichtet hat.

Bei schwebenden Einkaufsverträgen kann sich ein Verlustrisiko ergeben, wenn der Preis der beschafften Waren am Bilanzstichtag gegenüber dem Tag des Vertragsabschlusses gefallen ist. Die Differenz der gesunkenen Wiederbeschaffungskosten zu dem vertraglich vereinbarten Preis rechtfertigt eine Rückstellung für drohende Verluste aus schwebenden Geschäften, soweit die Ware noch nicht geliefert ist. Damit soll bereits eine Bestandsabwertung vorweggenommen werden.

Ist die Ware bereits geliefert, hat also eine Vertragspartei ihre Verpflichtung erfüllt, liegt kein schwebendes Geschäft vor. Die Waren sind dann gegebenenfalls im Vorratsvermögen nach den allgemeinen Bewertungsvorschriften auf den niedrigeren Börsen- oder Marktpreis abzuwerten.

Das Steuerrecht verbietet gem. § 5 Abs. 4a EStG Rückstellungen für drohende Verluste.

4.2.9.3 Rückstellungen für unterlassene Aufwendungen für Instandhaltung

Für im Geschäftsjahr unterlassene Aufwendungen für Instandhaltung sieht § 249 Nr. 1 HGB eine Rückstellungspflicht vor, soweit die Aufwendungen im folgenden Geschäftsjahr innerhalb von drei Monaten nachgeholt werden.

Somit liegt hier keine Rückstellung für ungewisse Verbindlichkeiten vor, sondern eine reine Aufwandsrückstellung. Inhalt sind Aufwendungen für Instandhaltung, die, obwohl betrieblich geboten, unterlassen und erst zu Beginn des folgenden Geschäftsjahres nachgeholt wurden.

Dabei muss es sich um echten Instandhaltungsaufwand handeln und nicht etwa um Herstellungskosten. Wird die Instandhaltungsmaßnahme nicht in den ersten drei Monaten des folgenden Geschäftsjahres nachgeholt, sondern erst in den verbleibenden neun Monaten des folgenden Geschäftsjahres, bietet § 249 Nr. 2 HGB ein Passivierungswahlrecht für diese Aufwendungen.

4.2.9.4 Verbrauch und Auflösung von Rückstellungen

Die Bildung von Rückstellungen dem Grunde und der Höhe nach ist zu jedem Bilanzstichtag erneut zu prüfen. Ist die zurückgestellte ungewisse Verbindlichkeit in der Folge zur gewissen Verbindlichkeit geworden, wird diese in die Buchführung aufgenommen und wirkt sich durch die Gegenbuchung auf einem Aufwandskonto gewinnmindernd aus.

Für die Rückstellung ergibt sich nun kein Bedarf mehr, sie ist für diesen Teil aufzulösen. Dies erfolgt durch eine Ausbuchung, die gewinnerhöhend wirkt. Dadurch wird die ursprüngliche gewinnmindernde Auswirkung je nach den Beträgen ganz oder teilweise aufgehoben.

Gewinnauswirkung
Rückstellung für Jahresabschlusskosten 01   5.000 € (–)
Rechnung und Zahlung in 02   5.100 € (–)
Auflösung der Rückstellung 01 in 02   5.000 € (+)

Die Rückstellungsbildung nimmt nach Maßgabe der Grundsätze ordnungsmäßiger Buchführung die Aufwandsbildung vorweg, nämlich dann, wenn der Aufwand erkennbar ist. Tritt er ein, muss im Gegenzug eine erneute Aufwandsberücksichtigung durch Auflösung der Rückstellung kompensiert werden. Allenfalls kann es bei Schätzungsdifferenzen zu kleinen Spitzenausgleichen kommen: Im vorstehenden Beispiel war der Aufwand in 01 um 100 € zu knapp bemessen. Der Spitzenausgleich findet im Jahr 02 statt.

Fallen die Voraussetzungen für eine gebildete Rückstellung weg, muss die Rückstellung gewinnerhöhend aufgelöst werden.

Die gleiche Verpflichtung zur Auflösung ergibt sich für Rückstellungen, die zwar dem Grund nach, aber nicht der Höhe nach gerechtfertigt sind. Der überhöhte Betrag ist ebenfalls gewinnerhöhend aufzulösen.

4.2.10 Möglichkeiten und Grenzen der Bilanzpolitik

Unter Bilanzpolitik lassen sich alle Maßnahmen fassen, die den Ausweis eines bestimmten Bilanzbildes zum Ziel haben. Jedoch hat das Handelsrecht in § 264 Abs. 2 HGB festgelegt, dass der Jahresabschluss unter Beachtung der Grundsätze ordnungsmäßiger Buchführung ein den tatsächlichen Verhältnissen entsprechendes Bild der Vermögens-, Finanz- und Ertragslage zu vermitteln hat.

4 Jahresabschluss, Finanzierung und Steuern

Führen besondere Umstände dazu, dass der Jahresabschluss ein den tatsächlichen Verhältnissen entsprechendes Bild im Sinne des Satzes 1 nicht vermittelt, so sind im Anhang zusätzliche Angaben zu machen. Damit sind die Möglichkeiten der Bilanzpolitik stark eingegrenzt und beschränken sich auf eine zielgerichtete Ausübung von Wahlrechten. Insbesondere Bilanzierungs-, Bewertungs- und Ausweiswahlrechte sind geeignet, ein bestimmtes Bilanzbild zu beeinflussen.

So kann durch **Bilanzierungshilfen** (z. B. Aktivierung von **Ingangsetzungskosten**) möglicherweise ein Verlustausweis verhindert werden. Über die Bewertung von geringwertigen Wirtschaftsgütern kann z. B. das Vermögen bei der Sofortabschreibung geringer angesetzt werden, eine wahlweise Aktivierung von direkt zurechenbaren Bauzeitinsen führt zu einem vergleichsweise höheren Vermögensansatz.

Die legale Bilanzpolitik ist allerdings schon verlassen, wenn z. B. ein einziges Fahrzeug unter der Position »Fuhrpark« ausgewiesen wird und damit dem Bilanzleser etwaige stille Reserven vorspiegelt.

4.2.11 Bilanzanalyse

Unternehmen sind zur Rechenschaftslegung verpflichtet, sie haben zum Bilanzstichtag über den Erfolg ihrer Geschäfte (Ertragslage) und über ihre wirtschaftliche Situation (Vermögens- und Finanzlage) Rechenschaft abzulegen. Als wesentlichste, normierte Grundlage hierfür dient der Jahresabschluss, also Bilanz und Gewinn- und Verlustrechnung samt Anhang und Lagebericht sowie verfügbare interne Informationen.

Insbesondere Gläubiger (Banken, Lieferanten, aber auch Arbeitnehmer als Gläubiger von Lohnansprüchen) sind an Erkenntnissen über die **finanzielle Stabilität** interessiert. Finanzielle Stabilität kennzeichnet eine Situation, bei der sich das Unternehmen im finanziellen Gleichgewicht befindet, d. h. in der Lage ist, den fälligen Zahlungsanforderungen jederzeit zu entsprechen. Kann dieses Gleichgewicht nicht erreicht werden, droht Illiquidität, die sich zur (dauernden) Zahlungsunfähigkeit steigern kann und einen Insolvenzgrund für alle Kaufleute darstellt.

Das Interesse an der **Ertragskraft** steht bei den Anteilseignern im Vordergrund. Sie brauchen Erkenntnisse über die potentiellen Erträge und das Ertragsrisiko. Aber auch für die Gewerkschaften stellt die Ertragskraft im Hinblick auf Lohnverhandlungen eine wichtige Information dar. Nicht zuletzt vergleicht der Wettbewerb die Ertragskraft der Konkurrenz mit der eigenen, um Entscheidungsgrundlagen für Preiskämpfe zu gewinnen.

Anlass der Analyse ist also das Informationsbedürfnis vieler unterschiedlicher Interessenten hinsichtlich der finanziellen Stabilität und der Ertragskraft. Dabei sind beide Ziele voneinander abhängig: Ohne hinreichende Erträge kann man sich eine finanzielle Stabilität kaum dauerhaft vorstellen.

Genauso wird eine finanzielle Instabilität, z. B. ein Liquiditätsengpass, auch negative Einflüsse auf die Rentabilität haben (z. B. entfällt die Möglichkeit des Skontoabzugs, Überziehungszinsen müssen gezahlt werden).

Im Hinblick auf das Erreichen und die Wahrung des **finanziellen Gleichgewichts** ist es also wichtig, ausreichende Finanzierungsquellen zu sichern. Dabei ist zu beachten, dass nicht jede Finanzierung, die die Erhaltung des finanziellen Gleichgewichts gewährleistet, auch eine optimale Finanzierung ist: Letzere hätte auch die Subziele Rentabilität (optimale Kapitalverwendung), Sicherheit (substantielle Kapitalerhaltung) und Unabhängigkeit (Kapitalstruktur) zu beachten.

4 Jahresabschluss, Finanzierung und Steuern

Insoweit befasst sich die finanzwirtschaftliche Bilanzanalyse mit der

- **Investitionsanalyse** (Kapitalverwendung),
- **Finanzierungsanalyse** (Kapitalaufbringung),
- **Liquiditätsanalyse** (der gegenseitigen Abhängigkeiten von Kapitalverwendung und Kapitalaufbringung).

4.2.11.1 Investitionsanalyse

Die Investitionsanalyse soll Erkenntnisse über die **Kapitalverwendung** liefern. Im Vordergrund steht die Betrachtung des Vermögens, dessen Zusammensetzung und dessen Bindungsdauer.

Dabei weist ein vergleichsweise hohes Anlagevermögen auf eine hohe Bindungsdauer hin, ein hohes Umlaufvermögen in Verbindung mit einem geringeren Anlagevermögen auf eine kürzere Kapitalbindungsdauer.

Als Messzahlen für die Fristigkeit der Vermögensbindung werden das Verhältnis von Anlage- zu Umlaufvermögen und deren jeweilige Anteile am Gesamtvermögen herangezogen:

$$\text{Vermögenskonstitution} = \frac{\text{Anlagevermögen} \times 100}{\text{Umlaufvermögen}}$$

$$\text{Anlagenintensität} = \frac{\text{Anlagevermögen} \times 100}{\text{Gesamtvermögen}}$$

$$\text{Anteil des Umlaufvermögens} = \frac{\text{Umlaufvermögen} \times 100}{\text{Gesamtvermögen}}$$

$$\text{Vorratsquote} = \frac{\text{Vorräte} \times 100}{\text{Gesamtvermögen}}$$

Analog hierzu können die **Forderungsquote** und der **Anteil der flüssigen Mittel** errechnet werden.

Ein vergleichsweise hohes Anlagevermögen signalisiert eine geringe Anpassungsfähigkeit an strukturelle Änderungen des Unternehmensumfeldes und weist zugleich auf hohe Fixkosten hin. Bei kleineren Anlagevermögen ist die Kapazitätsauslastung einfacher und sichert dadurch die Ertragslage.

Setzt man Vermögensbestandswerte ins Verhältnis zu den Umsatzerlösen, lassen sich **Änderungen der Bestände** messen, die auf wechselnder Beschäftigung beruhen.

An Beständen können z. B. das Anlagevermögen oder die Vorräte herangezogen werden:

$$\text{Umsatzrelation des Anlagevermögens} = \frac{\text{Anlagevermögen} \times 100}{\text{Umsatzerlöse}}$$

$$\text{Umsatzrelation des Vorratsvermögens} = \frac{\text{Vorräte} \times 100}{\text{Umsatzerlöse}}$$

So zeigt ein annähernd gleicher Bestand an Anlagevermögen bei sinkenden Umsätzen eine mangelnde Kapazitätsauslastung.

4 Jahresabschluss, Finanzierung und Steuern

Weitere Kennzahlen kennzeichnen die **Investitions- und Abschreibungspolitik**. Rückschlüsse auf das tendenzielle Unternehmenswachstum sollen mit den Kennzahlen Anlagenabnutzungsgrad und Investitionsquote gemacht werden können.

Dabei werden die Abschreibungen auf das Sachanlagevermögen bzw. die Nettoinvestitionen zum Anschaffungswert des Anlagevermögens in Beziehung gesetzt:

$$\text{Anlagenabnutzungsgrad} = \frac{\text{kumulierte Abschreibungen} \times 100}{\text{Sachanlagevermögen (zu Anschaffungskosten)}}$$

$$\text{Investitionsquote} = \frac{\text{Nettoinvestitionen in Sachanlagen} \times 100}{\text{Sachanlagevermögen (zu Anschaffungskosten)}}$$

4.2.11.2 Finanzierungsanalyse

Die Finanzierungsanalyse untersucht die **Kapitalstruktur** und damit die Herkunft und Zusammensetzung des Kapitals. Die Eigenkapitalquote gibt Auskunft über den Anteil des Eigenkapitals in Bezug auf das Gesamtkapital und damit über den Grad der finanziellen Unabhängigkeit; der Verschuldungsgrad ermittelt sich aus dem Verhältnis von Fremd- zu Eigenkapital.

$$\text{Eigenkapitalquote} = \frac{\text{Eigenkapital} \times 100}{\text{Gesamtkapital}}$$

$$\text{Verschuldungsgrad} = \frac{\text{Fremdkapital} \times 100}{\text{Eigenkapital}}$$

Über den »optimalen« Verschuldungsgrad gibt es viele z.T. sehr unterschiedliche Auffassungen. Allgemein muss bei seiner Bestimmung der Zusammenhang von Rentabilität und Risiko beachtet werden. Diese Zusammenhänge werden durch den **Leverage Effect** beschrieben (vgl. hierzu die ausführliche Darstellung in Abschn. 4.4.1).

Nach der leverage-Formel ermittelt sich die Eigenkapitalrendite r_{EK} aus der Gesamtkapitalrendite zu- oder abzüglich einer mit dem Verhältnis von Fremd- zu Eigenkapital gewichteten Differenz aus Gesamtkapitalrendite und Fremdkapitalzinsen:

$$r_{EK} = r_{GK} + (r_{GK} - i) \times FK/EK$$

Legende:
r_{EK} = Eigenkapitalrentabilität
r_{GK} = Gesamtkapitalrentabilität; $r_{GK} = \dfrac{G + z}{EK + FK}$

i = Zinssatz
FK = eingesetztes Fremdkapital
EK = eingesetztes Eigenkapital
G = Gewinn
z = Fremdkapitalzinsen, Betrag aus FK x · i

Solange die Gesamtkapitalrentabilität größer als der Fremdkapitalzins ausfällt, ergibt sich ein positives Ergebnis in der Klammer, das, gewichtet mittels eines Faktors, der Gesamtkapitalrendite zugeschlagen wird. Der Faktor FK : EK verstärkt diese Zurechnung, wenn das Verhältnis größer als 1 ausfällt, das Eigenkapital also das Fremdkapital unterschreitet. Eine

Abschwächung ergibt sich bei Werten unter 1. Insoweit ist auf die Gesamtkapitalrendite besonderes Augenmerk zu richten, weil sie der Bestimmungsfaktor für die Eigenkapitalrendite darstellt, allerdings beeinflusst von den Fremdkapitalzinsen und dem Verhältnis aus Fremd- und Eigenkapital. Weitere Kennzahlen der Finanzierung sind:

$$\text{Anteil des langfristigen Fremdkapitals} = \frac{\text{langfristiges Fremdkapital} \times 100}{\text{Gesamtkapital}}$$

$$\text{Anteil des kurzfristigen Fremdkapitals} = \frac{\text{kurzfristiges Fremdkapital} \times 100}{\text{Gesamtkapital}}$$

$$\text{Grad der Selbstfinanzierung} = \frac{\text{Gewinnrücklagen} \times 100}{\text{Gesamtkapital}}$$

4.2.11.3 Liquiditätsanalyse mit Bestandsgrößen

Zusammenhänge zwischen Investition und Finanzierung sind Gegenstand der Liquiditätsanalyse. Es geht dabei um die Frage der Aufrechterhaltung des finanziellen Gleichgewichts bei angenommener Unternehmensfortführung.

Dabei werden Bestandsgrößen ins Verhältnis gesetzt, die eine Indikatorfunktion für vermutete Einnahmen und Ausgaben der Zukunft haben. Aktivposten können künftige Einnahmen signalisieren, Passivposten künftige Ausgaben.

Sind die künftigen Einnahmen größer oder gleich den künftigen Ausgaben, ist die Liquidität gesichert. Anders ausgedrückt, darf die Kapitalbindungsdauer des Vermögens nicht länger sein als die Kapitalüberlassungsdauer. Diese Aussage wird auch als Grundsatz der Fristenkongruenz bezeichnet.

Allerdings hat dieser Leitsatz eher einen modellhaften Charakter. Die genauen Fälligkeitstermine der Ein- und Auszahlungsreihen lassen sich nur im Modell mit den Bestandsgrößen in Übereinstimmung bringen. Auch betragsmäßige Identität zwischen Bilanzansatz und Zahlungsgrößen gibt es nur im Modell.

Folgende Kennzahlen geben Aufschluss über die langfristige Deckung von Zahlungsverpflichtungen durch potentielle Zahlungsmöglichkeiten:

$$\text{Deckungsgrad I} = \frac{\text{Eigenkapital} \times 100}{\text{Anlagevermögen}}$$

$$\text{Deckungsgrad II} = \frac{\text{Eigenkapital} + \text{langfristiges Fremdkapital} \times 100}{\text{Anlagevermögen}}$$

$$\text{Deckungsgrad gebundenes Vermögen} = \frac{\text{Eigenkapital} + \text{langfristiges Fremdkapital} \times 100}{\text{gebundenes Umlaufvermögen}}$$

Absolute Aussagen lassen sich kaum begründen, man kann aber die Veränderung der Relationen als Indikator für bestimmte zukünftige Entwicklungen nehmen.

Bei der Analyse der kurzfristigen Liquidität bildet man die so genannten **Liquiditätsgrade**. Auch hier werden Bestandsgrößen ins Verhältnis gesetzt. Allerdings liefert die Bilanz nur vergangenheitsbezogene Größen; insoweit kann lediglich festgestellt werden, dass in der Vergangenheit bestimmte Relationen eingehalten wurden.

4 Jahresabschluss, Finanzierung und Steuern

Liquidität 1. Grades = $\dfrac{\text{liquide Mittel} \times 100}{\text{kurzfristiges Fremdkapital}}$

Liquidität 2. Grades = $\dfrac{\text{liquide Mittel} + \text{kurzfristig realisierbares Umlaufvermögen} \times 100}{\text{kurzfristiges Fremdkapital}}$

Liquidität 3. Grades = $\dfrac{\text{Umlaufvermögen} \times 100}{\text{kurzfristiges Fremdkapital}}$

Nach herrschender Meinung sollte die Liquidität 2. Grades mindestens **100%** betragen. Für die Liquidität 3. Grades wird häufig ein Wert von mindestens **200%** gefordert.

4.2.11.4 Liquiditätsanalyse mit Stromgrößen

Dem Mangel der Vergangenheitsorientierung von Bestandsgrößen will die Liquiditätsanalyse mit Stromgrößen Abhilfe schaffen. Sie untersucht nicht die Bestände an einem Stichtag, sondern befasst sich mit **Mittelherkunft** und **Mittelverwendung**, also mit der Frage, welche Mittel im Betriebsprozess erwirtschaftet und wie diese verwendet worden sind.

Im Vordergrund der Betrachtung steht der **Umsatzüberschuss**, d. h. die zahlungswirksamen Aufwendungen und Erträge:

    bare Erträge
    − bare Aufwendungen
    = Umsatzüberschuss

Diese direkte Methode ist allerdings verhältnismäßig aufwendig. Geht man davon aus, dass die meisten Geschäftsvorfälle in der Buchhaltung sich auch bar niederschlagen, ließe sich der Umsatzüberschuss auch indirekt ermitteln, indem man die unbaren Buchungen aus dem Jahresüberschuss eliminiert:

    Jahresüberschuss
    + unbare Aufwendungen
    − unbare Erträge
    = Umsatzüberschuss

Eine Ausprägungsform der Ermittlung des Umsatzüberschusses ist der **Cash Flow**, der aus den Posten des Jahresabschlusses den aus eigener Kraft erwirtschafteten Überschuss der Einnahmen über die Ausgaben ausdrücken soll. Eine Umsatzüberschusskennziffer, die auf einfachste Art ermittelt wird, ist folgender Cash Flow:

    Jahresüberschuss
    + Abschreibungen
    + Zuführung zu Rückstellungen
    − Auflösung von Rückstellungen
    = Cash Flow

Man beschränkt sich hier auf die Abschreibungen und die Zuführung zu Rückstellungen, die stellvertretend für die unbaren Aufwendungen hinzugerechnet werden, weil der Aufwand nicht bar abfließt und insoweit neben dem Jahresüberschuss als Finanzmittel zur Verfügung steht. Die unbaren Erträge werden abgezogen, hier stellvertretend die Auflösung von Rückstellungen.

Der Cash Flow deutet auf die erzielbaren Einnahmenüberschüsse hin, der Gewinn abzüglich der unbaren Erträge und zuzüglich der baren Aufwendungen steht als Finanzierungspotential zur Verfügung. Je größer dieses Potential ausfällt, umso weniger braucht z. B. Fremdkapital eingesetzt zu werden. Insoweit kann der Cash flow zumindest Indikator für eine Ertragskraft sein, die relative finanzielle Unabhängigkeit und Stabilität signalisiert.

4.2.11.5 Grenzen der Bilanzanalyse

Die Grenzen der Bilanzanalyse ergeben sich aus dem Umfang und der Qualität der Informationen, die der Analyse zugrunde gelegt werden:

- Zum einen sind die Bilanzdaten reine Vergangenheitswerte; aus der Analyse sollen aber Schlüsse für die Zukunft gezogen werden.
- Weiterhin enthält der Jahresabschluss nur Daten in Geld oder Geldeswert. Für ein Gesamtbild des Unternehmens reicht dieses Datenmaterial nicht aus: Beispielsweise wäre hierfür auch eine Aussage über die Qualität des Managements zu treffen.
- Die Daten, mit denen die Analyse dann durchgeführt wird, sind nicht nur veraltet und unvollständig, sondern teilweise bedingt durch bilanzpolitische Wahlrechtsausübungen bei Bewertungsvorschriften, nur bedingt vergleichbar.

4.2.12 Grundlagen des Konzernabschlusses

4.2.12.1 Konzerne

Stehen in einem Konzern die Unternehmen unter der einheitlichen Leitung einer Kapitalgesellschaft (Mutterunternehmen) mit Sitz im Inland und gehört dem Mutterunternehmen eine Beteiligung an dem oder den anderen unter der einheitlichen Leitung stehenden Unternehmen (Tochterunternehmen), so haben die gesetzlichen Vertreter des Mutterunternehmens in den ersten fünf Monaten des Konzerngeschäftsjahrs für das vergangene Konzerngeschäftsjahr einen Konzernabschluss und einen Konzernlagebericht aufzustellen (§ 290 HGB).

Ergebnis ist der Abschluss einer fiktiven Person (Konzern) durch Zusammenfassung von Einzelabschlüssen der beteiligten Unternehmen.

Nach § 290 Abs. 1 HGB ergibt sich die Verpflichtung zur Aufstellung eines Konzernabschlusses für alle Kapitalgesellschaften mit Sitz im Inland dann, wenn sie wegen der Art ihrer Beziehungen zu einem anderen Unternehmen »Mutterunternehmen« sind. Die Muttergesellschaft muss also Kapitalgesellschaft sein.

Für **Mutterunternehmen anderer Rechtsform** ergibt sich nach dem HGB keine Verpflichtung zur Aufstellung eines Konzernabschlusses, auch dann nicht, wenn die Tochtergesellschaft eine Kapitalgesellschaft ist. Allerdings können sich für gewisse Größenordnungen die Verpflichtungen aus dem **Publizitätsgesetz** (§ 13 PublG) ergeben.

Besteht grundsätzlich die Pflicht zur Aufstellung eines **konsolidierten Konzernabschlusses**, sind Befreiungsvorschriften zu prüfen. Eine **größenabhängige Befreiung** ergibt sich aus § 293 Abs. 1 Nr. 2 HGB.

Größenkriterien sind:

- **Konzernbilanzsumme** nicht über 13.750.000 €;

– **Umsatzerlöse** ohne konzerninterne Umsätze in den letzten zwölf Monaten nicht über 27.500.000 €;
– **Beschäftigtenzahl** innerhalb der letzten zwölf Monate nicht über 250.

Liegen an zwei aufeinanderfolgenden Bilanzstichtagen mindestens zwei dieser Kriterien vor, ergibt sich für die Muttergesellschaft die Befreiung von der Aufstellung des Konzernabschlusses. Diese gesetzliche Regelung würde aber dazu führen, dass das Mutterunternehmen erst einmal einen Konzernabschluss aufstellen müsste, um zu erfahren, dass es von der Aufstellung u.U. befreit sein würde. Zur Vermeidung dieses Aufwandes lässt § 293 Abs. 1 Nr. 1 HGB grundsätzlich ein vereinfachtes Ermittlungsverfahren zu. Die Größenkriterien »Bilanzsumme« und »Umsatzerlöse« werden um 20% erhöht und mit der Summe der Bilanzsummen und der Summe der Umsatzerlöse der einzubeziehenden Unternehmen verglichen.

Ergibt sich, dass zwei der folgenden Grenzen, also

– Bilanzsumme nicht über 16.500.000 €,
– Umsätze nicht über 33.000.000 €,
– Beschäftigtenzahl nicht über 250

an zwei aufeinanderfolgenden Bilanzstichtagen nicht überschritten werden, resultiert daraus eine Befreiung zur Aufstellung des Konzernabschlusses.

Tochtergesellschaften können darüber hinaus befreit sein, wenn die ausländische Muttergesellschaft bereits einen den Vorschriften entsprechenden und geprüften Konzernabschluss und Konzernlagebericht in deutscher Sprache offenlegt. Nach § 294 Abs. 1 HGB wird grundsätzlich verlangt, dass in den Konzernabschluss das Mutterunternehmen mit allen Tochtergesellschaften einzubeziehen ist (Konsolidierungskreis). Die wesentlichen Grundsätze für die Aufstellung eines Jahresabschlusses gelten auch für den Konzernabschluss, allerdings ergeben sich Besonderheiten bei der Kapitalkonsolidierung, der Konsolidierung von gegenseitigen Forderungen und Verbindlichkeiten und der Frage der Eliminierung konzerninterner Zwischengewinne bzw. Zwischenverluste. Auch für den Konzernabschluss bestehen nach § 313 HGB Erläuterungspflichten im Anhang sowie nach § 315 HGB die Verpflichtung zur Aufstellung eines Lageberichtes.

4.2.12.2 Konsolidierungsarten

Der Gesetzgeber verlangt in § 294 HGB einen **gemeinsamen Konzernabschluss** von Mutter- und allen Tochterunternehmen (Weltabschluss). Der Konzernabschluss besteht aus Konzernbilanz, Konzern- Gewinn- und Verlustrechnung und dem Konzernanhang, die eine Einheit bilden. Nach § 300 HGB sind im Konzernabschluss der Jahresabschluss des Mutterunternehmens mit den Jahresabschlüssen der Tochterunternehmen zusammenzufassen. Die so verlangte Konsolidierung hat zu beachten, dass es auf Grund von gegenseitigen Beteiligungen, Forderungen und Verbindlichkeiten, Erträgen und Aufwendungen nicht zu Doppelverrechnungen kommt.

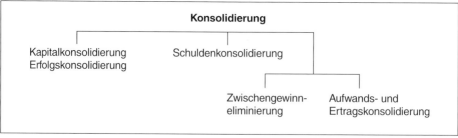

Konsolidierungsarten

Bei der **Kapitalkonsolidierung** ist die bei der Muttergesellschaft ausgewiesene Beteiligung an der Tochtergesellschaft durch deren Vermögensgegenstände und Schulden zu ersetzen. Gemäß dem Vollständigkeitsgebot in § 300 HGB sind die Vermögensgegenstände und Schulden vollständig zu übernehmen, soweit sie nach dem Recht am Sitz des Mutterunternehmens bilanzierungsfähig sind.

Die **Schuldenkonsolidierung** betrifft Forderungen und Verbindlichkeiten im Konsolidierungskreis. Mutter- und Tochterunternehmen können als rechtliche Einheit in der Konzernbilanz keine Forderungen und Verbindlichkeiten gegenüber sich selbst haben. Diese Positionen sind gemäß § 303 HGB wegzulassen.

Die **Erfolgskonsolidierung** soll als Zwischengewinneliminierung konzerninterne Gewinne und Verluste konzerninterne Aufwendungen und Erträge aus Lieferungen- und Leistungen durch Verrechnung oder Umgliederung ausschalten.

4.2.12.3 Internationale Rechnungslegung IAS/IFRS

Die zunehmende Globalisierung führt zu einer verstärkten internationalen Kapitalverflechtung. Expansion über die Landesgrenzen hinaus geht fast nur noch über den Zugang zu den internationalen Kapitalmärkten. Hierbei wirken die unterschiedlichen nationalen Rechnungslegungsvorschriften hinderlich. Ein Vergleich von Jahresabschlüssen aus verschiedenen Rechtssystemen ist fast unmöglich, ebenso deren Analyse.

Auf europäischer Ebene wird die Harmonisierung der Rechnungslegungsvorschriften vorangetrieben. Die Kommission der Europäischen Gemeinschaften in Brüssel unterbreitete 2001 einen Vorschlag zur Anwendung internationaler Rechnungslegungsgrundsätze.

Danach sollen EU-Unternehmen ab 2005 ihre konsolidierten Jahresabschlüsse nach IAS/IFRS aufstellen. **IAS** steht für **International Accounting Standards**, sie bilden die Grundlage für die **IFRS: International Financial Reporting Standards**. Den EU-Mitgliedstaaten wird ermöglicht, IAS/IFRS in nationales Recht zu übernehmen.

Herausgegeben wurden die internationalen Rechnungslegungsvorschriften IAS in den 70er Jahren vom IASC (International Accounting Standards Committee), das von Vertretern der Industrieländer gebildet worden war. Zunächst sind 7.000 börsennotierte Unternehmen von den neuen Regeln unmittelbar betroffen. Es ist anzunehmen, dass dauerhaft nicht verschiedene Rechnungslegungssysteme nebeneinander bestehen werden. Insoweit werden auch nicht börsennotierte und auch kleine und mittlere Unternehmen von den IAS-Vorschriften betroffen sein, gerade auch wenn sie Kapital auf internationalen Märkten nachfragen.

Im Vordergrund der IAS/IFRS-Regeln steht eine verbesserte Information der Kapitalgeber und nicht die Gewinnermittlung nach fiskalischen Grundsätzen. Daher wird ein Jahresabschluss nach IAS/IFRS auch nicht der Besteuerung zugrunde gelegt werden können. Das Maßgeblichkeitsprinzip gilt insoweit nicht. Hier liegt das größte, noch ungelöste Problem einer Einheitsbilanz nach IAS/IFRS.

Die wesentlichen Unterschiede zwischen HGB und IAS/IFRS zeigt die folgende Tabelle.

4 Jahresabschluss, Finanzierung und Steuern

	HGB	IAS/IFRS
Zielsetzung	vorsichtige Ermittlung des ausschüttbaren Gewinns	vergleichbare, relevante und zuverlässige Informationen (decision usefulness)
Hauptaufgabe	Gläubigerschutz	Investorenschutz
Zielgruppe	Interessentenkoalition	Investoren
Besteuerungsgrundlage	Maßgeblichkeitsgrundsatz	kein Einfluss
Formvorschriften	detailliert (§§ 266, 275 HGB)	Empfehlungen
Hauptprinzip	Vorsichtsprinzip	Periodenabgrenzung (accrual concept)
Vorsichtsprinzip	grundlegend	untergeordnet
Grundsatz der Stetigkeit	Ausnahmen möglich	strenge Auslegung
Vermögensgegenstand	statisch	dynamisch
Schulden	Verbindlichkeiten, Rückstellungen	Verbindlichkeiten (liabilities)
Ertrag	Vermögensmehrung nach Realisationsprinzip	Zunahme des wirtschaftlichen Nutzens (revenues, gains)
Einzelbewertung	Grundsatz	Grundsatz
Gruppenbewertung	möglich	nicht definiert
Festwerte	möglich	nicht möglich
Wertobergrenze	historische Anschaffungskosten	historische Anschaffungskosten, Ausnahmen möglich
Bewertungsvereinfachung	zulässig, soweit GOB entsprechend	FIFO, LIFO
Firmenwert	derivativer, Aktivierungswahlrecht	derivativer, Aktivierungsgebot
bestimmte selbstgeschaffene immaterielle Wirtschaftsgüter	Aktivierungsverbot	Aktivierungsgebot, wenn Voraussetzungen erfüllt, (Sonderregelungen für FuE Aufw.)
Finanzanlagen	Anschaffungskosten, ggf. außerplanmäßige Abschreibung	Anschaffungskosten, danach Zeitwert (fair value)
Langfristige Auftragsfertigung	Gewinnrealisierung bei Erfüllung	Realisierung von Teilgewinnen nach Auftragsfortschritt
Rückstellungen	vorsichtiger Wert	wahrscheinlicher Wert
Aufwandsrückstellung	ja	nein
Pensionsrückstellungen	grundsätzlich keine Berücksichtigung der Gehalts- und Rentendynamik; Zins 3 – 6%	Berücksichtigung der Gehalts- und Rentendynamik, Marktzins
Fremdwährung	imparitätisch	Stichtagskurs

Zusammenstellung wesentlicher Unterschiede zwischen HGB und IAS/IFRS

4.2.13 Wirtschafts- und Abschlussprüfung

Der Jahresabschluss und der Lagebericht von mittleren und großen Kapitalgesellschaften sind durch einen Abschlussprüfer zu prüfen. Dabei ist die Prüfung der Buchführung einzubeziehen (§ 317 HGB). Über die Prüfung ist ein Bericht zu verfassen und ein Bestätigungsvermerk zu erteilen, wenn nach dem abschließenden Ergebnis der Prüfung keine Einwendungen zu erheben sind (§ 322 HGB).

Der uneingeschränkte **Bestätigungsvermerk** hat dabei folgenden Wortlaut:

»Die Buchführung und der Jahresabschluss entsprechen nach meiner/unserer pflichtgemäßen Prüfung den gesetzlichen Vorschriften. Der Jahresabschluss vermittelt unter der Beachtung der Grundsätze ordnungsmäßiger Buchführung ein den tatsächlichen Verhältnissen entsprechendes Bild der Vermögens-, Finanz- und Ertragslage der Kapitalgesellschaft. Der Lagebericht steht im Einklang mit dem Jahresabschluss.«

Spektakuläre Unternehmenszusammenbrüche in den neunziger Jahren haben immer wieder die Frage aufgeworfen, ob der Rahmen von Unternehmensführung und Unternehmenskontrolle ausreichend reglementiert ist. Mehrere Kommissionen haben daraufhin Forderungen und Regeln aufgestellt und in einem deutschen Corporate Governance-Kodex zusammengefasst. Insbesondere mehr Transparenz der unternehmerischen Tätigkeit und die Offenlegung von Interessenkonflikten wird gefordert. Kritisiert wird auch die mangelnde Ausrichtung auf Aktionärsinteressen, mangelndes Zusammenwirken von Aufsichtsrat und Vorstand und die oftmals eingeschränkte Unabhängigkeit von Abschlussprüfern.

Nach § 317 HGB i.d.F. des KonTraG wird von den Wirtschaftsprüfern ein problemorientierter Prüfungsansatz verlangt, um Verstöße gegen Gesetz und Satzung sowie Unrichtigkeiten, die sich auf die Vermögens-, Finanz- und Ertragslage auswirken, aufdecken zu können. Dazu ist der Lagebericht zu untersuchen, ob er ein zutreffendes Bild von der Lage des Unternehmens vermittelt. Das gilt insbesondere für die Darstellung von Risiken der künftigen Entwicklung. Bei amtlich notierten Aktiengesellschaften ist gem. § 317 Abs. 4 HGB weiterhin zu prüfen, ob der Vorstand ein funktionierendes Risikofrüherkennungssystem (Risk-Management) eingeführt hat. Diese Regeln werden um den Corporate Governance-Kodex ergänzt und konkretisiert. Dabei stehen die Veröffentlichung von Zwischenberichten, die Unabhängigkeit des Aufsichtsrats und der Abschlussprüfer, sowie die Aufdeckung von Interessenkonflikten und Verstößen gegen Neutralität und Unbefangenheit im Vordergrund.

4.3 Finanzierung

4.3.1 Begriff und Formen der Finanzierung

Begriff

Zahlungsunfähigkeit ist das auf dem Mangel an Zahlungsmitteln beruhende dauernde Unvermögen des Schuldners, seine sofort zu erfüllenden Geldschulden im Wesentlichen zu berichtigen. Nach § 17 Insolvenzordnung (InsO) ist die Zahlungsunfähigkeit ein **Insolvenzgrund**.

Daher wird es Ziel des Unternehmens sein, eine Situation anzustreben, in der die Zahlungsfähigkeit so gesichert ist, dass den fälligen Zahlungsanforderungen jederzeit entsprochen werden kann. Wird dieser Zustand erreicht, befindet sich das Unternehmen im **finanziellen Gleichgewicht**. Damit diese Situation überhaupt erreicht werden kann, muss das Unternehmen in der Lage sein, einen bestimmten Kapitalbedarf zu decken, d. h. zu finanzieren.

4 Jahresabschluss, Finanzierung und Steuern

Bei der Finanzierung handelt es sich also um die Bereitstellung von Kapital. Dieser **enge Finanzierungsbegriff** erfasst aber keine Finanzierungsmaßnahmen einer Vermögensumschichtung. Wird z. B. eine Maschine verkauft, stellt sich dieser Vorgang auf der Aktivseite der Bilanz lediglich als Vermögensumschichtung von langfristig gebundenem Vermögen (Maschine) in freie Finanzmittel (Geld) dar.

Daher wird in der Literatur auch ein **weiterer Finanzierungsbegriff** verwendet: Finanzierung im weiteren Sinne sind sämtliche Maßnahmen zur Änderung der betrieblichen Kapitalausstattung (Kapitalbeschaffung, Kapitalrückführung, Kapitalumschichtung).

Im Hinblick auf das Erreichen und die Wahrung des finanziellen Gleichgewichts ist es also wichtig, ausreichende Finanzierungsquellen zu sichern und unter den möglichen Finanzierungsformen zu wählen. Wichtige Informationen für finanzwirtschaftliche Entscheidungen liefert dabei die Finanzanalyse, die die finanzielle Lage des Unternehmens zu beurteilen hat. Der zu deckende Kapitalbedarf wird durch eine Finanzplanung ermittelt.

Finanzierungsformen

Die Finanzierungsformen lassen sich einteilen nach der rechtlichen Stellung der Kapitalgeber (Eigen- und Fremdfinanzierung), nach der Herkunft der Mittel (Innen- und Außenfinanzierung), nach der Fristigkeit (kurz-, mittel-, langfristig) und nach dem Anlass der Finanzierung (Gründung, Kapitalerhöhung, Kapitalherabsetzung, Sanierung, Umwandlung, Fusion, Liquidation).

4.3.2 Der Kapitalbedarf

Jeder Betrieb benötigt, um arbeiten zu können, ein bestimmtes Maß an Anlage- und Umlaufvermögen, für das Kapital bereitgestellt werden muss. Der Kapitalbedarf ist allgemein definiert als Differenz zwischen kumulierten Ausgaben und erzielten kumulierten Einnahmen für einen bestimmten Zeitraum. Der Kapitalbedarf hängt ab von der Höhe und dem zeitlichen Anfall der Ein- und Auszahlungsreihen. Da diese Größen zum Zeitpunkt der Finanzierungsentscheidung noch nicht bekannt sind, muss der Kapitalbedarf durch eine **Prognoseplanung** ermittelt werden.

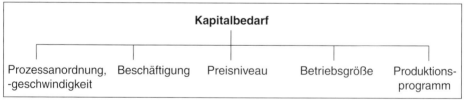

Einflussgrößen des Kapitalbedarfs

Prozessanordnung und -geschwindigkeit

Werden z. B. 5 Anhänger der Reihe nach gefertigt, ist der Kapitalbedarf geringer, als bei einer Fertigung aller Anhänger zusammen. Der Verkaufserlös kann als **Finanzmittelrückfluss** für die Ausgaben der Produktion der folgenden Anhänger verwendet werden.

Beschäftigungsschwankungen

Ausgaben für nicht voll genutzte Produktionseinrichtungen verursachen einen Kapitalbedarf, weil entsprechende Einnahmenrückflüsse fehlen oder zu gering sind.

Preisniveau

Die Zahlungsreihen basieren auf den Preisen für die abgesetzten oder eingekauften Produkte. So führen z. B. Preissteigerungen auf dem Stahlmarkt zu einem zusätzlichen Kapitalbedarf bei der Produktion von Anhängern.

Betriebsgröße

Regelmäßig wird die Veränderung der Betriebsgröße auch auf den Kapitalbedarf einwirken, besonders in Schwellensituationen vor der nächst höheren Betriebsgröße.

Produktionsprogramm

Wird neben der Produktion von Anhängern auch die Produktion der vorher zugekauften Achsen selbst übernommen, wird die Erweiterung der Produktion zunächst einen zusätzlichen Kapitalbedarf verursachen. Zukünftig kann der Kapitalbedarf aber sinken, wenn die Produktion weniger Ausgaben verursacht als der Zukauf von fertigen Achsen.

Da der Kapitalbedarf von den Aus- und Einzahlungsreihen abhängig ist, muss die **Kapitalbedarfsplanung** bei der Prognose der Ein- und Auszahlungen ansetzen.

Planungsinstrument ist der **Finanzplan** als systematische Darstellung aller Ein- und Auszahlungen der Unternehmens. Für jeden Planungszeitraum ergibt sich der auftretende Kapitalbedarf als Überschuss der Ausgaben über die Einnahmen und Bestände an vorhandenen Mitteln.

Finanzplan für	Januar	Februar	
Einnahmen			
01. Nettoumsatz			
02. Anlagenabgang			
03. Sonstiges			
04. Summe Einnahmen			
Ausgaben			
05. Material/Fremdleistungen			
06. Personal			
07. Reparaturen/Instandhaltung			
08. Fuhrpark			
09. Raumkosten			
10. Steuern/Versicherungen/Beiträge			
11. Werbung/Reisen			
12. Porto/Telefon			
13. Zinsen Fremdkapital			
14. Tilgung Fremdkapital			
15. Investitionen			
16. Privatentnahmen			
17. Sonstiges			
18. Summe Ausgaben			
19. **Differenz +/−**			
20. **Finanzmittelbestand**			
21. **Kapitalbedarf**			

Muster eines Finanzplans

4 Jahresabschluss, Finanzierung und Steuern

Ist lediglich eine grobe Schätzung erforderlich, so lässt sich der Kapitalbedarf **k** auch mit folgender Faustformel ermitteln:

k = Investitionskapitalbedarf + durchschnittliche Ausgaben pro Tag x Vorleistungsdauer in Tagen

Der **Investitionskapitalbedarf** kann aus dem **Investitionsplan** entnommen werden. Unter **Vorleistungsdauer** versteht man die Zeitspanne, die benötigt wird, bis die Produktionsausgaben wieder zu Einnahmen geführt haben. Diese Zeitspanne hängt ab von der durchschnittlichen Lagerdauer, der durchschnittlichen Produktionszeit und dem durchschnittlichen Kundenziel. Der so ermittelte Kapitalbedarf lässt sich durch die Vereinbarung von Anzahlungen und die Inanspruchnahme von Lieferantenkrediten noch senken.

Zur Verdeutlichung wird auf das folgende Beispiel verwiesen.

Der Investitionskapitalbedarf ermittelt sich aus den Anschaffungskosten für das Anlagevermögen, welches für den Betrieb zur dauernden Nutzung bestimmt ist:

Grund und Boden	*150.000 €*
Gebäude	*500.000 €*
Maschinen	*270.000 €*
Betriebsausstattung	*80.000 €*
Kapitalbedarf:	*1.000.000 €*

Die durchschnittlichen Ausgaben pro Tag werden ermittelt und mit der Vorleistungsdauer (Kapitalbindungsdauer) gewichtet:

Material- lagerdauer	*Fertigungs- dauer*	*Auslieferungs- lagerdauer*	*Kunden- ziel*	
13 Tage	*4 Tage*	*5 Tage*	*25 Tage*	*= 47 Tage*

Die Vorleistungsdauer beträgt hier also 47 Tage, in denen bis zum ersten Geldeingang alle Kosten vorzufinanzieren sind, z. B.:

Materialkosten	*3.000 €/Tag*
Fertigungskosten	*2.000 €/Tag*
durchschnittliche Kosten gesamt	*5.000 €/Tag*
Kapitalbedarf 5.000 € x 47 Tage	*235.000 €*

Die Ergebnisse stellen aber letztlich nur Näherungswerte dar, weil der betriebliche Ablauf doch komplizierter und feingliedriger ist, als er sich mit Durchschnittswerten darstellen ließe.

4.3.3 Finanzielle Zielkonflikte

Nun ist nicht jede Finanzierung, die die Einhaltung des finanziellen Gleichgewichts gewährleistet, auch eine optimale Finanzierung. Das **finanzielle Zielsystem** der Unternehmung besteht aus mehreren, z. T. voneinander abhängigen Komponenten:

– **Liquidität** (finanzielles Gleichgewicht),

– **Rentabilität** (optimale Kapitalverwendung),

– **Sicherheit** (substanzielle Kapitalerhaltung),

– **Unabhängigkeit** (Kapitalstruktur).

4.3.3.1 Liquidität

Die Betrachtungen über die Liquidität im Hinblick auf das finanzielle Gleichgewicht können von zwei Standpunkten aus angestellt werden.

Zur Ermittlung der statischen Liquidität erfolgt eine Gegenüberstellung von liquiden Mitteln und Verbindlichkeiten auf einen bestimmten Stichtag. Die statischen Liquiditätsgrade sagen aus, welche Verbindlichkeiten an einem bestimmten Zeitpunkt mit welchen Mitteln abgedeckt werden können.

Die Ermittlung der **Liquiditätsgrade** wurde bereits ausführlich im Abschnitt 4.2.11.3 dargestellt, weshalb an dieser Stelle hierauf verwiesen werden soll.

Die Graduierung erfolgt nach dem Merkmal der Fristigkeit; bei den liquiden Mitteln ist das die **graduelle Liquidität** (Liquidierbarkeit). So wird eine Forderung in der Regel schneller zu Geld, als die (Not-) Veräußerung von Teilen des Vorratslagers.

Die **statische Liquiditätsbetrachtung** beschränkt sich auf Aussagen zu einem bestimmten Zeitpunkt. Das finanzielle Gleichgewicht ist aber nachhaltig und dauerhaft zu sichern. Insofern weist die statische Liquiditätsbetrachtung gravierende Schwächen auf; denn Fälligkeiten der Zahlungsverpflichtungen werden nicht genannt, die nach dem Stichtag entstehenden Verbindlichkeiten werden nicht berücksichtigt, die laufenden Zahlungsverpflichtungen (z. B. Personalkosten, Steuern, Energiekosten) werden nicht einbezogen, Finanzierungsspielräume (Kreditlinien) werden nicht berücksichtigt.

Deswegen ist eine **dynamische Liquiditätsbetrachtung** notwendig: Das ist Feststellung, ob die zukünftigen Ausgaben durch den Bestand an Zahlungsmitteln und die zukünftigen Einnahmen gedeckt werden können. Diese Gegenüberstellung von zukünftigen Auszahlungs- und Einzahlungsreihen wird regelmäßig in einem Finanzplan dargestellt.

Die dynamische Liquidität ist dann gesichert, wenn

$$\text{Zahlungsmittelbestand} + \text{Einnahmen} - \text{Ausgaben} > 0 \text{ , mindestens aber} = 0$$

sind.

4.3.3.2 Rentabilität

Rentabilität als Zielkomponente fordert eine optimale Kapitalverwendung. Als elementares Erfolgskriterium muss die Rentabilität Aussagen liefern über die Umsatzrendite als Verhältnis von Gewinn und Umsatz und über die Kapitalrendite als Verhältnis von Gewinn und Fremdkapitalzinsen zu eingesetztem Kapital.

Die **Sicherheit** ist weiteres Subziel der Unternehmung. Gefordert ist hierbei eine substanzielle Kapitalerhaltung.

Da mit zunehmender Verschuldung auch die Abhängigkeit von den Geldgebern zunimmt, muss bei jeder Finanzierungsentscheidung erneut darauf geachtet werden, welcher Einfluss von dem veränderten Verhältnis von Eigen- und Fremdkapital (Kapitalstruktur) auf die **Unabhängigkeit** des Unternehmens ausgeht.

4.3.3.3 Liquidität versus Rentabilität

Finanzierungsentscheidungen haben auf eine optimale Ausgewogenheit aller Komponenten zu achten. Dabei können aber Zielkonflikte unter den einzelnen Subzielen auftreten. Besteht z. B. ein sehr hohes Bankguthaben, welches die Summe aller Verbindlichkeiten bei weitem übersteigt, ist zwar die Liquidität derzeit gesichert, unter Rentabilitätsgesichtspunkten ist aber zu fragen, ob diese **Überliquidität** nicht besser verzinslich angelegt werden kann.

Andererseits entstehen einem Unternehmen mit erheblichen Liquiditätsengpässen regelmäßig auch Rentabilitätsprobleme, weil laufend Überziehungskredite beansprucht werden müssen oder Skontoabzüge bei Lieferantenrechnungen vielleicht schon lange nicht mehr möglich sind. Diese negativen Einflüsse auf die Rentabilität haben regelmäßig zur Folge, dass die zukünftigen Einzahlungs- und Auszahlungsreihen zu einer verschlechterten dynamischen Liquidität führen. Daraus resultieren dann wieder neue Rentabilitätsprobleme.

Ein Unternehmen ordert regelmäßig 10.000 l Heizöl. Für diese optimale Bestellmenge gilt ein Preis von 0,35 €/l, bei Bezahlung innerhalb von 14 Tagen werden 2% Skonto gewährt:

10.000 l x 0,35 €/l =   3.500 €
abzgl. 2% Skonto   70 €
Kosten   3.430 €

Pro Liter ergibt sich damit ein Preis von 0,343 €.

Durch einen Liquiditätsengpass können in der Folge jeweils nur 5.000 l bezogen werden. Der Preis erhöht sich auf 0,38 €/l, Skonto kann nicht mehr beansprucht werden. Die Verteuerung macht damit rd. 11% aus. Dazu kommen Sekundärwirkungen, die aus dem Verlassen der optimalen Bestellmenge resultieren (wie Zunahme der bestellfixen Kosten, Leerkosten durch ungenutzte Lagerkapazitäten).

Damit wird deutlich, dass Rentabilität und Liquidität in einer funktionalen Beziehung zueinander stehen. Liquiditätsengpässe haben genauso wie Überliquidität einen negativen Einfluss auf die Rentabilität. Dazwischen liegt der optimale Bereich, in dem die Zahlungsbereitschaft bei größtmöglicher Rentabilität gesichert werden kann (**optimale Liquidität**).

4.4 Finanzierungsregeln

Für die Untersuchung und Beurteilung der finanziellen Lage eines Unternehmens oder bei der Entscheidung über die Auswahl einer bestimmten Finanzierungsform stützt sich die Praxis häufig auf verschiedene Finanzierungsregeln. Diese Regeln beziehen sich auf ein bestimmtes Verhältnis von Bilanzpositionen zueinander (sog. **Bilanzstrukturnormen**). Anhand der geforderten Sollrelationen wird, insbesondere im Hinblick auf die Kreditwürdigkeit, die Qualität einer Finanzierungsentscheidung gemessen.

Fristigkeitsregeln: Diese vergleichen die Dauer des bereitgestellten Krediets mit der Nutzungsdauer des anzuschaffenden Vermögensgegenstandes. Soll z. B. eine Maschine mit einer wirtschaftlichen Nutzungsdauer von 5 Jahren angeschafft werden, sollten die Kreditmittel auch über diesen Zeitraum zur Verfügung stehen. Dann decken sich Kapitalbereitstellungsfrist und Kapitalbindungsfrist, d. h. sie sind kongruent (deckungsgleich).

Quantitätsregeln: betreffen das optimale Finanzierungsvolumen.

Rentabilitätsregeln: das Verhältnis von Finanzierungskosten zu Finanzerträgen.

4.4.1 Vertikale Finanzierungsregeln

Die vertikale Kapitalstrukturregel verlangt ein bestimmtes Verhältnis der Passivpositionen Eigen- und Fremdkapital. Sie fordert, dass das Verhältnis von Eigen- und Fremdkapital 1 : 1 zu betragen habe; d. h., dass jeder Euro Fremdkapital durch gleich hohes Eigenkapital gedeckt sein muss, dass also die Eigentümer eines Unternehmens ebensoviel zur Finanzierung beizutragen haben wie die Fremdkapitalgeber.

Man darf diese Regel aber nicht zu wörtlich nehmen. Wer sie nicht befolgt, ist damit noch nicht insolvenzreif, tendiert aber mit steigendem Fremdkapitalanteil zu einem potentiell größeren Risiko. Der Verschuldungsgrad der deutschen Unternehmen liegt überwiegend in einem Bereich von nur 10–20% Eigenkapitalanteil. Damit würde aber gegen diese Quantitätsregel laufend verstoßen werden.

Außerdem beachtet diese Regel keinerlei individuelle Faktoren. So können Vermögenszusammensetzung, Branche und Rechtsform einen erheblichen Einfluss auf die Kapitalstruktur ausüben. Die Kapitalstruktur eines Maklers, der nur Telefon und Schreibtisch benötigt, ist z. B. gegenüber einem kapitalintensiven Werftbetrieb nahezu unbedeutend.

Eigen- oder Fremdfinanzierung – der Leverage Effect

Die Finanzierungsentscheidung hat zwischen den beschriebenen Formen der Finanzierung auszuwählen und ein optimal ausgewogenes Verhältnis zwischen Eigen- und Fremdkapital unter Berücksichtigung der Kapitalkosten anzustreben.

Die Kosten für das aufgenommene Fremdkapital hängen dabei von der Auswahl der Finanzierungsinstrumente und den verfügbaren Sicherheiten ab. Neben dem Preisniveau auf dem Kapitalmarkt spielen also auch individuelle Umstände eine preisbestimmende Rolle. Nicht zuletzt hat auch das bestehende Verhältnis von Eigen- und Fremdkapital (Verschuldungsgrad) Einfluss auf die Kapitalkosten. Mit zunehmender Verschuldung steigt das Risiko der Gläubiger, die diesen Umstand durch einen höheren Zins berücksichtigen werden.

Die Zusammenhänge zwischen Verschuldungsgrad und Kapitalkosten bei gegebener Gesamtkapitalrendite sollen an den folgendem Beispiel verdeutlicht werden.

Die West-Star-AG weist folgende Jahresabschlusspositionen aus:

Eigenkapital (EK) = 200.000 €
Fremdkapital (FK) = 300.000 €
FK-Zinsen (FKZ) = 21.000 € (= 7%)
Gewinn = 29.000 €

Die Gesamtkapitalrentabilität (GKR) beträgt:

GKR = (Gewinn + FKZ) : (EK + FK)
GKR = 0,1 = 10%

Die Eigenkapitalrentabilität (EKR) ergibt sich aus dem Verhältnis von Gewinn zu Eigenkapital:

EKR = Gewinn : EK = 0,145 = 14,5%

Wegen guter Ertragsaussichten soll nun eine Investition von 100.000 € in ein neues Ölfeld vorgenommen werden. Die GKR (10%) wird auch weiterhin erwartet. Wird für diese Investition ausschließlich Eigenkapital verwendet, ergibt sich:

GKR = 600.000 x 10% = 60.000 €
FKZ = 300.000 x   7% = 21.000 €
*   300.000 x EKR = 39.000 €*
EKR = 0,13   =   13%

Bei der Finanzierung der Investition durch neues Fremdkapital zeigen sich folgende Ergebnisse:

GKR = 600.000 x 10% = 60.000 €
FKZ = 300.000 x   7% = 21.000 €
FKZ = 100.000 x 10% = 10.000 €
(neu)
*   200.000 x EKR = 29.000 €*
EKR = 0,145   =   14,5%

Bei zunehmender Verschuldung muss zwar mit höheren Zinsen gerechnet werden, die EKR steigt aber von 13% auf 14,5%, weil die durchschnittlichen Fremdkapitalkosten (31 T€ : 400 T€ = 7,75%) noch unter der GKR von 10% liegen. Würden z. B. die Kapitalkosten nach Ablauf der Kapitalbindungsdauer auf 10% steigen, bräche die EKR in diesem Falle zusammen:

GKR = 600.000 x 10% = 60.000 €
FKZ = 400.000 x 10% = 40.000 €
       200.000 x EKR = 20.000 €
EKR = 0,1   = 10%

Die Eigenkapitalrendite ist von 14,5% auf 10% gesunken. Die bisher positiven Differenzen aus GKR - FKZ können der Eigenkapitalrendite nicht mehr zugeschlagen werden. Eine Zinserhöhung auf z. B. 11% hätte sogar zur Folge, dass die EKR mit 8% unter die GKR fiele.

Diese Wirkungen machen deutlich, dass die EKR abhängig ist von dem Verschuldungsgrad und dem Verhältnis von GKR und Zinssatz. Bei positiver Differenz (GKR FKZ) führt zunehmender Fremdkapitaleinsatz zu einer steigenden EKR. Die Steigerungsrate hängt dabei vom Verschuldungsgrad (FK : EK) ab. Bei diesen Auswirkungen spricht man vom leverageeffect. Zu beachten ist aber, dass das Risiko negativer Einflüsse (der leverageeffect verkehrt sich ins Gegenteil) auf die EKR (bei GKR FKZ) mit steigendem Verschuldungsgrad drastisch zunimmt. Mathematisch lässt sich der leverageeffect mit folgender Formel darstellen:

$$EKR = GKR + FK/EK \times (GKR - FKZ)$$

Das **Leverage-Optimum** liegt dort, wo die Gesamtkapitalrentabilität den zusätzlichen Fremdkapitalkosten entspricht; denn dann sind die erhöhenden Einflüsse auf die GKR ausgeschöpft.

4.4.2 Horizontale Finanzierungsregeln

Die **Goldene Bilanzregel** ist eine horizontale Kapital-Vermögensstrukturregel. Sie besagt in ihrer engsten Fassung, dass das Anlagevermögen durch Eigenkapital und langfristiges Fremdkapital zu finanzieren ist, das Umlaufvermögen hingegen durch kurzfristiges Fremdkapital. Hintergrund dieser Forderung ist, dass Eigen- und langfristiges Fremdkapital als langfristig verfügbar angesehen werden und damit nur zur Finanzierung ebenso langfristig zur Verfügung stehenden Vermögens verwendet werden sollen. Das Umlaufvermögen verbleibt regelmäßig nur kurz im Betrieb und kann daher entsprechend kurzfristig finanziert werden. Die goldene Bilanzregel ist daher den Fristigkeitsregeln zuzurechnen.

Die weitere Fassung der Goldenen Bilanzregel geht von der Feststellung aus, dass bestimmte Teile des Umlaufvermögens gar nicht kurzfristig gebunden sind, sondern langfristig. Man denkt dabei vor allem an die eisernen Bestände bei den Vorräten. Es wird eigentlich immer (= langfristig) ein bestimmter Mindestbestand vorgehalten. Wenn diese Teile des Umlaufvermögens also als langfristiges Vermögen eingestuft werden können, kann die Finanzierung auch entsprechend langfristig sein; es kann hierfür Eigenkapital oder langfristiges Fremdkapital Verwendung finden.

Bei dieser verfeinerten Fassung der Goldenen Bilanzregeln ist aber unberücksichtigt geblieben, dass auch ein kurzfristiger Kontokorrentkredit durchaus langfristig sein kann, nämlich dann, wenn er über einen ausreichend langen Zeitraum gewährt wird. So hat ein Minussaldo auf dem Bankkonto, der z. B. über fünf Jahre besteht durchaus langfristigen Charakter. Auch bei Lieferantenkrediten können sich derartige Sockelbeträge ergeben.

Die goldene Finanzierungsregel (z.T. auch als **Goldene Bankregel** bezeichnet) geht deshalb etwas pauschaler vor, indem sie fordert, dass grundsätzlich alle langfristig gebundenen Vermögensgegenstände durch langfristiges Kapital zu finanzieren sind. Entsprechend ist bei kurzfristig gebundenen Vermögen auch nur kurzfristiges Kapital einzusetzen. Es wird also die Übereinstimmung von Kapitalüberlassungsdauer und Kapitalverwendungsdauer gefordert (**Grundsatz der Fristenkongruenz**).

Eine weitere Regel interpretiert den **Cash Flow** als Indikator der Schuldentilgungskraft. Man geht von der Annahme aus, dass der Bilanzgewinn im Wesentlichen auch in barer Form vorliegt, alle unbaren Erträge (z. B. Erträge aus der Auflösung von Wertberichtigungen) werden abgezogen. Hinzugezählt werden die unbaren Aufwendungen; denn sie haben zwar den Gewinn buchhalterisch, nicht aber als Zahlungsmittelabfluss gemindert (z. B. die Abschreibungen oder die Zuführung zu Rückstellungen).

Dieser so definierte Cash Flow gibt die zugeflossenen Finanzmittel aus dem Betriebsprozess eines Jahres wieder. Aus diesen Mitteln kann die Rückzahlung der Kredite erfolgen. Die Kapitalrückzahlung muss langfristig aus dem Cash Flow des Betriebes erbracht werden können.

Kurzfristige Finanzierungsmittel müssen sich den Schwankungen des Kreditbedarfs elastisch anpassen. Diese Regel fordert, dass verschiedene und ausreichende Finanzierungsquellen (z. B. Kontokorrent- und Lieferantenkredit) zur Deckung der fälligen Verbindlichkeiten vorhanden sein müssen, weil sonst in z. B. absatzschwachen Zeiten die Zahlungsbereitschaft gefährdet wäre.

4.5 Finanzierungsarten

4.5.1 Außenfinanzierung

Nach der Herkunft der Finanzmittel kann man die Innen- und die Außenfinanzierung unterscheiden, nach der rechtlichen Stellung der Kapitalgeber unterteilt man in Eigen- und Fremdfinanzierung.

Finanzierungsarten

Werden dem Unternehmen von außen neue Mittel zugeführt, spricht man von Außenfinanzierung. Stammen diese Mittel von Geldgebern, die nicht an dem Unternehmen beteiligt sind, liegt eine **Fremdfinanzierung** vor. Bei der **Eigenfinanzierung** stammen die neu zugeführten Mittel aus dem Kreis der bisherigen Gesellschafter, oder aus der Aufnahme von neuen Gesellschaftern.

4.5.1.1 Eigenfinanzierung

Ziel der Eigenfinanzierung ist die Zuführung neuen Eigenkapitals für das Unternehmen. Eine Finanzierung mit Eigenkapital ist von fundamentaler Bedeutung für die Deckung des Kapitalbedarfs, da Fremdkapital regelmäßig erst bei einer ausreichenden Basis an vollhaftendem Eigenkapital zur Verfügung gestellt wird.

Die bisherigen Gesellschafter können ihre vorhandenen Einlagen um zusätzliche Einlagen erhöhen, oder es wird versucht, die notwendigen Finanzmittel durch die Beteiligung neuer Gesellschafter aufzubringen. In beiden Fällen spricht man auch von **Beteiligungsfinanzierung**.

Die Möglichkeiten der Aufbringung von Eigenkapital durch eine Beteiligungsfinanzierung sind von der Rechtsform des Unternehmens abhängig. Die mit einer Beteiligung verbundenen Gesellschaftsrechte und -pflichten sind je nach Rechtsform unterschiedlich geregelt. Auch der Zugang zur Börse setzt eine bestimmte Rechtsform voraus (vergl. Abschn. 4.5.1.1.1).

Einzelunternehmen, Personengesellschaften (OHG, KG), der GmbH und der kleineren AG ist der Zugang zur Börse verwehrt. Für diese Unternehmen gibt es keinen institutionalisierten Kapitalmarkt, sie müssen sich selbst nach geeigneten Mitgesellschaftern umsehen.

Nimmt der Einzelunternehmer einen neuen Eigenkapitalgeber auf, entsteht regelmäßig eine OHG, d. h. der Kapitalgeber kann Mitgesellschafter werden. Nach dem Gesetz stehen ihm grundsätzlich die gleichen Rechte zu wie dem bisherigen Einzelunternehmer (Stimmrecht, Recht zur Geschäftsführung und Vertretung, Gewinnbezugsrecht, Beteiligung am Liquidationserlös). Daneben tritt er aber auch in die Haftung für Gesellschaftsschulden. Die Aufnahme eines neuen Gesellschafters in ein Einzelunternehmen ist in jedem Falle eine einschneidende Umgestaltung des bisherigen Unternehmens.

Gleiches gilt auch, wenn in eine bestehende OHG ein neuer Gesellschafter aufgenommen wird. Der neue Gesellschafter hat vielfach kein eigentliches Interesse an einer Gesellschafterstellung mit allen Rechten und Pflichten. Dann kann die Einräumung einer Stellung als Kommanditist vorteilhaft sein. Der Kommanditist hat regelmäßig weniger Rechte und ist vor allem in seiner Haftung beschränkt. Die verbleibenden Gesellschafter behalten die Geschäftsführungskompetenz, der Kommanditist hat lediglich Kontrollrechte.

Kapitalbeteiligungsgesellschaften

Eine weitere Quelle zusätzlichen Eigenkapitals gewinnt immer mehr an Bedeutung: Es kann von speziell für diesen Zweck gegründeten Kapitalbeteiligungsgesellschaften zur Verfügung gestellt werden. Diese Gesellschaften beteiligen sich in der Regel als stiller Gesellschafter für einen begrenzten Zeitraum (bis zu 10 Jahren).

Ähnliche Funktionen üben so genannte **Venture-Capital-Gesellschaften** aus, die für bestimmte Anlässe **Wagniskapital** anbieten (meist für Investitionen im High-Tech-Bereich). Diese Unternehmensbeteiligungsgesellschaften treten häufig in der Rechtsform der Aktiengesellschaft auf und beziehen ihr Eigenkapital über die Börse. Diese Mittel werden dann als Beteiligung an nicht börsennotierten mittelständischen Unternehmen an diese weitergegeben (z. B. GWK = Gesellschaft für Wagniskapital).

4.5.1.1.1 Besonderheiten der Aktiengesellschaft

Unternehmen mit Zugang zur Börse finden hier einen organisierten Markt für den Handel mit Gesellschaftsanteilen vor. Dieser Kapitalmarkt ist aber regelmäßig den großen Aktiengesellschaften vorbehalten.

4 Jahresabschluss, Finanzierung und Steuern

Zur Erweiterung der Eigenkapitalbasis bietet das Aktiengesetz (AktG) drei Formen der Kapitalerhöhung an: Ordentliche Kapitalerhöhung (§§ 182-191 AktG), bedingte Kapitalerhöhung (§§ 192-201 AktG), genehmigtes Kapital (§§ 202-206 AktG).

Eine weitere Form, die Kapitalerhöhung aus Gesellschaftsmitteln (d.h. die Umwandlung von Rücklagen und Gewinnvorträgen in Grundkapital) führt zu einer Umschichtung im Eigenkapitalbereich, aber nicht zum Zufluss neuer Mittel. Die Kapitalerhöhung aus Gesellschaftsmitteln ist ein reiner Passiv-Tausch, ein Finanzmittelzuwachs erfolgt aber nicht. Die Aktionäre erhalten hierbei Gratisaktien anstatt einer Dividendenausschüttung. Der Jahresüberschuss wurde zuvor den offenen Rücklagen zugeführt, diese werden jetzt in Grundkapital umgewandelt.

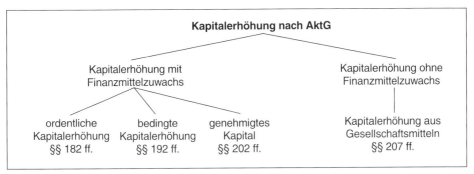

Kapitalerhöhung nach AktG

Die **ordentliche Kapitalerhöhung** ist eine Kapitalerhöhung gegen Einlagen. Sie erfolgt durch Ausgabe junger Aktien gegen Gewährung eines **Bezugsrechts** an die Altaktionäre.

Durch die Ausgabe neuer Aktien erhöht sich die Anzahl aller auf dem Markt vorhandenen Aktien. Die Folge davon ist regelmäßig ein Kursverfall. Zum Ausgleich dieses rechnerischen Verlustes dient das Bezugsrecht. Es hat einen bestimmten Wert und kann vom Altaktionär verkauft werden, andernfalls berechtigt es zu einem günstigen Bezugspreis für junge Aktien. Der rechnerische Wert des Bezugsrechtes kann mit Hilfe der Bezugsrechtformel errechnet werden. Ein Beispiel:

Die West-Star-AG plant eine Kapitalerhöhung ihres Grundkapitals von 100.000 € um 25.000 € auf 125.000 €. In diesem Verhältnis von Altaktien zu jungen Aktien (100.000 : 25.000 = 4 : 1) sollen die neuen Aktien zu einem Kurs von 120 € den Altaktionären angeboten werden. Vor der Kapitalerhöhung beträgt der Kurs 150 €. Ein Altaktionär besitzt 4 Altaktien im rechnerischen Nennwert von 100 €. Damit verfügt er über ein Vermögen von 4 x 100 € = 400 € Nominalwert bzw. 4 x 150 € = 600 € Kurswert. Die Kapitalerhöhung führt regelmäßig zu einem Kursverfall (mit zunehmender Menge fällt in der Regel der Preis):

1.000 alte Aktien x 150 € =	*150.000 €*
250 neue Aktien x 120 € =	*30.000 €*
1.250 Aktien insgesamt haben einen Wert von	*180.000 €*
pro 100-€-Aktie also	*144 €*

Damit ist der Kurs pro 100-€-Aktie von 150 € auf 144 € gefallen, der Altaktionär hat 4 x 6 € an Wert eingebüßt. Dieser Gesamtverlust von 24 € für 4 Altaktien wird dadurch ausgeglichen, dass der Altaktionär eine neue Aktie zum Preis von nur 120 € beziehen kann, also genau 24 € billiger, als an der Börse für eine Aktie nach Kapitalerhöhung zu bezahlen wäre. Damit ist der Verlust ausgeglichen. Wenn der Altaktionär keine neuen Aktien hinzukaufen möchte, kann er die Bezugsrechte veräußern, die ihm rechnerisch 24 € einbringen würden: Auch dann ist sein Verlust ausgeglichen.

4 Jahresabschluss, Finanzierung und Steuern

Mathematisch lässt sich dieses Ergebnis auch mit der **Bezugsrechtformel** ableiten:

$$KB = \frac{KA - KN}{\frac{AA}{AN} + 1}$$

Legende: *im Beispiel:*
KB = Kurs des Bezugsrechtes
KA = Kurs der Altaktie *(150 €)*
KN = Kurs der Aktie nach Kapitalerhöhung *(144 €)*
KE = Ausgabe-(Emissions-)kurs *(120 €)*
AA = Anzahl der Altaktien *(1.000 Stück)*
AN = Anzahl der jungen Aktien *(250 Stück)*

$$KN = \frac{1.000 \times 150 + 250 \times 120}{1.000 + 250} = 144 \text{ €}$$

Die **bedingte Kapitalerhöhung** kann von der Hauptversammlung für bestimmte Zwecke beschlossen werden. Dabei soll die Kapitalerhöhung nur insoweit durchgeführt werden, wie von einem Umtausch oder Bezugsrecht Gebrauch gemacht wird, das die Gesellschaft auf neue Aktien einräumt. Dabei kann es um die Gewährung von Umtausch- oder Bezugsrechten an Gläubiger von Wandelschuldverschreibungen gehen, oder um die Vorbereitung von Unternehmenszusammenschlüssen. Letztlich kann die bedingte Kapitalerhöhung noch zur Gewährung von Bezugsrechten an Arbeitnehmer und Mitglieder der Geschäftsführung im Wege eine Zustimmungs- oder Ermächtigungsbeschlusses dienen.

Beim **genehmigten Kapital** kann die Satzung den Vorstand für höchstens fünf Jahre nach Eintragung der Gesellschaft ermächtigen, das Grundkapital bis zu einem bestimmten Nennbetrag durch Ausgabe neuer Aktien gegen Einlagen zu erhöhen. Der Vorstand kann damit innerhalb der Fünf-Jahres-Frist eine günstige Kapitalmarktsituation abwarten, um die neuen Aktien zu platzieren.

4.5.1.1.2 Aktienformen und Rechte

Aktien sind Wertpapiere, die Mitgliedschaftsrechte an der Aktiengesellschaft verbriefen. Diese lassen sich einteilen in Vermögens- und Verwaltungsrechte.

Gemäß der **Vermögensrechte** ist der Aktionär am Vermögen der AG beteiligt, allerdings gehört ihm kein konkreter Vermögensanteil, sondern nur ein Wertanteil am Gesellschaftsvermögen. Er hat Anspruch auf einen Anteil am Liquidationserlös, er hat ein Recht auf den Bezug neuer Aktien und ihm steht ein Anteil am Gewinn zu. Zu den **Verwaltungsrechten** gehören das Stimmrecht, das Auskunftsrecht und das Kontrollrecht.

Eine Aktie kann erst ausgegeben werden, wenn die Aktiengesellschaft in das Handelsregister eingetragen worden ist. Aktien können als Namensaktien, Inhaberaktien oder vinkulierte Namensaktien ausgegeben werden.

Inhaberaktien werden durch Einigung und Übergabe übertragen, **Namensaktien** sind geborene Orderpapiere, die durch **Indossament** übertragen werden. Eine Übertragung von **vinkulierten Namensaktien** hingegen hängt von der Zustimmung der Aktiengesellschaft ab.

Aktien, die jeweils gleiche Mitgliedschaftsrechte einräumen, werden als **Stammaktien** bezeichnet. Einzelne Rechte einer Aktie können jedoch variiert werden. Aktien können mit mehr Stimmrechten ausgestattet werden oder Vorzüge hinsichtlich der Gewinnberechtigung besitzen.

Diese Aktien werden **Vorzugsaktien** genannt. Die Vorzüge bei der Gewinnberechtigung können einmal in einer Überdividende bestehen oder in einer Dividendengarantie (kumulative Vorzugsaktien) oder in einer Bevorrechtigung bei der Gewinnverteilung (prioritätische Vorzugsaktie). Eine Bevorzugung im Liquidationsfall am Liquidationsgewinn kann auch als Vorzug verbrieft werden, ist aber selten.

4.5.1.2 Fremdfinanzierung

Erfolgt die Bereitstellung von Finanzmitteln nicht aus dem Kreis der Gesellschafter, sondern durch unternehmensfremde Personen oder Institutionen, so spricht man von Fremdfinanzierung. Es wird dem Unternehmen also **Gläubigerkapital** zugeführt. Hierdurch werden die Herrschaftsrechte in dem Unternehmen grundsätzlich nicht verändert. Regelmäßig wird Fremdkapital befristet zur Verfügung gestellt. Die Rückzahlungsverpflichtung ist betragsmäßig festgelegt (Tilgung), es wird ein fester Zins vereinbart. Diese Konditionen können für die gesamte Laufzeit des Darlehens oder für ein kürzeren Zeitraum festgelegt werden (Konditionsbindungsdauer).

Je nach Dauer der Fremdkapitalüberlassung wird unterschieden zwischen langfristigem Fremdkapital (Laufzeit 4 Jahre und länger) und kurzfristigem Fremdkapital (Laufzeit weniger als 4 Jahre).

4.5.1.2.1 Kurzfristige Fremdfinanzierung

Bei der kurzfristigen Fremdfinanzierung wird zwischen Handelskrediten und kurzfristigen Bankkrediten unterschieden. Zu den **Handelskrediten** zählen die **Lieferantenkredite** und die **Kundenanzahlungen**. Die Inanspruchnahme eines Lieferantenkredites ist regelmäßig sehr teuer. Werden z. B. bei Zahlung innerhalb von 20 Tagen 2% Skonto gewährt, entspricht das einer umgerechneten Jahresverzinsung von 36% p.a.

Regelmäßig günstiger wird ein **kurzfristiger Bankkredit** sein. Bei einem **Kontokorrentkredit** wird für das Girokonto eine Linie vereinbart, bis zu der das Konto überzogen werden darf. Sicherheit wird geleistet durch Sicherungsübereignung, Abtretung von Forderungen oder Bürgschaft.

Ein Kreditgeschäft mit einem Wechsel liegt immer dann vor, wenn ein Wechsel zahlungshalber übergeben wird. Ein **Wechselkreditgeschäft** ist auch gegeben, wenn ein Wechsel an ein Kreditinstitut verkauft **(Diskontierung)** oder durch eine Bank bevorschusst wird **(Prokuraindossament)**. Der Wechselgeber (Akzeptant) erhält damit vom Wechselnehmer (Aussteller) einen Wechselkredit.

Bei einem **Lombardkredit** werden regelmäßig Waren oder Wertpapiere verpfändet. Insoweit kann er dem Kontokorrentkredit ähnlich sein, jedoch lautet der Lombardkredit auf einen festen Betrag und wird meist auch in einer Summe wieder zurückgezahlt.

Der **Avalkredit** ist eine Kreditform, bei der kein Geld hergegeben wird. Der Kreditnehmer ist vielmehr daran interessiert, dass eine Bank einem Dritten für die Begleichung von Schulden bürgt (daher auch die Bezeichnung Bürgschaftskredit).

Der **Rembourskredit** (frz.: rembourser = erstatten) ist eine Sonderform des Wechselkredites im Außenhandel, bei der das Akzept nur gegen Übergabe bestimmter Dokumente gewährt wird.

4.5.1.2.2 Langfristige Fremdfinanzierung

Zum langfristigen Fremdkapital rechnen die **langfristigen Darlehen**, die in unterschiedlicher Ausgestaltung vorkommen. Dient zur Besicherung ein Grundstück, kann es sich um

4 Jahresabschluss, Finanzierung und Steuern

einen **Hypothekenkredit** handeln. Hierbei dient ein Grundstück lediglich zur Besicherung des Darlehens, die Mittel müssen aber nicht für eine Immobilie verwendet werden. Steht zur Besicherung kein Grundstück zur Verfügung, liegt ein sonstiges langfristiges Darlehen vor.

Erfolgt die Rückzahlung (also nur die Tilgung) jeweils in gleich hohen Beträgen, spricht man von einem **Tilgungsdarlehen**. Die Belastung aus diesem Darlehen erhält man erst, wenn zu diesen Beträgen die jeweiligen Zinsen addiert werden. Es kann aber auch die Belastung aus Zinsen und Tilgung in jeweils gleich hohen Beträgen festgelegt werden, man erhält eine gleichbleibende **Annuität**, das Darlehen wird als **Annuitätendarlehen** bezeichnet. Bei **Rückzahlungsdarlehen** ist keine laufende Tilgung vorgesehen, sondern ein bestimmter Termin, zu dem das gesamte Darlehen zur Rückzahlung fällig wird. Dieser Zeitpunkt braucht nicht festgelegt sein, es genügt, dass vereinbart wird, dass das Darlehen zum Zeitpunkt der Kündigung zurückzuzahlen ist **(Kündigungsdarlehen)**.

Ein Darlehen kann auch in der Form eines **Schuldscheindarlehens** mit einem beweiserleichternden Dokument ausgestattet werden. Dieser Schuldschein ist aber kein Wertpapier, der Gläubiger kann die Forderung auch ohne Besitz des Dokuments geltend machen. Diese Form wird z. B. von Versicherungsunternehmen, Trägern der Sozialversicherung oder der Bundesanstalt für Arbeit, also Kapitalsammelstellen, gewählt. Bei der Ausleihung dieser Mittel werden regelmäßig Vermittler (Banken, Bankenkonsortien) eingeschaltet, die dann auch die Kreditwürdigkeitsprüfung übernehmen und sich um die Beschaffung der **Deckungsstockfähigkeit** bemühen: Nach den Bestimmungen des Versicherungsaufsichtsgesetzes dürfen die Versicherungen ihre Mittel nur in bestimmten Vermögensanlagen investieren, zur Bestreitung möglicher Verpflichtungen aus den jeweiligen Versicherungsverträgen ist ein Sondervermögen (der Deckungsstock) zu bilden.

Die Fremdkapitalbeschaffung kann auch über den Kapitalmarkt erfolgen. Hierzu bedient man sich **Schuldverschreibungen** (Anleihen, Obligationen). Schuldverschreibungen sind schuldrechtliche Wertpapiere; sie lauten auf einen festen Nennbetrag und sind in der Regel Inhaberpapiere, es kommt also nicht auf die Person des Gläubigers an, sondern auf den Besitz des Papiers.

Schuldverschreibungen privater Unternehmen werden als **Industrieobligationen** bezeichnet. Die Laufzeit liegt gewöhnlich zwischen 8 und 15 Jahren, die Tilgung kann in Jahresraten oder insgesamt zu einem festgelegten Zeitpunkt erfolgen. Allerdings hat der Gläubiger ein Kursrisiko zu tragen, denn an der Börse unterliegt der Handel von Schuldverschreibungen den Einflüssen von Angebot und Nachfrage.

Neben der Verzinsung können dem Gläubiger noch bestimmte Sonderrechte eingeräumt werden. **Wandelschuldverschreibungen** beinhalten die Möglichkeit, nach Ablauf einer Frist die Schuldverschreibung in Aktien, regelmäßig unter Zuzahlung eines Aufgeldes, umzutauschen. Die bisherigen Aktionäre haben aber ein Bezugsrecht und müssen in der Hauptversammlung die notwendige bedingte Kapitalerhöhung beschließen. Hier sind auch das Umtauschverhältnis und die Umtauschfrist festzulegen. Das Bezugsrecht orientiert sich am Bezugsverhältnis. Dieses ergibt sich aus dem Verhältnis von Grundkapital und Nennwert der Wandelschuldverschreibung:

Bezugsverhältnis = Grundkapital/Nennwert Wandelschuldverschreibung

Ein Bezugsverhältnis von z. B. 7:1 ermöglicht dem Besitzer von 7 Aktien im Nennwert von 100 € den Bezug einer Wandelschuldverschreibung mit einem Nennbetrag von ebenfalls 100 €. Weil das Bezugsrecht selbstständig an der Börse handelbar ist, können über entsprechenden Bezugsrechterwerb weitere Wandelschuldverschreibungen unabhängig von etwa vorhandenen Aktien angeschafft werden. Nach Ablauf der festgelegten Frist kann gemäß dem Umtauschverhältnis der Umtausch in Aktien erfolgen.

Die **Optionsschuldverschreibung** enthält ebenfalls ein Aktienbezugsrecht. Das Gläubigerpapier bleibt aber bestehen. Nach dem Optionsverhältnis (Anzahl der Optionsrechte zum Bezug einer Aktie) können nach einer bestimmten Optionsfrist Aktien zu einem festgelegten Kurs erworben werden. Den Aktionären steht ein gesetzliches Bezugsrecht zu.

Bei einer **Gewinnschuldverschreibung** hat der Inhaber Anspruch auf eine besondere, gewinnabhängige Verzinsung. Diese kann sich ausschließlich am Gewinn des kreditnehmenden Unternehmens orientieren oder aus einer festen Verzinsung mit einer gewinnabhängigen Komponente bestehen. Für den Kreditgeber ergibt sich hier das Risiko, dass er in Verlustjahren nur eine geringe oder gar keine Verzinsung erhalten kann.

4.5.1.3 Kreditsubstitute
4.5.1.3.1 Factoring

Neben den klassischen Formen der Fremdfinanzierung gibt es noch weitere Finanzierungsinstrumente als Alternative zur Fremdfinanzierung. Ein besonderes Absatzfinanzierungsinstrument ist Factoring. Dabei bietet das Factoringinstitut **(Factor)** die Übernahme der ausstehenden Kundenforderungen zum Zwecke der Vorfinanzierung an. Die Service-Leistung kann über den bloßen Forderungskauf (§ 437 BGB) hinausgehen. Dann übernimmt der Factor auch z. B. die gesamte Debitorenbuchhaltung, das Inkasso und das Mahnwesen. Beim **echten Factoring** trägt der Factor auch das Ausfallrisiko. Verbleibt das **Delkredere-Risiko** allerdings beim Factoringkunden, spricht man vom **unechten Factoring**. Hierbei kommt es lediglich zu einer Bevorschussung der Forderungen, insoweit liegt ein echtes Kreditgeschäft vor.

Der **Factor** kauft also die Forderungen vor Fälligkeit und berechnet dafür einen Zinssatz, der regelmäßig etwas über dem Kontokorrentzins liegt. Daneben kommt es zu Einbehaltungen von Teilbeträgen der Forderungen durch den Factor, um sich z. B. gegen Kürzungsansprüche der Kunden und etwaige Mängelrügen abzusichern. Der Factor verfügt meist über eine leistungsfähige Verwaltung, so dass er für kleine und mittlere Kunden Debitorenbuchhaltung und Mahnwesen gegen eine Gebühr von bis zu 3% der übernommenen Forderungen anbieten kann. Übernimmt er auch das Ausfallrisiko der Forderungen, ist mit einer Delkrederegebühr von etwa 0,2% bis 1,2% zu rechnen. Der Factoringkunde erhält dafür aber den Vorteil, daß er u.U. auf teure Lieferantenkredite verzichten kann, dass er (im Gegensatz zu einem Kontokorrentkredit) außer den Forderungen keine weiteren Sicherheiten aufbringen muss und von Forderungsausfälle nicht betroffen ist.

4.5.1.3.2 Leasing

Eine weitere Finanzierungsmöglichkeit stellt das Leasing dar. Im Vordergrund steht das **Finanzierungsleasing**, ein Vertrag, der dem Mietvertrag ähnlich ist, aber Besonderheiten aufweist. Regelmäßig wird der Vertrag über eine feste Grundmietzeit geschlossen (in der Regel aus steuerlichen Gründen zwischen 40 und 90% der betriebsgewöhnlichen Nutzungsdauer). Während dieser Zeit entfällt auch eine Kündigungsmöglichkeit. Üblicherweise werden feste Mietraten vereinbart. Die Verträge können zusätzlich mit Optionen auf Vertragsverlängerung und/oder Kauf des zuvor geleasten Gegenstandes ausgestattet sein.

Leasing ist eine weitverbreitete Alternative zur klassischen Kreditfinanzierung geworden. Der Kreditrahmen insgesamt wird allerdings durch Leasing regelmäßig nicht erhöht. Auch beim Leasing erfolgen Bonitätsprüfungen und Wirtschaftlichkeitsuntersuchungen unter dem Aspekt der bisherigen Verschuldung. Als Finanzierungsinstrument verursacht Leasing Kosten, in die u. a. eine Verzinsung, kalkulatorische Wagnisse und der Gewinn des Leasinggebers eingehen. Weitere Kosten treffen in der Regel den Leasingnehmer durch Übernahme von Fracht-, Montage-, Wartungs- und Versicherungskosten. Auch ist die finanzielle Abhängigkeit während der nicht kündbaren Grundmietzeit beträchtlich. Dabei ist aber auch zu beachten, wie hoch der Anteil an Leasingfinanzierungen in der Gesamtfinanzierung ist.

4 Jahresabschluss, Finanzierung und Steuern

Sind z. B. eine Vielzahl von Leasingverträgen abgeschlossen worden, ergibt sich meist keine Möglichkeit, flexibel z. B. auf Umsatzeinbrüche zu reagieren. Ein über einen Bankkredit finanziertes Fahrzeug ließe sich im Notfall noch verkaufen und ggf. durch ein billigeres ersetzen.

Weitere Risiken können sich ergeben, wenn der vertraglich festgelegte Restwert des Leasinggutes bei Vertragsablauf am Markt nicht erzielt werden kann.

Allerdings kann Leasing Einfluss auf bestimmte Bilanzrelationen nehmen und diese günstig beeinflussen, z. B. die Eigenkapitalquote. Das nachstehende Beispiel zeigt einen **Sale-Lease-Back-Fall** (die Immobilie des Unternehmens wird an die Leasinggesellschaft verkauft und zurückgeleast, alle Beträge **in Tsd. €**).

Bilanz 31.12.02

Grundstück mit Gebäude	5.000	Eigenkapital	900
div. Aktiva	4.000	Darlehen 7%	5.000
Summe Aktiva	9.000	div. Passiva	3.100
		Summe Passiva	9.000

Würde jetzt die Immobilie zum Verkehrswert von 6000 veräußert, könnte das Darlehen mit einem Zinssatz von 7% zurückgezahlt werden. Zusätzlich hätte man einen Gewinn und einen entsprechenden Liquiditätszufluss von 1000, dem gegenüber steht gewinnmindernd und liquiditätswirksam die Leasingrate von 400.

Bilanz 31.12.03

Liquide Mittel	600	Eigenkapital	1.500
div. Aktiva	4.000	div. Passiva	3.100
Summe Aktiva	4.600	Summe Passiva	4.600

Die Eigenkapitalquote verbessert sich von 900 : 9000 = 10% auf 1.500 : 4.600 = 32,6%. Außerdem ist die Bilanzsumme deutlich gesunken, was z. B. die Größenmerkmale des § 267 HGB berühren kann, hinsichtlich der Einteilung einer Kapitalgesellschaft eine große, mittlere oder kleine.

4.5.1.3.3 Hybride Finanzierungen

Hybride Finanzierungen sind meist Mischformen aus der Verbindung von Eigen- oder Fremdfinanzierungsinstrumenten mit Finanzierungsderivaten. **Derivate** wie Optionen oder Termingeschäfte sind Finanzierungsinstrumente, deren Wert von Bezugsgrößen wie Aktienkurs, Rohstoffpreis, Indizes abgeleitet wird. So lässt sich z.B. eine Wandelanleihe aufteilen in eine Anleihe mit kombinierter Option. Eine Wandelanleihe kann auch mit einem Termingeschäft verknüpft werden. Dazu gehören auch Indexzertifikate, die wirtschaftlich eine Beteiligung an einem bestimmten Index (z.B. DAX) darstellen, oder Credit Linked Notes als Kombination einer Anleihe mit einer Kreditabsicherung. Diese Formen werden auch als **Compound Instruments** bezeichnet.

Securitizations enthalten Elemente des Factoring. Ein Unternehmen (sog. Originator) verkauft seine Forderungen ganz oder teilweise an eine Zweckgesellschaft (SPV). Diese finanziert den Kaufpreis z.B. durch die Ausgabe von Schuldverschreibungen. Der Originator behält aber die Verpflichtung, die Forderungen einzuziehen und an die Zweckgesellschaft weiterzuleiten. Mit dem Erlös kann der Originator Verbindlichkeiten tilgen und erwirkt neben dem Finanzierungseffekt durch diese Bilanzverkürzung auch eine Verbesserung seiner Bilanzkennzahlen.

Durch Einbeziehung internationaler Finanzmärkte und Ausnutzung internationaler Besteuerungsunterschiede lässt sich die Effektivität solcher Kombinationen noch optimieren. So bildet sich z. Zt. ein Trend zum US-lease-lease-back. So kann in den USA die Abschreibung auf einen Leasinggegenstand beim Leasinggeber sofort in voller Höhe beansprucht werden. Dieser Vorteil könnte dann teilweise in der Leasingrate weitergegeben werden. Ein deutsches Unternehmen könnte nun Vermögensgegenstände an einen US-Trust gegen Vorauszahlung verleasen. An diesem sind Investoren beteiligt, die für die notwendige Kapitalausstattung sorgen. Das deutsche Unternehmen least die Vermögensgegenstände unter preislicher Ausnutzung des Steuervorteils zurück.

4.5.2 Innenfinanzierung

Bei den vorstehend beschriebenen Finanzierungsformen sind dem Unternehmen stets Mittel von außen zugeführt worden. Der Begriff Innenfinanzierung beschreibt nun die Finanzierungsformen, bei denen, im Gegensatz zur Beschaffung neuer Mittel, der Abfluss vorhandener Mittel verhindert oder gebundenes Kapital freigesetzt wird.

4.5.2.1 Selbstfinanzierung

Offene Selbstfinanzierung

Versteuerte Gewinne können vom Unternehmen einbehalten und zur Stärkung des Eigenkapitals eingesetzt werden. Der Finanzierungseffekt hängt entscheidend von der Steuerbelastung des Gewinns vor Steuern ab. Gewinne von Kapitalgesellschaften unterlagen seit 1977 dem Körperschaftsteueranrechnungsverfahren, welches mit differenzierten KSt-Sätzen für ausgeschüttete und einbehaltene Gewinne die Selbstfinanzierung beeinflusst hatte. Das Anrechnungsverfahren wurde mit der Steuerreform 2000 abgeschafft und durch einen Definitivsteuersatz von 25% abgelöst.

Damit wird die Selbstfinanzierung im Vergleich zum bisherigen Recht steuerlich erheblich entlastet:

	KStG a.F.	KStG n.F. (2001)
Gewinn vor Steuern	115	115
Gewerbesteuer (GewSt)	15	15
Gewinn nach GewSt	100	100
Körperschaftstuer (KSt)	40	25
Gewinn nach Steuern	60	75

Damit dürfte der Anreiz größer geworden sein, das Eigenkapital der Unternehmen im Wege der Einbehaltung von Gewinnen zu stärken.

Soweit der Gewinn an eine natürliche Person ausgeschüttet wird, bleibt es auf der Gesellschaftsebene bei einer Körperschaftsteuer von 25%, allerdings hat der Empfänger der Gewinnausschüttung diese der Einkommensteuer zu unterwerfen. Dies führt zu einer Doppelbelastung der ausgeschütteten Gewinne mit KSt und ESt. Die doppelte Belastung wird jedoch gemindert, der Einkommensteuer unterliegt dabei jeweils nur die Hälfte der Gewinnausschüttung (sog. **Halbeinkünfteverfahren**).

Auf der Gesellschafterebene ergibt sich für die Ausschüttung an eine natürliche Person folgende Nettodividende:

Zufluss beim Empfänger (ohne KapESt)	75
ESt (z.B. 40%) von 75:2	15
Nettodividende	60

Der Gesellschafter könnte diese Nettodividende von 60 wieder als Außenfinanzierung an sein Unternehmen zurückführen. Es zeigt sich aber, dass mit einer Gewinnthesaurierung wesentlich höhere Finanzierungsbeiträge erreicht werden können. Das **Schütt-aus-Holzurück-Verfahren** führt unter dem neuen Körperschaftsteuerrecht zu deutlich schlechteren Finanzierungsbeiträgen.

Soweit an eine Kapitalgesellschaft ausgeschüttet wird, ergibt sich nach § 8 b Abs. 1 KStG n. F. ein Dividendenprivileg für ausländische und inländische Bezüge aus Beteiligungen, unabhängig von der Beteiligungshöhe und Besitzzeit. Ausschüttungen an eine Kapitalgesellschaft sind immer steuerfrei. Für diese Ausschüttungsfälle ergibt sich damit die gleiche Steuerbelastung wie bei der Thesaurierung, d. h. der Finanzierungseffekt einer Gewinneinbehaltung entspricht dem einer Einlagenfinanzierung. Das Halbeinkünfteverfahren greift erst dann ein, wenn Gewinne den Kreis der Kapitalgesellschaften verlassen.

Stille Selbstfinanzierung

Die Selbstfinanzierung kann in der beschriebenen, offenen Form erfolgen, sie ist aber auch verdeckt, d. h. nicht mit offen ausgewiesenen Gewinnen, sondern mit **stillen Reserven** möglich. Die stille Selbstfinanzierung erstreckt sich z. B. auf eine überhöhte Bemessung der Abschreibung oder Überbewertung von Rückstellungen. Sinkt durch eine derartige Maßnahme der Gewinn von 100 € auf 90 €, so führt der Gegenwert der stillen Reserve zu einem Finanzbeitrag von 10 €.

Gewinnminderung bedeutet in diesem Zusammenhang, dass hierauf **zunächst** keine Steuern zu entrichten sind und auch die mögliche Ausschüttung an die Gesellschafter verhindert wird. Im Zeitablauf kommt es aber nach einer Periode der Verringerung des Gewinns zu Gewinnerhöhungen in den Folgeperioden. So kann im Jahr der Anschaffung eine Sonderabschreibung den Gewinn vermindern, die Abschreibung der Folgejahre ist dann aber dementsprechend geringer mit der Folge des höheren Gewinnausweises. Die Sonderabschreibung gestattet also nur die zeitliche Vorverlagerung von Abschreibungsbeträgen zu Lasten späterer Jahre. Dann lösen sich die stillen Rücklagen sukzessive wieder auf, Steuern und Gewinnausschüttungen führen dann zu Liquiditätsabflüssen. In diesen Fällen besteht der Finanzierungseffekt letztlich in einer Stundung z. B. der Steuern. Eine endgültige Steuerersparnis kann nur erreicht werden, wenn es durch die zeitliche Verschiebung auch zu **Progressionseffekten** in der Besteuerung kommt.

Eine Maschine wird für 10.000 € beschafft, die betriebsgewöhnliche Nutzungsdauer beträgt 5 Jahre. Eine Sonderabschreibung von 20% kann für das Anschaffungsjahr in Anspruch genommen werden.

Jahr	*01*	*02*	*03*	*04*	*05*
planmäßige Abschreibung	2.000	2.000	2.000	2.000	2.000
planmäßige Abschreibung mit Sonderabschreibung	2.000 2.000	1.500	1.500	1.500	1.500
Gewinnänderung	−2.000	+ 500	+ 500	+ 500	+ 500

Hier wird der Steuerstundungseffekt deutlich: Der Gewinn wird letztlich nur zeitlich umverteilt. Über eine Stundung hinausgehende Finanzierungseffekte ergeben sich nur dann, wenn durch höheren Grenzsteuersatz im Jahr 01 und vergleichsweise niedrigere Steuersätze in den Jahren 02 bis 05 endgültige Steuerersparnisse eintreten.

Ähnlich wirkt die **Ansparrücklage** für eine geplante Investition. Hiernach kann für eine geplante Investition eine Ansparrücklage schon vor der eigentlichen Anschaffung gebildet werden. Voraussetzung ist die Anschaffung eines neuen beweglichen Wirtschaftgutes des Anlagevermögens. Notwendig ist nur die Konkretisierung der geplanten Investition in einem

Investitionsplan, nicht aber der Nachweis der Investitionsabsicht. Angegeben werden muss das konkrete Vorhaben, die Funktion des Wirtschaftsgutes und die voraussichtlichen Anschaffungskosten. Da es sich bei der Bildung der Ansparrücklage um ein Wahlrecht handelt, kann diese grundsätzlich bis zur Unanfechtbarkeit der Steuerfestsetzung ausgeübt und geändert werden.

Nach dem Gesetz zur Förderung von Kleinunternehmern und zur Verbesserung der Unternehmensfinanzierung vom 31.07.2003 wurde § 7 g Abs. 2 Nr. 3 EStG dahingehend geändert, dass bei Existenzgründern i.S.d. § 7 g Abs. 7 EStG die Bildung einer Ansparrücklage für die Inanspruchnahme der Sonderabschreibung im Erstjahr der betrieblichen Tätigkeit nicht mehr erforderlich ist.

4.5.2.2 Finanzierung aus Vermögensumschichtung

Ebenfalls zu keinem Zufluss zusätzlicher Mittel kommt es bei der Finanzierung aus Vermögensumschichtung. Hier wird bisher gebundenes Kapital freigesetzt, sodass es für andere Zwecke verwendet werden kann. (z. B. Verkauf von nicht mehr benötigten Vermögensteilen und Verwendung des Erlöses zum Kauf einer neuen Maschine).

4.5.2.3 Finanzierung aus Abschreibungsgegenwerten

Nicht nur die erhöhte Bemessung der Abschreibung kann zu einem Finanzierungseffekt führen, sondern die Abschreibung generell. Der weite Finanzierungsbegriff schließt auch Vorgänge ein, die auf die Freisetzung von gebundenem Kapital zielen. Hier kommt es zwar nicht zu einem Zufluss neuer Mittel, aber bestehende Mittel werden für weitere Aufgaben freigesetzt. Voraussetzung ist allerdings, dass die Abschreibungen auch als Einzahlung zugeflossen sind.

Beispiel:
Kauft ein Unternehmen jedes Jahr eine neue Maschine für 1.000 €, ergibt sich bei einer Nutzungsdauer von fünf Jahren:

Jahr	01	02	03	04	05
1. Maschine AfA	200	200	200	200	200
2. Maschine AfA		200	200	200	200
3. Maschine AfA			200	200	200
4. Maschine AfA				200	200
5. Maschine AfA					200

Der **Kapazitätsfreisetzungseffekt** führt mit Ablauf des fünften Jahres nach Anschaffung zu einer Ansammlung von insgesamt 1.000 € Abschreibungsgegenwerten je Maschine. Wenn diese nach fünf Jahren ausscheidet, kann allein durch die Finanzierung aus Abschreibungsgegenwerten die Ersatzbeschaffung durchgeführt werden, wobei man allerdings voraussetzen muss, dass die Preise für diese Maschinen konstant bleiben.

Ein **Kapazitätserweiterungseffekt** ergäbe sich, wenn man bereits am Ende des dritten Jahres die angesammelten Abschreibungsbeträge in den Kauf einer weiteren Maschinen investieren würde. Am Ende des vierten Jahres wäre sogar die Anschaffung von zwei neuen Maschinen aus den Abschreibungsgegenwerten möglich **(Lohmann-Ruchti-Effekt; Marx-Engels-Effekt)**.

4.5.2.4 Finanzierung aus Rückstellungen

Ähnlich der Finanzierung aus Abschreibungsgegenwerten, kann auch von anderen Aufwandsgegenwerten ein Finanzierungseffekt ausgehen. Müssen für bestimmte Aufwendungen Rückstellungen gebildet werden, führt dieses bei deren Bildung zu einer Verkürzung des Gewinns; die Mittel fließen dagegen erst später ab. Der Finanzierungseffekt der meisten Rückstellungen ist eher kurzfristiger Natur (z. B. Steuerrückstellungen). Dennoch hat der Sockelbetrag jährlich neu bemessener Steuerrückstellungen einen langfristigen Charakter. Die Finanzierung aus Rückstellungen hat im Bereich der **Pensionsrückstellungen** große Bedeutung. Werden Pensionszusagen gegeben, ist hierfür nach der wahrscheinlichen, zukünftigen Belastung eine gewinnmindernde Rückstellung zu bilden. Bis zum Abfluss dieser Mittel durch Erreichen der Altersgrenze kann der Betrieb über diese Finanzmittel verfügen.

4.5.3 Der Cash Flow

Gerade die Ausführungen zur Finanzierung aus Aufwandsgegenwerten haben gezeigt, dass der Gewinn über die **Selbstfinanzierungskraft** wenig Auskunft geben kann. Über den im Unternehmen verbleibenden Jahresgewinn hinaus können sich aus den gewählten Abschreibungsverfahren und der Bildung von Rückstellungen noch erhebliche Finanzreserven ergeben. Insoweit müsste eine Kennzahl gewonnen werden, die über die Selbstfinanzierungskraft besser Auskunft geben kann als der Bilanzgewinn. Diese Kennzahl ist der so genannte Cash Flow. Diese Größe lässt sich aus dem Bilanzgewinn ableiten, indem man alle unbaren Aufwendungen, also Aufwendungen, die nicht in bar abgeflossen sind, hinzurechnet. Abgezogen werden alle Erträge, die nicht bar zugeflossen sind. Damit besteht der so veränderte Gewinn nur noch aus seinen baren Bestandteilen, wobei noch nicht abgeflossene Aufwendungen noch enthalten sind:

> Bilanzgewinn
> ./. unbare Erträge (z. B. Erträge aus Auflösung von Rückstellungen)
> + unbare Aufwendungen (z. B. Abschreibungen, Zuführung zur Rückstellung)
>
> = Cash Flow

Auch bei Kreditvergaben findet diese Kennzahl verstärkt Beachtung, steht doch letztlich nur der Cash Flow zur Rückzahlung der gewährten Kredite zur Verfügung. Auch bei negativem Jahresergebnis kann sich z. B. bei entsprechend hohen Abschreibungen noch ein positiver Cash Flow ergeben.

4.5.4 Finanzierungssicherheiten

4.5.4.1 Kreditsicherheiten

Bei der Kreditvergabe in allen vorstehend beschriebenen Fällen wird immer die persönliche Kreditwürdigkeit und die Stellung von Kreditsicherheiten eine bedeutende Rolle spielen.

Sollte der Schuldner seinen Zahlungsverpflichtungen nicht nachkommen können, so hat der Kreditgeber die Möglichkeit der Befriedigung aus den zu stellenden Sicherheiten.

Die Stellung von Sicherheiten kann durch eine **Bürgschaft** erfolgen (§§ 765-778 BGB). Der Bürge kann einmal **selbstschuldnerisch** unter Verzicht auf die Einrede der Vorausklage haften, zum anderen kann sich die Haftung auf eine **Ausfallbürgschaft** beschränken, das ist die Haftung für einen bestimmten Höchstbetrag nach erfolgter Zwangsvollstreckung.

Auch die **Verpfändung** beweglicher Sachen (§§ 1204-1258 BGB) sowie die Verpfändung von Rechten (§§ 1273-1296 BGB) können zur Sicherheitenstellung herangezogen werden. Bei den Rechten kommen vor allem **Grundpfandrechte** (Hypotheken, Grundschulden) oder **Forderungsrechte** in Betracht. In der Praxis bedeutungsvoller sind hingegen die **Sicherungsübereignung** beweglicher Sachen oder die Sicherheitsabtretung von Rechten, weil der Besitz der Gegenstände hier beim Sicherungsgeber verbleibt.

Besicherung des Kreditausfallrisikos von Banken – »Basel II«

Allerdings erhält die Bewertung des Kreditausfallrisikos bei den Banken in jüngster Zeit ein neues Gewicht. Der in Basel ansässige Ausschuss für Bankenaufsicht erarbeitet Richtlinien für die Mindestausstattung mit Eigenkapital für die kreditgebenden Banken. Dieser Ausschuss wurde 1975 von Vertretern der Bankenaufsichtsbehörden und Zentralbanken der G-10-Staaten und Luxemburg, Schweiz und Spanien gegründet. Seine Aufgabe ist der Vorschlag von Richtlinien an die Europäische Union.

Die erste Eigenkapitalrichtlinie entstand 1988. Damals sollten einheitliche Regelungen für die Eigenkapitalhinterlegung der Banken für ausgegebene Kredite geschaffen werden. Die als Basel I bezeichnete Regel sah vor, dass für jeden Kredit eine Unterlegung mit 8% Eigenkapital erfolgen musste. Unterschiedliche Kreditrisiken spielten bei dieser eher pauschalen Regel keine Rolle.

Die als »**Basel II**« bezeichnete Neuregelung der Mindestkapitalausstattung von Banken zielt auf eine exaktere Bewertung des individuellen Ausfallrisikos und eine stärkere Berücksichtigung dieses Umstandes bei der Kalkulation des Kreditzinses. Die Eigenkapitalunterlegung des Kreditinstitutes wird zukünftig von der Bonitätseinschätzung des jeweiligen Kreditnehmers abhängen. Je besser das Rating ausfällt, umso weniger Eigenkapital muss unterlegt sein. Die Kreditkosten können dann sinken. Umgekehrt wird eine schlechte Bonität mehr Eigenkapital der Bank binden, was die Kreditkosten verteuern wird. Diese Bonitätseinschätzung soll mit einem **Rating-Verfahren** (to rate = einschätzen) durchgeführt werden. Ergebnis ist die Aussage über die Fähigkeit und rechtliche Verpflichtung eines Schuldners, seinen Zins- und Tilgungsverpflichtungen termingerecht und vollständig nachzukommen.

Das Rating-Verfahren kann extern von anerkannten Rating-Agenturen oder von den Banken selbst intern durchgeführt werden. Für Kapitalmarkttransaktionen ist das externe Ratingverfahren vorgeschrieben. Ein internes Rating durch die kreditvergebende Bank ist vor jeder Kreditvergabe aufsichtsrechtlich zwingend vorgeschrieben und muss danach laufend aktualisiert werden. Die gesetzliche Verpflichtung der Banken, gem. § 18 KWG (Kreditwesengesetz) ab einer gewissen Kredithöhe eine Bonitätsprüfung durchzuführen, bleibt dadurch unberührt und besteht neben der Ratingverpflichtung weiter.

Schwerpunkte der Rating-Verfahren liegen in der Analyse von Markt- und Wettbewerbssituation, Produkt- und Leistungsangebot, Führungs- und Steuerungsqualität, zukünftigen Entwicklungen, Informationspolitik, Kontoführung und Finanzprofil. Da Rating über die Fähigkeit eines Unternehmens Auskunft geben soll, den zukünftigen Zins- und Tilgungszahlungen fristgerecht nachkommen zu können, spielt die Liquiditätsentwicklung eine zentrale Rolle, ebenso wie die Eigenkapitalausstattung als Voraussetzung für die Beschaffung von Finanzierungsmitteln. Dazu gehört auch die Eigenkapitalquote. So wird zukünftig bei den Finanzierungsinstrumenten auch der Einfluss auf ratingrelevante Größen zu beachten sein.

Im Rahmen eines Ratings wird erwartet, dass Unternehmer die zukünftige Entwicklung ihres Unternehmens plausibel abbilden können. Die Anforderungen an eine solche Unternehmensplanung hängt von Größe und Komplexität des kreditnehmenden Unternehmens ab. Der Markt, die Stellung des Unternehmens am Markt und im Verhältnis zu seinen Mitbewerbern ist transparent darzustellen. Dabei darf sich die Unternehmensplanung nicht auf eine Ertragsvorschau beschränken, Planbilanzen und Plan-Cashflow-Rechnungen gehören dazu. Planungsmängel weisen auf ein mangelhaftes Controlling hin.

Die starke Bedeutung der Unternehmensplanung im Ratingprozess bietet aber auch Chancen, denn eine professionelle Planung verbessert das Ratingergebnis, ebenso wie eine offensive Informationspolitik gegenüber den Kreditinstituten.

Im bankeninternen Ratingverfahren selbst spielen harte und weiche Faktoren beim qualitativen Rating eine Rolle. Zu den **harten Faktoren** zählen:

– Überziehungsverhalten
– Kundenbeziehung
– Alter des Entscheidungsträgers
– Nachfolgeregelung
– Leitungserfahrung
– Branchenerfahrung
– Alter des Unternehmens
– Rechtsform des Unternehmens
– Rechnungslegung
– Controlling, Finanzplanung, Businessplan
– Unterjährige Unterlagen, Zwischenberichte, betriebswirtschaftliche Auswertungen
– Kreditverwendung
– Risikovorsorge des Unternehmers
– Besondere Verbindungen
– Abnehmerabhängigkeiten, Konkurrenzsituation
– Versicherungsschutz
– Umweltrisiken

Bei **Existenzgründern** kommen folgende Kriterien hinzu:

– Zusammensetzung des Gründerteams
– Produkt, Dienstleistung
– Risiken des Vorhabens
– Eigenkapitaleinsatz

Die **weichen Faktoren** werden gewichtet, z. B. für kleinere Unternehmen:

– Unternehmensführung	40%
– Unternehmensplanung und Steuerung	20%
– Marktstellung und Produktpalette	30%
– Wertschöpfungskette	10%
Summe	100%

Neben dem qualitativen Rating erfolgt zusätzlich ein Bilanzrating, in dem die Finanz-, Ertrags- und Vermögenslage analysiert und gewichtet wird.

4.5.4.2 Schuldanerkenntnis

Die Durchsetzung einer Forderung kann für den Gläubiger ein umständliches und langwieriges Verfahren bedeuten. Einer Vollstreckung geht die Feststellung der Schuld in Höhe und Fälligkeit voraus. Ein Schuldanerkenntnis kürzt dieses Verfahren ab. Die Schuld steht fest und kann vollstreckt werden. Allerdings ist für die Gültigkeit eines Vertrages, durch den das Bestehen eines Schuldverhältnisses anerkannt wird, in der Regel gem. § 781 BGB die schriftliche Erteilung einer Anerkennungserklärung erforderlich. Wird allerdings ein Schuldanerkenntnis auf Grund einer Abrechnung oder im Wege eines Vergleichs erteilt, ist nach § 782 die Beachtung der vorgeschriebenen schriftlichen Form nicht erforderlich.

Ein Schuldanerkenntnis kommt schneller zustande als man glaubt. Oftmals wird es auch vom Gläubiger provoziert, er hofft, durch gezielte Fehler ein Schuldanerkenntnis zu erhalten. Die folgenden Abrechnungen sollen den Schuldner verleiten, im Wege der vermeintlichen Richtigstellung ein Schuldanerkenntnis abzugeben:

Saldo zu unseren Gunsten 1.000 €
abzüglich Rabatt 10%   100 €
noch zu zahlen   1.100 €

oder

angemahnter Betrag   1.200 €
zuzüglich Mahnkosten   20 €
noch zu zahlen   2.120 €

Versucht der Schuldner nun, die Abrechnungen zu berichtigen, kann es hierdurch zu einem Schuldanerkenntnis kommen, wenn er den richtigen Schuldbetrag nennt. Auch eine Bitte um Ratenzahlung kann als Schuldanerkenntnis gewertet werden.

4.5.4.3 Überweisung und Akkreditiv

Die **Überweisung** ist ein Auftrag des Kontoinhabers an sein Kreditinstitut, vertragsgemäß zu Lasten seines Kontos einen in der Überweisung festgelegten Geldbetrag auf ein Konto des Zahlungsempfängers bei seinem Kreditinstitut gutzuschreiben. Vertragsgemäß bedeutet im Rahmen eines Geschäftsbesorgungsvertrages (§ 675 BGB). Die auf Grund einer Überweisung erfolgte Gutschrift auf dem Konto des Zahlungsempfängers ist einer Zahlung durch Bargeld gleichzusetzen. Mithin bewirkt die Überweisung eine bargeldlose Zahlung (Buchgeldbewegung) und führt zur Schuldentilgung an Erfüllungs Statt. Der Überweisungsauftrag gilt als ausgeführt und die Zahlung als bewirkt, wenn der Überweisungsbetrag dem Zahlungsempfänger gutgeschrieben ist. Ein Widerruf ist nach erfolgter Gutschrift nicht mehr möglich.

Das **Akkreditiv** ist eine Sonderform der Überweisung im Auslandszahlungsverkehr. Bei Vorliegen der häufigsten Form, des **Dokumentenakkreditivs**, weist der Importeur seine Hausbank an, eine Zahlung von seinem Konto auf das Konto des Exporteurs im Gegenzug zur Einreichung bestimmter Versanddokumente vorzunehmen. Die Hausbank des Importeurs informiert die Hausbank des Exporteurs über die Eröffnung des Akkreditivs; Letztere wiederum informiert ihren Kunden entsprechend. Dieser reicht die Dokumente bei seiner Hausbank ein, die sie wiederum an die Hausbank des Importeurs weitergibt. Im Gegenzug erhält der Exporteur die Gutschrift des Warengegenwertes. Das Akkreditiv bietet somit sowohl dem Importeur als auch dem Exporteur die Sicherheit, eine Gegenleistung für seine eigene Leistung zu erhalten.

4.5.4.4 Darlehensvertrag

Nach § 488 Abs. 1 BGB ist, wer einen Geldbetrag als Darlehen empfangen hat, verpflichtet, dem Darleiher das Empfangene zurückzuerstatten (Gelddarlehen). Als Darlehensgeber treten vor allem Realkreditinstitute (Hypothekenbanken oder Grundkreditinstitute) auf, aber auch Kreditinstitute, Versicherungen, Bausparkassen und private Darlehensgeber. Hinsichtlich der Rückzahlungsmodalitäten unterscheidet man Annuitätendarlehen, Tilgungsdarlehen und Kündigungs- bzw. Rückzahlungsdarlehen. Das Sachdarlehen ist in § 607 BGB geregelt.

Bei **Annuitätendarlehen** wird ein fester Rückzahlungsbetrag, bestehend aus Zinsen und Tilgung, vereinbart. Bei **Tilgungsdarlehen** sind neben einem gleichbleibenden Tilgungsbetrag die anfallenden Zinsen gesondert zu entrichten. Beim **Kündigungs- oder Rückzahlungsdarlehen** ist die Kreditlaufzeit vereinbart, die Tilgung erfolgt nach deren Ablauf. In der Regel sind die Zinsen laufend während der Kreditlaufzeit zu begleichen.

4.6 Grundbegriffe des Steuerrechts

4.6.1 Wesen des Steuerrechts

4.6.1.1 Grundbegriffe

Das Grundgesetz regelt in den Artikeln 105 ff. die Kompetenzen zur Steuergesetzgebung, zur Verteilung und Verwaltung der Steuern. Nach § 3 Abs. 1 der **Abgabenordnung** (AO) sind **Steuern** Geldleistungen, denen kein Anspruch auf Gegenleistung gegenübersteht. Abzugrenzen ist der Begriff Steuern von Beiträgen und Gebühren. **Gebühren** werden für eine konkrete Gegenleistung gezahlt, **Beiträge** für eine nicht konkrete (so wird z. B. der Beitrag an einen Verein für die Möglichkeit bezahlt, die Vereinseinrichtungen zu nutzen).

Als **Steuergläubiger** kommen Bund, Länder und Gemeinden in Betracht. Die Steuern knüpfen an bestimmte **Tatbestände** an; so bestimmt § 38 der Abgabenordnung, dass Ansprüche aus dem Steuerschuldverhältnis entstehen, sobald der Tatbestand verwirklicht ist, an den das Gesetz die Leistungspflicht knüpft. Die Tatbestände können sich auf Gegenstände wie Einkommen, Ertrag und Vermögen beziehen, oder auf Verkehrsakte wie Umsatz, Grunderwerb oder Kapitalzuführung. Diese Grundlagen der Besteuerung werden als **Steuerobjekte** bezeichnet, die nach bestimmten Berechnungen zur **Steuerbemessungsgrundlage** führen. Die Anwendung eines vorgesehenen **Steuertarifes** (-satzes) ergibt dann die endgültige Höhe der Steuer.

Die Person, die die Steuern letztlich wirtschaftlich zu tragen hat, ist der **Steuerdestinatar** (Steuerträger). Die Bezahlung der Steuer kann auch anderen Personen oder Institutionen aufgebürdet werden, sie sind dann **Steuerzahler** oder **Steuerschuldner**, evtl. auch Steuerhaftender. So wird die Lohnsteuer regelmäßig vom Arbeitgeber berechnet, einbehalten und abgeführt, der Arbeitnehmer hat sie aber zu tragen.

4.6.1.2 Einteilung der Steuern

Die Einteilung der Steuern kann nach verschiedenen Kriterien erfolgen. Der Finanzbericht verwendet folgende Einteilung:

1. Steuern auf Einkommen und Vermögen,
2. Steuern auf den Vermögensverkehr,
3. Steuern auf die Einkommensverwendung (USt, KfzSt).

Andere Einteilungen gliedern in

1. Besitzsteuern (ESt, GewSt),
2. Verkehrsteuern (USt, GrdESt),
3. Verbrauchsteuern (z. B. Mineralölsteuer),
4. Zölle.

Unterteilt man nach der wirtschaftlichen Auswirkung, kann man **direkte** (Träger und Schuldner der Steuer in einer Person) und **indirekte** Steuern (der Schuldner überwälzt die Steuer im Preis auf den, der die Steuer wirtschaftlich tragen soll) unterscheiden.

4.6.1.3 Steueraufkommen und -verteilung

Am Steueraufkommen, also der Summe der Steuereinnahmen aus allen Steuerarten, hat die Umsatzsteuer mit rund 30,9 % den höchsten Anteil, gefolgt von der Lohnsteuer mit rund 30 %. Die veranlagte Einkommensteuer ist mit rund 1 % am Gesamtsteueraufkommen beteiligt (Stand 2003). Von den gesamten Staatseinnahmen in Höhe von 920,4 Mrd. €

entfielen 442,2 Mrd. € auf Steuereinnahmen im Jahr 2004. Die Verteilung der Steuereinnahmen erfolgt zunächst vertikal zwischen Bund, Ländern und Gebietskörperschaften teils nach Steuerart, bei den Gemeinschaftssteuern nach festgelegten Verteilerschlüsseln. Innerhalb der Länder und zwischen den Ländern finden weitere Verteilungen (z. B. Länderfinanzausgleich) statt.

4.6.2 Besteuerungsgrundsätze

Die wichtigsten Besteuerungsgrundsätze sind

- das Prinzip der Gesetzmäßigkeit oder **Tatbestandsmäßigkeit** der Besteuerung,
- das Prinzip der **Rechtssicherheit**,
- das **Übermaßverbot**,
- das Prinzip der **Gleichmäßigkeit** der Besteuerung,
- das **Verbot der Benachteiligung von Ehe und Familie**,
- das Prinzip des **Enteignungsverbots** und
- das Prinzip des **Steuergeheimnisses**.

4.6.2.1 Festsetzungsverfahren

Die Vorschriften über das Besteuerungsverfahren gliedern sich innerhalb der Abgabenordnung in drei Abschnitte. Nach den allgemeinen Verfahrensvorschriften (§§ 78 bis 133 AO) über Verfahrensgrundsätze und Verwaltungsakte folgen Vorschriften über die Durchführung der Besteuerung (§§ 134 bis 217 AO). Hiernach sind zunächst alle Steuerpflichtigen mit ihren relevanten Daten zu erfassen; allgemein trifft sie eine Mitwirkungspflicht, damit im **Festsetzungs- und Feststellungsverfahren** die Steuer der Höhe nach bestimmt werden kann.

Im **Erhebungsverfahren** geht es um die Verwirklichung, Fälligkeit und das Erlöschen von Ansprüchen aus dem Steuerschuldverhältnis.

Das Ergebnis des Besteuerungsverfahren wird dem Steuerpflichtigen in der Regel in einem förmlichen Bescheid bekannt gegeben. Die Bekanntgabe ist notwendige Voraussetzung für die Wirksamkeit des Steuerbescheides.

4.6.2.2 Fristen

Die Steuerfestsetzung ist fristgebunden. Gemäß § 169 AO ist eine Steuerfestsetzung sowie ihre Aufhebung oder Änderung nicht mehr zulässig, wenn die **Festsetzungsfrist** abgelaufen ist. Diese beträgt für Zölle, Verbrauchsteuern, Zollvergütungen und Verbrauchsteuervergütungen ein Jahr, für alle anderen Steuern und Steuervergütungen vier Jahre. Die Fristsetzung soll dem Rechtsfrieden dienen und den Steuerfall zum Abschluss bringen.

Für den unehrlichen Steuerzahler verlängern sich die Fristen allerdings. Die Festsetzungsfrist beträgt zehn Jahre, soweit eine Steuer hinterzogen, und fünf Jahre, soweit sie leichtfertig verkürzt worden ist.

Die Festsetzungsfrist beginnt im Grundsatz mit Ablauf des Kalenderjahres, in dem die Steuer entstanden ist.

Nach § 170 AO ergibt sich jedoch eine **Hemmung** des Fristanlaufs, wenn eine Steuererklärung oder eine Steueranmeldung abzugeben ist. Dann läuft die Festsetzungsfrist erst an mit Ablauf des Kalenderjahres, in dem die Steuererklärung oder Steueranmeldung abgegeben worden ist. Auch der Fristablauf kann gemäß § 171 AO gehemmt werden, insbesondere wenn vor Ablauf der Festsetzungsfrist mit einer Außenprüfung begonnen wird.

Davon zu unterscheiden ist die **Zahlungsverjährung**. Für einen in der Festsetzungsfrist festgesetzten Steueranspruch gilt eine besondere Verjährungsfrist nach § 228 AO von fünf Jahren.

4.6.3 Prüfung

Selbstverständlich werden die vom Steuerpflichtigen angegebenen Besteuerungsgrundlagen überprüft. Damit sind behördenintern Amtsprüfer betraut.

Bei komplexeren Steuerfällen kann auch eine **Außenprüfung** beim Steuerpflichtigen stattfinden, insbesondere bei gewerblichen oder land- und forstwirtschaftlichen Betrieben und bei Freiberuflern.

Sachlich eingeschränkte Außenprüfungen ergeben sich zudem bei Arbeitgebern: Diese sind verpflichtet, für seine Arbeitnehmer die Lohnsteuerbeträge zu ermitteln, einzubehalten und an die Finanzbehörde abzuführen. Die **Lohnsteueraußenprüfung** kontrolliert, ob diese Verpflichtung erfüllt worden ist.

Weitere Prüfungsbefugnisse liegen bei der **Steuerfahndung**, deren Aufgabe die Erforschung von Steuerstraftaten und Steuerordnungswidrigkeiten sowie die Ermittlung der Besteuerungsgrundlagen in diesen Fällen ist.

Eine weitere Prüfung, die sog. Nachschau, ermöglicht § 27b UStG: Amtsträger der Finanzbehörde können hier ohne vorherige Ankündigung die Geschäftsräume während der Geschäftszeiten betreten, um Sachverhalte festzustellen, die für die Umsatzbesteuerung erheblich sein können.

4.6.3.1 Strafrecht

Die Abgabenordnung regelt in ihrem 8. Teil die Straf- und Bußgeldvorschriften. Steuerstraftaten sind gemäß § 369 AO insbesondere die vorsätzliche Steuerhinterziehung, deren Versuch, Bannbruch und Wertzeichenfälschung.

Das Steuerstrafverfahren endet in der Regel mit einer (Kriminal-)**Strafe**. So können unrichtige Angaben in der Steuererklärung mit bis zu fünf Jahren Freiheitsstrafe oder mit Geldstrafe bestraft werden, in besonders schweren Fällen mit Freiheitsstrafen bis zu zehn Jahren.

4.6.3.2 Ordnungswidrigkeiten; Selbstanzeige

Im Gegensatz zum Steuerstrafverfahren endet ein Ordnungswidrigkeitsverfahren mit einem **Bußgeld**. Steuerordnungswidrigkeiten sind gem. § 377 ff AO insbesondere die leichtfertige Steuerverkürzung oder die Steuergefährdung.

Eine Steuergefährdung liegt z. B. vor, wenn buchungspflichtige Geschäftsvorfälle nicht oder nicht richtig verbucht worden sind.

Allerdings hat der Gesetzgeber für den reuigen Steuerpflichtigen einen Anreiz zur Ehrlichkeit in Form der Selbstanzeige gegeben. Wer vor Entdeckung der Tat Angaben berichtigt, ergänzt oder nachholt, kann bei vollständiger und richtiger Selbstanzeige straflos bzw. bußgeldfrei ausgehen. Die geschuldete Steuer muss natürlich zzgl. Zinsen entrichtet werden.

4.6.3.3 Steuerschuld und andere steuerliche Begriffe

Bund, Länder und Gemeinden sind die **Steuergläubiger**, denen die Einnahmen aus dem Steueraufkommen je nach Steuerart allein oder anteilig zustehen.

Der Gesetzgeber hat die Steuerpflicht vom Eintritt bestimmter Tatbestände abhängig gemacht, die in den jeweiligen Gesetzen aufgeführt sind. Wird der Steuertatbestand in qualitativer Hinsicht (d. h. nach Art und Eigenschaft) betrachtet, so spricht man auch vom **Steuerobjekt**, bei quantitativer Betrachtungsweise (d. h. nach Menge und Wert) von der **Bemessungsgrundlage**. Tatbestände können Gegenstände, Vermögen und Einkommen sein. Auf die Bemessungsgrundlagen werden dann bei der Berechnung der Steuer(schuld) die per Gesetz vorgeschriebenen Steuertarife angewendet.

Steuertarife sind Zusammenstellungen in Form von Tabellen oder Formeln, die für jede Bemessungsgrundlage den entsprechenden **Steuersatz** (Prozent-/Promillesätze) oder Steuerbetrag (Geldbetrag je Einheit) angeben.

Außerdem sind noch **Freibeträge** und **Freigrenzen** zu beachten:

- Bei einem Freibetrag wird ein im Gesetz festgelegter Betrag von der Bemessungsgrundlage abgezogen, der dadurch steuerfrei ist.
- Handelt es sich um einen Betrag, bis zu dem die Bemessungsgrundlage steuerfrei bleibt und erst bei dessen Überschreitung voll besteuert wird, so bezeichnet man diesen als Freigrenze.

Derjenige, der den Steuertatbestand verwirklicht, an den das Gesetz die steuerliche Leistungspflicht bindet, ist der **Steuerschuldner**. Er ist jedoch nicht zwangsläufig identisch mit dem Steuerzahler oder Steuerhaftenden, der die Steuern tatsächlich entrichtet. Der Steuerschuldner muss die Steuer nicht unbedingt wirtschaftlich tragen, sondern kann diese auf den Steuerdestinatar (Steuerträger) abwälzen, z. B. in Form einer Umlage auf den Kunden.

4.7 Unternehmensbezogene Steuern

4.7.1 Einkommensteuer

4.7.1.1 Steuerpflicht

Der Einkommensteuer (ESt) unterliegen natürliche Personen mit ihrem Einkommen.

Die Steuerpflicht wird also nach persönlichen und sachlichen Voraussetzungen beurteilt.

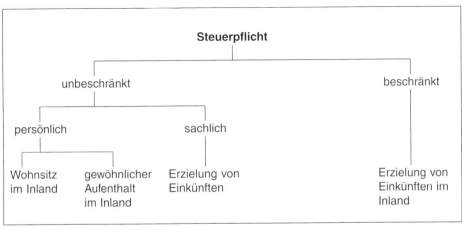

Voraussetzungen der Steuerpflicht

Die **persönliche Steuerpflicht** ergibt sich aus § 1 EStG und erfasst alle natürlichen Personen. Die Steuerpflicht beginnt mit der Geburt und endet grundsätzlich mit dem Tode.

Wer im Inland seinen Wohnsitz oder gewöhnlichen Aufenthalt hat, ist unbeschränkt steuerpflichtig. Personen, die nicht im Inland ansässig sind, aber im Inland Einkünfte erzielen, sind beschränkt steuerpflichtig.

Die **sachlichen Voraussetzungen** für die Besteuerung regelt § 2 EStG. Die dort genannten Einkünfte sind steuerpflichtig. Es herrscht das **Welteinkommensprinzip**, d. h. es unterliegen grundsätzlich auch die ausländischen Einkünfte der sachlichen Steuerpflicht.

4.7.1.2 Ermittlung

Die Ermittlung der Einkünfte erfolgt bei den ersten drei Einkunftsarten **(Gewinneinkunftsarten)** durch Gegenüberstellung der Betriebsausgaben mit den Betriebseinnahmen.

Bei den anderen Einkunftsarten **(Überschusseinkünfte)** wird eine Gegenüberstellung von Einnahmen und Werbungskosten vorgenommen.

Zu den Gewinneinkunftsarten rechnen die **Einkünfte aus Land- und Forstwirtschaft**. Darunter werden in § 13 EStG alle Einkünfte zusammengefasst, die durch die planmäßige Nutzung der natürlichen Kräfte des Bodens und die Verwertung der dadurch gewonnenen Erzeugnisse erzielt werden. Dabei ist es ohne Bedeutung, ob die Land- und Forstwirtschaft auf eigenem oder gepachteten Grund und Boden betrieben wird.

Die nachfolgende Abbildung soll einen Überblick über die Ermittlung der Einkünfte bieten.

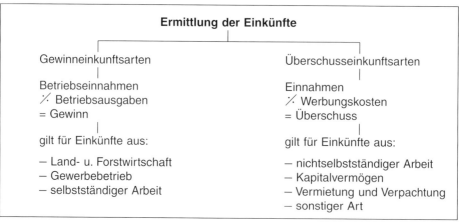

Ermittlung der Einkünfte

Zu den **Einkünften aus Gewerbebetrieb** zählen die Einkünfte aus gewerblichen Unternehmen und die Gewinnanteile und Vergütungen von Personengesellschaften. Ein Gewerbebetrieb liegt nach § 15 EStG vor bei einer selbstständigen, nachhaltigen Betätigung, die mit Gewinnerzielungsabsicht unternommen wird und sich als Betätigung am allgemeinen wirtschaftlichen Verkehr darstellt. Der Gewinn von Personengesellschaften unterliegt erst nach der Aufteilung auf die Gesellschafter bei diesen der Einkommensteuer. Diese Gewinnanteile rechnen ebenfalls zu den Einkünften aus Gewerbebetrieb. Bekommt der Gesellschafter an einer Personengesellschaft neben diesen Gewinnanteilen zusätzlich bestimmte Vergütungen (Gehalt, Zinsen für Darlehen oder Mieten), so gehören diese Vergütungen auch zu den Einkünften aus Gewerbebetrieb.

4 Jahresabschluss, Finanzierung und Steuern

Einkünfte aus selbstständiger Arbeit ergeben sich vor allem bei Freiberuflern (Ärzten, Rechtsanwälten).

Zu den **Einkünften aus nichtselbstständiger Arbeit** gehören regelmäßig Löhne und Gehälter, aber auch andere Bezüge und Vorteile aus einem Arbeitsverhältnis.

Gewinnanteile und Zinsen gehören in den Bereich der **Einkünfte aus Kapitalvermögen**, wenn diese Erträge nicht in einem Betrieb erzielt werden (dann wären sie Einkünfte aus Gewerbebetrieb).

Einkünfte aus Vermietung und Verpachtung liegen insbesondere dann vor, wenn Grundstücke oder Rechte vermietet oder verpachtet werden.

Die Einkunftsarten sind im Einkommensteuergesetz abschließend geregelt. Insoweit sind alle Einkünfte die bisher nicht in die ersten sechs Einkunftsarten eingeordnet werden konnten, bei den sonstigen Einkünften zu erfassen. Hierzu gehören besonders Einkünfte aus wiederkehrenden Bezügen und der Ertragsanteil von Leibrenten (Zinsanteil) sowie Ergebnisse aus Spekulationsgeschäften.

Für ein Unternehmen sind die Gewinneinkunftsarten von Bedeutung. So kann bei Land- und Forstwirtschaft der Gewinn auch nach **Durchschnittssätzen**, bei Freiberuflern und kleineren Gewerbetreibenden durch den **Überschuss** der Betriebseinnahmen über die Betriebsausgaben ermittelt werden. Buchführungspflichtigen Gewerbetreibenden ist ein aufwendigeres Gewinnermittlungsmodell vorgeschrieben, der **Betriebsvermögensvergleich**. Hierfür ist das Betriebsvermögen am Anfang und am Ende eines Wirtschaftsjahres festzustellen. Der Zuwachs des Endvermögens gegenüber dem Anfangsvermögen ergibt dann den Gewinn. Dabei sind alle Entnahmen dieses Wirtschaftsjahres dem Endvermögen wieder hinzuzurechnen, Einlagen sind abzuziehen.

Beispiel für einen Betriebsvermögensvergleich:

	31.12.02	31.12.03
Anlagevermögen	1.000	800
Umlaufvermögen	700	950
Summe Aktiva	1.700	1.750
./. Fremdkapital	900	800
= Betriebsvermögen	800	950
Betriebsvermögen 31.12.02	950	
./. Betriebsvermögen 31.12.01	800	
= verbleiben	150	
+ Entnahmen	70	
./. Einlagen	15	
= Gewinn	205	

Entnahmen sind dabei alle Wirtschaftsgüter, die für private Zwecke dem Betrieb entnommen werden, **Einlagen** alle Wirtschaftsgüter, die aus dem privaten Bereich in den betrieblichen Bereich eingebracht werden.

Das Betriebsvermögen wird beeinflusst durch Betriebseinnahmen und Betriebsausgaben, d. h. alle Einnahmen und Ausgaben, die durch den Betrieb veranlasst sind. Weitere Auswirkungen ergeben sich aus der Bewertung. Das Betriebsvermögen ist zum Bilanzstichtag zu bewerten. Wertveränderung schlagen sich dabei als Gewinnauswirkung nieder. Die Abnutzung der länger nutzbaren Wirtschaftsgüter ist weiterer gewinnmindernder Einflussfaktor.

Die Ermittlung der Einkünfte als Überschuss der Einnahmen über die **Werbungskosten** bei den Überschusseinkunftsarten orientiert sich streng am **Zufluss-/Abflussprinzip**: Einnahmen sind zu erfassen, wenn sie zugeflossen sind; umgekehrt können Ausgaben erst berücksichtigt werden, soweit eine Zahlung erfolgt ist.

4 Jahresabschluss, Finanzierung und Steuern

Die **Einnahmen-Überschuss-Rechnung** muss ab dem Wirtschaftsjahr 2004/2005 auf **amtlich vorgeschriebenem Vordruck** erfolgen. Mit dieser Standardisierung soll ein Beitrag zur Steuervereinfachung geleistet und vor allem Rückfragen durch die Finanzbehörden vermieden werden. Das gilt für alle Gewinnermittler nach § 4 Abs. 3 EStG und ist nicht auf Unternehmer beschränkt, die unter die nachfolgend beschriebene Kleinunternehmerförderung fallen.

Für Existenzgründer und Kleinunternehmer sieht das Gesetz zur Förderung von Kleinunternehmern und zur Verbesserung der Unternehmensfinanzierung gewisse Erleichterungen vor. Dazu gehört die Anhebung der Buchführungspflichtgrenzen:

	bisher	ab 2004
Umsatzgrenze	260.000 €	350.000 €
Gewinn aus Gewerbebetrieb	25.000 €	30.000 €
Wirtschaftswert Land- u. Forstwirtschaft	20.500 €	25.000 €
Gewinn aus Land- u. Forstwirtschaft	25.000 €	30.000 €

Steueränderungen durch Reformvorhaben 2004

Der Bundestag beschloss am 17.10.2003 das Haushaltsbegleitgesetz 2004 und die Gemeindewirtschaftssteuer. Ziel dieser Steuerreform war die Überwindung der Wachstumsschwäche in Deutschland durch Verbesserung der Rahmenbedingungen für mehr Investitionen und privaten Konsum. Diese Reformvorschläge fanden nicht die Zustimmung der Opposition, weil nur einzelne Vorschriften verändert werden sollten und nicht das gesamte Steuersystem. An Gegenvorschlägen, z. B. die »Merz´sche Steuerreform«, mangelte es nicht. Dennoch gelang dem Vermittlungsausschuss angesichts der drohenden Ablehnung der Reformvorhaben durch den Bundesrat eine Einigung.

Danach kann die Steuerreform neben anderen wichtigen Reformvorhaben der Agenda 2010 zur Durchführung kommen. Das nach dem Haushaltsbegleitgesetz 2004 vorgesehene Vorziehen der dritten Stufe der Steuerreform von 2005 auf 2004 erfolgt jetzt stufenweise:

	Veranlagungszeitraum (VZ) 2003	Vermittlungsausschuss VZ 2004	Haushalts-Begleit-Ges. VZ 2005
Eingangssteuersatz	19,9%	16,0%	15,0%
Spitzensteuersatz	48,5%	45,0%	42,0%
Grundfreibetrag	7.235 Euro	7.664 Euro	7.664 Euro

Auf die Abschaffung der Gewerbesteuer zugunsten einer Gemeindewirtschaftssteuer hat man sich nicht einigen können. Die Gemeindewirtschaftssteuer sollte für ein stabiles Steueraufkommen der Gemeinden sorgen. In die Steuerpflicht einbezogen werden sollten die Freiberufler, die Bemessungsgrundlage sollte verbreitert werden. Stattdessen hat sich der Vermittlungsausschuss auf eine Gemeindefinanzreform verständigt, die den Kommunen 2,5 Milliarden Euro zusätzlich bringt. Die Gewerbesteuer in der bisherigen Form bleibt zunächst erhalten.

Unter dem Stichwort Subventionsabbau wurde die Eigenheimzulage im Volumen um 30% gekürzt und die Pendlerpauschale auf 30 Cent pro Entfernungskilometer gesenkt. Für Unternehmen nachteilig wirkt sich der Wegfall der so genannten Vereinfachungsregel bei der Abschreibung aus. Zukünftig muss die Abschreibung monatsgenau einsetzen. Die Verlustverrechnung wurde beschränkt auf 60%, sofern der zu verrechnende Gewinn mehr als 1 Mio Euro beträgt. Bei der Umsatzsteuer wird die Steuerschuldnerschaft des Leistungsempfängers auf alle steuerpflichtigen Grundstücksumsätze ausgedehnt. Weiterhin wurde der Begriff der Bauleistungen im UStG eigenständig geregelt und abgegrenzt.

4.7.1.3 Veranlagung

Nach Vorlage der Steuererklärungen beim Finanzamt wird im Veranlagungsverfahren nach den Besteuerungsgrundlagen die Steuer förmlich festgesetzt. Grundsätzlich ist jeder Steuerpflichtige nach seinen eigenen persönlichen Verhältnissen zu veranlagen.

Ehegatten können aber die **Zusammenveranlagung** wählen. Die Zusammenveranlagung führt im Ergebnis dazu, dass bei Ehegatten das Familieneinkommen auf beide Ehepartner gleichmäßig aufgeteilt wird und jedem Ehepartner das halbe Einkommen zugerechnet wird (so genanntes **Splittingverfahren**). Dieses führt in den meisten Fällen zu einer Abmilderung der Steuerprogression und damit zu einer geringeren Steuerlast als eine getrennte Veranlagung. Eine Einschränkung dieser Vorteile wird gegenwärtig diskutiert.

4.7.1.4 Sonderausgaben

Zu den Sonderausgaben zählen die folgenden Aufwendungen:

– Unterhaltsleistungen,
– bestimmte Renten und dauernde Lasten,
– gezahlte Kirchensteuer,
– Steuerberatungskosten,
– Aus- und Weiterbildungskosten in einem nicht ausgeübten Beruf,
– Vorsorgeaufwendungen.

Voraussetzung zur Zuordnung der vorgenannten Aufwendungen zu den Sonderausgaben ist jedoch, dass diese weder Betriebsangaben noch Werbungskosten darstellen.

Vorsorgeaufwendungen sind Beiträge zu Versicherungen (Kranken-, Unfall- und Haftpflichtversicherungen, Arbeitnehmerbeiträge zur gesetzlichen Renten- und Arbeitslosenversicherung) sowie Beiträge an bestimmte Lebensversicherungen.

Sonderausgaben sind aber nur dann abzugsfähig, wenn sie nicht im Zusammenhang mit steuerfreien Einkünften stehen, wenn die Beiträge an inländische Versicherungsunternehmen geleistet worden sind und auch keine sparzulageberechtigten vermögenswirksamen Leistungen darstellen. Vorsorgeaufwendungen und Aufwendungen für die Berufsausbildung sind nur im Rahmen bestimmter Höchstbeträge beschränkt abzugsfähig.

4.7.1.5 Außergewöhnliche Belastungen

Erwachsen einem Steuerpflichtigen zwangsläufig größere Aufwendungen als der überwiegenden Mehrzahl der Steuerpflichtigen gleicher Einkommens-, Vermögens- und Familienverhältnisse, können diese Aufwendungen (außergewöhnliche Belastungen) auf Antrag vom Gesamtbetrag der Einkünfte unter Anrechnung einer zumutbaren Eigenbelastung abgezogen werden. Hierbei kann es sich z. B. um Krankheitskosten, Unfallkosten, Scheidungskosten oder um Kosten bei Sterbefällen handeln. Weitere außergewöhnliche Belastungen sind Unterhaltskosten, Aufwendungen für Haushaltshilfen und Kinderbetreuungskosten. Teilweise werden einige außergewöhnliche Belastungen auch durch besondere Pausch-/Freibeträge berücksichtigt (Ausbildungsfreibetrag, Behindertenpauschbetrag, Hinterbliebenenpauschbetrag).

4.7.1.6 Lohnsteuerabzugsverfahren

Verhältnis der Lohnsteuer zur Einkommensteuer

Bei den Einkünften aus nichtselbstständiger Arbeit wird die Einkommensteuer durch Abzug vom Arbeitslohn erhoben (Lohnsteuer), soweit der Arbeitslohn von einem inländischen Arbeitgeber oder Verleiher gezahlt wird (§ 38 EStG). Damit ist die Lohnsteuer keine eigenständige Steuerart, sondern nur eine **besondere Erhebungsform der Einkommensteuer** bei Arbeitnehmern.

Arbeitslohn

Zum Arbeitslohn gehören alle Einnahmen, die dem Arbeitnehmer aus einem bestehenden oder früheren Dienstverhältnis in Geld oder Geldeswert zufließen. Dabei ist es gleichgültig, ob es sich um einmalige oder laufende Einnahmen handelt. Gehälter, Löhne, Provisionen, Tantiemen gehören regelmäßig zum Arbeitslohn, aber auch Arbeitnehmeranteile zur Sozialversicherung, Entschädigungen, Lohnzulagen und Trinkgelder. Zum Arbeitslohn zählen auch unbare Leistungen. So fallen auch **geldwerte Vorteile** unter den steuerpflichtigen Arbeitslohn, wie z. B. die Überlassung eines Fahrzeugs für private Zwecke oder kostenlose Unterkunft und Verpflegung. Annehmlichkeiten gehören nicht zum Arbeitslohn (Sachgeschenke bis 40 € aus besonderem Anlass). Andere Arbeitslohnbestandteile sind steuerfrei (Gestellung typischer Arbeitskleidung z. B.).

Lohnsteuerkarte

Jeder Arbeitnehmer erhält von der zuständigen Gemeinde eine Lohnsteuerkarte, die alle wesentlichen persönlichen Besteuerungsmerkmale enthält. Die **Gemeinde** hat auf der Lohnsteuerkarte einzutragen (§ 39 EStG)

– Steuerklasse,
– Zahl der Kinderfreibeträge,
– Zahl der Kinder.

Der **Arbeitgeber** trägt auf der Lohnsteuerkarte ein (§ 41 b EStG):

– Dauer des Dienstverhältnisses während des Kalenderjahres,
– Art und Höhe des gezahlten Arbeitslohns,
– die einbehaltene Lohnsteuer,
– evtl. ausgezahlte Lohnersatzleistungen (Kurzarbeitergeld).

Die Lohnsteuerkarte soll künftig durch eine elektronische Datenübermittlung vom Arbeitgeber an das Finanzamt ersetzt werden. Die Arbeitnehmer erhalten darüber vom Arbeitgeber eine spezielle Bescheinigung, auf der sie in einfachen Fällen gleich ihre Steuererklärung ausfüllen können. Ziel ist eine Vereinfachung des traditionellen Lohnsteuerverfahrens, nach dem jährlich mehr als 36 Millionen Lohnsteuerkarten und gleich viel Lohnsteuerbescheinigungen ausgestellt werden müssen, neben 2,5 Millionen Einträgen von Freibeträgen und 19 Millionen Lohnsteueranmeldungen.

Durchführung des Lohnsteuerabzugs

Bei der Durchführung des Lohnsteuerabzugs ist der Arbeitgeber verpflichtet, die nach Tabellen berechnete Lohnsteuer für den jeweiligen Abrechnungszeitraum für den Arbeitnehmer einzubehalten und an das Finanzamt abzuführen. Bestimmte Arbeitsentgelte können einer **pauschalen Lohnsteuer** (z. B. bei Teilzeitkräften; § 40 a EStG) unterworfen werden, die dann aber der Arbeitgeber zu übernehmen hat.

4 Jahresabschluss, Finanzierung und Steuern

Pflichten des Arbeitgebers

Der Arbeitgeber hat neben diesen **Ermittlungspflichten** auch die Verpflichtung, ein Lohnkonto mit allen erforderlichen Daten zu führen **(Aufzeichnungspflicht)** und aufzubewahren **(Aufbewahrungspflicht)**. Weiterhin hat der Arbeitgeber dem Finanzamt eine Steuererklärung einzureichen, in der er die abzuführende Lohnsteuer anzugeben hat (Lohnsteueranmeldung; § 41 a EStG). Gleichzeitig muss die Zahlung der Steuerbeträge erfolgen. Die Anmeldung und Entrichtung der Steuer bezieht sich dabei auf den **Anmeldungszeitraum** (Kalenderjahr, Quartal, Monat).

Erstattung der Lohnsteuer

Die für den Arbeitnehmer einbehaltene und abgeführte Lohnsteuer stimmt nicht immer mit der auf den Arbeitslohn entfallenden **Jahreslohnsteuer** überein. Soweit der Arbeitnehmer nicht einkommensteuerpflichtig ist, kann der zuviel gezahlte Betrag im Lohnsteuerjahresausgleich **auf Antrag** erstattet werden. Der Arbeitgeber ist verpflichtet (ab 10 Mitarbeiter) einen Lohnsteuerjahresangleich durchzuführen (meist mit dem Dezember-Entgelt).

4.7.1.7 Steuersätze

Die tarifliche Einkommensteuer bemisst sich nach dem zu versteuernden Einkommen. Sie beträgt 0 € für Einkommen bis zum Grundfreibetrag in Höhe von 7.664 €.

Darüber hinaus ergibt sich eine progressiv ansteigende Steuer mit Grenzsteuersätzen von **15,0 %** bis **42,0 %**. In der oberen Proportionalstufe ergibt sich ein konstanter Grenzsteuersatz (**Spitzensteuersatz**) von **42,0 %**.

Anrechnung der Gewerbesteuer auf die Einkommensteuer bei Personenunternehmen

Angesichts der bestehenden Unterschiede bei der Besteuerung von Kapitalgesellschaften und Personenunternehmen und des Ziels einer möglichst rechtsformneutralen Besteuerung hat der Gesetzgeber ein Modell der Einkommensminderung durch Anrechnung der Gewerbesteuer nach dem **Steuersenkungsgesetz** verwirklicht.

Dazu wurde die neue Vorschrift des § 35 EStG eingeführt, die die bisherige Tarifbegrenzung in § 32c EStG ersetzt. Ziel ist es, über eine pauschale Anrechnung der Gewerbesteuer auf die Einkommensteuer alle Personenunternehmen von der Gewerbeertragsteuer zu entlasten. Die Einkommensteuer wird dabei in Höhe des 1,8fachen des jeweils festgesetzten Gewerbesteuer-Messbetrags reduziert, soweit das zu versteuernde Einkommen auch gewerbliche Einkünfte enthält.

Beispiel:

Steuerbilanzgewinn	*70.000*
+ *Hinzurechnungen*	*10.000*
– *Kürzungen*	*5.500*
– *Freibetrag*	*24.500*
verbleiben	*50.000*
Gewerbesteuer	*3.792*
Gewerbeertrag nach GewSt	*46.208*
Gewinn aus Gewerbebetrieb vor GewSt	*70.000*
GewSt	*3.792*
Einkünfte aus Gewerbebetrieb	*66.208*
Einkommensteuer 48,5%	*32.111*

4 Jahresabschluss, Finanzierung und Steuern

Gewerbeertrag nach GewSt	50.000
12.000 € x 1%	120
12.000 € x 2%	240
12.000 € x 3%	360
12.000 € x 4%	480
2.000 € x 5%	100
Gewerbesteuermessbetrag	1.300
Steuerermäßigung gem. § 35 EStG (x 1,8)	2.340
Festzusetzende Einkommensteuer	29.771

Durch eine pauschalierte Anrechnung wird also die Einkommensteuer des Unternehmers gemindert, soweit sie aus gewerblichen Einkünften herrührt. Die Gewerbesteuer mindert auch weiterhin ihre eigene als auch die einkommensteuerliche Bemessungsgrundlage.

4.7.2 Körperschaftsteuer

Im Gegensatz zu Personengesellschaften sind Kapitalgesellschaften juristische Personen, also Gebilde mit eigener Rechtspersönlichkeit. Insoweit können sie selbstständiges Steuersubjekt sein und der Körperschaftsteuer unterliegen, die das Einkommen der juristischen Personen erfasst.

Unbeschränkt steuerpflichtig sind Kapitalgesellschaften (z. B. AG, KGaA, GmbH), Erwerbs- und Wirtschaftsgenossenschaften, Versicherungsvereine auf Gegenseitigkeit und sonstige juristische Personen mit Sitz oder Geschäftsleitung im Inland. Fehlt es an der Voraussetzung einer inländischen Geschäftsführung oder an einem Sitz im Inland, kann **beschränkte Steuerpflicht** vorliegen, wenn im Inland Einkünfte erzielt werden. Die Ermittlung der Einkünfte (Gewinn) entspricht im Wesentlichen der bei der Einkommensteuer.

Nach langem parlamentarischen Verfahren passierte das Steuersenkungsgesetz (StSenkG) am 14.07.2000 den Bundesrat. Hiernach wird das körperschaftsteuerliche Anrechnungsverfahren abgeschafft und durch das sog. Halbeinkünfteverfahren ersetzt. Der Systemwechsel erfolgt nicht schlagartig. Gewinnausschüttungen, die noch dem Anrechnungsverfahren unterliegen, und Gewinnausschüttungen für die bereits das Halbeinkünfteverfahren gilt, können zwischen den Veranlagungszeiträumen 2001 und 2003 nebeneinander vorkommen. Auch für Gewinne oder Verluste aus der Veräußerung von Kapitalbeteiligungen kann es zu einem ähnlichen Nebeneinander von altem und neuem Recht kommen.

Das StSenkG regelt nunmehr die Besteuerung von Körperschaften mit einem einheitlichen Körperschaftsteuersatz von 25% als Definitivsteuer. Eine etwaige Anrechnung auf die Steuerbelastung des Anteilseigners ist nicht vorgesehen, das seit 1977 gültige Vollanrechnungsverfahren wird abgeschafft.

Nochmals in diesem Zusammenhang zeigt ein Zahlenbeispiel die Belastungsunterschiede zwischen altem und neuem Recht:

	KStG a.F.	KStG n.F. (2001)
Gewinn vor Steuern	115	115
Gewerbesteuer (GewSt)	15	15
Gewinn nach GewSt	100	100
Körperschaftsteuer (KSt)	40	25
Gewinn nach Steuern	60	75

Soweit der Gewinn an eine natürliche Person ausgeschüttet wird, bleibt es auf der Gesellschaftsebene bei einer Körperschaftsteuer von 25%, allerdings hat der Empfänger der Gewinnausschüttung diese der Einkommensteuer zu unterwerfen. Dies führt zu einer Doppelbelastung der ausgeschütteten Gewinn mit KSt und ESt. Die doppelte Belastung wird jedoch gemindert, der Einkommensteuer unterliegt dabei jeweils nur die Hälfte der Gewinnausschüttung (sog. **Halbeinkünfteverfahren**).

Auf der Gesellschafterebene ergibt sich für die Ausschüttung an eine natürliche Person folgende Nettodividende:

Zufluss beim Empfänger (ohne KapESt)   75
ESt (z. B. 40%) von 75:2   15

Nettodividende   60

Soweit an eine Kapitalgesellschaft ausgeschüttet wird, ergibt sich nach § 8 b Abs. 1 KStG n. F. ein Dividendenprivileg für ausländische und inländische Bezüge aus Beteiligungen, unabhängig von der Beteiligungshöhe und Besitzzeit. Ausschüttungen an eine Kapitalgesellschaft sind immer steuerfrei. Für diese Ausschüttungsfälle ergibt sich damit die gleiche Steuerbelastung wie bei der Thesaurierung. Das Halbeinkünfteverfahren greift erst dann ein, wenn Gewinne den Kreis der Kapitalgesellschaften verlassen.

Mit Abschaffung des Anrechnungsverfahrens entfällt auch die Gliederung des verwendbaren Eigenkapitals nach § 30 KStG a.F. Der Abschluss der Gliederungsrechnung erfolgt damit, dass die Endbestände der Teilbeträge der verwendbaren Eigenkapitals auf den Schluss des letzten, vor dem 01.01.2001 beginnenden Wirtschaftsjahres ermittelt werden.

Allerdings konnten Körperschaftsteuerguthaben nicht ausgezahlt werden, und so entschloss sich die Regierung, ein dreijähriges Moratorium mit dem **Steuervergünstigungsabbaugesetz** (StVergAbG) einzuführen. Danach wird die Auszahlung bestehender Körperschaftsteuerguthaben aus dem Anrechnungsverfahren gestreckt. Nach Ende des Moratoriums wird das Körperschaftsteuerguthaben i.H.v. 1/6 der jährlichen ordentlichen Gewinnausschüttungen erstattet, höchstens aber der Betrag, der sich aus der Verteilung des Gesamtguthabens bis zum Jahre 2019 ergibt. Da es sich um bestehende Steuerguthaben handelt, ist die Bezeichnung des Gesetzes als Steuervergünstigungsabbaugesetz missverständlich.

4.7.3 Gewerbesteuer

Steuergegenstand

Die Gewerbesteuer soll als Gemeindesteuer die Lasten der Gemeinden durch Gewerbebetriebe (Erschließung von Industriegelände, Verkehrsanbindungen, Nahverkehr, Unterhaltung von öffentlichen Einrichtungen usw.) nach dem **Äquivalenzprinzip** ausgleichen. Besteuerungsobjekt ist der im Inland betriebene Gewerbebetrieb (§ 2 Abs. 1 GewStG). Ein Gewerbebetrieb ist ein gewerbliches Unternehmen im Sinne des Einkommensteuergesetzes und liegt danach vor, wenn folgende vier Voraussetzungen gegeben sind:

- **Selbstständigkeit**, d. h. die Tätigkeit muss auf eigene Rechnung und eigene Verantwortung ausgeübt werden;
- **Nachhaltigkeit** der Betätigung, d. h. es muss eine erkennbare Wiederholungsabsicht vorliegen;
- **Gewinnerzielungsabsicht**, es muss also die Absicht vorliegen, zumindest auf längere Sicht Gewinne zu erzielen;
- **Beteiligung am allgemeinen wirtschaftlichen Verkehr**, d. h. der Betrieb muss seine Leistung der Allgemeinheit, also einer unbestimmten Anzahl von Personen anbieten.

Diese Merkmale liegen nicht vor bei Betrieben der Land- und Forstwirtschaft, bei selbstständiger Tätigkeit und bei Vermögensverwaltung. Sie liegen stets vor bei Kapitalgesellschaften **(Gewerbebetrieb kraft Rechtsform)**.

Weiterhin muss der Gewerbebetrieb im Inland betrieben werden, d. h. es muss im Inland eine Betriebsstätte unterhalten werden. Betriebsstätte ist nach § 12 AO jede feste Geschäftseinrichtung oder Anlage, die der Tätigkeit des Unternehmens dient (Produktionsstätten, Verwaltung, sogar Bauausführungen und Montagen können eine Betriebsstätte in diesem Sinne begründen).

Steuerschuldner und Steuergläubiger

Steuerschuldner ist nach § 5 GewStG der Unternehmer. Als Unternehmer gilt der, für dessen Rechnung das Gewerbe betrieben wird.

Steuergläubiger ist die Gemeinde. Die stehenden Gewerbebetriebe unterliegen der Gewerbesteuer in der Gemeinde, in der eine Betriebsstätte unterhalten wird (§ 4 GewStG). Befinden sich Betriebsstätten in mehreren Gemeinden, oder erstreckt sich eine Betriebsstätte über mehrere Gemeinden, wird die Gewerbesteuer unter den Gemeinden durch entsprechende Aufteilung des Steuermessbetrages geteilt.

Besteuerungsgrundlagen

Bei der Gewerbesteuer steht der **Gewerbeertrag** im Vordergrund. Der Gewerbeertrag ist nach § 7 GewStG der nach den Vorschriften des Einkommensteuergesetzes oder des Körperschaftsteuergesetzes zu ermittelnde Gewinn aus Gewerbebetrieb, modifiziert um Hinzurechnungen (§ 8 GewStG) und Kürzungen (§ 9 GewStG). Maßgebend ist nach § 10 GewStG der Gewerbeertrag, der in dem Erhebungszeitraum bezogen wird, für den der Steuermessbetrag festgesetzt wird.

Wichtigste **Hinzurechnung** ist die der **Zinsen für Dauerschulden**, wonach die als Betriebsausgaben abgezogenen Zinsen zur Hälfte dem Gewinn wieder hinzugerechnet werden. Dauerschulden sind Fremdkapital, das wirtschaftlich mit der Gründung, Erweiterung oder Verbesserung eines Betriebes zusammenhängt und nicht nur der vorübergehenden Verstärkung des Betriebskapitals dient. Außerdem sind bestimmte Renten und dauernde Lasten, Gewinnanteile des stillen Gesellschafters sowie die Hälfte der Miet- und Pachtzinsen für gemietete Wirtschaftsgüter des Anlagevermögens (ohne Grundbesitz) zu berücksichtigen, wenn sie beim Empfänger nicht der Gewerbesteuer unterliegen.

Kürzungen sind von der Summe aus Gewinn und Hinzurechnungen abzusetzen, insbesondere für Grundbesitz. Hierfür werden 140% des Einheitswertes der Betriebsgrundstücke zugrunde gelegt. Die Kürzung beträgt hiervon 1,2%. Weitere Kürzungen ergeben sich für Gewinnanteile an Gesellschaften, da diese regelmäßig schon bei diesen der Gewerbesteuer unterlegen haben.

Der um Hinzurechnungen und Kürzungen korrigierte Gewerbeertrag bildet die Berechnungsgrundlage für den **Steuermessbetrag**. Auf den Gewerbeertrag kommen nach Abzug eines Freibetrages von 24.500 € Steuermesszahlen (§ 11 GewStG) zur Anwendung, die dann zu einem Gewerbesteuermessbetrag führen, der von Finanzamt festgesetzt wird. Das Zahlenbeispiel (vgl. Abschn. 4.7.1.7) zeigt zusätzlich die Anrechnung der Gewerbesteuer auf die Einkommensteuer von natürlichen Personen.

Der Messbetrag ermittelt sich bei natürlichen Personen durch Anwendung von gestaffelten Steuermesszahlen auf den Gewerbeertrag, verbunden mit der Anrechnung der Gewerbesteuer bei der Einkommensteuer. Bei Kapitalgesellschaften entfällt Staffelung und Anrechnung, dort gilt eine Messzahl von 5%.

Eine Anrechnung auf die Einkommensteuer findet nach den Steuervergünstigungsabbaugesetz (StVergAbG) jedoch nicht statt, soweit der gemeindliche Hebesatz 200% nicht erreicht.

Dieser Steuermessbetrag wird von den Betriebsstättenfinanzämtern veranlagt und der jeweiligen Gemeinde mitgeteilt. Diese wendet ihren **Hebesatz** an und ermittelt so die Steuerschuld. Die einzelnen Hebesätze variieren stark. Durch die Presse ging vor allem die schleswig-holsteinische Gemeinde Norderfriedrichskoog, die lange Zeit einen Hebesatz von 0 hatte. Diese Steueroase wurde jetzt mit dem Steuervergünstigungsabbaugesetz (StVergAbG) trockengelegt; auch dort gilt inzwischen ein Hebesatz von 200%. Der Gewerbesteuermessbetrag von Tochtergesellschaften von Konzernen wird nunmehr der Muttergesellschaft zugeschlagen, wenn der Hebesatz 200% unterschreitet. Personengesellschaften und Einzelunternehmen wird in solchen Fällen die Anrechnung der Gewerbesteuer auf die Einkommensteuer gem. § 35 EStG versagt.

Derart niedrige Hebesätze sind allerdings die Ausnahmen, wie die Beispiele zeigen:

Düsseldorf	450%
Frankfurt a.M.	490%
Berlin	410%
Hamburg	470%
Kiel	430%
München	490%
Dresden	450%
Leipzig	440%

4.7.4 Umsatzsteuer

Anknüpfungspunkt der Umsatzsteuer sind **Leistungen**, im Ergebnis ist sie aber eine **Verbrauchsteuer** auf alle Warenlieferungen und Dienstleistungen, die durch Unternehmer an Endverbraucher gelangen. Der Unternehmer ist Steuerschuldner, er soll die Steuer über den Preis an den Endverbraucher weitergeben. Für den Leistungsverkehr zwischen Unternehmern kann der mit der Umsatzsteuer belastete Unternehmer die Umsatzsteuer in Form der Vorsteuer zurück erlangen. Persönliche Verhältnisse haben keinen Einfluss auf die Besteuerung.

Steuergegenstand

Der Umsatzsteuer unterliegt grundsätzlich der **Leistungsaustausch**; das sind folgende Umsätze:

– Lieferungen und sonstige Leistungen (im Erhebungsgebiet gegen Entgelt im Rahmen des Unternehmens);

– gleichgestellte Leistungen (z. B. Entnahmen für den privaten Verbrauch);

– unentgeltliche Leistungen von Körperschaften und Personenvereinigungen an ihre Mitglieder;

– Einfuhr von Gegenständen in das Zollgebiet.

Steuerbarkeit

Lieferungen und sonstige Leistungen sind nur dann steuerbar, wenn ein Leistungsaustausch vorliegt, einer Leistung muss also eine Gegenleistung (z. B. Entgelt) gegenüberstehen. Ein steuerbarer Umsatz fällt damit unter das Umsatzsteuergesetz; dies bedeutet aber noch nicht, dass er auch **steuerpflichtig** ist. Ein nicht steuerbarer Umsatz fällt also nicht unter das Gesetz, ein steuerbarer Umsatz kann unter eine der zahlreichen Befreiungen nach § 4 UStG fallen (und löst deshalb keine USt aus).

4 Jahresabschluss, Finanzierung und Steuern

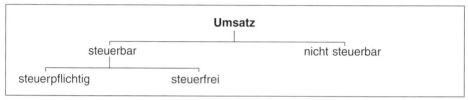

Steuerbarer und steuerpflichtiger Umsatz

Am Leistungsverkehr muss ein leistender Unternehmer beteiligt sein. **Unternehmer** ist, wer eine gewerbliche oder berufliche Tätigkeit selbstständig ausübt. Gewerblich oder beruflich ist jede nachhaltige Tätigkeit zur Erzielung von Einnahmen (§ 2 UStG). Zur Abgrenzung des Unternehmerbegriffs zum Einkommen- und Gewerbesteuerrecht kommt es also nicht auf die Gewinnerzielungsabsicht an, Einnahmenerzielung reicht aus. Danach kann ein Vermieter von Büroräumen umsatzsteuerlich Unternehmer sein, während er einkommensteuerlich als Nichtunternehmer behandelt wird.

Die Lieferung oder sonstige Leistung muss im **Inland** ausgeführt werden. Das Erhebungsgebiet umfasst die Bundesrepublik, allerdings ohne Zollausschlüsse und Zollfreigebiete (§ 1 Abs. 2 UStG).

Bei **Lieferungen** wird der **Ort der Leistung** danach bestimmt, wo die Verschaffung der Verfügungsmacht stattgefunden hat. Nach § 3 Abs. 6 UStG wird eine Lieferung dort ausgeführt, wo sich der Gegenstand zu diesem Zeitpunkt befindet.

Wird der Gegenstand durch den Unternehmer selbst befördert, so gilt die Lieferung mit Beginn der Beförderung als ausgeführt (§ 3 Abs. 7 UStG). Lässt der Unternehmer den Gegenstand durch einen Dritten versenden, so gilt die Lieferung mit der Übergabe als ausgeführt.

Spezielle Lieferungen oder sonstige Leistungen werden z. B. in der Bauwirtschaft erbracht. Rechtlich liegt einer **Bauleistung** in der Regel ein **Werkvertrag** oder ein **Werklieferungsvertrag** zugrunde. Daher unterscheidet auch das Umsatzsteuerrecht zwischen Werklieferung und **Werkleistung**.

Eine Werklieferung ist gegeben, wenn der Unternehmer ein bestelltes Werk unter Verwendung selbst beschaffter Hauptstoffe erstellt (§ 3 Abs. 4 UStG), eine Werkleistung, wenn keine Hauptstoffe verwendet (Aushub der Baugrube) oder diese vom Bauherrn gestellt werden. Wie Werklieferungen oder Werkleistungen werden auch Teilleistungen behandelt, für die das Entgelt gesondert vereinbart und abgerechnet wird. Allerdings muss die Leistung, wirtschaftlich betrachtet, auch teilbar sein und in Teilen geschuldet werden.

Bauunternehmen erbringen Werklieferungen oder Werkleistungen. Dabei kann es auch um wirtschaftlich abgrenzbare Teilleistungen gehen. Gem. § 13 Abs. 1 Nr. 1a UStG entsteht die Umsatzsteuer nach vereinnahmten Entgelten (Sollversteuerung) mit Ablauf des Voranmeldungszeitraums, in dem die Werklieferung oder Werkleistung ausgeführt worden ist. Eine Werkleistung ist mit der Vollendung des Werkes ausgeführt, eine Werklieferung dann, wenn dem Auftraggeber die Verfügungsmacht verschafft worden ist. Der Bauherr muss im eigenen Namen über das fertig gestellte Werk verfügen können. Die baubehördliche Abnahme ist dabei ohne Bedeutung.

Beispiel:

Ein Gebäude wird im Juli fertiggestellt und im August vom Bauherrn bezogen. Die Bauabnahme findet im September statt, im November wird die Schlussrechnung erstellt und im Januar des Folgejahres beglichen. Umsatzsteuerlich ist die Lieferung des Gebäudes mit der Abnahme des Bauherren im August ausgeführt worden. Einer förmliche Abnahme durch den Bauherrn bedarf es dabei nicht, der Einzug ist als schlüssige Handlung ausreichend. Die Umsatzsteuer entsteht mit Ablauf des Monats August.

Die Bestimmung des Leistungsortes anhand der bisherigen Vorschriften ist vor allem bei elektronischen Dienstleistungen schwer gefallen. Was gilt als Ort der Leistung bei einer im Internet heruntergeladenen Software? Hierzu erging auf europäischer Ebene die so genannte **E-Commerce-Richtlinie**, genauer »die Richtlinie 2002/38/EG des Rates zur Änderung und vorübergehenden Änderung der Richtlinie 77/388/EWG bezüglich der mehrwertsteuerlichen Behandlung der Rundfunk- und Fernsehdienstleistungen sowie bestimmter elektronisch erbrachter Dienstleistungen (ABl EG 2002 Nr. L 128 S. 41)«. Mit dem Gesetz zum Abbau von Steuervergünstigungen und Ausnahmeregelungen (StVergAbG) wird die europäische E-Commerce-Richtlinie in deutsches Recht umgesetzt.

Damit sollen gleiche Wettbewerbsbedingungen für Unternehmer geschaffen werden, die aus der EU oder aus Drittländern elektronische Dienstleistungen anbieten. Dazu gehört, dass Unternehmer in der EU, die elektronische Dienstleistungen gegenüber Drittlandsunternehmern erbringen, von der EU-Umsatzsteuer entlastet werden. Werden solche Leistungen aus einem Drittland bezogen, muss sichergestellt sein, dass auch hier Umsatzsteuer erhoben wird. Das gilt für elektronische Dienstleistungen sowie Rundfunk- und Fernsehdienstleistungen.

Zu den elektronischen Dienstleistungen zählen z. B.:

– Bereitstellung von Websites, Webhosting, Fernwartung von Hard- und Software;
– Bereitstellung von Software und deren Aktualisierung;
– Bereitstellung von Bildern, Texten, Informationen (Datenbanken);
– Bereitstellung von Musik, Filmen, Spielen, Sendungen und Veranstaltungen aus den Bereichen Politik, Kunst, Kultur, Sport, Wissenschaft und Unterhaltung;
– Fernunterrichtsleistungen.

Die E-Commerce-Richtlinie regelt demnach nur Leistungen, die auf elektronischem Wege erbracht werden. Bei Leistungen, die über das Internet nur vermittelt werden (z. B. Buchbestellung), gelten die allgemeinen Vorschriften des Umsatzsteuerrechts. Ebenso wird die Übermittlung eines Gutachtens per e-mail nicht durch den Übertragungsweg zu einer elektronischen Dienstleistung.

Bei der Bestimmung des Leistungsortes wird auf den Wohnort des Abnehmers abgestellt, an dem der Verbrauch der Leistung angenommen wird. Dabei kann man folgende Fallgruppen zusammenfassen:

Leistender	Empfänger	Ergebnis
EU-Unternehmer	Drittland	keine USt
EU-Unternehmer	EU-Unternehmer	USt im EU-Land des Empfängers (Sitz)*
EU-Unternehmer	EU-Privatperson	USt im EU-Land des Leistenden (Sitz)
Drittlandsunternehmer	EU-Unternehmer	USt im EU-Land des Empfängers (Sitz)*
Drittlandsunternehmer	EU-Privatperson	USt im EU-Land des Empfängers (Wohnsitz)

* Hier wird die Steuerschuldnerschaft auf den Leistungsempfänger verlagert, sodass den leistenden Unternehmer im Bestimmungsland keine umsatzsteuerlichen Pflichten treffen.

Spezielle Probleme ergeben sich, wenn ein Drittlandsunternehmer Internetdienstleistungen an verschiedene Privatpersonen in mehreren EU-Ländern erbringt. Hier kommt ihm die EU-Richtlinie mit einer Vereinfachung entgegen, denn er kann sich in einem EU-Land seiner Wahl, dem so genannten **Identifizierungsmitgliedstaat**, umsatzsteuerlich anmelden. Hier muss er seine Umsatzsteueranmeldungen abgeben und seine Steuerschuld entrichten. Das heißt nun nicht, dass sich der Unternehmer das Land mit dem günstigsten USt-Satz aussuchen darf. Die Richtlinie bestimmt, dass stets der Steuersatz des Landes gilt, in dem der private Leistungsempfänger ansässig ist. Entsprechend muss der leistende Unternehmer seine Umsätze nach Ländern gesondert melden. Der Identifizierungsmitgliedstaat verteilt dann die vereinnahmte Umsatzsteuer an die betreffenden Mitgliedstaaten weiter (**Revenue-Sharing-System**).

Ort der sonstigen Leistung ist nach § 3a Abs. 1 UStG der Ort, von dem aus der Unternehmer sein Unternehmen betreibt (hierzu enthält § 3a Abs. 2 UStG allerdings einige Ausnahmen).

Die bisherigen Vorschriften zur Eigenverbrauchsbesteuerung, zur Besteuerung von Sachzuwendungen und zu sonstigen Leistungen an Arbeitnehmer haben nicht auf einen vorher in Anspruch genommenen Vorsteuerabzug abgestellt. Die Entnahme oder die entsprechenden Sachzuwendungen an Arbeitnehmer waren bisher steuerbar, auch wenn für die Anschaffung, Erhaltung oder Verbrauch dieses Gegenstandes kein Vorsteuerabzug beansprucht werden konnte.

Diese Regelungen verstießen gegen die 6. EG-Richtlinie und wurden durch das Steuerentlastungsgesetz 1999/2000/2002 grundlegend **neu gestaltet**.

Der Eigenverbrauch wurde als Ersatztatbestand gestrichen. Dafür wurden einer Lieferung gegen Entgelt nach § 3 Abs. 1b UStG gleichgestellt:

– die Entnahme eines Gegenstandes durch einen Unternehmer aus seinem Unternehmen für Zwecke, die außerhalb seines Unternehmens liegen;

– die unentgeltliche Zuwendung eines Gegenstandes durch einen Unternehmer an sein Personal für dessen privaten Bedarf (Ausnahme: Aufmerksamkeiten);

– jede andere unentgeltliche Zuwendung eines Gegenstandes, ausgenommen Geschenke von geringem Wert (z. B. Werbegeschenke) und Warenmuster für Zwecke des Unternehmens.

Voraussetzung ist, dass der Gegenstand oder seine Bestandteile zum vollem oder teilweisem Vorsteuerabzug berechtigt haben.

Eine ähnliche Gleichstellungsregel findet sich für sonstige Leistungen in der Vorschrift des § 3 Abs. 9a UStG, wonach einer sonstigen Leistung gegen Entgelt gleichgestellt werden:

– die Verwendung eines dem Unternehmen zugeordneten Gegenstandes, die zum vollen oder teilweisen Vorsteuerabzug berechtigt hat, durch eine Unternehmer für Zwecke, die außerhalb seines Unternehmens liegen, oder für den privaten Bedarf seines Personals (Ausnahme: Aufmerksamkeiten);

– die unentgeltliche Erbringung einer anderen sonstigen Leistung durch den Unternehmer für Zwecke, die außerhalb seines Unternehmens liegen, oder für den privaten Bedarf seines Personals (Ausnahme: Aufmerksamkeiten).

Für sämtliche unentgeltliche Lieferungen und sonstige Leistungen gilt nach § 3f UStG ein einheitlicher Leistungsort, nämlich der Ort, von dem aus der Unternehmer sein Unternehmen betreibt.

Der bisher geregelte Aufwendungseigenverbrauch für nicht abziehbare Betriebsausgaben gem. § 4 Abs. 5 Satz 1 Nrn. 1–4, 7 und Abs. 7 EStG sowie für Lebenshaltungskosten entfiel zugunsten eines Vorsteuerausschlusses, geregelt in § 15 Abs. 1a Nr. 1 UStG.

Besonderheiten gelten für den **innergemeinschaftlichen Handelsverkehr**. Bis zur Einführung einer endgültigen Regelung ab dem 1.1.97 gilt seit 1993 eine Übergangsregelung: Hiermit wird für den europäischen Binnenmarkt der Steuertatbestand der Einfuhr aufgehoben. Deshalb wird ein neues System zur Gewährleistung der Entrichtung der Mehrwertsteuer für den innergemeinschaftlichen Warenverkehr erforderlich. Wurde früher an der Grenze die Entlastung des Exports und die Belastung der Importe sichergestellt, muss dieses Ziel mit Wegfall der innergemeinschaftlichen Grenzkontrollen durch andere Mittel erreicht werden. Hierzu wird der exportierende Unternehmer von der Mehrwertsteuer entlastet, wenn die Waren in einen anderen Mitgliedstaat bewegt werden und der Abnehmer seine

USt-Identifikationsnummer mitteilt. Der Abnehmer hat als Importeur statt der bisherigen Einfuhr-USt eine so genannte **Erwerbssteuer** zu entrichten, die aber bei unternehmerischer Verwendung wieder als Vorsteuer abziehbar ist.

Zur umsatzsteuerlichen Behandlung der Geschäftsführungs- und Vertretungsleistungen eines Gesellschafters an die Gesellschaft gegen Entgelt hat der Bundesfinanzhof seine bisherige Rechtsprechung aufgegeben. Nunmehr liegen umsatzsteuerbare Geschäftsführungs- und Vertretungsleistungen der Gesellschafter an die Gesellschaft vor, wenn die Leistungen gegen (Sonder-) Entgelt ausgeführt werden und damit auf einen Leistungsaustausch gerichtet sind. Es darf sich nicht um Leistungen handeln, die als Gesellschafterbeitrag durch die Beteiligung am Gewinn und Verlust der Gesellschaft abgegolten werden.

In der Praxis sollten diese Grundsätze vor allem bei der häufig vorkommenden Vertragsgestaltung von GmbH & Co. KGs beachtet werden. Bei der Vereinbarung eines Sonderentgelts für die Geschäftsführung liegt dann regelmäßig ein steuerpflichtiger Umsatz vor. Die geschäftsführende Kapitalgesellschaft kann entsprechend die Vorsteuern abziehen. Wird lediglich eine gewinnabhängige Vergütung vereinbart, liegt auch nach der geänderten Rechtsprechung kein steuerbarer Umsatz vor.

Steuerbefreiungen

Steuerbefreiungen ergeben sich für die in § 4 UStG genannten Umsätze. Dabei kann folgende Unterteilung vorgenommen werden:

1. Steuerbefreite Umsätze **mit** Berechtigung zum Vorsteuerabzug (z. B. § 4 Nrn. 1–6 UStG, hierzu zählen auch die Ausfuhrlieferungen); bei Ausfuhrlieferungen wird regelmäßig der Umsatz von inländischer USt befreit und bei der Einfuhr dann wieder ausländischer USt unterworfen. Dadurch sollen Wettbewerbsverzerrungen vermieden werden.

2. Steuerbefreite Umsätze **ohne** Berechtigung zum Vorsteuerabzug (Umsätze nach § 4 UStG ohne diejenigen unter Punkt 1); diese Regelung enthält den Grundsatz, dass Vorsteuern immer nur dann abgezogen werden können, wenn die Steuerpflicht der Umsätze gegeben ist.

2a. Steuerbefreite Umsätze **ohne** Berechtigung zum Vorsteuerabzug, aber **mit** der Möglichkeit der Option (Verzicht auf die Steuerbefreiung); der Unternehmer kann unter der Voraussetzung, dass sein Abnehmer auch ein Unternehmer ist, auf die Steuerbefreiung durch Erklärung verzichten und den Umsatz steuerpflichtig werden lassen (z. B. Umsätze nach § 4 Nrn 8 a–g; Nr. 9 a UStG). Die Folge ist dann, dass ein eigentlich steuerfreier Umsatz steuerpflichtig gestaltet wird, um dadurch die Möglichkeit des Vorsteuerabzuges zu erhalten.

2b. Steuerbefreite Umsätze **ohne** Berechtigung zum Vorsteuerabzug und **ohne** Möglichkeit der Option; bei diesen Umsätzen bleibt es bei dem Grundsatz, dass steuerfreie Umsätze nicht zum Vorsteuerabzug berechtigen.

Steuersätze, Bemessungsgrundlage, Steuerschuldner

Bemessungsgrundlage ist gem. § 10 Abs. 1 Satz 1 UStG das Entgelt. **Entgelt** ist der Nettobetrag, den der Leistungsempfänger aufwendet, um die Leistung zu erhalten. Der **Regelsteuersatz** beträgt derzeit 16% der Bemessungsgrundlage, der **ermäßigte Steuersatz** (z. B. für bestimmte Lebensmittel, Bücher) 7% (auch als »voller« und »halber« Mehrwertsteuersatz bezeichnet). Der Unternehmer ist Steuerschuldner und hat die Steuer nach Ablauf des Voranmeldungszeitraumes, in dem die Leistung erbracht wurde, selbst zu berechnen, anzumelden und abzuführen. Für so genannte **Kleinunternehmer** bestehen Vergünstigungen.

4 Jahresabschluss, Finanzierung und Steuern

Die Steuer entsteht regelmäßig nach **vereinbarten Entgelten** (mit Forderungsentstehung) und nur im Ausnahmefall nach **vereinnahmten Entgelten** (mit Zahlungseingang).

Vorsteuerabzug

Ist der Unternehmer unter den genannten Voraussetzungen zum Vorsteuerabzug berechtigt, kann er von seiner Umsatzsteuerschuld die ihm in Rechnung gestellte Vorsteuer in Abzug bringen. Dazu müssen aber nachfolgende Bedingungen erfüllt sein (§ 15 UStG):

Die Lieferung oder sonstige Leistung muss ausgeführt sein **und** eine Rechnung mit gesondertem Steuerausweis vorliegen. Falls die Leistung noch nicht erbracht worden ist, muss die Rechnung mit gesondertem Steuerausweis vorliegen und die Zahlung erfolgt sein.

Technisch dient der Vorsteuerabzug dazu, komplizierte Berechnungen des so genannten **Mehrwertes** und der Steuer darauf zu vermeiden.

Beispiel:
Ein Unternehmer der 1. Produktionsstufe liefert an einen Unternehmer der 2. Produktionsstufe Materialien
für   100 €
zuzüglich USt   16 €

Auf der 2. Stufe werden diese Materialien zu einem Produkt veredelt, welches
für   300 €
zuzüglich USt   48 €

an einen Großhändler verkauft wird. Der Großhändler veräußert das Produkt an einen Einzelhändler für   400 €
zuzüglich USt   64 €

Der Einzelhändler schließlich bietet das Produkt für   500 €
zuzüglich USt   80 €

einem Endabnehmer an.

Der Unternehmer der 2. Stufe hat eigentlich nur einen Mehrwert von 200 € (300 – 100 €) der Umsatzsteuer zu unterwerfen. Technisch vollzieht sich dies derart, dass dieser Unternehmer dem Finanzamt eine Mehrwertsteuer von 48 € schuldet, aber Vorsteuern von 16 € aus der Vorlieferung beanspruchen kann. Die Zahllast ermittelt sich dann:

in Rechnung gestellte Mehrwertsteuer   48 €
./. abziehbare Vorsteuer   16 €
= Zahllast   32 €

Probe: Mehrwert des Unternehmers der 2. Stufe   200 €
darauf 16% »Mehrwert«steuer   32 €

Aufzeichnungspflichten

Zur Feststellung der Steuer und der Grundlagen ihrer Berechnung ist der Unternehmer verpflichtet, Aufzeichnungen zu machen, die so beschaffen sein müssen, dass es einem sachverständigen Dritten innerhalb angemessener Zeit möglich ist, einen Überblick über die Umsätze des Unternehmers und die abziehbaren Vorsteuern zu erhalten und die Grundlagen für die Steuerberechnung festzustellen.

4.7.5 Grunderwerbsteuer

Seit 1983 gibt es ein **Grunderwerbsteuergesetz** des Bundes, welches das bisher stark zersplitterte Grunderwerbsteuerrecht der Länder vereinheitlicht. Hinsichtlich der Bestimmungen über die Erwerbsvorgänge, Bemessungsgrundlage und Steuerschuldner lehnt sich das GrdEStG 1983 an die bisher geltenden Vorschriften an.

Bei den **Steuerbefreiungen** wurden zwei neue Befreiungstatbestände eingeführt: Grundstückserwerbe zwischen Ehegatten und Grundstückserwerbe durch den früheren Ehegatten des Veräußerers im Rahmen der Vermögensauseinandersetzung nach der Scheidung.

Das Grunderwerbsteuergesetz definiert in § 2 GrdEStG das Grundstück und listet in § 1 GrdEStG die einzelnen der Steuer unterliegenden Erwerbsvorgänge auf. Neben reinen Grundstücksgeschäften kann auch der Übergang von Gesellschaftsanteilen Grunderwerbsteuer auslösen.

Beispiel:
A besitzt 100% der Anteile an der A-Grundbesitz-GmbH und verkauft diese an B. Der Vorgang ist grunderwerbsteuerpflichtig.

Die Bemessungsgrundlage der GrdESt ist der Wert der Gegenleistung. Der Steuersatz beträgt 3,5%. Zahlreiche Meldepflichten der Beteiligten und z. B. der Notare stellen sicher, dass die Steuer auch erhoben werden kann. Zudem darf der Erwerber eines Grundstücks erst dann in das Grundbuch eingetragen werden, wenn eine **Unbedenklichkeitsbescheinigung** vorliegt. Nach § 22 Abs. 2 GrdEStG hat das Finanzamt diese Bescheinigung zu erteilen, wenn die Grunderwerbsteuer entrichtet ist.

4.7.6 Bewertungsgesetz

Alle Steuern sind Geldleistungen, die an eine in Geldeinheiten bewertete Bemessungsgrundlage anknüpfen. Zur Ermittlung dieser Bemessungsgrundlagen ist es notwendig, viele Güter (z. B. Grundstücke, Forderungen oder Wertpapiere) mit einem Geldbetrag zu bewerten. Hierzu dienen Bewertungsvorschriften. Die Bewertung vollzieht sich dabei nach bestimmten Vorschriften, denen ein bestimmtes Bewertungsziel zugrunde liegt. Das Bewertungsgesetz enthält allgemeine und besondere Bewertungsvorschriften. Diese Vorschriften haben den Bewertungsgegenstand (z. B. Grundstück), den Bewertungsmaßstab (z. B. Gemeiner Wert), die Bewertungsmethode (z. B. Sachwertverfahren) und den Bewertungszeitpunkt (-stichtag) zu regeln.

Ziel des Bewertungsgesetzes war die Zusammenfassung von einheitlichen Bewertungsvorschriften für alle Steuerarten in einem einheitlichen Gesetz. Dieses Ziel konnte nicht erreicht werden, weil die einzelnen Steuerarten zu unterschiedliche Anforderungen an die Bewertungsvorschriften gestellt haben, sodass in vielen anderen Steuergesetzen eigene Bewertungsvorschriften zu finden sind. So folgen die Bewertungsvorschriften des § 6 EStG dem Ziel einer periodengerechten Gewinnermittlung, daher gelten Spezialvorschriften des Einkommensteuergesetzes. Dagegen stützten sich die Ermittlungen der Besteuerungsgrundlagen bei der bis 1997 erhobenen Vermögensteuer auf einen bestimmten Stichtag und folgen dem Bewertungsrecht.

Der **Bewertungsgegenstand** ist die **wirtschaftliche Einheit**, die aus einem oder mehreren Wirtschaftsgütern (z. B. einem ganzen Betrieb mit Betriebsgrundstücken, Maschinen, Forderungen usw.) bestehen kann.

Der **Bewertungsmaßstab** ergibt sich aus dem zu ermittelnden Wert:

– Gemeiner Wert (§ 9 BewG),
– Teilwert (§ 10 BewG),
– Ertragswert (§ 36 BewG).

Der **gemeine Wert** wird durch den Preis bestimmt, der im gewöhnlichen Geschäftsverkehr nach der Beschaffenheit des Wirtschaftsgutes bei einer Veräußerung zu erzielen wäre. Ungewöhnliche oder persönliche Verhältnisse sind dabei nicht zu berücksichtigen. Wirtschaftsgüter, die einem Unternehmen dienen, sind in der Regel mit dem Teilwert anzusetzen.

Teilwert ist der Betrag, den ein Erwerber des ganzen Unternehmens im Rahmen des Gesamtkaufpreises für das einzelne Wirtschaftsgut ansetzen würde. Dabei ist davon auszugehen, dass der Erwerber das Unternehmen fortführt.

Der **Ertragswert** bewertet die Ertragsfähigkeit, also den bei ordentlicher Bewirtschaftung gemeinhin und nachhaltig erzielbaren Reinertrag.

Das Bewertungsgesetz regelt zur Wertfindung einige Bewertungsmethoden. So ist z. B. bei der Bewertung eines Betriebes geregelt, dass der Gesamtwert durch eine **Vermögensaufstellung** zu ermitteln ist mit einer Steuerbilanz als Grundlage.

Der **Bewertungsstichtag** ist im Gesetz geregelt: Die Vorschrift des § 106 BewG bestimmt, dass für den (mengenmäßigen) Bestand und die Bewertung die Verhältnisse im Feststellungszeitpunkt maßgeblich sind. Für Betriebe, die regelmäßig jährliche Abschlüsse auf den Schluss des Kalenderjahres machen, ist dieser Abschlusstag zu Grunde zu legen.

Das Bewertungsergebnis kann für mehrere Steuerarten herangezogen werden und wird daher **Einheitswert** genannt. So sind z. B. Grundbesitzwerte für wirtschaftliche Einheiten des Grundvermögens und für Betriebsgrundstücke für Zwecke der Erbschafts- und Schenkungsteuer oder der Grunderwerbsteuer nach § 138 BewG gesondert und ggf. auch einheitlich festzustellen. Zuständig ist dabei nach § 18 Abs. 1 Nr. 1 AO das Lagefinanzamt.

Das Bewertungsverfahren für unbebaute Grundstücke findet nicht nur Anwendung bei der Bewertung unbebauter Grundstücke, sondern bestimmt auch den Mindestwert bebauter Grundstücke und den Wert des Grundstücks in Sonderfällen, wenn sich z. B. ein nicht mehr nutzbares Gebäude auf dem Grundstück befindet. Zum Ansatz gelangen grundsätzlich die **Bodenrichtwerte**, die für Bauerwartungsland, Rohbauland und baureifes Land noch gewichtet werden. Ebenso haben Geschossflächenzahl, Grundstücksgröße und Grundstückstiefe Einfluss auf die Bewertung.

Bebaute Grundstücke werden nach dem **Ertragswertverfahren** bewertet. Grundlage bildet die maßgebliche Jahresmiete, auf die ein Vervielfältiger von 12,5 angewendet wird. Abschläge wegen Alters sind vorgesehen, ein Zuschlag von 20% ergibt sich für Häuser, die nicht mehr als zwei Wohnungen haben.

4.7.7 Betriebswirtschaftliche Bewertung der Steuern im Unternehmen

Die betriebswirtschaftliche Bewertung der Steuern im Unternehmen ist Gegenstand der betriebswirtschaftlichen Steuerlehre als spezielle Theorie der Unternehmenspolitik. Ihre Hauptaufgabe besteht darin, die Besteuerung als betrieblichen Einflussfaktor, also die mikroökonomischen Wirkungen auf das betriebliche Geschehen zu untersuchen. Man will wissen, wie die Steuer auf Betriebsgrößen, -verbindungen, -formen, auf Gründung und Beendigung, auf die Finanzierung, die Produktion, den Absatz, das Investitionsverhalten, Standort und Wettbewerb wirkt. Dabei versucht die betriebswirtschaftliche Steuerlehre die Steuerfolgen bzw. die Folgen alternativer Vermeidungsstrategien auch wertmäßig einzuschätzen.

Literaturverzeichnis

Abels, H.: Wirtschaftsstatistik, Opladen 1976
Baßeler, U., Heinrich, J.: Grundlagen und Probleme der Volkswirtschaft, Stuttgart 2001
Beck'sches Handbuch der Rechnungslegung, München 2004
Birker, K.: Projektmanagement, Berlin 1995
Bruhn, M., Stauss, B. (Hrsg.): Dienstleistungsqualität, Wiesbaden 1991
Claus, G. et al.: Grundlagen der Statistik für Psychologen, Pädagogen und Soziologen, Frankfurt/M. 1979
Coenenberg: Jahresabschluss und Jahresabschlußanalyse, Landsberg 1987
Däumler, K.-D.: Grundlagen der Investitions- und Wirtschaftlichkeitsrechnung, Berlin 2000
Däumler, K.-D.: Betriebliche Finanzwirtschaft, Herne, Berlin 1997
Donnelly et al.: Marketing of Services, American Marketing Association, 1981
Falterbaum, H., Beckmann, H.: Buchführung und Bilanz. Steuerrecht für Studium und Praxis, Osnabrück 2002
Flanagan, J.C.: Psychological Bulletin, July Jg. 51/1954
Gabler Kompakt Lexikon Wirtschaft, Wiesbaden 2001
Gabler Wirtschaftslexikon, Wiesbaden 2001
Graf, O.: Arbeitsphysiologie, Wiesbaden 1960
Grochla, E.: Unternehmungsorganisation, Reinbek bei Hamburg 1981
Hambusch, R. (Hrsg.): Organisationslehre, Darmstadt 1973
Hax, H.: Investitionstheorie, Würzburg, Wien 1983
Hellstern/Wollmann (Hrsg.): Handbuch der Evaluationsforschung, Bd. 1, o.J.
Hub, H.: Aufbauorganisation - Ablauforganisation, Wiesbaden 1994
Kosiol, E.: Organisation der Unternehmung, Wiesbaden 1962
Kunst, P. et al.: Quality Management in Services, Assen/Maastricht, 1992
Lange, Ch.: Einführung in die PC-unterstützte Datenverarbeitung, Ludwigshafen 1995
Lippross, O.-G.: Umsatzsteuer, Achim 2000
Maslow, A.H.: Motivation and Personality, New York, London 1970
Matthäus, F.: Tourenplanung. Verfahren zur Einsatzdisposition von Fuhrparks, Darmstadt 1978
Morschheuser, F., Santozki, K.: Büro 2000, Darmstadt 1993
Müller-Merbach, H.: Operations Research. Methoden und Modelle der Optimalplanung, München 1973
Peters. H.: Volkswirtschaftslehre, Darmstadt 1995
Prey, K.P.: Das Produkthaftungsgesetz, Regensburg 1990
Samuelson, P.A., Nordhaus, W.D., Mandel, M.J.: Volkswirtschaftslehre, Frankfurt/M. 1998
Schertler, W.: Unternehmensorganisation, München, Wien 1993
Schierenbeck, H.: Grundzüge der Betriebswirtschaftslehre, München 2003
Schmalen, H.: Grundlagen und Probleme der Betriebswirtschaft, Köln 1999
Schmidt: EStG Einkommensteuergesetz Kommentar, München 2004
Scholz, H.G., Heinen, H.P., Hagemann, F.: Volkswirtschaftslehre, Köln 2001
Schumacher, D.: Qualitätssicherung, Bedeutung und Methoden in Produktion und Beschaffung, Hamburg 1995
Schwarze, J.: Grundlagen der Statistik, Herne 1996
Sprenger, R.: Mythos Motivation, Frankfurt/M. 1997
Statistisches Bundesamt Deutschland: Statistisches Jahrbuch für die Bundesrepublik Deutschland, Wiesbaden 2003
Statistisches Bundesamt Deutschland: Amtliche Statistik, www.destatis.de
Szyperski, N. et al.: Unternehmensführung, Einführung in die Planungslehre, FeU Hagen 1982
Steinbuch, P., Olfert, K. (Hrsg.): Organisation, Ludwigshafen 2003
Stork, E.: Logistik im Büro, Weinheim 1997
Taylor, F.W.: The Principles of Scientific Management, New York 1911, in deutscher Übersetzung: Die Grundsätze wissenschaftlicher Betriebsführung, München, Berlin 1913
Tischler, K.: Grundwissen Umwelt, Stuttgart 1994
Warnecke, H.-J. et al.: Handbuch Qualitätstechnik, Landsberg/Lech 1992

Literaturverzeichnis

Wild, J.: Grundlagen der Unternehmensplanung, Reinbek bei Hamburg 1974
Wöhe, G., Döring, U.: Einführung in die Allgemeine Betriebswirtschaftslehre, München 2002
Woll, A.: Allgemeine Volkswirtschaftslehre, München 2002
Zimmermann, G.: Investitionsrechnung, Hamburg 2002

Stichwortverzeichnis

ABC-Analyse	213	Amalgamation	215
Abfall	334	Amortisationsrechnung	316
Abfallbilanz	327	Amtsgeheimnis	168
Abfalltrennung	338	Analoge Daten	108
Abfallwirtschaft	338	Analysemethoden	257
Abfallwirtschaftskonzept	327	Änderungsdaten	107
Abgabenordnung	432	Anfragevorgang	233
Abgabenpolitik	74	Angebot	24, 38 f
Abgasentschwefelung, -wäsche	338	Angebotsmonopol	48
Abgeld	377	Angebotsoligopol	47
Abgrenzungen	367	Angebotsüberhang	42
Abgrenzungsprinzip	385	Anhang	368, 382 f
Ablauforganisation	200 ff	Anlageinvestitionen	35
Ablaufplanung	228	Anlagenabnutzungsgrad	402
Abnahmeprüfung	264	Anlagenintensität	401
Abnutzung	389	Anlagenspiegel	377
Absatzwirtschaft	83	Anleihe	422
Abschlussbericht	233 f	Annuität	422
Abschlussprüfer	409	Annuitätendarlehen	422, 431
Abschreibung	361, 397	Annuitätenmethode	321
Abschreibungen, planmäßige	388	Anordnungskompetenz	192
Abschreibungsarten, -formen	388 ff	Anpassungsprozesse	190
Abschreibungsplan	389	Anschaffungskosten, -nebenkosten	386
Abschreibungsverfahren	390 f	Anschaffungspreisminderungen	387
Abwasser	333, 341	Ansparrücklage	426
Abweichungskontrollen	212	Antizyklische Fiskalpolitik	71
Abwertung	62	Antragskompetenz	192
Abzinsung	318	Anweisungen	188
Ad-hoc-Team	199	Anwendersoftware	146 ff
Adressbus	118, 120	Anwendungsentwicklung	148
Adressierung, direkte, - indirekte	140	Anzahlung	421
AfA (Absetzung für Abnutzung)	389	AQL (Acceptable Quality Level)	293
AfA-Tabellen	390	Äquivalenzprinzip	443
AG (Aktiengesellschaft)	92	Arbeit	25
Akkreditiv	99, 431	Arbeit, ausführende, dispositive	80
Aktienbezugsrecht	422	Arbeitgeber, Pflichten	441
Aktienformen	420	Arbeitsablaufbogen	206
Aktiengesellschaft (AG)	92, 418	Arbeitsabläufe	200
Aktionärsschutz	349	Arbeitsganganalyse	204
Aktionsträger	187	Arbeitsgangdarstellung	205
Aktive Rechnungsabgrenzung	367	Arbeitsgeschwindigkeit	117
Aktivierungsvorschriften	383	Arbeitsgruppe, selbststeuernde	244
Aktiv-Passiv-Mehrung, -Minderung	358	Arbeitslohn	440
Aktivseite	375	Arbeitslosenquote	73
Aktivtausch	358	Arbeitslosigkeit, friktionelle,	
Akzelerator-Multiplikator-Modell	67	- konjunkturelle, - saisonale, - strukturelle	73
Akzeleratorprinzip	67	Arbeitsmarktpolitik	74
Akzeptant	421	Arbeitsorganisation	26
Alternativenauswahl	214, 217	Arbeitsplan (Wertanalyse)	286
Alternativenbeurteilung	214, 258	Arbeitsproduktivität	29, 85
Altlasten	334	Arbeitsspeicher	119
ALU	119	Arbeitsteilung	185

Stichwortverzeichnis

Arbeitsverteilungsbogen	205, 210	BCG-Analyse	284
Argumentationstechniken	248	Beamer	256
Arithmetisches Mittel	268, 300	Beauftragte für den Datenschutz	170
Asbest	340	Bedarf	24
Abschreibung, außerplanmäßige	389	Bedarfsstruktur	39
ASCII-Code	115	Bedingte Kapitalerhöhung	420
ASME-Code	206	Bedingungen, externe, - interne	188 f
Assemblersprachen	149	Bedürfnis	24
Assemblierer	145	Befragung	292
Asynchrone Verschlüsselung	165	Begeisterungsanforderungen	270
Attributprüfung	267	Beiträge	432
Audit	271 ff	Belastungen, außergewöhnliche	439
Audit-Organisation	273	Belastungsdiagramm	229 ff
Auditplanung	273	Belegarten	130
Auditprozess	273	Beleggestaltung	132
Auditrahmenplan	273	Belegleser	122
Aufbauorganisation	191 ff	Bemessungsgrundlage	435
Aufgabenanalyse	191	Benchmarking	271
Aufgabenliste	225	Beobachtung	292
Aufgabensynthese	192	Berufsgeheimnis	168
Aufgabenzergliederung	204	Beschaffung	83
Auflagenpolitik	74	Beschäftigungsgrad	68
Aufsichtsrat	93	Beschäftigungsschwankungen	410
Auftragskontrolle	169	Bestand	347
Aufwand, betriebsfremder,		Bestandsanalyse	304
- neutraler, - periodenfremder	350	Bestandsdaten	107
Aufwendungen, unterlassene, für		Bestandskonten	359
Instandhaltung	399	Bestandsmasse	291
Aufwertung	62	Bestätigungsvermerk	409
Aufzinsung	319	Besten-Profil	271
Ausfallbürgschaft	428	Besteuerungsgrundsätze	433
Ausführungskompetenz	192	Beteiligungsfinanzierung	418
Ausgabe	350	Betriebliches	
Ausgabedaten	108	Verbesserungsvorschlagswesen	276 ff
Ausgabegeräte	122 f	Betriebsbereitschaft	387
Ausschüttungssperre	383	Betriebsbuchhaltung	347
Außenbeitrag	35	Betriebsgröße	411
Außenfinanzierung	417 ff	Betriebsmittel	81
Außenprüfung	434	Betriebssystem	145
Außenwert	61	Betriebsvergleich	309
Außenwirtschaft	60 f	Betriebsvermögensvergleich	437
Außenwirtschaftliches Gleichgewicht	61, 68	Bewegungsdaten	107
Außergewöhnliche Belastungen	439	Beweiskraft von Handelsbüchern	352
Auszahlung	350	Bewertungsgesetz	451
Avalkredit	421	Bewertungsrecht, Grundkonzeption	385
		Bewertungsvereinfachungsverfahren	394
Balkencode	130	Bewertungsvorschriften	384 ff
Balkendiagramm	207	Beziehungen	188 f
Bankkredit	421	Beziehungszahlen	303
Bankregel, goldene	417	Bezugsrecht	419
Barwert	318, 394	Bezugsverhältnis	422
BASIC	149	BGB-Gesellschaft	90
Basisanforderungen	270	Bilanz	359, 365 ff
Basissoftware	146	Bilanz, verkürzte	372
Batchbetrieb	113	Bilanzanalyse	400 ff
Bauleistung	446	Bilanzaufbau	375 ff
BCD-Code	114	Bilanzidentität	384

Stichwortverzeichnis

Bilanzierungshilfen	400
Bilanzregel, goldene	416
Bilanzrichtliniengesetz	352
Bilanzstrukturnormen	414
Bilanzsumme	373
Bilanzwert	385
Binnenmarkt, europäischer	78
Binnenwert der Währung	53
Bit	109, 136
Block	136, 138
Blueprinting	323
Boden	25
Bodenrichtwerte	452
Boom	64
Boot-ROM	110
Bottom-Up-Methode	162
Brainstorming	214, 250
Brainwriting	254
Branchensoftware	146
Bruttoabschluss	367
Bruttoinlandsprodukt	29, 32
Bruttoinlandsprodukt, reales	63
Bruttoinvestitionen	35
Bruttonationaleinkommen	33
Buchführung	353 ff
Budgetplanung	232
Bundesbank	55
Bundesdatenschutzgesetz (BDSG)	167 ff
Bundesimmissionsschutzgesetz (BImSchG)	326
Bundeskartellamt	51
Bürgschaft	378
Bürgschaft, Ausfall-, selbstschuldnerische	428
Bus-Netzwerk	126
Busse, Bussystem	118, 120
Bußgeld	434
BVW (Betriebliches Verbesserungsvorschlagswesen)	276 ff
Byte	109, 116, 136
C, C++	150
Cache	118
CAD (Computer Aided Design)	104
CAD/CAM-Programme	104
CAE (Computer Aided Engineering)	104
CAM (Computer Aided Manufacturing)	104
CAP (Computer Aided Planning)	104
CAQ (Computer Aided Quality Control)	104
Cash Flow	284, 404, 417, 428
C-Bit	115
CD-ROM	112
CECC	261
Checkliste	212, 263
Children-Segmente	143
Chips	110
CIM (Computer Integrated Manufacturing)	104
Client	124
Client-Server-Architektur	102 f, 124, 143
Closed-Shop-Betrieb	164
Cluster	251
COBOL	149
Cobwebtheorem	49
Codes	113 ff, 134
Codierung	156
Compiler	145
Compound Instruments	424
Computerviren	165
Controller	184
Controlling	83, 184, 348
Cournot´scher Punkt	49
CPM (Critical Path Method)	228, 285
CPU	117 f
Critical Incident Technique	323
CR-RW-Laufwerk	112
Damnum	377
Dämpfe	332
Darlehen	98, 421
Darlehensvertrag	431
DAT	111
Datei	109, 136
Dateiname, -kennung	136
Dateiverwaltung	145
Daten, analoge, - digitale	108
Daten, externe, - interne	108
Datenbank	109
Datenbank- und Informationssysteme	142
Datenbanken, externe	128
Datenbanken, hierarchische, - netzwerkorientierte	142
Datenbanken, relationale	143
Datenbus	118, 121
Datenerfassung	129 ff
Datenfernübertragung (DFÜ)	124, 127 ff
Datenfluss	155
Datenflussplan (DIN 66001)	158
Datenklassifizierung	164, 166
Datenorganisation	134 ff
Datenschutz, internationaler	174
Datenschutzbeauftragte	170
Datenschutzrichtlinie, europäische	167, 173
Datensicherung	163 ff
Datenspeicherung, redundante	164
Datenträger	111 f, 138
Datentransfer (FTP)	129
Datenübertragung, redundante	164
DATEV-Kontenrahmen	356
Dauerbeobachtung	201, 205, 210
Debitorenkonten	357
Debugger	146
Deckungsbeitrag	283
Deckungsgrade	403
Deckungsstockfähigkeit	422
Deficit Spending	71

Stichwortverzeichnis

Deflation	58	DV-Feinkonzept	155
Degressive Abschreibung	391	DV-Grobkonzept	154
Delkredere-Risiko	423	Dynamik	200
Deming-Zyklus	279	Dynamik der Unternehmensumwelt	190
Depression	64 f	Dynamische Methoden	
Derivate	424	(Investitionsrechnung)	318 ff
Derivative Faktoren	25		
Design-Review-Checklisten	263	**E**AN-Balkencode	122, 130
Desktop Publishing (DTP)	104, 122	E-Commerce-Richtlinie	447
Deutsche Bundesbank	55	EFQM	262
Deutscher Kalibrierdienst	271	Eigenfinanzierung	417 f
Dezentralisation	194	Eigenheimzulage	438
Dezimalsystem	114	Eigenkapital	360
DFÜ (Datenfernübertragung)	124	Eigenkapitalanteil	310
Diagramm	204, 207, 228	Eigenkapitalrentabilität	86, 310, 415
Diagrammformen	297	Eigentumsordnung	22
Dialogbetrieb	113	Ein/Ausgabe-Module	119
Dialoggeräte	123	Einfachketten	141
Dienstleistungsbilanz	61	Eingabedaten	108
Dienstleistungsstellen	193	Eingabegeräte	121 f
Dienstleistungsverkehr, freier	78	Eingabekontrolle	169
Digitale Daten	108	Eingangskontrolle	292
Digitalkamera	122	Einheit, statistische	291
DIN EN ISO 9000ff	261 f	Einheitswert	444, 452
Dioxine	332	Einkommensentstehung	34
Direkte Steuern	432	Einkommensteuer	435 ff
Disagio	377	Einkommensverteilung, funktionale,	
Disketten	112	- personale, - primäre, - sekundäre	37
Diskontierung	421	Einkommensverwendung	35
Diskontinuität	190	Einkommensverteilung	36
Diskussionsverhalten	247	Einkunftsarten	436
Disposition	186	Einlagefazilität	70
Dispositive Faktoren	81	Einlagen	360, 437
Dispositive Planung	182	Einlinienorganisation	195 ff
Divisionale Organisation	196	Einnahme	350
Dokumentation	162 f, 214, 233	Einnahmen-Überschuss-Rechnung	438
Dokumentationsauswertung	211	Einrede der Vorausklage	428
Dokumentationssysteme	142	Einzahlung	350
Dokumentationszweck der Buchführung	351	Einzelbewertungsprinzip	384
Dokumentenakkreditiv	431	Einzelkaufleute	88
Doppelketten	141	Einzelkosten	387
Doppelte Buchführung	358	Einzelkosten-Gesamtkosten-Verhältnisse	309
Doppik	358	Einzelunternehmen	372
Download	128	Elektrofilter	338
Drei-Generationen-Prinzip	164	Elementarfaktoren	80
Drittparteien-Audit	272	E-Mail	128
Drohende Verluste	398	EMAS	337
Drucker	123	Emissionsrechte	74
DSL	127	Emissionsschutz	338
DTP (Desktop Publishing)	104	Endkontrolle	292
Dualsystem	114	Endwert	319
Durchschnitt	300	Energiemanagement	341
Durchschnitt, gleitender	307	Entgelte, vereinbarte, - vereinnahmte	450
Durchschnittssätze	437	Entnahmen	360, 437
Durchschnittswert, gewogener	395	Entscheidung	77
Durchsetzung	217	Entscheidungsbefugnisse	194
DVD	112	Entscheidungskompetenz	192

Stichwortverzeichnis

Entscheidungsorientierte Ablauforganisation	204
Entscheidungsprogramm	183
Entscheidungstabellen	160
Entwicklungsantrag	152
Entwicklungsprognose	381
Episkop	256
EPROM	110
Ereignismasse	291
Erfahrungskurveneffekt	285
Erfassungsanweisung	132
Erfassungshilfen	131
Erfolg	347, 359
Erfolgskonsolidierung	407
Erfolgsquellen	378
Erfolgsrechnung	378
Ergänzungsanalyse	155
Ergebniskontrolle	184, 218
Erhebungsverfahren	433
Ersatzinvestitionen	35
Ertrag	350
Ertragskraft	26, 400
Ertragswert, -verfahren	452
Erweiterungsinvestitionen	35
Erwerbssteuer	449
Erwerbswirtschaftliches Prinzip	27
ESZB (Europäisches Zentralbanksystem)	55
Euro	76, 78
Europäische Kommission	77
Europäische Union	75 ff
Europäische Wirtschafts- und Währungsunion (EWWU)	55, 75, 78
Europäischer Binnenmarkt	75, 78
Europäischer Gerichtshof	77
Europäischer Rat	77
Europäischer Rechnungshof	77
Europäisches Parlament	75, 76
Europäisches Umweltrecht	330
Europäisches Währungsinstitut (EWI)	56
Europäisches Währungssystem (EWS)	75
Europäisches Zentralbanksystem (ESZB)	55, 69
European Foundation for Quality Management (EFQM)	262
European Quality Award (EQA)	262
EVA-Prinzip	108, 159
EWI (Europäisches Währungsinstitut)	56
EWS (Europäisches Währungssystem)	75
EWWU (Europäische Wirtschafts- und Währungsunion)	55, 76, 78
Excitement Quality	270
Existenzbedingungen	240
Existenzgründer	430, 438
Expansion	64
Experiment	292
Expertensysteme	150 f
Exportkartell	51
Extension	137
Externe Kosten	30, 335
Fachbereichsbezogenes Projektmanagement	222
Factor, -ing	423
Faktoreinkommen, -entgelte	25
Fallweise Regelungen	195
Farben	340
Fazilitäten, ständige	70
FCKW (Fluorchlorkohlenwasserstoff)	332
Fehlerbaumanalysen	263
Fehlerhaftigkeit	342
Fehlerklassifizierung	263
Fehlerkosten	265
Fehler-Möglichkeits- und Fehler-Einfluss-Analyse (FMEA)	264
Fehlerverhütungsprogramm	276
Feinkonzept, fachliches	153
Feld	109
Feldart, -name, -typ	136
Fernsprechnetz	127
Fertige Erzeugnisse	393
Fertigungskontrolle	292
Festbewertung	394
Festplatten	111, 119
Festsetzungsverfahren, -frist	433
FIFO-Methode	395
Finanzanlagen	396
Finanzbuchhaltung	84, 347
Finanzielles Gleichgewicht	409, 412
Finanzierung	84, 409 ff
Finanzierungen, hybride	424
Finanzierungsanalyse	402 f
Finanzierungsarten	417 ff
Finanzierungsformen	410
Finanzierungskennzahlen	310
Finanzierungsleasing	423
Finanzierungsregeln	414
Finanzierungsregeln, horizontale	416
Finanzierungsregeln, vertikale	414
Finanzplan	411
Firewall	125
Firma	88
Fischer´sche Verkehrsgleichung	56
Fiskalpolitik	23
Fiskalpolitik, Instrumente, - antizyklische	71
Flächendiagramm	297
Flipchart	256
Fluorchlorkohlenwasserstoff (FCKW)	332
Flussplan	206, 228
Forderungen, uneinbringliche, - zweifelhafte	394
Forderungskonten	357
Forderungsrechte	429
Formaldehyd	340
Formalziele	187

Stichwortverzeichnis

Formkaufmann	353	Gemeiner Wert	452
Forschung und Entwicklung	381	Gemeinkosten	387
FORTRAN	149	Gemeinlastprinzip	326
Fortschreibung	291	Gemeinschaftsprojekt	220
Fortschrittskontrolle	184, 218, 233	Gemeinwirtschaftliches Prinzip	28
Frachtbrief	96	Gemildertes Niederstwertprinzip	390
Frachtführer	96	Gemischte Konten	361
Fragebogen	205, 210, 211	Genehmigtes Kapital	420
Fragenkaskade	253	Generalklausel	369
Fraktale Organisation	199	Genossenschaftliches Prinzip	28
Freibeträge, -grenzen	435	Geometrisch-degressive Abschreibung	391
Freizügigkeit	22, 78	Gerichtshof, europäischer	77
Fremdbild	242	Gesamtkapitalrentabilität	86, 310, 415
Fremdfinanzierung	417, 421 ff	Gesamtkostenverfahren	369, 379
Fremdkapital	403	Gesamtkostenvergleich	312
Fremdkapitalanteil	310	Gesamtpläne	182
Fremdkapitalzinsen	387	Gesamtrechnung, volkswirtschaftliche	32
Frequenz-Relevanz-Analyse (FRAP)	324	Geschäftsbereiche	199
Fristenkongruenz	417	Geschäftsführer	94
Fristigkeitsregeln	414	Geschäftsvorfälle	347
FTP	129	Gesellschaft bürgerlichen Rechts (GbR)	90
Führung	81	Gesellschaft mit beschränkter Haftung (GmbH)	93
Führungsstil	260		
Führungstechniken	236 ff	Gesellschafterversammlung	93
Führungsverhalten	242	Gesetz gegen Wettbewerbsbeschränkungen (GWB)	23, 51
Funktionale Organisation	196		
Funktionsarten	288	Gesprächsführung	245
Funktionsbedingte Eigenschaften	288	Gesundheitsverletzung	343
Funktionsbereiche, betriebliche	82	Gewährleistungen	397
Funktionsklassen	288	Gewährleistungsverträge	378
Funktionsmeistersystem	197	Gewerbebetrieb	88, 443
Fusion	51	Gewerbebetrieb, Einkünfte aus	436
Fusionskontrolle	52	Gewerbeertrag, -steuermessbetrag	442
		Gewerbefreiheit	22
Gantt-Diagramm	207, 228	Gewerbesteuer	441, 443 ff
Gase	332	Gewinn- und Verlustrechnung	359, 378
Gauß´sche Normalverteilung	268	Gewinneinkunftsarten	436
GbR (Gesellschaft bürgerlichen Rechts)	90	Gewinninflation	57
Gebäude	387	Gewinnmaximierung	187
Gebietskartell	51	Gewinnmaximum	49
Gebrauchsfunktion	288	Gewinnquote	37
Gebrauchsgüter	24	Gewinnrücklagen	376
Gebühren	432	Gewinnschuldverschreibung	423
Gebundenes Kapital	315	Gewinnvergleichsrechnung	313
Gebundenes Vermögen	403	Gewogener Durchschnittswert	395
Gefährdungshaftung	329	Gezeichnetes Kapital	376
Gehäuse	118	Giralgeld	53
Geld	53 ff	Giralgeldschöpfungsprozess	54
Geldmenge	56	Gläubigerkapital	421
Geldmengenpolitik	70	Gläubigerschutz	349, 388
Geldpolitik	23, 69 ff	Gleichgewicht, außenwirtschaftliches	61
Geldschöpfung, primäre	53	Gleichgewicht, finanzielles	400, 409, 412
Geldschöpfung, sekundäre	54	Gleichgewichtspreis	39, 41
Geldvolumen	56	Gleitende Durchschnitte	307
Geldwert	59 f	Gliederung	226
Geltungsfunktion	288	Gliederungsprinzipien (Bilanz)	369 ff
Gemeineigentum	22	Gliederungszahlen	303

Stichwortverzeichnis

Globalisierung	52
GmbH (Gesellschaft mit beschränkter Haftung)	93
Going-Concern-Prinzip	384
Goldene Bankregel	417
Goldene Bilanzregel	416
Grafikkarte	118
Grafische Darstellung	296
Grenzsteuersatz	441
Grobkonzept, fachliches	153
Grobplanung	214
Großanlagenbau	199, 220
Größenkategorien, -klassen (Kapitalgesellschaften)	373 f
Großrechner	125
Grunderwerbsteuer	451
Grundfunktionen, betriebliche	82
Grundkapital	92, 376
Grundlagenanalyse	212
Grundpfandrechte	429
Grundprogramm	145
Grundsatz der Fristenkongruenz	417
Grundsätze ordnungsmäßiger Buchführung (GoB)	351, 368, 384
Grundschulden	429
Gruppen, formelle, - informelle	243
Gruppenarbeit	244, 279
Gruppenbewertung	395
Gruppengespräch	246
Gruppenpsychologie	243
Güter	24
Güter, freie, immaterielle, materielle	24
GuV-Posten	365
GWB (Gesetz gegen Wettbewerbsbeschränkungen)	23, 51
Hacker	165
Haftung (im Handelsunternehmen)	88
Haftung (nach ProdHaftG)	341 ff
Haftungsausschluss	344
Haftungsverhältnisse	378
Halbeinkünfteverfahren	425, 442 f
Handbücher	156, 273
Handelsbilanz	61
Handelsbilanzgewinn	377
Handelsgeschäfte	96
Handelsgesellschaften	88
Handelsgesetzbuch (HGB)	87 ff, 351
Handelsgewerbe	87
Handelskauf	97
Handelsklauseln	97
Handelskredit	421
Handelsmakler	95
Handelsrecht	87 ff
Handelsregister	88
Handelsverkehr, innergemeinschaftlicher	448
Handelsvertreter	95
Handelsvolumen	56
Handelswaren	393
Handlungsbevollmächtigter, -vollmacht	94
Handlungsgehilfe	95
Hardware	117 ff
Hardware-Komponenten	118
Hardware-Maßnahmen	164
Harzburger Modell	244
Häufigkeit, absolute, - relative	295
Hauptfehler	264
Hauptspeicher	120
Hauptversammlung	93
Haushalte, private	27
Hebesatz	445
Hemmung	433
Hersteller	341, 344
Herstellungskosten	387
Herstellungskostenansatz	388
Hexadezimalsystem	114
HGB (Handelsgesetzbuch)	87 ff
Hierarchische Datenbanken	142
Hilfspersonen des Kaufmanns	94
Hilfsprogramme	145
Histogramm	268
Hochkonjunktur	65
Höchstgrenze (Bewertung)	388
Höchstpreise	45
Höchstwertprinzip	377
Horizontalsoftware	146
Host	129
Hybride Finanzierungen	424
Hypotheken	429
Hypothekenkredit	422
IAS	407
Ideenmanagement	279
Identifikation	134
Identifizierungsmitgliedsstaat	447
Identnummern	135
IFRS	407
Immissionen	326
Immissionsschutz	327
Imparitätsprinzip	368, 385
Importkartell	51
Improvisation	186
Indexzahlen	308
Index	140
Indirekte Steuern	432
Individualsoftware	147
Indossament	420
Inflation, galoppierende, - hausgemachte, - offene, - schleichende, - verdeckte	57
Inflation, importierte	58
Inflationsrate	60
Informationen	180
Informationsflüsse	188
Informationsinhalte	188

Stichwortverzeichnis

Informationssysteme	142	Kalkulation	84
Infrastrukturmaßnahmen	23	Kamera, digitale	122
Ingangsetzung und Erweiterung		Kano-Modell	270
des Geschäftsbetriebs	377, 396, 400	Kapazität	111, 116
Inhaberaktie	420	Kapazitätsausgleich	231
Initiierungsphase	209	Kapazitätserweiterungs-,	
Inländerkonzept	33	freisetzungseffekt	427
Inlandskonzept	33	Kapazitätsgruppen	229
Innenfinanzierung	425 ff	Kapital	25
Innergemeinschaftlicher Handelsverkehr	448	Kapital als Produktionsfaktor	29
Innovation, technische	68	Kapital, gebundenes	315
Insolvenz	409	Kapital, genehmigtes	420
Inspection Lot	264	Kapital, gezeichnetes	376
Inspection Planning, - Specification	263	Kapitalbedarf	410
Instandhaltungen	399	Kapitalbedarfsplanung	411
Instanz	152, 192 f, 198	Kapitalbeteiligungsgesellschaft	418
Intensitätsmäßige Merkmale	294	Kapitalerhaltung	412 f
International Accounting Standards (IAS)	407	Kapitalerhöhung, bedingte	420
International Financial Reporting		Kapitalerhöhung, ordentliche	419
Standards (IFRS)	407	Kapitalgesellschaften	89, 370, 373, 396
Internationale Rechnungslegung	407	Kapitalistische Gesellschaft	22
Internet	127, 129	Kapitalkonsolidierung	407
Interpreter	145	Kapitalkonto	360
Interview	211, 323	Kapitalmangel	67
Interviewmethode	205, 210	Kapitalrücklagen	376
Intranet	125	Kapitalstruktur	402, 412 f
Inventar	353 f	Kapitalverkehr, freier	78
Inventur	353 ff, 366	Kapitalverkehrsbilanz	61
Inventurarten, -systeme,	354	Kapitalvermögen, Einkünfte aus	437
Inventurerleichterungen	356	Kapitalwertmethode	216, 318 ff
Inventurverfahren	356	Kapitalwiedergewinnungsfaktor (KWF)	322
Investition	27, 35, 84	Kardinalskala	294
Investitionsanalyse	401 f	Kartell	50 f
Investitionsgüter	24	Kartellamt	23, 51
Investitionskapitalbedarf	412	Kartellgesetz	23, 51
Investitionsplan	412	Kartenabfrage	250
Investitionsquote	402	Kartogramm	298
Investitionsrechnung	311 ff	Kaufkraft	60
ISBN	133	Kaufmann	87 ff, 353
ISDN	127	Kausalitätszusammenhang	
ISDN-Richtlinie	174	Schaden/Produktfehler	343
Ishikawa-Diagramm	265	Kenngrößen	115 f
ISO 14001	336	Kennzahlen	308
ISO 9000 ff	259, 261 f	Kennzahlen, betriebswirtschaftliche	85 ff
Ist-Analyse	211	Kennzahlenanalyse	212
Ist-Analyse, -Aufnahme	153	Keyboard	121
		KG (Kommanditgesellschaft)	92
Jahresabschluss	84	Klarschriftbeleg	130
Jahresabschluss, Aufstellung,		Klassierung	294
- Feststellung	368	Klassifikation	135
Jahreslohnsteuer	441	Kleinunternehmer	438, 449
Job Enlargement,		Kluft	138
- Enrichment, - Rotation	244	Knappheit	25
Joystick	122	Kohlenmonoxid	332
		Kohlenwasserstoff	334
Kaizen	278	Kombiniertes Audit	272
Kalibrierdienst	271	Kommanditgesellschaft (KG)	92, 353

Stichwortverzeichnis

Kommanditist	92
Kommissionär	96
Kommunigramm	201
Kommunikationsbeziehungen	188
Kompetenz	192, 248
Kompetenzcenter	199
Kompetenzteam	199
Komplementär	92
Komplexität (Projekt)	219
Komplexität der Unternehmensumwelt	190
Konditionenkartell	51
Kondratieff-Wellen	64
Konferenzmethode	211
Konfliktgespräch	246
Konjunktur	63 ff
Konjunkturaufschwung	65
Konjunkturindikatoren	64, 66
Konjunkturtheorien	66 ff
Konjunkturzyklus	64
Konkurrenz, unvollständige	46
Konkurrenz, vollständige	39
Konsistenzkontrolle	184, 221
Konsolidierung, -sarten	406 f
Konsum	27, 35
Konsumgüter	24
Konsumption	27
Kontaktpunktanalyse	322 f
Konten	357 ff
Konteneröffnung	359
Kontengruppen	357
Kontenplan, -rahmen	356
Kontinuierlicher Verbesserungsprozess (KVP)	276 ff
Konto	370
Kontokorrent	98
Kontokorrentkredit	421
Kontrolle	81, 218, 260
Kontrollen (Datensicherung)	169
Kontrollen (Ist-Analyse)	212
Kontrollen (Planung)	184
Kontrollmeldungen	188
Konvergenzkriterien	79
Konzentration	50 f
Konzern	51, 405
Konzernabschluss	353, 405 ff
Kooperation	50 f
Kooperationsprinzip	326
Koordination	177
Koordinationsmechanismus	21
Körperschaftsteuer	425, 442 f
Körperverletzung	343
Korrespondierende Massen	291
Kosten	351
Kosten- und Leistungsrechnung	347
Kosten, externe, - private	335
Kosten, externe, - private, - soziale	30
Kostendruckinflation	57
Kosten-Ertrags-Kennzahlen	309
Kosten-Leistungs-Verhältnisse	309
Kostenplanung	232
Kostenrechnung	84, 349
Kostenvergleichsrechnung	215, 311
Kosten-Zeit-Verhältnisse	309
Kredit	421
Kreditorenkonten	357
Kreditsicherheiten	428 f
Kreditsubstitute	423 f
Kreisdiagramm	297
Kreislaufwirtschafts- und Abfallgesetz (KrW-/AbfG)	327
Krise	65
Krisenkartell	51
Kritikgespräch	246
Kritische Vorgänge	208
Kritische-Ereignisse-Methode	323
Kritischer Fehler	263
Kritischer Weg	208
Kryptographie	165
Kühlwasser	334
Kundenanforderungen	270
Kundenanzahlung	421
Kundenaudit	262, 272
Kundenzufriedenheit	322
Kündigungsdarlehen	422, 431
Künstliche Intelligenz (KI)	150 f
Kurvendiagramm	298
KVP (Kontinuierlicher Verbesserungsprozess)	276 ff
Ladeschein	96
Lagebericht	368, 381
Lagerhalter	96
Lagerhaltung	83
Lagerschein	96
LAN (Local Area Network)	124
Land- und Forstwirtschaft, Einkünfte aus	436
Landesdatenschutzgesetze	168
Lärm, -stufen	334
Laserdrucker	123
Latente Steuern	377, 383
Lean Management	195
Leasing	423
Lebenshaltungsindex	59
Leistung	351
Leistungen, sonstige	445
Leistungsabschreibung	393
Leistungsanforderungen	270
Leistungsbilanz	61
Leistungsort	446
Leitbild	238
Leitkurs	63
Leitungsebenen	194
Lernstatt	279
Leverage Effect	402, 415

Stichwortverzeichnis

Leverage-Optimum	416	Marktpreis	41, 396
Lichtgriffel	122	Marktungleichgewicht	41
Lieferantenkredit	421	Marktverhältnisse	189
Lieferungen und sonstige Leistungen	445	Marktwirtschaft	22
LIFO-Methode	395	Marx-Engels-Effekt	427
Lineare Abschreibung	391	Maschinen- und Prozessfähigkeitsuntersuchung	269
Lineare Programmierung	282	Maschinenfähigkeit	269
Liniendiagramm	297	Masse, statistische	291
Linienfunktion des Projektmanagers	222	Maßeinheiten	115 f
Linker	146	Maßgeblichkeit	397
LINUX	146	Maßnahmenblätter	235
Liquidität	84, 86 f, 240, 412	Maßnahmenkatalog	252
Liquidität, graduelle	413 f	Maßnahmenkompetenz	192
Liquidität, optimale	414	Maßzahlen	299
Liquiditätsanalyse	403 f	Materialproduktivität	86
Liquiditätsbetrachtung, dynamische, - statische	413	Materialwirtschaft	83
Liquiditätsgrade	87, 404	Matrixdrucker	123
Liquiditätsplanung	232	Matrixfunktion	221
Liquiditätsreserve	54	Matrixorganisation	198
Lizenzrecht	173	Maus	122
Lochkarte	105	Maximalprinzip	25
Lohmann-Ruchti-Effekt	427	MDT (Mittlere Datentechnik)	102
Lohnpolitik	72	Median	299
Lohnquote	37	Medien	255 f
Lohnsteuerabzugsverfahren	440	Mehrlinienorganisation	197
Lohnsteueraußenprüfung	434	Mehrprogrammbetrieb	113
Lohnsteuerkarte	440	Mehrwert	361, 450
Lokale Netze	125	Mengennotierung	61
Lombardkredit	421	Merkmal	291, 293
LOP	283	Merkmal, diskretes, - intensitätsmäßiges, - stetiges	294
Lösemittel	340	Merkmal, qualitatives	293
Lower Management	194	Merkmalsausprägung	291, 293
		Messzahlen	304
Maastricht-Vertrag	75 f	Metaplan-Technik	249
Machtpromotor	232	Methode 635	254
Magisches Viereck	69	Methodenkompetenz	249
Magnetbänder	111, 138	Middle Management	194
Mainframe	125	Mindestpreise	44
Make-or-Buy-Analyse	154	Mindestreserve	54 f, 70
Makro-Programmierung	148	Minimalkostenkombination	26
Malcolm Baldrige Award (MBA)	262	Minimalprinzip	25
Managementaufgaben	176	Ministerrat	77
Management-by-Delegation	244	Mitarbeiterbeurteilung	243
Management-by-Direction-and-Control	244	Mitarbeiterführung	243
Management-by-Exception	244	Mitarbeitergespräch	243
Management-by-Objectives	244	Mitsprachekompetenz	192
Marketing	83	Mitteilungsinformationen	188
Markierungsbeleg	130	Mittelwerte	299 ff
Markt	37 f	Mittlere absolute Abweichung	302
Markt, vollkommener	38	Mittlere Datentechnik (MDT)	102, 124
Marktarten	38	Modalwert	299
Marktaufgabe	186	Modem	127
Marktformen	46	Moderation	245 ff
Marktforschung	322	Moderationstraining	249
Marktgleichgewicht	39	MODULA-2	150
Marktpotenzial	239		

Stichwortverzeichnis

Modulo-11-Verfahren	133
Modus	299
Monitor	122, 145
Monopol	46
Morphologischer Kasten	253
Motherboard	118
Motivationspyramide	237
MPM (Metra-Potential-Method)	228, 285
MS-DOS	146
MS-WINDOWS	146
Multimomentaufnahme	205, 210
Multiplikatorprinzip	67
Multi-User-Betrieb	113
Must-be Quality	270
Nachaudit	275
Nachfrage	24, 38 f
Nachfragesoginflation	57
Nachfrageüberhang	42
Nachtragsbericht	381
Nachverbrennung, katalytische,	
- thermische	338
Nachwuchsprodukt	284
Nadeldrucker	123
Namensaktie	420
NAS	165
Nationalökonomie	21
Natur	25
Nebenfehler	264
Nettoabschluss	367
Nettoauslandsaktiva	61
Nettoinvestitionen	35
Netze, externe	128 f
Netze, globale	129
Netzplan	204, 208, 228, 230, 258
Netzplan, -technik	285 ff
Netzteil	118
Netzwerke	102 f, 123, 125 ff, 164
Netzwerk, vermaschtes	126
Netzwerkkarte	118
Nichtselbstständige Arbeit,	
Einkünfte aus	437
Niederstwertprinzip	377, 390, 393
Nominalskala	293
Nominalwertprinzip	368, 386
Normalverteilung	268
Normen	243
Normen- und Typenkartell	51
NOVELL	146
Null-Spur	140
Nummern	134
Nutzdaten	107
Nutzungsdauer, betriebsgewöhnliche	390
Nutzwertanalyse	181, 215
Objekt, Arbeitsteilung nach	185
Objektorientierte Ablauforganisation	201
Objektorientierte Sprachen	150
Objektprinzip	196
Obligation	422
Offene Handelsgesellschaft (OHG)	91, 353
Offenlegung (Rechnungslegung)	375
Offenmarktgeschäfte	70
Offline-Erfassung	130
OHG (Offene Handelsgesellschaft)	91
Öko-Audit	272
Öko-Audit-Verordnung EMAS	337
Öko-Bilanz	336
Ökonomisches Prinzip	25, 349
Ökosteuern	46
Oligopol	46
Online-Dienste	128
Online-Erfassung	130
Online-Konferenz	128
Operations Research	257, 280
Operative Planung	182
Operatives Controlling	348
Optionsschuldverschreibung	422
Optionsverhältnis	422
Ordinalskala	294
Ordnungspolitik	23
Ordnungswidrigkeiten (Steuern)	434
Organigramm	193
Organisation	81, 175 ff
Organisation, divisionale	196
Organisation, fraktale	199
Organisation, funktionale	185, 196
Organisation, teamorientierte	198
Organisationsanalyse	157
Organisationseinheiten, logische,	
- physische	135
Organisationsformen	195 ff
Organisationsplan	193
Organisationssystem	187
Orgware-Maßnahmen	164
Originator	424
OR-Prozess	281
Ort der Leistung	446, 448
OS/2 Warp	146
Osterweiterung	76
Overheadprojektion	256
Ozonloch	332
PAP (Programmablaufplan)	156
Parallelnummern	135
Parent-Segmente	143
Pareto-Analyse	264
Parität	63
Paritätsbitverfahren	164
Parlament, Europäisches	75 f
Partnerschaft	90
Partnerschaftsgesellschaftsgesetz	
(PartGG)	90
Partnerschaftsvertrag	91

Stichwortverzeichnis

PASCAL	149	Präsentation	254
Passive Rechnungsabgrenzung	367	Preis	38 f, 56
Passivierungsvorschriften	384	Preisbildung	46
Passivseite	375	Preiselastizität	43
Passivtausch	358	Preisführerschaft	47
PC (Personal Computer)	102	Preisindex	59
PDCA-Zyklus	279	Preiskartell	51
Pendlerpauschale	438	Preismechanismus	42
Pensionsrückstellungen	428	Preisniveau	39, 68, 411
Performance Quality	270	Preisnotierung	61
Peripherie	121 ff	Preisstabilität	55
Permanente Inventur	355	Preisstarrheit	47
Personal Computer (PC)	102	Preissteigerungsrate	60
Personalbeschaffung	83	Primärerhebung	292
Personalentwicklung	84	Primärorganisation	220
Personalkennzahlen	309	Prinzipien des Umweltrechts	326
Personalwirtschaft	83	Private Kosten	30, 335
Personenbezogene Daten	169	Privateigentum	22
Personengesellschaften	89, 372	Pro rata temporis	389
Personenkonten	357	Problemanalyse	152, 223
Personenunternehmen	372	Problembedeutung	209
PERT	228, 285	Problemdaten	107
Pflichtenheft	155	Problemdefinition	178, 209
PGP (Pretty Good Privacy)	165	Problemformulierung	178
Piktogramm	298	Problemlösungsmethoden	253
Pinnwand	256	Problemorientierte Sprachen	149
Pinnwand-Technik	249	Produktaudit	272
Planalternativen	181	Produktgestaltung	336
Planänderungen	232	Produkthaftungsgesetz (ProdHaftG)	341 ff
Plananpassung	183	Produktion	27
Planauswahl	181	Produktionsfaktoren	25 f, 80 ff
Pläne	176, 182	Produktionskennzahlen	309
Plankontrolle	184	Produktionsmengengestaltung	336
Plan-Nukleus	183	Produktionsmittel	27
Planrevision	232	Produktionsprogramm	411
Planung	81, 175 ff, 348	Produktionswirtschaft	83
Planung, dispositive, - operative, - strategische	182	Produktivität	85
		Produktlebenszyklus-Konzept	257
Planung, operative, - strategische	83	Produktverantwortung	327
Planungsaufgaben	176	Profit-Center-Konzept	196
Planungsmethoden	257	Prognose	307
Planungsprozesse	178 ff	Prognoseplanung	410
Planungsrechnung	348 f	Programmablaufplan (PAP)	156, 159
Planungsserviceaufgaben	176	Programmdokumentation	162
Planungsstruktur	176	Programmerstellung	156
Planungssystem	176	Programmierhilfen	146
Planungsträger	177	Programmiersprachen	149 ff, 156
Planwirtschaft	22	Programmierung	148, 156
Plausibilitätskontrollen	212	Programmierung, strukturierte	161
Plausibilitätsprüfungen	133	Programmtest	156
Plotter	123	Progression	426
Polypol	46	Projekt	217, 219
Portfolio-Management	284	Projektauftrag	224
Portfolio-Technik	257	Projektdokumentation	162, 233
PPS (Produktionsplanungs- und Steuerungssystem)	104	Projekt-Gruppe	244
		Projektkontrolle	232
Prämissenkontrolle	184, 242, 260	Projektkoordination	221

Stichwortverzeichnis

Projektlenkung	233
Projektmanagement	218 ff
Projektorganisation	199, 220
Projektplanung	224
Projektpräsentation	233
Projekt-Sonderbericht	233
Projekt-Statusbericht	233
Projektsteuerung	232
Projektstrukturplan (PSP)	226
Projektstrukturplanung	225
Projektteam	199
Projektwertung	214
Prokura, Prokurist	94
Prokuraindossament	421
PROLOG	150 f
PROM	110
Protokoll	253
Prozessanordnung, -geschwindigkeit	410
Prozessaudit	272
Prozessbegleiter	235
Prozessfähigkeit	269
Prozesspolitik	23
Prozessrechner	125
Prüfablaufplan	264
Prüfanweisung	264
Prüfbit	115
Prüfbitverfahren	132, 164
Prüflos	264
Prüfmittel	271
Prüfplan	263
Prüfziffernverfahren	132 f
Publizitätsgesetz	405
QM-System	258
Qualitatives Merkmal	293
Qualitätsaudit	262, 273
Qualitätshandbuch	273 f
Qualitätskontrolle	258, 260
Qualitätslenkung	260
Qualitätsmanagement	190, 253
Qualitätsmanagementhandbuch	273
Qualitätsprüfung	264
Qualitätssicherungshandbuch	260
Qualitätszirkel	276, 279
Quality Circle	276
Quality Function Deployment (QFD)	259, 264
Quantitätsregeln	414
Quotenkartell	51
Rabattkartell	51
RAM	110, 119 f
Rangskala	294
Rat der Europäischen Union (Ministerrat)	77
Ratifikation	217
Rating-Verfahren	429
Rationalisierungskartell	51
Rationalprinzip	25
Raumorientierte Ablauforganisation	201
Realisationsprinzip	368, 376
Realzeitbetrieb	113
Rechenschaft	352
Rechnerarten	124 f
Rechnungsabgrenzungsposten	367
Rechnungshof, europäischer	77
Rechnungslegungspflichten	372
Rechnungswesen	84, 347 ff
Rechtsformen der Unternehmung	89 ff
Recycling	336, 339
Referenzdaten	108
Regelkreis der Qualitätssicherung	260
Registersperre	375
Reihe, statistische	294
Reinvestitionen	35
Relationale Datenbanken	143
Rembourskredit	421
Renditeerwartung	67
Rentabilität	86, 240, 413
Rentabilitätskennzahlen	310
Rentabilitätsrechnung	314
Rentabilitätsregeln	414
Reserven, stille	376, 426
Ressourcenplanung	229
Restpostenbilanz	61
Revenue-Sharing-System	447
Rezession	64 f
Rhetorik	245
Richtigkeit, Grundsatz der	368
Richtlinie	77
Richtlinienkompetenz	192
Richtzahlenvergleich	310
Ringketten	142
Ring-Netzwerk	126
Risikoanalyse	223 f
Risikoprioritätszahl	266
Roh-, Hilfs- und Betriebsstoffe	393
Rollen	243
ROM	110
Römische Verträge	75
Rootsegment	143
RPZ (Risikoprioritätszahl)	266
Rücklagen, stille	376
Rückstellungen	353, 397 ff, 428
Rückzahlungsdarlehen	422, 431
Sachanlagen, Bewertung von	386
Sachbeschädigung	344
Sachkonten	357, 359
Sachmittel	187
Sachziel	186
Sale-and-Lease-Back	373, 424
SAN	165
Satz	109, 138
Säulendiagramm	297
Scanner	122

Stichwortverzeichnis

Schaden	343	Spediteur	95
Schengener Abkommen	75	Speicher, externe	111
Schlüsselsysteme	134	Speicher, interne	110
Schnittstellen	120	Speichergeräte	124
Schuldanerkenntnis	98, 430	Speichernetzwerke	165
Schuldenkonsolidierung	407	Speicherorganisation	155
Schuldscheindarlehen	422	Speicherung, geblockte, - ungeblockte	139
Schuldverschreibung	422	Speicherung, gekettete	141
Schuldversprechen	98	Speicherung, gestreute,	
Schütt-aus-hol-zurück-Verfahren	426	- index-sequenzielle, - sequenzielle	140
Schutzstufenkonzept	166	Spinnwebtheorem	49
Schutzzweck	166	Spitzenrefinanzierungsfazilität	70
Schwebende Geschäfte	398	Splittingverfahren	439
Schwefeldioxid	332	Sprachstil	248
Schweinezyklus	49	Staat	27
Schwermetalle	332	Staatliche Eingriffe	44
Scoringverfahren	170	Stabdiagramm	297
Securitizations	424	Stäbe	197
Segment	143	Stabilität, finanzielle	400
Sektoren der Wirtschaft	28	Stabilitätsgesetz	68
Sekundärerhebung	292	Stabilitätspakt	79
Sekundärorganisation	220	Stablinienorganisation	197
Selbstähnlichkeit	200	Stabsstellen	193
Selbstanzeige	434	Stagflation	57
Selbstbild	242	Stammaktie	420
Selbstfinanzierung, offene	425	Stammdaten	107
Selbstfinanzierung, stille	426	Stammkapital	93, 376
Selbstfinanzierungskraft	428	Standardabweichung	268, 302
Selbstinformation	352	Standardsoftware	146 f
Selbstoptimierung	200	Stapelbetrieb	113
Selbstorganisation	200	Statische Methoden	
Selbstreport	274	(Investitionsrechnung)	311 ff
Selbstschuldnerische Bürgschaft	428	Statistik	290 ff, 349
Selbstständige Arbeit, Einkünfte aus	437	Statistik, betriebliche	347
Selbststeuernde Arbeitsgruppe	244	Statistische Auswertungen, - Erhebungen	253
Semantik	149	Statistische Einheit, - Masse	291
Sequenzieller Zugriff	111	Statistische Prozessregelung (SPR)	266 ff
Server	124	Statistische Qualitätsprüfung	264
Sicherheiten, Bestellung	378	Statistische Reihe	294
Sicherheitszirkel	276, 279	Status review	233
Sicherungsübereignung	429	Stäube	332
Situationserfassung	223	Stelle	192
Software	117 ff, 144 ff	Stellenanforderung	193
Software, integrierte	102	Stellenarten	193
Software-Maßnahmen	164	Stellenaufgabe	193
Softwaretools	147	Stellenbeschreibung	193
Sollkonzept	214	Stellenbesetzung	192
Soll-Vorschlag	154, 214	Stellenbildung	192, 200
Sonderausgaben	439	Stelleneingliederung	193
Sonderposten mit Rücklagenanteil	353, 396 f	Stellvertretungskompetenz	192
Soziale Kosten	30	Stern-Netzwerk	126
Sozialpolitik	23	Stetigkeitsprinzip	385
Sozio-technische Systeme	187	Steueraufkommen	432
Spannweite	301	Steuerbarkeit	445
Sparen	27	Steuerbarwertminimierung	392
Sparquote	37	Steuerbemessungsgrundlage,	
Spartenorganisation	196	-destinatar, -gläubiger	432

Stichwortverzeichnis

Steuerbilanzgewinn	377	Tabellen	295
Steuerbus	118, 120	Tafel	256
Steuerdaten	107	Taktgeber	119
Steuereinheiten	120	Taktsignal	117
Steuerentlastungsgesetz	448	Tarifpolitik	72
Steuerfahndung, -außenprüfung	434	Task Force	177, 221
Steuergläubiger	434	Tastatur	121
Steuermessbetrag	444	Tastenblöcke	122
Steuern	46	Team, virtuelles	199
Steuern, direkte, - indirekte	432	Teamorientierte Organisation	198
Steuerobjekt	435	Technische Abnutzung	389
Steuerobjekt,		Teilerhebung	292
-schuldner, -tarif, -zahler	432	Teilhaberbetrieb	113
Steuerprogramm	145	Teilnehmerbetrieb	113
Steuerrecht	432 ff	Teilpläne	182
Steuerreform	438	Teilprüfung	264
Steuersatz	435	Teilwert	452
Steuerschuld	434	Telefax	127
Steuerschuldner	435	TELNET	129
Steuersenkungsgesetz	441 f	Tensororganisation	198
Steuervergünstigungsabbaugesetz	443	Terminal	124
Stichprobe	264, 268, 292	Terminplanung	228
Stichprobenverfahren	356	Test	156
Stichtagsinventur	354 f	Thermodrucker	123
Stichtagsprinzip	384	Tilgungsdarlehen	422, 431
Stickoxide	332	Time-Sharing-Betrieb	113
Stille Reserven, - Rücklagen	376, 426	Tintenstrahldrucker	123
Strahlung	334	Tools	147
Strategische Planung	182	Top Management	194
Strategisches Controlling	348	Top-Down-Methode	162
Streamer	111	Topologie	126, 165
Streifenliste	235	Total Quality Management (TQM)	259
Strenges Niederstwertprinzip	390	Tötung	343
Streuungsmaße	301 ff	Touch-Screen	122
Struktogramm	156, 160	TQM (Total Quality Management)	259, 276
Strukturierte Programmierung	161	Transferleistungen	37
Strukturpolitik	23	Treibhauseffekt	333
Stückkosten	312	Trend	307
Stückprüfung	264	True and fair view	369, 383
Subsidiaritätsprinzip	76, 168, 326	Trust	51
Substitutionsprinzip		Typenraddrucker	123
der Organisation	195		
Subventionen	45	Überdüngung	333
Super-VGA-Modus	123	Überinvestition	67
Synektik	254	Überkonsum	67
Syntax	149	Überliquidität	413
System	187	Übernachtliquidität	70
System fallweiser Regelungen	195	Überorganisation	186
Systemanalyse	210, 253	Überschusseinkünfte	436
Systemaudit	272	Übersetzungsprogramme	145
Systemeinführung	218	Überweisung	99, 431
Systementwicklung	152	Umfeldanalyse	223
Systempflege	157, 218	Umgekehrte Maßgeblichkeit	397
Systemplanung	214	Umlaufvermögen	393, 401
Systemrealisierung	217	Umsatz-Einzelkosten-Verhältnis	309
Systemsoftware	145 f	Umsatzerlöse	373
Systemüberprüfung	218	Umsatzkennzahlen	308

Stichwortverzeichnis

Umsatzkostenverfahren	369, 379
Umsatzrelation	401
Umsatzrentabilität	86
Umsatzsteuer	361, 386, 445 ff
Umsatzsteuerkonten	361
Umschlagsdauer, -ergiebigkeit	309
Umschlagskoeffizienten	308
Umweltbelastungen	30, 331 ff
Umwelteinflüsse	189
Umwelthaftungsgesetz (UmweltHG)	329
Umweltmanagement, betriebliches	336 ff
Umweltpolitik	74
Umweltpotenzial	239
Umweltrecht	325 ff
Umweltstrafrecht	330
Unbedenklichkeitsbescheinigung	451
Uneinbringliche Forderungen	394
Unfertige Erzeugnisse	393
UNIX	146
Unterkonten	360
Unterlassene Instandhaltungen	399
Unternehmen	27
Unternehmensführung	83 ff
Unternehmenskonzentration	50 f
Unternehmenskooperation	50 f
Unternehmensphilosophie	238
Unternehmensstruktur	194
Unternehmensziele	236
Unternehmenszielkatalog	240
Unternehmer	446
Unterorganisation	186
Unterprogrammtechnik	161
Untersparen	67
Urbeleg	129
Ursache-Wirkungs-Diagramm	253, 265
Usenet	129
US-lease-lease-back	425
USt-Identifikationsnummer	449
Utilities	145
Variablenprüfung	264
Varianz	302
Variationskoeffizient	303
Venture-Capital-Gesellschaft	418
Verarbeitungsdaten	108
Verbindlichkeiten (Bilanz)	376
Verbrauchsfolgeverfahren	394
Verbrauchsgüter	24
Verbrauchsteuer	445
Verbundnummern	135
Vereinfachungsregel	389
Verfahrensgestaltung	336
Verfahrenskontrolle	184
Verfahrensorientierte Ablauforganisation	201
Verfügbarkeitskontrolle	169
Verfügungskompetenz	192
Verhältniszahlen	303
Verkehrsanschauung	342
Verlustfreie Bewertung	393
Vermietung und Verpachtung, Einkünfte aus	437
Vermögensaufbau	310
Vermögensaufstellung	452
Vermögenskennzahlen	310
Vermögenskonstitution	401
Vermögensrechte	420
Vermögensübertragungen	61
Vermögensumschichtung	427
Veröffentlichungsvorschriften	375
Verordnung (EU)	77
Verpfändung	429
Verrichtung, Arbeitsteilung nach	185
Verrichtungsprinzip	196
Verschlüsselung, asynchrone	165
Verschuldungsgrad	310, 402
Verteilung	268, 295
Vertragsfreiheit	22
Vertretungsverhältnisse	88
Vertriebskosten	387
Verursacherprinzip	326, 331
Verweildauer	306
Verzehnfachungsregel der Fehlerkosten	265
Verzinsung	86
VGA-Standard	122
Viereck, magisches	68
Vinkulierte Namensaktien	420
Virtual Private Network (VPN)	127
Virtuelles Team	199
Visitation	274
VISUAL BASIC	150
Visualisierung	255 f
Visuelle Prüfung	264
Volkseinkommen	36
Volkswirtschaft	21
Volkswirtschaftliche Gesamtrechnung	32 ff
Volkswirtschaftslehre	21
Vollaufnahme	356
Vollerhebung	292
Vollprüfung	264
Vollständige Konkurrenz	39
Vollständigkeit, Grundsatz der	368
Vollständigkeitskontrollen	212
Voraudit	273
Vorausklage, Einrede der	428
Vorgangsliste	204
Vorratsinvestitionen	35
Vorratsquote	401
Vorratsvermögen	393
Vorsichtsprinzip	368, 384, 388
Vorsorgeaufwendungen	439
Vorsorgeprinzip	326, 331
Vorstand	93
Vorsteuer	361

Stichwortverzeichnis

Vorzugsaktie	421	Workstation	104, 124
VPN (Virtual Private Network)	127	WTO (World Trade Organisation)	52
		WWW (World Wide Web)	129
Wachstum	240		
Wagniskapital	418	Zahlensysteme	113 ff
Währung	53, 60 f	Zahlungsbilanz	61
WAN (Wide Area Network)	124	Zahlungsfähigkeit	84
Wandelschuldverschreibung	422	Zahlungsmittel, gesetzliches	53
Wareneinsatz	367	Zahlungsunfähigkeit	409
Warenkonten	366	Zahlungsverjährung	434
Warenkorb	59	Zeichen	108 f, 136
Warenverkehr, freier	78	Zeichentablett	122
Warteschlange	284	Zeitlich ausgeweitete Inventur	354
Wasserhaushaltsgesetz (WHG)	328	Zeitorientierte Ablauforganisation	203
Wechsel	378	Zeitreihen	294, 304
Wechselkreditgeschäft	421	Zeittakt	117
Wechselkurse, feste	63	Zeitvergleich	310
Wechselkurse, flexible	62	Zentralbank	55 f
Weichmacher	340	Zentralbankgeldmenge	55
Weisungsbefugnis	195	Zentraleinheit	118 ff
Weitergabekontrolle	169	Zentralisation	194
Weiterverwendung, -verwertung	339	Zentralverwaltungswirtschaft	22
Welteinkommensprinzip	436	Zentralwert	299
Werbungskosten	437	Zertifikatslösung	74
Werkleistung, -lieferungsvertrag, -vertrag	446	Zertifizierung	262
Werkstoffe	81	Zielbildung	240 f
Wertanalyse	286 ff	Zielbildungspotenzial	238
Wertaufholungsgebot	394, 396	Zieldurchsetzung	242
Wertgrenzen	388	Zielkatalog	240
Whiteboard	256	Zielkonflikte	239, 412
Wide Area Network (WAN)	124	Zielplanung	241
Wiederverwendung, -verwertung	336, 339	Zielsystem, finanzielles	412
Willkürfreiheit	368	Zielvereinbarung	243
Wirtschaftliche Prinzipien	27	Zinsniveau	70
Wirtschaftlichkeit	86	ZIP-Laufwerke	112
Wirtschaftsgüter	24	Zirkel	276, 279
Wirtschaftskreislauf	31 f	Zufallsgruppenbildung	280
Wirtschaftsordnung	21	Zufluss-/Abflussprinzip	437
Wirtschaftspolitik, angebotsorientierte	72	Zugangskontrolle	169
Wirtschaftspolitik, antizyklische	65	Zugriff, direkter, - sequenzieller	111
Wirtschaftspolitik, nachfrageorientierte	71	Zugriffskontrolle	169
Wirtschaftsprüfer	375	Zugriffszeit	111, 117
Wirtschaftsprüfung	409	Zuhören, aktives	245
Wirtschaftssektoren	28	Zusammenveranlagung	439
Wirtschaftssubjekte	27	Zuschreibung	394, 397
Wirtschaftssystem	21	Zutrittskontrolle	169
Wirtschaftswachstum	63 ff, 68	Zweckgesellschaft	424
Workflow	104	Zweifelhafte Forderungen	394

Der Weg nach oben beginnt bereits auf Seite eins.

Wer heute in der Berufswelt bestehen will, baut am besten auf eine solide Ausbildung – und sorgt mit gezielter Weiterbildung dafür, auch morgen noch auf dem neuesten Wissensstand zu sein. Der FELDHAUS VERLAG mit seinem umfassenden Angebot ist dabei der richtige Partner.

Unsere Titel auf einen Blick:

Kenntnisse des Ausbilders (AEVO)
- Die Ausbilder-Eignung
- Der Berufsausbilder
- Handlungsfeld Ausbildung

Praxis der betrieblichen Ausbildung
- Der Ausbilder vor Ort
- Ausbildung rationell und zuverlässig planen
- Objektives Beurteilen von Auszubildenden
- Betriebliche Beurteilung von Auszubildenden
- Die Auswahl von Auszubildenden
- Rhetorik und Kinesik für Ausbilder
- Prüfungen – ein Lotteriespiel?
- Fallstudien
- Schlüsselqualifikationen
- It's time for team
- Situation – Handlung – Persönlichkeit
- Zukunft der Berufsausbildung in Europa
- Assessment – Voraussetzung für erfolgreiche Teilhabe am Arbeitsleben
- Aufmerksamkeitsdefizit, Hyperaktivität, Teilleistungsstörungen
- Innenansichten, Berufliche Rehabilitation, Außenansichten
- Karrieren statt Barrieren – Integration im Wandel

Gastgewerbe
- Ausbildungsprogramm Gastgewerbe
- Französisch für das Gastgewerbe

Außenhandel
- Verkehrslehre
- Repetitorium Betriebslehre

Reiseverkehrskaufleute
- Stadt, Land, Fluss

Spedition, Transportwesen
- Transportmanagement

Büroberufe
- Betriebliches Rechnungswesen
- Management im Chefsekretariat

Fremdsprachen
- Handelskorrespondenzen für Französisch, Spanisch, Italienisch, Englisch, Japanisch
- Französisch für das Gastgewerbe
- Español Actual (Umgangssprache Spanisch)
- Umgangssprache Japanisch

Berufliche Weiterbildung
- Berufliche Weiterbildung – Richtig vorbereitet zum Erfolg
- Der Industriemeister
- Mathematik und Statistik
- Physik und Chemie
- Wirtschaftsmathematik und Statistik
- Volkswirtschaft und Betriebswirtschaft
- Der Handwerksmeister
- Rechnungswesen der Handwerksbetriebe
- Qualitätssicherung
- Der Industriefachwirt
- Der Technische Betriebswirt
- Personalfachkauffrau/Personalfachkaufmann
- Management im Chefsekretariat
- Business Talk

Ausbildungsnachweise (Berichtshefte)
- für alle Berufe

Ordnungsmittel
- Ausbildungsordnungen und -rahmenpläne

Formulare
- für die Berufsausbildung

Testverfahren
- Grundwissen-Test für Auszubildende

Alles für Ausbildung und Aufstieg!

FELDHAUS VERLAG
22122 Hamburg
www.feldhaus-verlag.de

Telefon 040 679430-0
Fax 040 67943030
post@feldhaus-verlag.de